I0827218

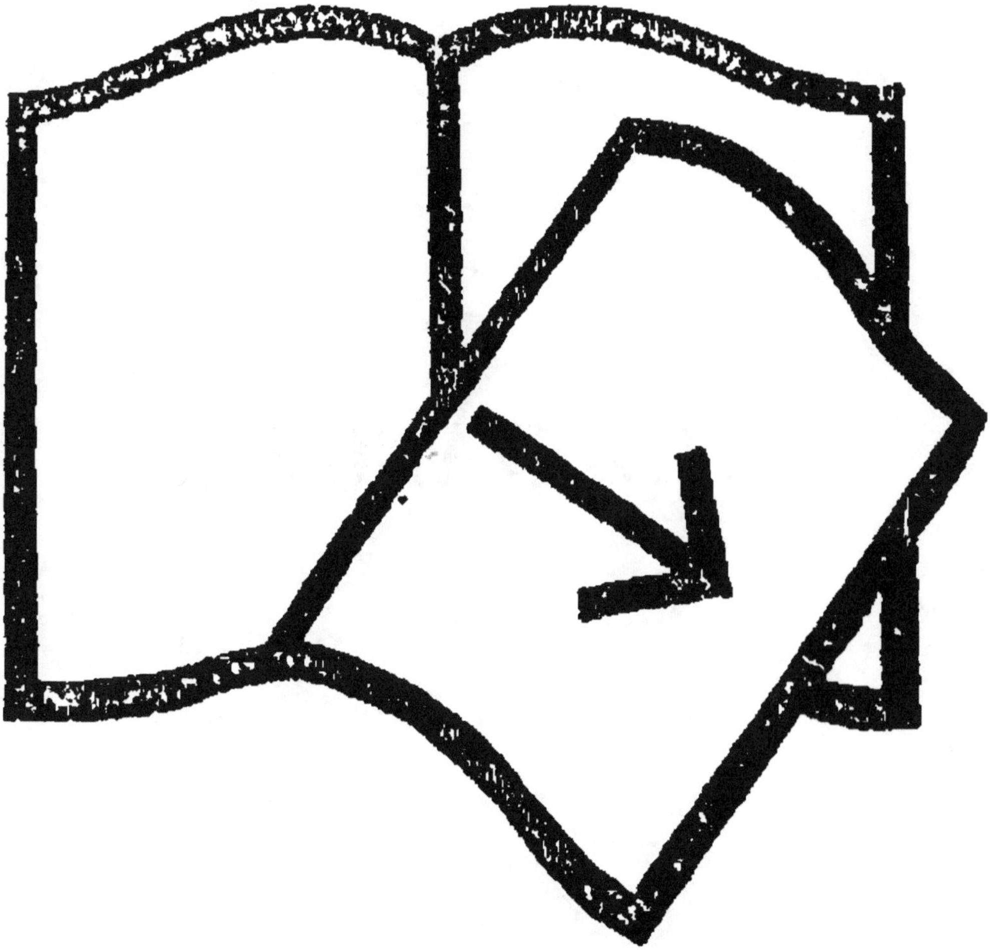

DAVID D'ANGERS

Ce volume a été déposé au ministère de l'intérieur (section de la librairie) en décembre 1877.

PARIS. TYPOGRAPHIE DE E. PLON ET Cie, 8, RUE GARANCIÈRE.

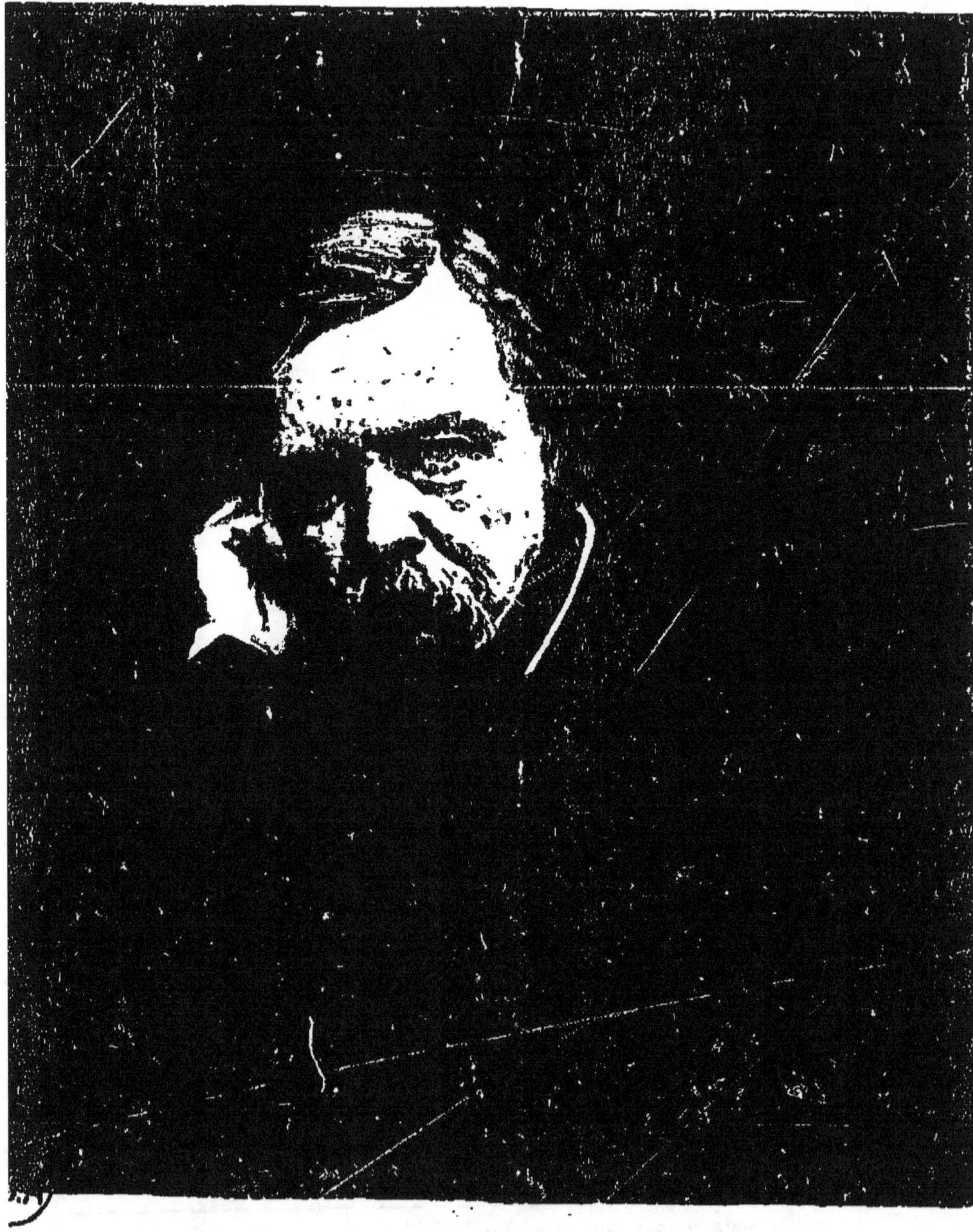

DAVID D'ANGERS

SA VIE, SON ŒUVRE
SES ÉCRITS ET SES CONTEMPORAINS

PAR

M. HENRY JOUIN

Secrétaire de la Commission de l'Inventaire général des Richesses d'art de la France

DEUX PORTRAITS DU MAITRE, D'APRÈS INGRES ET ERNEST HÉBERT, DE L'INSTITUT
VINGT-TROIS PLANCHES HORS TEXTE ET UN FAC-SIMILE D'AUTOGRAPHE
GRAVÉS PAR A. DURAND

TOME PREMIER

VIE DU MAITRE — SES CONTEMPORAINS

Celui qui s'habitue à suivre n'ira jamais devant.
MICHEL-ANGE.

Un tombeau fait âme est un flambeau.
DAVID D'ANGERS.

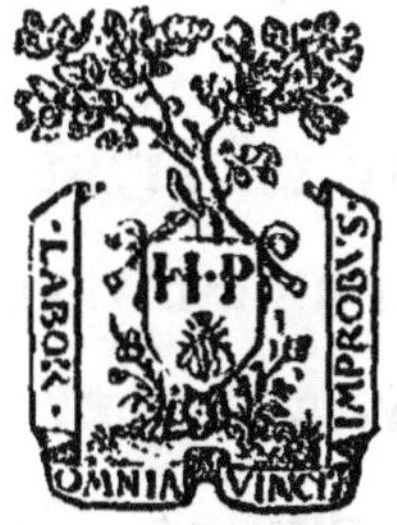

PARIS

E. PLON ET Cie, IMPRIMEURS-ÉDITEURS
RUE GARANCIÈRE, 10

MDCCCLXXVIII

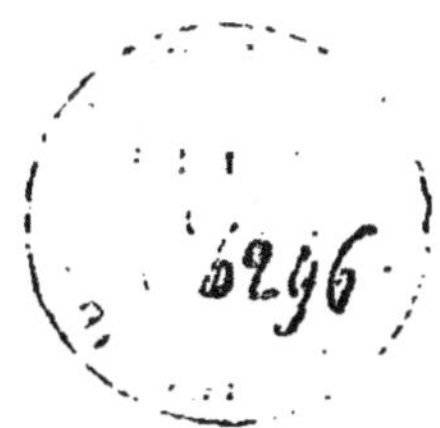

3

A

ANGERS

SA VILLE NATALE

JE DÉDIE L'HISTOIRE

DE

PIERRE-JEAN DAVID D'ANGERS

EN PUBLIANT CE LIVRE

JE POSE UNE PIERRE D'ATTENTE

LES COMPATRIOTES DE L'ARTISTE ÉLÈVERONT UN JOUR

SON MONUMENT

HENRY JOUIN

1877

PRÉFACE

Toute grande vie est une.

La vie de David d'Angers se résume en un mot :

La création d'un art national.

Du jour où la philosophie de l'art lui est révélée, jusqu'à sa dernière heure, ses efforts tendent vers un seul but. S'élevant au-dessus de la sculpture iconique et de la sculpture allégorique, qui ont pour terme la beauté individuelle et la beauté typique, David observe l'homme social. Il veut être avant tout le sculpteur d'un grand peuple, et toujours, qu'il médite, qu'il souffre, qu'il enseigne, devant lui se dresse, plus haute que ses rêves, plus forte que ses déceptions, plus grande que son génie, plus vivante que ses marbres, la figure immortelle de la Patrie.

C'est la patrie qu'il a fait revivre dans son passé en sculptant Gerbert, Ambroise Paré, Riquet, Pierre Corneille et tant d'autres.

C'est la patrie dans sa vie contemporaine qu'il a résumée par ses bustes et par ses médailles, images de proportions réduites, sans doute, mais dont il convenait d'user à l'égard d'une génération que l'histoire n'a pas encore jugée.

Jean Goujon, Pierre Puget, ses maîtres, si l'on veut, par certains côtés, n'ont pas eu la notion d'un art vraiment national, et l'OEuvre en pierre vive de ces grands artistes n'a point l'unité merveilleuse de l'OEuvre de David d'Angers.

Douze cents pièces sont sorties de ses mains, et les plus modestes comme les plus connues parlent avec éloquence de la Patrie française.

C'est ce côté original et grandiose de la vie de David qui nous a frappé; car nous savions, avant d'entreprendre cette étude, que l'unité est la forme nécessaire de l'être, et que plus une existence est illustre, plus elle doit resplendir de ce caractère d'unité qui donne à tout être, depuis l'atome jusqu'à Dieu, sa vérité, son harmonie, sa force, son rayonnement.

Dirons-nous que la vie du maître fut exempte d'erreurs, que son OEuvre est sans lacunes? Non. La critique tient sa place à côté de l'éloge dans notre livre. Toutefois, nous saurons prouver que la volonté de l'artiste n'a pas démenti son intelligence. Patriote dans ses pensées, il l'a été dans ses actes jusqu'au désintéressement le plus absolu.

Pausanias, dans son *Voyage de l'Attique*, raconte que Praxitèle, apprenant l'incendie de sa maison, s'écria : « Je suis perdu si mon *Satyre* est brûlé. »

David d'Angers, se voyant mourir, exprimera le regret de n'avoir pas sculpté l'image colossale de Dumnacus, l'intrépide chef des Andes, de Robert le Fort et de Beaurepaire. Les gloires de la France ne cessent d'être présentes à son esprit; et s'il doit parler de ses propres œuvres, donnant la mesure d'une élévation de pensée que Praxitèle n'a pas connue, nous le verrons écrire : « Je ne tiens à mes ouvrages que parce qu'ils représentent des grands hommes; sans cela, je les briserais quand je constate combien je suis resté loin du but auquel je voulais atteindre. »

DAVID D'ANGERS

CHAPITRE PREMIER

1788-1808

VOCATION

Le sculpteur Pierre-Louis David. — Son mariage avec Marie-Françoise Lemasson. — Naissance de Pierre-Jean David, dit David d'Angers. — Soulèvement de la Vendée. — Le père de Pierre-Jean s'enrôle. — Il emmène aux armées son enfant âgé de cinq ans. — La Haie-des-Hommes. — Saumur. — Varrains. — Saint-Florent. — Bonchamps et les prisonniers républicains. — Pierre-Louis David, sauvé par Bonchamps, retrouve son enfant. — La mère de Pierre-Jean. — Dénûment. — Une fête au Temple décadaire. — Vocation. — Résistances paternelles. — La mère de Pierre-Jean confidente de ses rêves. — Le Mayençais. — Pierre-Jean, âgé de neuf ans, suit son père à Loudun. — L'amie d'enfance. — L'École centrale d'Angers. — Le peintre Marchand. — Premiers succès de Pierre-Jean. — Suppression de l'École centrale. — « Il n'y a qu'un David peintre, qu'il n'y ait aussi qu'un David sculpteur. » — Le jeune David praticien chez son père. — Premiers travaux. — Dessus de porte : la *Virilité*. — *Enseigne de cordonnier*. — Le peintre Jacques Delusse. — Souvenir de Ghirlandaïo. — Pierre-Jean veut se rendre à Paris. — Refus prolongés de son père. — Découragement. — Désespoir. — Tendresse maternelle. — Le *Marcus Sextus* de Guérin. — Pierre-Jean David épris du « moral de l'art ». — *Têtes* modelées d'après Michel-Ange. — Intervention décisive auprès de Pierre-Louis David. — Les quarante francs de Delusse. — Pierre-Jean part pour Paris.

Le 12 mars 1788, dans une humble maison de la rue de l'Hôpital, à Angers, naissait le quatrième enfant d'un sculpteur sur bois, auquel on donna les noms de Pierre-Jean[1]. Le père s'appelait Pierre-Louis David.

[1] Voir *Pièces justificatives*, doc. IV.

Né à Margency[1], fils d'un jardinier[2], Pierre-Louis David avait perdu son père dès l'âge le plus tendre. Élevé à Paris par l'un de ses parents, sculpteur ornemaniste au talent médiocre, Pierre-Louis, à défaut des principes de l'art du dessin, emportait à quinze ans, de la maison de son bienfaiteur, un penchant prononcé pour la sculpture. David d'Angers a raconté lui-même l'enfance de son père : « Pierre-Louis avait remarqué, dit-il, dans les courses que lui donnait son premier maître, les ateliers du sculpteur d'ornements le plus en vogue à cette époque, et, au risque de recevoir, à son retour, les rudes corrections de son parent, le pauvre enfant se détournait chaque fois de son chemin pour aller contempler pendant quelques instants, les bras appuyés sur la fenêtre de l'atelier, son panier de provisions à ses pieds, les ornements souples et gracieux qui s'animaient sous les doigts des artistes. L'un des plus adroits d'entre eux remarqua cette attention persévérante. « Cela te plaît donc beaucoup, mon « enfant? lui dit-il; veux-tu que je t'apprenne à en faire autant? « — Oh! oui, je vous en supplie! » répondit l'enfant presque suffoqué de joie; et quelques jours après il avait disparu de chez son parent et travaillait avec ardeur sous son nouveau maître. Il fit d'étonnants progrès et prit bientôt rang parmi les plus habiles. Mais, redoutant de se laisser entraîner par la reconnaissance à suivre les mauvais exemples de son maître, joueur et ivrogne, il prit la sage résolution de quitter Paris. Ses pas se dirigèrent, par hasard, vers l'Anjou[3]. »

Il avait vingt-quatre ans lorsque, travaillant un jour à l'un des chapiteaux extérieurs de l'hôtel Lantivy, à Angers, ses yeux rencontrèrent pour la première fois la fille de Mathurin

[1] Village du département de Seine-et-Oise.

[2] Voir *Pièces justificatives*, doc. I.

[3] David d'Angers, *Notice sur Pierre-Louis David*. *Bulletin de la Société industrielle d'Angers et du département de Maine-et-Loire*. 10e année, 1839. Angers, Cosnier et Lachèse, in-8°. — Voir tome II, *Portraits d'Artistes* : Pierre-Louis David.

Lemasson, riche menuisier, et il l'épousa le 7 février 1780[1].

La fortune sembla sourire aux premiers efforts du jeune artiste, dont on vantait le talent « comme sculpteur en bois, marbre, pierre et plâtre[2] ». Il fut chargé des sculptures de la cathédrale d'Angers[3]; mais il ne paraît pas que ces travaux, pas plus que la décoration de l'hôtel Lantivy, aient apporté pour longtemps l'aisance dans le ménage du sculpteur. Nous le retrouvons père de quatre enfants en 1788, et dans un état voisin de la misère.

La plupart des biographes de David d'Angers le diront issu d'un père qui fut « plus artiste qu'artisan ». Il n'était pas utile de mettre tant de restriction dans l'éloge; mais cette réserve, qui s'est perpétuée jusqu'à nous comme une critique, a son explication, pour qui connaît les œuvres achevées du sculpteur sur bois, dans la position modeste que lui firent les circonstances. Son talent fut d'un artiste, sa maison d'un artisan. Un peu d'or dans cet intérieur honnête, où ne s'échangèrent que de hautes pensées, et Pierre-Louis David eût occupé parmi les bourgeois angevins le rang que lui méritait son caractère aussi bien que son ciseau.

Mais à quoi bon? Si pure qu'ait été la réputation du père comme sculpteur, celle du fils l'ayant éclipsée, la grande œuvre de Pierre-Louis, son vrai titre de gloire, sera d'avoir formé la jeune âme de son fils. Or, l'un des plus puissants auxiliaires de l'homme dans la formation d'une âme, c'est la pauvreté. Sous la garde de cette rude vertu, la lutte s'impose d'elle-même, et les natures vigoureuses puisent dans leurs rencontres prématurées avec un ennemi qu'il faut vaincre, une énergie de volonté que le bien-être étouffe chez le plus grand nombre. Il était salutaire, sans doute, que le futur auteur de *Philopœmen* connût la douleur. Ne semble-t-il pas, d'ailleurs, qu'une humble et pénible

[1] Voir *Pièces justificatives*, doc. II et III.

[2] Célestin Port, *Dictionnaire historique, géographique et biographique de Maine-et-Loire*; Paris, Dumoulin, 1874, in-8°; en cours de publication.

[3] Les travaux de Pierre-Louis David à la cathédrale d'Angers datent de 1785. Ils comprennent les deux trophées, les cassolettes et crédences du grand autel, ainsi que les tabourets du trône épiscopal.

origine soit, de nos jours, comme un gage d'illustration pour les statuaires? Flaxmann est le fils d'un mouleur; Lemot et Simart sont fils de menuisiers; Rude naît dans l'atelier d'un forgeron; Foyatier dans une cave de tisserand. On dirait que ces fils du peuple, devenus des maîtres dans un art qui fut essentiellement démocratique chez les Athéniens, présagent à la sculpture moderne le retour d'une popularité depuis longtemps disparue.

On sait par quels événements politiques fut remplie l'année 1789. Pendant l'été de l'année suivante, lorsque la Commune de Paris eut pris l'initiative de la fête patriotique de la Fédération, de nombreux députés angevins se rendirent à Paris pour l'anniversaire de la prise de la Bastille. Le sculpteur Pierre-Louis David se trouva parmi les patriotes qui assistèrent, sur le Champ de Mars, le 14 juillet 1790, à la consécration de l'unité constitutionnelle de la France.

Cette fête théâtrale, dans laquelle le Roi dut jurer fidélité « à la nation et à la loi », avait été précédée d'un décret de l'Assemblée établissant la constitution civile du clergé. Un schisme se produisit aussitôt en France, mais nulle part ailleurs le conflit ne s'accentua plus vite que dans cette partie de la Vendée que l'on appelait alors le Bocage. Blessés dans leur foi religieuse, les Vendéens firent échec à l'Église d'État. *Pro aris!* tel fut le mot d'ordre de ces contrées depuis les premiers jours de 1791 jusqu'en février 1793.

A l'Assemblée constituante avaient succédé l'Assemblée législative et la Convention. Louis XVI monte sur l'échafaud. L'Europe entière se coalise contre la France, pendant que la Vendée se soulève dans l'élan de son amour traditionnel pour la royauté.

Au commencement de février 1793, les métayers et les amis du marquis de Bonchamps allèrent trouver celui-ci à son château de la Baronnière, près de Saint-Florent. Ils lui demandèrent de se mettre à leur tête. Bonchamps n'accepta pas sans hésitation, mais, une fois résolu : « Nous ne devons point songer, dit-il, aux récompenses de la terre, elles souilleraient nos motifs et abaisseraient notre cause. Nous ne devons pas même prétendre à la gloire, les guerres civiles n'en donnent point. Nos châteaux seront brûlés, nos têtes mises à prix. On nous calomniera, on nous immolera peut-être. Toutefois, remercions Dieu de nous donner assez de forces pour remplir notre devoir jusqu'au bout [1]. »

Quelques semaines plus tard, les Vendéens, organisés par leur chef en deux compagnies de chasseurs, sous le nom d'Armée de Bonchamps, se réunissaient au corps de Cathelineau, qui déjà s'était signalé par la prise de Beaupréau.

Mais si l'ardeur des Vendéens ne connaissait point de bornes, l'enthousiasme du côté des républicains n'était pas moins grand. Dès le début de l'insurrection, de nombreux volontaires s'étaient offerts pour la réprimer. Pierre-Louis David fut l'un des premiers à s'enrôler dans l'armée républicaine.

Père de quatre enfants, ayant la responsabilité d'une famille que son absence allait plonger dans le plus complet dénûment, Pierre-Louis David n'exagéra-t-il point les services qu'il était en mesure de rendre à son pays comme simple volontaire? Il nous est difficile de bien juger des motifs qui déterminèrent le sculpteur sur bois à quitter son foyer. Nous savons toutefois que les bruits de levée en masse ne cessaient alors de circuler. On envisageait comme inévitable une descente de la nation armée sur les champs de bataille qui la cernaient de toutes parts. Pierre-Louis David avait donc la certitude d'être prochainement appelé sous les armes. En s'enrôlant lui-même, il ne faisait qu'anticiper sur l'ordre de la Convention.

D'ailleurs, son projet arrêté, le sculpteur voulut alléger, autant qu'il dépendait de lui, les charges qui allaient peser sur sa femme.

[1] Victor Pavie, *Bonchamps et sa statue*; Angers, V. Pavie, 1846, grand in-8° avec planche.

Pierre-Jean, son dernier-né, venait d'avoir cinq ans. La discipline des armées improvisées n'ayant rien de rigoureux, le père ferait campagne avec son enfant. Aussi bien, le printemps était proche : l'enfant n'aurait donc pas à souffrir de la saison; il y avait lieu de penser du reste que les Vendéens seraient promptement battus, et l'apprentissage de la vie des camps, si précoce qu'il fût, ne pouvait être inutile au fils d'un soldat républicain.

« L'artiste, devenu soldat, a écrit David d'Angers, prit part à presque tous les combats, et son courage l'entraînait toujours au plus fort du péril. Son intrépidité le fit remarquer de ses chefs, qui lui confièrent souvent des missions et des postes très-dangereux.

« Un jour de bataille, on lui donna la garde de l'église de Gonnord, remplie de prisonniers vendéens. Ceux-ci, s'étant aperçus que la porte n'était gardée que par un seul homme, tentèrent une sortie; mais le soldat, mû par cette énergie qui le caractérisait, fonça sur eux avec une telle force, que la baïonnette se brisa dans la porte qu'ils avaient refermée. Le supposant désarmé, ils allaient de nouveau sortir; mais, ainsi qu'il le racontait lui-même, lorsqu'ils le virent brandissant ses deux pistolets, le visage enflammé de colère, et animé de cette résolution d'un homme prêt à tout, ils reculèrent, vaincus par la fascination qu'exerce toujours le vrai courage[1]. »

Le temps avait marché; on était au mois d'août 1793. La levée en masse avait été demandée par les Jacobins à la Convention; la garnison de Mayence, sous les ordres de Kléber, fut appelée en Vendée. Bonchamps, qui avait inutilement tenté, après la prise de Thouars, d'entraîner ses compagnons d'armes sur Saumur, se trouvait en désaccord avec d'Elbée qui demandait que l'armée se repliât sur Fontenay, et ce fut d'Elbée qui l'emporta. — « Si tu n'as pas Bonchamps, tu vas être joliment battue », criaient les bleus en s'adressant à l'armée vendéenne

[1] DAVID d'Angers, *Notice sur Pierre-Louis David.*

sous les murs de Fontenay. Ils disaient vrai : Bonchamps manqua, et les républicains gagnèrent la bataille. Mais, tout à coup, Bonchamps reparut, le bras en écharpe, blessé par un hussard à qui il venait de faire grâce, et Fontenay redevint la conquête des Vendéens. Se soulevant alors sur le brancard de feuilles qui le portait, Bonchamps demanda grâce pour les prisonniers enfermés dans la ville.

Blessé de nouveau à Érigné[1], où il s'était vu cerné par cinq hussards qu'il mit hors de combat, Bonchamps se fit transporter au château de Jallais. Mais la bataille de Torfou vient d'être décidée : le vaillant homme ne peut souffrir qu'on se batte en son absence. Il se fait apporter au milieu des siens, à demi couché sur une litière, le bras fracassé, mais oublieux de sa souffrance pour ne songer qu'aux Vendéens. Pendant tout un jour il commande ses soldats. Vers le soir, le succès demeure incertain : Bonchamps, par une résolution soudaine, dirige sa division sur le corps de Kléber, et, prenant en flanc les Mayençais, décide de la victoire[2].

C'est dans cette bataille, où périrent trois mille hommes, que fut blessé Pierre-Louis David. Tombé aux mains des Vendéens, il fut conduit à Saint-Florent et enfermé dans l'église, où déjà se trouvaient entassés quatre ou cinq mille républicains amenés de Cholet, de Bellefontaine et de Châtillon.

Qu'était devenu l'enfant du sculpteur au milieu de ces gigantesques rencontres? Lui-même va nous le dire : « Pendant que j'accompagnai mon père sur les champs de bataille de la Vendée, je ne cessai pas d'avoir une santé délicate. J'étais souvent malade. Une nuit, aux environs de la Haie-des-Hommes[3], le chef qui commandait le corps de républicains dans lequel servait mon père, engagea maladroitement sa troupe dans un

[1] Près les Ponts-de-Cé.
[2] 19 septembre 1793.
[3] Commune de Coron (Maine-et-Loire).

défilé où elle fut assaillie par des feux croisés qui jetèrent le désordre dans les rangs. Un menuisier fut atteint par une balle au talon. Mon père, qui avait la force d'un Ajax, chargea le blessé sur ses épaules, et, tout en faisant le feu de peloton avec une soixantaine de braves, il battit en retraite. Confié plus tard par mon père à cet ami, ce fut lui qui m'abandonna lâchement sur la route de Varrains, après la bataille de Saumur. Je fus recueilli, près du pont, par des femmes vendéennes qui eurent pitié de moi. On apprit à quelque temps de là que les gens qui m'avaient emmené dans cette direction pour me soustraire au sac de Saumur étaient morts, tués dans une rencontre inattendue. Je parcourus la Vendée à cheval sur un caisson, à la suite du général de la Rochejacquelein. — Peut-être ai-je passé auprès de Barra! — Ce ne fut qu'à Saint-Florent que mon père, l'un des prisonniers délivrés par Bonchamps, me retrouva fortuitement au milieu des bagages[1]. »

Du spectacle des victoires et des revers auxquels il assistait, des domaines incendiés, des forêts détruites à travers lesquelles il passait dans des marches fantastiques, Pierre-Jean David devait emporter une imagination fortement remuée. Les traits d'héroïsme racontés au bivouac devant lui demeuraient gravés dans sa mémoire. Et quelle époque fut plus féconde en actes mémorables que cette première période de l'insurrection vendéenne qui mérita d'être dite « une guerre de géants »!

Mais un mois à peine s'était écoulé depuis la bataille de Torfou que Bonchamps tombait frappé à mort dans les landes de Bégrolles[2]. Rapporté sous le feu des balles républicaines jusqu'à Saint-Florent, l'illustre blessé arrive dans la ville au moment où le désordre est à son comble. Ce ne sont chez les Vendéens que cris de haine et de désespoir. Tout à coup, on songe aux prisonniers républicains enfermés dans l'église. De

[1] Notes autographes de David appartenant à la famille.
[2] 17 octobre 1793.

sanglantes représailles deviennent imminentes. Les Vendéens, dans l'amertume du découragement, vont oublier peut-être leurs traditions de noblesse et de pardon. Bonchamps, qui n'a plus qu'une heure à vivre, est instruit des dispositions de l'armée. L'instant d'après, la litière du général traverse lentement les rangs déformés des Vendéens ameutés autour de l'église. On les entend alors acclamer leur chef dans un dernier hommage. Puis, c'est le cri mille fois répété : « Grâce aux prisonniers, Bonchamps le veut, Bonchamps l'ordonne! » qui succède aux menaces de mort et rend l'espoir aux soldats républicains.

C'est à cette parole chevaleresque et chrétienne que Pierre-Louis David fut redevable de la vie. « Mon père, a écrit David d'Angers, fut l'un des cinq mille prisonniers, enfermés dans l'église de Saint-Florent, qui durent la vie au sentiment de politique et d'humanité qui s'exhala des lèvres mourantes de Bonchamps [1]! » Le caractère élevé d'un tel acte mérite bien qu'on en garde le souvenir, mais un autre motif nous conviait à nous attarder sur les pas du chef vendéen, car un jour une œuvre du maître dont nous écrivons la vie rappellera, en l'immortalisant dans le marbre, la grandeur d'âme du général.

« Kléber, continue David d'Angers, témoin du courage de mon père en plus d'une occasion, voulait l'emmener avec lui à l'armée du Rhin; toutefois le cœur du père parla plus haut que la gloire des armes, et le sculpteur, qui venait d'être blessé à Torfou, obtint, lorsqu'il fut guéri, une place assez importante dans la direction des charrois militaires [2]. »

Mais il nous tarde d'apprendre ce qui s'est passé dans la famille du sculpteur pendant qu'il se battait en Vendée. Si nous pénétrons dans l'humble maison de l'artiste, nous y trouvons la jeune femme de David justement inquiète de son

[1] Notes autographes de David appartenant à la famille.

[2] DAVID d'Angers, *Notice sur Pierre-Louis David.*

mari et de Pierre-Jean. Elle travaille, le front penché sur une tâche ingrate et peu rétribuée. Ses trois filles, dont la plus âgée compte douze ans à peine, s'en vont dans le voisinage des remparts, situés non loin de là[1], faire appel à la pitié des passants. « Ma mère, écrit David, recommandait à mes sœurs, lorsqu'elles allaient mendier dans les fermes des environs après mon retour de la Vendée, de ne point m'associer à leur triste tâche. Les pauvres petites me laissaient à l'écart dans quelque champ de blé où je m'amusais avec des fleurs. Puis, lorsque, après beaucoup de peine, elles étaient parvenues à se procurer un peu de pain chez les laboureurs, nous rentrions en hâte à la maison pour dévorer le fruit de l'aumône. Et ma mère arrosait de ses larmes le front de ses quatre enfants[2]. » C'est ainsi que s'écoula pour la mère de David d'Angers l'année sanglante de 1793.

Le retour de Pierre-Louis David à son foyer ne modifia pas sensiblement l'état de privations dans lequel la jeune famille avait été plongée pendant son absence. Nous venons de voir le soldat républicain investi de hautes fonctions dans la direction des charrois militaires. Écoutons David d'Angers raconter cette phase nouvelle de la vie du sculpteur sur bois :

« Mon père, écrit-il, croyait que sa modeste paye subviendrait aux besoins de sa nombreuse famille; mais, hélas! la République était pauvre, et il fallait la servir par amour pour elle[3]... Pendant ce temps, sa jeune femme passait les nuits à confectionner des guêtres pour l'armée, afin de gagner ainsi quelques assignats. Mon père et ma mère habitaient alors une des plus petites maisons de la rue Saint-Aubin. Que de fois, travaillant à la

[1] La porte *Saint-Jean*, au haut de la rue Saint-Julien, condamnée au quinzième siècle, avait été remplacée, en 1691, par la porte *Neuve* ou *Grandet*, au bout de la rue de l'Hôpital. — Célestin Port, *Dictionnaire historique de Maine-et-Loire*.

[2] Notes autographes de David appartenant à la famille.

[3] Pierre-Louis David entra en fonction le 10 pluviôse an III (2 février 1794). Le signalement du sculpteur est mentionné sur sa « Commission de conducteur en second », dont nous publions le texte aux *Pièces justificatives*, doc. IX.

triste lueur d'une résine, ma pauvre mère se vit entourée jusqu'au matin de ses quatre enfants affamés! Puis, lorsque le jour avait paru, elle courait prendre son rang à la porte d'un boulanger et attendait pendant plusieurs heures la distribution si désirée!

« Quelles nuits douloureuses pour ma mère, dont la jeunesse fortunée avait été exempte de telles privations, et qui, avant son mariage, ne travaillait que pour son délassement! Que de pleurs versés sur le sort incertain de son mari, sur la misère de ses enfants!

« C'était un beau spectacle que de voir ma mère luttant contre un pareil dénûment, refuser, avec une dignité simple et une fermeté inébranlable, les sacs de blé et les sommes d'argent que lui offraient les fermiers, afin d'obtenir que mon père les exemptât du service, eux et leurs bestiaux.

« Qu'il y avait d'abnégation, de puissance, d'élévation d'âme chez cette femme dont la constitution physique était si peu en rapport avec ces grands et terribles événements! Il fallait qu'elle fût soutenue par un patriotisme et une vertu en harmonie avec le patriotisme et les vertus de mon père[1]. »

Remarquons avec quel respect mêlé de tendresse David se plaît à parler de sa mère. Nous aurons, d'ailleurs, plus d'une fois l'occasion de mettre en lumière la délicatesse de cœur de l'artiste, et nous le verrons, pendant toute sa vie, rester fidèle au culte filial que sa mère sut lui inspirer dès l'enfance.

Pierre-Louis David conserva son emploi dans l'administration des charrois militaires jusqu'au mois de mars 1796. On sait que ce fut à cette époque que prit fin la seconde période des guerres de la Vendée. Un jeune général de vingt-huit ans, Lazare Hoche, commandant en chef de l'armée de l'Océan, venait de s'emparer de la personne de Charette, et tout le pays de l'Ouest allait rentrer en paix pour quelques années. Le désarmement ne se fit pas attendre, et le sculpteur angevin

[1] DAVID d'Angers, *Notice sur Pierre-Louis David.*

put reprendre possession de son atelier. « Il y revint plus pauvre qu'il n'en était sorti, nous dit David d'Angers, mais sans murmurer, car il avait participé, selon ses moyens, au grand acte de la Révolution[1]. »

C'est peut-être en mémoire des services qu'il avait essayé de rendre à son pays que la ville d'Angers chargea Pierre-Louis David de décorer l'*Autel de la Patrie*, destiné au Temple décadaire.

L'*Autel de la Patrie* est en bois sculpté. Il a la forme circulaire[2]. Une couronne de chêne l'entoure à sa base; des cannelures ornées le décorent dans sa partie inférieure, et, du sommet, tombent avec grâce de fortes guirlandes entremêlées. Tous ces ornements, fouillés avec beaucoup d'art, constituent par leur ensemble une œuvre d'un sérieux mérite[3].

Le sculpteur sur bois s'acquitta très-vite de sa commande officielle. Dès le commencement de 1797, l'*Autel de la Patrie* figurait dans l'église de Saint-Maurice, transformée en Temple décadaire. Au mois d'août suivant, eut lieu dans ce temple la distribution des prix aux élèves de l'École centrale. Cette solennité, inspirée, comme la plupart des fêtes de la Révolution, des coutumes de Sparte et d'Athènes, était faite pour enflammer une imagination d'enfant. Pierre-Jean David, âgé de huit ans, y assistait. Un éloquent discours de Toussaint Grille, professeur de belles-lettres, frappa singulièrement le fils du sculpteur. Les noms toujours sonores de gloire et de patrie s'échappaient fréquemment des lèvres de l'orateur. Pierre-Jean se sentait ému. Les couronnes et les acclamations qu'il vit décerner aux

[1] David d'Angers, *Notice sur Pierre-Louis David.*

[2] Sa hauteur est de 1 mètre 25 cent.

[3] Placé depuis longtemps au Musée David, l'*Autel de la Patrie* a d'abord servi de piédestal à la statue du *Jeune Berger*, un envoi de Rome de David d'Angers. On a substitué à cette figure, en 1863, le buste même de David par Toussaint. L'essai n'est pas heureux. Le buste et l'*Autel* n'ont certainement rien gagné à ce bizarre rapprochement.

vainqueurs pendant cette mémorable journée décidèrent de sa vocation. Un enfant était entré dans le temple, ce fut l'artiste qui en sortit[1].

Toutefois, Pierre-Jean n'osa pas s'ouvrir à son père des espérances confuses qui l'agitaient. Il entreprit de commencer lui-même son éducation. Quoi d'étonnant que, vivant dans l'atelier paternel, au milieu des figurines, des fleurs et des ornements de toute sorte que Pierre-Louis David faisait jaillir du bois, son fils apprît lui-même les rudiments de l'art du dessin? Michel-Ange n'attribuait-il pas sa facilité merveilleuse à sculpter le marbre au temps qu'il avait passé chez la femme d'un tailleur de pierres, sa nourrice? Et, plus près de nous, Puget, fils d'un architecte qui s'occupait de sculpture, n'a-t-il pas rappelé maintes fois les impressions qu'il avait reçues d'un pareil voisinage dès son extrême enfance? L'influence du milieu ne devait pas être moins profitable à David. S'étant pénétré du caractère des modèles placés sous ses yeux, il parvint au bout de quelques mois à manier le crayon sans trop de gaucherie, et, un jour, à l'occasion de la fête de son père, le jeune artiste osa présenter au sculpteur quelques fleurs naïvement esquissées au trait.

[1] C'est peut-être à cette cérémonie qu'il convient de rattacher le fait suivant, que nous avons relevé dans les notes du maître : « Je viens de voir passer un régiment qui part pour Alger. Rien ne m'a tant électrisé que l'air martial de cette jeunesse, fière d'aller au combat. Ce sont toujours les fils des Gaulois. Je ne puis pourtant m'habituer à l'air de matamore du tambour-maître. N'est-ce pas une chose ridicule que de voir ce beau mannequin se balancer d'une façon si grotesque devant ces braves qui marchent silencieusement à sa suite? Mon antipathie à son sujet vient sans doute du souvenir d'une blessure que je reçus étant enfant. Un régiment venait d'assister à une cérémonie dans le Temple décadaire à Angers. J'étais auprès des tambours, pâle d'enthousiasme enfantin. Le tambour-major, en faisant ses grandes évolutions de canne, m'atteignit à la tête et m'y fit un trou. Je tombai. On me transporta tout couvert de sang dans une allée de la rue Saint-Aubin. Un officier vint me regarder et se mit à jurer après moi. Je n'oublierai jamais son coup d'œil méchant et farouche. A la suite de l'accident, je dus garder le lit à plusieurs reprises, et j'éprouvai longtemps de fortes douleurs de tête. — Montpellier, 1844. » — Notes autographes de David appartenant à la famille.

— « Non, non, Pierre, s'écria David sans regarder le dessin de l'enfant, non, non, je ne te mettrai pas dans les arts. J'ai suivi les écoles dans ma jeunesse, j'ai vécu dans les ateliers, et combien n'y ai-je pas éprouvé de déceptions! Prends un bon métier, mon enfant, n'écoute point ton ambition, ne trompe pas l'espoir et la prévoyance de ton père[1]. »

Ce conseil ne pouvait convenir à Pierre-Jean, dont la vocation s'imposait avec d'autant plus d'énergie qu'on essayait davantage de le détourner de son but. L'auteur du *Moïse* n'eut-il pas à lutter longuement, lui aussi, contre les résistances paternelles avant de devenir ce qu'on appelait de son temps un « *scarpellino* », c'est-à-dire « ouvrier en marbre »?

Le jeune David devait trouver un appui dans sa mère. C'est elle que Pierre-Jean choisit pour confidente de ses rêves d'avenir. Cette pauvre femme, que David d'Angers, dans sa gratitude filiale, nommera plus tard « un être angélique[2] », était faite pour soutenir l'enfant dans ses premiers efforts. La misère de son foyer ne l'empêcha pas de pressentir ce que l'art réservait à son fils. Elle se sentait fière de Pierre-Jean. A mesure que l'esprit de l'enfant s'orientait avec plus de force du côté des aspirations élevées, elle l'encourageait de ses paroles et le faisait plus grand par son exemple. Un seul trait d'ailleurs achèvera de faire apprécier la grande figure de cette femme du peuple, bien digne d'être la mère d'un homme illustre.

L'expédition d'Égypte venait d'être arrêtée par le Directoire, et les membres du Gouvernement, se souvenant de la conduite héroïque des Mayençais à Torfou, avaient décidé que Kléber et ses hommes tiendraient la campagne. Un Mayençais, de passage à Angers avec sa compagnie, fut amené par son billet de logement à séjourner pendant une étape chez Pierre-Louis

[1] François GRILLE, *Notice biographique sur David d'Angers*, Mss. 1058. Catal. des manuscrits de la Bibliothèque d'Angers, par M. Albert Lemarchand; — Angers, Cosnier et Lachèse, 1863, in-8°.

[2] DAVID d'Angers, *Notice sur Pierre-Louis David*.

David. Sur le point de quitter ses hôtes et la France, le soldat, ému par l'honnêteté de la famille du sculpteur, prit la mère de David en particulier : « — J'ai là, lui dit-il, une somme importante et divers objets de valeur. Je pars pour l'Égypte. Dieu sait si je reviendrai d'un pareil voyage. Acceptez en dépôt ou en don ce que je vais vous remettre. Si je reviens un jour, je prendrai ce qui restera. Si vous ne me revoyez pas, tout sera pour vous. » Le précieux dépôt consistait en pièces d'argenterie et en papiers équivalant à douze mille francs environ. La mère de David serra le tout en lieu sûr, et n'y songea plus.

De longs mois s'écoulent. Un soir d'hiver, pendant que le sculpteur sur bois, ses quatre enfants et leur mère se pressent autour d'un feu sans chaleur, au milieu du morne silence que la douleur morale fait naître chez ceux qu'elle accable, un pas lourd retentit à la porte de la maison. Quelqu'un frappe. On ouvre. Un homme se présente. Il porte sur ses traits vieillis la trace de la souffrance. Glorieux débris de quelque armée, cet homme n'a qu'un bras. Un premier moment d'hésitation marque l'entrée du blessé. « — Vous ne me reconnaissez pas? dit-il à la mère de Pierre-Jean. Je suis ce Mayençais que vous avez si bien accueilli à cette même place, il y a tantôt deux ans. — Je sais », fit aussitôt la femme du sculpteur; et pendant que celui-ci faisait asseoir l'étranger dont il serrait la main avec effusion, madame David courait au meuble dans lequel se trouvait intact le précieux dépôt, qu'elle remit toute joyeuse à son visiteur inattendu. Et des larmes de reconnaissance sillonnaient les joues du mutilé[1].

Telle fut cette femme courageuse, à qui la pensée de se servir de l'argent du Mayençais n'était jamais venue pendant ses jours de détresse, malgré l'invitation formelle que lui en avait faite le soldat à son départ pour l'Égypte. Qu'on ne s'étonne plus

[1] Voir Adrien MAILLARD, *Étude sur la vie et les ouvrages de David d'Angers, statuaire*. Angers, Victor Pavie, 1838, in-8°.

après cela de l'influence heureuse que dut exercer une pareille mère sur son enfant. Nous avons, dans le trait qui vient d'être raconté, le secret de la force morale dont elle déposa la semence dans l'âme de Pierre-Jean.

Secrètement encouragé par elle, celui-ci, malgré son jeune âge, ne se laissait pas ébranler par les remontrances de son père. A mesure que sa main parvenait à vaincre une difficulté nouvelle dans l'art du dessin, il cédait avec plus de confiance à ses rêves de gloire. Un jour, mû par une sorte de pressentiment de sa destinée, Pierre-Jean, qui venait d'entendre raconter les exploits de Bonaparte sous les murs de Mantoue, méditait d'élever un monument à la mémoire du jeune vainqueur de Wurmser. Savait-il donc déjà, ce fils d'ouvrier, qu'il ferait surgir plus tard, sous sa main puissante, après le général Bonaparte, Gouvion Saint-Cyr, Gobert et tant d'autres?

En l'année 1797, Pierre-Louis David fut appelé à Loudun pour y exécuter d'importants travaux. Il emmena son enfant avec lui. David d'Angers revint plus tard dans cette ville, et voici ce qu'il raconte : « J'ai voulu, parvenu à l'âge d'homme, revoir Loudun, où j'avais passé dix-huit mois, à l'âge de neuf ans, mon père étant occupé à la décoration de la maison de M. Montault-Desilles, plus tard évêque d'Angers. Mon père et moi étions à la journée. J'avais une jeune amie bien douce, bien spirituelle, ayant le même âge et les mêmes goûts que moi, mademoiselle Mesmée, nièce du prélat. C'était elle qui obtenait de mon père, extrêmement sévère pour moi, quelques instants de repos que nous passions en délicieuses causeries. Elle savait d'ailleurs me les rendre utiles par son instruction déjà remarquable et la noblesse de ses sentiments.

« Mon père m'avait quelquefois parlé du prix de Rome; je ne rêvais que succès et gloire : ces pensées effaçaient la distance qui me séparait de mon amie, et tous deux nous causions volontiers de ce fameux prix.

« Quand nous nous quittâmes, moi pour reprendre une

existence de luttes et de pauvreté, elle pour continuer à vivre heureuse au milieu de tous les avantages du rang et de la fortune, elle m'annonça qu'elle renonçait au mariage, qu'elle penserait toujours à moi, et elle me souhaita toutes sortes de bonheurs. C'est au milieu d'une crise de larmes que se séparèrent deux jeunes enfants destinés à ne jamais se revoir.

« Je viens d'apprendre que mademoiselle Mesmée ne s'est pas mariée. Elle habite encore Loudun. La maison décorée par mon père est fermée. Les riches sculptures de la porte sont envahies par les herbes; les persiennes sont en lambeaux. J'ai collé mon œil à la fente d'une porte de service ouvrant sur une petite rue. J'ai reconnu tout ce qui avait frappé mon imagination enfantine, mais la terrasse où nous courions ensemble, ma petite amie et moi, est en ruine, et l'aspect de cette maison déserte est si mélancolique, que mon cœur s'est contracté comme lorsqu'on vient de perdre quelqu'un qui vous était cher[1]. »

Ce voyage n'avait fait que développer l'énergie morale de Pierre-Jean. Ses sollicitations devinrent de jour en jour plus pressantes pour qu'on lui permît de suivre le cours de dessin de l'École centrale. La mère appuyait les prières de l'enfant des sages raisons que lui dictait sa foi en une vocation trop évidente pour n'être pas secondée. Le sculpteur sur bois se laissa vaincre, et Pierre-Jean se présenta pour recevoir les leçons de Marchand.

L'École centrale d'Angers, fondée le 21 mars 1796, dans l'ancien collége d'Anjou, avait été transférée en octobre 1797 au Grand-Séminaire, qui sert actuellement de Musée. David avait douze ans lorsque son père lui accorda de suivre les cours de l'École. On était alors en 1800. Deux ans plus tard, il reçut, toujours à l'École centrale, des leçons de mathématiques de Benaben, l'ancien Oratorien[2].

[1] 5 juillet 1842. — Notes autographes de David appartenant à la famille.

[2] David eut pour condisciple, à l'École centrale d'Angers, M. Eugène Chevreul, membre de l'Institut, directeur du Muséum d'histoire naturelle.

Tels qu'ils se pratiquaient alors, les cours de l'École constituaient une sorte d'enseignement supérieur auquel les cent cinquante élèves qui le recevaient n'étaient nullement préparés. Il y avait, au dire des historiens, absence complète de méthode dans cette incohérente distribution d'une science dont les branches diverses n'étaient rattachées par aucun lien[1]. Il nous est donc permis de penser que Pierre-Jean David ne puisa dans ces premières études que la connaissance du dessin. Du moins, les progrès qu'il fit sous la direction de Marchand furent-ils si évidents que son maître lui-même s'en montra surpris. Une année environ après son entrée à l'École centrale, l'élève obtenait un accessit pour une tête d'académie[2]. Peu après, le fils du sculpteur était admis à l'étude d'après le modèle en plâtre, et Marchand venait trouver Pierre-Louis David : « Vous voyez, lui disait-il, les succès rapides de votre enfant; ce serait un crime de l'arrêter dans sa carrière[3]. »

David d'Angers garda toute sa vie le souvenir de ces années studieuses. Au faîte de la renommée, il aimait à parler en termes émus de ce temps de misère et d'espérances, pendant lequel la détresse des siens était trop grande pour qu'on lui achetât un chapeau ! C'est lui encore qui rappelait que son habit tout usé inspira plus d'une fois du dégoût à ses condisciples de l'École centrale. Ne nous a-t-il pas dépeint le maigre costume qu'il portait alors : « Les petits sabots, le bonnet de laine et l'habit de camelot rigoureusement serré à la taille[4] »? C'est la marque d'une âme élevée, chez un homme de génie, de ne pas rougir des jours obscurs qu'il a dû traverser, et nous ne savons rien de plus fortifiant pour ceux qui luttent contre la pauvreté que de pareilles confidences sur les lèvres de celui qui a été l'artisan de sa propre fortune.

[1] Voir Célestin Port, *Dictionnaire historique de Maine-et-Loire.*

[2] An X. Registre de l'École centrale. Archives municipales d'Angers.

[3] F. Grille, *Notice biographique sur David d'Angers.*

[4] A. Maillard, *Étude sur la vie et les ouvrages de David d'Angers.*

Notre lecteur souhaite-t-il de connaître le caractère intime du jeune David? Écoutons-le : « J'ai toujours été très-impressionnable et très-timide ; courageux quand je pouvais seul accomplir une chose, craintif dès qu'il me fallait recourir à quelque autre personne, si celle-ci n'avait pas l'art de me donner confiance en moi-même. Dans mes jeux avec les enfants de mon âge, je n'apportais point l'abandon de l'enfance. Je n'étais pas adroit, et les plaisanteries me rendaient sauvage. Si je rencontrais un camarade moins bruyant que les autres, je m'en allais promener avec lui, et parler de choses sérieuses.

« Adolescent, quand je voyais dans les rues montueuses d'Angers de pauvres chevaux traîner avec peine une lourde voiture, mon jeune sang bouillonnait dans mes veines; je m'efforçais de pousser à la roue, mais mon imagination trop vive se repliait sur elle-même devant la faiblesse de mes membres.

« Jeune homme, la beauté captivait mon âme, puis de mélancoliques pensées m'avertissaient aussitôt que la nature ne m'avait pas assez favorisé sous le rapport physique, et j'admirais en secret[1]! »

Le 16 floréal an XII[2], l'École centrale, institution républicaine, était érigée en lycée. Cette transformation subite vint interrompre pour le jeune David des études chèrement commencées. Il en éprouva un ressentiment profond à l'égard de ce même soldat dont il méditait naguère d'illustrer les victoires. Le 18 brumaire était proche. Napoléon allait succéder à Bonaparte : Pierre-Jean David, à dater de ce moment, ne cessa jamais de faire deux parts dans la vie du vainqueur d'Arcole. Respectueux envers la mémoire du général républicain, il ne pardonna pas à l'Empereur. Et afin de se mieux défendre contre toute surprise, ayant pu se procurer le vigoureux discours de Carnot, dans lequel l'ancien Directeur, alors membre du Tribunat, avait

[1] Notes autographes de David appartenant à la famille.
[2] 6 mai 1804.

inutilement protesté contre l'abolition de la République, Pierre-Jean David tenait soigneusement cachée sous son chevet cette page éloquente, qu'il relisait la nuit malgré la défense de son père[1].

La détresse du sculpteur sur bois ne cessait pas d'être grande. Il lui fallait travailler sans repos pour nourrir sa famille, et dès que Pierre-Jean, qui atteignait sa quinzième année, fut capable de lui venir en aide, ce père prévoyant réclama de lui tous les secours qu'il en pouvait attendre. « Quoique très-jeune, écrit David, j'aidais mon père en exécutant, sous ses yeux, certains ornements décoratifs d'une grande simplicité. A mesure que ma main prit quelque assurance, ma collaboration devint plus importante. Mon père ne savait que sculpter l'ornement : il me confiait les figures de saints ou de personnages fantastiques; mais s'il arrivait du monde à l'atelier, j'avais soin de disparaître, et mon père, se plaçant auprès des figures que j'avais ébauchées, semblait y avoir travaillé lui-même. Parfois je lui apprenais à dessiner. Il était doué de très-grandes dispositions, mais il avait commencé trop tard[2]. »

Cependant, malgré ce labeur quotidien, Pierre-Louis David n'avait pas perdu l'espoir de détourner son fils d'une carrière qu'il savait hérissée d'obstacles. Loin de tendre à développer chez lui le sentiment de l'art, c'était à la préparation grossière de ses panneaux qu'il aimait à astreindre Pierre-Jean. Hors de l'atelier, il ne lui permettait jamais de prendre un ciseau. Le jeune homme, devenu praticien dans le sens le plus vulgaire du mot, restait attaché toute la semaine aux obscurs travaux que lui commandait son père. Ce n'était que le dimanche qu'il pouvait revenir à ses études préférées[3]. Que de fois, durant

[1] Voir Adrien MAILLARD, *Étude sur la vie et les ouvrages de David d'Angers.*

[2] Notes autographes de David appartenant à la famille.

[3] « Je travaillais toute la semaine avec mon père; les dimanches seuls étaient consacrés à l'étude sous la direction de Marchand, et, plus tard, du respectable M. Delusse. » — Notes autographes de David appartenant à la famille.

ces longues journées de labeur, le sculpteur sur bois se plut à rappeler à son fils ce qu'il savait de l'histoire douloureuse des artistes morts dans le dénûment et dans l'oubli! L'argument habituel de Pierre-Louis était d'ailleurs d'une extrême simplicité. Le brave homme se bornait à dire en forme de conclusion, « qu'il ne permettrait jamais que son fils mourût de faim[1] ».

Parfois, lorsqu'ils revenaient ensemble, à travers la campagne, de quelque église que Pierre-Louis avait décorée de ses sculptures, le père attristé se prenait à parler de son illustre homonyme, l'auteur des *Horaces*, alors dans tout l'éclat d'une réputation presque européenne. Ce n'était pas dans le but d'exalter l'imagination de Pierre-Jean que le sculpteur amenait l'entretien sur un semblable sujet. Loin de là. Les confidences de l'artiste, — c'était du moins son espoir, — devaient convaincre Pierre-Jean de la vanité de ses rêves. C'est pourquoi Pierre-Louis David avait coutume de clore ses mornes causeries par cet autre mot qu'il ne prononça jamais qu'avec des larmes dans la voix : « Mon fils, il n'y a qu'un David peintre, qu'il n'y ait aussi qu'un David sculpteur[2]. » Et le jeune homme se répétait volontiers cette parole comme un encouragement, car il y attachait un sens que son père ne pouvait soupçonner. Il était résolu, sans doute, à ce qu'il n'y eût qu'un sculpteur du nom de David, mais ce serait lui. Surpassant le mérite paternel, sans l'oublier, il portait en lui l'intime certitude de pouvoir prendre place parmi les maîtres.

Un jour, cependant, le père de David travaillait au château de Milon, non loin d'Angers[3]. Plus rassuré peut-être sur les projets de son fils, ou pressé par le temps, le sculpteur sur bois se départit de sa rigueur habituelle et dit au jeune artiste en

[1] Voir Adrien MAILLARD, *Étude sur la vie et les ouvrages de David d'Angers.*

[2] P. HAWKE, *Notice sur deux artistes angevins.* — *Bulletin de la Société industrielle d'Angers*, XIIIe année, 1842. Angers, Cosnier et Lachèse, in-8°.

[3] Arrondissement de Baugé.

lui désignant un dessus de porte : « Remplis ce panneau tout seul[1] ! » Pierre-Jean ne put contenir sa joie. Saisissant un crayon, le jeune homme alla s'accouder sur la table voisine. On le vit méditer pendant quelques secondes, puis, d'une main ferme, au centre de son sujet, il traça la silhouette d'une tête d'homme. C'était déjà le statuaire qui se révélait. Cette tête, sobrement comprise, est pleine d'énergie. Des feuilles de chêne lui font une mâle couronne, et ajoutent encore au caractère de la physionomie. Décrivant ensuite leurs courbes inégales et légères, deux branches de chêne courent vers les extrémités du panneau et se terminent par le calice et les pétales d'une fleur que l'artiste a couronnés de fruits abondants. Il y a dans cette première œuvre d'un sculpteur sans expérience, presque sans études, l'indice des qualités qui plus tard le feront supérieur à ses contemporains. La profondeur est ici jointe à la grâce dans une parfaite unité. D'un simple décor se dégage une pensée philosophique. Dans une allégorie sans prétention, David vient de faire l'éloge de la virilité. Noble début, n'est-il pas vrai? chez un jeune homme que sa destinée laisse aux prises avec les difficultés de la vie! L'art de l'ornemaniste était donc dépassé par Pierre-Jean, pour une fois qu'il essayait franchement, et sans parti pris, de s'y mesurer[2].

C'est au séjour du jeune David à Milon que se rattache une courte anecdote : « J'ai toujours aimé la poésie avec passion, écrit l'artiste. Lorsque je passai plusieurs mois à Milon, près de Baugé, où j'aidais mon père dans l'exécution d'importants travaux, M. de Crochard, le propriétaire du château, avait un frère qui faisait des vers. Comme, vraisemblablement, ces vers n'étaient pas de nature à intéresser des gens instruits, le poëte m'avait choisi pour auditeur. J'étais fort heureux de

[1] F. Gaillé, *Notice biographique sur David d'Angers.*

[2] Ce panneau, entièrement exécuté par David d'Angers, a été relevé par P. Hawke, en 1842, qui en a publié le dessin dans le *Bulletin de la Société industrielle d'Angers*, XIIIe année, 1842. — Voir tome II, pl. II.

l'entendre réciter ses compositions[1]. » David oublie de rappeler qu'il dessina le portrait du poëte et le lui offrit[2].

Mais pendant que le châtelain faisait réparer avec goût l'intérieur de sa maison, il traçait le plan d'une restauration maladroite et sauvage à l'extérieur. On détruisait les tourelles de l'antique château de Milon. La façade, décorée de sculptures qui rampaient de la base jusqu'au faîte et formaient d'élégants frontons sur chaque baie, allait être privée de ces inutiles ornements. On raconte que David s'émut en face d'un pareil vandalisme, et n'ayant pas le droit de blâmer par ses paroles ceux qui commandaient ces mutilations, il se prit à dessiner fiévreusement les curieux vestiges qu'il avait tant de fois admirés, puis il disparut tout à coup, laissant après lui, comme une muette protestation, l'image du vieux castel[3].

Ce que nous venons de raconter se passait en 1806. La même année, le jeune artiste modela pour un cordonnier de sa ville natale une *Enseigne* déposée aujourd'hui au Musée David. C'est un bas-relief de forme ovale où est représenté un jeune homme dans le costume de l'Empire, un genou en terre, devant une femme assise dont il tient le pied nu pour prendre mesure. La femme porte une coiffure grecque, et son siége est inspiré de l'antique. Encore que l'inexpérience du sculpteur soit écrite sur plus d'un point de ce travail, le dessin naïf, l'expression, le caractère des figures, les accents de style, mal équilibrés, il est vrai, portent l'indice des préoccupations de l'artiste en quête de bien faire[4].

[1] Notes autographes de David appartenant à la famille.

[2] Le petit-neveu de M. de Crochard, propriétaire actuel du château de Milon, conserve avec soin ce dessin.

[3] Voir P. Hawke, *Notice sur deux artistes angevins*.

[4] Voir planche II de ce volume. — L'ouvrage n'est pas signé, mais David, sur la fin de sa vie, se souvenant d'une de ses premières œuvres, et apprenant qu'on l'avait conservée, voulut la revoir en compagnie d'un ami, qui nous a lui-même certifié le fait : c'est M. Victor Pavie. — « David, nous dit-il, ne

Marchand était mort en 1804[1]. Jacques Delusse, qui professait depuis sept ans à l'École centrale de la Rochelle, après avoir habité l'Anjou dès 1776, sollicita de la ville d'Angers les fonctions de conservateur du Musée que le décès de Marchand rendait vacantes. La municipalité fit droit à sa demande[2], mais elle lui imposa l'obligation d'ouvrir un cours public de dessin. Ce cours devait être gratuit[3]. Pierre-Jean, que la suppression de l'École centrale avait privé de tout enseignement régulier, fut l'un des premiers à se rendre aux leçons de Delusse.

Le maître et l'élève ne tardèrent pas à s'estimer mutuellement. David allait trouver chez Delusse son meilleur guide, l'appui de sa jeunesse et le plus ardent défenseur de sa cause auprès du sculpteur sur bois. Au bout de quelques semaines, Delusse fut introduit dans la maison de Pierre-Louis David. Le digne

contesta pas un instant l'authenticité du travail, et il se mit à sourire en le revoyant. » — L'*Enseigne de cordonnier* était depuis de longues années fixée dans la muraille intérieure d'une boutique de serrurier, rue des Carmes, à Angers. Nul n'y songeait plus, lorsque, vers les derniers mois de 1871, l'auteur du présent ouvrage fut assez heureux pour découvrir le bas-relief oublié et préparer sa translation au Musée David.

[1] Marchand (Joseph), né en 1747, à Constantinople, d'une femme du pays et d'un Français, avait reçu une solide éducation. « Doué d'une imagination très-vive, la beauté du ciel, les sites merveilleux de l'Orient développèrent en lui de bonne heure le goût du dessin. Une double raison le porta à visiter la France; demi-Français par sa naissance, c'était encore en France qu'il espérait perfectionner ses talents. Il s'arrêta d'abord à Marseille, puis vint à Paris, où le hasard le fit connaître à M. de Contades, qui apprécia sa valeur, goûta son esprit et le détermina à venir à Angers pour y donner des leçons à ses enfants. Marchand ne tarda pas à être entouré de nombreux élèves des deux sexes, dont plusieurs lui firent honneur. Telle fut son existence à Angers, avant qu'il dirigeât le Musée de peinture et pendant qu'il remplit ces fonctions. Ce fut lui qui composa le premier livret du Musée d'Angers. Marchand unissait le talent de la gravure à celui de la peinture et du dessin. » BLORDIER-LANGLOIS, *Angers et le département de Maine-et-Loire*. Angers, V. Pavie, 1837, 2 vol. in-8°. *Passim*.

[2] 26 messidor an XII (18 juillet 1804).

[3] Voir Célestin PORT, *Dictionnaire historique de Maine-et-Loire*.

maître en profita pour adresser fréquemment ses éloges à Pierre-Jean devant son père. La mère du jeune artiste se mêlait parfois à la conversation, et Delusse trouvait en elle un auxiliaire toujours plein de délicatesse et de mesure.

Le sculpteur sur bois n'était pas disposé à se laisser persuader. Ce fut donc à de longs intervalles que, pendant les premiers temps, Delusse aborda, sans trop insister, une question qui devait effrayer David. Frappé des dispositions supérieures de son jeune élève, Delusse avait conçu le dessein de l'envoyer à Paris. Pierre-Jean, tout heureux de l'affection dont il était l'objet, caressait le secret espoir de pouvoir céder bientôt à son irrésistible penchant. Mais l'aveu, si timide qu'il eût été, d'un aussi étrange projet, n'avait fait qu'assombrir davantage le caractère du sculpteur sur bois. C'est alors que Delusse multiplia ses visites à l'atelier de Pierre-Louis, et les prolongea souvent pendant de longues heures.

Un soir, le maître patient dirigea ses pas vers la maison de son ami. C'était pendant l'hiver de 1806. Toute la famille se trouvait réunie. Le père, un marteau en main, travaillait activement à sculpter une figurine représentant l'Amour. Sa femme et ses trois filles, groupées autour de la lampe, tenaient l'aiguille. Delusse fit asseoir son élève en face de sa mère et lui mit un carton sur les genoux. Puis, prenant lui-même un crayon, il fit de cet intérieur laborieux un dessin placé aujourd'hui au Musée David[1]. Le sculpteur sur bois accepta l'œuvre de Delusse. Quant au maître, il avait atteint son but. En effet, n'avait-il pas défini dans ce cadre étroit le rôle de chacun des membres de la famille du sculpteur? Le talent de Pierre-Jean se trouvait une fois de plus affirmé par l'ingénieux stratagème que Delusse venait d'employer. Il l'avait représenté

[1] *Intérieur de la famille de David d'Angers*, par Jacques Delusse. Offert par madame David à la ville d'Angers. (N° 756, Catal. du Musée David, par Henry Jouin. Angers, P. Lachèse, Belleuvre et Dolbeau, 1870, in-12.)

dans l'attitude de l'artiste, vis-à-vis de sa mère, comme s'il eût été occupé à faire son portrait. Et afin de rendre plus expressive cette supplication nouvelle en faveur de Pierre-Jean, le maître avait figuré les trois sœurs de David au moment où elles viennent de suspendre leur travail pour mieux suivre le crayon de leur frère. Pierre-Jean se montra vivement touché de l'attention de Delusse, mais il le remercia surtout de lui avoir choisi dans son dessin une pose qui s'harmonisait si bien avec son culte filial.

Jacques Delusse était élève de Vien. On a de lui de nombreuses *Vues de l'Anjou* au lavis. Il dessinait avec correction; mais ce qui doit défendre son nom de l'oubli, c'est d'avoir rempli auprès de David d'Angers le rôle bienfaisant que Dominique Ghirlandaïo remplit autrefois auprès de Michel-Ange. Le rapprochement ne laisse pas que d'être frappant. Ce fut en effet le peintre Ghirlandaïo qui seul triompha de Léonard Buonarroti, faisant obstacle à la vocation de son fils. Il en fut de même de Delusse plaidant en faveur d'un statuaire dont le génie n'est pas sans une certaine parenté avec celui de Michel-Ange[1].

L'impatience de Pierre-Jean ne connaissait plus d'obstacles. A mesure qu'il se sentait grandir, le jeune artiste demandait impérieusement qu'on le laissât partir pour Paris. Le père ne voulait rien entendre à ces caprices et rebutait son fils aussi souvent que celui-ci osait tenter une nouvelle démarche. N'y tenant plus, découragé par les refus qu'il avait essuyés, convaincu de l'inutilité d'une existence que l'art seul eût pu remplir, sans

[1] Delusse s'était fait un ami de son élève. Il nous a été donné de voir entre les mains de M. Robert David d'Angers un croquis de la *Pierre-Bécherelle*, daté de 1807, sur lequel Delusse a mentionné que cette *Vue* est le premier dessin d'après nature qu'ait exécuté Pierre-Jean David. Il est également question dans cette note du repas frugal que prirent ensemble les deux amis, au pied de la pierre si poétiquement posée à quelques pas de la Loire.

force morale pour réagir contre la tentation qui l'obsédait, le jeune David s'empoisonna par désespoir avec des fruits de belladone. Sa mère, informée à temps du danger, combattit énergiquement le terrible narcotique, et sauva les jours de Pierre-Jean.

Singulière coïncidence. On se souvient que l'auteur des *Horaces*, Louis David, refusé pour la quatrième fois au concours du prix de Rome, avait aussi résolu d'en finir avec la vie. Décidé à mourir de faim, lorsque le peintre Doyen pénétra jusqu'à lui, il y avait vingt-quatre heures que Louis David n'avait pas pris de nourriture.

Sans prétendre excuser de pareils actes de défaillance, nous pouvons, du moins, en conclure que l'art, c'est-à-dire la passion du beau, jette de puissantes racines au cœur de certains hommes. On les voit lutter sans merci pour atteindre à la gloire. Ni les privations ni les obstacles ne sont assez forts pour les abattre. Mais qu'ils soient détournés de leur voie, que le mal qui les consume leur soit arraché, ces mêmes hommes, de vaillants qu'ils étaient tout à l'heure, n'ont plus même la patience de vivre.

Revenu à la santé, les prières ou les menaces ne purent dominer l'ardente nature de David. « Découragé, nous dit-il, je ne cessais de nourrir les plus coupables projets, mais la tendresse que j'éprouvais pour ma mère changea le cours de mes idées. Un jour, j'eus la pensée de me rendre à Paris. Je ne voulus confier à personne le plan que j'avais formé. En possession d'une quinzaine de francs environ, je préparai moi-même mon paquet et je me disposais à partir pendant la nuit, lorsque, ayant heurté quelque objet, ma mère s'éveilla et me demanda avec tant d'intérêt si je n'avais pas besoin de ses soins que le son de ses paroles fit évanouir en moi toute idée de séparation. Je remis à d'autres temps la réalisation de mon désir[1]. »

Sur ces entrefaites, une gravure du *Marcus Sextus* de Guérin

[1] Notes autographes de David appartenant à la famille.

tomba sous les yeux du jeune homme[1]. La vue de cette composition décida peut-être du tempérament du statuaire. C'est le *Marcus Sextus* qui lui révéla l'un des premiers attributs de l'art. Quelques lignes d'explication sur le tableau de Guérin sont nécessaires avant de passer outre.

On était en 1799 lorsque Guérin exposa la scène dramatique où il a représenté Marcus Sextus à son retour de l'exil. Le noble proscrit trouve sa femme morte et sa fille dans les larmes[2]. Il s'est assis sur le bord de la couche où repose le cadavre; il a pris les mains de la morte dans les siennes, et il paraît absorbé par la douleur. Au moment où cette toile fut exposée, le public voulut voir dans les désastres de Marcus Sextus les malheurs des émigrés, et le succès fut immense. On venait de toutes parts, sans distinction de rang ni de fortune, admirer le tableau du jeune peintre qui n'avait alors que vingt-trois ans. Les salons tinrent à honneur de posséder l'auteur du *Marcus*, et lorsqu'il paraissait dans les théâtres de Paris, où il avait ses entrées gratuites, toute la salle se levait pour l'applaudir. De bonne heure, on le comprend, la gravure du *Marcus Sextus* devint populaire.

Cependant, si on l'analyse, on découvre que cette toile porte la trace d'une trop grande réflexion, peu compatible, ce semble, avec la jeunesse de l'auteur. La scène manque de mouvement. L'ensemble a quelque chose de théâtral et de symétrique. Dans le personnage principal, on souhaiterait une plus grande énergie. Mais, en revanche, l'idée se dégage clairement du sujet, et c'est par ce côté qu'une simple gravure du *Marcus* devait frapper

[1] « Cette gravure se trouvait chez M. Parnit, et quand je la vis, je venais de porter à cet Angevin un *Aigle* que mon père et moi avions sculpté. Pendant que mon père était dans le cabinet à recevoir son argent, j'étais entré dans le salon; c'est là que je demeurai stupéfait devant le *Marcus Sextus* de Guérin. » — Notes autographes de David appartenant à la famille.

[2] Le *Retour de Marcus Sextus*, qui figure au Louvre (n° 277, Catal. de Frédéric Villot, édition de 1874), a été gravé par Blot. L'estampe, fort rare aujourd'hui, porte la légende : « *Marcus Sextus, de retour dans sa famille, y trouve sa fille en pleurs auprès de sa mère expirée.* »

si profondément l'imagination du jeune David. N'est-ce pas lui-même qui dira plus tard, en rappelant l'impression que fit sur lui l'œuvre de Guérin : « Le moral de l'art prit pour la première fois, ce jour-là, possession de mon esprit[1] »? Le moral de l'art, c'est-à-dire la pensée qui porte avec elle un enseignement; l'idée qui est assez puissante pour élever l'intelligence vers des régions surhumaines, voilà quelle sera désormais la passion maîtresse de David. A dater de ce jour, pour peu qu'il reste fidèle à la vérité dont il vient d'avoir la révélation lumineuse, David d'Angers ne peut moins faire que de s'imposer à son siècle. Il a eu, dans une heure de génie, la véritable notion de l'art, le sens juste de la vocation de l'artiste.

Y a-t-il donc une vocation pour l'artiste? — N'en doutez pas. Vocation veut dire appel, et l'appel de Dieu s'adresse à tous. Dieu n'est-il pas le créateur, le maître, l'artiste par excellence? L'immense nature sortie de ses mains, qu'est-ce autre chose que le divin poëme dont nous sommes les syllabes, selon la belle parole de Platon? Ainsi que l'orateur jette son verbe, Dieu répand des âmes à travers l'espace. Et, fidèles à la mission magnifique qu'il leur impose, ces âmes gravitent autour de l'Infini. Mais l'âme humaine n'a rien de l'astre, et tandis que l'étoile suit sa course invariable, l'âme, créée libre, trace elle-même son sillon préféré. Le divin, tel est le but qu'il faut atteindre; et le grand semeur des âmes préside au sommet de toutes choses à l'universelle harmonie. Des âmes d'intelligence remontent à lui par la voie de la contemplation : ce sont les âmes des poëtes et des philosophes. Leur front est couronné de lumière. Des âmes de volonté remontent à Dieu par la force morale : ce sont celles des hommes de lutte et de devoir; ce sont les âmes des saints. Leur vie est faite d'héroïsme. Des âmes d'activité entraînent à Dieu par le commandement : ce sont celles des

[1] Notes autographes de David appartenant à la famille.

chefs de famille, des chefs d'État, des grands capitaines et des artistes.

Mais aucune de ces routes diverses ne peut être suivie à l'exclusion des autres. L'artiste a besoin de vivre d'intelligence, c'est-à-dire de lumière. Il a besoin de vivre de volonté, c'est-à-dire de force morale, comme il a besoin de vivre d'activité. Il résume en lui les trois vies. Toutefois, c'est dans l'activité que viendront se résoudre toutes ses énergies.

La vocation de l'artiste sera donc reconnaissable à des signes certains. Ces signes seront de deux sortes : extérieurs et intimes. Ils surgiront des circonstances, c'est-à-dire qu'ils se trahiront dans l'éducation, la famille, le milieu, le pays. En même temps, les facultés de l'artiste lui apporteront le témoignage secret de leur pente naturelle vers le beau. Pour un jour, il saura se définir à lui-même ses aptitudes et ses préférences. Il aura sur son être un double appel : celui du maître et celui de l'inspiration. Quand le maître et l'inspiration parlent la même langue à l'âme altérée de l'artiste, qu'il marche! il est dans sa voie. Ah! sans doute, il y aura lutte. Le front dans la lumière, l'âme inondée de chaudes certitudes, l'artiste devra marcher au milieu des obscurités de la vie. Ce qu'il voudra saisir, il ne l'atteindra pas. Le succès mérité, souvent entrevu, fuira devant lui. Mais une vie d'homme se peut-elle concevoir sans liberté? Or la liberté n'existe pas sans la lutte. Et l'historien souhaiterait inutilement d'écrire une page plus émouvante que celle où il peut raconter le bon combat d'une âme libre.

S'il y a une vocation pour l'artiste, en retrouvons-nous la marque infaillible chez David? Oui, Pierre-Jean a sur lui l'appel de Dieu qui donne à l'âme humaine de comprendre le beau, de l'aimer et d'en reproduire l'image. Nous l'avons entendu déjà proclamer que le moral de l'art s'est emparé de son intelligence. Nous avons vu sa volonté se mesurer avec l'obstacle, et, certes, ce premier combat nous l'a montré dans l'ardeur d'une énergie sans mesure, puisqu'elle lui défendait de subir l'échec sans appeler la mort. Vienne l'heure d'une liberté pleine, et l'activité de l'homme aura les proportions de son intelligence et de sa volonté.

Si caractérisée que soit la vocation de David, elle ne l'empêchera pas cependant de vivre dans une lutte opiniâtre et de tous les jours. Nous aimerons à constater au cours de ce récit les résultats glorieux, les conquêtes difficiles et profitables qui ont marqué la trace du maître dans l'École française, mais nous nous attacherons plus encore à mettre en lumière les vertus intellectuelles et morales qui ont été chez David d'Angers comme la pierre d'assise du génie.

Un succès prochain devait couronner les efforts persistants de Pierre-Jean. Delusse, de plus en plus pénétré du talent que portait en lui son élève, résolut de vaincre à tout prix la résistance obstinée du sculpteur sur bois. Après de longs entretiens, au cours desquels le digne maître s'efforça de faire envisager à Pierre-Louis David les aptitudes réelles, le succès assuré de son fils, il lui apporta deux *Têtes de femme* modelées par Pierre-Jean d'après Michel-Ange [1].

Ébranlé par les instances de Delusse, Pierre-Louis David apprécia le mérite des deux *Têtes* qu'il avait devant lui. Sa surprise fut grande en voyant avec quelle sûreté son fils avait su pétrir de mauvaise argile. Il s'avoua vaincu par une vocation si persévérante, et promit à Delusse de ne plus s'opposer à rien; « mais, écrit David, mon père fut obligé d'avouer qu'il n'avait pas même cent sous pour m'aider à faire le voyage. M. Delusse répondit aussitôt qu'il pouvait me prêter quarante francs [2]. »

Pierre-Jean courut embrasser sa mère, et son père le conduisit à la voiture de Chartres.

« En ce temps-là, écrit David, on partait d'Angers la nuit,

[1] Voir Adrien Mailland, *Étude sur la vie et les ouvrages de David d'Angers.*

[2] Notes autographes de David appartenant à la famille.

à trois heures du matin. J'arrivais à la diligence portant mon petit paquet sous le bras; mon père s'était écarté de quelques pas, un coup de pistolet fut tiré sur moi. Je ne fus pas atteint, mais je demeurai tout étourdi de la commotion. Nous nous mîmes, mon père et moi, à courir dans la direction du meurtrier; il ne nous fut pas donné de le rejoindre : il avait pris la rue de l'Écorcherie et les ruelles qui avoisinent la place Cupif. Nous avons pensé que cette lâche agression devait être le fait d'un jeune sculpteur que son père avait envoyé, peu auparavant, étudier à Paris pendant l'espace de deux années. Peut-être ces gens jaloux supposaient-ils qu'après un stage rapide je reviendrais moi-même, et que, m'associant avec mon père, nous leur ferions du tort. Le sculpteur dont je parle avait dû fuir de Paris après l'assassinat d'un de ses camarades, qu'il avait surpris dormant la tête posée sur l'appui d'une fenêtre[1]. »

Pierre-Jean était riche de neuf francs[2] lorsqu'il franchit la barrière de la Conférence[3]. « Enfin, dit-il, j'eus la joie d'arriver à Paris, après avoir fait la route à pied depuis Chartres, mes modestes ressources ne m'ayant pas permis de continuer le voyage en voiture[4]. »

On était en 1808. Pierre-Jean David avait vingt ans[5].

[1] Notes autographes de David appartenant à la famille.

[2] Voir F. GRILLE, *Notice biographique sur David d'Angers*.

[3] La *barrière de la Conférence*, appelée depuis *barrière de Passy*, élevée par l'architecte Ledoux, était placée sur le bord même de la Seine et servait tout ensemble de douane et d'octroi. Une statue assise de l'*Abondance*, aux proportions colossales, surmontait la guérite posée sur le mur du quai et faisait équilibre au monument principal, l'un des plus originaux des Propylées de Paris. Cette barrière a disparu en 1860.

[4] Notes autographes de David appartenant à la famille.

[5] La plupart des biographes du maître, sans excepter M. A. Maillard, ordinairement bien informé, ont prétendu que David n'avait que dix-huit ans lorsqu'il vint à Paris. Il aurait donc quitté les siens dès 1806. Cette opinion est évidemment erronée, puisque David lui-même écrit dans ses notes autographes déposées à la Bibliothèque d'Angers : « J'ai quitté Angers en 1808. » Ce texte nous paraît sans réplique.

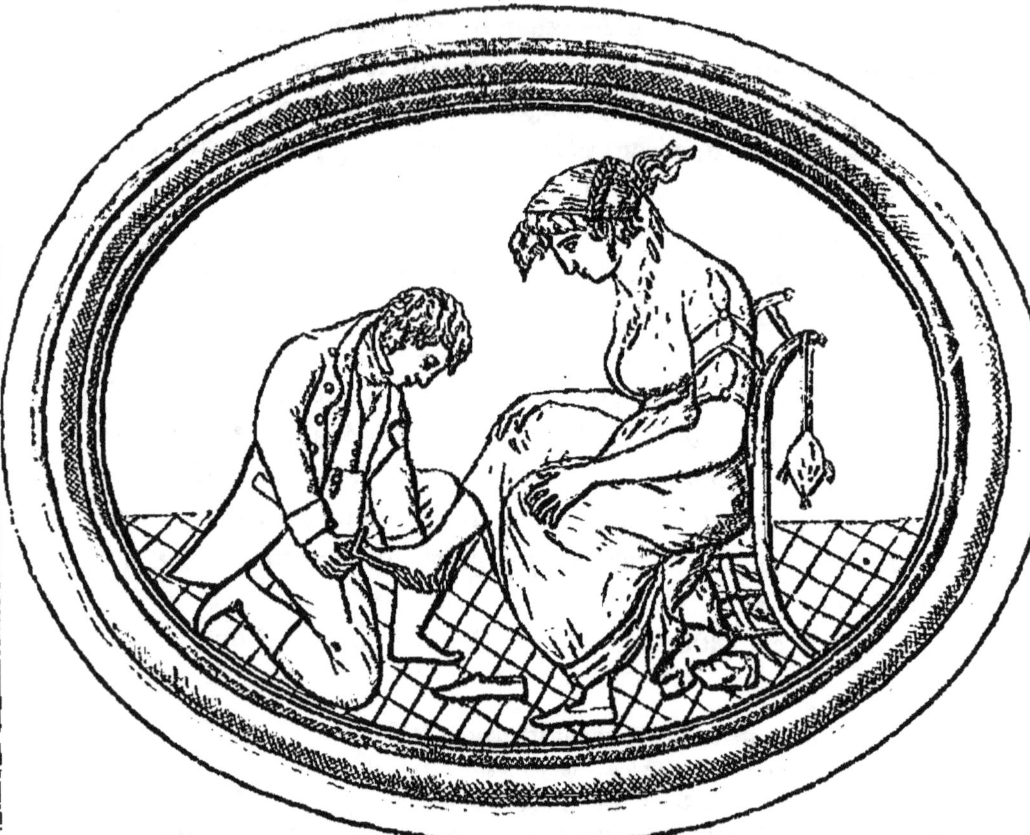

V. Mebuen del — A Durand sc

ENSEIGNE DE CORDONNIER.
Musée David — Plâtre

Imp A Durand, Paris

CHAPITRE II

1808-1811

FORMATION

Pierre-Jean David à Paris. — L'arc de triomphe du Carrousel. — Travail et pauvreté. — L'Anjou. — Maladie. — David dans l'atelier de Roland. — « Le bon Massa. » — Veilles studieuses du sculpteur. — Béclard. — Les compositions de Poussin modelées par David. — Défaillance. — Retour au travail. — Les bas-reliefs de la colonne Trajane. — Roland au milieu de ses élèves. — David occupé à la décoration du Louvre. — En loge. — Le deuxième grand prix : *Othryades*. — Le Salon de 1810. — Delusse vient à Paris. — Pierre-Jean et le peintre Louis David. — Pension de la ville d'Angers. — La *Douleur*. — Conseils du peintre Louis David. — Le prix de Rome : *Mort d'Épaminondas*. — La mère de Pierre-Jean. — Don de l'*Othryades*, de la *Douleur* et de la *Mort d'Épaminondas* au Musée d'Angers. — Le secret de toute formation. — Départ de David pour Rome.

En traversant d'un pas rapide les faubourgs de Paris, Pierre-Jean David se sentait fier de son propre courage. Ses forces étaient doublées par la joie. Il écoutait sa conscience lui répéter qu'il avait rempli son premier devoir. De grandes espérances soulevaient sa poitrine. L'art allait devenir l'occupation de sa vie. Je ne sais quoi de généreux autorisait cet adolescent à porter sur lui-même un regard élevé.

Ce fut dans une chétive mansarde du passage du Caire que notre Angevin s'installa. Le lendemain de son arrivée à Paris, Pierre-Jean David s'occupait de s'assurer des ressources. Un de ses biographes a bien dit : « Il demanda de l ouvrage, et il lui en fut donné [1]. » Heureux des connaissances qu'il avait acquises dans l'atelier paternel, alors que le sculpteur sur bois se faisait aider par lui dans ses travaux, le jeune artiste alla s'offrir à

[1] F. Grille, *Notice biographique sur David d'Angers.*

Besnier, chargé de la décoration des corniches de l'arc du Carrousel[1]. Ce monument, entrepris en 1806, sur les plans de Percier et de Fontaine, allait être prochainement terminé. De nombreux artistes y travaillaient, lorsque David obtint lui-même de concourir à l'ornementation des corniches et des voûtes, à raison de vingt sous par jour. Le salaire était mince, mais David n'osait s'en plaindre, Besnier lui permettant chaque jour de prendre quelques heures pendant lesquelles il courait dessiner au Louvre.

Le jeune artiste avait trop présente à l'esprit la privation qu'il avait endurée lors de la suppression de l'École centrale, pour ne pas ambitionner dès le premier jour le bienfait d'un enseignement régulier. Il fallait à sa nature inquiète une méthode qui le rendît apte aux concours de l'École des Beaux-Arts. Nous ignorons à quelle porte alla frapper David pour obtenir les leçons qu'il cherchait. Nous savons seulement qu'il ne travaillait pas seul, car il écrit le 7 août 1808, à l'un de ses amis d'enfance : « Tu excuseras mon griffonnage; la nuit avance, et tous les jours il faut que je sois à quatre heures et demie sur pied, afin de me trouver à cinq heures avec les autres élèves à étudier. Il m'en a coûté pendant les premiers instants, moi qui étais dormeur! mais la raison a pris le dessus[2]. »

Il est évidemment question, dans les lignes qui précèdent, du premier atelier dans lequel David s'est fait inscrire. Que le nom du maître sous les yeux duquel il s'essaya ne nous soit pas parvenu, cela importe peu, car David entrera bientôt dans l'atelier de Roland, et c'est seulement à dater de ce jour qu'une direction sérieuse sera donnée à ses études. Nous avons voulu toutefois signaler le passage de Pierre-Jean David dans une école inconnue, où, probablement, l'émulation fut le meilleur soutien des élèves qui la fréquentaient. N'y a-t-il pas utilité

[1] Voir F. Grille, *Notice biographique sur David d'Angers.*

[2] Voir tome II, *Lettres sur l'art, I.*

à révéler cette noble défiance de soi-même qui se manifesta chez un jeune homme que son tempérament portait au contraire à s'affranchir de tout frein? Ne nous est-il pas permis de considérer comme un acte de volonté, trop rare chez les jeunes gens, l'empressement de David à accepter les avis de professeurs sans renom? Pour l'artiste qui débute, mieux vaut un maître, si humble soit-il, que les caprices d'une inspiration sans joug et les périlleux conseils de l'isolement.

C'est à peine si l'argent qu'il gagnait permettait à Pierre-Jean d'acheter du pain. C'était d'ailleurs sa seule nourriture [1]. Telle était cependant l'énergie du jeune David que nous le voyons écrire ces lignes tout imprégnées d'enthousiasme, où il n'est question que d'art et nullement des misères de l'artiste : « Ma joie a été grande quand j'ai reconnu ton écriture, mais cela m'a fait voir que j'avais trop tardé à m'entretenir avec un ami tel que toi. Je n'entreprendrai pas de m'excuser. Tu connais les difficultés de notre art. Ce n'est que par le travail assidu que nous pouvons parvenir à fixer l'attention de nos maîtres sur nos ouvrages. Les minutes sont comptées par l'étude. Le dimanche, je trouve à peine le temps d'aller faire une courte promenade vers le soir. C'est toujours aux Champs-Élysées que je porte mes pas. Il y a vraiment à jouir. On y voit une ardente jeunesse se livrer à toute sorte de jeux. Là, quelquefois, caché derrière une charmille, je dessine des groupes que la nature prend soin de varier avec un goût exquis. Certaines têtes me semblent curieuses, j'en trace le croquis, et, sans le savoir, les passants deviennent ma propriété. Voilà, cher ami, mon plus grand plaisir. C'est l'amour des arts qui me le procure [2]. »

Qui n'admirerait les studieux loisirs du jeune David? Il ne soupçonne pas que l'art puisse fatiguer jamais le cœur où la main. C'est à l'art, cependant, qu'il doit les amertumes qui

[1] Voir F. Grille, *Notice biographique sur David d'Angers.*

[2] Voir tome II, *Lettres sur l'art, I.*

l'obsèdent ; l'art est pour lui une cause perpétuelle de souffrance, mais à l'art il a donné sa vie, et c'est en lui que se résument désormais ses espérances et ses joies.

Cette première lettre de David renferme sur le Paris de 1808 plus d'un détail curieux. L'aspect général de la ville, les théâtres, l'arc de l'Étoile et la colonne de la place Vendôme y sont l'objet de remarques très-justes. Le monument auquel il travaillait lui-même et qui lui valait le trop maigre payement que l'on sait, l'arc du Carrousel ne pouvait être oublié dans la description que David fait à son ami. Voici en quels termes il en parle :

« Un arc de triomphe s'élève avec grandeur devant les Tuileries. Il est presque achevé. Ce monument est dédié à la gloire de la garde impériale. Au-dessus de l'arc sont placés quatre superbes chevaux en bronze[1]. Figure-toi comme c'est magnifique. Des bas-reliefs en marbre représentent les actions mémorables de notre Empereur. Sur chaque colonne est un soldat sculpté dans le marbre : tel que dragon, grenadier, sapeur[2], etc. On prétend que l'arc est trop peu élevé. Les architectes répondent à cela qu'ils n'ont pas voulu que la porte fût plus haute que le bâtiment. C'est, en effet, une porte d'honneur, puisqu'il faudra passer sous ses voûtes pour entrer au château des Tuileries[3]. »

[1] A l'époque où écrivait David d'Angers, les chevaux qui surmontaient l'attique de l'arc du Carrousel étaient les chevaux de Corinthe, attribués à Lysippe ou à Zénodore, et plus généralement connus sous le nom de *Chevaux de Venise* ou *Quadrige de Saint-Marc*. Ils étaient attelés à un char que conduisaient deux figures allégoriques en fer et en plomb doré, la *Victoire* et la *Paix*, ouvrages de Lemot. Les chevaux furent restitués à Venise en 1815, et le char, ainsi que les deux figures, furent détruits. La Restauration fit rétablir le quadrige qui se voit aujourd'hui. Il est l'œuvre de François Bosio, et a été fondu par Crozatier.

[2] Les statues de soldats de différentes armes de la grande armée sont : un *Chasseur de cavalerie*, par Foucou ; un *Grenadier de ligne*, par Dardel ; un *Dragon*, par Corbet ; un *Carabinier*, par Chinard ; un *Sapeur*, par Jacques-Edme Dumont ; un *Cuirassier*, par Taunay ; un *Canonnier*, par Bridan fils ; un *Carabinier de ligne*, par Moutoni.

[3] De Clarac écrit à ce sujet : « *L'arc du Carrousel, plus que toute autre*

David prend bien soin de ne pas dévoiler à son ami qu'il travaille pendant une partie de ses journées sur les échafaudages de ce monument. Il lui faudrait avouer ce que lui coûte la tâche obscure qu'il remplit, et ce serait attrister inutilement les siens. Ce n'est pas lui qui s'attardera jamais à se plaindre. Du reste, ne se sent-il pas redevable envers Besnier, son patron, du glorieux voisinage de Percier, l'architecte de l'arc de triomphe, de Lemot, chargé des travaux de l'attique, de Cartellier, d'Espercieux, de Ramey, les auteurs des bas-reliefs qui décorent les faces principales, et enfin de Callamare, dont il écrira la vie en un jour de loisir, après avoir modelé ses traits ainsi que ceux des hommes que nous venons de nommer[1]? David marche donc dans la voie de l'artiste dès sa première heure de liberté. Le milieu, l'étude, la tâche rétribuée, tout correspond à sa nature. Il a mis bon ordre à sa volonté pour qu'elle ne défaille pas dans son âpre sentier.

Cependant, ce serait mal juger David que de lui supposer une énergie excluant toute tendresse. Il n'eût pas été l'artiste que nous avons connu, si Dieu ne lui avait fait une âme trempée de mélancolie en même temps que de force morale. On n'a pas oublié les termes touchants dans lesquels il s'exprime quand il

partie des Tuileries, a été l'objet de l'éloge et de la critique. MM. Percier et Fontaine ont été les architectes de ce monument, à l'élégance duquel on ne peut rien reprocher sous le rapport des proportions du plan et de l'élévation, ainsi que sous celui de la pureté des profils. Rien ne manque à sa construction, et les ornements ont été dans toutes leurs parties exécutés avec un goût et une netteté de travail qui feraient honneur même à un édifice grec. » — *Musée de sculpture ancienne et moderne, ou Description historique et graphique du Louvre*, par le comte F. de Clarac. Paris, Impr. Royale, 1841-1853, texte, 6 vol. in-8°, planches. Paris, Victor Texier, 1826-1853, 6 vol. in-4° obl.

[1] Le bas-relief exécuté par Cartellier est celui de gauche, du côté du Louvre; il a pour sujet la *Capitulation d'Ulm*. — Celui d'Espercieux, à droite sur la même face, a pour sujet la *Bataille d'Austerlitz*. — Ramey père a représenté l'*Entrevue des Empereurs de France et d'Autriche*, du côté des Tuileries. — Callamare est l'auteur d'un des bas-reliefs de l'attique représentant les *Arts*. — Voir tome II, *Portraits d'Artistes*, Callamare.

parle de sa mère. Écoutons-le s'entretenir avec son ami des paysages de l'Anjou.

« Paris, écrit-il, renferme tout ce que l'art peut imaginer de plus séduisant, mais la belle nature en est exclue. De quelque côté que l'on se dirige en dehors de Paris, on ne rencontre pas les bords enchanteurs de la Loire. Il m'en reste des souvenirs bien doux. Plusieurs artistes m'ont affirmé que dans le cours de leurs voyages, ils n'avaient rien vu de plus beau que nos charmants sites. Si tu avais le temps de faire une excursion d'Angers à Nantes, je suis sûr que tu ne pourrais pas en croire tes yeux. Il faut être de marbre pour ne pas se sentir ému. On rêve de quelque demeure des dieux. Oh! mon ami, comme mon imagination croit voir encore ces merveilles de la nature! Mais un long espace me sépare de ces lieux aimés. Je dois contempler d'autres spectacles. Je t'engage bien vivement, mon ami, à visiter les bords de la Loire. N'as-tu pas une campagne d'où l'on découvre notre fleuve? Quand tu iras sur le rocher dont tu m'as souvent parlé, pense à ton ami David[1]. »

Telles sont les effusions de cœur de celui qui signera bientôt « David d'Angers ». Plus encore que son nom, ses actes prouveront pendant toute sa vie qu'il resta fidèle au lieu natal. Ne croirait-on pas entendre à travers ces confidences de jeune homme un écho lointain du vers attendri de Virgile : *Dulces reminiscitur Argos*? Qui sait si ce n'est pas en mémoire de ce cri de l'âme échappé au poëte de Mantoue que devant la légende de Virgile angevin le noble artiste se montra tant de fois demi-crédule[2]! On l'a vu, il ne se lasse pas de s'entretenir de

[1] Voir tome II, *Lettres sur l'art*, I.

[2] Un écrivain du siècle dernier, Poinsinet de Sivry, s'exprime ainsi : « Andes, bourg d'Italie, est une fondation des Celtes d'Anjou, nommés en latin *Andes*. Le fameux poëte Virgile étant né dans ce bourg, la Celtique peut donc se vanter d'être originairement la patrie de ce génie. » (*Origine des premières sociétés*. Amsterdam, 1769, in-8°.) Poinsinet, en parlant de la sorte, s'est autorisé d'un passage de Claude Ménard, dans le *Rerum Andegavensium pandectæ*. (Mss. Bibl. d'Angers.) Après lui, Jacques Rangeard (*Extraits de*

la Loire dans cette lettre datée de 1808. Il y revient jusqu'à trois reprises. En 1831, c'est un témoin qui l'affirme, lorsqu'il entreprendra le voyage de Weimar afin de modeler la tête de Gœthe, les bords du Rhin ne feront que raviver chez lui ses préférences pour son beau fleuve[1]. Au terme de sa vie, en 1855, il voudra le redescendre une fois encore avant de mourir.

David, dans son extrême pauvreté, ne pouvant se nourrir que de pain, avait trop compté sur la force de ses vingt ans[2]. Les préoccupations qui le poursuivaient sans relâche, son enthousiasme en présence des chefs-d'œuvre de l'art, l'ambition dont il était consumé multipliaient chez lui les secousses morales. Un état de surexcitation s'ensuivit, et, peu après, une fièvre nerveuse se déclara. David se vit forcé de ne plus quitter sa mansarde. Le désespoir qui s'empara de lui, en aggravant le mal dont il souffrait, mit ses jours en danger.

Une vieille tante restait à l'artiste délaissé. Ne voyant plus paraître Pierre-Jean, elle eut la pensée d'aller frapper à la chambre de son neveu. Elle le trouva couché sur un mauvais lit, sans mouvement, l'œil hagard, parlant avec la volubilité du délire et près de rendre l'âme[3]. Il était temps. Quelques jours de retard dans la visite de cette pauvre femme, et c'en était fait peut-être de l'artiste dont nous écrivons la vie.

divers ouvrages pour servir à l'étude de l'histoire d'Anjou. Mss. Bibl. d'Angers) et d'autres auteurs plus récents se sont ralliés à cette opinion étrange, qui, si elle est de nature à flatter l'amour-propre français ou à tenter une âme d'artiste, aurait besoin de preuves pour être acceptée par l'histoire.

[1] Voir Victor Pavie, *Discours prononcé à l'inauguration du buste de David d'Angers.* Angers, Cosnier et Lachèse, 1863, in-8°.

[2] « Pendant les deux premières années de mon séjour à Paris, écrit David, je n'ai reçu de qui que ce soit le moindre secours. Mon père ne me pardonnait pas de l'avoir quitté. Ma bonne mère m'exhortait à la patience et au courage, mais c'était tout ce qu'elle pouvait faire. Personne autre ne s'intéressait à moi : j'explique cet abandon par mon extrême timidité et mon orgueil qui ne me permettaient pas de divulguer à qui que ce fût ma pénible situation. » — Notes autographes de David appartenant à la famille.

[3] Voir F. Grille, *Notice biographique sur David d'Angers.*

Les soins maternels de la tante de David, les paroles du cœur qu'elle lui prodigua, et, plus que tout le reste, la jeunesse du malade, l'aidèrent à triompher de cette pénible épreuve. Mais il était dit que jamais David ne connaîtrait de repos complet. Après le mal physique, les tortures de l'âme.

En effet, la famille de l'artiste prit occasion du retard que la maladie venait de lui imposer pour lui démontrer une fois de plus l'inutilité de ses efforts. On le suppliait de quitter Paris et de s'en revenir auprès de son père. A toutes les instances qui lui arrivaient de l'Anjou se joignirent encore celles de la bonne vieille qui, peu auparavant, l'avait sauvé d'une mort trop certaine. David se sentait redevable envers cette femme, et il lui en coûtait de repousser ses conseils. Si violente cependant qu'ait été la pression morale dont il se vit l'objet pendant plusieurs mois, Pierre-Jean ne se sentit pas défaillir un seul jour. Il avait foi dans l'avenir. C'en était assez pour que, sans murmure, il acceptât le présent, quel qu'il fût. Voulant déjouer chez les siens toute espérance au sujet de son retour à Angers, il entra dans l'atelier de Roland.

Ainsi qu'il l'avait prévu, c'était un moyen de couper court aux supplications prolongées de sa famille. Si le parti qu'il avait adopté n'était pas de nature à modifier sa situation sous le rapport du gain, Pierre-Jean David était certain d'avoir à l'avenir sous les yeux des œuvres de mérite, et d'être initié, par un maître vraiment digne de ce nom, aux secrets du grand art.

Mais les privations se faisaient toujours sentir. Lui-même a raconté sa détresse dans les pages qu'il consacra plus tard à la mémoire de son maître. Ayant à esquisser les traits des quatre élèves qui seuls reçurent les leçons du statuaire Roland, David d'Angers parle en ces termes touchants du sculpteur Massa :

« Le bon Massa, qui, après de brillants succès, fut sitôt enlevé à ses amis et aux arts par une cruelle maladie de poitrine, s'était lié d'une affection toute particulière avec l'un des élèves de l'atelier. Celui-ci était venu à Paris pour étudier, sans argent, sans autre stimulant qu'un ardent amour du travail et le souvenir de ses parents, trop pauvres, hélas! pour lui envoyer autre chose que leurs vœux. Massa apportait tous les jours à l'atelier un long pain, unique nourriture des deux amis, mets frugal qu'assaisonnaient l'eau claire de la fontaine et l'insouciante gaieté de leur âge. Quant à corriger par quelques douceurs la sèche monotonie de leur repas, nul des deux n'y songeait, ni l'un ni l'autre ne possédant les modiques pièces de monnaie qui eussent été nécessaires pour une pareille dépense. Massa, du moins, trouvait le soir chez ses parents un souper plus substantiel. Son ami, lui, n'avait pas de dédommagement, et la faim l'attendait dans sa mansarde. Et pourtant, ce morceau de pain qu'il tenait de l'amitié, ce faible secours a suffi à soutenir ses forces et lui a permis de se livrer à l'étude sans autre préoccupation. Heureux temps de l'existence, où l'âme encore vierge du contact des hommes est accessible aux plus douces émotions, au dévouement le plus entier[1]. »

Cet ami du « bon Massa » que David oublie de nommer, c'est lui-même. Timide et fier tout ensemble, Pierre-Jean n'avait confié son dénûment qu'à ce camarade d'atelier, mort trop jeune pour tenir son illustration du génie et qui l'a reçue de l'amitié.

David ne voulait rien demander à personne. Sa vieille tante, quoique fort pauvre elle-même, eût été heureuse d'aider quelquefois Pierre-Jean, mais celui-ci ne l'allait voir que rarement et n'entendait accepter aucun secours de sa main[2]. Noble exemple laissé aux jeunes hommes qui se sentent aux prises avec la misère. David souffre toutes les angoisses au milieu du luxe de Paris, et, fort de ses vingt ans, il affronte, résolu, les empêchements de toute nature dont il se sent entouré.

[1] David d'Angers, *Notice sur la vie et les ouvrages de Roland, statuaire.* Lille, L. Danel, 1847, in-8°. — Voir tome II, *Portraits d'Artistes*, Roland.
[2] Voir F. Grille, *Notice biographique sur David d'Angers.*

Il sait que la vie humaine est un combat; il aspire à se faire une place honorée parmi les hommes d'élite : dès lors les difficultés de la conquête ne sauraient l'effrayer. Et puisque le mot de conquête, inséparable d'une idée de lutte, se trouve sous notre plume, disons jusqu'à quel point David avait entrepris d'assimiler sa vie à celle du soldat. On raconte qu'il s'était préparé une boisson avec un mélange de café, d'eau-de-vie et de poudre, dont il usait pendant ses longues veilles. Il avait appris d'un marin que c'était là le breuvage accoutumé sur les navires de guerre aux jours de rencontre[1].

Ses modestes profits étaient absorbés par les objets utiles à son art. On eût pu lui appliquer le mot de Fontenelle sur ce médecin de l'Hôtel-Dieu, dont il a dit : « Son esprit lui coûtait plus à nourrir que son corps. » David lui-même en portera le témoignage. « Lorsque j'étudiais à Paris, je n'avais pas le moyen d'acheter des livres. Cependant, j'avais pu me procurer l'épisode d'*Atala*, et, la nuit, quand je sentais le sommeil me gagner, je relisais quelques pages de ce travail qui avait le don de m'électriser. J'eus le malheur de faire part de mon admiration pour Chateaubriand à mes camarades d'atelier. Je devins alors le jouet de tous les élèves. Aujourd'hui le poëte de Chactas est grand comme le monde.

« Peu après m'être procuré ce premier ouvrage, je fis l'acquisition d'un *Homère*, d'un *Virgile* et de *Paul et Virginie*. Ce livre ne me plaisait pas moins qu'*Atala*; aussi m'étais-je promis dans mon admiration reconnaissante d'élever un monument à chacun de ces deux grands écrivains, Bernardin de Saint-Pierre et Chateaubriand.

« A une certaine date de l'année 1809, j'ai passé deux jours sans prendre aucun aliment. Je n'avais qu'une mauvaise pièce de six liards que je présentais à tous les boulangers sans qu'aucun voulût l'accepter. Au bout de deux jours, la faim l'emporta sur

[1] Voir F. Grille, *Notice biographique sur David d'Angers.*

l'orgueil : je fus trouver ma vieille tante, qui me fit déjeuner avec elle[1]. »

Dur à son corps au point de vue des aliments, David ne le fut pas moins sous le rapport du sommeil. C'est lui, cependant, qui tout à l'heure nous confiait qu'il fut un temps où il était dormeur. Mais depuis qu'il fréquente l'atelier de Roland, le besoin de sa formation intellectuelle s'est fait sentir plus impérieusement. Il a compris la nécessité de remonter par l'étude aux sources des connaissances multiples qui font l'artiste. Or, ce travail spontané, ces efforts personnels qui complètent la tâche quotidienne de l'élève, où David trouvera-t-il l'instant propice pour s'y livrer, si ce n'est la nuit? Pierre-Jean n'hésite pas. Trois heures de sommeil lui suffiront. « La seconde année de mon séjour à Paris, écrit-il, je louai une petite chambre à l'entrée de la rue des Noyers, et elle me servait d'atelier. J'y travaillais la nuit, afin d'étudier, puisque pendant le jour il me fallait gagner de quoi vivre. Un jeune homme qui s'occupait aussi de sculpture s'était lié avec moi. Nous logions ensemble. Vers quatre ou cinq heures du matin, quand le sommeil devenait trop tyrannique, nous nous étendions sur une vieille porte sculptée que nous avions arrachée de ses gonds. Il faisait bien froid; aussi, pour nous réchauffer, nous nous tenions très-serrés l'un contre l'autre. Nous avions fini par nous accoutumer aux sculptures qui, dans les premiers jours, faisaient un moule de nos membres[2]. »

David n'a-t-il pas retracé les pures jouissances de ces nuits de labeur ignoré, prélude nécessaire des jours glorieux? Écoutons-le. Lorsqu'il veut peindre les pénibles débuts de Roland, c'est dans son propre passé qu'il en cherche l'image.

« Oh! comme on serait saisi d'une douloureuse pitié, s'écrie-t-il, si l'on pouvait pénétrer dans ces mansardes mal

[1] Notes autographes de David appartenant à la famille.
[2] Notes autographes de David appartenant à la famille.

abritées, refuges de la misère, où le jeune sculpteur pétrit de ses mains fiévreuses et humecte des sueurs de son front l'argile qui doit devenir une chair vivante, et s'empreindre à jamais de fortes et chaleureuses inspirations! C'est là qu'aux douteuses clartés d'une lampe fétide, l'œil ardent, portant haut le front et comme aspirant la gloire, il oublie les heures qui devaient être consacrées au sommeil. Cependant, ses artères battent trop violemment, il lui faut de l'air. Il ouvre sa petite fenêtre donnant sur le toit, et que, dans sa naïve poésie, le peuple appelle « jour «de souffrance ». Mais cet air qui le rafraîchit n'est pas pur, il a passé sur tant d'infortunes, sur tant de larmes! Il lui apporte tant d'imprécations et tant de soupirs! Cette rangée de fenêtres obscures et fermées qu'effleure son regard l'effrayent par leur aspect sinistre. Ou, si quelqu'une est encore éclairée, c'est qu'il y a derrière les vitres un moribond qui râle, une jeune fille qui pleure, une pauvre mère qui travaille près de la litière de paille où ses enfants étiolés dorment avec la faim; ou bien encore, quelque âme semblable à la sienne, pauvre sculpteur! quelque brûlant cerveau comme le sien, tourmenté d'insomnie, et où germe une idée qui, un jour peut-être, remuera le monde.

« Disons-le pourtant, continue David d'Angers, dans cette lutte d'une volonté forte contre l'accablant sommeil, le jeune artiste éprouve un certain orgueil. Il est maître de lui, puisqu'il dompte la nature. Il veille, il vit par l'intelligence, tandis qu'autour de lui tout est plongé dans un engourdissement profond. Ses yeux étincelants d'enthousiasme interrogent le ciel. Peut-être y cherche-t-il une étoile, son étoile de prédilection, qui semble s'animer sous son regard et lui tracer une route de feu vers un meilleur avenir, comme celle qui jadis guida les mages à Bethléem vers la crèche dépositaire du berceau d'un Dieu et d'une religion nouvelle[1]. »

Tel est David à vingt ans.

[1] David d'Angers, *Notice sur la vie et les ouvrages de Roland.*

Mais il nous faut scruter cette activité prodigieuse, et apprendre si cette dépense de forces couvre autre chose qu'une agitation stérile.

Indépendamment des études qu'il poursuivait, sous l'œil de Roland, David trouvait le temps de s'initier à la science de l'anatomie en compagnie de Béclard, son compatriote.

Il nous a été donné de voir entre les mains de M. Robert David d'Angers les minutieux dessins exécutés par son père, à cette époque, sur des pièces disséquées. Ces dessins forment à eux seuls plusieurs albums, et tel est le fini de l'exécution, que tout récemment un peintre éminent, membre de l'Institut et professeur à l'École des Beaux-Arts, avait conçu le projet de placer à demeure ces remarquables croquis sous les yeux de ses élèves[1]. Ce que David apprenait de l'anatomie de l'homme à l'Hôtel-Dieu, il le complétait par de studieuses observations sur l'anatomie du cheval dans les chantiers d'équarrissage[2].

Michel-Ange et Puget lui avaient révélé d'une façon trop évidente la nécessité de la science des muscles, pour que la myologie ne fût pas, dès cette époque de formation pratique, l'objet de ses actives recherches.

Toutefois, il parut insuffisant à l'artiste d'interroger la mort afin d'exprimer la vie. Pierre-Jean David n'ignorait pas que les lois de l'articulation des membres, froidement apprises, sont étrangères à l'art proprement dit. S'il comprenait la nécessité d'un semblable enseignement, il en mesurait les lacunes. Aussi le voyons-nous modeler les compositions de Poussin pendant ses longues veilles.

Plus d'une fois, les biographes de David se sont demandé d'où lui vint sa préférence pour le peintre des Andelys. Il nous paraît aisé de l'expliquer. On sait que Poussin, lors de son

[1] M. Gérôme.

[2] Nous mentionnons, à la place qui leur était due dans l'Œuvre du maître, les nombreux dessins exécutés par lui pendant cette période d'étude.

premier séjour à Rome, se trouvant privé de ressources, s'était lié avec le sculpteur Duquesnoy, plus généralement connu sous le nom de François Flamand. Les deux artistes partageaient le même gîte, et le produit des moulages qu'ils exécutaient ensemble venait alléger leur détresse. Or, pendant les jours de libre inspiration que leur procurait un gain modeste, François Flamand essayait d'assouplir le style grec dans les figures d'enfants qu'il se plaisait à modeler. L'effort de Nicolas Poussin tendait au contraire à reproduire, à l'aide du pinceau, les sévères beautés de l'antique[1]. Des deux amis, le plus habile à parler la langue du statuaire, ce n'était donc pas celui qui travaillait l'argile.

Le génie de Poussin est éminemment sculptural. Que le lecteur se reporte à la *Mort de Germanicus*[2]. Quelle scène plus expressive dans son admirable unité a jamais été tracée par le ciseau? Cet autre tableau qui fait partie des *Sacrements*, et dans lequel Poussin a représenté la *Cène*[3], est également remarquable au double point de vue de la composition et de la sobriété des détails. La figure de Romulus, dans l'*Enlèvement des Sabines*[4], ne serait-elle pas en son lieu sur un bas-relief? La mélancolie, ce sentiment inachevé qui s'harmonise si bien avec les œuvres de la statuaire, plane sur le tranquille tableau de l'*Arcadie*[5]. Esprit français par la clarté de ses conceptions et par le soin qu'il apporte à l'étude du caractère, Poussin s'est trempé aux grandes sources de l'antiquité. Ce qui l'attire, ce sont de hautes inspirations, des actes généreux d'où résulte un invincible enseignement.

Ne soyons pas surpris que David, fasciné par ce peintre

[1] Voir Charles BLANC, *Histoire des Peintres français au dix-neuvième siècle*. Paris, Cauville frères, 1845, in-8°.

[2] Exécutée à Rome, pour le cardinal Barberini.

[3] Musée du Louvre.

[4] Musée du Louvre.

[5] Musée du Louvre.

philosophe, ait résolu de modeler ses compositions. Il trouva sans doute dans l'analyse prolongée des œuvres de Poussin la science de l'imitation unie à la pureté du style sans lequel l'art n'est qu'un vain mot. Le jeune sculpteur, qui aimait à surprendre avec son crayon l'attitude des promeneurs, dut trouver un attrait plus grand à cet exercice ingénieux, lorsqu'il se fut instruit des finesses d'observation de Poussin.

D'autre part, l'imitation en sculpture devant être, selon le mot d'un critique, essentiellement choisie[1], il était naturel que David eût un penchant marqué pour un maître dont le pinceau n'a reproduit que des types toujours dignes. Paysagiste du plus haut mérite, Poussin convenait encore, exceptionnellement, à l'éducation d'un sculpteur. N'est-ce pas la forme vivante qui demeure, dans l'art plastique, l'ordinaire manifestation de l'idée? Étudiez Poussin. Quel soin n'a-t-il pas pris de peupler chacun de ses paysages de figures placées, le plus souvent, au premier plan? Dans les œuvres de ce maître, c'est l'action des personnages qui détermine le sujet d'une composition. La nature inorganique, si bien interprétée qu'elle puisse être, reste l'accessoire. Aussi les toiles de Poussin, dans leurs lignes principales, se rapprochent-elles du bas-relief. Elles relèvent des lois de la sculpture. Et pour peu qu'on s'applique à se pénétrer de son caractère primordial, l'imitation pittoresque de Poussin peut, sans péril, être traduite en une imitation modelée.

David, avec ce sens esthétique qui est la richesse de l'artiste, pressentit bien vite tout ce qu'il pouvait apprendre à l'école de Poussin, et il ne lui parut pas que ce fût dépasser la mesure que d'employer ses nuits à une étude de cette importance.

François Grille, dont les notes manuscrites nous servent de guide dans le récit des premières années du statuaire, prétend

[1] Charles Blanc, *Grammaire des arts du dessin*. Paris, Renouard, 1870, 2e édition, gr. in-8°.

que, vers la fin de 1808, il y eut un moment d'erreur chez l'élève de Roland. Une passion violente le détourna de la voie laborieuse où il nous est apparu marchant avec une si rare énergie. Plusieurs mois se passèrent pour David dans le désordre, et peu s'en fallut qu'une vocation admirablement développée par l'étude ne se trouvât tout à coup étouffée dans de vulgaires plaisirs. Mais notre artiste était fait pour les joies de l'esprit; aussi le réveil ne se fit-il pas attendre. « A la suite d'une nuit de dissipation, a-t-il écrit lui-même, j'eus la pensée de me rendre à une académie particulière où les jeunes gens se réunissent de grand matin pour étudier d'après le modèle vivant. Je trouvai tous les élèves au travail. J'eus honte de moi; je me mis à faire un fusain. La séance terminée, chacun vint me complimenter, et le plus avancé de tous me demanda mon dessin. A dater de cet instant, je me reconquis moi-même, et je ne cessai plus d'apporter la plus grande ardeur à mes études[1]. »

Revenu à ses mœurs austères, à son travail incessant, il alla occuper une mansarde dans une petite rue tortueuse du faubourg Saint-Germain[2]. Les longues veilles remplies par l'étude lui redevinrent familières. Aux peintures de Poussin avaient succédé les bas-reliefs de la colonne Trajane. David s'était procuré quelques moulages de ce monument, et, la nuit, il s'appliquait à les modeler à la lueur d'une chandelle.

Roland laissa voir un vif contentement du retour de David à son atelier. Un soir, le digne maître passait par la rue du Battoir où habitait son élève. Minuit allait sonner. La plus complète obscurité l'enveloppait. Seule, une fenêtre était encore éclairée à l'étage supérieur d'une pauvre maison. Roland se rappela que David demeurait en cet endroit. Il se fit ouvrir. Il monta. Pierre-Jean David reproduisait dans la glaise deux têtes du bas-relief héroïque où sont racontés les exploits de Trajan

[1] Notes autographes de David appartenant à la famille.

[2] Rue du Battoir.

contre les Daces. Roland se prit à pleurer de joie devant cette scène, et appelant David dans ses bras, il lui prédit l'avenir qui l'attendait[1].

Dans le commerce ordinaire de la vie, Roland n'était ni moins paternel, ni moins encourageant pour ses élèves. « C'était surtout vers la fin de la journée, a écrit David d'Angers, alors que les derniers rayons du soleil couchant glissaient sur les toits de la Sorbonne, où Roland avait son atelier, et semblaient quitter à regret les imposantes statues du maître, que celui-ci aimait à se reporter vers les années de sa laborieuse jeunesse. Assis au milieu de ses élèves qui, debout et immobiles, la tête penchée, recueillaient chaque accent du statuaire, sa parole exprimait avec simplicité des choses profondément senties. Il disait ses tourments, ses anxiétés passées, tout ce qu'il lui avait fallu de force et de résolution pour étouffer en lui la révolte des sens et ne point se laisser entraîner par le tourbillon des plaisirs... Ce qu'un homme d'une chétive santé a fait, disait-il, les autres hommes peuvent le faire. J'avais une âme ardente pour le plaisir, mais j'aimais encore plus la gloire, et je marchais dans le devoir soutenu par le souvenir de mes vieux et respectables parents[2]. »

Une trop grande similitude existait entre les débuts du maître et ceux de l'élève pour que les sages conseils de Roland ne fussent pas salutaires au jeune David. Il semblait à Pierre-Jean que, traversant les mêmes épreuves que le vieux sculpteur, un jour peut-être il lui serait donné de participer à sa gloire. De hautes pensées le visitaient au milieu de son travail, et jusqu'à la fin de sa vie il ne parlera qu'avec larmes de ce temps d'études dont le souvenir lui apportera le consolant témoignage du devoir accepté[3].

Dans les premiers mois de l'année 1809, Pierre-Jean David

[1] Voir Ch. Blanc, *les Artistes de mon temps*. Paris, Didot, 1876, in-8°.
[2] David d'Angers, *Notice sur la vie et les ouvrages de Roland.*
[3] Voir A. Maillard, *Étude sur la vie et les ouvrages de David d'Angers.*

se vit décerner par l'Académie une médaille d'encouragement à la suite du concours d'essai. Ce fut dans cette circonstance que le peintre David signala « l'énergie passionnée » qui se révélait dans les études modelées du jeune Angevin[1].

Les lettres que Pierre-Jean David écrivait alors le montrent fidèle au travail, mais il n'a plus sa forte santé. « Je suis presque toujours malade, dit-il à Ganne, et mes études me prennent tout mon temps[2]. » Puis la conscription le préoccupait aussi. Il s'enquiert auprès de son ami des éventualités qui les menacent. On était alors en pleine guerre avec l'Espagne, et la Péninsule coûtait à la France le sacrifice de cent mille soldats par an. Un pareil état de choses, si contraire à la tranquillité d'esprit qu'exige le travail de l'artiste, fait dire à David : « Les hommes sont malheureux d'être nés dans un tel siècle[3]. » Mais, changeant de sujet, il parle en toute franchise du besoin de nouveauté qui le dévore. Il reconnaît que la vie calme de la province n'aurait rien pour lui que de très-monotone. Ce qu'il faut à sa nature avide de connaître, c'est la science sous toutes ses formes, et par-dessus tout, la connaissance de l'homme. « J'étudie sans cesse l'homme extérieur, écrit-il; mais, malgré toutes les merveilles qui se découvrent à mes yeux, j'aperçois que l'homme intérieur est plus surprenant encore, puisque c'est de l'intérieur que le merveilleux surgit. Les passions du cœur humain sont une fière étude, et c'est une des plus importantes pour l'artiste[4]. »

David reviendra souvent sur ce sujet dans ses lettres intimes. C'est ainsi qu'il atteste la vivacité de son amour de l'étude : « Que te dirai-je? écrit-il à son camarade d'enfance. Lorsque mes yeux se ferment, ils laissent à mon âme la faculté de revoir tout ce qui m'a remué. Ce ne sont dans mon imagination que tableaux et statues. Quand on pense qu'on ne saurait faire deux pas dans

[1] Voir A. Maillard, *Étude sur la vie et les ouvrages de David d'Angers.*

[2] Lettre à M. Ganne, à Angers. — Voir tome II, *Lettres sur l'art, II.*

[3] Même lettre.

[4] Même lettre.

Paris sans rencontrer des objets qui vous inspirent! Partout on peut étudier l'homme et sa sublime structure. Admire avec moi, mon ami, comme le génie de l'homme ne connaît point de bornes. L'art lui offre le moyen de retracer ses plus belles actions; il met à contribution les carrières, dispose les blocs de marbre, et voilà que tout à coup s'élève une grande œuvre ou un monument majestueux. Mais que d'études avant de parvenir à faire quelque chose de satisfaisant[1]! »

Nous nous plaisons à ces confidences de jeune homme parce qu'elles portent un enseignement dont les artistes devraient être heureux de profiter. Il n'est pas indifférent de voir un sculpteur de vingt ans tenir ce langage enthousiaste et sincère sur l'art auquel il vient de vouer sa vie.

C'est lui encore qui s'excusera de céder à son penchant pour l'étude, et de tracer un croquis, lorsqu'il vient de saisir la plume avec l'intention d'écrire à son ami. « Souvent, lui dit-il, je prends la plume pour t'écrire, puis un sujet d'histoire vient à me traverser l'esprit, et au lieu de m'entretenir avec mon ami Ganne, voilà que ma main trace une scène sanglante d'*Oreste*[2]. »

Dans la même lettre, il répond aussi à l'une de ces questions délicates que l'amitié la plus étroite a seule le droit de poser. « Tu dois avoir fait, me dis-tu, quelques connaissances? Non, mon ami. Ce n'est pas faute de trouver, mais je sais qu'il faut tout l'un ou tout l'autre; or, j'aime mieux laisser là le plaisir et cultiver mon art avec ardeur. »

L'année suivante, la même pensée se retrouvera sous sa plume, et après avoir parlé des mœurs relâchées de la jeunesse des écoles, il écrit : « Ne crois pas que ce soit là mon genre de vie. Non.

[1] Lettre à M. Ganne, à Angers. — Voir tome II, *Lettres sur l'art, III.*

[2] Même lettre. — Cette phrase nous autorise à penser que dès cette époque la lecture des tragiques grecs n'était pas étrangère à David. Il dut se procurer de bonne heure des traductions d'Eschyle, d'Aristophane ou de Sophocle dont il se plut à reproduire plus tard certaines scènes dans sa décoration du théâtre de Béziers.

Trop occupé de ce qui peut me faire parvenir à la réalisation de mes projets, je garde le célibat le plus complet[1]. » Les nobles conseils de Roland avaient porté leurs fruits, et si le milieu dans lequel vivait David ne lui permit pas d'asseoir la vertu qu'il pratiquait sur le solide fondement de la foi chrétienne, du moins lui fut-il donné, dans la droiture d'une âme laborieuse, de justifier cette belle parole tombée plus tard des lèvres du Père Lacordaire : « Le ministère de la pensée, quand on est digne de lui, exige l'austérité. »

La décoration de l'arc du Carrousel était entièrement achevée depuis 1809. David avait dû s'embaucher dans quelque nouveau chantier. Au cours de ses recherches pénibles, il écrira : « Quand j'ai mis à la voile, je ne me suis pas abusé sur les orages qui assiégent ma frêle embarcation[2]. » Toutefois l'ouvrage dont il avait besoin pour vivre ne tarda pas à lui être procuré. Il obtint de travailler aux modillons de la corniche du Louvre qui fait face au pont des Arts.

Un jour, le bruit se répandit parmi les ouvriers qui l'entouraient que l'Empereur allait traverser une galerie voisine. « En un clin d'œil, a-t-il dit lui-même, l'échafaud fut désert. Pour moi, je restai seul à ma place, cloué au travail[3]. »

C'est ainsi que le fils du soldat républicain donnait à vingt-deux ans la mesure de son indépendance.

Mais Napoléon, en cette même année 1810, épousa Marie-Louise, fille de François II. Des fêtes brillantes eurent lieu à Paris. David en fait le récit à ses amis de l'Anjou dans des lettres où se trahissent encore les préoccupations du sculpteur à l'endroit de son art. Ce qui le frappe avant tout dans les réjouissances publiques, ce qu'il signale, ce sont les jeux en plein air où

[1] Lettre du 30 août 1810, à M. Ganne, à Angers. — Autographe appartenant à la famille du destinataire.

[2] Lettre du 8 février 1810, à M. Ganne, à Angers. — Autographe appartenant à la famille du destinataire.

[3] Notes autographes de David appartenant à la famille.

« *Furioso* et sa troupe donnent l'exemple le plus frappant de la souplesse du corps humain[1] ». Il court aux pantomimes. Chemin faisant, il raille avec esprit des curieux qui n'apportent pas à ces spectacles toute la philosophie désirable, et qui, s'étant pris de querelle, se voient conduits au corps de garde; « et voilà des hommes, ajoute-t-il, qui se sont bien amusés[2]! »

Cependant les fêtes officielles n'ont point distrait David de ses études obligées. Admis à concourir au « prix préparatoire » après lequel les lauréats montent en loge, il est reçu le troisième à l'esquisse[3].

Le statuaire Roland, homme d'un caractère timide, faisait peu valoir auprès du jury les travaux de ses élèves. D'une extrême discrétion dans ses jugements, le vieux maître, par son silence, porta plus d'une fois préjudice aux intérêts qu'il eût pu défendre avec autorité. Ce n'est pas nous qui oserions blâmer le noble artiste de n'avoir pas connu l'intrigue; toutefois, la trop grande réserve de Roland faillit être funeste à David lors du concours définitif. Ce fut son illustre homonyme, David le peintre, qui, pour la seconde fois, remarqua le travail de Pierre-Jean et le fit admettre au nombre des logistes. « Nous ne sommes pas de la même famille par le sang, lui dit, quelques jours après, le premier peintre de l'Empereur, mais nous avons une certaine parenté par le talent, et puisqu'on veut accorder quelque mérite à mes ouvrages, quelque créance à mes paroles, je te prédis que si tu ne t'endors pas en route, tu seras assis près de moi dans un de ces fauteuils Mazarin où tu ne découvres aujourd'hui que des juges, où tu ne verras plus tard que des égaux[4]. »

L'éloge que recevait David dut lui paraître exagéré, mais

[1] Lettre du 17 juin 1810, à M. Ganne, à Angers. — Autographe appartenant à la famille du destinataire.

[2] Même lettre.

[3] F. Grille, *Notice biographique sur David d'Angers.*

[4] F. Grille, *Notice biographique sur David d'Angers.*

les encouragements du peintre des *Sabines* étaient de nature à soutenir Pierre-Jean pendant son séjour en loge. Il porta moins d'hésitation dans cette épreuve décisive, ce qui pourtant ne l'empêchait pas d'écrire : « Dans quelques jours, il ne me sera plus possible de perdre un seul moment, car il faut beaucoup travailler en loge, et quelquefois pour ne rien avoir[1]. »

Par une coïncidence heureuse, le sculpteur sur bois, quelque peu revenu de ses préventions d'autrefois, fit parvenir à son fils un léger secours d'argent[2]. Celui-ci dut à cette circonstance de pouvoir jouir de sa liberté d'esprit, car on sait que le séjour en loge est de trois mois, et pendant ce long espace de temps, David était tenu d'abandonner les travaux dont il vivait. Le père de Pierre-Jean avait prévu ces difficultés, et la modique somme qu'il lui adressait était accompagnée d'une lettre dans laquelle le brave homme exprimait à son fils sa crainte de le voir « mourir de faim[3] ».

Entré en loge le 1er juillet, il en sortit le 30 septembre 1810. Six jours plus tard, le résultat du concours était connu. David avait remporté le second grand prix[4]. Le sujet était une figure de ronde bosse représentant *Othryades mourant*.

Hérodote a raconté l'histoire de ce héros, le dernier survivant des trois cents Spartiates qui se mesurèrent en champ clos contre trois cents Argiens. La nuit venue, Othryades dépouilla les cadavres des Argiens et fit un trophée de leurs armes sur le champ de bataille. Puis, ne pouvant se résoudre à survivre à ses braves compagnons, ni soutenir après leur mort la vue de Sparte, il se frappa lui-même et écrivit de son sang sur son bouclier : « *Les Lacédémoniens vainqueurs des Argiens.* »

[1] Lettre du 17 juin 1810, à M. Ganne, à Angers. — Autographe appartenant à la famille du destinataire.

[2] « Mon père m'envoya quarante francs à titre de prêt. » — Notes autographes de David appartenant à la famille.

[3] Voir F. Grille, *Notice biographique sur David d'Angers*.

[4] Voir *Pièces justificatives*, doc. X et XI.

Le héros grec, tel que l'a représenté David, est nu. Demi-couché sur le sol, il comprime d'une main la blessure d'où le sang s'échappe avec la vie. De l'autre, il grave, dans la langue d'Homère, avec son doigt ensanglanté, l'inscription glorieuse qui va remplir de joie tout un peuple. Une mâle tristesse se lit sur les traits du soldat. La poitrine est jeune et bien étudiée. La jambe gauche, tendue, est d'un galbe plein de distinction. Les orteils se crispent sous la douleur du blessé. Seule, la main qui trace l'inscription renferme trop de calme. On ne retrouve dans cette partie de l'œuvre ni la défaillance accusée par la pose générale du héros, ni la douleur physique nettement écrite dans les membres de gauche. Quoi qu'il en soit, la composition est bien venue et fait le plus grand honneur à l'élève[1].

Le rival heureux de notre artiste fut Auguste, fils du célèbre orfèvre de ce nom, dont la réputation fut européenne à la fin du dernier siècle. Le jeune Auguste allait avoir trente ans, et le jury crut devoir faire preuve, en sa faveur, d'une certaine partialité. David ne laissa pas que d'être vivement attristé de se voir au second rang. « J'espérais autre chose, écrit-il, et alors je serais allé, dans le sein de l'amitié, me reposer d'une étude pénible. Actuellement, me voilà cloué dans Paris, jusqu'à ce que j'en sorte d'une manière glorieuse[2]. » Quelques lignes plus loin, le jeune lauréat, cédant à sa pente naturelle, oublie l'échec qu'il vient d'éprouver pour se réjouir avec ses amis de l'ouverture du prochain Salon. « Nous allons jouir, dit-il, d'un bien beau spectacle à Paris : c'est le Salon qui va s'ouvrir dans quelques jours. Il n'y en a pas de plus brillant dans toute l'Europe. »

Le Salon s'ouvrit en effet le 5 novembre 1810, au Musée

[1] Voir tome II, pl. III.

[2] Lettre du 23 octobre 1810, à M. Gaune, à Angers. — Autographe appartenant à la famille du destinataire.

Napoléon. Cette exposition justifia les espérances que l'on avait fondées sur son éclat. On considère, aujourd'hui encore, qu'elle fut l'une des plus remarquables de notre École [1]. David, premier peintre de l'Empereur, exposa le *Serment de l'armée après la distribution des aigles;* Guérin, *Andromaque et Pyrrhus*, l'*Aurore et Céphale;* Gros, Gérard, Girodet, de nombreuses toiles historiques et des portraits du plus haut style, notamment le *Portrait d'homme méditant sur les ruines de Rome*, par Girodet [2]. Au nombre des sculptures de valeur, l'*Amour séduisant l'Innocence*, par Bosio; *Cyparisse pleurant son jeune cerf*, par Chaudet; la statue inachevée de *Dominique Cassini*, par feu Moitte; la *Bacchante* de Roland, des figures de Canova, de Cardelli, de Lemot, remportèrent d'unanimes suffrages.

L'École se trouvait d'ailleurs engagée dans une voie qu'il n'est pas permis d'approuver sans de grandes réserves, mais l'atmosphère générale des ateliers et des expositions était particulièrement propice aux sculpteurs. Pierre-Jean David entrait dans la vie à l'heure opportune. N'eût-il pas eu, dès le premier instant, les aptitudes dont il était doué pour la statuaire, les tendances de l'École, en 1810, étaient de nature à le fortifier dans sa vocation. S'il fût né deux siècles plus tôt, alors que le Brun, premier peintre de Louis XIV, remplissait les fonctions d' « inspecteur général de tous les ouvrages de sculpture », David eût eu à lutter contre l'aveuglement des statuaires de ce temps, qui s'appliquaient à faire plier l'art plastique devant des lois qui ne peuvent régir que le peintre. En 1810, au contraire, la sculpture s'imposait aux peintres, qui tous, de près ou de loin, subissaient l'influence de Louis David. C'était bien un peintre encore qui gouvernait l'École, mais il ne tenait son autorité que de son seul génie. De plus, si l'on peut ainsi parler, Louis David était un peintre-statuaire. Il suffit d'avoir vu les

[1] Voir Guizot, *Études sur les Beaux-Arts*. Paris, Didier, 1852, in-12.

[2] Ce portrait est celui de Chateaubriand.

Sabines, *Léonidas*, *Bélisaire*, pour comprendre tout ce que cette assertion renferme de vérité. Sous le règne de Louis David, l'imitation sculpturale eut le pas sur l'imitation pittoresque. La peinture en souffrit, sans doute, mais ce n'est pas le lieu de regretter ici ce que l'art du peintre perdit à cette exagération dans une voie favorable à la statuaire. Nous n'avons voulu que rappeler en passant l'ascendant que Louis David exerça sur l'École française et en préciser le caractère.

Pierre-Jean David dut revoir bien des fois l'exposition de 1810. Cent trente-trois ouvrages seulement figurèrent dans les salles de sculpture. Quelle bonne fortune pour un artiste! et combien, aujourd'hui, l'entassement dont nous sommes témoins à chacun de nos Salons annuels est moins favorable aux exposants eux-mêmes! Pierre-Jean sentit bientôt s'envoler ses dernières tristesses au milieu des œuvres de choix qu'il pouvait étudier à loisir. L'abattement n'avait pas de prise durable sur cette âme vraiment forte. On le vit se reprendre à l'espoir et au travail dès le lendemain de son échec.

D'ailleurs, le second grand prix était une assez belle récompense pour que les amis de Pierre-Jean se sentissent fiers de ses progrès. Au premier rang de ceux qui prirent part au demi-succès de l'artiste, il nous faut placer le brave Delusse, qui fit immédiatement le voyage de Paris afin d'embrasser son élève[1].

Laissons David raconter lui-même son entrevue avec le vieux Delusse. « Ma mansarde de garçon, pendant tout le temps que j'ai travaillé pour le prix de Rome, n'avait d'autre ameublement qu'un chevalet et une selle à modeler, deux chaises presque dépaillées et quelques planches mal jointes qui me servaient de lit. Ici et là gisaient quelques cartons à dessin et deux ou trois vieilles gravures.

« Il y avait encore dans ma petite chambre une vieille malle

[1] Dans sa lettre du 23 octobre 1810, à M. Gaune, David s'exprime ainsi : « Je profite de l'occasion de M. Delusse pour t'écrire ce billet. » — Autographe appartenant à la famille du destinataire.

dans laquelle étaient mes rares effets, puis un pot à beurre contenant de l'eau. La muraille, sans papier, était décorée du portrait de mon père et de ma mère, ainsi que d'une *Vue d'Angers*, qui m'avait été donnée par mon excellent maître M. Delusse.

« On lui avait dit que je consacrais une partie de mes nuits au travail, ce qui alarmait mes parents ainsi que ce digne homme. Il profita d'un voyage à Paris pour s'assurer du fait. Les diligences arrivaient, à cette époque, à une heure avancée de la nuit : l'occasion lui parut bonne pour me surprendre au milieu de ma veillée. M. Delusse se dirigea vers la rue des Cordiers, non loin du Panthéon. Il n'y avait pas de concierge à la maison que j'occupais : le corridor d'entrée restait banal. Il était environ trois heures du matin : j'entends heurter à ma porte. J'ouvre, et j'ai le bonheur d'embrasser mon excellent maître, qui trouva ma lampe allumée et un modèle de terre ébauché. Ce qui l'émut par-dessus tout, c'est que j'étais précisément occupé à lui écrire ainsi qu'à mon père. Il me gronda beaucoup, me disant que j'allais tellement ruiner ma santé qu'il ne me serait plus possible d'atteindre à cette gloire après laquelle je soupirais depuis mon extrême jeunesse. Je comprenais parfaitement la justesse de ses observations, mais il y avait en moi comme une voix secrète et impérieuse qui me répétait : « Marche[1] ! »

Vers le même temps, un autre Angevin, Louis Pavie, pour lequel David conserva toujours un attachement des plus vifs, vint également à Paris féliciter le fils du sculpteur sur bois. MM. Ganne et Maillard lui adressaient de l'Anjou des lettres enthousiastes et réclamaient de lui son portrait. Il promettait de le laisser exécuter par Le Goupil, un camarade d'atelier qui devint plus tard son praticien[2]. En attendant, il modelait lui-même le buste de Charles Poupart, un jeune Angevin

[1] Notes autographes de David appartenant à la famille.

[2] « Le Goupil n'a point oublié qu'il a promis à Maillard et à toi de vous

parvenu au grade de lieutenant et qui était en garnison à Paris[1]. Ce qu'on distingue dans le buste de Poupart, c'est une grande sobriété de détails et la fermeté des plans. Il n'est pas malaisé de surprendre dans ce premier portrait l'indice des éminentes qualités qui feront plus tard de David un maître dans l'art de modeler une tête. Cependant l'inexpérience de l'artiste se trahit ici sur certains points, notamment dans la chevelure de son modèle, qu'il n'a pas su traiter assez simplement[2].

Mais ce ne fut pas seulement du lieu natal que David reçut des encouragements. Le peintre des *Sabines*, qui à deux reprises s'était fait l'avocat de Pierre-Jean, commençait à s'attacher à lui. Lors de l'examen du prix de Rome, Louis David avait donné sa voix au bas-relief du sculpteur angevin. Peu après, l'ayant appelé chez lui et se promenant dans son jardin, il lui dit : « Vous avez beaucoup d'énergie, un peu trop, mais vous vous calmerez assez avec le temps; courage, continuez; le premier prix vous était dû, on vous en a frustré, mais nous verrons au prochain concours. » « J'entrai alors, continue notre artiste, dans l'atelier du peintre des *Sabines*, et je ne fus pas soumis à la rétribution que payaient les autres élèves[3], mais j'étais encore obligé de

envoyer mon portrait. C'est ma faute s'il n'a pas mis son projet à exécution. J'ai une bien grande répugnance à donner ma triste face; cependant j'espère un jour pouvoir te l'envoyer, et à l'ami Maillard aussi. » — Lettre à M. Ganne, décembre 1810. Autographe appartenant à la famille du destinataire. Il s'agit ici, non de M. Adrien Maillard, mais de son père, M. René Maillard.

[1] L'exemplaire unique de ce buste, signé sur le socle : « *David fils*, 1810 », appartient à l'auteur du présent ouvrage.

[2] Charles Poupart, quoique très-jeune, portait une perruque; il est permis de supposer que les boucles symétriques de cette coiffure d'emprunt auront été un embarras pour David.

[3] Voici ce que nous apprend un historien au sujet de la rétribution du maître et de l'admission des élèves à titre gratuit dans l'atelier de David : « Jusqu'en 1800 environ, la rétribution du maître fut de douze francs par mois, sans les frais de modèles et de chauffage qui se payaient à part. Sur le nombre des élèves inscrits, il n'y en eut jusqu'à cette époque que la moitié au plus qui

partager mon temps entre le travail et l'étude, afin de vivre[1]. »

Ne soyons pas surpris de voir un sculpteur entrer chez Louis David. « Ce maître avait à cœur de former des statuaires, a écrit Delécluze, et il recommandait à ses élèves de modeler en terre[2]. » A une certaine époque, le peintre David compta parmi ses disciples Bartholini, sculpteur florentin, Schwekle, sculpteur allemand, Tieck, sculpteur prussien, frère du poëte, qui venaient s'asseoir, chaque jour, à côté d'Ingres et des nombreux jeunes gens admis à suivre les leçons du maître. De tout temps, cette préférence marquée pour la statuaire se manifesta chez le peintre David. Pendant le cours de sa carrière politique, il ne cessa de provoquer l'érection de monuments de granit et de statues de marbre en l'honneur des villes ou des personnages qui avaient bien mérité de la patrie[3].

payât la rétribution à David; les autres recevaient l'enseignement gratis. » — E. J. Delécluze, *Louis David, son école et son temps*. Paris, Didier, 1863, in-12.

[1] Notes autographes de David appartenant à la famille.

[2] E. J. Delécluze, *Louis David, son école et son temps*.

[3] Après la levée du siége de Lille, le député Gossuin ayant proposé à la Convention, le 8 octobre 1792, qu'il fût fait don à cette commune d'une bannière aux trois couleurs portant pour exergue : *A la ville de Lille, la République reconnaissante*, David monta à la tribune le 26 du même mois et dit à ce sujet :

« Quelque glorieuses que soient la bannière et l'inscription que le citoyen Gossuin vous a proposé de décerner aux habitants de la ville de Lille, vous avez pensé sans doute que ce monument est trop périssable pour prouver à la postérité et à l'univers les sentiments de reconnaissance et d'admiration de la République pour le courage, le désintéressement et le généreux patriotisme des intrépides citoyens de la ville de Lille. Je vous propose donc d'élever dans cette place, ainsi que dans celle de Thionville, un grand monument, soit une pyramide, soit un obélisque en granit français provenant des carrières de Rethel, de Cherbourg, ou de celles de la ci-devant province de Bretagne. »

Le 24 janvier 1793, David, désirant honorer la mémoire de Lepelletier de Saint-Fargeau, s'exprimait en ces termes à la tribune : « Je vous propose de faire élever un monument en marbre, qui transmette à la postérité la figure de Lepelletier, comme vous l'avez vue hier lorsqu'il a été porté au Panthéon. Je demande que cet ouvrage soit mis au concours. »

A la séance du 17 brumaire an II, Louis David prend de nouveau la parole

Ce fut donc une faveur réelle pour Pierre-Jean de se voir admis dans l'atelier de Louis David, mais il lui fallait encore se procurer, par un travail obscur et continu, le pain de chaque jour. C'était là l'épreuve la plus cruelle qu'il endurât. Il semblait que le jeune David eût contre lui la complicité de l'indigence et de la gloire qui venaient l'oppresser de leurs étreintes successives. Sa torture avait été longue; aussi l'heure approchait où la fortune allait se montrer clémente à l'artiste courageux.

La Providence vint à lui dans la personne du statuaire Pajou, le maître de Roland, qui voulut s'intéresser à l'élève de son propre disciple. Le peintre Ménageot approuva l'idée généreuse de Pajou, et tous deux rédigèrent une demande de pension que Roland appuya vigoureusement auprès de ses collègues. La supplique reçut l'apostille de tous les membres de la quatrième classe de l'Institut [1]. Elle fut ensuite adressée à la ville d'Angers. Aussitôt la cité natale de David lui assura une pension de cinq cents francs [2], qui lui fut continuée jusqu'en l'année 1820. A dater de cet instant, David se trouva dispensé de faire deux parts de sa vie. Il lui fut permis de rayer d'un seul trait le manœuvre pour ne laisser vivre en lui que l'élève, qui ne trouvera pas trop longues les journées que l'art va remplir.

Ce fut sous de tels augures que s'ouvrit pour l'artiste angevin l'année 1811. Dès le 7 février, David remportait le prix de la tête d'expression [3]. Le sujet du concours était *la Douleur*. La

pour une motion du même genre : « Je propose, dit-il, qu'un monument soit érigé sur la place du Pont-Neuf. Il représentera l'image du peuple géant, du peuple français. Que cette image, imposante par son caractère de force et de simplicité, porte en gros caractères sur son front : *Lumière;* sur sa poitrine : *Nature, Vérité;* sur ses bras : *Force, Courage...* » — E. J. Delécluze, *Louis David, son école et son temps. — Passim.*

[1] La quatrième classe de l'Institut, classe des Beaux-Arts, a pris le nom, depuis la Restauration, d'*Académie des Beaux-Arts.*

[2] Voir *Pièces justificatives*, doc. XII.

[3] On sait que le concours de la tête d'expression, fondé par le comte de Caylus, honoraire amateur, le 9 février 1760, a lieu chaque année au mois

nature sérieuse de Pierre-Jean, la sévérité de sa jeunesse dont la douleur physique ou morale avait été l'inséparable gardienne, un deuil récent, tout disposait David à bien rendre l'accent de cette passion.

Il prit pour modèle une tête de jeune homme, accusant par ce choix la tendance virile de son talent. Légèrement renversée de droite à gauche, cette face douloureuse a les lèvres entr'ouvertes : une plainte va peut-être échapper au patient[1]. La région sourcilière est contractée, les plis de la peau sont ramassés vers le milieu du front et les yeux largement ouverts. On croirait qu'ils observent un point dans l'espace, à la manière d'un homme dont la souffrance s'accroît d'un spectacle qu'il ne cesse de fixer. La douleur ainsi exprimée a quelque chose de pénétrant. Elle est comme un supplice renouvelé. L'homme qui souffre de la sorte est toujours au début de son mal. David a donc su concevoir son œuvre dans la mesure qui convient à l'art du sculpteur. Il s'est conformé à la règle posée par les maîtres, qui recommandent à l'artiste de choisir dans la représentation d'une idée l'instant le plus fécond, c'est-à-dire celui qui laisse à l'imagination le champ le plus large[2]. C'est pourquoi la douleur muette doit être préférée par le statuaire à la douleur intense qui arrache des cris à l'homme qu'elle déchire. La beauté plastique ne fût-elle pas intéressée à ce que l'homme se possédât toujours, l'artiste ne doit pas oublier que son œuvre est destinée à être contemplée longuement. L'imagination du spectateur aura donc besoin d'une certaine liberté pour s'élancer au delà des limites marquées par le statuaire.

de février. Peuvent seuls y prendre part les élèves ayant obtenu un accessit au grand prix de Rome; ceux qui, l'année précédente, ont été admis au concours définitif pour ce prix; enfin les élèves ayant obtenu une première médaille ou deux secondes médailles.

[1] Dans toutes les descriptions d'œuvres modelées que renferme cet ouvrage, les indications de « droite » et de « gauche » se rapportent toujours à l'œuvre elle-même et non au spectateur.

[2] Voir G. E. Lessing, *Du Laocoon, ou des limites respectives de la poésie et de la peinture*. Paris, Renouard, 1802, in-8°.

C'est au spectateur qu'appartient la tâche de compléter l'œuvre modelée, et c'est un droit dont il est jaloux. L'artiste ne doit pas dire tout ce qu'il sent, ou, s'il l'exprime, il doit le faire à demi-mot. La *Douleur*, que plusieurs critiques ont prétendu avoir été inspirée par les têtes du *Laocoon*, est conçue dans une donnée beaucoup plus sobre qu'aucune des figures du célèbre groupe d'Agésandre. Elle n'en a ni l'attitude ni le paroxysme. Elle permet, au contraire, à l'œil qui l'étudie, de prévoir un accroissement du mal, et cette expression contenue nous paraît être une qualité.

Peu après ce premier succès de l'année, David dut traverser la série des concours préparatoires au prix de Rome. Afin de mieux disposer ses élèves à cette épreuve difficile, le peintre Louis David les faisait composer entre eux toutes les semaines. « Un samedi, écrit David d'Angers, ma figure de la semaine fut jugée par le maître comme étant la meilleure de toutes. Il était content de moi. Il me conduisit dans un coin de l'atelier, et, prenant un crayon, il traça devant moi deux têtes. L'une représente le devin Calchas, du vase Médicis; l'autre, celle du guerrier qui remet son sabre au fourreau dans le tableau des *Sabines*. « Voyez, me dit-il alors, comme le voile de Calchas m'a guidé dans le dessin du casque de mon guerrier. C'est la même silhouette. De plus, la ligne des cheveux, dans le guerrier des *Sabines*, est la même que celle du voile qui est près de la joue dans la figure du devin. C'est ainsi que les lignes antiques peuvent aider l'artiste de notre temps sans qu'il copie d'une façon littérale [1]. »

« Un autre jour, écrit le statuaire, à l'atelier de M. David, nous avions un modèle dont le type rappelait les têtes de Raphaël. Je modelais son buste avec attention, cherchant, selon les idées de l'époque, à me rapprocher de l'antique. Je soignais les paupières, les lèvres; bref, je visais au type grec. A côté de moi, se

[1] Cette note de David d'Angers est écrite sur la feuille même où Louis David a esquissé les deux têtes dont il est parlé. Ce précieux dessin appartient à M. Robert David.

trouvait un peintre qui, malgré ses efforts, ne parvenait pas à dessiner la tête du modèle : il me demanda de la lui esquisser au fusain. Je copiai alors le modèle comme si j'avais eu à faire un portrait. La paupière était recouverte au milieu, la lèvre inférieure plus forte d'un côté que de l'autre : je traduisis naïvement ce que je voyais. Survint M. David. Après avoir corrigé les autres élèves, il arrive à moi et me dit : « Qu'avez-vous fait là ! C'est « mauvais. Démolissez cela ! » Il n'ajouta pas un mot à cette injonction. Le cœur gros de tristesse, je me mis en devoir de lui obéir. Pendant ce temps, il s'approchait de mon voisin : « Ah ! « dit-il, voilà qui est très-bien. Vous avez su mettre dans votre « dessin la grâce et la finesse de Raphaël, courage ! » Cette leçon m'a fait un bien immense. J'ai compris, à dater de ce jour, quelle route je devais suivre, j'ai eu l'intuition du procédé[1]. »

Pierre-Jean David monta pour la deuxième fois en loge pendant l'été de 1811. Il en descendit le 1er octobre, ayant remporté le grand prix[2]. Le sujet du concours était la *Mort d'Épaminondas*.

Un inconnu lui avait fait remettre cinq cents francs comme il entrait en loge. C'était une fortune pour l'artiste, mais David ne se départit pas de sa frugalité. « Un modèle, écrira-t-il en 1840, me rappelait, il y a quelque temps, qu'à l'époque où j'étais en loge je faisais venir du vin et un déjeuner confortable pour lui, tandis que moi-même je me contentais le plus souvent de pain et d'eau[3]. »

[1] Notes autographes de David appartenant à la famille.

[2] Voir *Pièces justificatives*, doc. XIII et XIV.

[3] Il ne paraît pas que le luxe ait été plus grand dans sa mansarde. « A l'époque où je remportai le prix de Rome, je demeurais rue des Cordiers, près de la Sorbonne. J'avais au-dessus de moi un employé qui, chaque dimanche, donnait à dîner à ses amis. Je ne puis rendre les sensations que j'éprouvais en entendant le bruit des assiettes, le choc des verres, la franche gaieté de tout ce monde, moi, pauvre abandonné, qui dînais seul de pain sec arrosé d'eau à laquelle se mêlèrent plus d'une fois des larmes. Mais la mobilité de la jeunesse, le mot magique de « Rome », me faisaient bientôt oublier l'employé et ses convives pour m'emporter avec les grands hommes de Plutarque dans des régions radieuses. » — Notes autographes de David appartenant à la famille.

On sait que le prix de Rome pour les sculpteurs doit être interprété alternativement en ronde bosse et en bas-relief. La *Mort d'Othryades*, objet du concours de 1810, ayant été une figure de ronde bosse, c'était un bas-relief que les élèves avaient à produire en 1811. Le sujet ne laissait pas que d'être sympathique au jeune David. Il était tiré de l'histoire; cela devait suffire pour que l'imagination de Pierre-Jean trouvât l'épisode qui lui était proposé d'un intérêt supérieur à toute autre composition qui n'eût relevé que de la fable.

Nous avons gardé la mémoire de l'héroïque capitaine qui décida de la bataille de Mantinée, au soir de laquelle il fut atteint d'un javelot. Le fer étant resté dans la plaie, les chirurgiens déclarèrent que dès qu'on l'aurait retiré, le général expirerait. Cette parole remplit de trouble tous les assistants. Le héros s'efforça de relever les courages en entretenant ses soldats de Leuctres et de Mantinée, puis, ayant arraché le fer de sa plaie, il rendit l'âme.

Dans le bas-relief de David, Épaminondas, délivré de ses vêtements, occupe le centre. Le héros est à moitié soutenu par un vieux soldat à la figure mâle et triste, qui, de la main, protége la blessure du mourant, afin d'enlever à son chef la tentation d'arracher le fer de la plaie. Un jeune Thébain, à genoux devant le guerrier, lui présente son bouclier. Le profil du jeune homme se dessine avec élégance sur l'arme qu'il tient verticalement dans ses mains. Une expression de profonde tristesse est écrite sur son visage. Pendant ce temps, Épaminondas caresse de ses doigts défaillants le témoignage de sa victoire. Son regard trahit l'émotion qui le domine. A gauche de la scène principale, un soldat se voile les yeux avec un geste de désespoir, tandis qu'il tient pressée sur son cœur la main d'un éphèbe debout, attentif aux moindres mouvements d'Épaminondas. A droite, sont deux Thébains, le javelot en terre, qui laissent lire sur leurs traits l'abattement et la stupeur. A l'exception du guerrier qui présente au mourant son bouclier, tous les spectateurs de ce drame sont debout, comme il convient à des hommes. Différents par l'âge, l'attitude, le caractère, six des personnages occupent le premier plan. Seul, un soldat est au second plan. Le bas-relief, par son peu de profondeur non moins que par la sagesse de la composition, se réclame de l'antique. C'est une page harmonieuse et simple. Une grave solennité plane sur les derniers instants du héros sans qu'aucun des témoins de sa mort ait rien de théâtral dans la pose. La scène se renferme dans l'unité la plus rigoureuse[1]. Ainsi interprété, le bas-relief de la *Mort d'Épaminondas* devait conquérir de haute lutte le prix de Rome[2].

« Dans trois ans, j'aurai le grand prix[3] », avait dit Pierre-Jean David à sa mère lorsqu'il la quittait en 1808. Le brave jeune homme avait tenu parole, mais sa mère était morte. Si nous nous reportons aux premières années de Pierre-Jean, alors que sa mère était l'unique confidente de ses rêves, nous comprendrons mieux quelle dût être l'amertume de sa douleur. La pauvre femme était morte avant que David eût pu lui donner des gages du talent qu'elle avait pressenti. Ce triste événement survint en septembre

[1] Voir pl. III de ce volume.

[2] Voici quels furent les lauréats du concours de Rome en 1811. — PEINTURE : *Lycurgue présentant aux Lacédémoniens l'héritier du trône*. Premier grand prix, Alexandre-Denis-Joseph Abel, élève de David; deuxième grand prix, Édouard Picot, élève de Vincent. SCULPTURE : *Mort d'Épaminondas*. Premier grand prix, Pierre-Jean David, élève de David et Roland ; deuxième grand prix, Louis Vangeel, élève de David et Roland. ARCHITECTURE : *Un Palais pour l'Université impériale*. Premier grand prix, Jean-Louis Provost, élève de Percier; deuxième grand prix, André-Marie Renié, élève de Vaudoyer et Percier. GRAVURE EN TAILLE-DOUCE : Une *Figure dessinée d'après l'antique;* une *Figure dessinée d'après nature* et gravée au burin. Premier grand prix, Amand Corot, élève de Regnault et Bervic; deuxième grand prix, Jean-Louis-Toussaint Caron, élève de Regnault et Coiny. GRAVURE EN MÉDAILLES : Les concurrents qui se sont présentés, ayant été jugés trop faibles en dessin, n'ont point été admis au concours définitif. COMPOSITION MUSICALE : *Ariane*, cantate. Premier grand prix, Hippolyte-André-Jean-Baptiste Chelard, élève de Gossec et Dourlens; deuxième grand prix, Félix Cazot, élève de Gossec.

[3] F. HALÉVY, *Notice sur la vie et les ouvrages de M. Pierre-Jean David d'Angers*. Paris, Didot, 1857, gr. in-8°.

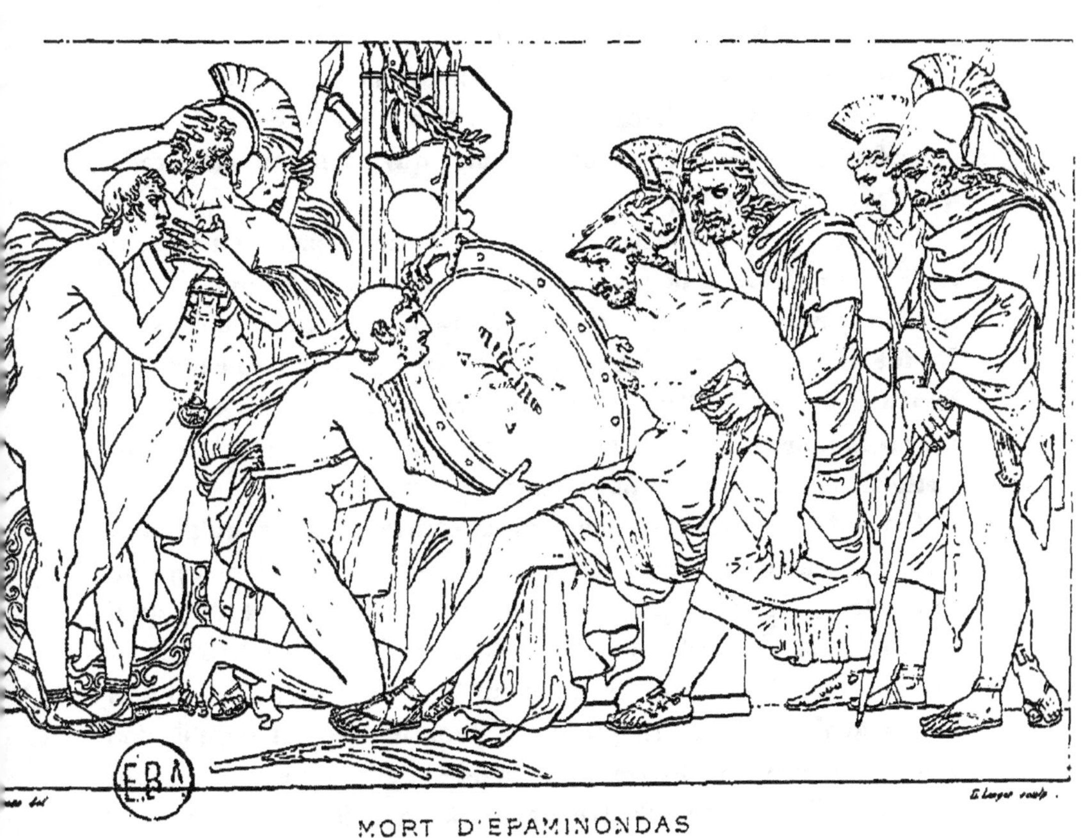

...as del. E. Langer sculp.

MORT D'ÉPAMINONDAS

Prix de Rome

Héliog^ie et imp. A. Durand, Paris

1809. Delusse remplit auprès du père de David, dans cette occasion, tous les devoirs qu'inspire l'amitié. Il apposa son nom sur l'acte de décès de « Marie-Françoise Lemasson, âgée de cinquante-six ans, décédée en son domicile, cour Saint-Laud[1] ».

David n'oublia jamais ce que sa mère avait souffert. Grande par la résignation chrétienne au milieu des abaissements de la misère et de l'obscurité, la mère de David mérita de rester à ses yeux le type élevé de l'idéal populaire. Il n'y avait pas de douleur si profonde, supportée par une femme, qui ne lui rappelât celle qui l'avait nourri.

Delusse, qui était accouru à Paris l'année précédente pour consoler Pierre-Jean de n'avoir obtenu que le second grand prix, ne crut pas que sa présence fût nécessaire au lauréat de 1811. Ce fut David qui informa son maître de l'issue du concours. Il essaya d'obtenir de l'administration des Beaux-Arts un congé de quelques jours qu'il eût voulu consacrer à un voyage en Anjou. Cette faveur ne lui fut pas accordée.

Cependant, quelques semaines auparavant, alors qu'il était en loge, le maire d'Angers avait fait parvenir à David sa pension annuelle. Lorsque le jeune lauréat eut acquis la certitude qu'il ne serait pas autorisé à se rendre dans sa ville natale[2], il écrivit au maire en des termes qui donnent la mesure de sa délicatesse. Après avoir exprimé sa gratitude pour les bienfaits qu'il doit à « sa commune », Pierre-Jean David supplie « qu'on lui donne une nouvelle marque de bienveillance en daignant accepter les ouvrages pour lesquels on a bien voulu lui décerner des prix[3] ».

[1] Voir *Pièces justificatives*, doc. V.

[2] David exprime formellement, dans ses lettres à Ganne, son regret de ne pouvoir aller lui serrer la main, et, d'autre part, nous trouvons dans les notes du maître les lignes suivantes, qui nous laissent supposer qu'au dernier moment Pierre-Jean David aurait obtenu l'autorisation désirée : « Lorsque je fus embrasser mon père, avant de partir pour Rome, je fus assez heureux pour lui laisser quelque argent. » — Notes autographes de David appartenant à la famille.

[3] Voir tome II, *Lettres sur l'art, III.*

Et sa lettre fut suivie de près par l'envoi de l'*Othryades*, de la *Douleur* et de la *Mort d'Épaminondas*, immédiatement placés au Musée d'Angers.

Cette offre motiva un arrêté préfectoral conçu dans les termes les plus élogieux pour l'artiste[1].

Laissons écouler quelques semaines, et David écrira, le 6 décembre 1811, sa « lettre d'adieu[2] ». Exempté de la conscription par son grand prix, il partit pour l'Italie, emportant avec lui des lettres de recommandation que lui avait données son maître Louis David[3].

Et maintenant, si quelqu'un se prenait à regretter, en face de cette jeunesse vaillante de l'artiste, les retards qui lui furent imposés par la pauvreté, nous dirions à cet homme qu'il ignore le secret de toute formation. Qu'on ne murmure pas : « A quoi bon ? » — A quoi bon la faim, la maladie, le travail obscur, les peines de l'âme sur le chemin de cet adolescent qui, aujourd'hui, s'en va riche de cœur et d'années vers la capitale du monde ? A quoi bon ? Mais c'est cette obscurité qui a fait cette lumière ; c'est la misère qui a fortifié cette âme ; c'est le travail opiniâtre et sans gloire qui a été sa sauvegarde. Flaxmann est resté dix ans l'humble collaborateur des Wedgwoods dans leur fabrique de poterie ; Simart n'eut d'autre logement que l'étroit grenier d'un boucher pendant ses années d'étude dans l'atelier de Dupaty. Il n'est pas inutile pour les fortes natures de se mesurer de bonne heure avec l'obstacle. Les ailes de l'aiglon s'affermissent dans la tempête. David d'Angers n'eût pas atteint peut-être au rang élevé qu'il occupa dans l'École si Dieu lui avait fait une jeunesse calme et entourée. Au contraire, il s'est vu dès l'enfance aux prises avec les privations de toutes sortes, mais une intuition mystérieuse lui

[1] Voir *Pièces justificatives*, doc. XV.
[2] Voir tome II, *Lettres sur l'art*, *IV*.
[3] Voir *Pièces justificatives*, doc. XVI.

avait révélé la justesse de cette belle maxime : « N'alléguez jamais pour excuse votre pauvreté qui ne vous permet pas d'étudier et de vous rendre habile ; l'étude de l'art sert de nourriture au corps aussi bien qu'à l'âme[1]. » Et parce que David s'est donné au culte de l'art avec sa foi de vingt ans, l'art va lui rendre au centuple en valeur morale et en œuvres puissantes tout ce qu'il a caressé d'espérances pendant ses fiévreuses insomnies. Encore quelques années, et, le génie posant sa main créatrice aux endroits fertiles de cette grande âme, notre École de sculpture pourra saluer un maître.

[1] Léonard de Vinci. — Voir Arsène Houssaye, *Histoire de Léonard de Vinci*. Paris, Didier, 1869, in-8°.

CHAPITRE III

1811-1816

RECUEILLEMENT

Le recueillement dans l'étude. — L'Académie de France à Rome. — David chez Canova. — Thorvaldsen. — Alliance de la nature et de l'antique. — Statue du *Jeune Berger*. — Style égyptien, style grec, style romain, art chrétien. — Le mythe, la grâce, la personne, l'idéal. — Les pensionnaires de l'Académie en 1812. — David à Florence. — Lord Byron à Venise. — Naples. — Pompéi. — Pœstum. — *Gioventù primavera della vita.* — Médaille de Hérold. — Invasion des alliés sur le territoire français. — David propose aux pensionnaires de l'Académie de rentrer en France pour s'enrôler. — Soulèvements en Italie. — Murat. — Les patriotes italiens. — David, surpris dans les ruines de la Grande Grèce, redevable de la vie à un officier hongrois. — Offres faites à David par la princesse de Galles. — Retour à Paris.

Le maître n'est-il pas formé? Ne l'avons-nous pas suivi dans sa marche ascendante jusqu'à l'épreuve décisive du prix de Rome? Est-ce que, dès maintenant, le statuaire n'est pas en présence d'un glorieux avenir? La victoire d'hier ne serait-elle donc qu'un prélude et une préparation?

L'âme de l'artiste est comme la flamme. Regardez la lumière d'un flambeau. Elle brille d'un éclat soudain, puis, dans une clarté douteuse et vacillante, repliée sur elle-même, elle se recueille pour jaillir de nouveau.

La lumière d'en haut a touché l'artiste; l'intelligence du sculpteur a répondu. Un premier éclair a jailli. Ce n'était qu'une étincelle, un symbole, un signe. Ce n'était pas la force dans la durée. Il faut maintenant que l'artiste se recueille. Pour mieux se ressaisir, il voudra vivre isolé. Il a besoin de rassembler ses énergies virtuelles dans un dernier silence. Ses facultés vont se concerter dans le calme. Et ce n'est qu'au lendemain de cette épreuve volontaire qu'il paraîtra, sûr de sa voie, devant le monde attentif qui l'attend.

Aux yeux du jeune David, si envié qu'il soit, le prix de Rome n'est qu'une espérance et une promesse : une espérance donnée à l'art; une promesse faite à son temps.

Que d'autres considèrent comme leur but ce qui n'est qu'un moyen. Que les impatients de la gloire, au soir de cette première étape, s'égarent à poursuivre une renommée qui les fuit; que les natures paresseuses et trop tôt satisfaites s'endorment; les vrais artistes voient de plus haut. Ils ont conscience de leur faiblesse. Le besoin de grandir, l'attrait du beau les soutient. Ils ont été jusqu'alors des disciples irréfléchis, des lutteurs heureux. La soif d'une pleine possession les tourmente. Et cette possession, qui constituera, pour ainsi parler, le patrimoine intellectuel du statuaire pendant toute sa vie, ne doit pas être limitée aux connaissances qu'il a reçues de ses premiers maîtres. L'heure du recueillement sera encore l'heure de l'étude. Les trésors extérieurs lui deviendront une mine. Ils sollicitent son activité.

Mais au seuil de cette initiation nécessaire se dresse un triple obstacle. L'artiste est pauvre et dépendant; le succès entrevu excite son ambition; son propre talent le fascine. Il écoute : il croit saisir les pulsations du génie; et, s'il n'est armé contre lui-même, il se jugera un maître avant le temps.

La France a prévu l'écueil. Elle a fait à ses fils un abri célèbre dans une institution déjà vieille de deux siècles. L'Académie de France à Rome assure à ses pensionnaires l'indépendance prolongée du bien-être et de l'exil. Rome les couvre de son ciel. Le voisinage des maîtres leur est un encouragement non moins qu'une leçon. Là, le génie resplendit dans toute sa beauté. Les chefs-d'œuvre attirent, en l'élevant, l'intelligence du jeune homme, et lui défendent d'être jamais indulgent à ses premières pensées. Le respect de tout ce qui est grand devient la vertu de l'homme que rien ne peut distraire de son culte. Une contemplation jalouse, fidèle, reposée, inonde l'âme d'une joie chaste et profonde. L'amour est au principe de cette opération de l'esprit, et il en reste le terme. L'artiste aime le beau. Il s'en nourrit. Une lumière invisible à d'autres yeux descend pour lui des cimes de l'idéal. Elle envahit ses plus hautes facultés et en chasse les ténèbres. Il se fait comme un défrichement dans son être sous l'action de ces vives clartés. Oh! qui que vous soyez, prenez garde à cette graine mystérieuse qui va germer dans l'âme du jeune maître. Respectez l'instant solennel de la conception du génie.

Lorsque David vint frapper à la porte de l'Académie de France, en compagnie d'Abel de Pujol et de Prévost, il y avait environ quinze ans que Bonaparte avait stipulé, dans le traité de Tolentino, le rétablissement de « l'École des Arts instituée à Rome pour tous les Français[1] ». Celle-ci avait abandonné, en 1804, le palais Mancini pour la villa Médicis.

On sait que c'est sous la direction de Suvée qu'eut lieu la prise de possession de la nouvelle résidence. Suvée, dont le goût fut supérieur à celui de son temps, n'est pas seulement un réformateur au point de vue du coloris, l'École lui est encore redevable de nombreux perfectionnements dans l'administration de l'Académie de France à Rome. La mort vint le surprendre en 1807, et ne lui permit pas d'achever ce qu'il avait entrepris. Son successeur, Guillaume Lethière, nommé directeur en 1808, comprit toute l'importance des projets de Suvée. Il se fit le continuateur des dispositions prises par celui-ci, et assura de la sorte la prospérité non moins que la juste réputation de notre Académie. « C'est alors, écrit un historien, que la pension des artistes fut fixée à douze cents francs, plus six cents francs pour leur voyage et autant pour leur retour. Des excursions aux environs de Rome et dans le reste de l'Italie furent ajoutées au programme de leurs études. Leurs œuvres, exposées chaque année à la villa Médicis,

[1] A. Lecoy de la Marche, *l'Académie de France à Rome*. Paris, Didier, 1874, in-8°.

durent être ensuite envoyées en France et soumises au jugement de l'Institut[1]. » Ces réformes furent sanctionnées, en 1814, par une ordonnance royale.

L'Académie de France en était à ce point de son histoire, lorsque David se sentit maître, pour quatre ans[2], de l'indépendance qu'il avait si souvent rêvée. Il allait pouvoir vivre en paix sous le ciel inspirateur de l'Italie. Et afin que son âme, promptement émue, ne cessât pas d'être apte au travail en se repliant dans la contemplation des chefs-d'œuvre, l'émulation de la vie commune allait s'imposer à l'artiste. Des traditions de génie lui faisaient un devoir d'emporter de la villa Médicis la révélation précise de son caractère et de sa valeur. Il avait à découvrir comme le diagnostic de son tempérament de statuaire, afin de répondre sans tâtonnements à sa vocation. Tâche sévère, et que d'autres diraient pleine d'épouvante, mais que l'artiste appelle de ses vœux, car il sait que ce sont ces jours d'inspiration vierge qui décideront de sa fortune. Il a le pressentiment des luttes et des contradictions qui lui sont réservées. Aussi cette période d'apaisement dans le travail a-t-elle quelque chose de solennel pour le jeune maître. Il semble que ces années soient pour lui ce qu'était la veillée studieuse et recueillie des hommes d'armes au moyen âge. Heure décisive entre toutes, pendant laquelle l'artiste acquiert les convictions qui seront sa force au milieu des défis prolongés qu'il sera tenu de jeter à la routine et à l'envie. C'est de ce point qu'il partira pour atteindre à la gloire.

Rome a cela d'illustre, qu'elle n'est pas seulement la ville des capitaines et des orateurs, elle est aussi la patrie des maîtres. A l'ombre de ses ruines, dans les galeries de ses palais, sous les porches de ses basiliques, les artistes se plaisent à revenir et à

[1] A. Lecoy de la Marche, *l'Académie de France à Rome*.

[2] Nous lisons dans le registre de l'Académie, année 1812 : « David (Pierre-Jean), sculpteur, arrivé à l'École le 1er janvier 1812, en repartira le 31 décembre 1815. » — *Archives nationales*, F4 373.

demeurer. Combien, depuis Poussin jusqu'à Ingres, pour ne rappeler que deux peintres français, ont subi l'irrésistible enchantement de Rome! Combien que la patrie natale n'a pu retenir! Combien se sont enfuis vers la ville qui devait être pour eux un lieu de force et de vertu, comme l'indique son nom! Combien lui sont redevables de leur génie!

Or, en 1812, deux étrangers, deux statuaires, l'un Vénitien, l'autre Danois, Canova et Thorvaldsen, emplissaient Rome de leur renommée. Le peintre des *Sabines* avait chargé notre David de lettres de recommandation pour Canova. « Voyez souvent, lui avait-il dit, le séduisant travailleur de marbre, mais gardez-vous de le copier, car sa manière fausse et affectée est faite pour perdre un jeune homme. Michel-Ange est dans le même cas, mais avec une physionomie très-différente. C'est aussi un maître dangereux. » Et David d'Angers, ayant rappelé ce souvenir, ajoute : « J'ai été conduit bien des fois à reconnaître la justesse de ce raisonnement. Cependant je regarde Canova comme l'artiste le plus original du commencement de ce siècle. C'est le Corrége de la sculpture. Toutefois, que M. David, avec son goût pur et sain, n'ait pas aimé la manière de Canova, cela devait être. Pour moi, presque chaque soir, après la tombée du jour, je me rendais chez Canova. Il consentait à parler longuement avec moi[1]. »

Louis David avait bien dit. Il y avait de la séduction dans le ciseau du Vénitien. L'élève de Roland dut se maîtriser lui-même afin de ne pas céder à l'influence de Canova. Une sorte d'éblouissement envahit sa pensée lorsqu'il revint pour la seconde et la troisième fois chez le statuaire. Il eut à soutenir un réel combat. Mais les paroles du maître français étaient toujours présentes à la mémoire. Quelque chose d'instinctif l'avertissait aussi que le vrai n'était pas là tout entier. Cependant plusieurs mois s'écoulèrent avant qu'il se définît, dans la liberté d'un jugement sans app[illegible], par quels côtés Canova était un génie

[1] Notes autographes de David appartenant à la famille.

stationnaire et incomplet. Enfin la lumière se fit, et David d'Angers sut ne rien perdre de ses qualités personnelles, malgré le redoutable voisinage du sculpteur des *Trois Grâces*. Laissons-le raconter lui-même dans quelles circonstances la pleine notion de l'art plastique lui apparut.

« Un soir, je me trouvais dans l'atelier de Canova. Le grand artiste avait cessé de travailler; il parlait de son art. Un dernier rayon de soleil éclairait encore les corniches les plus élevées; un peu au-dessous, dans une chaude demi-teinte, on voyait le groupe des *Trois Grâces*, et, à quelque distance, d'autres figures mythologiques de nymphes, de déesses ou de courtisanes sensuelles, à peine vêtues.

« Je contemplais ces figures que la lumière abandonnait peu à peu, et qui bientôt se trouvèrent noyées dans le crépuscule. Il y eut un moment où je crus les voir s'agiter comme des apparitions fantastiques; il me semblait que ces poétiques figures, prenant du doigt leurs draperies légères, allaient se détacher de leur piédestal et se mêler dans une danse aérienne. Alors tout ce qu'il y avait de séduisant dans ces formes voluptueuses parlait à mon imagination; la sculpture m'apparaissait comme la pure expression des beautés exquises, comme l'art de diviniser la forme en la faisant adorer. Jamais je n'avais senti une attraction plus forte vers le sensualisme antique. J'étais enchanté, fasciné par la grâce de ces divinités de marbre auxquelles j'allais consacrer mon admiration et mon ciseau.

« Mais quand je fus sorti de cet atelier et que je m'en revins par les rues tranquilles de Rome; quand j'eus respiré l'air du soir et que ma tête se fut un peu calmée, il se fit en moi une réaction puissante. L'austère souvenir de Poussin, de ce génie français qui avait erré parmi ces ruines, me commandait un retour sur moi-même. Je fus bientôt en proie à un autre genre d'exaltation. Je sentais mon âme s'élever dans les régions de la pensée, je me rappelais les préceptes de Platon. Les statues que je rencontrais çà et là sur ma route, et qui forment, pour ainsi dire, un autre peuple dans Rome, redoublaient en moi la vénération des héros. Elles me révélaient toute la grandeur de la sculpture destinée à perpétuer les mâles vertus, les nobles dévouements, à faire vivre les traits de l'homme de génie quatre mille ans après qu'il n'est plus[1]. »

Nous trouvons résumée en ce peu de mots la théorie à laquelle David d'Angers restera fidèle jusqu'à son dernier jour. Pendant une heure de rêverie, Canova s'est rendu maître de sa volonté. La forme exquise l'a séduit. Il a subi le charme des lignes harmonieuses. Mais la forme n'a pas de nom. Elle est le vêtement de Minerve et de Vénus; elle est la parure d'Antigone comme elle est celle de Phryné. La forme est l'apanage indifférent du vice ou de la vertu. L'artiste, dont la main ne relève que de la forme, c'est-à-dire de l'équilibre des lignes, est fatalement conduit à la doctrine de « l'art pour l'art ». L'habileté, la grâce, l'harmonie plastique sont les moyens dont il dispose, de même qu'ils constituent le but vers lequel il tend.

De pensée, aucune.

Ne lui demandez pas s'il préfère le type de l'honnête à l'image du dépravé. Que l'un et l'autre soient revêtus de belles formes, le partisan de l'art pour l'art proclamera d'un égal mérite à ses yeux l'honnête et le dépravé. Homme abstrait, homme ignorant des méditations qui font la grandeur de l'artiste, homme oublieux des responsabilités qui s'imposent à toute conscience humaine, il ira, sans boussole, prodiguant sa peine, sa science, son génie, toutes les fois qu'un appel sera fait à sa réputation de hasard. Je le veux, ses œuvres seront applaudies par des générations éprises de son nom, mais l'autorité de cet homme manque de fondement. Il invoque, en faveur de la beauté plastique, la beauté plastique même. Que n'ouvre-t-il ses ailes comme l'aigle?

[1] Ces lignes, publiées pour la première fois dans *l'Almanach du mois*, en mai 1844, ont été reproduites dans les appendices de l'ouvrage de M. Eugène Plon, *Thorvaldsen, sa vie et son œuvre*. — Voir tome II, *Portraits d'Artistes*, Thorvaldsen.

Que ne monte-t-il de la lumière à la lumière, c'est-à-dire de la beauté des formes à la beauté morale? Son vol est semblable à celui de l'oiseau qui tournoie sur l'abîme. De larges battements donnent de temps à autre la mesure de sa puissance, mais il ne monte pas au soleil, et sa muse oublie de lui révéler par quelles routes l'artiste doit pénétrer jusqu'aux sphères réservées de l'intelligence. L'art qui n'éveille aucune pensée généreuse est un art abaissé. Plaire est un mérite de second ordre et souvent un péril; élever est la vraie mission du sculpteur.

David se disait toutes ces choses en regagnant la villa Médicis sous un ciel semé d'étoiles, pendant que la brise qui s'élevait du Tibre venait rafraîchir ses tempes enfiévrées, et que l'ombre française de Poussin lui apparaissait sur les ruines du Forum.

Les deux sculpteurs Canova et David d'Angers ont été doués d'aptitudes opposées. Alors que le premier sculpte avec amour les figures vingt fois répétées de Psyché, de Vénus, d'Hébé, de Terpsichore, des Danseuses et des Grâces, le second s'apprête à demander au marbre l'image virile de Condé, de Bonchamps, de Foy, de Gouvion Saint-Cyr. Chez Canova, la grâce féminine; une beauté mâle chez David. Pendant que celui-ci détermine un mouvement en faveur du costume moderne, toujours rendu par lui avec une largeur de style que ses contemporains n'ont pas retrouvée, Canova, lorsqu'il essaye de modeler une figure historique, ne soupçonne pas même de quelles ressources peuvent être pour le sculpteur les sujets de cet ordre. Consultant les médailles ou les monuments antiques, il traduit le plus souvent en ronde bosse ce que d'autres ont interprété en bas-relief; on le voit encore ajuster les traits d'un visage moderne à quelque personnage athénien, et là se limite l'effort de sa pensée[1].

[1] Quatremère de Quincy, grand admirateur de Canova, dont il fut l'ami et plus tard l'historien, s'exprime en ces termes sur la statue de Bonaparte, exécutée par Canova en 1812 et représentant l'Empereur debout, tenant de la main droite une petite statue de la Victoire et de la main gauche un sceptre : « Elle est du nombre de celles qui ne sauraient se prêter à ce qu'on peut appeler

Canova, nous apprend son historien, blessé d'entendre ses envieux lui appliquer l'épigramme dont on avait usé jadis à l'égard de Polyclète : *Nihil ausus ultra leves genas*[1], tenta de répondre à ces critiques par le groupe colossal d'*Hercule précipitant Lycas*. Mais, ainsi que l'a fait observer David, en parlant du groupe de *Dédale et Icare*, il y a dans les œuvres de cette catégorie pour lesquelles Canova n'avait qu'un talent de convention, « il y a une vérité de nature poussée jusqu'à la manière; toutefois c'est une vérité de la *peau*, ce n'est pas celle de la *forme*, qui veut être traduite par de grandes et puissantes masses, comme l'exprimait Phidias[2] ».

Est-ce donc qu'il faille dénier à Canova un mérite en rapport avec la réputation européenne dont a joui cet artiste? David lui-même n'a-t-il pas dit quelque part : « Je dois beaucoup aux conseils de Canova[3] »?

Disciple de Winckelmann, dont il avait suivi les leçons à l'âge de vingt ans, Canova fut des premiers à réagir contre le mauvais goût qui régnait à la fin du dernier siècle. C'est à lui que la sculpture fut redevable d'un mouvement de retour vers l'antique. Si cette impulsion n'eut pas toute la vigueur qu'on pouvait espérer d'un homme de la valeur de Canova, c'est qu'à son époque on se persuadait volontiers « que le dernier mot de l'art grec était dans l'*Apollon du Belvédère*, dans le *Laocoon* et le *Torse d'Apollonius*[4] ». Les marbres du Parthénon n'étaient pas connus. Il ne faut donc pas s'étonner que Canova n'ait pu

une invention nouvelle. Les anciens eux-mêmes nous montrent, par les répétitions si connues des figures impériales, que leurs artistes ne cherchèrent dans ces *statues-portraits* ni action ni composition dramatique. » — *Canova et ses ouvrages, ou Mémoires historiques sur la vie et les travaux de ce célèbre artiste*, par Quatremère de Quincy. Paris, Adrien Le Clere, 1834, gr. in-8°. — Quatremère, on le voit, prend aisément son parti de l'infériorité de Canova dans la sculpture historique.

[1] Mot à mot : N'ayant rien osé en dehors des joues délicates.

[2] Voir tome II, *Portraits d'Artistes*, Canova.

[3] Notes autographes de David. — Bibliothèque d'Angers.

[4] L. de Ronchaud, *Phidias, sa vie et ses ouvrages*. Paris, Gide, 1861, in-8°.

qu'indiquer la voie où d'autres, venus après, l'ont devancé. D'ailleurs, en 1815, lorsque le sculpteur des *Trois Grâces* alla rendre visite à Flaxmann, il jugea, dès le premier instant, quelle était la sévère élégance des restes inimitables rapportés d'Athènes par lord Elgin. Avec l'autorité de son nom, ce fut lui qui avertit l'Europe des trésors que possédait l'Angleterre. A son exemple, Quatremère de Quincy se fit le hardi révélateur de ces merveilles qu'il n'y a plus aucun mérite à exalter de nos jours, mais dont le style grandiose ne fut d'abord apprécié que par les hommes d'élite.

Si nous étudions l'œuvre de Canova, ce qui distingue son talent, c'est la vie. Qui ne connaît sa statue d'*Agrippine*, le groupe de l'*Amour et Psyché*, les *Danseuses*, autant d'œuvres jeunes, palpitantes, légères d'allure, vraies de mouvement? Ce signe caractéristique des statues de Canova devait plaire singulièrement à David. N'est-ce pas lui qui méditait de faire disparaître de la langue usuelle cette locution blessante: « la froide sculpture[1] »? Il faut lire la description que David a laissée de la statue de *Madeleine*, le chef-d'œuvre de Canova. Au cours des pages qu'il lui consacre, notre artiste observe encore avec raison que le statuaire italien respecta toujours son ciseau « La muse qui l'inspirait, a-t-il dit, était enjouée et sensuelle, mais elle ne fut jamais lascive[2]. » Enfin, la générosité de l'homme n'a plus besoin d'être rappelée. « Il employa toujours, écrit David, une partie de sa fortune au soulagement des malheureux et à l'encouragement des arts[3]. » Le maître français ne devait pas oublier ce dernier trait. On sait les courageuses revendications de Canova en faveur de l'Académie de Saint-Luc, lorsqu'il modelait à Paris, en 1811, le buste de Marie-Louise. Quatre ans plus tard, créé marquis d'Ischia par le Pape, il consacrait les revenus annuels de son marquisat à la fondation de prix pour les élèves, à l'acquisition de livres d'art pour l'Académie

[1] Voir tome II, *Portraits d'Artistes*, THORVALDSEN.
[2] Voir tome II, *Portraits d'Artistes*, CANOVA.
[3] Voir tome II, *Portraits d'Artistes*, CANOVA.

de Saint-Luc et en secours aux artistes infirmes. De pareils exemples sont rares, aussi le respect de David envers la mémoire de Canova n'a-t-il pas lieu de nous surprendre après ce qu'on vient de lire, malgré la dissemblance du génie qui devait séparer les deux maîtres.

En 1812, la renommée de Canova n'était égalée que par celle de Thorvaldsen. David n'avait aucune lettre qui l'accréditât auprès du sculpteur danois. Il ne paraît pas qu'il ait eu, pendant son séjour à Rome, de fréquents rapports avec ce statuaire. Il le jugea plus tard en des termes empreints d'une sévérité trop grande. Toutefois, il ne lui coûte pas de reconnaître que « Thorvaldsen est un classique pur ». C'est lui encore qui se plaît à dire que le sculpteur scandinave excella dans le bas-relief. Il signale également la statue équestre de Poniatowski, dont la composition et le mouvement touchent à la grandeur. Il écrit que « le sourire honnête de Thorvaldsen annonce un homme bon et ferme[1] ».

Si le ciseau de cet artiste n'a pas eu la souplesse et les habiletés de celui de Canova, en retour, il révèle un statuaire noblement épris de l'antiquité. Personne n'a mieux dit que Thorvaldsen sur la frise du palais Quirinal le silence réparateur de la *Nuit*. Le bas-relief de l'*Hiver*, la frise monumentale du *Triomphe d'Alexandre* sont inspirés de l'art grec, et doivent être regardés comme des œuvres du plus haut style[2].

Thorvaldsen et David devaient se rencontrer un jour comme deux athlètes appelés à conquérir une même palme : l'un et l'autre eurent à sculpter la grande figure de Gutenberg. Un

[1] Voir tome II, *Portraits d'Artistes*, THORVALDSEN.

[2] Nous ne pouvons mieux faire, lorsqu'il est question du maître scandinave, que de renvoyer le lecteur à l'ouvrage de M. Eugène PLON : *Thorvaldsen, sa vie et son œuvre*. Paris, Henri Plon, 1867, gr. in-8°. — Le génie de Thorvaldsen n'a pas trouvé d'appréciateur plus juste que M. Plon, dont le livre comptait en 1877 sept éditions et traductions en langue allemande, anglaise et italienne.

dernier point de ressemblance les rapproche aujourd'hui dans la mort : tous deux ont leur palais. Copenhague a le Musée Thorvaldsen; Angers, le Musée David.

Nous l'avons vu, le jeune pensionnaire de l'Académie de France avait coutume de se rendre chaque soir à l'atelier de Canova[1], mais ces visites quotidiennes ne l'empêchaient pas de se montrer fidèle observateur des règlements de l'École. Ses jours étaient remplis par l'étude, à laquelle il apportait l'activité que nous lui avons connue pendant son séjour à Paris. Afin de mieux rendre la nature « en reflétant librement l'antique[2] », comme il l'a dit lui-même avec précision, David ne se lassait pas de dessiner d'après les Grecs.

Rome ne possédait pas à cette époque les œuvres remarquables que l'on voit de nos jours au Vatican. Napoléon avait fait transporter à Paris les plus beaux antiques, afin d'en orner son Louvre. C'était outre-passer le droit du vainqueur. Les richesses intellectuelles constituent un trésor inaliénable. C'est compromettre les intérêts de l'art que d'assimiler ses chefs-d'œuvre à la part de butin qu'il faudra rendre aux premiers revers. Les bibliothèques et les musées sont comme les temples. C'est sur de tels monuments que repose une patrie dans ce qu'elle a de plus auguste. Si un jour d'émeute ou d'invasion se lève sur un pays, il convient que les portes de ses monuments se ferment devant l'ennemi; mais, au lendemain de l'épreuve, quand le peuple reviendra prier dans ses temples, quand les lettrés et les artistes franchiront le seuil des musées, que l'image intacte du passé les console! Peut-être les frontières de la nation sont-elles amoindries; s'il en est ainsi, l'heure est venue d'élargir et de faire plus somptueux ces abris sacrés où l'homme vient apprendre la force et l'espérance.

Étrange retour de fortune! Pendant que Napoléon jouissait

[1] Voir F. Grille, *Notice biographique sur David d'Angers.*

[2] Voir tome II, *Portraits d'Artistes*, Roland.

solitairement de sa conquête en parcourant des galeries qu'il avait parées de son nom[1], les pensionnaires de l'Académie de France à Rome n'étaient pas libres de faire pénétrer leurs études dans les ports de la mère patrie. Le blocus continental élevait son mur inexorable autour de nos côtes. Aussi longtemps que Pierre-Jean David vécut en Italie, aucune de ses figures, à l'exception de celle de dernière année, ne put être soumise au jugement de l'Institut[2]. Les marbres de Rome étaient vengés.

Les journaux de l'époque n'ayant pas parlé de notre artiste, dont la politique européenne avait fait un proscrit, nous ouvrons sa correspondance. Vincent, Dejoux, Roland, entretenaient de fréquentes relations avec le jeune pensionnaire de l'Académie. David écrit à Roland le 23 mai 1812 : « Je tâche autant qu'il m'est possible de suivre dans mes études la route que vos précieuses leçons m'ont tracée. Je ne manque pas d'aller tous les jours étudier d'après le modèle qui pose à l'Académie; puis, je dessine d'après l'antique, me souvenant que vous m'avez toujours dit que l'antique servait à faire voir les beautés qui existent dans la nature[3]. »

Le 18 décembre de la même année, il informe le maire d'Angers qu'il a exécuté une figure de jeune homme. « M. Canova l'a vue, ajoute-t-il; il a daigné m'encourager, et m'a donné des avis dictés par son bon goût et son jugement[4]. » Dans une seconde lettre du même jour, empreinte de la plus affectueuse déférence pour son maître Roland, auquel il écrit, David revient de nouveau sur l'étude de l'antique. « Vous devez vous faire une idée de l'embarras où se trouve un jeune homme (qui comme moi n'a pas beaucoup d'expérience) dans une ville pleine des ouvrages de tant de maîtres et où, par conséquent, se rencontrent tant

[1] On sait que les collections du Louvre, désignées, après le décret du 27 juillet 1793, sous le nom de *Musée National*, puis de *Musée central des Arts*, prirent le nom de *Musée Napoléon* au début de l'Empire et conservèrent cette appellation jusqu'en 1815.

[2] Voir *Funérailles de M. David d'Angers*. Paris, Firmin Didot, 1856, gr. in-8°.

[3] *Annuaire artistique*, 3e année, 1862. Renouard, in-8°.

[4] Voir tome II, *Lettres sur l'art*, V.

de routes différentes à suivre qu'elles pourraient parfois faire errer, car il existe une route qui doit être la plus sûre pour parvenir au bien. Je pense que l'étude constante de l'antique et de la nature peut produire un grand effet; je crois aussi que l'étude mal raisonnée de l'antique peut induire dans un goût roide et froid; mais si l'antique sert à épurer le goût et à nous faire voir les beautés qui existent réellement dans la nature, je crois alors que cette étude sera toujours d'une grande utilité, car certainement la nature est belle[1]. »

Sept mois après, le 17 juillet 1813, il écrit encore à Roland : « Il y a longtemps, vous le savez, que je pense aux dangers qui peuvent résulter de l'étude mal raisonnée de l'antique, mais je n'oublie pas, d'autre part, que l'antique est le contre-poison du mauvais goût que l'étude de la nature, également mal comprise, doit produire. Aussi, d'après cette idée, quand je rencontre une belle tête dans la nature, j'en fais une étude, et je tâche de la comparer avec des antiques du même caractère. Par ce travail, j'acquiers la certitude que les grands artistes grecs ont copié la nature, mais qu'ils ont appris à la bien voir.

« Après avoir terminé mon étude de jeune homme, j'ai fait une figure d'après un modèle à barbe qui avait une tête superbe. Plusieurs personnes m'ont encouragé à la traduire en marbre, ce que j'ai fait aussi, étant heureux de m'exercer sur cette matière. J'ai modelé dans le même temps une étude de tête d'après une femme qui avait un profil grec admirable. Je me sers de l'expression « qui avait », parce que ces deux modèles sont morts aussitôt que j'ai eu terminé mon travail. Le modèle d'homme a succombé le lendemain, et la jeune fille a été assassinée dans la rue du Corso le jour même où elle avait posé[2]. »

[1] Voir tome II, *Lettres sur l'art*, *VI*. — Dans une note manuscrite, David s'exprime ainsi : « A Rome, j'ai continuellement dessiné d'après Michel-Ange, Raphaël et l'antique. C'était d'ailleurs le conseil que m'avait donné M. David. » — Notes autographes appartenant à la famille.

[2] *Catalogue de la Collection des lettres autographes de feu M. Lucas de Montigny*. Paris, Laverdet, 1860, in-8°.

Il ne nous est pas malaisé de dire avec certitude à quelles œuvres David fait allusion dans ces lettres. L'étude de jeune homme est devenue en 1815 le *Jeune Berger*, aujourd'hui placé au Musée David. La tête « d'après un modèle à barbe », que l'élève a traduite en marbre, est le buste d'Ulysse[1]. Quant à la tête de femme au profil grec, ce fut un buste d'Omphale, aujourd'hui perdu. David exécuta encore vers le même temps une tête de Néréide en marbre, pour le prince Louis Bonaparte.

Le buste d'Ulysse est d'un travail sobre, d'une touche ferme. Le roi d'Ithaque est représenté à l'âge de trente ans. Les lèvres disent la prudence du héros; l'œil marque la pénétration; le front, la volonté. La barbe, courte et abondante, donne à l'ensemble du visage un air de bravoure qui s'harmonise bien avec la légende du fils de Laërte. Il y a de la résolution dans ce marbre[2].

La tête de Néréide est depuis longtemps perdue. Tous nos efforts pour en retrouver trace sont demeurés infructueux. Mais David, nourri de la lecture des classiques, a fait plus que de modeler une tête de Néréide. Dans un bas-relief de grandes proportions, il a représenté l'une de ces nymphes, posée sur un monstre marin et portant le casque d'Achille. Vue de dos, elle glisse à travers les algues, pendant que la vague se joue dans les draperies flottantes qui lui servent de vêtement. De grandes lignes, un modelé nourri, des formes jeunes distinguent ce travail. Le bras droit, tendu en avant, est d'un galbe très-pur. La nymphe a le profil grec.

Le dessin d'un second bas-relief, appelé à servir de pendant à celui-ci, fut exécuté par David à la même époque. Une Néréide, vue de face, porte le bouclier d'Achille. Cette œuvre, conçue

[1] Musée David.

[2] Cette tête, écrit M. Maillard, est la première que David ait exécutée en marbre. Elle fut trouvée si belle par M. de Polignac qu'il voulut l'acheter; mais le sculpteur avait décidé qu'elle serait envoyée en présent à sa ville natale. — *Étude sur la vie et les ouvrages de David d'Angers.*

dans le même style que la première, est d'une composition moins heureuse. Le bas-relief n'a jamais existé.

Le *Jeune Berger*, auquel Canova ne refusa pas ses suffrages, est une figure calme. Debout et nu, l'éphèbe baisse les yeux vers une source. La main gauche supporte une draperie, tandis que la droite est relevée jusqu'à la hauteur de l'oreille avec beaucoup de naturel. L'artiste a dû saisir ce geste sur le vif. Il exprime bien la gaucherie naïve de l'enfant qui aperçoit son image reflétée par la vague limpide. Aucun sourire ne vient animer ses traits. L'expression du visage est sérieuse, presque triste. David s'est séparé, dans cette étude, des innombrables Narcisses grimaçants que la sculpture continuait de produire depuis un demi-siècle. De longues mèches de cheveux tombent négligemment sur les épaules du jeune homme, et là encore l'artiste rompt avec la chevelure académique aux boucles symétriques. Le *Jeune Berger* se réclame de l'art grec. Il n'a rien à voir avec les œuvres sculptées pendant la période impériale. On ne saurait dire, au seul aspect, la date précise de ce travail. C'est l'ouvrage consciencieux d'un sculpteur au talent robuste, qui s'est donné pour tâche d'interpréter la nature en l'éclairant d'un rayon de l'art grec.

C'est ainsi que David ne cesse pas de chercher à concilier ces deux sources, la nature et l'antiquité. Dans une de ses lettres à Roland, il informe son maître de l'attrait qu'il éprouve à étudier le « cheval de Marc-Aurèle ». « C'est de la sculpture pleine de vie, ajoute-t-il, et il me semble qu'il est impossible de rendre la nature avec plus d'âme. Il y a encore, près de la place Navone, un fragment de groupe représentant Ajax, et qu'on appelle vulgairement *le Pasquino*. C'est à mes yeux une chose merveilleuse, parce qu'il ressemble à la belle nature. Aussi, je n'ai pas manqué de le dessiner sous toutes ses faces, et la vue de ce chef-d'œuvre m'affermit dans la voie que je dois suivre[1]. »

[1] *Catalogue de la Collection des lettres autographes de feu M. Lucas de Montigny.*

Pendant ces années de recueillement studieux, David se rendit familiers les quatre styles qui ont marqué les étapes principales de l'art du sculpteur depuis l'origine des temps jusqu'à nos jours. Nous voulons parler du style égyptien, du style grec, du style romain, du style chrétien. Ces quatre styles ne comprennent-ils pas dans leur ensemble les types généraux de la sculpture, le mythe, la grâce, la personne, l'idéal? David, qui sentait bouillonner en lui des aspirations créatrices, eut de tout temps l'ambition de posséder pleinement la langue du statuaire. Il comprit que venant après tant d'autres, dont les noms sont demeurés illustres, il était tenu de reprendre la voie parcourue depuis trente siècles, et de se faire à lui-même une syntaxe de toutes les paroles éloquentes échappées à ses devanciers. La sculpture est la langue classique entre toutes. Elle nous a légué d'innombrables chefs-d'œuvre : le marbre a eu ses Platons et ses Démosthènes. Sans se compromettre jamais jusqu'au domaine aride de l'archéologue, notre artiste entreprit l'analyse raisonnée de chaque terme de la langue plastique depuis le style égyptien jusqu'au style chrétien. « Je suis nourri aux grandes œuvres, avait dit Puget, je nage quand j'y travaille[1]. » L'élève de Roland, le pensionnaire de l'Académie de France eût pu dire : « Je suis nourri aux grandes études. » C'est qu'en effet, Pierre-Jean David, de l'aveu de ses contemporains, se montrait à Rome d'une activité sans pareille, dessinant toujours, afin de mieux pénétrer le génie d'une école ou d'un maître[2].

Il ne tarda pas à découvrir, — ce qui est ignoré d'un grand nombre, — que le style égyptien n'est pas seulement un dialecte, mais une langue à part. On se persuade trop aisément que l'Égypte n'a produit en sculpture que des monuments inachevés, incorrects par défaut de savoir chez les maîtres. Les statuaires égyptiens, aux

[1] Léon Lagrange, *Pierre Puget, peintre, sculpteur, architecte, décorateur de vaisseaux*, 2e édition. Paris, Didier, 1868, in-12.

[2] Voir Antoine Étex, *J. Pradier, Étude sur sa vie et ses ouvrages*. Paris, l'auteur, 1859, in-8°.

yeux du public, et peut-être aux yeux de bon nombre d'artistes, passent pour avoir préparé les voies à l'art grec, dont ils ne pouvaient pressentir ni la grâce ni la majesté. Là est l'erreur. Que la sculpture égyptienne nous apparaisse immobile et comme entourée de bandelettes, il est bien vrai que telle est l'impression première qui jaillit à l'aspect des œuvres de cette École. Mais l'immobilité qui nous étonne n'a rien eu de fortuit. Elle n'est pas la conséquence de l'inhabileté des sculpteurs; elle découle d'un principe.

Les règles du style égyptien furent posées par les castes sacerdotales. D'un pareil commencement devait découler un art essentiellement hiératique[1]. La personnification de la Divinité occupa les artistes, dont les ouvrages devinrent nécessairement mythiques. Ils furent l'expression figurée d'un être ou d'un objet qui ne tombe pas sous les sens. En d'autres termes, une forme corporelle dut exprimer une idée. Mais il arriva qu'il y eut disproportion entre la forme modelée et l'idée dont elle était l'emblème. L'expression ne fit pas équilibre à la pensée. De là cette étrangeté, ce vague effrayant, cette majesté formidable des sculptures égyptiennes qui pénètrent l'âme de terreur. Parvenus à ce degré de puissance, les statuaires égyptiens ne furent pas maîtres de passer outre. Leur art avait atteint le but que les castes sacerdotales s'étaient proposé. La langue modelée faisait naître une idée grandiose de la Divinité, elle était de nature à impressionner fortement l'esprit du peuple, il lui fut interdit d'aller au delà sur la route du beau. C'est alors que les artistes, se repliant sur eux-mêmes, imprimèrent à leurs figures invariables le cachet de leur génie dans la pureté des lignes, la simplicité choisie du mouvement, la sobriété du modelé. On comprend qu'un style qui possède des ressources aussi nombreuses ne puisse être ramené aux proportions d'un dialecte : il a toute l'importance d'un idiome.

David n'en jugea pas autrement. L'homme qui devait écrire :

[1] Ἱερός, *sacré*.

« La sculpture est une religion », comprit, sans autre auxiliaire que son jugement, à quelle hauteur s'est élevée dans le domaine de l'idée la statuaire égyptienne. Il dut passer de longues heures au Musée Capitolin, dans les salles du Vatican ou du palais Pie-Clémentin. Les innombrables statues d'Isis, sculptées en fin granit, avec leurs draperies transparentes qui laissent deviner les contours d'un corps jeune et de belles formes; les *Idoles* portant la croix ansée ou la fleur emblématique du lotus, plongeaient l'artiste dans de graves méditations. Il apprit de ces dieux gigantesques les règles de la sculpture monumentale, dont il devait user plus tard avec l'indépendance du génie et le caractère personnel d'un artiste qui s'est approprié les principes de la langue qu'il doit parler.

Est-il besoin de dire que le style grec fut pour David le livre perpétuellement consulté pendant son séjour à Rome? Les figures symboliques, surchargées d'attributs, dont on ne découvrait pas sans peine le vrai sens, ne pouvaient être longtemps admirées par les Grecs du Péloponèse. Adoptant le nu avec franchise, les Grecs choisirent la figure humaine pour type et demandèrent à la beauté de la forme de s'allier à la noblesse de l'idée dans des œuvres individuelles et vivantes. Et, sûrement, les Éginètes furent de sages précurseurs dans un ordre de pensées où l'art devait atteindre à son plein développement, puisque Phidias et la grande École athénienne ont pu descendre de pareils maîtres! La grâce! tel fut le terme de la sculpture ionienne, telle est la caractéristique du style grec. Or, la grâce étant ce voile impalpable tissé par une main divine et jeté sur l'homme comme un royal manteau, c'est sur l'épiderme de l'être humain tout entier, non moins que dans les traits du visage, que Phidias et ses contemporains ont écrit la grâce, le sentiment, la chaleur, l'énergie. Comment David ne se fût-il pas nourri avec enthousiasme de la contemplation des chefs-d'œuvre de l'art grec? Malgré les enlèvements provoqués par Napoléon, un certain nombre de ces sculptures, telles que l'*Hercule Farnèse*, étaient demeurées à Rome, « peuple immobile au milieu d'un peuple agité[1] ».

« A Rome, écrit David d'Angers, j'ai beaucoup dessiné d'après l'antique[2]. » Nous l'avons vu tout à l'heure, à diverses reprises, faire la même confidence à son maître Roland, et plus tard, dans un jour de mélancolie : « Quel malheur, s'écriera-t-il, quel malheur d'être obligé de passer sa vie à tailler des habits et des bottes, après avoir étudié le beau et s'en être imprégné le plus possible[3] ! » Parole amère que lui arrachaient les exigences de l'art moderne et le vivant souvenir des suaves journées de l'Académie de France.

Lorsque la Grèce eut perdu son nom et s'appela l'Achaïe, la dépendance politique de son peuple à l'égard de Rome eut son contre-coup dans les arts d'imitation. Ses statuaires désapprirent les traditions d'Athènes, et leurs œuvres relevèrent d'un esprit positif aux tendances accusées vers un naturalisme qui s'éloigne de la grâce. Ce fut le style romain qui apparut. Si on le compare au style grec, le style romain marque une décroissance. Les sculpteurs, en revenant de l'Acropole où ils étaient montés pour saluer une fois encore Minerve, Thésée, Latone, l'Ilissus et la Victoire Aptère, se trouvèrent en face des Césars et des consuls qui les attendaient. Aux figures de Cérès et de Proserpine, il fallut faire succéder les statues municipales, c'est-à-dire Balbus et Sylla ; les statues impériales, c'est-à-dire Auguste et Livie, Agrippine et Tibère. La représentation de la grâce impersonnelle n'est plus possible, elle va faire place à l'effigie de la personne. Au lieu de poursuivre ces figures imposantes, assemblage de traits épars habilement choisis par l'artiste, la sculpture ne connaîtra plus que les images individuelles, empreintes quelquefois d'un reste de grandeur attique, mais dont le mérite dernier sera d'être exactes. Le style romain délaissera

[1] CHATEAUBRIAND, *les Martyrs;* Œuvres complètes. Paris, Garnier, s. d., 12 vol. in-8°, tome IV.

[2] Notes autographes de David. — Bibliothèque d'Angers.

[3] Notes autographes de David appartenant à la famille.

l'immuable pour n'exprimer plus que l'actuel. Mais telles sont les ressources de la sculpture, que même lorsqu'elle renonce à l'usage de ses plus hautes facultés, elle ne cesse pas d'être un art fertile. Le style romain en est une preuve. Resserré dans les étroites limites de la ressemblance, il a produit des œuvres que nous admirons depuis vingt siècles ; il a fait parler au marbre un idiome inconnu, qui a mérité, lui aussi, d'être dit une langue mère.

David ne nous a-t-il pas dit son admiration pour la statue de Marc-Aurèle ? Il l'étudie avec amour. Ce qui va le frapper dans les ouvrages de la période romaine, c'est l'empreinte modelée du vice ou de la vertu, le signe extérieur du courage, de l'éloquence, de la bonté, qui constituent la physionomie de chaque personnage, son caractère. Dans ses réflexions quotidiennes, l'élève de Roland s'était pénétré d'une idée pleine de justesse. Il s'était dit que si les modernes, ignorants des beautés de la sculpture, ne pouvaient plus s'élever jusqu'à elle, la sculpture devait aller au-devant des modernes. Et il lui sembla que les œuvres, plus humaines que divines, des artistes qui se sont illustrés dans le style romain, pourraient aider puissamment à cette réconciliation de notre siècle avec un art délaissé. D'ailleurs, Pierre-Jean David se sentait naturellement attiré vers le portrait. La tête est ce que nos statuaires peuvent modeler le plus aisément sans répudier aucune des conditions de leur art. Quiconque veut sortir du champ de la spéculation et entrer dans le vif de nos mœurs, de nos passions, de notre vie publique ou privée, celui-là, s'il est artiste, n'a pas deux façons de faire impression sur ses contemporains et de dire ce qu'il sent. C'est la tête humaine qu'il devra peindre ou sculpter. Nous trouvons dans des notes sans date cette parole de David : « Un statuaire est l'enregistreur de la postérité. Il est l'avenir[1] ! » Ce mot est bien celui d'un homme qui prétend parler la langue de son temps.

[1] Notes autographes de David appartenant à la famille.

Un admirateur exclusif de l'art grec se proclamerait volontiers l'interprète du passé. David portait au cœur de plus chaudes ambitions. C'est pourquoi le style romain le captiva pendant son séjour à Rome. Quel statuaire s'est montré plus habile portraitiste que David? Qui a mieux saisi le caractère individuel qu'il ne l'a su graver dans le bronze?

Mais Rome ne renferme pas uniquement les chefs-d'œuvre de l'art antique. L'art moderne y occupe la plus large place. Avec le christianisme, la plastique devait entrer dans une voie nouvelle. L'art chrétien, pour avoir trop oublié la forme avec les maîtres primitifs, atteignit toutefois d'un seul jet à l'expression d'un spiritualisme élevé que les anciens n'ont pas connu. Avec les siècles, Donatello, Brunelleschi, Michel-Ange, Ghiberti, Léonard, Verrochio se sont nommés, et la statuaire chrétienne, trop voisine peut-être d'un art qui lui sert de limite, n'eut rien à envier à la statuaire des temps païens sous le rapport du caractère et de la vie, tandis qu'elle lui demeura supérieure au point de vue de l'idée. Sans doute, nous n'avons point surpassé depuis dix-neuf siècles les inimitables chefs-d'œuvre de l'art grec. Ils sont conçus d'après des lois dont l'eurythmie touche au sublime. Mais si les Grecs ont traité la forme avec une autorité magistrale, nous l'emportons sur les Grecs par l'expression plastique de la pensée. La théogonie d'Hésiode n'a plus d'adeptes, une religion nouvelle s'est levée. Nous sommes plus voisins de l'idéal. Il n'est pas sensé de désespérer de la sculpture après Phidias et Lysippe. Michel-Ange, Puget, hommes nouveaux, s'appuyant sur des principes ignorés des maîtres d'Ionie, ont fait parler la pierre dans des œuvres rivales des marbres antiques. Ils ont reculé les frontières de la sculpture. Au style égyptien, au style grec, au style romain, ces fiers génies ont fait succéder l'art chrétien.

Heureux d'acquérir l'universalité des connaissances qui font le statuaire, le futur auteur du *Calvaire* et de *Sainte Cécile* s'éprit des grandes œuvres que possède Rome chrétienne. Il n'y a pas jusqu'aux maîtres primitifs qui n'aient séduit son âme d'artiste. « Plus je vois les monuments gothiques, écrira-t-il un jour, plus j'éprouve de bonheur à lire ces belles pages religieuses, si pieusement sculptées sur les murs séculaires des églises. Elles étaient les archives du peuple ignorant de l'époque. Il fallait donc que cette écriture devînt si lisible par la vérité des expressions, que chacun pût la comprendre. Les saints sculptés par les gothiques ont une expression sereine et calme pleine de confiance et de foi[1]. »

Ainsi le style égyptien, le style grec, le style romain, l'art chrétien ; en d'autres termes, l'art antique et l'art moderne furent l'objet d'une étude constante de la part de David d'Angers. Le mythe, la grâce, la personne, l'idéal lui apparurent comme les signes distinctifs des quatre phases traversées par l'art plastique depuis que l'homme sait pétrir la glaise. Et parce que David sentait en lui l'audace qui assure le triomphe, il pencha de bonne heure vers l'art moderne, prêt à s'y enfermer résolûment, sans regarder aux obstacles qu'il avait la certitude de franchir. Ce n'était pas assez que la langue qu'il parlait fût une langue mère, il la voulait une langue vivante, chaude, colorée, précise, et il lui parut que plus il entrerait hardiment dans la mêlée contemporaine, plus vite il serait compris.

Mais, afin de se préparer aux luttes qu'il pressentait, c'est surtout au style grec, c'est aux marbres d'Athènes qu'il demanda ses inspirations pendant son séjour en Italie. Il savait trop bien à quel point les Grecs ont excellé dans le travail du marbre et dans l'interprétation choisie de la nature, pour ne pas recourir à leurs enseignements. Aussi la *Néréide*, l'*Ulysse*, le *Jeune Berger*, portent-ils la trace visible des efforts de l'artiste pour atteindre à la pureté des lignes et à la finesse du modelé. L'idée opportune et passionnée le possédera bientôt ; il le sent. Ce qui importe pour lui à l'heure présente, ce n'est pas la poursuite de l'idée, c'est

[1] Notes autographes de David appartenant à la famille.

l'habileté du ciseau, la précision dans le coup d'œil et cette faculté sans laquelle il n'y a point d'artiste : le goût. Il saura, le moment venu, imprégner le marbre de symbolisme, de grâce, d'énergie, d'idéal; ce qu'il faut aujourd'hui à sa main novice, c'est d'apprendre à parler ces grandes choses dans le style des maîtres, avec une docilité toujours prête aux commandements de l'esprit.

L'ardeur au travail que nous aimons à constater chez David dut trouver un nouveau stimulant dans l'exemple des jeunes hommes dont il était entouré. La colonie française de la villa Médicis se composait alors d'artistes qui tous se sont fait un nom glorieux dans l'École. Les peintres s'appelaient Drolling, Abel de Pujol et Picot. Cortot et Pradier se distinguaient parmi les sculpteurs. Gatteaux gravait sa médaille du *Rétablissement de la villa Médicis;* Hérold méditait *Zampa*. Ingres, Horace Vernet, Schnetz, Granet, Dupré, Haudebourt[1], Bartolini qui se vantait d'être « plus Français qu'Italien[2] », Provost, Le Clère, complétaient le milieu jeune, actif et prompt aux longues espérances, dont l'atmosphère dut accroître les forces de chacun. Guillaume Lethière gouvernait l'Académie.

Parmi les hommes que nous venons de citer, Ingres se lia particulièrement avec David. Le peintre de *Romulus*, de *Jupiter et Thétis*, d'*Œdipe expliquant l'énigme*, se proclamait hautement l'adorateur de Raphaël et de l'antique. Son exemple contribua peut-être à maintenir David dans un ordre d'études nécessaires à sa complète formation. C'est de cette époque que date le portrait du statuaire dessiné par Ingres, que nous reproduisons dans ce livre[3].

David avait retrouvé à Rome le lauréat de 1810, Auguste, dont le succès, facilité par les complaisances du jury, avait retardé

[1] Voir Victor Pavie, *Gœthe et David, Souvenirs d'un voyage à Weimar*. Angers, P. Lachèse, Belleuvre et Dolbeau, 1874, in-8°.

[2] A. Étex, *J. Pradier, Étude sur sa vie et ses ouvrages*.

[3] Voir tome II, planche I.

d'une année le départ de l'élève de Roland. David et lui ne devaient plus être des rivaux, le talent d'Auguste ne lui ayant pas permis d'atteindre à une haute célébrité, mais tous deux se lièrent d'amitié[1].

Un Angevin nommé Lebas, fils d'un professeur éminent, se trouvant à Rome en même temps que David, permit à son compatriote de combler les lacunes d'une éducation trop sommaire. « La situation précaire dans laquelle se trouvaient mes parents, a écrit David, les avait obligés à me retirer de l'école à neuf ans. Je ne savais presque rien. Mais, à Rome, j'eus la bonne fortune de rencontrer un homme excellent qui me donna des leçons de langue française. Par malheur, au moment où je pouvais attendre plus de profit de ses soins, il fut forcé de rentrer en France[2]. » C'est aux obligeantes leçons de cet ami que le statuaire fut redevable des pages sans reprise qui tant de fois ont coulé de sa plume[3].

Cependant les règlements de l'Académie autorisant les pensionnaires à visiter les principales villes d'Italie, David d'Angers, dont le séjour à Rome avançait vers son terme, fit un premier voyage à Florence. La *Pieta* de Michel-Ange, la *Judith* de Donatello, le *Persée* de Cellini, les Portes du Baptistère de Ghiberti; Brunelleschi, Francavilla, Verrochio retinrent pendant de longs jours le jeune artiste. Le caractère différent de chacun de ces

[1] David conserva pendant toute sa vie d'excellents rapports avec Auguste, et celui-ci lui avoua plus d'une fois qu'il avait eu connaissance de la partialité du jury à son sujet, lors du concours de 1810. Auguste s'adonna plus tard à la peinture de genre.

[2] Notes autographes de David appartenant à la famille.

[3] Lebas, que François Grille, dans ses notes manuscrites sur David, appelle à tort Lebon, ne doit pas être Pierre-Louis Lebas, le promoteur des écoles mutuelles dans la région de l'Ouest, mort en 1835 à la tête de l'École normale d'Angers. Grille commet une erreur évidente en admettant cette hypothèse. Pierre-Louis Lebas, né en 1758, avait en 1814 cinquante-six ans, et remplissait à Angers, depuis sept ou huit ans, les fonctions de secrétaire d'Académie. C'est sûrement un de ses fils qui devint l'ami de notre artiste pendant son séjour à Rome.

maîtres fut pour lui l'occasion d'études comparées qui l'affermirent encore dans la science des styles.

Il quitta Florence pour Venise. Jean de Bologne, génie français[1], l'arrêta dans sa ville d'adoption. La cité de Saint-Marc lui révéla le sens de l'art byzantin transformé par la main conquérante d'artistes originaux et naïfs. Un soir qu'il errait sur le Lido, il entrevit Byron franchissant les lagunes au galop de son cheval[2].

David ne resta que peu de temps à Venise. De retour à Rome, il en repartit bientôt pour visiter Naples. « J'ai passé trois mois à Naples, écrit-il, à étudier dans les galeries et les églises. Je me plaisais surtout au fameux Musée de Portici, qui est rempli des plus belles peintures de Pompéi et d'Herculanum. Je suis allé à Pompéi, et j'y ai habité plusieurs semaines[3]. » De là, il se dirigea vers les ruines sévères de cette ville grecque que baignent les flots de la mer Tyrrhénienne. Le génie dorien le saisit par son laconisme imposant au milieu des vestiges de toute sorte qui attirent à Pæstum l'archéologue et l'artiste. David séjourna trois mois dans cette contrée où tant de débris superbes sollicitaient son admiration[4]. « J'ai beaucoup dessiné dans la Grande Grèce, » écrira-t-il plus tard[5]. Au reste, ses excursions à travers l'Italie furent avant tout des voyages d'étude.

Le 9 septembre 1814, David se retrouvait à Rome. S'était-il

[1] Né à Douai en 1524.

[2] Voir Victor Pavie, *Gœthe et David, Souvenirs d'un voyage à Weimar*. Le maître ne devait plus rencontrer Byron. C'est par erreur qu'Halévy, venant de raconter le second voyage de David à Londres, en 1827, ajoute : « Il court ensuite en Lombardie saisir l'image de lord Byron qui partait pour la Grèce. » (*Notice sur la vie et les ouvrages de M. Pierre-Jean David d'Angers.*) David n'est pas allé en Lombardie après son retour d'Angleterre, et, d'ailleurs, le poëte de *Childe-Harold* est mort à Missolonghi le 19 avril 1824.

[3] Notes autographes de David. — Bibliothèque d'Angers.

[4] Voir F. Grille, *Notice biographique sur David d'Angers.*

[5] Notes autographes de David appartenant à la famille.

bercé du fol espoir d'épouser une jeune patricienne? Nous le supposons volontiers à la lecture de ces notes intimes :

« L'un des drames les plus chastes de la vie du statuaire s'est passé en 1814.

« Par une nuit obscure, un jeune artiste était silencieusement, et le cœur brisé, prosterné sur le sol, à quelques pas de la terrasse d'une riche villa de Rome. Après de longues heures d'anxiété, il aperçut la pure silhouette de celle pour qui vibraient toutes les facultés de son âme. Sa noble et douce figure avait pour fond le ciel. Elle pressait entre ses doigts délicats la croix suspendue à son col. Des larmes silencieuses coulaient de ses yeux. Elle paraissait lumineuse comme les étoiles qui lui servaient d'auréole. Dans les ténèbres les plus profondes, il y a toujours de la lumière pour la femme, tandis que l'homme se confond avec l'obscurité de la terre.

« Ce fut une nuit bien cruelle que celle du 9 septembre. Elle a laissé comme un sillon douloureux dans le cœur du statuaire. C'était l'instant du dernier adieu, c'étaient les derniers regards contemplatifs qu'il pouvait jeter sur les traits de cette jeune fille angélique qu'un couvent attendait le lendemain, et qui, dix-huit mois plus tard, devait rendre son âme à Dieu. Quelle sublimité dans l'expression de cette main serrant convulsivement la croix au moment d'une pareille lutte! Pauvre jeune fille, obligée de subir l'orgueilleux arrêt d'une famille sous l'influence de ses titres de noblesse!

« Le statuaire conserva religieusement dans son âme d'artiste la dernière attitude de la jeune fille. Il avait, depuis de longues années, l'intention de consacrer sa mémoire par un monument, lorsque l'idée d'une *Sainte Cécile* lui est venue. C'est elle tout entière qu'il a voulu faire passer dans le marbre; mais, il le sent trop bien, son ciseau n'a sculpté qu'un triste *à peu près!* Ainsi en est-il des inspirations de la pensée, souvent sublimes, qui deviennent misérables quand nous cherchons à leur donner une forme.

« Cependant, l'artiste s'est senti consolé lorsqu'il a vu l'ébauche d'un si noble sujet prendre place dans le temple de Dieu[1]. »

O temps de rêverie, et de force et de grâce!

Oh gioventù! primavera della vita! Heureuses les visions de l'artiste pour lesquelles la blancheur du marbre est un emblème, et dont l'image peut orner les temples sans les profaner!

Peu après cet épisode que Shakespeare eût voulu chanter comme les adieux de Roméo et de Juliette, David modelait la tête de Hérold, son compagnon d'études. C'est le premier médaillon qui soit sorti des mains du statuaire. Lui-même ne se doutait pas qu'il abordait un genre dans lequel il devait exceller plus tard. Qui eût osé lui dire que ces menus ouvrages aux proportions réduites, dont il venait de façonner un spécimen en se jouant, formeraient un jour le meilleur de son œuvre? Chose digne de remarque, le sculpteur plein de fougue, qui semble destiné de longue main aux statues colossales, n'a rien laissé de plus achevé que ses innombrables médailles. L'iconographie du dix-neuvième siècle est là tout entière, modelée par la main d'un homme de génie. Quelque rapide qu'ait été souvent le travail, l'œuvre n'accuse rien de hâté. Il semble, au contraire, que chaque profil ait été longuement caressé par le pouce amoureux de l'artiste. L'argile a subi l'empreinte symbolique de toutes les passions. Quiconque se promène au milieu de ces personnages qu'il avait nommés cent fois avant de connaître leurs traits, les devine au premier regard. La vie, le caractère, s'agitent et frissonnent sur ces masques contemporains. Ils forment par leur ensemble le livre ouvert et toujours lisible que

[1] Dans cette note, relevée textuellement sur le manuscrit de David, le maître parle constamment de lui sous la forme impersonnelle. Au bas de la note est écrit : « Le portrait dessiné qui a servi à faire la tête a été dérobé de la manière la plus inconcevable. » — Notes autographes de David appartenant à M. Victor Pavie. — La statue de sainte Cécile est aujourd'hui à la cathédrale d'Angers.

notre époque réclamait, et l'avenir en feuilletant ses pages inflexibles ne court aucun risque d'errer. L'ébauchoir n'est point sujet aux complaisances de la plume. Quand David écrit avec du bronze, il dit vrai. Ceux qui l'ont lu avant nous ont porté sur lui ce témoignage.

Hérold, vu de profil, regarde de droite à gauche. Son front, fortement penché en arrière, décrit avec le nez une même ligne. Cette conformation bizarre nuit à la beauté générale, dont quelques traits se ressaisissent toutefois dans la partie inférieure du visage. S'il eût eu moins d'habileté, le sculpteur était exposé à priver la tête de son modèle de tout caractère intelligent. Mais David a su modeler le front, qui est la partie dominante dans le visage du compositeur, avec une souplesse et une élégance si grandes, que l'imagination se révèle aussitôt. Quand on l'observe de près, ce front, qui tout à l'heure nous paraissait former une ligne droite, présente dans son profil deux arcs légers, proportionnés l'un à l'autre. Celui du bas avance sensiblement et repose sur la racine du nez. Une saine raison, un jugement sûr sont écrits dans ces lignes pleines de finesse et de distinction. Les paupières, peu distantes, donnent au regard quelque chose de vif et de pénétrant. Les lèvres marquent la délicatesse. Or ces traits, dispersés par la main savante de l'artiste sur le masque de l'auteur de *Zampa* et du *Pré aux Clercs*, ne sont-ils pas autant de points caractéristiques de l'individualité curieuse du musicien? Hérold a révélé sa délicatesse d'esprit dans le choix et la distribution de ses motifs; il a donné la mesure de sa pénétration dans la nouveauté de ses arrangements où l'instrumentation et l'harmonie jouent un si grand rôle. Sa richesse d'imagination n'est contestée par personne. Dans les scènes passionnées, est-ce que Hérold n'atteint pas, par jets abondants, à une puissance d'expression dramatique qui fait de lui l'égal des grands maîtres?

C'est ainsi que David fera parler le bronze dans ses médailles. L'ignorant qui n'en saisira que le contour les dira conformes aux lois de l'esthétique; le savant, le lettré, l'artiste, qui sauront fouiller du regard ces poëmes de métal, en proclameront l'éloquence, l'action toujours juste.

Le séjour de Rome avait donc été profitable au jeune David, puisque dans ses ouvrages importants, inspirés de l'art grec, aussi bien que dans ses moindres essais, de style moderne, le sculpteur accuse une individualité réelle. L'École a développé les facultés de l'artiste sans le déposséder de ce qu'il y avait de neuf et d'original dans son naissant génie.

De graves événements, dont la France était le principal foyer, tenaient l'Europe en suspens. L'abdication de Fontainebleau avait été suivie du retour de l'île d'Elbe. A peine les puissances avaient-elles désarmé, que la coalition se reformait en hâte pendant que Louis XVIII prenait le chemin de l'exil[1].

L'histoire a raconté les douloureuses commotions que traversa la France pendant ces années de luttes politiques.

Le contre-coup des angoisses nationales se fit sentir parmi les élèves de la villa Médicis. L'un des premiers, David s'émut à la pensée que l'étranger foulait le sol français. Plaçant le devoir patriotique au-dessus des préoccupations de l'artiste, David réunit un jour les pensionnaires de l'Académie et leur proposa de rentrer en France pour combattre les alliés. La noble motion du sculpteur fut rejetée[2].

L'Italie se trouvait alors en proie à une agitation générale. De tout temps, l'unité de la Péninsule a servi de prétexte aux révolutions. « On ne voyait à l'origine, a dit un historien, dans cette question italienne, qu'une revendication légitime d'indépendance, une manifestation de nationalité en face de la domination étrangère[3]. » Ce point de vue était bien fait pour passionner les esprits

[1] On sait que Louis XVIII s'enfuit escorté par quelques mousquetaires, au nombre desquels se trouvait Géricault. — Voir Charles CLÉMENT, *Géricault*, Étude biographique et critique. Paris, Didier, 1868, in-8°.

[2] Voir A. MAILLARD, *Étude sur la vie et les ouvrages de David d'Angers.*

[3] Ch. DE MAZADE, *l'Unité de l'Italie, la Papauté et la France.* — *Revue des Deux Mondes*, 1er mars 1863.

généreux. Le 30 mars 1815, dix jours après l'entrée de Napoléon dans sa capitale, le roi de Naples, Murat, pour qui le Congrès de Vienne était un sujet de crainte, crut le moment venu de sauver sa couronne en appelant tous les peuples de l'Italie à l'émancipation. « La domination autrichienne, a écrit Vaulabelle, était lourde et coûteuse aux peuples de la Lombardie. Accueillis d'abord comme des libérateurs, les Allemands et les Hongrois de François II n'avaient pas tardé à ressentir les effets de la mobilité italienne[1]. » Une proclamation de Murat fut affichée à Rimini. Aussitôt l'Autriche, dont les troupes couvraient toute la surface du pays, attaqua l'armée de Murat et le défit à Ochio-Bello, à Tolentino, à Macerata.

Vaincu et traqué sur tout le territoire italien, Murat passe en France et bientôt après fait voile pour la Corse. Cependant ses partisans restaient dévoués et nombreux. Des sociétés secrètes s'étaient organisées de toutes parts. Un vent de liberté soufflait sur les âmes qu'électrisait l'espoir d'une revanche. Tout à coup le bruit se répand que Murat s'apprête à débarquer au Pizzo, dans la Calabre Ultérieure. Les patriotes, qui voient en lui leur général, s'ébranlent par bandes séparées, qui toutes convergent vers le sud où elles vont se mettre aux ordres de leur chef. Le dessein des partisans de Murat est de le replacer sur le trône de Naples.

David ne fait pas mystère de sa sympathie pour l'homme qu'il croit être un libérateur. Mais la police de Rome, instruite des dispositions de l'artiste, observe ses moindres actes. Afin d'échapper à une surveillance qui lui pèse, David prétexte un voyage nécessaire, quitte la villa Médicis et se jette au milieu d'une troupe de trois cents carbonari, ralliés dans la campagne romaine. Pendant ce temps, Murat, débarqué le 8 octobre, était aussitôt cerné et fusillé avec vingt-neuf de ses compagnons. La troupe de patriotes dans laquelle se trouvait David ignorait encore ce fatal

[1] Achille de Vaulabelle, *Histoire des deux Restaurations*, 7e édition. Paris, Garnier, s. d., 8 vol. in-8°.

dénoûment lorsqu'elle parvint, non sans peine, jusqu'aux solitudes de Pœstum. Le pays était couvert de légions allemandes. Déjà un régiment hongrois suivait la trace de cette poignée d'hommes qui s'entretenaient de Léonidas, blottis dans les ruines de la Grande Grèce. L'ennemi les atteint. On se défend avec courage, mais il faut céder devant le nombre. David venait d'être fait prisonnier, lorsqu'un officier hongrois, comme lui franc maçon, comprit le signe de détresse du sculpteur et lui rendit la liberté.

« Le maître, a écrit M. Adrien Maillard, nous montrant un jour une toile placée dans la chambre de son fils et qui représente les ruines de Pœstum, nous dit avec un accent de tristesse où perçait la reconnaissance : C'est là que nous fûmes faits prisonniers; c'est là aussi qu'un officier hongrois me sauva la vie et me procura les moyens de prendre la fuite. Peut-être même n'ai-je pas dû, comme je l'ai cru bien longtemps, mon salut au signe de détresse que j'adressai à ce jeune homme. Il y a quelque chose de si mystérieux dans l'instinct qui pousse certaines personnes vers d'autres! Il a sans doute voulu me sauver, quelle que fût l'issue de sa tentative. — Que je désirerais le revoir! mais je n'ai jamais su son nom[1]. »

Dénoncé au directeur de l'Académie pour la part qu'il venait de prendre au mouvement libéral, David se vit à la veille d'un renvoi. L'ambassadeur de France, M. Courtois de Pressigny, marqua son mécontentement au sujet du sculpteur, mais l'intervention bienveillante de Lethière triompha des préventions de l'ambassade, et David acheva sans secousse les quelques mois qu'il avait encore à passer à Rome.

Il modela le pur et mâle profil de la princesse Cécilia Odes..., dont l'image devait rester présente à son esprit lorsqu'il aurait à sculpter la tête impersonnelle de la Victoire[2].

[1] A. MAILLARD, *Étude sur la vie et les ouvrages de David d'Angers.*

[2] Voir planche X. C'est la tête de Cécilia Odes... que le maître a reproduite

Caroline de Brunswick, l'infortunée princesse de Galles, que des intrigues de cour tenaient éloignée de Windsor[1], voyageait sur le continent. La noble proscrite trompait l'amertume de l'exil en protégeant les arts avec autant de magnificence que de goût. Au mois de décembre 1815, elle fit offrir à David de l'accompagner en Égypte[2]. Mais il y avait trop longtemps que notre artiste se sentait éloigné de son pays. David déclina les offres séduisantes de l'illustre exilée, et, quelques semaines plus tard, il rentrait en France.

dans le bas-relief du tombeau du maréchal Suchet. Le même type paraît avoir inspiré l'artiste lorsqu'il a sculpté l'*Histoire* dans le fronton du Panthéon.

[1] Voir David Hume, *Histoire d'Angleterre*, traduction Campenon. Paris, Furne, 1840, 13 vol. in-8°.

[2] Voir de Loménie, *Galerie des contemporains illustres*, par un homme de rien, 88e livraison, M. David d'Angers. Paris, A. René, s. d., in-12, avec portrait.

CHAPITRE IV

1816-1822

GÉNIE

Qu'est-ce que le génie? — Un précepteur de génie. — David à son retour de Rome ne fait que traverser Paris. — Voyage en Anjou. — Départ pour l'Angleterre. — David à Londres. — Les marbres d'Elgin. — Flaxmann. — Déception. — Offre faite à David d'élever un monument commémoratif de Waterloo. — Fier refus du sculpteur. — Il vend ses habits pour rentrer en France. — Mort de Roland. — La commande du *Condé*. — David soutient ses deux sœurs qui sont venues le rejoindre à Paris. — Le modèle du *Condé* au Salon de 1817. — Le costume moderne. — Buste d'Ambroise Paré. — Le *Calvaire* de la cathédrale d'Angers. — Tombeau de la duchesse de Brissac. — Les deux sœurs de l'artiste. — Mort de Pierre-Louis David. — Jacques Delusse.

A mesure qu'un voyageur avance sur sa route, l'horizon, d'abord enveloppé de brume, se dessine sous son regard. Chaque objet prend une forme. Ce qui n'était que silhouette devient profil. L'esprit entre en possession des choses que tout à l'heure il ne faisait que pressentir. Il se nomme à lui-même le monument qu'il découvre, l'arbre qui lui envoie son parfum.

De même en est-il pour l'historien lorsqu'il touche au point décisif de son récit. Les efforts, les actes, le caractère de l'homme dont il trace le portrait, se laissent pénétrer dans leurs totales proportions. Tout se condense dans sa pensée. Il embrasse d'un coup d'œil les facultés intellectuelles et morales de son modèle, et, dans la netteté de sa visi n, l'idée maîtresse qui résume toute grande vie lui est révélée.

Il est un mot magique que plus d'une fois déjà notre plume a tracé. Nous avons nommé le génie. Que veut dire ce mot, fait de surprise, de promesse et d'éblouissement? Il nous faut préciser le sens de ce terme mystérieux avant de passer outre.

Le génie est une lumière. La lumière n'a rien de confus ni de heurté. L'œil de l'homme s'y baigne sans fatigue. Les caractères distinctifs de la lumière sont la simplicité, la chaleur et le rayonnement. Clarté limpide et qui tombe de haut, chaleur créatrice, le génie embrasse et généralise toutes choses dans son rayonnement. Il perçoit le commun dans le divers ; il ramène le multiple à l'unité. Il se rapproche de Dieu par la concision de son verbe, et toute intelligence comprend ce qu'il dit.

Mais ne faut-il pas craindre que la supériorité qui le fait roi ne déconcerte les natures plus modestes, et que son lumineux sentier ne reste désert ? Il n'en saurait être ainsi. L'homme est un être enseigné. Plus vive est la lumière, plus elle contient de vérité. La vérité est toujours actuelle, et ce qui est actuel est populaire. L'art, par exemple, l'art dans son achèvement, sera également compris par les natures esthétiques et les âmes en apparence les plus humbles, parce que la main du génie l'ayant ennobli, épuré, de ses sources découle la vie dans la vérité. Plus l'artiste a rassemblé de forces éparses, plus il ramène à l'unité ce que la nature renferme de beau, d'idéal, de divin, plus il approche du vrai, cet indispensable aliment de tout être intelligent. Il se fait sur les pas du semeur de vérité comme un sillon profondément creusé dont la fertile moisson nourrira les générations de l'avenir. Nous qui pensons aujourd'hui, à qui sommes-nous redevables de la vie intellectuelle ? Nous la tenons de Moïse, d'Homère, de Phidias, de Raphaël : nous ne sommes que les glaneurs du génie.

Si telle est cette haute faculté, sa rencontre m'effraye. Je me sens troublé par les dons multiples qui constituent son essence. Tant de signes illustres sur un même front n'exigeraient-ils pas que l'être prédestiné qui en doit porter l'empreinte n'eût plus rien de l'homme ? Comment oser dire d'un artiste, humble chercheur de vérité, qu'il a été l'hôte du génie ? La langue humaine compte certains mots que l'on craint de profaner. L'écrivain, le poëte, le sculpteur peuvent-ils prétendre à cette élévation presque divine ? Devons-nous espérer de rencontrer jamais sur notre route un être privilégié, choisi par Dieu pour donner à son siècle le fortifiant exemple d'une semblable puissance? Que la faveur ou l'aveuglement aient plus d'une fois décerné l'illustration suprême à des hommes qui n'en étaient pas dignes, cela ne peut nous surprendre. Mais l'historien consciencieux sera-t-il plus heureux? Saura-t-il nommer avec certitude le génie? Lui sera-t-il permis de le reconnaître au rayon de son regard, à la manière dont il pose le pi ', à son geste d'empire, à son verbe créateur, à tous les signes éclatants qui disent sa force et sa beauté?

Oui. L'histoire a salué dans le passé des hommes en qui cette majesté lui est apparue, et les siècles n'ont pas réformé le jugement qu'elle avait porté. Toutes les époques ont compté quelqu'une de ces grandes figures. Pour quiconque sait plonger le regard à travers les âges, ces esprits supérieurs émergent de l'obscurité comme les phares émergent de l'Océan.

Notre siècle a connu des hommes de ce caractère. Née au milieu des ruines, la génération qui nous a précédés a vieilli dans la lutte, mais la lutte ne fait pas obstacle au développement des natures d'élite. Les hauts esprits sont comme l'aigle, qui se plaît aux tempêtes. D'ailleurs, si des êtres providentiels sont jamais nécessaires, n'est-ce pas aux heures de trouble, aux époques de révolution? Il était donc juste que notre âge tourmenté reçût de sublimes enseignements. Aussi, de toutes parts, des hommes supérieurs ont surgi. La tribune, les champs de bataille, la science, les lettres, l'art ont vu passer des maîtres, et les leçons de vérité sont tombées de leurs lèvres.

Dans le domaine de l'art, Pierre-Jean David a été un précepteur de génie. Il se montre à nous dominant ses contemporains par l'énoncé de principes méconnus jusqu'à lui. Il va poser une loi singulière, à la fois une et multiple, où la simplicité de la formule n'exclura pas l'étendue et l'universalité des vues créatrices. C'est lui qui voudra que le statuaire use sa vie dans l'étude de l'homme et avant tout de la tête humaine. Mais, du même coup, il va créer un art national; il embrasse du regard la société, la patrie, et il commande à son ciseau d'être assez puissant pour que le marbre ait une voix applaudie de toute la nation. Et qui oserait contester, parmi les hommes de notre temps, l'influence salutaire de pareils principes? Bien qu'aucun artiste n'ait continué son œuvre, Pierre-Jean David a été chef d'école. La plupart de nos sculpteurs, qu'ils aient reçu ses conseils ou qu'ils soient venus trop tard pour l'entendre, ont gardé quelque trace de son ascendant. Les plus virils esprits, les tempéraments les plus personnels sont aussi ceux dont la parenté se retrouve plus visible avec le maître. Tel qui ne l'a pas suivi dans le choix de sujets nationaux, est resté son disciple inconscient dans l'interprétation d'une tête d'homme. Nous pouvons donc conclure que la philosophie de l'art professée par David repose sur des lois d'une indiscutable autorité. Ni le caprice ni la fiction ne peuvent réclamer aucune part dans les préceptes qu'il a formulés. Il a eu l'intuition du rôle de la sculpture dans les temps modernes. Il a dit par ses œuvres sculptées, par sa plume, la vision prophétique dont Dieu l'avait fait le témoin. Et parce qu'il a été sincère, parce que le vrai s'était révélé à son esprit, l'inspiration l'a couvert de son aile. Il a ému le marbre, il a fait parler le granit; le bronze a retenti sous sa main comme une fanfare; la grâce et la force se sont fondues ensemble dans des œuvres exquises : il a eu le génie.

Lorsque Pierre-Jean David revit la France, au printemps de 1816, un million deux cent mille soldats étrangers couvraient son territoire. L'artiste traversa Paris. L'aspect des galeries du Louvre livrées au pillage des alliés le remplit d'angoisse. Blücher et Wellington, plus maîtres que le Roi dans sa capitale, les bataillons prussiens, anglais, russes, autrichiens, campés sur les places publiques et dans les jardins, disaient à tous les yeux la profondeur de notre abaissement national. David ne put supporter ce navrant spectacle. L'insolence des vainqueurs l'irritait. Impuissant à alléger autour de lui les charges de la conquête, il prit, l'âme en deuil, le chemin de l'Anjou.

« Quand, à mon retour de Rome, je revolai vers Angers, écrit-il, ce fut par cette avenue de peupliers et de léards qui forme la route de la Levée. Je m'éveillai vers Saumur, encore enveloppé d'ombres. Mais déjà le chant du coq montait des basses-cours des fermes; j'entendis le bruit si gai des métiers qui « brayaient » le chanvre; mon cœur bondit, et je faillis pleurer[1]. »

Heureux d'embrasser son père et ses sœurs, David eût peut-être prolongé son séjour dans sa ville natale s'il ne l'eût trouvée au pouvoir des alliés. Les Prussiens occupaient la Normandie, le Maine, l'Anjou et la Bretagne[2]. L'humiliation de la défaite lui devint plus amère encore sur les rives de la Loire. N'y tenant plus, l'artiste patriote n'alla pas même rendre visite au maire de la ville, dont il avait reçu, peu auparavant, des félicitations chaleureuses, après l'envoi de son premier marbre[3]. Ne se réservant qu'une faible somme, il fit accepter à son père le peu d'argent que ses travaux lui avaient acquis, prit congé de Delusse, son ancien maître, et s'éloigna de nouveau, résolu à passer à Londres.

Qui a pu motiver cette détermination soudaine? — Les conseils de Canova.

Pierre-Jean David n'avait pas encore quitté la villa Médicis lorsque, dans les derniers mois de 1815, le Pape chargea Canova de se rendre à Paris. Le sculpteur, muni des pouvoirs de Pie VII, venait réclamer, de concert avec les envoyés des puissances européennes, les trésors inaliénables que Bonaparte avait accumulés au Musée Napoléon. Disons, toutefois, que le délégué de Pie VII avait reçu l'ordre de ne pas porter ses réclamations jusqu'aux limites du droit. En conséquence, Canova allait faire

[1] V. Pavie, *Discours prononcé à l'inauguration du buste de David d'Angers.*
[2] Voir A. de Vaulabelle, *Histoire des deux Restaurations.*
[3] Voir *Pièces justificatives*, doc. XVII et XVIII.

au Musée du Louvre l'abandon gracieux de la statue du *Tibre*, de la *Minerve de Velletri*, de la *Cène* de Paul Véronèse[1].

Mais pendant que l'envoyé de Rome s'acquittait à Paris de sa délicate mission, Visconti, administrateur des Antiques, fut mandé de se rendre à Londres pour apprécier les marbres du Parthénon. Lord Elgin, qui avait rapporté d'Athènes ces précieux restes de l'art grec, proposait, pour la deuxième fois, au Parlement d'acquérir sa collection. Une exposition des marbres, à Burlington house[2], n'avait pu vaincre la froideur du public. De son côté, le Parlement n'offrait à lord Elgin qu'une somme d'argent inférieure à ses dépenses. Un comité fut formé. Devant lui furent appelés les artistes les plus célèbres de la Grande-Bretagne et des amateurs connus de l'étranger[3]. Visconti, invité comme archéologue, sur le point de quitter Paris, avait fait promettre à Canova de venir le rejoindre en Angleterre.

Canova tint parole. Pendant plusieurs semaines il vécut dans la contemplation des marbres d'Athènes. Ses lettres à lord Elgin et à Quatremère de Quincy débordent d'enthousiasme et d'admiration. Le sculpteur italien se sentit fier d'apporter son vote devant un aréopage où siégeaient des hommes tels que Wetsmacott, Chantrey, Lawrence, Flaxmann. Tous proclamèrent, sans hésiter, que les marbres de lord Elgin avaient été sculptés par Phidias. « Ce fut un beau moment, a dit un historien, que celui où une grande nation fit trêve aux débats politiques pour écouter un débat relatif à quelques fragments de marbre, rapportés d'un pays lointain par un amateur de vieilles pierres, et fit une grande affaire de savoir si ces marbres avaient reçu, il y a plus de vingt-deux siècles, leur empreinte de la main d'un artiste souverain[4]. »

C'est au cours de ce voyage que Canova renoua connaissance avec Flaxmann. Rentré à Rome au moment où Pierre-Jean David

[1] Voir Quatremère de Quincy, *Canova et ses ouvrages*.
[2] Londres, Piccadilly.
[3] L. de Ronchaud, *Phidias, sa vie et ses ouvrages*.
[4] Id., *ibid*.

s'apprêtait à quitter l'Italie, l'auteur de *Psyché* entretint le jeune artiste de la surprise qui l'attendait à Londres et de l'accueil que lui ferait Flaxmann s'il allait le trouver en son nom.

Ce que David avait appris des marbres d'Athènes était sans doute suffisant pour le décider à entreprendre le voyage de Londres; mais si, à son retour d'Italie, la France eût été libre et prospère, il est à présumer que le départ du sculpteur pour l'Angleterre eût été moins rapide. Il y a trois siècles, une révolution populaire obligeait Michel-Ange, âgé de vingt ans, à fuir de Florence[1]. De nos jours, Pierre-Jean David s'exile de son pays pour échapper au spectacle de l'invasion.

« Deux puissants motifs m'attiraient à Londres, écrit David d'Angers, les bas-reliefs du Parthénon et Flaxmann, le plus poétique des sculpteurs de notre époque. Je connaissais déjà ses admirables compositions, je voulus voir sa sculpture qui n'a pas répondu à l'idée que je m'en étais formée. Canova m'avait donné une lettre de recommandation pour Flaxmann[2]. »

A peine débarqué, David courut à Burlington house. Pendant plusieurs jours, il ne cessa d'analyser les fragments et les moulages exposés par les soins de lord Elgin. L'épopée de marbre inséparable du grand nom de Phidias était une source d'enchantements pour l'artiste angevin. Il essayait d'en saisir chaque mot, chaque lettre mutilée, tant il avait le sentiment du divin, dont ces restes inimitables gardent l'empreinte. Quel ne fut pas l'enivrement de son esprit en présence du fronton oriental! La *Naissance de Minerve*, annoncée aux divinités de la terre et des mers, devait frapper l'artiste par le caractère grandiose de la composition. L'eurythmie des groupes, l'alternance du nu et de la draperie, l'absence d'attributs, des figures d'animaux dans l'assemblée des dieux, les éléments de variété qui résultent des différences d'âge et de sexe, le fini du modelé, la science de la

[1] Voir Quatremère de Quincy, *Histoire de la vie et des ouvrages de Michel-Ange Buonarroti*. Paris, Didot, 1835, in-8° avec portrait.

[2] Notes autographes de David appartenant à la famille.

perspective, toutes les qualités éminentes qui constituent le statuaire se trouvaient réunies dans une même œuvre sous l'œil de David. Il se pénétra du caractère particulier de chaque fragment. L'énergie révélée par le cou, les épaules et les bras de la figure du *Soleil* attentif à retenir ses coursiers; le naturel du *Thésée; Cérès* et *Proserpine* à la grâce majestueuse; les Puissances marines dans leur attitude séductrice, firent une vive impression sur l'âme du sculpteur[1]. David apporta le même soin dans l'étude minutieuse du fronton occidental : la *Dispute de Minerve avec Neptune*. Mais, si la main qui sculpta l'*Ilissus* ne peut rien envier à l'auteur du *Thésée*, la *Dispute de Minerve* est loin d'égaler le premier fronton sous le rapport de la composition.

OEuvres d'un mérite inégal, les métopes, que personne n'oserait attribuer à Phidias, représentent, on le sait, le *Combat des Centaures et des Lapithes*. Partout la puissance, le mouvement, la hardiesse et le laconisme du dessin laissent reconnaître une influence supérieure, et si les doigts de Phidias n'ont pas caressé les métopes, le maître en a tracé le plan et surveillé le travail.

La *Procession des Panathénées* avec ses quadriges conduits par des femmes, ses chœurs d'hommes, ses joueurs de flûte, les vierges athéniennes, les canéphores, les victimaires et les prêtres, remplissait la frise de la *cella*. Ici, ce n'est plus la force qui domine, c'est le recueillement de l'âme, le respect des rites, écrits de la main du génie dans une étonnante succession de sujets qui attirent et captivent par leurs poses multiples, leurs attitudes toujours dignes, quels que soient d'ailleurs les détails familiers qui distinguent certaines effigies.

[1] Nous nous sommes rangé à l'opinion de M. de Ronchaud dans la désignation de la statue du *Soleil* et des figures qu'il qualifie de Puissances marines, alors que Visconti et Beulé leur donnent des attributions différentes. Les motifs allégués par M. de Ronchaud à l'appui de son hypothèse, dans l'édition nouvelle qu'il prépare de son livre sur Phidias, nous ont paru hors de discussion.

Les frontons, les métopes et la frise sont donc à des titres divers autant de pages immortelles. Les plus grands esprits ont subi leur charme sans le définir. « Qui n'a pas vu les marbres d'Elgin n'a rien vu », disait Canova[1]. « *L'opere di Fidia sono una vera carne* », écrivait-il encore à Quatremère[2]; et celui-ci, quelques mois plus tard, dans ses lettres de Londres, ajoutait : « Le charme de ces statues drapées est comme celui de la Grâce : c'est le désespoir de ceux qui veulent chercher le pourquoi de toutes choses. *È bella perche è bella*[3]. »

Oui, sans doute, elles sont belles parce qu'elles sont belles, mais cette grâce qui s'impose et dont le signe défie l'analyse, tant le marbre est baigné de lumière, qu'est-ce autre chose que la vie? Le corps de l'homme avec la souplesse de ses membres, l'équilibre et l'harmonie de ses formes, la sûreté de son regard, a passé dans la pierre. Phidias a touché les veines du pentélique, il les a ouvertes avec son ciseau; puis je ne sais quelle transfusion merveilleuse s'est opérée par les mains de l'enchanteur, et l'instant d'après le marbre vivait.

Pendant ses visites prolongées à Burlington house, David dessinait les principales figures des frontons et de la frise. De nombreux croquis des marbres d'Elgin remplissent les albums du maître : c'est pourquoi nous l'avons suivi pas à pas dans la description de ces chefs-d'œuvre. Lui qui nous est apparu, dès son extrême jeunesse, préoccupé du « moral de l'art »; lui que cette locution : « la froide sculpture », révoltait, et qui songeait à faire vivre le marbre dans des œuvres passionnées, quelles ne durent pas être la profondeur et la netteté de ses aperçus en présence des plus beaux vestiges de l'art grec! Ne pouvons-nous

[1] Lettre à Charles Rossi, citée par L. DE RONCHAUD, *Phidias, sa vie et ses ouvrages.*

[2] QUATREMÈRE DE QUINCY, *Canova et ses ouvrages.*

[3] QUATREMÈRE DE QUINCY, *Lettres écrites de Londres à Rome et adressées à M. Canova sur les marbres d'Elgin ou les sculptures du temple de Minerve à Athènes.* Paris, Le Clere et Cie, 1836, in-8°.

supposer que ses sages réflexions sur le bas-relief datent do cette époque mémorable? « L'entente des bas-reliefs, lisons-nous dans les notes du maître, a toujours été vicieuse depuis que les statuaires se sont affranchis des principes posés par Phidias. Chez les modernes, l'influence des peintres a fait multiplier les plans et composer ces sortes d'ouvrages à l'instar des tableaux. En France, Jean Goujon et Germain Pilon ont seuls travaillé d'après la tradition grecque[1]. »

En règle avec les morts, il fallait songer aux vivants. David se souvint qu'il était porteur d'une lettre pour Flaxmann. L'heure était venue de se présenter. Ne possédant d'ailleurs que de minimes ressources à son débarquement, Pierre-Jean, que ses visites à Burlington house avaient encore appauvri, sentait la nécessité d'obtenir quelque travail.

Aucune porte, — il le croyait du moins, — ne devait lui être plus facilement ouverte, aucune maison plus hospitalière que celle du premier sculpteur de la Grande-Bretagne. L'eût-il abordé sans appui, son titre de statuaire devait suffire à lui mériter le patronage de cet homme illustre; mais il venait vers lui fort de la recommandation de l'auteur des *Trois Grâces*. Les natures supérieures sont ordinairement généreuses. Or, les compositions de Flaxmann révèlent une âme délicate non moins qu'un talent élevé. Encore que dans ses illustrations d'Homère et d'Eschyle il ait emprunté plusieurs de ses figures aux vases grecs, son illustration de Dante n'est pas inférieure aux dessins de l'*Iliade* et de l'*Odyssée*; et dans ses compositions sur la *Divina Commedia*, Flaxmann est essentiellement créateur. Personne, avant lui, n'avait osé traduire l'Homère italien dans la langue plastique. Le sculpteur dut lui-même se frayer sa route avant d'y marcher, et dans cette interprétation difficile du génie le plus surprenant du

[1] Notes autographes de David appartenant à la famille. — La même pensée se trouve formulée de nouveau par l'artiste dans son étude sur Callamare. — Voir tome II, *Portraits d'Artistes*, CALLAMARE.

moyen âge, on ne peut dire que l'artiste anglais ne soit pas l'égal du poëte florentin. Michel-Ange eût applaudi à ces ingénieux tableaux, dont il avait, le premier, cherché les contours dans des esquisses disparues aujourd'hui.

Avant son voyage à Londres, David ne connaissait de Flaxmann que ses illustrations d'Homère et de Dante; aussi proclamait-il cet artiste le plus poétique des sculpteurs. Ce ne fut pas sans quelque déception — lui-même nous l'a dit — qu'il visita plusieurs monuments exécutés par ce maître, plutôt fait pour tenir le crayon que le ciseau, mais Pierre-Jean David était loin de s'attendre à l'accueil que lui réservait Flaxmann.

Le sculpteur anglais était ombrageux et fantasque à ses heures. Un fait nous en donne la preuve. Flaxmann avait visité la France en 1802, pendant la trêve qui suivit le traité d'Amiens. Instruit de sa présence à Paris, le peintre Louis David l'avait comblé de prévenances. A son exemple, des membres de l'Institut, des Français de distinction, se montrèrent empressés autour du sculpteur. On s'occupait de l'introduire aux Tuileries. Soudain, sans motif connu, Flaxmann rompit toutes relations avec le peintre du *Jeu de Paume*, et refusa de se laisser présenter à Napoléon [1].

Quatorze ans s'étaient écoulés depuis le voyage de Flaxmann lorsque Pierre-Jean David vint solliciter de sa part quelque travail. Vainement le jeune artiste avait-il placé sa requête sous le patronage de l'amitié de Flaxmann pour Canova, Pierre-Jean David était Français, et son nom rappelait trop fidèlement celui du peintre conventionnel : il fut sèchement éconduit. — Mesquine passion que celle qui demande au malheur d'où il vient, comme si les malheureux avaient une patrie! Aveugle est celui que la jeunesse, le talent, l'exil et la pauvreté portés par un même front, n'auront pu toucher. Flaxmann refusant Louis David et

[1] Voir *Œuvre de Flaxmann:* recueil de ses compositions gravées par Reveil, avec analyse de la *Divine Comédie* de Dante et notice sur Flaxmann. Paris, 1836, in-8° oblong, texte et planches.

Napoléon dans leur gloire a pu faire preuve de fierté; lorsqu'il ferme sa porte à Pierre-Jean David, il cesse d'être grand.

L'artiste angevin reprit le chemin de sa demeure accablé sous le poids d'amères réflexions. Une mélancolie profonde envahit l'âme du sculpteur. Il lui sembla que ses plus mauvais jours allaient renaître. Il avait laissé trois cents francs en réserve chez son père, qui devait les lui adresser s'il les réclamait; or plusieurs lettres pressantes étaient restées sans réponse [1]. Le souvenir de 1808 et des privations qu'il avait endurées pendant cette cruelle année lui revint. Il passa de longues heures dans un état de prostration voisin du désespoir. Dieu semblait l'abandonner au seuil même de la vie, sur un sol inhospitalier. Il se redisait :

> Que poursuivre la gloire, et la fortune, et l'art,
> C'est folie et néant.....

Cependant la figure de Flaxmann ne le quittait pas. Il prit machinalement un crayon, et, atténuant la marque de la colère subitement imprimée sur la face mélancolique de l'Anglais, il traça de lui le profil calme et légèrement dédaigneux qu'il devait modeler un jour pour toutes représailles [2].

Pierre-Jean luttait encore, aux prises avec ses pensées, lorsqu'une dame de haut rang, informée de la présence à Londres d'un sculpteur français [3], se présenta chez lui. Elle venait, au nom d'une société de souscripteurs, proposer à David d'exécuter un monument commémoratif de Waterloo. « Je me couperais plutôt le pouce », avait dit Callot, vivement pressé de graver la

[1] « Mon père m'avoua depuis, écrit David, que s'il ne m'avait pas envoyé en Angleterre les trois cents francs que je lui demandais, c'est qu'il craignait que je ne revinsse pas en France. » Notes autographes de David appartenant à la famille.

[2] Voir tome II, pl. V.

[3] C'était l'hôtesse de David, une pauvre vieille femme, qui, prenant en pitié le désespoir de l'artiste, avait parlé de lui.

prise de Nancy, David, en présence de l'outrage fait à son patriotisme, ne fut ni moins prompt à prendre un parti, ni moins énergique dans son refus[1]. Sans laisser le temps à l'émissaire britannique de lui dire le prix que l'on mettrait à son acceptation, l'artiste s'était emparé de ses habits, qu'il courait vendre afin de pouvoir rentrer en France[2]. Puget, à Florence, Guillaume Coustou, à Rome[3], avaient engagé leurs outils pour recouvrer leur liberté.

Le voyage de Pierre-Jean David n'avait duré que dix-huit jours[4].

Il reverra Londres en 1829, et désignant du doigt, derrière son épaule, le monument dressé en mémoire de 1815, il pourra dire à ses compagnons de route : « Il y a treize ans, j'étais ici fuyant l'invasion cosaque. Flaxmann, dont j'invoquais le patronage avec confiance, m'éconduisit durement. J'étais pauvre, on le savait; un personnage de haute volée crut me séduire en me proposant l'exécution de cette machine; je refusai[5]. »

[1] Voir F. Halévy, *Notice sur la vie et les ouvrages de M. Pierre-Jean David d'Angers.*

[2] Comme David s'excusait en partant de ne pouvoir payer son modeste logement : « Vous me renverrez cela quand vous pourrez, mon fils », lui dit la pauvre femme qui l'avait hébergé. Notre artiste s'acquitta de cette dette sur les premiers à-compte que lui valut la statue de Condé. De retour à Londres, en 1829, il tenta de revoir son hôtesse : elle était morte.

[3] Voir Laurent Pichat, *l'Art et les artistes en France,* troisième édition. Paris, Pagnerre, s. d., in-18.

[4] Voir A. Maillard, *Étude sur la vie et les ouvrages de David d'Angers.*

[5] Victor Pavie, *Gœthe et David, Souvenirs d'un voyage à Weimar.*—On sait que c'est Westmacott qui est l'auteur de la statue colossale, en bronze, du duc de Wellington, élevée dans la partie sud-est de Hyde-Park. Wellington est nu et représenté en Achille. Posée le 18 juin 1822, cette figure n'a pas moins de dix-huit pieds de hauteur; le piédestal de granit qui la porte mesure trente-six pieds. Elle a été coulée avec douze pièces de 24, prises sur l'ennemi dans les batailles de Salamanque, de Vitoria, de Toulouse et de Waterloo. Sur le socle du monument est gravée l'inscription : « *A Arthur, duc de Wellington, et à ses braves compagnons d'armes.* » Non loin de la statue se voit Apsley house, résidence du vainqueur.

De retour à Paris dans les derniers jours de juillet, David apprit la mort du statuaire Roland, qui avait succombé la semaine précédente. L'un des premiers actes du roi Louis XVIII, en 1815, avait été d'ordonner l'érection de douze figures monumentales sur le pont Louis XVI[1]. A Roland était échue la commande du *Grand Condé*. « Mais, écrit David, Roland n'eut que le temps de modeler son esquisse. Il avait représenté son héros debout, auprès d'un cippe surmonté de la couronne royale; au pied croissait une tige de lis ; Condé la couvrait de son épée menaçante, comme pour défendre cet emblème[2]. »

A peine eut-on connaissance de la mort de Roland, que François Grille, alors chef du Bureau des Sciences et des Beaux-Arts, fit charger David d'exécuter la statue que son maître n'avait pas même ébauchée. Ainsi débutait François Grille dans ses rapports avec l'artiste dont il devait être plus tard le biographe. David, chez qui la reconnaissance ne fut jamais en reste avec personne, a consigné cent fois dans ses notes l'intervention bienveillante de son compatriote à propos du *Condé*. « C'est à Grille que je dois mon avancement dans les arts[3] », écrira-t-il encore à vingt ans de là.

Dès le 1er août, c'est-à-dire quinze jours après la mort de Roland, l'annonce de la commande officielle faite au jeune David parvenait à Angers[4]. L'artiste se mit résolûment au travail pendant l'été de 1816.

C'est alors que ses deux jeunes sœurs vinrent le rejoindre.

[1] Aujourd'hui pont de la Concorde.

[2] DAVID d'Angers, *Notice sur la vie et les ouvrages de Roland*.

[3] Notes autographes de David. — Bibliothèque d'Angers.

[4] Aussitôt, le maire, M. de Villemorge, écrivait à l'artiste : « Ayant appris la preuve honorable de confiance en vos talents que Son Excellence le Ministre de l'Intérieur vient de vous donner, j'ai su par cette nouvelle votre retour à Paris, et j'en profite pour vous exprimer moi-même combien le Conseil municipal de la ville d'Angers et moi avons été satisfaits de l'offre que vous avez faite à votre ville de votre premier ouvrage en marbre. Votre tête d'Ulysse est exposée au Muséum, où elle réunit tous les suffrages. » — *Archives municipales de la ville d'Angers*, année 1816.

Louis David se sentait vieillir, et les faibles secours d'argent que Pierre-Jean avait pu procurer à sa famille étaient insuffisants pour préserver de la gêne un ménage de quatre personnes. Angers, d'autre part, offrait peu de ressources aux filles du sculpteur sur bois; il pensa que Paris leur serait sans doute plus hospitalier, et dès que la réputation naissante de son fils lui permit d'envisager l'avenir du statuaire avec sécurité, c'est à lui qu'il demanda d'être le soutien de ses sœurs. L'aînée restant à Angers, les deux autres gagnèrent Paris. La tâche qui incombait à Pierre-Jean ne laissait pas que d'être lourde et délicate; mais le dévouement convenait bien à cette âme généreuse. Il fut le seul peut-être à n'avoir pas conscience des sacrifices qu'il s'imposait.

Malgré les soins dont il entoura ses deux sœurs, l'une d'elles mourut au bout de quelques mois. « Je suis désespéré, je viens de perdre ma sœur Louise, écrit-il à Louis Pavie. Mon cruel destin m'oblige à rester sur la terre pour y pleurer les seuls êtres qui pouvaient m'attacher à la vie. Quoique m'étant opposé à leur voyage, j'ai fait tout ce qui a dépendu de moi pour adoucir le sort de mes sœurs, mais l'extrême sensibilité de ma pauvre Louise et le changement d'air ont causé sa mort. Mon père doit être dans un grand abattement. Tâchez de lui rendre un peu de force[1]. »

Quelques préoccupations que la piété filiale ajoutât aux difficultés inséparables d'un premier travail ayant l'importance du *Condé*, David ne se laissa pas retarder dans son œuvre. Dès le printemps de 1817, le modèle de sa statue figurait au Salon[2]. Pierre-Jean justifiait ainsi par son énergie de volonté la belle

[1] Lettre du 4 décembre 1816, appartenant à M. Victor Pavie.

[2] Le Salon de 1817 s'ouvrit le 24 avril. L'œuvre de David y fut exposée sous le numéro 808. Le marbre, exécuté dans des proportions doubles du modèle, et terminé seulement en 1827, est signalé au livret du Salon de la même année avec la mention : « Exposé aux ateliers du gouvernement, esplanade des Invalides. » Halévy a donc commis une erreur lorsqu'il écrivait, à propos du *Condé* : « David termina ce beau marbre en 1820. » — *Notice sur la vie et les ouvrages de M. Pierre-Jean David d'Angers.*

pensée de Géricault : « L'homme vraiment appelé ne redoute point les obstacles; je dis plus, si les obstacles et les difficultés rebutent un homme médiocre, ils sont au contraire nécessaires au génie et comme son aliment[1]. » Certes, on l'a vu, la Providence n'avait pas ménagé l'épreuve au statuaire; si donc, en dépit des contradictions subies, l'œuvre qu'il va produire porte la marque d'un talent supérieur, c'est sans doute que l'artiste est de ceux qui vivent et grandissent dans la lutte.

L'apparition du *Condé* valut à son auteur d'unanimes applaudissements. Jamais, depuis Puget, le mouvement n'avait été traduit avec autant de vérité. L'action, une action maîtresse dans l'existence du héros, avait d'abord occupé l'artiste. S'étant placé, si j'ose dire, au point central de la vie militaire de Condé, David avait pesé dans son esprit les vertus, les passions, la fortune de l'heureux vainqueur de Rocroy. Puis, cette grande figure étant jugée, il parut à l'artiste que la nature remuante, ambitieuse et facilement indisciplinée d'un capitaine avide de batailles et prodigue de ses soldats, devait se résumer dans un acte irréfléchi, chevaleresque comme l'héroïsme. Cet élan magnifique, Condé l'avait eu devant Fribourg, lorsqu'il se battait, à vingt-trois ans, contre un corps bavarois. On sait le trait du jeune duc, entreprenant avec deux mille hommes d'en forcer trois mille bien retranchés. Il descend de cheval, lance son bâton de général dans la place, et marche à la tête des volontaires et du régiment de Conti pour le reprendre.

Condé, le corps rejeté en arrière, de droite à gauche, tient son bâton à la hauteur de l'épaule et s'apprête à le lancer par delà le retranchement. La main gauche porte l'épée. Toute la figure est dans un mouvement juste et plein d'une noble énergie. La tête hautaine, mais sans forfanterie, la lèvre insouciante plutôt que dédaigneuse, le regard pénétrant et assuré, disent la résolution

[1] Ch. Clément, *Géricault*, Étude biographique et critique.

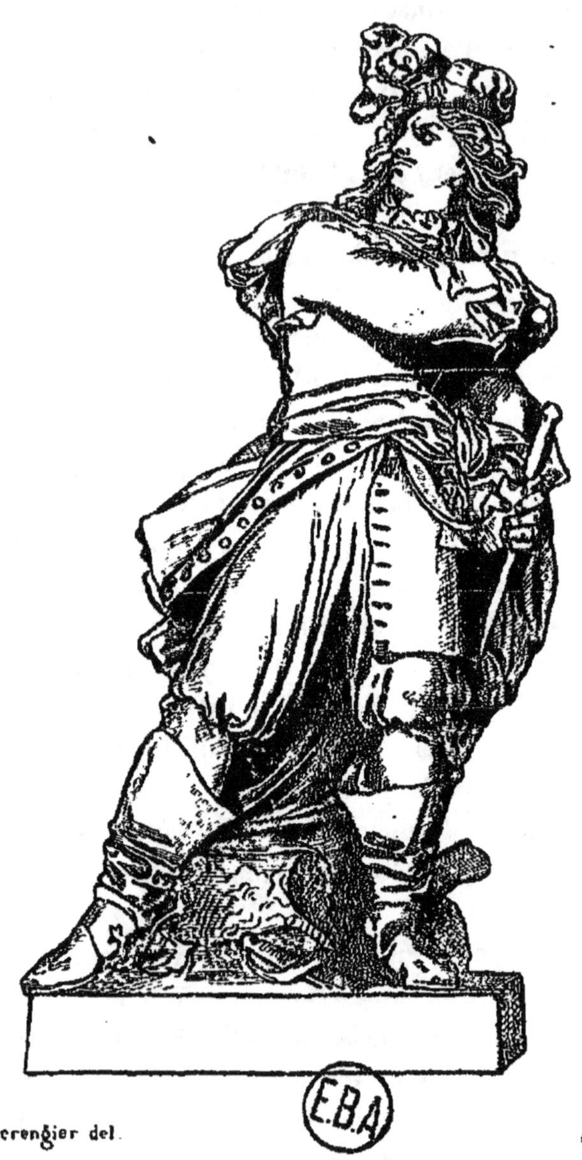

Th. Berengier del. A. Durand sculp.

LE GRAND CONDÉ

Versailles — *Marbre*

Imp. A. Durand _ Paris

soudaine du soldat non moins que la tranquillité de son esprit en face du péril[1]. On raconte qu'une femme du peuple se serait écriée devant la statue de Condé : « Ma fine, c'est comme l'orage ! » Le mot est juste; il y a de la tempête dans cette œuvre éclatante, où toutes les parties font un si heureux équilibre à l'ensemble.

Mais ce qui surprit le plus dans la statue de Condé, ce ne fut ni l'attitude ni le mouvement. David fut proclamé novateur par la façon magistrale avec laquelle il avait traité le costume moderne. Exact dans les moindres détails, il avait eu le secret de relever par un style personnel, distingué, ce qui, pour tant d'autres, est un écueil insurmontable. Rien n'avait été sacrifié par lui de l'habit de parade que l'on portait au temps de son modèle. Les plumes abondantes du panache, la longue perruque, les manchettes brodées, l'écharpe soyeuse, le manteau, les larges bottes, l'artiste a modelé toutes ces choses. Et cependant son héros se meut avec aisance, il est d'allure élégante et respire librement. D'où vient que ces accessoires multipliés n'ont pas alourdi la statue? Comment la matière, à ce point travaillée avec ses mille parties rentrantes et ses saillies agrémentées de dentelles, de rubans et de torsades, a-t-elle conservé la souplesse et la légèreté de l'étoffe? Ce mérite singulier, qui porte l'indice d'une habileté sûre d'elle-même, fut presque une révélation. Le public retint le nom du jeune maître, auquel il ne supposait encore que de l'adresse. Mais on ne tardera pas à reconnaître que la main, chez David, obéit toujours au commandement de la pensée. L'artiste s'est imposé la tâche de faire vivre la pierre, une question de mode devait-elle l'entraver dans sa voie? Le costume moderne s'impose à lui, David luttera sans transiger avec des difficultés inhérentes à notre âge, que Phidias et Lysippe n'ont point connues. Et telle fut, dès le premier jour, la supériorité de son modelé, que les sculpteurs chargés de décorer avec lui le pont Louis XVI, et dont les œuvres figuraient au Salon, se trouvèrent éclipsés. Succès d'autant plus

[1] Voir pl. IV de ce volume.

enviable que David était le plus jeune de tous, et qu'il avait dû exécuter son modèle en quelques mois, alors que ses confrères se trouvaient en possession de leurs commandes depuis deux ans[1]. Le *Condé* rompait visiblement avec les traditions académiques de Louis David. On sent, en présence de cette œuvre, que c'est la nature qui a guidé l'artiste. Il n'a pas interrogé sa mémoire avant de se mettre au travail. Il a ouvert le livre de toute révélation, il s'est mis en face de la vie : aussi chaque accent de sa figure a-t-il l'attrait de la vérité. Les formes génériques se trouvent rehaussées par un caractère individuel qui s'impose au premier aspect. L'impétuosité, l'effort ont été tempérés par l'émotion. Personnelle autant que neuve, la statue de Condé est d'un jet vigoureux; il y a plus, c'est une œuvre française.

David, qui méditait de créer un art national, a eu cette rare fortune de pouvoir placer au seuil de sa vie d'artiste une des grandes figures militaires de la France, et son ciseau n'a pas trahi sa foi patriotique. A trente ans de distance, la critique écrira que la sculpture de David est vraiment « éclose de nos jours, qu'elle est bien la fille de notre dix-neuvième siècle[2] ». Parole qui n'a cessé d'être vraie, qu'on l'applique au *Condé*, au *Philopœmen* ou au *Gutenberg*. Désormais David a marqué sa place dans l'École de son pays et de son temps, et, si périlleux que soit le poste qu'il s'est choisi, nul ne l'en fera descendre. Il a mesuré d'un coup d'œil la marche rétrograde de son art sur la sculpture du dix-

[1] Douze statues et quatre trophées en marbre blanc de Carrare avaient été commandés pour la décoration du pont Louis XVI. Les statues devaient avoir douze pieds sans la plinthe. Elles représentèrent *Bayard*, par Moutoni; *Duguesclin*, par Bridan; *Turenne*, par Gois fils; l'abbé *Suger*, par Stouf; le cardinal *de Richelieu*, par Ramey; *Sully*, par Espercieux; *Colbert*, par Milhomme; *Duguay-Trouin*, par Dupasquier; *Duquesne*, par Roguier; *Tourville*, par Marin; *Suffren*, par Lesueur, et le *grand Condé*, par David. Tous les modèles en furent exposés au Salon de 1817. Les trophées furent confiés au sculpteur Montpellier.

[2] MAXIME DU CAMP, *les Beaux-Arts à l'Exposition universelle de* 1855. Paris, Librairie Nouvelle, 1855, in-8°.

huitième siècle, depuis que le *convenu* a supplanté le *réel*, et d'un jet il a replacé la statuaire dans ses véritables limites. Fils de son siècle, sans répudier la tradition pour laquelle il conserve le respect qui naît de l'étude, il a pour maxime « que ceux qui ne s'attachent qu'à reproduire servilement les œuvres du temps passé s'enferment dans un cercle qui va se rétrécissant chaque jour, à mesure que les fragments deviennent plus rares, se perdent ou s'altèrent[1] ». Il veut être libre dans son culte pour les modèles. Il sent battre en lui les passions d'une époque tourmentée, en quête de trouver un maître, et il vient au-devant d'elle, dégagé de la routine, les mains remplies de pensées originales et fécondes. Ayant trouvé juste le précepte de Michel-Ange : « Celui qui s'habitue à suivre n'ira jamais devant[2] », David s'écarte volontiers de ses émules, non par un vain amour de changement, mais parce qu'il cède à sa vocation de novateur. Également ennemi d'un enseignement stationnaire et d'un art complaisant vis-à-vis des systèmes aventureux, si chers, dans tous les temps, à la médiocrité, l'auteur du *Condé*, calme et réfléchi comme un homme en pleine possession de soi, dit clairement ce qu'il veut et où il va. Il ne s'effraye pas des clameurs de ceux dont il se sépare, mais il n'épousera pas non plus les exagérations de ceux qui l'appellent. C'est en vain que l'on essaye de faire de lui un révolutionnaire en sculpture, il s'est dit qu'il avait la taille et le génie d'un réformateur, et cette gloire lui suffit.

Mais le *Condé* ne renferme pas seulement des qualités relatives. Si l'époque à laquelle David sculpta cette œuvre vigoureuse permet de dire qu'elle a produit un effet décisif sur l'École, ce n'est pas au seul retentissement dont elle fut l'objet qu'il convient de la juger. Étudiée à la lumière des principes, abstraction faite du temps et des personnes, la statue de Condé laisse voir

[1] DAVID d'Angers, *Notice sur la vie et les ouvrages de Roland*.

[2] « Chi va dietro a altri, mai non gli passa innanzi. » G. VASARI, *Vita di Michelagnolo Buonarroti*. Roma, Pagliarini, 1760, in-4°.

l'empreinte du caractère individuel élevé à la dignité d'un type. Les points distinctifs sont suffisamment nombreux pour que le vainqueur de Rocroy soit aussitôt reconnu, et cependant le marbre de David est plus qu'un portrait. Le général a revêtu l'armure du héros. Il se nomme, et quelque chose d'impersonnel parle plus haut que son nom. La beauté individuelle écrite sur le front du soldat est une beauté idéale. L'audace qui atteint au sublime chez le jeune Condé enveloppe son image, aux formes choisies, d'un attrait victorieux que l'artiste a saisi dans une heure d'inspiration.

Parlerons-nous du mouvement et du geste au point de vue esthétique? Là encore le statuaire, par la puissance de son génie, a su allier une pensée fiévreuse, énergique, presque violente, à une attitude contenue, pleine de naturel et de mesure. Habile pondération des lignes qui permet de sonder l'agitation d'une âme soumise au frein de la volonté. Aussi le geste du *Condé*, qui laisse pressentir un mouvement impétueux sans rompre l'harmonie linéaire de la pose, rappelle-t-il une figure antique justement célèbre, le *Discobole* de Naucydès. Ce n'est pas qu'il faille chercher le moindre rapprochement dans l'idée dominante qu'expriment les deux œuvres. Non. Mais si, comme on l'a dit, « l'essentiel, pour l'artiste, est de mettre notre esprit en mouvement de façon à nous faire voir par les yeux de la pensée ce que réellement nous ne voyons point [1] », et si le *Discobole* atteint à ce degré de perfection par son geste qui prépare le mouvement, nous pouvons, sans crainte, proclamer le mérite esthétique de l'attitude et du geste du *Condé*.

I Au cours de l'année 1817, David exécuta le buste d'Auguste Lethière, fils de l'ancien directeur de l'Académie de France à Rome. Il modela, vers le même temps, le médaillon de Vadier, ancien conventionnel, alors octogénaire, que les lois de pro-

[1] Ch. Blanc, *Grammaire des arts du dessin.*

scription obligeaient à quitter la France. Mademoiselle Louise Desnoyers avec l'ingénuité de ses quinze ans, M. et madame Abel de Pujol dont les têtes accolées sont empreintes de rêverie, Auguste Pajou, le fils du statuaire auquel David avait dû, en 1808, la démarche faite par la quatrième classe de l'Institut auprès de la municipalité d'Angers, Élisa Frey, une toute jeune fille, sollicitèrent tour à tour l'ébauchoir du sculpteur, et leurs médailles marquent déjà la souplesse d'un talent qui s'affermit dans l'art difficile du portrait.

Louis XVIII a conçu le projet d'un monument à la mémoire de Bonchamps. Des souscriptions sont ouvertes, et l'administration songe à choisir le statuaire. C'est l'heureux auteur du *Condé* qui sera chargé de cet important ouvrage. Déjà notre sculpteur a reçu la commande de quatre bas-reliefs sur bois, représentant des *Génies militaires*, pour la galerie de Diane, au palais de Fontainebleau. Un buste en marbre de François Ier, destiné à la ville du Havre, le buste de Visconti, pour l'Institut, les statues du roi René, pour Aix, de Racine, pour la Ferté-Milon, de Fénelon, pour Cambrai, sont demandés à David, en même temps que douze figures d'Apôtres pour la chapelle de Vincennes.

Il semble que ces nombreux travaux devaient suffire à l'activité du statuaire. David n'en jugea pas ainsi. Une commande officielle a toujours quelque chose d'imposé, et, par certains côtés, elle ne peut correspondre pleinement au génie personnel de l'artiste, prompt à ressaisir sa propre inspiration. Il n'est pas d'homme qui ne soit heureux de se retrouver soi-même à ses heures pour obéir à la pente naturelle de son esprit. Les pages qu'il signe de son nom dans ces moments de féconde liberté, s'il est artiste ou poète, disent souvent plus clairement que ses grandes œuvres les secrètes aspirations, le travail intime de sa pensée. L'âme se trahit lorsqu'elle cède à son penchant. Plus d'un livre, plus d'une œuvre plastique, ébauchés dans la solitude, terniraient une illustration chèrement acquise s'ils étaient connus. Mais Pierre-Jean David est à l'abri de semblables surprises. Tel il se montre dans les œuvres sévères que lui demande l'État, tel il demeure lorsque son ciseau n'a d'autre guide que sa volonté. C'est la mâle effigie du « Père de la chirurgie française », Ambroise Paré, que David se prend à sculpter de lui-même. Il écrira sur le socle de son buste la devise spiritualiste et chrétienne du médecin de Charles IX : « *Je le pansay, Dieu le guarit.* » Et, son marbre achevé, l'artiste priera l'Académie royale de médecine d'en accepter l'hommage. Une tête de jeune homme, également en marbre, le médaillon colossal du peintre Crignier, la médaille de madame Ingres, datent de la même époque. Le modèle de ces divers ouvrages fut aussitôt envoyé par David à sa ville natale.

Mais il lui tardait de modeler une œuvre importante pour ses concitoyens, et l'année 1821 le vit exécuter un *Calvaire* composé de trois grandes figures, le Christ, la Vierge et saint Jean. Cet ouvrage est placé dans la cathédrale d'Angers. Le Christ en croix vient d'exhaler le *Consummatum est.* Sa tête, couronnée d'épines, s'est penchée. Aucune trace de souffrance n'est demeurée sur ses traits. Une paix divine enveloppe l'œil éteint et les lèvres glacées du Sauveur. Le corps est de grandes proportions, les formes sont jeunes sans être appauvries. La Vierge est debout, à la droite de la croix, les yeux fixés sur la tête du Crucifié. Calme dans sa douleur, la dignité de son attitude donne la mesure de sa foi. Le caractère de cette figure est un mélange de tendresse et de majesté. Le mouvement est simple, les draperies largement traitées, mais trop abondantes. Saint Jean, debout, voilant son regard de sa main, marque l'intensité de son angoisse par un geste sobre et naturel. Le costume de l'Apôtre est d'un style plus pur que celui de la Vierge. Mais il n'est personne qui ne soit frappé de la différence que l'artiste a su établir entre les deux témoins du Golgotha. Si profonde que soit la douleur dont ils souffrent, l'un des personnages est une mère, l'autre n'est qu'un disciple. David ne pouvait l'oublier : la mère puise à des sources mystérieuses où l'amitié n'atteint pas. Pour qui sait lire, la gradation de l'amour est écrite sur le groupe magistral du *Calvaire*.

La jeune duchesse de Brissac était morte. David dut lui élever un monument. L'artiste, abordant l'allégorie dont il devait plus tard élargir la sphère, imagina de représenter le *Génie de l'Hymen éteignant son flambeau*. Au sommet du bas-relief sculpté sur la pierre sépulcrale se détache l'élégant profil d'Élisabeth-Louise de Malide, duchesse de Brissac. On dirait cette tête modelée par l'éphèbe qui est ici la figure du dieu antique, tant est douloureux le regard qu'il tient fixé sur les traits de la jeune femme. L'Hymen, vu de profil, le front couronné de cyprès, un genou en terre, comme il sied à une puissance humiliée, tient sa torche renversée pendant qu'il grave sur la pierre la date funèbre. L'ensemble de ce travail est imposant. Le style en est sobre et l'idée se dégage avec netteté. L'objet de l'allégorie étant de « représenter des notions générales par des individus[1] », David a personnifié l'Hymen avec autant de goût que de naturel[2].

« Il est des âmes attristées que le bonheur n'éclaire qu'à demi », a dit Halévy en parlant de David[3]. Il semble, en effet, que les grandes âmes veulent être fécondées par les larmes. Une terre n'est vraiment fertile qu'autant que le soc l'a retournée et que la rosée a pénétré dans les déchirures du sillon. Ainsi d'un cœur d'homme. David est appelé à vivre par l'intelligence, et Dieu lui envoie l'épreuve à chaque heure, afin de broyer son génie sous cette meule pour en faire jaillir l'inspiration.

La plus jeune des sœurs de David, Aimée, était morte d'une maladie de poitrine, dans les premiers mois de 1818. Après lui avoir prodigué ses soins, l'artiste l'avait conduite jusqu'au cimetière. Il rappelait volontiers, à de longues années d'intervalle, combien il lui avait été pénible de se sentir seul dans l'accomplissement d'un aussi triste devoir.

[1] WINCKELMANN, *De l'allégorie, ou Traité sur cette matière*. Paris, J. Jansen, an VII, 2 vol. in-8°.

[2] Ce monument se voit au château de Brissac, près d'Angers.

[3] *Notice sur la vie et les ouvrages de M. Pierre-Jean David d'Angers.*

Le 17 janvier 1821, le père de l'artiste, âgé de soixante-quatre ans, s'éteignait à Angers, entre les bras de sa fille aînée, Françoise David[1]. Ces deuils répétés allaient au plus intime d'une âme aimante comme celle de Pierre-Jean. Il a raconté dans une page émue les humbles obsèques de son père.

« Par une soirée d'hiver, en 1821, écrit-il, à travers un épais brouillard, on vit passer deux hommes chargés d'un cercueil. Ils marchaient suivis du prêtre et de l'enfant de chœur portant l'eau bénite. Un homme âgé, tremblant de froid et de vieillesse, suivait à pas inégaux, et la tête penchée sur la poitrine, les restes de l'ami dont il avait si constamment partagé et adouci les chagrins : c'était le respectable Delusse, peintre d'histoire, bienfaiteur du fils de David. Cet homme de bien voulut accompagner jusqu'à sa dernière demeure celui dont il avait apprécié les nobles qualités. La chère mémoire du défunt, qui devait nécessairement laisser la foule indifférente, eut du moins un sanctuaire dans le cœur du fils du sculpteur et dans celui de son excellent ami[2]. »

On sait que Greuze, sur son lit de mort, avait demandé au peintre Berthélemy d'accompagner ses restes. « Je t'attends, lui avait-il dit; tu seras tout seul comme le chien du pauvre! » Et en effet, Berthélemy ne vit personne au convoi du peintre oublié.

Jacques Delusse, à son tour, se trouva seul aux obsèques de Pierre-Louis David. Treize années auparavant, il avait secondé la vocation du maître dont nous écrivons la vie : qu'il lui soit fait dans l'École une mémoire vénérée.

[1] Voir *Pièces justificatives*, doc. VI.

[2] David d'Angers, *Notice sur Pierre-Louis David*.

CHAPITRE V

1822-1828

L'ART NATIONAL

Envois de David d'Angers au Salon de 1822. — Statue du roi René. — David chez La Revellière-Lepeaux. — Buste de La Revellière. — Buste de Lacépède. — Tombeau du comte de Bourcke. — Œil-de-bœuf de la cour du Louvre : l'*Innocence implorant la Justice*. — Retour au style grec. — L'art national, sa genèse, ses lois. — Alliance du moderne et de l'antique. — Le monument de Bonchamps. — Son inauguration. — David au milieu des Vendéens. — Séjour du sculpteur à Angers. — Visite à M. Merlet, son premier maître d'école. — Les dessins de Jacques Delusse. — Sa mort. — Monument de Fénelon. — David à Cambrai. — Il court à Bruxelles pour embrasser le peintre Louis David. — La croix de la Légion d'honneur. — Élection à l'Institut. — David élu professeur. — La première leçon du maître. — Le monument du général Foy. — Statue drapée à l'héroïque; figures des bas-reliefs en costume moderne. — Un souvenir de Xerxès. — Origine des médaillons. — Envois de David au Salon de 1827 : trois statues, un bas-relief et dix bustes. — Tombeaux des maréchaux Suchet et Lefebvre. — La mansarde de Rouget de Lisle. — La *Jeune Grecque au tombeau de Marco Botzaris.*

Le Salon de 1822 fut pour David l'occasion de nouveaux succès. La statue en marbre du roi René, le modèle de la statue de Racine, une *Sainte Cécile*, un bas-relief destiné à la fontaine de la Bastille et représentant le *Génie de la guerre s'appuyant sur le Génie des fortifications*, les bustes d'Ambroise Paré, de François Ier, de Visconti, de Camille Jordan, de Volney, étaient sortis de l'atelier du statuaire. Ainsi se révélait dès lors cette faculté de produire que nous verrons s'accentuer davantage, à mesure que l'artiste distinguera mieux le caractère essentiel de son génie. Ce qui n'est encore pour lui qu'un attrait va devenir un devoir. « J'ai fait le buste de Volney, écrit-il à Louis Pavie; Volney a une réputation européenne. Quelles que soient ses idées politiques, je n'ai pas à y prendre garde. Je suis un historien chargé de transmettre la physionomie du savant. C'est à la

postérité d'assigner à sa mémoire la place qui lui convient[1]. »
A dix ans de là, David, courant de Londres à Weimar et de la mansarde au palais pour saisir sur le vif l'effigie des célébrités de ce siècle, se considérera comme ayant charge d'avenir. Ce qu'il recueille, ce qu'il achète quelquefois au prix d'humiliations réelles, il ne se croit pas libre de le laisser dans l'oubli. Placé au point de rencontre de trois âges, il entend vivre autour de lui les derniers acteurs du drame révolutionnaire, les anciens soldats de l'Empire, les jeunes poëtes de la veille, brillants éclaireurs de l'armée intellectuelle de 1830. Une voix lui dit que l'heure est solennelle. L'étrange caractère de son temps le saisit, et comme il porte au cœur de hautes ambitions, la pensée ne lui vient pas encore qu'une vie d'homme soit insuffisante pour traduire ce qu'il sent. Philosophe et patriote, l'esprit orienté vers l'idéal, il entre dans la mêlée, prêt à éterniser par le bronze tous ces fronts que des souvenirs de gloire ou d'infortune entourent d'une auréole. Prévenu par la mort, il ne se laisse pas décourager : les admirateurs ou les amis de l'homme disparu sont interrogés par l'artiste, toujours insatiable de vérité.

C'est en procédant ainsi que David put exécuter le buste de Volney. L'esprit d'observation qui fut la qualité dominante du philosophe se lit sur chacun de ses traits. Les lèvres sèches et serrées disent la présomption de l'écrivain, chez qui l'originalité de conception fut trop souvent au service d'idées étroites. Tout autre est la physionomie de Camille Jordan. Orateur et philosophe, soit qu'il combattît l'Église constitutionnelle en 1792, ou qu'il proclamât, quatre ans plus tard, devant le conseil des Cinq-Cents, l'heureuse influence des religions, le député lyonnais n'eut jamais rien d'amer. Le regard honnête et presque souriant, l'expression calme du visage, d'où la fermeté n'est pas absente, laissent deviner l'ampleur et la rectitude de la pensée chez le chef de l'opposition libérale de 1818.

[1] 24 juillet 1822. — Lettre appartenant à M. Victor Pavie.

René d'Anjou est représenté debout, vêtu du manteau royal, une couronne sur le front. Il tient son sceptre d'une main; dans l'autre sont des roses et des pampres, emblèmes de poésie; sur le socle, une palette et des livres. Le visage anguleux de l'ancien roi de Sicile est historique : il n'appartenait pas à David d'en altérer les contours, mais l'artiste a su tempérer la vulgarité du profil à l'aide d'une chevelure abondante et soyeuse. Les pieds nus, chaussés de sandales, achèvent de raconter la royauté familière de ce poëte qui fut l'ami de Charles d'Orléans, et que Louis XI savait séduire avec une toile de prix ou un livre rare.

Une fontaine devait être élevée sur l'emplacement de la Bastille. David reçoit la commande d'un bas-relief pour ce monument. L'artiste se souvient qu'une forteresse a précédé sur ce même point l'œuvre qu'il va sculpter. Un plan, sur lequel se distinguent des forts bastionnés et des redoutes, est placé dans la main d'un Génie; à ses pieds est une machine de guerre dont on se servait jadis en temps de siége. A sa gauche, un autre Génie, armé d'une lance, la main sur l'épaule de son frère, exprime par la sécurité de son attitude la confiance que l'art de Vauban peut inspirer au soldat[1].

Mais pendant que ces divers ouvrages attiraient l'attention publique sur le nom du statuaire, David s'occupait de sculpter un buste colossal de Louis XVI que le gouvernement destinait à la ville du Havre. Une frise en marbre, de cinquante-quatre pieds, aujourd'hui détruite, représentant des *Marches militaires*, lui était également demandée pour l'une des salles de l'Hôtel de ville de Paris. Trois bas-reliefs en pierre, dont nous n'avons pu retrouver la destination, datent du même temps; ils rappelaient dans ses principaux épisodes l'histoire de sainte Geneviève, patronne de Paris[2].

[1] La fontaine de la Bastille n'a pas été exécutée, et le bas-relief de David n'existe plus.

[2] Voir Cabet, *Dictionnaire des artistes de l'École française au dix-neuvième siècle.* Paris, Vergne, 1831, in-8°.

Madame Haudebourt-Lescot, peintre de la duchesse de Berry, jouissait alors d'un grand renom. David fixe ses traits dans le marbre, heureux sans doute d'honorer une élève de Lethière. Casenave était mort depuis cinq ans. L'artiste avait dû rencontrer plus d'un contemporain de l'accusateur de Marat. D'où lui vinrent les éléments du portrait de Casenave? Nous l'ignorons. Son buste porte la date de 1823.

Un jour, un ami de David lui propose de l'introduire chez La Revellière-Lepeaux. Le statuaire accepte. Il n'est pas plutôt en face de cet homme politique, qu'il sollicite la faveur de modeler ses traits. La Revellière hésite. Mais David n'est pas homme à se laisser rebuter. Il a présente à l'esprit la vie de son modèle. Il se souvient que la Révolution française a surpris La Revellière professeur de botanique à Angers. Suspect aux montagnards dont il combattait les mesures démagogiques, et mis hors la loi au 31 mai, le député de l'Anjou n'a pu reparaître à la Convention qu'après le 9 thermidor; membre du Directoire, il a déterminé par ses dons la fondation du Musée d'Angers. David ne se croyait-il pas redevable envers tous les bienfaiteurs de sa ville natale? Ses instances réitérées triomphèrent de l'hésitation du vieillard, et le buste de La Revellière fut commencé. Une grâce sénile caractérise ce portrait, dont toutes les parties ont gardé l'empreinte de la bienveillance. La Revellière apportait dans ses discours une grande modération. Pendant une entrevue avec l'artiste, comme il racontait les événements auxquels il avait été mêlé, il laissa tomber cette parole que nous retrouvons dans les notes de David : « Lorsque j'entends accuser quelqu'un, j'aime à me dire : Cet homme a été grand tel jour[1]. » Mot plein de mansuétude, que le sculpteur semble avoir pris à tâche de graver dans les plis du marbre apaisé.

Le buste de La Revellière n'était pas terminé à la mort du modèle, qui survint le 27 mars 1824[2]. A quelques mois de là,

[1] Voir tome II, *Mélanges.* — *Une Nuit d'atelier.*

[2] La Revellière est mort à Paris, rue de Condé, 28.

David fit hommage de son travail à madame La Revellière-Lepeaux, alors occupée de l'éducation de sa petite-fille, mademoiselle Émilie Maillocheau, que l'artiste devait épouser en 1831.

On n'a pas oublié que Pierre-Jean David, étant à la veille d'entrer en loge en 1811, avait reçu d'un bienfaiteur anonyme un secours d'argent indispensable. Longtemps, le sculpteur essaya de pénétrer ce mystère, dont le secret ne lui fut révélé qu'en 1820. Celui qui l'avait secouru dans une heure difficile était ce savant dont on a pu dire que, « malgré les dons de la fortune, il ne fut jamais riche, sa bienfaisance étant au service de tous les besoins ». Nous avons nommé Lacépède[1]. « J'ai fait deux bustes de Lacépède, écrit David. J'en ai donné un en marbre à la ville d'Angers, et l'autre, également en marbre, à M. de Lacépède. Dans le temps que j'étudiais à Paris, ce savant me fit remettre un billet de cinq cents francs. Plus tard, ayant appris que cet argent venait de lui, je m'étais promis de lui en témoigner ma reconnaissance de mon mieux : je n'ai pu lui offrir son buste que quelques mois avant sa mort[2]. »

Ce fut à l'insu du naturaliste que David exécuta son portrait. Aidé des conseils qu'il réclama des amis de Lacépède, il sut traduire fidèlement le caractère qui distinguait le savant. Puis, son œuvre achevée, le buste fut discrètement placé par ses soins dans la demeure de son modèle. Vivement touché de la délicatesse de l'artiste, Lacépède écrivait à David : « J'ai été bien étonné, bien affligé et bien reconnaissant en trouvant sur la cheminée de ma chambre le très-beau buste que vous avez eu la bonté de faire porter chez moi. Comment est-il possible, monsieur, qu'un statuaire tel que vous ait employé son grand talent sur un objet

[1] « Peu après l'obtention du 2e grand prix, le peintre Vincent, se trouvant à l'Institut auprès de M. de Lacépède, lui parla longuement de mon amour de l'art et sans doute aussi de mon peu d'aisance. M. de Lacépède me fit remettre, de la manière la plus délicate, avant mon entrée en loge, en 1811, un billet de cinq cents francs. » — Notes autographes de David appartenant à la famille.

[2] Notes autographes de David. — Bibliothèque d'Angers.

si peu digne de son ciseau? Quelle illusion vous a faite l'amitié que vous voulez bien avoir pour moi[1]! »

Un diplomate danois, le comte de Bourcke, ancien ambassadeur à Naples du roi Poniatowski, venait d'être subitement enlevé à l'affection de ses proches. Sa veuve lui fit faire de brillantes funérailles, et David fut chargé par elle de décorer son tombeau. Témoin des regrets que laissait après lui cet homme de bien, le statuaire comprit que dans l'interprétation d'une douleur chrétienne, il devait s'inspirer des saintes Lettres. D'instinct, il ouvre saint Paul. Cette parole de l'Apôtre le retient : « La grâce de Dieu nous apprend que, renonçant aux passions mondaines, nous devons vivre étant toujours dans l'attente de la béatitude que nous espérons, *expectantes beatam spem*[2]. » David est en possession de son sujet. Il représentera la jeune veuve de l'ambassadeur assise en face d'un hermès que surmonte le portrait du comte[3]. Sans rien sacrifier de l'harmonie générale de sa composition, l'artiste philosophe dira l'abattement de l'épouse et l'énergie de la chrétienne.

Le corps dans son attitude d'abandon, les draperies négligées, le rameau funèbre qui pend le long de la robe, la nudité des pieds et des bras, expriment le désordre de la douleur. Mais si le corps de la femme a plié sous l'accablement, l'âme tient en réserve de hautes énergies qui donnent au port de la tête quelque chose de royal. Une immense tendresse baigne le visage rayonnant. Les lèvres calmes, l'œil plongé dans la contemplation d'une image adorée, le front reposé, sont imprégnés d'idéal. On dirait qu'il se dégage de ce marbre un hymne discret à la douleur allégée. L'espérance et l'amour sont descendus dans un cœur vidé par la mort. Ils l'ont fait retentir de la divine parole : « Bienheureux ceux qui pleurent », et pendant qu'une note douloureuse résonnait encore dans les membres affaissés, la tête transfigurée, confiante,

[1] 19 mars 1825. — Lettre appartenant à M. Robert David.
[2] *Épître de saint Paul à Tite*, ch. II, § 11, 12, 13.
[3] Voir pl. V de ce volume.

s'était redressée sous la sensation confuse des joies éternelles. L'espérance est personnifiée dans la comtesse de Bourcke. L'épouse vivante et la cendre inanimée de l'époux ne sont plus séparées par le tombeau : leurs âmes, élevées de terre, se sont rencontrées dans des sphères mystérieuses, et déjà l'attente est à peine un fardeau, tant la béatitude de l'esprit envahit l'être consolé.

Le ciseau spiritualiste et chrétien de David n'a rien sculpté de plus éloquent au point de vue du sentiment religieux, et nous ne pensons pas que beaucoup d'artistes aient produit une œuvre de ce mérite avec la même simplicité de moyens. La *Comtesse de Bourcke* ne cesse pas d'être une figure individuelle, et cependant l'artiste a su faire d'un portrait le type de la résignation. A ne voir que la tête radieuse de cette femme, on ne trouvera pas le travail du maître inférieur aux *Vierges* d'Angelico. C'est la même suavité dans un égal repos de toute passion. Ici, l'auréole est invisible, mais c'est à des fronts de cet ordre que l'on prête un nimbe lumineux.

David retrouvera plus d'une fois le sens chrétien d'une vie d'homme ou d'un acte héroïque : il ne traduira pas sa pensée avec plus de finesse dans l'expression, un choix plus distingué des détails. La pureté du profil, le galbe des bras, les doigts fuselés, la finesse des pieds accusent la recherche du style et corrigent, en les relevant, les accents personnels habilement dispersés sur la figure. L'artiste, qu'on se plaît à proclamer novateur, repousse à sa manière un éloge qui, aux yeux de la plupart, est incompatible avec le respect de la tradition. Il est aisé de saisir dans le tombeau du comte de Bourcke une velléité de retour vers l'art grec.

David avait à peine terminé ce monument, quand il apprit que le Roi songeait à le décorer. Il se contenta de répondre qu'il se sentait trop jeune et ne croyait point avoir mérité une pareille distinction[1].

[1] Voir A. Maillard, *Étude sur la vie et les ouvrages de David d'Angers.*

Peu après, l'excès de fatigue altéra sa santé. Le maire d'Angers, ayant à remercier le statuaire de l'offre qu'il avait faite au Musée d'un exemplaire en bronze du buste de François Ier, lui recommande avec instance de se ménager de longs jours, en apportant plus de tempérament dans ses travaux [1]. Conseils inutiles. A peine rétabli, David caresse de nouveaux projets.

« J'ai l'intention, écrit-il à Pavie, d'exécuter les bustes des hommes célèbres de notre pays, et je veux commencer par celui de Bodin. Je pense qu'on pourrait par la suite ouvrir une souscription pour couvrir les frais du marbre des bustes les plus importants. Je ne voudrais pas que mon travail me fût rétribué. Il me sera bien agréable d'exercer mes ciseaux sur de pareils sujets. Les Anglais élèvent ainsi leurs monuments à l'aide de souscriptions; cela ne grève en rien le gouvernement et devient fort peu coûteux pour chaque citoyen. Or, les monuments attirent les étrangers dans un pays, ils honorent ceux qui les érigent, ils électrisent l'imagination des jeunes hommes [2]. »

Le 25 août 1824, lorsque s'ouvrit le Salon, David y occupait une place importante. Il avait exposé onze ouvrages, au nombre desquels le buste de Desgenettes et la statue de Bonchamps. Le livret mentionnait aussi l'OEil-de-bœuf de la cour du Louvre, où l'artiste a représenté l'*Innocence implorant la Justice*.

Il ne paraît pas que l'ouverture circulaire de l'OEil-de-bœuf, autour de laquelle devait graviter sa composition, ait été pour le sculpteur un sujet de contrainte. La pose de ses personnages est naturelle. Enveloppée d'un léger manteau, jeté sur sa tunique, la Justice tient d'une main le glaive et la balance qui lui servent d'emblèmes, tandis que de l'autre elle couvre l'Innocence par un geste protecteur. La résolution du regard et de l'attitude est

[1] 5 mars 1823. — Lettre de M. de Villemorge, maire d'Angers. — *Archives municipales d'Angers*, n° 8631.

[2] 10 janvier 1824. — Lettre appartenant à M. Victor Pavie.

complétée par le pièd de la déesse fièrement posé sur un serpent qu'elle écrase. Effarée, demi-nüe, l'Innocence, la main sur son cœur, l'œil au ciel, présente à la vierge sévère qui l'assiste une branche de verveine renouée de bandelettes, à la manière des suppliants. Un agneau que le reptile vient d'effrayer est aux pieds de la jeune fille[1].

Cette fois, le retour à l'art grec est consommé. Le jet des costumes, leur rapport direct avec la nature des personnages, indiquent chez David le dessein de parler la langue de Phidias dans toute sa pureté. Si l'artiste a répandu sur le visage de ses vierges une expression nuancée, presque imperceptible, à la place de l'accent dont il a coutume de graver l'empreinte avec une certaine rudesse, la retenue de son ciseau n'est pas moins sensible dans le travail des draperies. Leurs plis légèrement écrits glissent avec élégance sur les formes dont ils accusent les contours. Abondants sur les méplats, ils se perdent graduellement en approchant des parties saillantes. Le nu, malgré la finesse du modelé, conserve une énergie chaleureuse. Le style de David dans l'OEil-de-bœuf tient de l'antique et de Jean Goujon. L'Innocence rappelle les meilleures figures du château d'Anet, et la Justice a le caractère imposant des Cariatides du Louvre. Mais la forme est plus choisie chez David, la grâce de ses personnages est plus attique que celle des robustes déesses de son devancier. David est avant tout spiritualiste : de là sa force et son éclat dans les œuvres signées par lui pendant la période qui nous occupe. La forme comme le vêtement ne sont pour lui qu'un indice. L'âme doit transparaître à travers l'enveloppe humaine, l'idée doit jaillir du corps. Aussi, sans oublier les lois de son art qui lui commandent de parler sa pensée à l'aide de l'harmonie linéaire, il ennoblit ses profils, il n'admet rien de charnel dans ses figures, les élevant ainsi à des hauteurs où l'esprit en percevra sans trouble la tranquille beauté. Le

[1] Voir pl. VI de ce volume.

spectateur le moins initié aux secrets de l'art plastique peut s'arrêter devant le bas-relief de la cour du Louvre sans craindre que ses sens soient avertis de ce qui retient sa pensée[1].

L'OEil-de-bœuf déconcerta les critiques qui s'efforçaient d'attirer David hors de la voie tracée par les Grecs. Certains esprits, ne soupçonnant pas les ressources du génie de l'artiste, avaient espéré qu'il abandonnerait volontiers les enseignements de la tradition pour obéir aux caprices d'une inspiration changeante et sans discipline. David, au contraire, méditait l'alliance des vrais principes avec une application nouvelle de l'art plastique. Cet effort courageux allait devenir la caractéristique de son génie[2]. La notion d'un art national lui avait été révélée, ses facultés créatrices le sollicitaient d'élargir le champ de la sculpture, et le bas-relief de l'*Innocence implorant la Justice* n'était dans la pensée de l'artiste que le prélude raisonné de la statue de Bonchamps.

Nous avons nommé l'art national. Quelle est la valeur exacte de ce terme nouveau? Oser prétendre qu'un maître doit son illustration à l'art national, n'est-ce point simplement une satisfaction secrète que se donne l'historien, fier de relever à tout prix son héros? En d'autres termes, un art national peut-il

[1] Découvert le 1er janvier 1825, l'OEil-de-bœuf, ainsi que la décoration de la cour du Louvre, a été protégé, quarante-six ans plus tard, jour pour jour, contre les périls du bombardement (1er janvier 1871). Par les ordres du ministre des Beaux-Arts, ces sculptures furent enduites avec soin d'une épaisse couche de plâtre.

[2] Que l'on juge d'ailleurs des hautes préoccupations de l'artiste par les lignes suivantes : « En 1824, j'étais occupé à travailler à l'OEil-de-bœuf de la cour du Louvre, lorsque Hittorf et Lecointe, architectes, tous deux chargés des travaux du sacre de Charles X à Reims, vinrent me prier d'accepter la partie décorative : il y avait une somme énorme à gagner. Malgré leurs instances et celles de mon ami Prévost, l'architecte, je refusai, ce genre de travail n'étant pas de l'art pour l'étude. Il me sembla plus digne de m'en tenir aux maigres commandes qui m'étaient faites à Paris, parce qu'elles me permettaient d'étudier et de ne produire que des œuvres consciencieuses. » — Notes autographes de David appartenant à la famille.

exister? Quelle sera son essence? Quelles seront ses lois?

L'art est un, parce que la création est une et que l'art en est la manifestation sensible. Sa genèse nous est connue. Dieu, l'artiste souverain, a donné à l'être le pouvoir de se manifester sous un aspect attrayant et radieux. Cédant à la force d'expansion qui l'obsède, l'homme entre en lutte avec la création. Il imprime son verbe sur la matière préparée, et s'il n'est pas créateur au plein sens du mot, il appelle la vie et fait que ce qui était inerte respire. Sans doute, le génie de l'homme est promptement infertile, son champ d'action limité, sa puissance courte ou appauvrie. Mais, pour n'être qu'une image éphémère de l'action de Dieu, ne peut-on pas dire que l'inspiration transporte d'un coup d'aile au delà du monde terrestre, puisque l'être inspiré multiplie à toute heure dans ses œuvres la perception de l'infini? Son génie s'est approché de Dieu. Et de même que le grand artiste donne aux êtres la nature qui les pousse à leur fin, l'homme artiste rêve de reproduire avec sa beauté sensible cette nature, ses effets, son action, sa vie.

Rêve gigantesque! Sa réalisation est au prix d'une lutte terrible et prolongée. La création tout entière doit être conquise par l'homme de génie. L'artiste ne l'ignore pas, mais une voix qui n'est pas de l'homme le soutient. Il évoque dans l'extase d'une contemplation généreuse ce je ne sais quoi de divin que le Créateur a répandu sur le monde; il en fait un manteau d'âme qu'il jette ensuite comme un vêtement magnifique sur sa pensée devenue marbre.

Dirai-je les limites imposantes et reculées du champ de lutte où doit s'exercer l'activité du sculpteur? La nature, l'homme, Dieu, telle est la triple sphère au centre de laquelle il lui est permis d'asseoir son génie.

La nature avec ses mille aspects, sa jeunesse, ses lois, son harmonie souriante, sa majesté, la gradation qui relie l'insecte à la fleur, la fleur à l'arbre et l'arbre à l'anımal, laissent dans l'esprit du penseur de fécondes semences.

L'homme étudié dans son corps, mais surtout dans son âme insondable, dans ses passions, dans ses vertus, dans ses actes, appelle également la méditation de l'artiste.

Dieu, dans sa beauté dont une lueur confuse se laisse pressentir par les maîtres, Dieu, dont le couple de l'Éden porta les vivants reflets et que la Judée vit passer par ses chemins au temps du Christ, Dieu sera pour l'artiste une source d'inspirations toujours renouvelée, aussi vaste que l'immensité, profonde comme l'amour.

L'art plastique interroge rarement l'arbre ou la fleur, car il n'y a pas, à proprement parler, de sculpture descriptive. D'autre part, le statuaire qui néglige l'homme pour l'animal, s'appelât-il Barye, peut donner la mesure d'un talent consommé, mais il inflige à son art le sceau d'une infériorité consentie. Il faut à la vie du marbre, au rayonnement de la pierre, une pensée. Or l'animal et la pensée n'ont pas de réelle affinité. Aussi, le statuaire se tourne-t-il plus volontiers vers l'homme et vers Dieu, qui restent les deux pôles de son art.

Nous regrettons qu'une idée de sécheresse, d'inaptitude et de fixité soit attachée au terme *hiératique*. Nous aimerions à comprendre sous la dénomination de sculpture hiératique l'ensemble des sujets religieux que peut aborder le statuaire. Le vrai sens de ce mot ne l'indique-t-il pas comme très-propre à définir l'œuvre sculptée qui porte dans ses plis le signe du respect et de l'amour envers le divin[1]?

Au-dessous du culte rendu à Dieu par l'art, se placent l'étude et la manifestation de l'être humain. Envisagé sous cet aspect, l'art du statuaire se divise en sculpture iconique, sculpture allégorique, et sculpture nationale.

La vérité individuelle et transitoire, le réel circonstancié, distinct, constituent le domaine de la sculpture iconique. Elle est — son nom l'indique — l'image personnelle de l'homme isolé. Ses moyens d'action se limitent au portrait. Elle se meut dans

[1] Ἱερός, *sacre*.

une sphère restreinte et froidement exacte. Oublieux de sa force et de sa mission, le sculpteur iconique reproduit sans créer. Lorsque l'expansion est le propre du génie, l'homme dont nous parlons concentre ses efforts dans l'analyse d'une personnalité, tâche ingrate qui étouffe la respiration de l'esprit.

Homo quidam, dit ce praticien de l'art. *Vir*, répond l'artiste.

Au-dessus de l'individu, il y a l'homme. L'homme, être multiple et cependant identique. L'homme avec ses passions, ses éternels combats, mélange d'héroïsme et de faiblesse, l'homme de Socrate, de Diogène, de saint Paul et de Pascal, se dresse en face du sculpteur. Il sollicite son ciseau. L'artiste regarde fièrement cette figure. Plus grande que nature, elle revêt à ses yeux les proportions d'un type. La vérité individuelle fait place à la vérité typique; la sculpture iconique à la sculpture allégorique. L'âme inondée d'une lumière supérieure, le statuaire évite sans grande peine l'accent personnel. Il grave, non plus le caractère distinct de l'homme rencontré, mais la beauté choisie, originale, symbolique de l'homme entrevu et pénétré par l'œil de l'esprit. Il donne une forme immortelle à l'amour innomé, à la jeunesse, au courage, au dévouement, à la vertu, et son œuvre a pour terme le bien, mais le bien à l'état de mœurs, le bien moral. C'est pour cela que les anciens disaient *ars ethica*[1] lorsqu'ils voulaient définir un ouvrage se rattachant à cet ordre de pensées; mais afin de ne pas empiéter sur la langue de l'École, nous laisserons à la philosophie la propriété d'une expression devenue sienne, et nous appellerons allégorique l'art du statuaire considéré sous ce nouveau point de vue. Le mot *allégorie*, pris dans son acception la plus large, définit toute œuvre qui, sous sa forme sensible, permet la transparence d'une pensée[2]. L'allégorie est cette chose écrite ou modelée dont les profondeurs mystérieuses laissent monter jusqu'à l'âme un exemple ou une leçon, comme l'urne un parfum.

[1] De ἠθική, *éthique*, *morale*.

[2] De ἄλλος, *autre*, et ἀγορεύω, *je dis*.

Mais l'homme n'est pas seulement un être personnel ou un être typique, il est aussi un être social. L'homme vit à l'état de peuple. De là un troisième élément pour l'artiste dans l'analyse de l'homme. Voici venir l'art national. Et comme, selon la parole d'Aristote, le bien d'une nation est supérieur au bien d'un seul, l'art qui a son point d'appui sur le bien suivra la progression du bien. Il sera d'autant plus divin, c'est le philosophe qui l'a dit, qu'il se rapprochera davantage des mœurs nationales, de la vie du peuple, pour se fondre avec elle en l'élevant[1].

L'art national n'est donc pas un mythe. Il n'est pas non plus le résultat d'un caprice, et l'artiste qui ambitionne de parler à un peuple peut bien être appelé novateur par ses contemporains, mais ce qu'il tente n'a rien qui ne soit juste, sensé, naturel, prévu. Si cet homme est un statuaire, il laisse loin derrière lui la sculpture descriptive, le portrait, l'allégorie. Du sommet où il s'est placé, le sculpteur national assiste au développement de ses facultés, à la pleine formation de son génie. A mesure que se déroulent sous son regard les intérêts, les mœurs, les événements qu'il s'apprête à traduire dans la langue plastique, la noblesse de sa mission lui apparaît. Le doute n'a plus de prise sur son esprit. Il sent avec une évidente certitude ce qu'il doit à son siècle, et si parfois l'enivrement de la pensée fait battre ses tempes, c'est qu'il songe au peuple qui l'attend et aux enseignements sans nombre qui vont tomber de son ciseau.

Telle est la majesté de l'art national.

Si nous voulions marquer sa place dans le champ de l'art tout entier, comprenant la triple manifestation de Dieu, de l'homme et de la nature, nous dirions qu'il est à son rang entre Dieu et l'homme. L'art national, en effet, vient après l'art religieux, dont l'étude ouvre l'âme à la lumière divine, source des plus hautes inspirations; mais il reste supérieur à l'allégorie, qui est l'expression

[1] Bonum gentis divinius et eminentius est quam bonum unius. — *Philosoph.* in 1 Ethic. cap. 2 ad finem. — ARISTOTELIS *Opera*. Paris, Didot, 1838, 4 vol. gr. in-8°.

typique de l'être humain, parce qu'il le grandit et le divinise comme être social. Il rend ce service éminent qui est le bien d'un peuple, l'enseignement général d'une nation. Alors que la plupart des maîtres n'ont en vue que l'éducation de l'homme, l'art national voit plus haut que l'homme et fait planer son verbe éloquent sur la patrie.

Voilà ce que Pierre-Jean David a voulu. Il a eu de lui-même l'intuition sublime de l'art national. Ce que Jean Goujon n'a pas soupçonné, ce que Pierre Puget, esprit chercheur et prompt aux grandes œuvres, n'a pas su trouver, ce nouveau monde inexploré, David lui a donné un nom; il en a décrit la splendeur et la richesse, et s'il n'a pas dit ses frontières, c'est qu'à ses yeux l'art du sculpteur, par quelque rive qu'on y monte, est une terre sans limites. David, comme Puget, son devancier, s'est imposé la tâche de retremper la sculpture aux eaux vives du mouvement et de la passion; mais plus philosophe que Puget, il a fait sa propre patrie complice de son rêve; c'est à elle qu'il a demandé la sanction suprême de son génie. Puget a traduit divinement la légende attique de *Milon*. David écrira la mort française de *Bonchamps*. Puget use ses jours à sculpter *Andromède;* David, avec non moins d'amour, fait saillir du marbre sa *Jeune Grecque*. Et lorsque l'âpre génie de Puget s'épuise parfois inutilement sans remuer en nous, quoi qu'il fasse, la fibre de la douleur, parce qu'il n'a pas su voir l'homme moderne, l'idée nous agite, que dis-je? elle nous porte d'elle-même vers ces grandes figures historiques que David a dressées dans maint endroit de notre France, de l'Europe et du monde.

Enfant, le « moral de l'art » l'a séduit devant une estampe de Guérin; jeune homme, le renom de Canova, la fascination sans exemple du maître italien n'a pas entravé sa liberté; homme, il tient parole à ses projets d'enfance et de jeunesse. Si jamais vocation providentielle fut évidente, c'est à coup sûr celle de l'artiste précurseur qui s'en va, le front haut, par des chemins inconnus, à la conquête d'un art rajeuni dont les chaudes effluves pourront retremper l'héroïsme d'un peuple.

Nous avons dit la grandeur de l'art national. Il nous reste à définir les lois qui le régissent.

L'art dans son ensemble, l'art total, quel que soit le caractère dominant des œuvres qu'il met au jour, a pour terme dernier l'idéal. L'art national se distingue par l'idée. Que le statuaire pose au front de ses figures historiques cette parure immatérielle et choisie, l'idéal, tout le lui conseille; mais de chaque point du marbre doit sourdre l'idée. Également distante de l'idéal et du réel, l'idée indique au sculpteur national le lieu de son activité. Elle le maintient dans un milieu réservé, à la portée de l'actuel et de l'absolu qu'il doit pétrir du même coup avec ces nuances, ces proportions, ce rhythme, qui sont le patrimoine du génie. Tout statuaire ignorant de l'idée est un vaisseau qui chasse sur ses ancres; mais le statuaire national dont l'intelligence et la volonté ne rendraient pas sans cesse le son de la pensée serait un homme condamné.

Comment! l'idée rayonne dans le regard de l'être personnel, et sa flamme vous échappe sur le front de cet être multiple qui est un peuple! Vous étudiez les mœurs d'une nation, et le mot de vertu n'a pas jailli de vos lèvres! Ses actes mémorables n'éveillent pas en vous l'idée de patriotisme; la sublimité de ses aspirations vous demeure cachée! Qu'est-ce donc que ce peuple? Que racontent ses annales? Qu'a-t-il fait? A quelle heure du monde, sous quelle latitude Dieu l'a-t-il fait naître? Est-ce qu'un peuple d'hommes a jamais vécu sans pleurer, et quel est cet artiste que n'émeuvent pas les larmes d'un peuple?

Qu'on ne l'oublie pas, l'art national est plein d'écueils pour celui qui oserait y prétendre dans le dénûment de la pensée. Esclave du réel, celui-là serait promptement entraîné par le vent de l'actualité. Il irait d'œuvre en œuvre, sans méthode ni gradation, prêt à donner une forme à toute chose, grande ou petite, puérile ou sévère, et chaque coup de son ciseau ne serait qu'une flétrissure imprimée au marbre.

« Les artistes, écrit David, sont les sténographes de la nature ; mais combien de sténographes qui sont sourds ! Pour rendre fidèlement la forme du génie, il faut porter en soi des étincelles, sans cela on ne représentera qu'un squelette[1]. » La forme du génie ! entendez le maître user d'une locution singulière. L'impalpable, le surnaturel, le divin, lui apparaissent dans le recueillement de l'atelier, et comme le sculpteur n'a que la forme pour dire sa pensée, c'est la forme du divin qu'il veut saisir.

La forme, ô grand sculpteur, c'est tout et ce n'est rien.
Ce n'est rien sans l'esprit, c'est tout avec l'idée[2].

Aussi le maître se place-t-il toujours au-dessus du moment limité, plus haut que l'heure qui s'écoule ; et sans rien concéder à la fantaisie, c'est au signe durable qu'il vise, c'est à l'être supérieur, c'est à l'idée génératrice qu'il tend. Et quand il s'est pénétré des détours mystérieux de l'idée chez un homme, il demeure au plus intime de sa pensée. Hôte d'illustres foyers dont la flamme est sans cesse excitée par l'étincelle qui jaillit du statuaire lui-même, David se tient à l'abri du réel ; le vent de l'actualité ne l'atteint pas. Son œuvre lui est dictée par le génie, et c'est le génie qu'elle reflète. Il en raconte la grâce, la puissance, la profondeur, à l'aide des contours du visage humain. Le sculpteur voit de plus haut que les contemporains de son modèle. Puisque l'âme doit survivre à l'enveloppe physique, c'est l'âme qu'il évoque et qu'il fait transpirer sur le marbre.

Mais à quel ordre de personnages l'artiste national demandera-t-il l'expression permanente de l'idée? Sont-ce les poëtes ou les orateurs qu'il voudra représenter de préférence?

L'idée n'a pas de privilégiés parmi les hommes supérieurs.

[1] Notes autographes appartenant à la famille.
[2] V. Hugo, *les Rayons et les Ombres*. Au statuaire David.

L'éclat de cette beauté lumineuse qui vient de l'esprit est également saisissable sur le front de Corneille ou de Riquet. Dupleix, Mirabeau, Bonaparte, laissent poindre l'idée sur chaque pli de leur visage. Il n'y a pas jusqu'à la structure humaine qui ne subisse chez de tels hommes une conformation dernière provoquée par les vibrations incessantes de l'idée. Les physionomistes ont maintes fois décrit la contenance du vice, qui n'est pas la même que l'attitude de la vertu.

« Quel champ merveilleux pour l'art, dit encore David, si l'on voulait s'appliquer à rendre l'âme d'un grand homme! On verrait à la lumière de la physiologie que le moral d'un homme se peint depuis la tête jusqu'aux pieds. Corneille dut avoir des formes d'un autre caractère que celles de Racine[1]. »

C'est donc l'âme des grands hommes, ou mieux, c'est la grandeur d'âme que le sculpteur national saura traduire, et, afin de se tenir lui-même à la hauteur de ses modèles, il écrira sur le bronze avec magnanimité. Il sera l'homme du désintéressement. Son ébauchoir impartial ignorera les mesquines passions. Qu'est-ce qu'un parti auprès d'un peuple, qu'est-ce qu'une caste auprès d'un monde? David aura du génie pour Beaurepaire et Bonchamps, Louis XVI et Washington. A Jean Bart, à Drouot, à Gouvion Saint-Cyr, hommes de bataille, il opposera les hommes de pardon, Cheverus, Fénelon, Belmas. Lamartine, le poëte gentilhomme, verra se lever devant lui maître Adam, le poëte menuisier. Rouvet l'inventeur, Cuvier le savant, Bichat le médecin, Foy l'orateur, Arago, Nodier, Chateaubriand, esprits français; Bentham, Gœthe, Humboldt, écrivains du Nord; Cooper, Jefferson, citoyens du nouveau monde, Canaris d'Athènes, David Pury de Neufchâtel, se sont imposés au statuaire par l'idée, et l'artiste a sculpté leur image avec l'indépendance du génie qui ne regarde qu'au vrai mérite.

Voilà pour le sujet, abordons maintenant le procédé. Ne faut-il

[1] Notes autographes appartenant à la famille.

pas craindre que l'art national participant du réel et de l'idéal, et cependant libre entre ces deux termes, ne cherche sur des chemins nouveaux la loi de son expression? Novateur par le choix de ses types, le statuaire ne sera-t-il pas tenté d'innover dans l'interprétation de ses figures? En un mot, peut-il exister un art moderne jusque dans le procédé, ou devons-nous croire encore au canon de Polyclète?

L'art découle de l'inspiration, mais c'est la tradition qui le constitue. Les lois essentielles de la statuaire ont été posées par les Grecs, et notre temps, comme les temps à venir, ne remplacera pas ces législateurs. Quiconque répudie la tradition tombe dans l'étrangeté, l'étroitesse, et prend une tournure vulgaire. David essayera d'être vrai, passionné, nouveau par le style; mais loin de négliger les préceptes de l'art grec, sans cesse nous le verrons y puiser. Pour lui, l'art plastique est un fleuve grandiose qu'il ne se lasse pas de remonter. Il sait quelle séve vigoureuse s'échappe des sources, et il s'y retrempe à toute heure. Moderne par l'idée, par le nom de son modèle, par l'acte historique qu'il immortalise; moderne par le costume qu'il accepte ou la pierre qu'il met en œuvre, David pose un voile attique sur ses figures. Sous sa main, le marbre de Saint-Béat s'éclaire de la transparence du paros.

Sans doute, cette alliance du moderne et de l'antique oblige le sculpteur à se faire des notions précises sur le nu et le costume. Les affinités qui existent entre l'essentiel et l'accidentel doivent être familières à l'artiste.

David a possédé ces principes au plus haut degré. Les forces opposées se sont fait équilibre dans son esprit, et ses œuvres, toujours rattachées à la tradition par quelque point, ne cessent pas d'être éminemment contemporaines. Nous avons donc le droit de le saluer comme un maître. Au pays reconnaissant le soin de l'acclamer; aux artistes de demain celui de le suivre. Sculpteur national, David a consacré toutes nos gloires. Il est un guide, il peut devenir un sauveur. Qui oserait dire en effet que les fières leçons si énergiquement rappelées par l'artiste philosophe demeureront sans fruit? Pourquoi ses chauds plaidoyers en faveur de la vertu, du talent, du courage militaire, de l'héroïsme, laisseraient-ils insensibles nos générations? Pourquoi notre École de sculpture, à la poursuite d'une synthèse, ne devrait-elle pas sa renaissance à l'art national et patriotique à travers lequel David a tracé sa voie triomphale?

Le monument de Bonchamps, où il est aisé de ressaisir les points dominants de la doctrine que David s'était déjà formulée, ne fut complétement achevé qu'en 1824. L'autorisation d'élever la statue du général vendéen datait de 1817[1]. David s'était vu chargé de l'exécution de ce travail le 30 juin 1819. Quelques semaines après, il était à l'œuvre. Une souscription ayant été ouverte dans toutes les villes des départements de l'Ouest[2], un comité fut institué dans la ville natale du statuaire, et ses membres formèrent le jury auquel l'artiste dut soumettre son esquisse. Il dessina d'abord deux projets déposés aujourd'hui au Musée David.

Le premier nous montre l'artiste faisant consister le monument dans un bas-relief surmonté d'un trophée. Dans le second, le trophée a fait place au buste du général, mais le bas-relief est conservé.

Sur chacun de ces dessins, David a représenté la même scène. Une colonne, placée au milieu de la composition, qu'elle divise entièrement, figure l'entrée de l'église de Saint-Florent, dans laquelle on voit entassés les prisonniers républicains. Aux marques d'affection qu'ils échangent, on devine l'imminence du trépas; vers la droite, trois hommes se tiennent embrassés, et l'un d'eux serait, dit-on, le père de David. Plus loin, est assis dans l'attitude du plus profond abattement, la tête dans ses mains, un vieux

[1] Décret du 20 juillet.
[2] Ordonnance royale du 12 août 1817.

soldat sur le casque duquel se lit le chiffre de la nation : R. F.; à ses genoux, un soldat plus jeune se voile les yeux pour mourir.

A gauche, c'est-à-dire en dehors de l'église, dont la porte est enlevée, se trouve l'armée vendéenne, consternée de la blessure de son chef et s'apprêtant à en tirer vengeance. Un canon est déjà braqué sur les républicains, mais au-devant apparaît Bonchamps soutenu par le chevalier d'Andigné (qui plus tard sera général), et de son bras défaillant Bonchamps commande le pardon.

Il ne nous déplaît pas de pouvoir constater les tâtonnements du statuaire dans l'exécution d'une œuvre aussi conforme que le monument de Bonchamps aux préférences de l'homme et de l'artiste. Les plus belles pages veulent être longuement méditées. Et ce n'est pas assez qu'un travail latent ait, pour ainsi parler, défriché le sol de la pensée; il faut encore, au moment venu, savoir sacrifier une idée qui pouvait sembler originale, il faut jeter à mainte reprise dans la glèbe préparée des germes nouveaux dont la séve produira ce je ne sais quoi d'entrevu qui va prendre tout à l'heure une forme immortelle.

David fit promptement succéder à ses premiers projets le modèle définitif du *Bonchamps*.

A demi soulevé sur sa litière, s'appuyant du bras gauche, le torse nu, les cheveux au vent, le général tire un dernier cri de sa poitrine, tandis que du geste il exige le pardon[1]. L'anxiété, la douleur, et ce sentiment dont Shakespeare a si bien dit « la douce pitié », se lisent sur ses traits. Bonchamps va mourir, son sang coule, il râle; aussi les joues contractées, l'œil suppliant, les lèvres ouvertes, disent la prière du chrétien. Mais si le visage implore, le bras commande. L'homme d'armes a voulu qu'on lui fît traverser les rangs déformés de ses soldats, et le geste à l'aide duquel il leur impose rassure pleinement le regard. On ne résiste

[1] Voir tome II, pl. IV.

pas à l'autorité d'un tel ordre. Que la parole expire, que le cliquetis des sabres, que les clameurs des prisonniers couvrent la voix du blessé, pour peu qu'on ait aperçu Bonchamps, les républicains seront sauvés. L'oubli des haines, le terme des discordes est assuré.

« *Grâce pour les prisonniers, je le veux, je l'ordonne!* » Ce cri sublime, ne fût-il pas connu du spectateur, s'échappe de la statue de Bonchamps comme une résultante. La vie du fier Vendéen relève d'une dynamique où l'amnistie a toujours fait équilibre au dévouement. Et l'œuvre de David évoque dans un éclair de génie cette existence héroïque qu'elle revêt de l'éternité du marbre.

La flexion du torse, qu'une blessure mortelle a fait découvrir, est d'un goût très-pur. La souplesse des lignes, l'élégance des contours, la science et la précision du modelé attestent le soin du statuaire à concilier les lois de l'antique avec les lois de la nature, dont le livre lui est ouvert par ses études, éclairées des conseils de Béclard. Moderne par le sujet, David est remonté jusqu'à l'art grec; il a consulté la tradition pendant son travail. Le nu et le costume se sont alliés sous sa main avec une convenance qui n'a rien de préparé. Les draperies jetées sur les jambes ont de l'ampleur sans diffusion. La figure tout entière rayonne par l'idée. *Bonchamps* peut être considéré comme l'exemplaire achevé du genre national en sculpture.

Que si nous oublions l'artiste pour penser à l'homme, nous le verrons épris de son œuvre. Il est le fils de ceux-là qui combattaient Bonchamps, n'importe : David ne regarde qu'au mérite. Ce n'est pas une commande qu'il a remplie en sculptant la statue de Bonchamps, c'est une tâche caressée; c'est presque une dette qu'il a été heureux d'acquitter. Il écrira de sa main sur une gravure de ce monument, en l'offrant à Achille Devéria : « Mon père était un des cinq mille prisonniers dans l'église de Saint-Florent, dont Bonchamps a demandé la grâce avant de mourir. En exécutant ce monument, j'ai voulu acquitter, autant que cela m'était possible, la dette de reconnaissance de mon père[1]. »

En 1855, à trente ans de date, David voulut revoir sa statue. Il descendit une dernière fois le cours de la Loire, de cette Loire qu'il appelait « son fleuve », et, debout dans l'église de Saint-Florent, l'artiste, qui allait mourir, disait à ses amis : « Je ne suis pas mécontent de mon ouvrage. Je crois, en faisant cette statue, n'avoir pas trop mal réussi ; mais ce n'est pas étonnant, mon modèle était un héros comme je les aime, aussi généreux que brave; j'étais jeune; notre Béclard m'aidait, et, vous le savez, mon père était parmi les prisonniers sauvés par Bonchamps. Après avoir tâché de lui payer ma dette, j'ai voulu lui faire mes adieux avant de mourir[2]. »

La *Religion* et la *France*, couronnées de cyprès, sculptées en bas-relief dans l'attitude d'une douleur maternelle, complètent le monument dont l'architecte fut un ami de David, Achille Leclère.

Bien qu'il soit regrettable que la statue de Bonchamps, posée sur le tombeau du général, et adossée au mur du chœur dans l'église de Saint-Florent, ne permette pas au spectateur de juger du développement dorsal, cette œuvre est en son lieu dans une église. Elle n'en trouble pas la majesté paisible ; elle éveille un souvenir chrétien.

L'inauguration du monument, qui eut lieu le 11 juillet 1825, fut empreinte d'un caractère éminemment religieux. L'abbé Gourdon, Vendéen comme Bonchamps, prononça l'oraison funèbre[3]. La veuve, la fille, le gendre et le petit-fils du général

[1] F. Halévy, *Notice sur la vie et les ouvrages de M. Pierre-Jean David d'Angers.*

[2] *Journal de Maine-et-Loire,* 9 janvier 1856. Non signé.

[3] L'abbé Gourdon (Joseph), 1790-1846, ancien vicaire général de Nantes, alors curé de la Chapelle-du-Genet (Maine-et-Loire), plus tard curé de la cathédrale d'Angers. « Saint-Florent, d[isa]it David en 1855, me rappelle toujours l'abbé Gourdon, prononçant du haut [du] plus beau site de l'Anjou l'éloge du

avaient pris place dans l'église abbatiale. Tous les survivants de l'armée vendéenne étaient présents, « rangés en ordre de bataille, écrit un témoin, leurs fils échelonnés sur les degrés du mausolée[1] ». L'effet produit fut immense. On peut dire avec vérité que tout un peuple se leva pour cette fête, et s'il existait encore dans ses rangs quelques natures mal domptées, la parole du prêtre vendéen, l'admiration sans réserve du statuaire pour son héros, l'art honorant une grande mémoire avec l'autorité du génie, l'enthousiasme sincère qui marqua cette journée mémorable achevèrent de désarmer les plus rebelles. L'ombre des mauvais jours ne vint pas s'interposer entre les membres de la famille française accourus à cette solennité. Le caractère national du monument qui en était l'occasion ne fut pas sans concourir à ce résultat.

Le lendemain, dès l'aube, les vétérans de la grande armée vendéenne frappaient à la porte de David. Chacun d'eux tint à honneur de poser devant l'artiste. La vieillesse est conteuse. Les soldats paysans ne pouvaient taire leurs faits d'armes devant l'homme qui avait immortalisé Bonchamps. Aussi, pendant deux longs jours, que de batailles rappelées! Le sculpteur « recueillait du même crayon leurs récits et leurs traits[2] ». Cinquante-huit têtes dessinées en cette occasion et accompagnées de leur légende figurent au Musée David[3].

Le monument de Bonchamps fut sans aucun profit pécuniaire

premier des Vendéens. C'était l'éloquence même. » — *Journal de Maine-et-Loire*, 9 janvier 1856.

[1] Victor PAVIE, *Bonchamps et sa statue*.

[2] V. PAVIE, *Discours prononcé à l'inauguration du buste de David d'Angers*.

[3] Au-dessous de ces profils, dont la plupart sont très-finis, l'artiste a inscrit de courtes notices, telles que celle-ci : « Louis Châtaigner, de l'armée de Bonchamps. Lors de la déroute du Mans, il fut pris ainsi que son frère, et tous deux furent passés par les armes; son frère tomba roide mort, et lui, la joue traversée d'une balle, feignit d'être mort, resta plusieurs heures sans bouger, et, la nuit, se sauva à travers les bruyères. » — Voir tome II, *Œuvre sculpté*, année 1825, Chefs et Soldats de l'armée vendéenne.

pour David. Nous en trouvons le témoignage dans une lettre intime du sculpteur à Louis Pavie. « Il y a peu de jours, écrivait-il le 24 juillet 1822, le préfet de Maine-et-Loire était ici. Il a paru content de la statue de Bonchamps. Cela m'a fait plaisir, car j'apporte tous mes efforts à bien faire. L'idée que ce monument doit représenter un de nos compatriotes et être placé dans notre cher pays m'a engagé à l'entreprendre pour la faible somme qui m'est offerte et qui doit suffire à peine à payer les frais[1]. » Mais lorsque David laisse échapper un mot sur l'épargne du comité de souscription, c'est dans le secret d'une correspondance privée qu'il livre cette confidence. Si, plus tard, il jette quelques notes rapides sur les événements de sa vie, ces feuilles légères étant susceptibles d'être mises au jour, l'artiste ne se souviendra que de l'accueil chaleureux des Angevins. « Quand j'ai dû me rendre à l'inauguration du *Bonchamps*, j'ai été reçu par mes compatriotes avec toute la bienveillance possible. A mon arrivée et à mon départ, on m'a offert une sérénade. Le son de cette musique natale a retenti longtemps dans mon cœur. Je me sens fortifié par ce souvenir dans mes heures de fatigue morale[2]. » David avait en effet passé plusieurs jours à Angers. Il était descendu chez M. René Maillard[3]. Tous ses amis lui firent fête. Pavie, Ganne et son vieux maître, Delusse, l'accueillirent avec enthousiasme. Son premier soin fut de se faire accompagner par Delusse sur la tombe de son père[4].

[1] Lettre appartenant à M. Victor Pavie.

[2] Notes autographes de David appartenant à la famille.

[3] Père de M. Adrien Maillard.

[4] Pendant ce temps, Le Goupil, praticien du maître, suivait la statue qui avait été dirigée par bateau sur Saint-Florent. David rejoignit Le Goupil pour surveiller le débarquement. M. Louis Pavie a raconté les excursions de David à la chaumière où expira Bonchamps, le soin que prit l'artiste de dessiner cette maison et de la signaler au touriste à l'aide d'une inscription commémorative qu'il fit placer. Le statuaire visita aussi la Baronnière, ancien château du général, et il en esquissa les ruines. — Louis PAVIE, *Voyage à Saint-Florent et à la Chapelle*, le 25 juin 1825. Angers, Pavie, 1825, in-8° de 7 p.

« Au retour de l'inauguration de la statue de Bonchamps, écrit David, me trouvant à Angers, j'appris d'un de mes anciens camarades d'école que notre vieux maître, M. Merlet, Frère Quatre-Bras qui avait tenu école à la Rossignolerie, vivait encore. Je me fis conduire dans une maison du faubourg Bressigny où il demeurait. Je trouvai un vieillard en enfance. Ses yeux ternes, semblables au verre dépoli d'une montre, me regardaient, comme si le pauvre homme avait essayé de rattacher ses souvenirs. Quoique je sentisse mon cœur serré de pitié, j'embrassai tendrement mon vieux maître; je touchai cette main qui m'avait enseigné les premiers linéaments de l'écriture. J'éprouvais en sa présence cette étrange sensation qui agite l'homme lorsqu'après de longues années il se prend à feuilleter les livres déchirés dont il s'est servi pour ses premières études[1]. »

Delusse était pauvre. Il ne parvint pas à cacher son dénûment à David. A peine de retour à Paris, celui-ci n'eut pas de plus pressante occupation que de procurer des ressources à son maître. « Dans quelques jours, écrit-il à Pavie, vous pourrez dire à mon brave maître, M. Delusse, que je lui ai trouvé des souscripteurs. Cela lui donnera du courage. Je regrette beaucoup que mes moyens ne me permettent pas de lui être utile d'une manière plus conforme à ma reconnaissance. Faites vous-même tous vos efforts pour lui trouver des souscripteurs[2]. » Delusse mourut à quelque temps de là, plus fier peut-être des attentions touchantes de son élève que d'une gloire dont il avait été le premier artisan.

Les bustes du comte et de la comtesse de Bouillé, du colonel Lemercier, de mademoiselle Mars, du roi René, et un bas-relief

[1] Notes autographes appartenant à la famille.

[2] 25 août 1825. — Lettre appartenant à M. Victor Pavie. — Delusse ayant été un dessinateur de mérite, nous supposons que les souscriptions dont il est parlé dans cette lettre devaient avoir pour objet l'acquisition de quelque série de dessins exécutés par l'artiste. David ne fut-il point dans cette occasion le seul souscripteur?

destiné au cimetière d'Angers, datent des derniers mois de 1825.

Au début de l'année suivante, le monument de Fénelon, que notre artiste venait de terminer, fut placé dans la cathédrale de Cambrai. David assistait à l'inauguration.

Le coude appuyé sur un lit de repos, ayant une attitude analogue à celle de Valentine Balbiani, dans le monument bien connu de Germain Pilon, l'archevêque de Cambrai tient une main sur son cœur, tandis que du geste il accompagne les enseignements de sa parole. La distinction dans le calme est le caractère dominant de la statue du prélat. La figure n'a rien de heurté. Toute passion vive est absente. Ni douleur sur les traits, ni précipitation dans la pose, et cependant le marbre immobile est plein de vie. Fénelon dans sa tendresse d'âme, le philosophe chrétien, le critique enthousiaste, l'artiste, le disciple de l'antiquité est là tout entier. Le regard pénétrant, le front spacieux et idéalisé rappellent l'observateur. La finesse de la bouche, celle des doigts indiquent l'écrivain délicat qui s'est assimilé le génie grec dont « il cueille, c'est lui qui l'a dit, la fleur la plus pure ». Le haut du corps est magistralement traité. Peut-être certains critiques trouveront-ils les jambes un peu ramassées. N'est-ce pas de Michel-Ange qu'on a dit qu'il n'avait pas assez de marbre pour tailler les pieds de ses statues? David a rendu le costume du prélat avec sévérité, sans roideur.

Trois bas-reliefs décorent le soubassement de la figure.

Fénelon, précepteur du duc de Bourgogne, apprend à son royal élève, par un geste d'une justesse exquise, que les princes doivent s'inspirer de leur cœur dans le gouvernement des peuples. Le jeune duc tient une feuille manuscrite à la main. Peut-être est-ce une page de Plutarque ou de Tacite, mais Fénelon commente l'historien du passé à la lumière d'une doctrine que l'antiquité ne pouvait connaître. Le maître est assis, et le fils de Louis XIV se tient debout.

Qui n'a gardé le souvenir de ce trait touchant où Fénelon est représenté ramenant à des paysans leur vache égarée? David n'a pas hésité, tant le culte de l'idée lui est cher, à modeler cette scène qu'un artiste moins puissant eût déclarée vulgaire. Il la relève par le style, et la figure morale du prélat se trouve ainsi complétée à l'aide de l'accent imprévu que cette note champêtre ajoute au monument. « Tandis que le paysan, écrit David, proteste de sa gratitude envers l'archevêque, la fermière embrasse sa vache retrouvée. Cette action me semble peindre avec vérité le caractère moral de la femme dans l'état de nature [1]. »

L'invasion des Pays-Bas, conséquence naturelle de la guerre européenne allumée par la succession d'Espagne, remplit la ville de Cambrai de prisonniers espagnols. David a représenté, dans un dernier bas-relief, l'archevêque, aidé de ses prêtres, pansant les blessés.

Soit qu'on interroge la statue, soit que l'examen s'applique aux sculptures accessoires, Fénelon se révèle par la faculté maîtresse de son être : le cœur. Le controversiste, le théologien prompt aux réfutations éloquentes, qui passionnait son époque, n'apparaît pas dans le marbre de Cambrai; mais, en retour, l'artiste a éloquemment sculpté ce poëme de charité à travers lequel est parvenu jusqu'à nous le nom vénéré de Fénelon [2].

« Ma statue a été inaugurée d'une manière digne du sujet, écrit le maître à Louis Pavie. Après le discours prononcé en chaire, l'évêque [3] a été bénir le monument. Ne voulant pas me mettre en évidence, j'étais resté dans un angle de l'église avec un officier angevin, actuellement en garnison à Cambrai. Le sous-préfet est venu tout à coup me prévenir que l'évêque m'attendait. Je me suis rendu auprès de lui. Alors, Monseigneur a prononcé un éloge

[1] Notes autographes appartenant à la famille.

[2] Les frais du monument exécuté sur les dessins de Gauthier, architecte des hospices de Paris, s'élevèrent à la somme de 57,586 francs. David ne toucha que 12,000 francs pour prix de son travail.

[3] On sait que le siége archiépiscopal de Cambrai ne fut qu'évêché de 1802 à 1841.

dont il a eu l'obligeance de m'envoyer la copie[1]. La municipalité de Cambrai fait graver le monument au trait, et l'on imprime en notice des extraits de tous les journaux qui ont parlé de mon travail. Le maire adressera cette brochure à tous les préfets de France. Convenez que ces gens du Nord ne sont pas si froids pour les arts qu'on veut bien le dire. La ville a fait frapper une médaille représentant d'un côté la tête de Fénelon, et au revers une vue d'ensemble du tombeau. Il n'y aura qu'un exemplaire en or de cette médaille que l'on destine au Roi; les autres seront en argent et en bronze.....

« Avant de quitter Cambrai, je suis allé revoir ma statue. J'ai été confirmé dans ce que l'on m'avait dit, à savoir, que les paysans viennent s'agenouiller devant le monument et y dire leurs prières. Ils appellent le prélat *« saint Fénelon »*[2].

De Cambrai, Pierre-Jean David se rendit à Bruxelles. Il avait embrassé Delusse, son premier maître, en traversant Angers l'année précédente; son désir était maintenant de revoir Louis David, son second maître, proscrit depuis la rentrée des Bourbons.

« Vous connaissiez, écrit-il à Louis Pavie, mon intention d'embrasser M. David. Je voulais lui témoigner de vive voix toute ma gratitude, mais je n'ai pu que déposer sur son cercueil une couronne avec ces mots :

« Un élève reconnaissant est venu sur cette terre étrangère saluer ta dépouille mortelle, et il laisse sur ta tombe ce faible tribut de son admiration. »

[1] L'évêque de Cambrai, Mgr Belmas, accompagna cet envoi de la lettre qui suit : « Monsieur, après l'inauguration de votre superbe statue, j'ai dit ce que je pensais, ou, pour mieux dire, ce que je sentais. Maintenant, je vous écris ce que je vous disais en vous envoyant copie de ma courte allocution. J'ai à cœur d'établir autrement que par des paroles fugitives la preuve de mon exactitude à vous payer ce que vous m'avez forcé de vous devoir. — J'ai l'honneur d'être..... — Louis, évêque de Cambrai. 21 janvier 1826. »

[2] 16 février 1826. — Lettre appartenant à M. Victor Pavie.

« J'ai tellement bien pris mes mesures, qu'il n'y a que le sacristain par qui j'ai été introduit dans le caveau où sont les restes de M. David qui m'ait vu, et encore ignore-t-il mon nom[1].

« Je me suis senti comme soulagé après cette action. C'était l'unique but de mon voyage en Belgique.

« J'ai vu la plaine de Waterloo, de douloureuse mémoire. On y élève une montagne de deux cents pieds de hauteur, sur laquelle doit être placé un buste colossal en bronze[2].

« J'ai vu la plaine de Denain.

« J'aurais bien voulu voir Jemmapes, mais j'y suis passé la nuit[3]. »

Vers 1840, Pierre-Jean David devait prendre l'initiative d'une pétition au ministre de l'intérieur demandant le retour des cendres de Louis David, mais les démarches qu'il fit dans ce sens, de concert avec Ingres, Drolling, Couder et Schnetz, restèrent sans résultat[4]. On sait qu'en 1824, madame Récamier et Gros, malgré de hautes influences gagnées à leur cause,

[1] Dans une note, David nous apprend que « le cercueil avait été déposé dans une petite cellule attenant à l'église de Sainte-Gudule ». — Il semble que l'Académie de Gand ait voulu récompenser l'acte de respect filial qu'avait accompli David d'Angers en le choisissant pour succéder à Louis David comme membre associé (1828).

[2] On sait que ce n'est pas un buste, mais un lion colossal en fer fondu, appelé *Lion de Waterloo*, qui a été placé depuis par Guillaume Ier, roi de Hollande, au sommet d'un monticule, haut de 50 mètres. Le lion regarde la France. Il est dû au ciseau de Van Geel, sculpteur, né à Malines.

[3] 26 février 1826. — Lettre appartenant à M. Victor Pavie.

[4] Voir *Pièces justificatives*, doc. XXIV. — Nous trouvons dans les papiers de l'artiste, sous la date du 4 juillet 1842, les lignes suivantes relatives à cet objet : « Il y a déjà quelques années, dans une réunion des élèves de Louis David, j'avais proposé de demander au gouvernement la permission de ramener en France les restes mortels de notre maître. Ma proposition vient d'être adoptée, j'ai été chargé de rédiger la demande, ce que j'ai fait avant mon départ de Paris. Actuellement on la signe. C'eût été une honte pour nous de nous éteindre sans avoir rempli ce devoir. Dieu veuille que cela soit un exemple à la jeunesse d'aujourd'hui, si peu reconnaissante envers ses professeurs. » — Notes autographes de David appartenant à la famille.

avaient inutilement tenté d'obtenir le rappel du maître, encore vivant à cette époque [1].

Peu de temps après les fêtes de Cambrai, Boulogne inaugurait le buste colossal de Henri II, que le maître venait d'exécuter en bronze.

La réputation de David était désormais assurée. La croix qu'il avait refusée en 1824 lui fut remise par Charles X, « dans la salle du Musée », le 11 janvier 1825 [2]. Le 5 août de l'année suivante, il était élu membre de l'Institut, au premier tour de scrutin [3]. Il

[1] E. J. Delécluze, *Louis David, son école et son temps.*

[2] Notes autographes de David appartenant à la famille.

[3] Il écrivait le soir de son élection à Louis Pavie : « 5 août 1826, trois heures et demie. Cher ami, je suis dans les bras de mes bons et nombreux amis, mon sort a été décidé au premier tour de scrutin. » — Lettre appartenant à M. Victor Pavie. — Voir *Pièces justificatives*, doc. XIX et XX. — David s'était une première fois présenté, quelques mois auparavant, pour occuper le fauteuil de Dupaty, mort le 12 novembre 1825. Un ami du maître, M. Victor Pavie, nous a raconté qu'étant allé frapper à la chambre de David, en décembre 1825, il le trouva profondément affecté, moins de l'échec de sa candidature que des circonstances blessantes pour l'honneur de son caractère dans lesquelles elle venait de se produire. A la veille de l'élection, les membres de l'Institut les plus notables avaient reçu à leur adresse divers journaux contenant des articles marqués au crayon où la candidature de David était touchée de façon injurieuse pour eux ou pour leurs protégés. Était-ce perfidie de la part des auteurs ou coïncidence fatale dont la malignité voulait tirer parti? Quoi qu'il en soit de l'échec et des irritations momentanées qui vraisemblablement le déterminèrent, les griefs ne survécurent pas, grâce à l'évidence énergiquement provoquée par le prévenu sur sa parfaite loyauté dans cette affaire. Huit mois après, David était membre de l'Institut. C'est le quatrième fauteuil qu'il occupa. Moitte, Lecomte et Stouf l'y avaient précédé; Jaley et M. Bonassieux l'y ont suivi. — M. Étex, rappelant l'élection de Pradier, s'exprime en ces termes : « Si Pradier avait distribué sa romance pour se ménager les voix des membres de l'Institut, David avait fait les médaillons, non-seulement de ses futurs collègues, mais bien des bustes encore, ceux de la plupart des membres de l'Académie des sciences et aussi ceux de l'Académie française. » (Antoine Étex, *Étude sur la vie et les ouvrages de J. Pradier.*) La bonne foi de M. Étex a été surprise. David n'avait encore exécuté qu'un très-petit nombre de médailles et quelques bustes commandés lorsqu'il fut admis à l'Institut. Il est aisé de s'en convaincre en jetant un coup d'œil sur l'OEuvre du maître classé par nous dans l'ordre chronologique. — Voir tome II, *OEuvre sculpté et dessiné.*

succédait à Stouf, dont le nom n'est plus guère connu de nos jours. Quelques mois après son entrée à l'Institut, le jeune maître se vit confier une chaire à l'École des Beaux-Arts[1]. Personne mieux que lui n'était préparé aux difficiles fonctions de l'enseignement. Ses hautes méditations sur l'art, sa doctrine large et puissante, sa sculpture chaleureuse le désignaient au suffrage de ses pairs pour transmettre à d'autres le flambeau qu'il savait tenir avec tant de noblesse et de conviction.

« Me voilà nommé professeur, lisons-nous dans ses notes. A présent que mon sort est fixé, je suis libre de céder à ma pente. Je pourrai choisir des sujets moraux, grands et généreux. La sculpture est une langue divine pour honorer les grands hommes, et le sort m'a singulièrement favorisé en me mettant à même de fixer l'image de plus d'un homme illustre de ce temps[2]. »

On ne peut qu'admirer la droiture d'un pareil langage. C'est dans le secret d'un retour solitaire sur lui-même que David conserve cette élévation de pensée. S'il prend la parole en public, nous retrouvons sur ses lèvres la même délicatesse de sentiments. François Grille se rendit à la première leçon du statuaire, et voici, nous dit-il, quel fut le début du professeur :

« J'ai une telle vénération pour la sculpture, que je pense qu'on ne doit pas la profaner par la représentation de sujets frivoles. La sculpture est grave et religieuse. Jamais elle ne doit oublier que ses compositions sont liées à tout ce qui inspire et conserve le culte des plus hautes vertus, au sentiment de la morale et de la pudeur publiques[3]... »

Le maître faisait plus que de professer verbalement ces principes féconds, il les gravait chaque jour dans la pierre[4].

[1] 7 décembre 1826. David fut nommé professeur au premier tour de scrutin.

[2] Notes autographes de David appartenant à la famille.

[3] F. GRILLE, *Notice biographique sur David d'Angers*.

[4] Il nous paraît curieux de placer en regard des hautes aspirations de David au moment de son entrée à l'Institut le jugement de M. Etex sur son maître Pradier, lorsque celui-ci eut été élu à l'Académie : « Enfin, voilà Pradier de

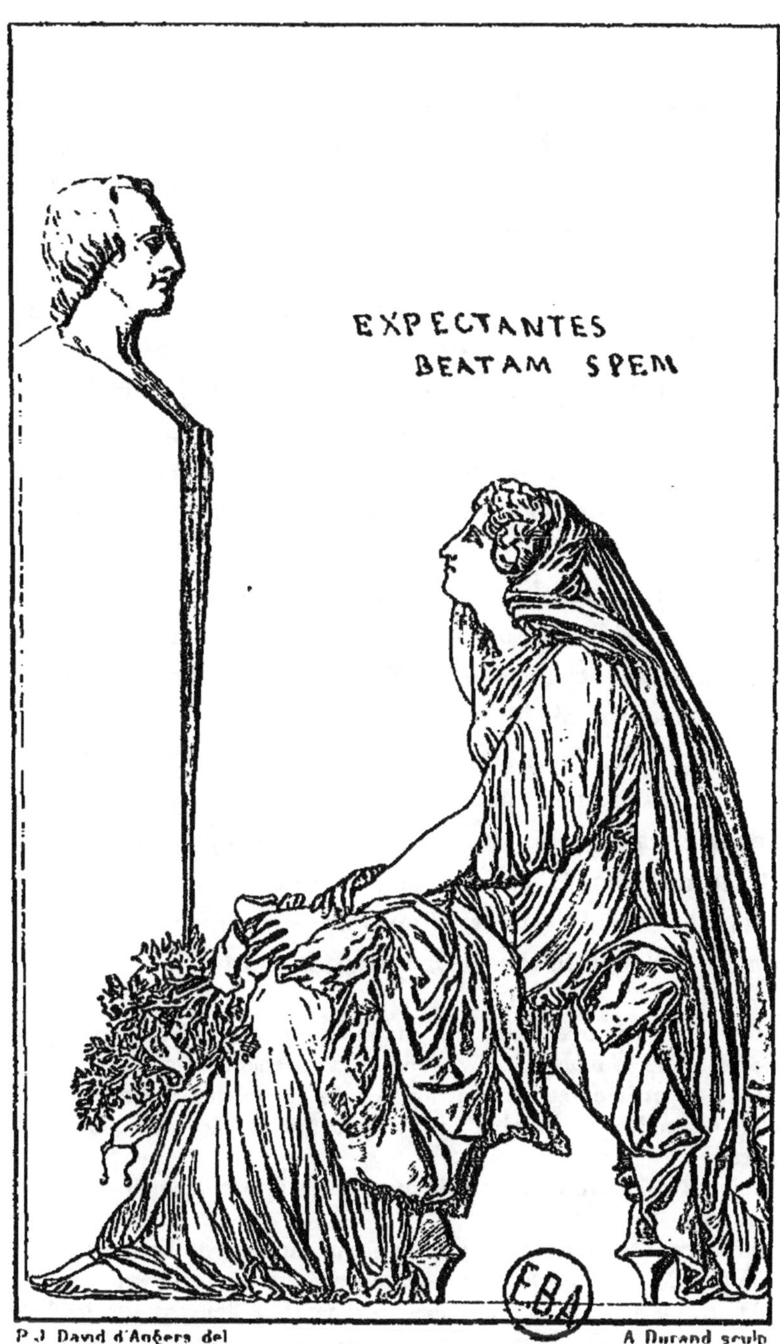

P. J. David d'Angers del — A. Durand sculp

TOMBEAU DU COMTE DE BOURCKE

Cimetière du Pere-Lachaise — *Marbre*

Imp. A. Durand _ Paris

Un homme en qui se résumaient la valeur militaire et l'éloquence de la tribune, le général Foy, était mort le 28 novembre 1825. Grand par le caractère et la dignité de sa vie, le député libéral avait su trouver de ces paroles brûlantes qui émeuvent une nation. Cent mille hommes accoururent à ses funérailles. Quand l'office religieux fut terminé dans la petite église Saint-Jean [1], la foule, qui attendait au dehors, s'empara du cercueil. Des jeunes gens l'ayant chargé sur leurs épaules, prirent la ligne des boulevards. Puis ce fut à qui obtiendrait l'honneur de porter l'illustre dépouille. Pendant le long trajet de l'église au cimetière, on vit le corps du général onduler sur la vague humaine qui l'enveloppait de toutes parts. Les maisons étaient tendues de noir. La nuit vint avant que le cortége eût pu pénétrer jusqu'à la tombe. C'est à la lueur des torches que Casimir Périer, Miollis et Ternaux adressèrent les derniers adieux à l'orateur. Le lendemain, la France ouvrait une souscription nationale au profit de la veuve et des cinq enfants du général Foy. Quelques semaines après, ses proches étaient dotés d'un million.

Pour qui la fixité du marbre, pour qui le rayon de l'art national, si ce n'est pour ceux-là? Un monument est mis au concours; mais aucun statuaire n'ayant su répondre dignement à l'attente du comité, ses membres viennent trouver David et lui confient le soin d'honorer la mémoire du général Foy. Ce même peuple qui l'avait fait riche le voulait immortel [2].

l'Institut à l'âge de trente-huit ans, ce qui est jeune, très-jeune pour l'endroit. Il modela, d'après nature, son groupe de la Bacchante et du Satyre; et, pour qui sait, à partir de ce groupe, au lieu de suivre une marche ascendante, Pradier descend. » — Antoine Étex, *Étude sur la vie et les ouvrages de J. Pradier.*

[1] Aujourd'hui détruite. Elle était située dans la partie supérieure de la rue du Faubourg-Montmartre.

[2] On sait que la souscription la plus élevée fut celle de Laffitte, qui donna 50,000 fr.; le duc d'Orléans et Casimir Périer souscrivirent chacun pour 10,000 fr., mais un très-grand nombre d'ouvriers figurent sur les listes de souscription pour des offrandes de 50 centimes. — Voir A. de Vaulabelle, *Histoire des deux Restaurations.*

Que le maître mis en possession de tant de gloire se soit ému, qu'il ait senti dans ses membres le salutaire tremblement de l'homme qui oublie son génie pour ne considérer que la grandeur de sa tâche, nous croyons sans peine qu'il dut en être ainsi pour David. Mais, afin de se mieux pénétrer du caractère de son modèle en marchant de pair avec lui, l'artiste informa simplement ceux qui l'avaient chargé de son travail que, quoi qu'il fît, il ne voulait pas être rétribué. Le désintéressement du général était connu; celui du statuaire ne serait pas moins grand. En règle avec cette impérieuse vertu, l'un des penchants de sa nature, David entre de plain-pied dans son sujet[1].

Il cherche d'abord les grandes divisions de son poëme. Foy lui apparaît dans sa double beauté de soldat et d'orateur. L'artiste dressera devant la porte du tombeau le *Génie de la guerre* et le *Génie de l'éloquence*. Mais le général est plus grand par la parole qu'il ne l'a été par l'épée : l'orateur s'impose donc à David; aussi est-ce à l'orateur que sera dédiée la statue. Les bas-reliefs, comme des strophes alternées, rappelleront tour à tour une bataille, la tribune, et la mémorable journée des funérailles.

Le général a été le chef de la gauche constitutionnelle. L'opposition libérale s'est tenue groupée autour de lui. Elle l'a porté de ses mains au champ du repos. Où l'artiste ira-t-il chercher les personnages de ses bas-reliefs, s'il ne les choisit parmi les collègues de son modèle? Il n'hésite plus. Le monument qu'il médite d'élever sera vraiment national, car la France pourra lire sur son marbre les traits de ses capitaines, de ses publicistes, de ses savants et de ses poëtes. David les attend, et tous viendront, empressés, s'asseoir sur le siége de l'atelier.

Cependant l'orateur s'est levé. Nu, drapé à l'antique, élégant et vigoureux de modelé, une main sur le cœur, le visage expressif,

[1] « Le monument du général Foy, au Père-Lachaise, n'a procuré aucun salaire à David, qui n'a voulu accepter que le payement des praticiens et le prix du marbre. » — Adrien MAILLARD, *Étude sur la vie et les ouvrages de David d'Angers.*

les veines du front légèrement gonflées, il parle. Surpris dans son geste habituel[1], dans son attitude sérieuse et digne, malgré la personnalité de ses traits, le général Foy est un type. La jambe droite, un peu en avant, est nue; la draperie vient battre sur le pied gauche qui porte la figure. Le général a posé son épée sur l'autel de la Patrie; mais plus encore que cet indice matériel de son dévouement, le courage, les convictions, l'indépendance écrits dans les lignes profondes du visage et rappelés par la sévérité de la draperie, l'ampleur et le naturel de la pose, disent quelle est la puissance de cet homme. Il jettera, s'il le faut, ces cris de l'âme « pareils à des torches ardentes sur les blés[2] », pour défendre les libertés de son pays. La force de caractère du citoyen, fixée par l'artiste, s'est accrue de la majesté du marbre. On croit entendre le général adressant au garde des sceaux son apostrophe fameuse, restée dans toutes les mémoires. Sa statue le montre encore tel qu'il dut être le jour de l'expulsion de Manuel, lorsque, debout à son banc, il en appelait à la justice.

Le *Génie de la guerre* et le *Génie de l'éloquence* sont deux éphèbes inspirés de l'art grec.

Voici la mêlée, le tumulte d'une bataille. Au premier plan, le général, la tunique froissée, pousse son cheval sur l'ennemi. Arthur Foy, son neveu, marche à ses côtés. Les grenadiers chargent à la baïonnette sans rompre les rangs. Tout au contraire, les Aragonais fléchissent en désordre. On les voit s'agiter dans le pêle-mêle et la confusion désespérée qui sont les signes précurseurs d'une défaite. C'est sur leurs morts que passe le général. David semble s'être joué du costume moderne dans ce bas-relief. Les moindres détails du bonnet à poil, des sacs, des fusils, sont interprétés avec une adresse merveilleuse.

Foy est à la tribune. Son geste n'a plus rien d'héroïque. Une

[1] « Le geste qui nous frappe dans son *Général Foy* était bien de l'homme; il l'avait étudié aux plus redoutables moments. » — Victor PAVIE, *Discours prononcé à l'inauguration du buste de David d'Angers.*

[2] Mot de Saurin.

main sur des notes, il discute. Mais telle est l'autorité de l'orateur que tous sont attentifs. Ce sont, à sa droite, le général Gérard, Dupin aîné, Kératry, Camille Jordan, Royer-Collard [1], Alexandre Lameth, Chateaubriand, Chauvelin, Daunou; à gauche, l'abbé de Pradt, Caumartin, Casimir Périer, Manuel, La Fayette, Ternaux, Étienne, Labbey de Pompières, Benjamin Constant, Guizot, Bodin. Chacun diffère de visage, d'expression, d'attitude, et tous concourent à marquer, avec la plus parfaite unité, le respect qu'ils éprouvent, l'intérêt, la confiance que font naître les paroles du député. Tous les personnages de cette scène portent le costume officiel des représentants de la nation. Quelques-uns sont drapés d'un manteau.

Le convoi du général. Ce ne sont plus seulement des députés qui entourent le grand orateur. Mort, il appartient à la France. Riches et pauvres, illustres et inconnus s'empressent à l'envi. Dupin aîné, Kératry, Benjamin Constant, Alexandre Lameth représentent l'opposition; mais ils ont cédé le premier rang aux enfants du général, à Victor Hugo, dans l'éclat de ses vingt-trois ans, le poëte des *Odes et Ballades*, de *Bug-Jargal* et tout à l'heure de *Cromwell;* à Mérimée, qui va publier la *Chronique de Charles IX;* à Delphine Gay, surnommée *la Muse de la patrie,* qui, la veille des funérailles, chantait l'héroïsme des Grecs et, le

[1] « Lorsque je modelais le médaillon de Royer-Collard, afin de le représenter dans l'un des bas-reliefs du monument du général Foy, cet homme politique me dit un jour : « Eh bien, êtes-vous content dans votre Académie de votre « secrétaire perpétuel (Quatremère de Quincy)? Depuis bien des années, nous « avons cessé de nous voir. Nous ne suivons plus la même route. Il est demeuré « sur le vieux terrain; moi, je suis actuellement dans l'opposition. A l'époque « de la Révolution, nous ne passions guère une journée sans nous voir à Passy, « où nous conspirions ensemble. » Comme je savais qu'André Chénier avait fait partie de cette réunion de royalistes, je dis à mon interlocuteur : « Vous « aviez avec vous un jeune poëte? — Oui, répondit-il, pauvre jeune homme! « Il a payé de sa tête son zèle excessif. André Chénier a mis dans sa conduite « une passion vraiment déplorable. C'était un homme d'avenir, mais il n'a « pas su traverser une époque qui était un champ de bataille. » — Notes autographes de David appartenant à la famille.

lendemain, la *Mort du général Foy;* à Viennet, le poëte de *Parga*, que ses *Épîtres sur la Grèce* avaient fait populaire; au colonel Fabvier, présent de cœur, mais enrôlé déjà dans l'armée d'Athènes, et bloqué sur l'Acropole; à Charlet, dont le crayon militaire a si bien parlé de l'honneur français; au maréchal Jourdan, témoin de l'époque impériale; à Prudhomme, à Gohier, hommes de 1792; au pair de France duc de Choiseul, et à ces citoyens innomés, dont l'attitude et les larmes disent le deuil d'une patrie. Au dernier plan, l'un des porteurs du cercueil, masqué par le drap mortuaire, laisse entrevoir à grand'peine son profil : c'est David.

Le bas-relief des Funérailles, analysé au point de vue de l'idée, renferme toute la poétique de l'art national. La foule qui se meut sur ce carré de marbre est un peuple. Elle embrasse tous les âges, toutes les conditions. Elle se rattache à ce qui constituait alors le pass^é, le présent, l'avenir. Les fronts effleurés par la gloire sont là groupés en un même point, et la mort et la douleur élèvent jusqu'à eux le passant, le soldat, l'homme enfin qui n'a nul besoin du génie pour aimer.

Soumis au jugement de la critique, ce bas-relief reste irréprochable sous le rapport de la composition. Le costume moderne, vrai dans toutes ses parties, est interprété sans sécheresse. La marche du cortége est bien indiquée. Des épisodes d'un heureux effet, tels que le geste de Charlet ajoutant une couronne aux immortelles qui jonchent le cercueil, relèvent avec art la cadence des lignes. L'inconnu du premier plan, marchant à la suite de Victor Hugo, et portant le corps avec lui, le vieux soldat amputé qui tient la tête du cortége et se retourne en couvrant d'un long regard la dépouille de son chef, sont des figures de haut style, tant à cause de l'expression du visage que de la noblesse de la pose.

Nous avons dit que la statue du général Foy le représente drapé à l'antique, tandis que les personnages des bas-reliefs portent le costume moderne. Est-ce un pur caprice de l'artiste? Laissons David exposer ses raisons.

« Dans les bas-reliefs du monument de Foy, écrit-il, je représenterai les traits des hommes qui soutiennent avec le plus d'énergie les intérêts de la nation, et je rendrai fidèlement les costumes de l'époque, mais la statue sera drapée à l'héroïque : c'est l'apothéose du sujet. Cela le place dans une sphère différente de la nôtre. C'est un moyen d'isoler un homme[1]. »

Ailleurs, il dira : « Chez les Grecs, bien que les guerriers, en marchant au combat, fussent couverts d'une armure complète, l'artiste les représentait entièrement nus. C'était une personnification du guerrier idéalisé. Les modernes ne font plus de demi-dieux de leurs grands hommes. S'ils les élèvent encore sur des piédestaux, c'est avec le costume obligé de leur époque, accessoire ingrat qui semble imposer à ces morts glorieux les habitudes de la vie commune et bourgeoise[2]. »

C'est lui encore qui comparera la statue à un poëme dont les bas-reliefs sont l'appendice ou les notes explicatives.

Que conclure, sinon que David n'a pas eu simplement la notion philosophique de l'art national, mais qu'il en a possédé l'esthétique? Novateur par le choix des pensées, il l'est davantage encore dans l'exécution de ses grandes œuvres. Mais fidèle aux préceptes des anciens qui ont fait du nu l'expression de la sculpture, jaloux d'obéir à une inspiration moderne sans violer les règles de la tradition, le maître a su fondre par une alliance ingénieuse l'élément antique et l'élément contemporain. Nul, avant lui, n'avait soupçonné de pareils rapprochements. Aucun des partisans de l'antique n'avait songé qu'il y eût une transition plastique à découvrir entre le monde moderne et des figures modelées que leur idéalité même plongeait plus profondément dans le vide. Ceux que la statue de Condé ou celle de Fénelon laisseraient en défiance vis-à-vis d'un art trop moderne d'allure et d'intention, seront désarmés, nous l'espérons, par les monu-

[1] Notes autographes de David. — Bibliothèque d'Angers.

[2] David d'Angers, *Notice sur la vie et les ouvrages de Roland*.

ments de Bonchamps et du général Foy, créations vraiment superbes et complètes [1].

Pendant qu'il travaillait aux bas-reliefs que nous venons de décrire, un jour qu'il avait vu passer dans son atelier plusieurs des illustrations de cette époque, un sentiment de mélancolie s'empara du statuaire. Il se dit, comme autrefois ce roi de Perse à la vue de ses soldats, qu'avant un demi-siècle c'en serait fait de ses contemporains. Et l'artiste infatigable, le sculpteur patriote, l'homme généreux conçut la noble pensée d'être l'historiographe de son temps. Des médaillons de grandes proportions, des médailles aux dimensions plus humbles allaient, à dater de ce jour, se multiplier sous la magie de l'ébauchoir.

Dès l'année 1827, Manuel, Ingres, Lameth, Kératry, Baraguié, Victor Pavie, Granet, Jourdan, Gohier, eurent leur médaille.

Le 4 novembre, s'ouvrait le Salon. David y exposa trois statues, un bas-relief et dix bustes. Au nombre de ceux-ci figurait celui du docteur Béclard, son ami, son compatriote, son maître dans la science de l'anatomie, qu'une mort prématurée venait de frapper [2]. Il exposa encore les bustes de Jérémie Bentham, le

[1] David acheva le monument du général Foy en 1830. Amélia Opie lui écrivait d'Angleterre, le 29 mai 1830 : « Je suis charmée d'apprendre que vous terminerez cet été votre *bellissimo* général Foy! Je ne voudrais pas mourir avant de l'avoir vu au Père-Lachaise. » — Le 25 juillet de la même année, cet écrivain qui avait fait à David une réputation méritée dans la presse britannique, s'adressant au statuaire : « Et le brave général Foy est-il enfin sur la haute colline du Père-Lachaise aussi bien que sur celle de la renommée? Au Père-Lachaise, un fleuron de plus viendra s'ajouter à sa couronne, je veux dire la générosité du sculpteur. » — Lettres autographes appartenant à l'auteur du présent ouvrage. — John Wilks, dans *Tait's Edinburgh Magazine*, april 1834, publiera des lettres intitulées *David the sculptor*, où le monument du général Foy, « placé dans le poétique et fleuri cimetière du Père-Lachaise », sera l'objet des plus vifs éloges. — John Wilks a signé ses critiques des initiales O. P. Q.

[2] Le marbre, inauguré dès le 8 mai, à Angers, ne fut pas exposé. L'artiste n'envoya au Salon que le modèle en plâtre. Le docteur Grégoire Lachèse, membre de la Société de médecine d'Angers, s'exprimait en ces termes à la

criminaliste anglais, et de Fenimore Cooper, consul d'Amérique; de Raoul Rochette, alors titulaire de la chaire d'archéologie à la Bibliothèque royale, et enfin le buste de Louis Pavie, son confident de toutes les heures, celui dont il dira sur le chemin de Weimar, en s'adressant à M. Victor Pavie : « Quand mon vieux père mourut, il y avait près de son chevet quelqu'un que tu connais et qui ne l'abandonna qu'à la fosse. J'étais bien loin, mais je l'ai su. Cela, vois-tu, ne s'oublie point. On a ses ennemis, ses envieux, ses rivaux, ses camarades, ses connaissances, peut-être ses amis, mais l'ami de cœur, c'est ton père[1]. » Or, David, en fixant dans le marbre l'image d'un ami, estimait que ce n'était pas trop payer sa dette.

Chargé de l'exécution du tombeau de Suchet, David sculpte une *Victoire* inscrivant à la pointe de la baïonnette sur un canon les batailles où s'est illustré le maréchal. Ce bas-relief est éminemment remarquable au point de vue du style et de la finesse du modelé. Signalons ce que la composition renferme de neuf et d'heureusement trouvé. Que sont devenus la tablette classique et le burin traditionnel? Le maître n'en veut plus. Il accuse sa ferme volonté de rajeunir la sculpture par un accent contemporain.

Est-ce tout? Après Suchet, Lefebvre. Sergent en 1789 et maréchal en 1804, duc de Dantzick, pair de France, le héros de Fleurus, d'Iéna, de Wagram et de Champaubert sera sculpté entre deux cariatides, deux *Victoires* qui le protégeront de leurs ailes et poseront des palmes sur son front.

cérémonie d'inauguration : « Le marbre que vous placez ici, Messieurs, a déjà tout dit. Il est la plus forte expression de votre estime et de votre admiration. Le célèbre David, notre compatriote, principal souscripteur lui-même, ami du modèle, a été frappé en même temps que nous de la perte que la société venait de faire : il nous a rendu par ce chef-d'œuvre les traits durables de Pierre-Augustin Béclard, né dans cette ville le 12 octobre 1785. » — *Inauguration du buste de P. A. Béclard d'Angers*, professeur à l'École de médecine de Paris. Angers, L. Pavie, 1827, in-8°.

[1] V. Pavie, *Gœthe et David, Souvenirs d'un voyage à Weimar.*

Au Salon figure le modèle d'un bas-relief monumental destiné à l'arc du Carrousel. Il représente *le Duc d'Angoulême à son retour de la guerre d'Espagne*. Douze personnages, plus grands que nature, composent la scène modelée par David. Charles X est au centre, ayant à sa droite la duchesse de Berry et ses deux enfants, la jeune duchesse de Parme et le comte de Chambord. Derrière eux, la duchesse d'Angoulême. A la gauche du Roi, Louis de Bourbon et son état-major.

Nous n'avons rien dit du portrait de Rouget de Lisle. Ici, nous laissons la parole à David.

« Quelques années avant 1830, plusieurs patriotes avaient souscrit une cotisation de vingt francs par mois au profit d'un coreligionnaire malheureux. Béranger et Bérard savaient seuls que c'était Rouget de Lisle. En 1827, M. Grégoire, ancien évêque de Blois, me chargea de remettre à l'auteur de la *Marseillaise* une somme produite, disait-il, par la vente de sa musique : la musique était dans l'armoire, et Grégoire donnait l'argent. Ce fut avec un véritable bonheur que je saisis l'occasion de voir cet homme illustre dont ma mère m'avait appris le chant patriotique... Je me présentai tout ému, 28, rue du Battoir; au premier étage d'un petit escalier sombre, une vieille femme m'ouvrit la porte et m'introduisit dans l'unique chambre où gisait Rouget de Lisle. Je m'approchai avec émotion du pauvre malade, et, malgré tout mon enthousiasme, je ne pus réprimer un mouvement intérieur, en voyant mon idéal enfoui dans un bonnet de laine. Il était impossible de retrouver, dans cet amas de guenilles et d'infirmités, l'auteur de l'hymne qui réveillera éternellement la liberté dans le cœur des peuples. Je lui dis que je voulais faire son portrait. Il refusa obstinément; mais je revins le lendemain avec de la terre; je m'établis dans sa mansarde, et il comprit qu'il n'y avait plus à reculer. On l'enveloppa de couvertures, et le pauvre rhumatisant se tint à peu près droit sur sa chaise.

« Pour le tirer de son engourdissement, je lui demandai l'histoire de la *Marseillaise*. Il me conta qu'étant en garnison à

Strasbourg, dans un dîner d'officiers, chez M. Diétrich, maire de la ville, la conversation roula sur les luttes politiques de cette époque; on regretta amèrement que les républicains n'eussent pas un chant national à opposer au *Vive Henri IV!* des royalistes. Rentré chez lui, en proie à une sorte de fièvre, il passa la nuit à écrire les paroles de la *Marseillaise*, dont il composait en même temps la musique sur son violon. Au matin, il descendit chez le maire avec son œuvre, dont lui-même ne se rendait pas bien compte. Mademoiselle Diétrich joua la *Marseillaise* sur son piano, et ce fut en voyant l'enthousiasme se peindre sur le visage des auditeurs que Rouget de Lisle comprit l'importance de sa création. L'hymne populaire, envoyé de suite à l'un des bataillons marseillais, se fit entendre, pour la première fois, à la garde montante, et reçut alors le nom qu'il porte encore aujourd'hui. Rien n'est plus exact que ce récit, car je l'écrivis en rentrant chez moi le jour qu'il me fut fait.

« Lorsque mon travail en marbre fut terminé[1], je l'offris à M. Laffitte, qui m'engagea à le mettre en loterie sur quatre-vingt-dix billets à vingt francs. La souscription fut bientôt couverte. Le médaillon colossal, sur lequel était gravée la *Marseillaise* avec la première strophe en musique, échut à M. Justin, agent de change. L'argent fut remis à Rouget de Lisle par Bérard, qui sut trouver un prétexte pour le lui faire accepter; il l'eût refusé comme don[2]. »

[1] Voir tome II, pl. V, la médaille réduite que David exécuta plus tard d'après le grand médaillon dont il est parlé ici.

[2] Notes autographes de David appartenant à la famille. — Voici la lettre que Bérard écrivit à David après le tirage de la loterie : « Je présente mes salutations à monsieur David et le prie de vouloir bien délivrer à la personne porteur de ce mot le médaillon dont il a fait un si généreux abandon en faveur de M. Rouget de Lisle. J'ai le plaisir de lui annoncer en même temps que le placement des billets a dépassé mes espérances. Son bien dévoué, S. Bérard. 26 août 1830. — *P. S.* Le billet portant le numéro 14, premier sorti, m'a été remis. Il appartenait à M. Justin, rue Saint-Pierre, à Montmartre, n° 15. » — Sous la date de 1840, nous trouvons dans les papiers de l'artiste cette note complémentaire : « Quand vint la révolution de 1830, Béranger, l'homme

Nous n'avons pas fini de raconter les événements de l'année 1827, l'une des plus fécondes dans la vie du maître. Nous avons vu la spontanéité de son ciseau devant l'héroïque mémoire de Bonchamps et du général Foy. La misère d'un poëte oublié l'émeut : quels mouvements n'éveillera pas en lui la misère d'un peuple! Les Grecs insurgés, luttant pour leur autonomie, le trouveraient-ils indifférent? Déjà ses prédilections pour la Grèce se sont trahies dans le bas-relief des Funérailles par les profils significatifs de Fabvier, de Delphine Gay, de Viennet. Mais l'artiste observe avec soin les moindres phases de la guerre. Le corps de Philhellènes, qui s'est couvert de gloire sous les murs de Tripolitza, le tient attentif. Il assiste en pensée au siége de Nauplie, qui eût capitulé devant l'armée grecque sans la trahison de l'Angleterre. Maurocordato, Botzaris, Byron, rivalisant d'énergie et de patriotisme pour le triomphe d'une sainte cause, enflamment son enthousiasme. Botzaris succombe le premier,

généreux qui n'accepta jamais les faveurs du pouvoir, usa de son influence auprès de ses amis devenus ministres, pour obtenir une pension en faveur de Rouget de Lisle. Le désir de Béranger fut rempli, mais d'une manière mesquine. Toutefois, la maigre pension de 1,200 francs accordée au poëte l'empêcha de mourir de faim. Il s'éteignit en 1836, à Choisy-le-Roi, chez M. Voïard, et il fut suivi au lieu du repos par le peuple, qui chanta la *Marseillaise* auprès de son cercueil, avant qu'on le descendît dans la tombe. » — Enfin, nous lisons dans le journal *le Commerce* du 14 mars 1844 les lignes suivantes : « Le 10 de ce mois, anniversaire de la naissance de Rouget de Lisle en 1760, a eu lieu à Thiais, près Choisy-le-Roi, où il est mort, et dans l'Élysée-Blein, une cérémonie touchante : l'inauguration d'un médaillon représentant l'auteur de la *Marseillaise* et exécuté en marbre par M. David d'Angers..... Parmi les personnes présentes, signalons M. David, le statuaire, M. de Mancy, de Lons-le-Saulnier, auteur du recueil poétique *les Échos du Jura*, et le général Blein, qui, le premier, a fait ériger un monument consacré à Rouget de Lisle, béni le 27 juin dernier, anniversaire de sa mort, suivant le rite catholique. M. le docteur Carrère, qui donna les derniers soins à Rouget de Lisle, lorsqu'il expira entre les bras de madame Élise Voïard, a été remarqué parmi les assistants..... M. de Mancy avait reçu du propriétaire actuel de l'ancien domaine patrimonial de Rouget de Lisle, Montaigu, près de Lons-le-Saulnier, une couronne de lierre et une touffe de mousse qui ont été déposées sur la pierre monumentale, au-dessous de l'image du poëte. »

dans un fait d'armes digne des Thermopyles, et sa mort sauve Missolonghi. David rêve d'immortaliser Marco Botzaris. Les incidents qui suivent la disparition du glorieux soldat, la mort de Byron[1], la protestation de Chateaubriand devant la Chambre des pairs contre ce qu'il appelle « la traite des blancs », faisant allusion aux Grecs transportés et vendus comme esclaves en Égypte et en Syrie[2], la prise de l'Acropole[3], la victoire de Navarin[4] ne font qu'affermir le maître dans son dessein. Gardiens de leur indépendance, les Grecs meurent pour le droit et la liberté. David ne peut moins faire que d'applaudir à tant de patriotisme, et, nous l'avons vu, les applaudissements du maître sont toujours gravés dans le marbre.

« Aussitôt que j'eus connaissance de la mort de Marco Botzaris, écrit-il, je formai le projet de lui élever un monument. Longtemps je cherchai dans mes souvenirs allégoriques une pensée qui pût rendre dignement ma profonde admiration pour ce grand homme, mais tout me paraissait emphatique. J'attendis l'inspiration. Un jour, me promenant dans un cimetière, je vis une petite fille, à genoux sur un tombeau, épeler avec son doigt l'inscription qui y était gravée. J'avais trouvé ma composition[5]. »

François Grille raconte que M. de Martignac, informé du dessein de l'artiste, essaya d'en faire comprendre la noblesse au Roi lui-même. Le ministre eût voulu que la France prît sa part de l'hommage rendu à l'infortune d'une nation. Le Roi ne se rendit pas au désir de M. de Martignac. Celui-ci en gémit, et David suivit à lui seul son projet, « plus content, avouait-il, de donner sans intermédiaire, que de mêler à son présent quelque chose qui ressemblât à une faveur[6] ».

[1] 19 avril 1824.
[2] 13 mars 1826.
[3] 2 juin 1827.
[4] 20 octobre 1827.
[5] Voir tome II, *Mélanges.* — *Une Nuit d'atelier.*
[6] F. Grille, *Bouquet de violettes.* Angers, Victor Pavie, 1840, in-8°.

Le maître se mit au travail, et, comme le sculpteur de la fable, on le vit bientôt s'éprendre de sa statue. Lorsqu'elle fut modelée et qu'il fallut attaquer le marbre, David refusa le concours de ses praticiens. Ce fut lui, et lui seul, qui tira de la pierre l'image virginale qu'il avait rêvée. Jamais un jeune corps ne fut formé avec plus d'amour[1]. Ses membres délicats ayant été longuement caressés, le maître fit passer toute son âme d'artiste dans une poitrine de quinze ans, dans le regard douloureux d'une jeune fille.

Nue et demi-couchée sur le marbre du tombeau, la *Jeune Grecque* épelle du doigt le grand nom de Marco Botzaris. Une croix et un nom décorent la pierre sépulcrale. La curiosité naïve, l'ingénuité, la pudeur sont écrites sur cette figure silencieuse, douce, et pourtant sévère[2].

David a choisi son modèle à l'âge d'une incomplète puberté. Ce n'est plus l'enfant, ce n'est pas encore la femme, et les formes indécises de la *Jeune Grecque* laissent, ce semble, transparaître l'âme avec plus d'aisance[3]. Ni les anciens ni les modernes ne se

[1] M. Adrien Maillard s'exprimait ainsi le 21 octobre 1841, devant une société savante de l'Anjou : « Vous n'avez pu comme nous, — ceci tient aux récits intimes que nous vous devons, — voir avec quel religieux amour, quelle tendresse de père, le statuaire paracheva l'œuvre capitale dont nous vous entretenons. Aucun des praticiens, aucun des nombreux élèves du maître n'y a travaillé; aucun : lui seul l'a, de ses veilles et de ses mains, rêvée, modelée, ciselée, enrichie de tous les détails de la nature et de l'art. Lui seul, en son touchant costume d'ouvrier de génie, bonnet au front, tunique bleue aux épaules, l'a, durant le silence des nuits, qu'il attendait de préférence, fouillée, caressée du ciseau aux lueurs de la lampe. » — *Bulletin de la Société industrielle d'Angers*, 12e année, 1841.

[2] Voir pl. VII de ce volume.

[3] Nous lisons dans *Victor Hugo raconté par un témoin de sa vie* : « Un jour que M. Victor Hugo allait chez la mère Saguet avec M. David, ils rencontrèrent, rue du Mont-Parnasse, une fille de treize à quatorze ans en guenilles; M. David la regarda, s'arrêta, lui parla, et prit note de son nom et de son adresse. M. Victor Hugo, étant allé voir M. David dans son atelier la semaine suivante, y rencontra la pauvre petite, nue, grêle, étiolée, flétrie par la misère, et pourtant belle. M. David en faisait la *Jeune fille* du Tombeau de Botzaris, laquelle, dans sa pensée, représentait la Grèce, alors opprimée et souffrante. Elle

sont imposé la tâche de traiter un pareil sujet, c'est-à-dire le corps humain fidèlement traduit avec l'accent fugitif de l'âge de transition. Le soin scrupuleux de l'artiste à reproduire la nature en l'interprétant est surtout visible dans le travail des genoux et des malléoles. Sans regarder au péril que présentait une pareille donnée, David a rendu avec une précision châtiée, des finesses de ciseau remarquables, le torse grêle et les membres amincis qui précèdent l'âge nubile chez la femme. Mais sur aucun point il n'a franchi la limite d'une indication juste, simple, toujours élégante. Le front pensif de la *Jeune Grecque* n'est déjà plus celui d'une enfant, et son expression paraîtrait, cependant, puérile sur un corps de femme.

OEuvre savante et parfumée de poésie, cette figure est un éloquent résumé des facultés du maître. Sur ce marbre affiné, David a groupé ce qu'il y a de rare et d'original dans son esprit, mais la frêle créature est avant tout l'image de son cœur d'artiste. Nature inquiète, troublée par une soif d'infini qui est la torture glorieuse des grandes âmes, le maître est doué d'une extrême sensibilité; non de cette sensibilité stérile qui s'arrête à l'émotion du bien, car notre artiste sait accomplir le bien qui l'émeut. Mais c'est cette qualité qui tempère chez lui, comme une brise, le bouillonnement intérieur. Et lorsque le mal dont il souffre est un mal violent, les nuances de sa pensée, la fraîcheur de ses inspirations, sans cesse rajeunies, posent un voile sur sa blessure morale, et David, dans ses entretiens comme dans ses lettres, ne donne qu'une sensation lente de la douleur. La *Jeune Grecque* est, à notre sens, l'expression plastique la plus heureuse de ce martyre de l'âme que l'œil ne voit pas, que l'intelligence devine; elle est l'écho de la plainte étouffée dans un cri d'amour invincible, d'espérance virile.

semblait heureuse de penser que son corps chétif allait acquérir l'éternité du marbre. » *Victor Hugo raconté par un témoin de sa vie.* Paris, Lacroix, Verboeckhoven, 1863, 2 vol. in-8°.

Serons-nous surpris que David, après s'être donné sans mesure dans cette œuvre de son choix, ait senti s'allumer en lui l'étincelle d'un attachement idéal, mais vivant, lorsque l'heure l'avertit de se séparer de sa statue?

« Te voilà terminée, chère enfant, lui dira-t-il, tu vas quitter notre France pour ce beau pays de Grèce! Je t'aimais tant! Ah! je t'aimais comme un père tendre aime sa fille, même malgré ses défauts, qu'il connaît si bien!

« Tu vas quitter le pays des nobles inspirations et des grandes œuvres pour celui qui les fit germer dans le monde. Le soleil de l'Attique, dont nous n'avons ici que les pâles reflets, te réchauffera. Lorsque l'astre montera dans l'azur, comme une pensée du Christ, un de ses rayons se posera sur ton front mélancolique, car tu es bien triste, ô ma pauvre enfant [1]!... » Seuls ils sont artistes, ils sont poëtes, seuls ils sont créateurs, ceux qui ont le pouvoir d'aimer ainsi un peu de marbre ou une page écrite!

Ajoutons que David s'est encore montré plein de goût dans sa conception de la *Jeune Grecque*. Ne semble-t-il pas, en effet, qu'il convenait d'offrir au peuple hellénique une statue qui ne se réclamât que de la nature et des franchises de l'art à notre époque? De quel prix eût été pour ce peuple une figure qui se fût rapprochée du style de l'antiquité sans atteindre à sa perfection? La *Jeune Grecque* est une œuvre contemporaine, et bien qu'en ait dit un critique, « si dans quelques mille ans, on en retrouve les fragments à cinquante pieds sous terre [2] », la signature de ce siècle y restera lisible pour les archéologues de l'avenir. Le maître obéit, du reste, à des préoccupations d'un autre ordre lorsqu'il exécuta ce monument. S'il existe des défaites triomphantes à l'envi des

[1] Voir tome II, *Mélanges*. — *Une Nuit d'atelier*.

[2] Voici en quels termes s'est exprimé M. de Loménie sur la *Jeune Grecque* : « Si dans quelques mille ans on en retrouve quelques fragments à cinquante pieds sous terre, il n'y aura pas plus de raison pour qu'on les attribue à M. David qu'à Phidias ou à Praxitèle. » — *Galerie des contemporains illustres*, par un homme de rien, 88e livraison : *M. David d'Angers*.

victoires, selon le beau mot du Père Lacordaire, la Grèce de 1825 a connu cette gloire latente qui est souvent le prélude du succès. Il est vrai, Marco Botzaris était mort enveloppé dans les plis de son drapeau, mais son trépas héroïque, sa mémoire, tout en lui parlait de renaissance. Il fallait donc que le mausolée du capitaine fût pieusement visité par la génération nouvelle. C'est là que la Grèce militante viendrait épeler sa valeur. Ce n'étaient pas des larmes qui convenaient à ce tombeau. On ne pleure que ce qui est perdu. C'étaient le courage, le désintéressement qui allaient germer sur les cendres du héros de Missolonghi, et la statue que lui préparait David devait parler de la patrie. Sur le *tumulus* où dormait Botzaris, Palikares et Souliotes viendraient en armes se reposer entre deux batailles, et il était nécessaire que l'ombre du chef leur apparût et les entretînt d'espérance et de liberté. C'est dans cette pensée que David choisit une enfant. L'enfant, c'est l'homme de demain, c'est l'avenir. Il la sculpta dans la nudité, image de la Grèce dépouillée; dans le deuil, parce que la tombe du soldat doit rappeler ce que coûtent les guerres; mais son front, naïvement curieux, s'illumine, son regard s'éclaire, tout son corps frémit et se relève lorsqu'elle a reconnu la tombe de Marco Botzaris.

Et afin que la *Jeune Grecque*, symbole de notre art national, portât dans chaque pli du marbre le nom de la France, David, artiste français qui destinait son œuvre à la Grèce, la voulut taillée dans un bloc de Saint-Béat.

CHAPITRE VI

1828-1831

LE MÉDAILLON

L'école romantique en 1828. — Médailles de Devéria, de Schnetz, de Delphine Gay, de Victor Hugo, de Sainte-Beuve, etc. — Tentative d'assassinat sur David d'Angers. — Convalescence. — La jeune fille au *Christ*. — Départ pour l'Angleterre. — David chez Walter Scott. — Le peintre Martin. — Lawrence. — Jérémie Bentham. — Retour de David à Paris. — Le génie veut être populaire. — Le médaillon, forme usuelle de l'œuvre sculptée. — Monnaie de l'art. — David et Lamartine chez Hugo. — Médailles de publicistes, de poëtes, de romanciers, d'artistes, de savants, d'hommes politiques. — David et l'abbé de Pradt. — Haudaudine le *Régulus nantais*. — Les hommes célèbres de l'étranger. — Le profil. — Règle esthétique. — Frise de l'Odéon. — Bustes de Béranger, de La Fayette et de Washington. — David chez La Fayette. — Bustes de Rossini, de Lamartine et de Chateaubriand. — Inauguration du buste de Chateaubriand. — Le maître part pour Weimar. — La maison de Gœthe. — Entretiens de Gœthe avec David. — La maison de Schiller. — Mickiewicz à Weimar. — Médaille de Mickiewicz. — Le buste de Gœthe. — Audition chez Hummel. — Le champ de bataille d'Iéna. — David prend congé de Gœthe. — 1830 à Paris. — Mariage du statuaire avec mademoiselle Émilie Maillocheau. — Renom du maître. — Les salons de Cuvier, de madame Récamier, de La Fayette, de Victor Hugo. — Le don de poésie. — Les poëtes célèbrent David. — Alfred de Vigny, Victor Hugo, Sainte-Beuve, madame Desbordes-Valmore, Constant Dubos, etc. — Gloire européenne. — Apogée d'une grande vie.

Jal, dans le volume qu'il consacre au Salon de 1827, n'a qu'un mot sur David, mais c'est une parole sans réplique. « M. David, écrit-il, est au premier rang de nos statuaires[1]. » Pour quiconque se reporte par le souvenir à cette époque enfiévrée, l'éloge du critique donne la mesure de l'autorité du sculpteur.

Delacroix avait exposé, cette année-là, son *Christ au jardin des Oliviers*. Déjà *Dante et Virgile*, le *Massacre de Scio* avaient fait

[1] A. Jal, *Esquisses, croquis, etc., sur le Salon de* 1827. Paris, A. Dupont et Cie, 1828, in-8°, accompagné de dessins lithographiés.

au maître audacieux une réputation que sa dernière œuvre allait accroître, en rassurant toutefois les esprits modérés. L'école romantique entrait dans une phase nouvelle. Son chef, dont on a pu dire avec vérité qu'il connut l'hyperbole de la couleur, s'efforçait d'éteindre les tons de sa palette. Sans doute, il ne pouvait renoncer aux touches éclatantes, aux empâtements vigoureux qui ont fait de lui le plus grand coloriste de ce temps, mais son *Christ* de 1827 se séparait visiblement de ses œuvres précédentes par un jet de talent plus contenu, moins d'effort et de violence, une hardiesse mieux réglée, un élan vers la manière simple et large qui procède graduellement et saisit par l'harmonie de l'ensemble plutôt que par l'imprévu des détails. Ingres, qui avait exposé le *Martyre de saint Symphorien*, n'éveillait plus autant de critiques. Les disparates étaient moins sensibles entre les deux maîtres, non que Delacroix approchât du dessin correct de son rival, mais parce que le sentiment et l'expression avaient remplacé sur sa dernière toile l'énergie sauvage qui distingue la composition de *Dante et Virgile*. Et pendant que la troupe nombreuse de ses imitateurs obéissait à l'impulsion première donnée par l'artiste, celui-ci, quittant le chemin tracé, se recueillait à l'écart dans des régions plus proches de l'idéal. La mêlée ne fut peut-être que plus épaisse. Une armée sans chef devient une multitude. En vain Eugène Devéria ouvrait-il la marche avec la *Naissance de Henri IV*, son exemple avait le pouvoir de passionner, mais il ne fut pas donné à Devéria d'être chef d'école. Ingres, le peintre savant de l'*Apothéose d'Homère*, allait dominer de toute la hauteur du génie qui se possède, et l'heure n'était pas éloignée où les romantiques, accueillant quiconque viendrait à eux, ne seraient plus remarqués que par leurs défauts.

Le désarroi fut moins sensible parmi les statuaires que parmi les peintres; toutefois, l'art plastique dut payer son tribut aux idées nouvelles, et celui des sculpteurs qui parut entre tous supérieur aux fluctuations de l'époque, c'est David.

Appuyé sur la tradition, s'étant fait une poétique basée sur des principes et non sur le caprice de quelques contemporains, David se continuait lui-même sans rien emprunter aux systèmes en vogue. Ce que fut Ingres pour la peinture, David, dans une voie différente, devait l'être pour l'art plastique, avec une originalité plus réelle et non moins soumise aux règles de l'École que ne le fut le génie régulier du peintre d'*Homère*. C'est le talent vigoureux et souple attesté par la *Jeune Grecque*, les monuments de Bonchamps et de Fénelon, qui avait permis à Jal de porter sur David le jugement que nous rappelons plus haut, malgré le voisinage redoutable de Pradier, de Rude et de Foyatier, dont les envois au Salon étaient vraiment remarquables [1].

Cependant, dès la fin de 1827, le maître s'occupait avec activité de sa collection de portraits. Incapable de toute pensée mesquine qui l'eût éloigné de ses émules, c'est aux artistes qu'il fit, dès le début, la place la plus large dans sa galerie.

La gloire naissante d'Eugène Devéria, qui n'avait alors que vingt-deux ans, sourit au statuaire, et le profil résolu du peintre de la *Naissance de Henri IV* fut promptement sculpté par David. La sûreté du regard est un des traits de la physionomie de Devéria.

Comment notre artiste eût-il quitté la demeure du jeune peintre sans se montrer prodigue? Achille Devéria, esprit mélancolique et tranquille, était là. David écrit sur le bronze la franchise de ses lèvres et son œil chercheur. Mais ces jeunes hommes ont une sœur, Laure Devéria, et Achille vient d'épouser Céleste Motte. David ne quitte pas l'ébauchoir sans avoir modelé la jeune fille et la femme. De la première, il laisse deviner la vanité naïve; de la seconde, la bonté simple.

Voici Schnetz avec les cheveux incultes d'un pâtre de la campagne romaine. Il y a de l'humeur dans ses traits. Delphine

[1] Pradier avait exposé son *Prométhée*, une *Vénus* et le buste du Roi; Rude, une *Vierge* et *Mercure rattachant ses talonnières*; Foyatier, *Spartacus*.

Gay, encore émue des acclamations de l'Académie du Tibre et de sa promenade triomphale au Capitole, pose devant David avec sa coiffure tapageuse, son coup d'œil spirituel et dominateur. Victor Hugo, profil calme et personnel; Sainte-Beuve, rêveur et fin, représentent le « Cénacle » qui fut l'aréopage littéraire de l'époque. Augustin Thierry vient ensuite. L'esprit pénétrant, l'âme enthousiaste qui circulent dans les *Lettres sur l'Histoire de France*, se ressaisissent aisément sur ses traits.

Prudhomme, presque octogénaire, profil bilieux; l'abbé Grégoire, son contemporain, esprit tenace, mais sans profondeur, rappellent 92 et la Convention [1].

C'est Brunel, que l'Angleterre fit asseoir dans la chaire de Newton. Son front large et proéminent laisse pressentir les facultés de l'ingénieur qui déjà s'occupait du tunnel de la Tamise. C'est Fabvier, type militaire que le soleil d'Orient a bronzé, et que David va surprendre à son retour d'Athènes, avant même qu'il ait enlevé son turban. C'est Duméril, le professeur d'anatomie comparée, que l'artiste a rencontré dans le salon de Cuvier et chez son ami de Gisors. Les cheveux courts, les joues sèches et ravagées, le nez légèrement arqué, aux ailes mobiles, les lèvres serrées du savant, donnent bien l'indice de cet esprit de méthode qui caractérise l'auteur de la *Zoologie analytique*.

David, retenu pendant le jour par ses ouvrages de longue haleine, consacrait ses veilles à recueillir ainsi les profils des hommes de son temps. Or, ce fut précisément en quittant la maison de Gisors, où il avait dessiné la tête de Duméril, le soir du 6 janvier 1828, que le statuaire faillit perdre la vie. Le *Moniteur* mentionne en ces termes l'événement :

« Tous les amis des arts ont appris, avec la plus douloureuse

[1] David exécuta un fort beau buste de Grégoire. Après l'avoir conservé dans son atelier jusqu'en 1839, il en fit faire un bronze qu'il offrit aux Américains, et le marbre fut gracieusement envoyé au Musée de Nancy. — Voir le *Patriote de la Meurthe et des Vosges* du 23 août 1839.

impression, l'attentat dirigé, lundi dernier, contre M. David, l'un de nos sculpteurs les plus distingués. On sait qu'il a été attaqué, le soir, dans l'enclos de l'Abbaye Saint-Germain des Prés, violemment frappé, terrassé, volé de son manteau et de sa montre, et laissé pour mort sur la place. Ramené chez lui, son état a d'abord donné les plus vives inquiétudes. Nous n'avons voulu informer nos lecteurs de ce cruel événement que lorsque nous pourrions les rassurer sur les suites qui étaient à redouter. L'état du blessé est autant que possible satisfaisant, et les médecins qui se sont empressés de lui donner leurs soins répondent de la vie de ce jeune artiste, recommandable sous tous les rapports[1]. »

Nous avons retrouvé, dans les notes du maître, la relation curieuse et détaillée de cet attentat ; nous lui laissons la parole.

« Une des circonstances les plus lamentables de ma vie et qui m'a laissé de bien tristes souvenirs, c'est celle que je vais raconter. Un soir que j'avais dessiné le portrait de Duméril chez mon ami de Gisors, l'architecte, je me rendais chez Gérard, le peintre, enveloppé d'un manteau et plongé dans de profondes réflexions sur l'art. Tout à coup, dans la petite rue qui borde la place de l'Abbaye[2], je suis frappé par derrière. Le coup était violent. J'en fus étourdi et comme assommé ; ce que voyant, l'assassin eut le temps de me porter un second coup qui m'ouvrit le crâne. Je tombai. Mon agresseur me crut sans doute tué sur place.

« Un ouvrier typographe, qui sortait de chez son maître, vit un grand jeune homme fort bien mis fuir à toutes jambes, et, comme il apercevait sur le sol une masse noire éclairée par le réverbère, il dit à ce jeune homme : « Qu'est-ce que c'est ? » L'autre dit : « Ce n'est rien ! » Poussé par la curiosité, il vint jusqu'à moi et me releva sur mes genoux. Je me souviens confusément que j'entendis une voix qui me parlait, et je crus

[1] *Le Moniteur universel* du samedi 12 janvier 1828.

[2] Rue Childebert.

reconnaître la voix de mon père. Je lui dis : « Laissez-moi. » Cet homme prit peur et s'éloigna, dans la crainte qu'on ne supposât qu'il était l'assassin. C'est, du moins, ce qu'il a raconté, le lendemain matin, à la foule assemblée autour de la mare de sang que j'avais répandue.

« Il paraît qu'un mouvement machinal me fit me relever et marcher dans la direction de ma demeure. Je restais alors rue de Vaugirard, près de l'Odéon [1]. J'avançais sans bien savoir où j'allais, car j'étais aveuglé par le sang qui s'échappait en grande abondance de ma plaie. Ce n'est que sous le portail de la Chambre des pairs [2] que je fus réveillé par la clarté du réverbère. Je portai la main à mon front comme pour rassembler mes souvenirs. Ma première pensée fut que je devais être somnambule; mais quand je vis mes gants blancs teints de sang, je me dis : « J'ai été « assassiné. »

« Je passai devant ma porte, mais je ne voulus pas entrer, parce que j'allais mettre en émoi mon domestique et les gens de la maison. Je crus que je ferais mieux d'aller me laver le visage à la fontaine de la place Saint-Michel. J'y fus effectivement, mais j'éprouvai tout à coup une telle contraction nerveuse qu'il me fut impossible d'effectuer mon projet. C'est à peine si je parvins à mouiller l'un des angles de mon mouchoir.

« Je descendis la rue Monsieur-le-Prince et j'entrai chez de Gisors. Je sonnai à son appartement : sa femme vint m'ouvrir. Mais quand elle me vit couvert de sang de la tête aux pieds, le visage pâle, et qu'avec un sourire effrayant je lui dis d'une voix entrecoupée : « J'ai été assassiné », elle s'évanouit. De Gisors accourut, et Dubois [3], qui demeurait dans la maison, s'occupa de bander mes plaies. On me transporta chez moi, où je passai une affreuse nuit, et je dus garder le lit l'espace de trois mois [4].

[1] David habitait au numéro 20.

[2] Le palais du Luxembourg.

[3] Le baron Antoine Dubois.

[4] On pourra lire aux *Pièces justificatives*, doc. XXI, le placard relatif à

« Pendant ce temps, la justice cherchait le coupable. Elle eut de graves soupçons sur un homme connu qui était signalé par la voix publique, mais je ne voulus pas le charger en disant ce que j'en pensais aussi.

« Une liste fut couverte de noms chez mon concierge, et j'eus au moins la consolation de voir que cet accident éveillait autour de moi de nobles sympathies. Sur cette liste, mon assassin est venu s'inscrire bien des fois.

« Le jour de ma première sortie, j'allai m'asseoir dans le jardin du Luxembourg, où je réchauffais mes membres malades aux rayons du soleil de mars. Mon assassin vint à passer, et, m'apercevant, il laissa voir sur ses traits un mouvement convulsif si prononcé que j'en restai pétrifié. Le lendemain, je reçus une lettre anonyme remplie de menaces, et son auteur me prévenait qu'une autre fois « je ne l'échapperais pas », car il était résolu à me poursuivre tant qu'il vivrait.

« Bien que je reçusse fréquemment des lettres anonymes, écrites à l'encre rouge, lettres auxquelles je ne prenais pas garde, je voulus essayer d'en finir avec ce misérable. En conséquence, je sortis chaque soir d'une manière ostensible, armé de pistolets, et à dessein je m'aventurais dans les rues désertes qui avoisinent le Jardin des Plantes.

« Quelques jours auparavant, M. le comte de Forbin[1], directeur des Musées royaux, recevait aussi une lettre dans laquelle il lui était dit que, si j'avais pu me soustraire à la mort, lui n'aurait pas la même fortune. Le pauvre homme en fut tellement effrayé qu'il se croyait poursuivi nuit et jour. Il n'osait plus sortir sans avoir des pistolets dans sa voiture, et, lorsque nous nous rencontrions, il me demandait si j'avais des nouvelles de « notre assassin[2] ».

l'assassinat, vendu sur la voie publique pendant les jours qui suivirent cet événement.

[1] L. N. P. A., comte de Forbin, peintre d'histoire.

Nous lisons, à propos de cette lettre, dans le *Moniteur universel* du dimanche

« A quelque temps de là, je pris le parti d'aller en Angleterre. Je pensais que peut-être mon ennemi aurait l'idée d'y venir après moi, dans l'espoir de satisfaire plus aisément sa vengeance. J'étais d'ailleurs décidé à avoir sa vie s'il n'avait la mienne. Mon voyage s'effectua tranquillement, et je ne le vis pas.

« Lors de la mise au concours du monument du général Foy, tous les projets avaient été rejetés comme indignes. C'est alors que la commission me choisit à l'unanimité, moi qui n'avais pas pris part à la lutte ! Un des concurrents devint fou, et un jour je fis sa rencontre dans la rue d'Enfer. Son costume était dans le plus grand désordre; il avait l'œil hagard ; il me prit les deux mains et me dit d'une voix étouffée par la rage : « Vous triomphez, mais « vous vous souviendrez de moi. »

« A mon retour d'Angleterre, je me remis au travail avec ardeur, tout en m'occupant beaucoup de politique. Il m'arrivait parfois de passer une partie de la nuit dans des réunions privées où se discutaient les moyens qui devaient amener la révolution de 1830.

2 mars 1828 : « Un de nos journaux publie les détails suivants : Les recherches les plus actives n'ont pu faire découvrir jusqu'à présent l'auteur de la tentative d'assassinat commise sur la personne de M. David, statuaire, membre de l'Institut. Il est survenu dans cette affaire un incident remarquable. Deux lettres ont été écrites, l'une à M. David, l'autre à M. de Forbin, directeur des Musées royaux de France, par lesquelles un individu qui s'accuse de la tentative d'assassinat dont on vient de parler, menace ces messieurs de les assassiner s'ils ne déposent pas, M. David 5,000 francs et M. de Forbin 50,000 francs aux endroits qui leur sont désignés. « Si vous ne remettez pas « sous la colonnade du Louvre, est-il dit dans la lettre adressée à M. de « Forbin, 50,000 francs placés dans un sac, je vous assassinerai de vingt-quatre « coups d'une arme tranchante que je porte sur moi. Si vous y manquez, « malheur à votre tête, car après-demain elle ne sera plus sur vos épaules. » — L'inconnu déclare à M. David qu'en cas de refus il ne le manquera pas comme la première fois, et que, dans le cas contraire, il le défendra toujours. On dit que M. David a placé un sac d'argent à l'endroit indiqué, c'est-à-dire *sous la porte cochère de sa maison, rue de Vaugirard, numéro 20*, et que des agents de police ont été établis en surveillance. Personne ne s'est présenté pour prendre l'argent. Il paraît bien extraordinaire qu'un homme s'inculpe lui-même, sans nécessité, d'une tentative d'assassinat. Ces deux lettres ont donné lieu à une instruction particulière, mais qui paraît avoir été aussi sans résultat. »

Un jour, je reçus une lettre mystérieuse qui m'invitait à me rendre, de minuit à une heure, dans une maison du faubourg Saint-Jacques, près du Val-de-Grâce. Un signe convenu entre les patriotes se trouvait tracé sur la lettre; cela m'inspira confiance. La lettre m'informait que la maison était sans concierge; que je devrais me munir d'une lanterne sourde; que je verrais sur une porte, au quatrième étage, une croix à la craie, et qu'il y aurait quelqu'un pour me recevoir.

« Je cédai à la curiosité; mais, fort heureusement pour moi, je fus exact au rendez-vous avant l'heure indiquée. Je vis effectivement la croix à la craie. Je frappai à plusieurs reprises, et déjà je commençais à redescendre l'escalier, lorsqu'une jeune fille vint ouvrir la porte voisine. Elle parut saisie de frayeur en m'apercevant, et je pensais, à part moi, qu'elle n'avait pas lieu d'être si surprise puisque je lui étais connu. C'était elle, en effet, qui m'avait servi de modèle pour la *Jeune Grecque au tombeau de Marco Botzaris*.

« Orpheline dès l'âge le plus tendre, elle avait été laissée sur le pavé pendant plusieurs jours. Une vieille femme, marchande de pommes, l'avait recueillie et lui servait de mère. Mais la misère la plus profonde et l'ivrognerie firent que cette malheureuse femme engagea la petite fille à poser. Cette pauvre enfant avait un caractère mélancolique et des sentiments de convenance bien au-dessus de son âge et de sa position. Je m'étais beaucoup attaché à elle, et sa confiance en moi était très-grande. Sa « mère », — c'est ainsi que la jeune fille appelait la vieille femme, — venait parfois assister aux séances. Elle paraissait remplie d'admiration pour un *Christ* en bronze appliqué sur un fond de velours et richement encadré, que j'avais placé dans mon atelier. Un jour, l'enfant me dit que sa mère parlait sans cesse de ce *Christ*, et que, si jamais je consentais à m'en défaire, elle aussi serait heureuse de le posséder dans le grenier qui lui servait de refuge. Elle me dit encore que cela l'encouragerait à suivre la voie de l'honneur, et qu'elle me payerait peu à peu à l'aide de séances pour ma statue.

Il y avait tant de passion dans le désir de cette jeune fille, que je pensai qu'elle apprécierait mon cadeau. « Peut-être, me disais-je, « la contemplation du Christ retiendra-t-elle sur le bord de « l'abîme cette frêle créature qui, tôt ou tard, avec une pareille « profession, sera sûrement entraînée au mal. » Je lui fis don de ce qu'elle se proposait d'acquérir. Sa joie fut immense; j'ai rarement vu le bonheur s'exprimer avec autant d'énergie.

« C'est cette jeune fille que j'avais perdue de vue depuis plusieurs années, c'est elle qui, pâle et tremblante, me fit entrer dans une espèce de petit couloir précédant sa chambre et celle de sa mère. — « En grâce, fuyez vite, me dit-elle à demi-voix ; sans « cela, vous êtes perdu. Ayez pitié de moi et de ma pauvre mère. « Gardez un silence éternel, mais partez, ne vous fiez plus à « de pareils rendez-vous. Oh! mon Dieu! je ne savais pas que « c'était vous! Que je suis heureuse de vous avoir ouvert!... « Encore une fois, ayez pitié de moi, ne nous perdez pas : « sauvez-vous. Vous voyez que vous avez bien placé votre *Christ*. « C'est lui qui vient de m'inspirer... » Puis, tout émue, elle mit son doigt sur sa bouche, et, avec une expression suppliante, elle me poussa vers le palier. Je vis qu'il serait imprudent d'insister. D'ailleurs, à voir cette figure bouleversée, je me sentais en face de quelque mystère effrayant.

« Je descendis rapidement l'escalier, et j'allai me blottir, à quelques pas, dans l'enfoncement d'une porte. C'était au mois de décembre. La nuit était sombre et brumeuse. Je me sentais en proie à une agitation facile à comprendre. Je ne fus pas longtemps sans voir apparaître plusieurs hommes qui vinrent séparément. Je crus encore reconnaître mon assassin. Je voulus voir si ces gens se lasseraient de m'attendre et s'ils redescendraient. Mais, au bout d'une heure, je rentrai chez moi, méditant sur l'avenir que me laissaient présager de semblables guets-apens.

« Bien des années s'écoulèrent, et je n'eus plus l'occasion de revoir la jeune fille au *Christ*. Un jour, je repris curieusement le chemin de sa maison. Je montai à l'étage où j'avais éprouvé de si violentes émotions. La chambre était occupée par un formier. Je lui demandai l'adresse de mademoiselle Clémentine. Il me répondit n'avoir aucune idée de cette personne-là.

« Peu après, me trouvant dans une voiture et passant sur le quai Malaquais, je vis la pauvre fille sortir d'une boutique d'antiquités. Elle portait sous son bras le *Christ* que je lui avais donné. Son vêtement, déteint et râpé, gardait un reste d'élégance. La plus affreuse misère était gravée sur ses traits. Si je n'avais pas été en compagnie de membres de l'Institut, suivant le convoi de Cortot [1], j'eusse abordé cette malheureuse. En me penchant par la portière, je la vis entrer chez un second marchand. J'ai depuis regardé à toutes les vitrines sans pouvoir découvrir le *Christ* de la jeune fille.

« Un peu plus tard, je la rencontrai elle-même plusieurs fois vers le Luxembourg et aux environs de la barrière Montparnasse, donnant le bras à de misérables viveurs dont le visage portait l'empreinte du vice le plus abject. La pauvre femme était encore belle malgré l'expression sinistre de son regard. Je ne sais si elle me reconnut jamais; j'ai lieu de croire que non, à moins que, se sentant trop humiliée de sa position, elle voulût éviter tout entretien. Un certain soir, je regardais les gens qui tentent la bourse du peuple par des jeux de hasard. Elle vint, appuyée sur l'épaule d'un mauvais gueux, en blouse déchirée. Elle fixa longtemps quelques personnes qui s'essayaient à l'un de ces jeux pour gagner des macarons et de petits tableaux encadrés. Je me cachai derrière les cadres, et je vis cette jeune femme, tour à tour mélancolique et rieuse, caresser du revers de sa main la figure du scélérat qui était avec elle. Après avoir *vagué* de boutique en boutique, après avoir bu quelques petits verres, ils descendirent vers Paris. Je les suivis jusqu'à une maison restée longtemps en démolition. Ils entrèrent dans la cour et disparurent. J'attendis vainement leur sortie, ce qui me fit supposer qu'ils devaient

[1] 14 août 1843.

habiter comme des bohémiens dans cette masure. Je revins dans la journée du lendemain. Les ruines étaient désertes, mais je constatai qu'il y avait encore moyen de camper au rez-de-chaussée. Devant l'unique fenêtre, pendait une vieille jupe en guise de rideau...

« Hélas! si cette femme qui avait été douée de facultés vraiment élevées pouvait écrire toutes ses sensations, quel poëme douloureux, quelle étude terrible! Mais la nature se joue de la curiosité de l'homme; elle aime à tenir dans le néant ou à déchirer les pages sincères qui serviraient peut-être à l'explication de son grand livre.

« Aujourd'hui (juillet 1847), vers minuit, je passais dans la rue des Boucheries. Une femme s'avança timidement vers moi, et, m'appelant par mon nom, me dit : « Vous ne me reconnaissez « pas? Je suis tellement changée! Il y a de longues années, « cependant, que nous nous sommes vus pour la première fois. « Je n'étais pas aussi laide alors. C'est un misérable qui m'a « labouré le visage avec un couteau. Il m'a coupé le nez. Voyez « comme j'ai été martyrisée... Je me suis toujours souvenue de « vous. Si vous saviez combien j'ai fait de démarches pour vous « voir, lorsque vous aviez votre atelier rue de Fleurus! Je vous « aimais beaucoup, et cependant je n'osais pas vous approcher. « Ma situation malheureuse m'interdisait tout accès auprès de « vous. Je sais tous les détails de votre assassinat; c'était un « confrère jaloux de vous... »

« Cette révélation piqua ma curiosité, et je commençais à lui demander des éclaircissements sur cette catastrophe de ma vie, lorsque la malheureuse, apercevant des sergents de ville, s'enfuit à toutes jambes. Je demeurai fixé à la même place. Quelques instants après, je la vis conduire par la police à la prison de l'Abbaye. J'ignore pour quels motifs on venait de l'arrêter. Depuis, j'ai longtemps cherché à la revoir, mais inutilement. Cette femme n'était autre que le modèle qui, tout enfant, avait posé pour le monument de Botzaris, la jeune fille au *Christ*, qui, depuis si longtemps, semble tenir dans sa main les fils obscurs de mon assassinat[1]. »

David ignora, sans doute, plusieurs circonstances de ce fatal événement, mais, nous le savons, le nom du meurtrier lui fut connu. Il ne consentit jamais à le dénoncer; et quelque intimes que soient les notes autographes qu'il nous a été donné de consulter, nulle part nous n'avons rencontré ce nom sous la plume de l'artiste. La réserve du maître nous commande une égale discrétion.

Nous avons vu que David, à peine rétabli après l'accident qui avait mis ses jours en péril, était parti pour l'Angleterre. Il a dit l'un des motifs qui l'engagèrent à ce voyage, mais le besoin de faire diversion aux pensées tristes qui l'obsédaient et le désir de juger le Salon de Londres entrèrent pour une large part dans sa résolution[2].

MM. Victor et Théodore Pavie, les deux fils de son ami, furent ses compagnons de route. Le premier a raconté la visite de David au Salon, où le paysagiste Martin éclipsait tous les maîtres anglais. La poésie de ses ciels et de ses forêts captiva le statuaire, si aisément ému devant une image de la nature. Mais, alors que l'artiste français goûtait silencieusement l'œuvre du peintre, sir Walter Scott vint à paraître. Du même coup, ses soucis de la veille, l'émotion douce qui l'agitait tout à l'heure en face du *Déluge*, firent place à l'enthousiasme de ses grands jours. David rentrait en possession de ses puissantes facultés; une ardeur nouvelle fit battre ses tempes, il se redressa. Bien plus que la nature physique, le génie, quelque nom qu'il portât, avait le don de le subjuguer.

[1] Notes autographes de David appartenant à la famille.

[2] Il écrivait à Louis Pavie le 17 avril 1828 : « Je partirai pour l'Angleterre le 26 ou le 27 de ce mois, afin de me trouver à l'ouverture du Salon de Londres. Je ne puis rester à Londres plus de huit jours. » — Lettre appartenant à M. Victor Pavie.

Le lendemain, l'artiste et ses deux amis frappaient à la porte du romancier. Walter Scott, vieux et infirme, les accueillit d'abord avec affabilité; mais lorsque David eut informé l'écrivain du but de sa visite, celui-ci prétexta froidement qu'il n'était pas libre, que d'ailleurs il pourrait être forcé de regagner Abbotsford sous peu de jours, et il détourna la conversation. David n'insista pas. Un de ses compagnons crut pouvoir hasarder quelques phrases d'éloge qui furent acceptées avec une grande réserve. L'interlocuteur ne se tint pas pour battu. « N'avez-vous point songé, dit-il à Walter Scott, à vous occuper de notre Vendée? — Nous vivons trop près de ces grands événements, répondit le romancier; on ne pourrait écrire sur la Vendée qu'une œuvre de parti. Ce qu'il convient de faire actuellement, c'est de recueillir des notes, les souvenirs échappés à la sincérité et à l'abandon intime des acteurs du grand drame. Ce seront autant d'éléments pour l'histoire qui en fera jaillir la vérité[1]. » David se leva bientôt et prit congé. Il n'avait pas permis qu'on le refusât tout à fait : sa fierté nationale était sauve.

Une fois sorti, le maître, sans raisons de cacher ses regrets : « Il a son buste par Chantrey, dit-il, et il s'en contente. Eh bien, Chantrey n'a pas tout dit. Et puis l'âge, les veilles, dix créations de plus et deux années d'une lutte héroïque contre les coups du sort, ont imprimé sur les traits du modèle je ne sais quoi d'auguste et d'éprouvé que j'eusse aimé rendre. Le buste de Walter Scott est à refaire... mais par de plus heureux que moi[2]. »

L'un des jeunes compagnons du statuaire ayant rappelé le mot de Nodier à propos du buste de Chantrey : « Il a le front d'Homère et la bouche de Rabelais, il doit être ressemblant », — « Halte-là! s'écria David. N'en déplaise au cher et docte magicien qui a pour baguette une plume et dont nous subissons

[1] *Quelques idées sur la guerre de la Vendée*, manuscrit autographe de David appartenant à M. Victor Pavie.

[2] Victor Pavie, *Gœthe et David, Souvenirs d'un voyage à Weimar.*

irrésistiblement le charme, je n'accepte de son ingénieuse comparaison que la moitié. La nature lui manquait, et il s'est trop fié au marbre. Va pour le front d'Homère, mais cette bouche expansive, où réside le sourire du foyer et de la famille, vaut mieux que celle de Rabelais. — Et ces yeux refoulés si profondément sous leurs arcades derrière cette touffe de sourcils jadis blonds, qu'en dirait le docteur Gall? Ne sont-ils pas en désaccord avec les prodigieuses facultés de sa mémoire? La mémoire du poëte, continua le maître inébranlable sur le domaine phrénologique, n'est rien moins que celle du savant. — Qui de vous, mes amis, pourrait me dire quel costume il portait? Quant à moi, je n'en sais rien et ne m'en soucie guère. Si quelqu'un me questionnait sur la coupe de son gilet ou la couleur de son habit, je l'adresserais à son tailleur. J'ai vu l'homme, c'est tout; le reste s'est comme exhalé dans l'atmosphère de sa personne. C'est cela, ajoutait-il : sur la table, pas un seul livre; rien que de l'encre et du papier. Que j'aime ainsi à voir le génie créateur tirer tout de lui-même et n'emprunter rien à autrui [1]! »

Cette parole saccadée, ces réflexions pressées, sans unité, sans liens, ne trahissent-elles pas l'état d'agitation dans lequel se trouvait David? Jaloux de ses droits sur le génie, le moindre échec prenait facilement à ses yeux les proportions d'une défaite. Il semblait qu'on lui ravît son bien, si on l'empêchait de sculpter l'image d'un grand homme. Malheur à qui eût essayé de le consoler d'une telle perte! Il s'était dit que la sculpture suppose le mérite; aussi tout homme qui avait mérité par le talent ou par la vertu l'attirait. Et quelle rapidité de coup d'œil, quelle recti-

[1] « Ceci me rappelle qu'un jour, — écrit M. Victor Pavie après avoir cité cette conversation du maître, — descendant l'escalier d'un de nos poëtes, David avait vu s'ouvrir à deux battants, sur le palier, une bibliothèque qui, après tout, n'était peut-être pas la sienne. — « Lui aussi, comme les autres, disait-il en « souriant, il a ses livres, il les cache; mais le hasard l'a trahi. » L'artiste aussi se trahissait dans sa puissance créatrice et dans sa légitime fierté à l'endroit de mainte œuvre acclamée, dont le modèle antique avait fourni la pose ou suggéré l'expression. » — *Gœthe et David, Souvenirs d'un voyage à Weimar.*

tude d'observation, dès le premier instant, lorsqu'il est en présence de son modèle! « J'ai vu l'homme, dit-il, c'est tout. » L'accueil quelque peu hautain de Walter Scott n'a pas refroidi le sculpteur. Pendant que ses deux amis s'entretiennent avec le baronet des livres qu'ils ont lus de lui, David se tait et déchiffre son âme. L'être intellectuel et l'être moral se laissent pénétrer par son regard. Tout à l'heure il pourra dire ce qu'il a saisi de la mémoire du poëte et le sourire honnête écrit sur ses lèvres.

David ne revit pas Walter Scott. Sa dignité d'artiste se refusait à des instances qui eussent fait du statuaire le serviteur d'une grande renommée. Autre était son rôle. Il allait de lui-même vers la gloire, les mains ouvertes, mais il entendait bien rester de pair avec son modèle. Son marbre valait un poëme.

Pendant les quelques jours qu'il vécut à Londres, David se fit présenter aux peintres Martin, Lawrence et Henri Pickersgill[1]. Nous trouvons dans les notes du maître le portrait de Martin.

« Je viens de voir Martin. C'est un homme de plus de cinq pieds. Ma première impression a été qu'il avait l'air franc et ouvert d'un soldat français. Il vous serre la main avec une cordialité et une énergie peu communes. Il est beau. Ses traits sont réguliers. Les deux lignes du penseur sont accentuées entre les sourcils. Ses cheveux frisent naturellement. Il a le front haut et les bosses frontales bien marquées. L'ensemble de la tête trahit l'exaltation : la ligne médiane aboutit à une partie qui est plus élevée que les côtés du front. J'ai cru remarquer chez lui la bosse de la poésie. Martin a des mouvements très-simples, mais puissants. Il porte la poitrine en avant comme les militaires. Quand il parle, ses traits expriment avec vigueur ce qu'il va dire. Son teint dénote un tempérament bilieux. Si la pente de son génie ne l'avait porté vers les grandes conceptions, cet homme eût été mordant et satirique. Malheur à celui qui serait tombé sous son fouet. Peut-être me trompé-je et dois-je attribuer l'expression légèrement

[1] Lettre de M. Victor Pavie à l'auteur du présent ouvrage.

ironique que j'ai saisie dans son regard à la coïncidence regrettable qui a voulu que je lui fusse présenté par un homme du monde, aimable, mais superficiel. Il est, en effet, digne de remarque que nous modifions notre manière d'être selon le caractère des gens qui nous abordent. Sont-ce des personnes légères, nulles: nous leur parlons avec légèreté. Au contraire, rencontrons-nous un homme d'étude, un penseur? aussitôt notre esprit devient grave, et nos discours portent le signe de la pensée[1]. »

Lawrence, fier d'honorer David, le fait assister à un banquet d'artistes. Le maître, toujours observateur, n'oublie point, au retour, d'écrire ce qui l'a frappé. « J'assistais, ce soir, à un grand banquet de deux cent soixante couverts, présidé par un noble lord. La réunion était exclusivement composée d'artistes et d'amateurs. Tous sont membres d'une même société. Ils versent une souscription annuelle, et les artistes, devenus vieux ou infirmes, s'ils sont associés, reçoivent mille francs de rente. Les académiciens étaient arrivés un peu avant l'heure du banquet, et ils se tenaient dans une salle à part. Tout le monde s'est mis à table, puis les chefs d'escouade, reconnaissables à leur baguette, sont allés chercher les académiciens et les ont conduits à leurs places respectives. Les membres de l'Académie étant placés, deux enfants ont chanté le *Benedicite,* qui est d'un effet admirable: tout le monde était debout. Après le repas, on a chanté le *God save the King* avec beaucoup d'ensemble; puis, le président, s'étant levé, a prononcé un discours en faveur de la réunion. Tous les seigneurs présents ont parlé. A chaque instant, on portait des santés. Lawrence a pris la parole et s'est exprimé sur un ton très-ému: il est rare qu'un homme supérieur dans les arts parle avec assurance. Avant de se séparer, les convives ont porté la santé des dames qui assistaient au banquet dans des tribunes. Une chose à signaler, c'est le calme qui a régné pendant le repas. Les banquets sont fréquents en Angleterre, et l'on m'assure que les discours pro-

[1] Notes autographes de David appartenant à la famille.

noncés roulent ordinairement sur la patrie, les réformes sociales. Le peuple anglais est, sans contredit, le pionnier de la civilisation européenne, il marche à l'avant-garde et au pas de charge. Cela vient, sans doute, de ce que ce peuple lutte continuellement contre une nature ingrate, et l'homme ne progresse que dans la lutte renouvelée. Celui qui cesse de combattre perd toute vertu. Nous autres Français, nous sommes des enfants prodigues [1]. »

Il nous est permis de supposer que ce fut encore pendant son séjour à Londres que David reçut les premières visites de lady Morgan et d'Amélia Opie. Au reste, ces deux écrivains ne tardèrent pas à se rendre à Paris, et nous les retrouverons bientôt dans l'atelier du statuaire. Le publiciste Jérémie Bentham, dont l'artiste avait modelé le buste l'année précédente, obtint plus d'une fois la visite du maître français [2]; puis, sa semaine de repos écoulée, David rentra en France [3].

Ce voyage n'avait pas été sans fruit. L'artiste, un instant abattu à la suite du cruel événement qui l'avait réduit à l'inaction, se retrempa dans un milieu où il ne se savait point d'ennemis. Ce fut, pendant quelques jours, une trêve salutaire

[1] Notes autographes de David appartenant à la famille.

[2] « Bentham, nous écrit M. Victor Pavie, avait posé en 1827 dans l'atelier de la rue de Fleurus. Lors de notre voyage à Londres, David eut avec lui plus d'un entretien, et je vois encore Bentham dans le petit square de son logis où nous étions allés prendre, mon frère et moi, David qui dînait chez lui ce jour-là. Dans la brève confrontation qu'il nous fut permis de faire entre le portrait et le modèle s'esquivant de nos yeux de toute la célérité de ses vieilles jambes, nous restâmes stupéfaits de la ressemblance. »

[3] C'est par erreur qu'Halévy suppose une entrevue de David et de Flaxman pendant le voyage que nous venons de raconter. « David, dit-il, allait chercher à Londres les traits de Walter Scott, de Jérémie Bentham, de personnages célèbres, et, entre autres, de ce même John Flaxman qui naguère l'avait éconduit. Mais David sut pardonner la terreur qu'avait inspirée son nom, et Flaxman l'avait oubliée. » — F. Halévy, *Notice sur la vie et les ouvrages de M. Pierre-Jean David d'Angers.* — Il est surprenant qu'Halévy n'ait pas pris la peine de consulter la moindre notice sur Flaxman avant d'écrire cette phrase, il se fût assuré que le maître anglais était mort le 7 décembre 1826, tandis que David n'est allé à Londres qu'en mai 1828.

aux discussions acerbes de la presse sur la littérature et sur l'art. Sa santé se raffermit. Une sève nouvelle circula dans ses veines et lui rendit l'éternelle jeunesse, l'ardeur permanente qui seules font les maîtres. S'étant une fois reconquis, le sculpteur philosophe reprit son problème interrompu au point où il l'avait laissé.

La succession des faits dans l'existence de David offre un merveilleux exemple d'unité. Soumises à la logique entraînante d'une noble passion, chez lui les idées s'enchaînent avec une gradation raisonnée. Déjà nous avons vu le maître atteindre jusqu'au génie. Audacieux, résolu, confiant dans sa force, il a posé les bases d'un art national. L'artiste n'est-il donc pas satisfait?

Non.

Tout homme de génie tend à devenir populaire. Pourquoi? C'est que rechercher la popularité est une ambition légitime. Nous entendons la popularité sincère, et non l'effervescence d'un jour qui agite les foules, et dont le bouillonnement permet tout au plus de distinguer un nom comme une épave qui flotte sur l'écume. Les vapeurs d'un pareil triomphe sont malsaines. La vraie popularité est le culte magnifique et réglé d'une nation envers l'homme supérieur. C'est le crédit d'un peuple, c'est l'acclamation continuée de la faveur publique. Or, quiconque pèse dans sa pensée l'honneur populaire est promptement séduit par son éclat et souhaite d'en porter l'auréole sur son front. Chez l'homme de génie, ce désir devient souvent une passion.

Quel est, en effet, le terme de son activité, sinon la vie, la diffusion, le rayonnement de l'idée dont il est épris? Mais un triple obstacle l'empêchera d'atteindre à son but : l'espace qui l'étouffe, le temps qui l'use, la contradiction qui abat son œuvre ou la dénature. Et qui donc peut défendre l'homme supérieur contre les coups de l'espace, du temps et de la contradiction? Un seul être qui est plus grand que lui : le peuple.

Le peuple tient dans sa main l'espace : étant le nombre, il est partout. Le peuple commande au temps. Qu'on ne dise plus que le peuple est pauvre : il a pour patrimoine la vie. Des générations victorieuses du temps se succèdent sur son territoire. L'homme passe, la famille s'éteint, le peuple demeure. Le peuple est ignorant des contradictions; il n'est point accessible à l'esprit de controverse. Sans préjugé, le peuple, comme l'enfant, s'attache à ce qui l'a frappé par sa logique ou par son bienfait.

David, créateur d'un art national, était non-seulement en droit d'ambitionner une popularité durable, il le devait. N'était-ce pas au peuple que, par une pente naturelle, il avait dédié ses œuvres? L'artiste national ne pouvait travailler pour l'aristocratie de la fortune ou celle du talent. L'une et l'autre, en effet, ne forment pas la nation : elles sont l'élite. Elles n'ont en leur pouvoir ni l'espace, ni la durée. Il est vrai qu'il leur reste la faculté de contredire, puissance utile, appelée à faire équilibre aux enthousiasmes irréfléchis. Mais c'est pour le peuple que l'artiste avait sculpté ses marbres. Si le peuple n'est pas la tête, en lui se résument le corps et les membres d'une nation. Il est le cœur qui bat. Il est le sol vivant d'une patrie. Or, où doit-on poser les statues et leur piédestal de granit? Est-ce sur le sable des plages, au milieu des sillons fraîchement remués? Non. Il faut à la statue le roc qui ne peut pas fléchir, il lui faut le sol éprouvé des grandes villes, le bruit de la place publique et de la rue. La rue appartient au peuple. Et de même que la tête de l'homme, lorsqu'elle jette sur son corps un regard élevé, est fière de le voir marcher dans l'honneur, de même la tête de la nation, c'est-à-dire les grands de la plume, de l'épée, de la richesse, se sent fière d'un peuple honoré par le génie de l'artiste.

Et d'ailleurs, quels sont les enseignements que portent les marbres du statuaire national? Que va raconter son ciseau? — La patrie. — La patrie, c'est-à-dire la tête aussi bien que le cœur de la nation. L'idée de patrie est inséparable de l'idée d'amour. Il suffit de s'interroger soi-même pour comprendre cette vérité. C'est donc à travers le prisme d'un amour désintéressé que l'artiste national contemplera les grandes figures d'un pays. Et le peuple, prompt à aimer parce qu'il vit d'instinct beaucoup plus que de raisonnement, acclame l'artiste dont les chefs-d'œuvre accroissent en lui le culte de la patrie. Celui dont le ciseau généreux sculptera *Gutenberg*, *Dombasle* et *Corneille*, n'aura-t-il pas saisi sous son expression populaire tout ce qui constitue la lumière de la France, puisqu'il aura célébré l'éducateur, l'agronome et le poëte? Le statuaire de *David Puy*, de *Garnier*, de *Chéverus*, n'aura-t-il pas dit, dans une langue émue et vivante, la bienfaisance, le dévouement et la charité? Le sculpteur de *Condé*, de *Gouvion Saint-Cyr* et du *Grenadier* du Fronton, n'aura-t-il pas rappelé le territoire agrandi, le drapeau respecté, le peuple lui-même illustré par l'héroïsme d'un soldat sans nom?

Assurément, de pareils sujets promettaient au statuaire une popularité sérieuse. Mais ce n'est pas assez, aux yeux du maître, que les enseignements de son ciseau soient accessibles à l'esprit du peuple. Il rêve des œuvres d'un facile abord pour la main, de peu de poids, de proportions réduites, incapables de grever l'épargne de l'homme de travail. Il veut que ses figures soient populaires jusque dans la forme.

Or, l'œuvre sculptée n'a pas revêtu de forme plus élégante, moins coûteuse, d'un placement plus aisé sur les panneaux étroits de la mansarde ou de l'atelier, que le médaillon. David qui naguère, dans son désir de léguer aux générations futures les traits des hommes illustres de notre âge, avait permis à son ébauchoir impatient de modeler quelques médailles, se reprend aux ouvrages de cette nature, dont il mesure aujourd'hui la portée. « La mission de l'art, — c'est un de ses axiomes, — étant avant tout de moraliser le peuple[1] », le maître veut pénétrer jusqu'aux plus humbles foyers. C'est là qu'il veut suspendre ses profils rayonnants, là qu'il veut éclairer la muraille. Les doigts de la femme,

[1] Voir tome II, *Mélanges*. — *Expositions nationales*.

ceux de l'enfant seront assez forts pour contenir son génie. Rien n'étant plus usuel, plus connu qu'une pièce de monnaie, nous entendrons David proposer « de reproduire sur les pièces de monnaie la figure des hommes dont s'honore le pays[1] », et en attendant que cette réforme originale ait trouvé sa sanction, il se fait spontanément le monnayeur du mérite et de la gloire.

C'est la monnaie de l'art qu'il met au jour. Moins commune, mais d'un échange plus général que l'or ou l'argent, la monnaie de l'art sert aux transactions de la pensée. Ce n'est pas la richesse commerciale qu'elle représente, mais la puissance de l'esprit. David, cœur français, se sent fier de battre de sa main cette monnaie dont il est l'inventeur, et qui va rendre tributaires de la France l'Europe et le monde lettrés. Il crée, pour ainsi parler, la banque internationale de l'intelligence au profit de sa patrie. Reprenant une à une toutes les images de haute taille qu'il a sculptées, il leur fait une place dans sa galerie de médailles. Sont-ce les morts illustres qu'il veut glorifier de nouveau? Oui, sans doute, mais c'est surtout le peuple qu'il a l'ambition d'élever en le faisant riche de ces mâles effigies. Toutes ses statues, tous ses bustes, chaque tête historique de ses bas-reliefs, il va les reproduire dans le bronze d'un médaillon. Tel sera l'effort de David pour assurer à l'art national une noble popularité.

De retour d'Angleterre, David se remit à l'œuvre avec sa vigueur d'autrefois. Les médailles historiques, si l'on en juge par leur nombre, durent, pendant un temps, tenir la première place dans ses travaux. Le fin profil d'Alfred de Vigny, l'auteur populaire de *Cinq-Mars*, date du mois d'août 1828. Le maître avait-il sculpté l'image d'un contemporain, il ne se contentait pas de la lui offrir; le plus souvent il accompagnait son envoi de plusieurs médaillons, ceux qu'il savait être sympathiques à son modèle. « J'ai devant moi mes chères médailles, lui écrit Alfred

[1] Voir tome II, *Mélanges*. — *Expositions nationales*.

de Vigny. Mes yeux ne cessent de passer de la gloire à la gloire et de l'amitié à l'amitié, en allant de l'image de mon cher Victor à votre nom[1]. » C'était peut-être chez Victor Hugo que David avait rencontré le poëte d'*Eloa*. Depuis que Louis Pavie avait introduit le statuaire chez l'auteur de *Cromwell*, ils se voyaient fréquemment[2]. Ce fut dans le salon, tant de fois décrit, de la place Royale que, pendant l'automne de 1828, Lamartine vint lire devant quelques intimes les plus belles pages des *Harmonies* qu'il allait publier. David était là. « Au retour de la soirée, écrit un témoin, il traduisait en prose, dans sa prose expressive et ardente, cette comparaison de la gloire avec la lune qu'un enfant veut étreindre à son lever sur le coteau... — « Et le timbre de « sa voix, disait-il, en se complaisant aux émotions de cette « lecture, et son œil rêveur, et ce front sur lequel les reflets « de la lampe semblaient se changer en ceux de l'astre qu'il « évoquait. Oh! quel buste je lui destine! Il l'a bien gagné, il « l'aura[3]. » A quelque temps de là, les mêmes personnages se retrouvaient au même lieu. « Hier, écrit David, Lamartine a lu des vers chez Hugo. Il faisait presque nuit; cependant le ciel gardait encore une suffisante clarté. Lamartine s'était adossé à la fenêtre. Sa tête se détachait en silhouette sur le ciel qui lui servait de fond. Il semblait une statue de bronze, et parfois on eût dit qu'il allait prendre place parmi les astres[4]. »

C'est au cours d'une semblable entrevue que David dessina rapidement l'esquisse que nous avons reproduite dans ce livre[5].

[1] 8 août 1828. — Lettre appartenant à M. Robert David.

[2] « Je vois souvent notre bon ami Hugo; je vous remercie mille fois de m'avoir fait faire sa connaissance. » — David à Louis Pavie; 25 mai 1827. — Lettre appartenant à M. Victor Pavie.

[3] Victor Pavie, *Gœthe et David, Souvenirs d'un voyage à Weimar*.

[4] Notes autographes de David appartenant à la famille. — Quelques lignes plus loin, le statuaire ajoute : « Quand Lamartine est avec ses amis, il ne s'assied jamais comme les autres. Son corps a la souplesse du serpent et prend toujours des attitudes ondoyantes. »

[5] Voir pl. VIII de ce volume.

Le médaillon du poëte suivit de près, et le maître ne tardera pas à sculpter son buste, ainsi qu'il se l'est promis. Il fera de même pour Chateaubriand.

Victor Cousin, l'éloquence passionnée; Ballanche, le mystique; Sismondi, l'écrivain [illegible]atique, mais sans souffle; George Sand, l'exaltée; Alexandre Dumas, profil d'Africain; Émile Deschamps, souriant à la gloire; Béranger, la satire; madame Belloc et madame Victor Hugo, le talent honnête et la grâce; Couturier de Vienne[1], Roulin, Taylor, Eynard et Lenormand forment le groupe des publicistes, des poëtes, des romanciers qui reçoivent leurs médailles de la main du maître.

Delacroix, aux joues sèches et nerveuses; Gérard, aux traits mâles comme son pinceau; Géricault, mélancolique et fougueux; le comte de Forbin, l'artiste gentilhomme; madame Haudebourt-Lescot, en toilette chiffonnée; mademoiselle Georges, beauté majestueuse; Rossini, esprit abondant sans passion; Spontini, vigoureux et expressif, portent sur leurs traits le signe dominant de leur génie.

Après les écrivains et les artistes, les hommes de science : Ampère, Chevreul, Destutt de Tracy, Monge, Gérando.

Voici les hommes politiques.

« L'autre jour, écrit David, l'abbé de Pradt m'a donné une séance dans une petite chambre d'introduction. Son domestique le coiffait. Je ne le voyais qu'à travers un nuage de poudre qui m'étouffait. N'importe, mon cœur battait. Je sortis de chez lui tout couvert de poudre, mais j'avais son profil[2]. » Ce sont Merlin de Thionville[3] et Merlin de Douai, Daunou, Condorcet, sa fille,

[1] Couturier de Vienne a dédié à David d'Angers sa traduction des *Leçons sur l'histoire et la théorie des Beaux-Arts*, par A. G. Schlegel. Paris, Pichon et Didier, 1830, in-8°.

[2] Notes autographes de David appartenant à la famille.

[3] « Hier, je suis allé voir Merlin de Thionville. Il était assis près d'une table couverte de livres, le dos tourné du côté de la fenêtre. Il tenait ouverte devant lui une carte que le gouvernement autrichien vient de lui envoyer, — faveur

madame Condorcet O'Connor, et son petit-fils, Arthur O'Connor, Panis, Thibeaudeau, Dulaure.

Un garde national, en 1793, était tombé aux mains des royalistes à l'attaque de Saint-Colombin[1]. Le commandant de l'armée vendéenne avait fait appeler le soldat républicain. Il lui avait demandé, ainsi qu'à deux autres de ses compagnons, d'aller proposer un échange de prisonniers, et tous les trois avaient accepté sous la promesse de revenir au camp, après avoir rempli leur mission. Mais Haudaudine, surnommé depuis le *Régulus nantais*, seul, malgré les supplications de sa famille, respectant son serment, vint se reconstituer prisonnier. Quarante années ont passé sur cette action loyale; celui qui en fut le héros habite Nantes, il va mourir : David ira trouver Haudaudine et lui offrira son médaillon.

Le maréchal Gérard, Hulin, gouverneur de Paris en 1814, Labbey de Pompières, Benjamin Constant, Royer-Collard, Chauvelin, Laffitte, La Fayette, s'ajoutent aux personnages politiques dont les médailles remontent à cette époque.

Pour atteindre à son but, rien ne lui coûte. Aux uns, il envoie telle de ses œuvres qu'il sait répondre à leurs préférences, afin de s'en faire bienvenir et de modeler ensuite leur image[2]. Alexandre Dumas lui est un introducteur auprès de Spontini[3]. Gustave

qu'il n'eût peut-être pas obtenue du gouvernement français, — il fixait le regard sur sa fameuse redoute. J'ai éprouvé un saisissement indéfinissable en me trouvant en face de cet homme dont je distinguais à peine les traits, mais dont la voix mâle articulait avec énergie des pensées originales sur l'époque révolutionnaire. » — Notes autographes de David appartenant à la famille.

[1] Loire-Inférieure, arrondissement de Nantes.

[2] M. Xavier Marmier lui écrit : « Je vous remercie de tout mon cœur de cette charmante statue de Tieck que vous avez bien voulu m'envoyer. Rien ne pouvait me faire plus de plaisir. Je l'ai placée sur ma cheminée. C'est tout à la fois un souvenir de poëte et un souvenir d'artiste. Je serai complétement libre toute cette semaine, et je profiterai avec joie de l'offre que vous avez bien voulu me faire. Quand vous aurez un moment, écrivez-moi un mot. Je serai fier d'aller poser devant vous. » — Autographe appartenant à M. Robert David.

[3] « M. Alexandre Dumas m'a rapporté hier soir que vous êtes toujours

Planche lui vaut l'adhésion de George Sand, qui, sans plus de façon, invite le statuaire à passer chez elle[1].

Ses modèles ne se comptent plus, et cependant à tous il a soin d'offrir deux épreuves en bronze de leur portrait, sévèrement encadrées dans un panneau de chêne ou d'ébène. Granet lui accuse réception de quatre épreuves; Pepe le remercie des nombreuses médailles dont il lui a fait présent; Brunel lui saura gré de lui adresser un nouveau bronze pour quelqu'un de ses amis.

David n'a-t-il du génie que pour la France? Lorsque Paris est au cœur de l'Europe et voit affluer dans ses murs toutes les grandeurs, le statuaire peut-il s'enquérir de quelle nation sont les personnages célèbres qu'il coudoie? Amélia Opie, l'écrivain quaker; lady Morgan, fière de sa plume et de sa beauté; Joachim Acosta, soldat et géologue de l'Amérique du Sud; Santander, qui donna son nom à l'un des États de la Nouvelle-Grenade; le Grec Colettis, administrateur et guerrier; Berzélius, le chimiste suédois[2]; John Franklin, le voyageur enseveli sous les glaces polaires, en 1847, reçurent de la main de David la consécration de leur héroïsme ou de leur talent. « Permettez-moi de vous adresser mes plus chauds remercîments, lui écrit John Franklin, de ce médaillon qui fait la joie de tous mes amis par la vivacité de la ressemblance et la beauté vigoureuse de l'exécution. Ma femme persiste à dire que le nez est trop long et que vous m'avez fait

décidé à vouloir bien m'honorer d'une place dans votre intéressante collection.» — Extrait d'une lettre de Spontini du 18 novembre 1830. — Autographe appartenant à M. Robert David.

[1] « M. Planche me dit que vous désirez faire mon médaillon. J'accepte avec plaisir. Soyez assez bon pour me dire s'il faut que j'aille chez vous. Je suis fort souffrante dans ce moment-ci et ne pourrais pas sortir avant quelques jours. Si vous voulez prendre la peine de passer chez moi, nous nous entendrons mieux, et je serai très-sensible au plaisir de vous voir. George Sand. » — Autographe appartenant à M. Robert David.

[2] Berzélius reçut avec sa médaille celles de Humboldt, de Dulong, de Thénard et de plusieurs autres savants avec lesquels il était en relation.

trop joli, mais au fond du cœur elle est enchantée que vous ayez pris la peine de me flatter[1]. »

Mais ces ouvrages sans nombre, que le maître semblait produire en se jouant, ne furent pas modelés au hasard du caprice. David était trop philosophe, il avait trop mûrement médité sur la poétique de son art et le procédé du sculpteur, pour ne pas garder présente à son esprit une règle précise toutes les fois qu'il avait à pétrir l'argile.

Du jour où il eut arrêté la forme de ses portraits, il les voulut prendre de profil. Écoutons-le : « J'ai toujours été profondément remué par la vue d'un profil. La face vous regarde; le profil est en relation avec d'autres êtres; il va fuir, il ne vous voit même pas. La face vous montre plusieurs traits et est plus difficile à analyser. Le profil, c'est l'unité[2]. » Ailleurs il dit encore : « Le profil du visage donne la réalité de la vie, tandis que la face n'en donne qu'une fiction[3]. »

Ce principe posé, le caractère, l'âge, la nationalité de son modèle ne lui seront point un obstacle. L'Américain n'aura pas le type du Français, ni l'Anglais celui de l'Espagnol. Un accent, toujours saisissable malgré l'absence de couleur, permettra de distinguer les races différentes. Il n'y a pas jusqu'aux habitudes de la vie qui ne se laisseront lire sur l'épiderme du visage : le soldat ne ressemblera pas à l'orateur. Inscrire dans les plis du bronze la sève ou le ravage des années ne saurait être une difficulté pour l'artiste, et, selon sa coutume, après avoir atteint à la perfection cherchée, il consigne dans ses notes la règle esthétique qui devra le guider à l'avenir dans de semblables travaux. « J'ai sous les yeux, écrit-il, une médaille de vieillard d'un bas-relief très-doux. Il n'y a de saillant que la joue et l'œil. Mais le nez, la bouche et

[1] 12 mars 1829. — Lettre appartenant à M. Robert David.
[2] Notes autographes de David appartenant à la famille.
[3] Notes autographes de David appartenant à la famille.

le menton sont tellement sur le fond qu'ils se perdent dans le vague. N'est-ce pas senti bien poétiquement? Il me semble que cet effacement des traits indique la vie qui commence à s'en aller. Lorsqu'on fait la médaille d'un jeune homme, il convient d'user au contraire d'un relief saillant afin de bien exprimer la puissance vitale[1]. »

La variété du costume, l'arrangement des cheveux sont aux yeux du maître des épisodes qui ajoutent à la personnalité du portrait, et il n'en veut rien omettre. Plus hardi que Benvenuto Cellini qui n'osait entreprendre la médaille de maître Pierre Bembo avant que sa barbe fût tout à fait grande, « voulant faire, écrivait-il, quelque chose qui soit fort bien[2] », David interprète avec un égal bonheur la barbe inculte de Géricault, les touffes soyeuses de Charlet, la moustache en brosse de Colettis. Que dis-je? l'artiste est allé plus loin. Il a tenté de rendre les nuances de carnation. Ce qui paraît être du domaine exclusif de la couleur, c'est-à-dire la vitesse et la fraîcheur du sang, le teint de la peau, David, qui n'a qu'une glaise et qu'un bronze à son service, entreprend d'en écrire la gamme compliquée à la pointe de l'ébauchoir. « Quand un statuaire a une *blonde* à modeler, il doit passer les traits, les préciser très-peu, sans cependant que cela puisse nuire à la forme. Bien que suaves, les contours doivent toujours être parfaitement sentis, mais, à la vérité, plus visibles pour les yeux de l'âme que pour ceux du corps. Les cheveux seront traités d'après le même principe. Pas de grands noirs ni de traits suivis. Que l'œil ne saisisse que le vague; faites les cheveux légers comme une vapeur[3]. » Un peintre n'eût pas mieux dit.

Les pages qui précèdent laissent entrevoir au prix de quels

[1] Notes autographes de David appartenant à la famille.

[2] BOTTARI, *Recueil de lettres sur la peinture, la sculpture et l'architecture*, traduites et augmentées par L. J. JAY. Paris, Galerie de tableaux, 1817, in-8°. Lettre à Benoît Varchi du 9 septembre 1536.

[3] Notes autographes de David appartenant à la famille.

sacrifices David est parvenu à rassembler une aussi grande quantité d'effigies. « On ne manque pas de seigneurs et de princes, disait Charles-Quint, mais je ne connais qu'un Titien. » Et l'Empereur, se tenant debout dans l'atelier du peintre, ne permettait pas que Titien s'inclinât devant lui. Ces temps sont loin. Si réelle que soit, de nos jours, la réputation de l'homme de génie, si universelle que soit la popularité de l'artiste, s'il songe à s'illustrer encore par quelque grande œuvre, la réalisation de son rêve exigera de lui la générosité dans l'effort. Ceux-là mêmes qui un jour lui devront l'immortalité, l'artiste les aura suppliés. Chez nous, c'est au dispensateur de la gloire à franchir le seuil du cabinet d'étude ou de la mansarde : il sait que peut-être on ne viendrait pas. « Je poursuis ma galerie de contemporains, écrit David, malgré les dégoûts à essuyer. Pour obtenir de faire un portrait, il faudrait, pour ainsi dire, se mettre à genoux devant l'homme qui brûle de l'avoir. Je suis étonné que ma timidité disparaisse lorsqu'il s'agit de pareilles choses. Je ne vois plus que l'œuvre : j'oublie l'homme. Je deviens indulgent pour cette pauvre carcasse humaine, esclave des moindres accidents de l'atmosphère et des piqûres de la civilisation. Je n'envisage que le génie : c'est devant lui que je m'incline, car il est immortel. La carcasse disparaîtra bientôt, et pour toujours. Ces messieurs ne viendraient pas chez moi, mais je n'y tiens pas. On me rencontre avec une petite ardoise, courant comme si j'allais voir l'immortalité [1]. » Telle est la force de conviction, telles la générosité, l'ardeur, tel l'enthousiasme de David, lorsqu'il y va de l'art national.

Ce n'est pas que des notes graphiques ou des esquisses si chèrement acquises n'aient ensuite réclamé de la part du maître l'inspiration. C'est au prix d'un travail élevé que la traduction plastique d'un portrait sous une forme aussi réduite que celle d'une médaille peut rendre avec justesse la physionomie du modèle. Le

[1] Notes autographes appartenant à la famille.

labeur délicat du statuaire nous est attesté dans une note. « Je n'ai jamais compris, écrit David, l'assurance de certains artistes lorsqu'ils travaillent. Pour moi, je suis toujours sous le coup d'une émotion invincible, sans cesse renouvelée, qui m'impressionne au point de me rendre tremblant, même lorsque j'exécute le plus modeste médaillon. Et cependant j'en ai déjà fait un grand nombre[1]. »

Mais ses chères médailles ne l'avaient pas distrait des grands ouvrages. David mettait alors la dernière main à sa Frise de l'Odéon, si promptement détruite par l'incendie. Les dessins du maître, heureusement conservés, ont pu trouver place dans l'œuvre lithographié par M. Marc, en 1856.

Cette Frise, longue de cent quatre pieds, renfermait quatre-vingt-dix personnages. David, à qui l'érudition nécessaire sur un point donné parut toujours un devoir, s'était pénétré tout d'abord du caractère de chacun de nos poëtes dramatiques. Cette initiation terminée, il entreprit de représenter les auteurs tragiques et comiques de la France, suivis de leurs créations personnifiées, s'acheminant vers le groupe des Muses. Tous ces penseurs s'avancent avec majesté : on dirait des Panathénées françaises.

C'est La Harpe auprès duquel *Philoctète* résiste aux conseils d'Ulysse qui veut l'entraîner devant Troie ; c'est le poëte Lafosse, suivi de *Manlius* qu'un envoyé du dictateur Cornélius Cossus vient arrêter ; c'est Ducis, accompagné d'*Hamlet*, d'*Othello*, de *Macbeth*, que sa plume a rendus populaires ; c'est Debelloy, le premier par la date qui ait abordé sur notre scène les sujets nationaux ; il marche escorté de *Gaston et Bayard* et de la belle Gabrielle de Vergy qui vient d'apprendre du sire de Fayel qu'elle a mangé par surprise le cœur de Raoul de Coucy. Racine est suivi de ses trois filles, *Athalie*, *Iphigénie* et *Phèdre*. Corneille a près de lui ses hommes de haute taille, *Horace* et *Cinna*. Crébillon, le terrible, nous apparaît non loin d'*Atrée*, roi de Pélops, présentant

[1] Notes autographes appartenant à la famille.

à *Thyeste* une coupe pleine du sang de ses fils; auprès d'eux, *Électre* se tient éplorée sur la tombe d'Agamemnon. *Zaïre*, *Mahomet*, Brutus, le héros de la *Mort de César*, font cortége à Voltaire.

Voici Molière et *Tartuffe* qui masque sa face hypocrite d'un coin de son tricorne; le *Misanthrope*, à la gauche de Philinte, écoute, les points crispés, le sonnet d'Oronte. Regnard, drapé, précède Crispin, le rusé valet du *Légataire*, coiffé du bonnet de Géronte et serrant le testament apocryphe qu'il a dicté. Le *Joueur*, désespéré; le *Distrait*, avec sa mise incorrecte, rappellent les meilleurs titres du poëte. Le *Dissipateur*, l'*Homme singulier*, le *Glorieux* sont auprès de Destouches. L'*Homme à bonnes fortunes* suit Baron. Beaumarchais fait signe au *Barbier de Séville*, à *Figaro* et à la *Mère coupable*. Le *Grondeur*, exaspéré par le joueur de viole qui le poursuit; l'*Avocat Patelin*, qui court plaider furtivement avec la robe qu'il doit à M. Guillaume, disent le talent observateur de Brueys. Derrière lui marche Dancourt; David a fait suivre ce poëte des jeunes coquettes, munies d'épées, prêtes à se battre en duel pour le *Chevalier à la mode*; l'héroïne des *Bourgeoises de qualité* vient plus loin. Enfin, c'est le doux Collin d'Harleville, avec les personnages principaux du *Vieux Célibataire*.

Mais, si nombreux que soit le cortége dramatique, ses rangs ne peuvent être fermés aux poëtes de l'avenir. Deux *Victoires*, faisant face à la procession magnifique qui s'avance au-devant d'elles, laissent éclater leurs fanfares; et voilà que des écrivains innomés se sont levés : jeunes, résolus, fiers de leur gloire naissante, ils marchent dans la voie triomphale dont le sol ne doit être foulé que par le génie.

Les douze divinités de l'Olympe, debout autour de Jupiter, seul assis sur un trône, décoraient la coupole de l'Odéon. Chacune de ces figures était posée sur un socle simulé où l'artiste avait rappelé, dans un bas-relief, quelque épisode de la vie du dieu. La décoration de la coupole et la Frise, entièrement modelées, étaient à peine terminées lorsque l'architecte de l'Odéon conçut l'idée singulière de revêtir tous ces reliefs d'une couche d'or. L'effet ne répondit pas à ce qu'il attendait. L'œuvre du sculpteur perdit toute élégance à cette addition. Mais, si la pureté des lignes fut atteinte par une ornementation sans goût, la science du statuaire, le talent supérieur dont il venait de faire preuve dans la composition de cette page importante, lui méritèrent d'unanimes éloges.

Il n'est que juste d'observer ici combien David se montre jaloux d'honorer son pays par ses ouvrages. L'art national est toujours présent à son esprit. On sait que Flaxman eut à sculpter la frise du théâtre de Covent-Garden, à Londres. On y retrouve les figures obligées des Muses et d'Apollon; mais, à la suite de ces personnages mythologiques, le sculpteur anglais a complaisamment modelé les Heures, les Furies, Bacchus, Pégase, Eschyle, Aristophane et Ménandre. Cependant, l'artiste avait adopté pour thème l'*Ancien Drame* et le *Drame moderne*. Dans la seconde partie de son travail, Shakespeare et Milton, seuls parmi les poëtes dramatiques de la Grande-Bretagne, trouvèrent grâce devant lui. Le premier commande à *Macbeth* et aux personnages de la *Tempête : Prosper, Miranda, Caliban,* de marcher devant lui. Milton regarde s'éloigner les personnages du *Masque de Comus*. Mais Flaxman est muet sur Ben Jonson, Marlowe, Chapman, Otway, Dryden, Addison. Le sculpteur n'a pas même songé qu'il dût évoquer leur souvenir! Et par un subterfuge dont la critique n'est point dupe, Flaxman a fait choix de la *Tempête*, une pièce fantastique, et du *Masque de Comus,* un drame oublié, afin que son ciseau pût jouir d'une plus grande liberté d'allure dans l'hommage qu'il allait rendre à Shakespeare et à Milton. David ne connaît point ce genre de transactions. Il va droit au but, et pour grande que soit sa tâche, une fois acceptée, il a le courage de la bien remplir.

Un bas-relief en pierre, représentant le comte de Frotté au milieu de six de ses compagnons fusillés avec lui, date de l'année

1829. Cet ouvrage, d'un style sévère, est placé dans l'église de Verneuil.

Mais il nous tarde de retrouver David, libre de commandes officielles, poursuivant au gré de son inspiration sa galerie de portraits, dont pas une pièce ne devait lui être payée. Les médailles ne pouvaient suffire à la vivacité de ses impressions devant certaines figures : le buste devenait nécessaire.

Béranger avait publié ses *Chansons inédites*. Déféré aux tribunaux, le poëte s'entendit condamner à l'amende et à la prison. Or, pendant que les spectateurs du procès se hâtaient d'ouvrir, sur les marches du Palais de justice, une souscription qui allait couvrir l'amende, David entraînait précipitamment le chansonnier. Comme ils arrivaient à l'atelier du maître, Ary Scheffer les rejoignait avec une toile et des pinceaux. Il était onze heures du matin. Béranger s'assit entre les deux artistes, le statuaire et le peintre; David prit sa glaise, et, sans se laisser vaincre par la fatigue, il modela dans cette seule séance le buste du poëte. A quatre heures, tout était fini, et l'on eût pu couler en plâtre. Il était temps. Les portes de la prison de la Force se refermaient le lendemain, dès la première heure, sur Béranger. Quelques mois plus tard, le marbre avait reçu le dernier coup, et le chantre du *Vieux Caporal* dut accepter son portrait des mains de David. La bonhomie railleuse qui distingue la physionomie de Béranger est écrite dans le front penché, les lèvres presque ouvertes et l'œil saillant, qui semble darder le regard avec malignité. Au premier aspect, la tête paraît obéir à l'expression de la bonté; à mesure qu'on l'observe avec plus de soin, le caractère intime du modèle se laisse pénétrer, et le spectateur d'un pareil marbre a promptement deviné la verve facilement irritable d'un poëte né pour l'ïambe et le couplet politique[1].

[1] « Quant au buste de Béranger, a écrit M. F. de Lasteyrie, qui le voit a vu l'homme. » — *Siècle* du 13 mai 1857.

L'influence de l'opposition libérale et la popularité de La Fayette allaient grandissant. Un souffle révolutionnaire passait sur les têtes : 1830 était proche. On s'entretenait de l'Amérique et de ses institutions républicaines. Une souscription nationale fut ouverte pour élever un buste colossal à Washington, et David fut chargé de modeler la tête du premier président des États-Unis. Mais le nom de La Fayette pouvait-il être oublié lorsqu'il était question de Washington? Le statuaire se plut à rapprocher deux hommes en qui la cause de l'indépendance américaine a trouvé le même enthousiasme uni à une égale probité. Le buste de La Fayette prit en même temps que celui de Washington le chemin du nouveau monde.

« Un jour, écrit David, je reçus une lettre de M. de La Fayette, dans laquelle il m'informait que son buste colossal en marbre, que j'avais offert à l'Amérique, était placé, selon mon intention, dans la salle du Congrès. Il me faisait tenir, en même temps, un journal dans lequel la lettre que j'avais adressée au Président des États-Unis, pour le prier d'accepter au nom de la jeunesse républicaine le portrait du héros de la liberté, se trouvait textuellement reproduite[1]. A cet envoi, La Fayette avait joint quatre billets de mille francs, « afin, disait-il, de me dédommager « de mes premiers frais ». Je fus le voir aussitôt et lui reportai les billets, en lui disant que j'aurais désiré être assez riche pour lui élever un monument plus digne de son mérite; qu'il était mon

[1] Nous devons à l'obligeance de M. Ferdinand de Lasteyrie, membre de l'Académie des Inscriptions, communication de cette lettre du maître dont il possède un autographe. — Voir tome II, *Lettres sur l'art, XVIII.* — La Fayette, dans ses *Mémoires*, s'exprime ainsi sur le compte de David : « Vous connaissez le beau buste en bronze du général Washington. Son auteur, notre aimable statuaire David, a fait présent au Congrès de mon buste accompagné d'une lettre qui a été mise dans les journaux américains et qui exprime les plus vifs sentiments pour moi. Il m'en destine une copie en marbre. C'est un jeune homme bien distingué sous tous les rapports; on voit son âme dans ses ouvrages. » — Lettre du 12 avril 1829. — *Mémoires, correspondance et manuscrits du général de La Fayette.* Paris, Fournier, 1837-1838, 6 vol. in-8°.

héros, et que je réclamais de sa bienveillance et de l'amitié dont il daignait m'honorer, de me laisser seul faire ce cadeau, et seul dans une œuvre qui avait si profondément remué mon cœur. Au premier mouvement que je fis pour lui rendre ses billets, M. de La Fayette devint rouge; mais, lorsque je me fus expliqué sur mes sentiments à son égard, je vis poindre des larmes dans ses yeux, il m'ouvrit ses bras et m'embrassa comme on embrasse un fils. Quelque temps après, il voulut bien accepter une répétition de son buste en marbre que je lui offris, et qui est actuellement à la Grange[1]. »

La prévoyance et la fierté sont gravées dans les traits de Washington[2]. La tête fuyante de La Fayette présentait des

[1] Notes autographes de David appartenant à la famille. — Le château de la Grange, en Brie, résidence de La Fayette, est situé en Seine-et-Marne. — Nous trouvons dans les papiers de l'artiste ces lignes humoristiques sur les principaux hôtes du salon de La Fayette en 1830 : « Dans le salon de La Fayette les invités que l'on coudoie ont de la décision. Les figures respirent l'aisance. Il y a bien dans le nombre quelques trembleurs qui cherchent à se rassurer eux-mêmes par une contenance toute d'aplomb. Si les jeunes gens causent avec les dames, on sent qu'ils ne s'accordent qu'une trêve rapide; les discussions politiques forment le fond des discours, et les entretiens sérieux cessent rarement chez La Fayette. Le général est là, debout au milieu du salon comme un chêne vénérable, et tandis qu'on l'entoure, lui calme, doux, impassible, il parle à chacun, sans phrases, mettant tout le monde à l'aise. Vous rencontrez chez lui madame Opie, venue d'Angleterre dans le but de voir son héros; Cooper, toujours en quête de quelque trait de mœurs pour un nouveau roman; Humboldt, le preneur de notes du roi de Prusse; le colonel Fabvier, démissionnaire du titre de commandant de la place de Paris, type militaire et loyal. Au fond de l'appartement, sur un haut piédestal, est placé le buste de La Fayette que j'ai sculpté. » — Notes autographes.

[2] « Mon praticien Béglair m'a dit plus d'une fois qu'il avait vu Washington travailler aux champs et ramasser le foin. Un jour il arriva qu'un nègre qui tenait l'un de ses bras en écharpe prétexta qu'il ne pouvait travailler. — « Puisqu'il te reste une main libre, lui dit Washington, tu peux conduire un « râteau. Regarde-moi, je vais mettre une main dans ma poche, et avec l'autre je « travaillerai. » Cet homme simple et modeste était vraiment grand. Les vaisseaux étrangers n'avaient pas tort de hisser leurs pavillons pour lui faire honneur lorsqu'on signalait sa présence dans un port. Je comprends le sculpteur Houdon faisant le voyage d'Amérique dans le seul but de modeler la statue de Washington. » — Notes autographes de David appartenant à la famille.

difficultés que David n'esquiva pas, mais qui lui faisaient dire plus tard, en parlant de ce buste : « J'ai soutenu tant que j'ai pu [1] », témoignage nouveau de sa préoccupation constante d'interpréter la nature au lieu de la reproduire servilement dans ses beautés ou dans ses lacunes.

Dumont de Genève, l'ami et le commentateur de Jérémie Bentham, venait de mourir; sa ville natale voulut avoir le buste du publiciste sculpté par David.

Rossini, délaissé par l'Italie et par l'Allemagne, s'était tourné vers la France. Le succès de *Guillaume Tell* avait fait proclamer l'étonnant génie du maestro. David l'alla trouver; et bientôt le front saillant à sa partie latérale, les lèvres mobiles de Rossini trahirent sur un marbre de choix l'abondance des pensées, la puissante habileté du compositeur. Mais David, ainsi que ses contemporains, avait supposé que le caractère égalait, chez l'artiste, les facultés de l'esprit. La France dut subir, après *Guillaume Tell*, le silence prolongé de Rossini devenu morose à trente-sept ans. Quant à David, si généreux qu'il se fût montré en offrant son buste au jeune maître, celui-ci n'en garda pas souvenir, et le marbre du sculpteur s'est perdu.

Les poëtes exerçaient sur David une sorte de fascination. « Pauvres artistes que nous sommes, disait-il à l'un d'eux, il nous faut ceindre le tablier, frapper à coups de maillet, jouer de la lime et du ciseau, pour tirer, à la sueur de nos fronts, des veines du marbre, ce que vous, dramaturges, conteurs, romanciers ou lyriques, vous créez, à toute heure du jour ou de la nuit, avec un bout de plume sur un bout de papier. Vos heures sont nos jours, vos jours sont nos années; et, tandis que vos œuvres se multiplient autour de vous sur l'aile de la presse, ou se répercutent sur les lèvres, ou s'abritent dans les mémoires, c'est en un coin du monde, inexorablement clouées au lieu de leur destination, que demeurent les nôtres à la merci des coups de foudre,

[1] Victor Pavie, *Gœthe et David, Souvenirs d'un voyage à Weimar.*

des coups de vent, des coups de sabre, des coups de pierre d'un enfant[1]. »

David s'était promis de sculpter Lamartine. Il tint parole. Le front haut, le nez aristocratique aux ailes amincies, les lèvres fines, donnent au visage son caractère d'exquise distinction. Les cheveux, relevés en mèches bien fournies, rayonnent comme des flammes autour des tempes. La tête légèrement posée en arrière avec une inclinaison peu sensible de gauche à droite, Lamartine est dans l'attitude de l'homme sous le charme d'une musique évanouie. Un dernier vers vient d'expirer sur ses lèvres, et l'oreille frémissante demande aux ondes sonores si la cadence du rhythme n'a point souffert du poids de la pensée. Une sorte de fluide mystérieux enveloppe ce buste fait d'idéalité. David ne pouvait modeler avec plus d'élégance et de vérité l'image de ce génie merveilleux dont il faudra dire « le poëte », comme on dit de La Fontaine « le fablier[2] ».

[1] Victor PAVIE, *Gœthe et David, Souvenirs d'un voyage à Weimar.*

[2] Lamartine conserva son buste pendant quelque dix ans, puis, pressé d'argent peut-être, il le vendit à M. Moïse Millaut pour la somme de dix mille francs. L'acquéreur ne se fit point faute d'ébruiter la chose. David en eut-il connaissance? Nous ne le saurions dire. Un de ses amis, M. Gigoux, ne pardonna pas à Lamartine la légèreté d'un semblable procédé. Se trouvant un soir chez le poëte, en 1849, M. Gigoux, avec ce franc parler qui lui est propre, mit la conversation sur David. — « Jamais, depuis les Romains, dit le peintre, aucun statuaire n'a mieux interprété la tête humaine que David ne l'a su faire. — Vraiment? dit Lamartine, je ne m'en doutais pas! — Je le regrette, et pas pour David, reprit finement l'interlocuteur. Voyez ses innombrables médailles : elle sont immortelles. Il y aura longtemps, croyez-moi, qu'on ne parlera plus de nos « célébrités » que les bronzes de David porteront encore le témoignage de tant d'existences oubliées. » Le cercle s'était fait autour des deux hommes, et le dialogue n'avait rien d'agréable pour Lamartine, qui s'efforçait de cacher son impatience. « — Mais, reprit-il tout à coup, David n'a rien dans sa personne qui impose. — Qu'est-ce que cela? riposta le peintre; vous connaissez comme moi les paysages de la Suisse, monsieur de Lamartine, vous souvenez-vous des sources du Rhin? Qui oserait nommer le grand fleuve en face de l'humble ruisseau de la vallée de Reinwald? — C'est juste! interrompit vivement Lamartine. Il est curieux, ce Gigoux, avec ses comparaisons!... » Et prenant occasion de clore l'entretien par une description de paysage, l'auteur du *Voyage en Orient* fit une habile digression sur la Suisse.

Chateaubriand, l'ancêtre littéraire de Lamartine, tour à tour poëte, conteur, apologiste, pamphlétaire, orateur, homme d'État, tenait une place trop grande dans les lettres et la politique pour que David oubliât de l'appeler. Il vint. Mais les heures du publiciste étaient comptées. Assis sur le siége de l'atelier, Chateaubriand, pendant qu'il posait, dicta son *Dernier Avis aux électeurs*. Les funérailles de Manuel et celles du général Foy, la chute de Buonaparte, éloquemment rappelées dans cet écrit, y sont suivies d'un réquisitoire contre « les *flagellations* de la censure », et l'écrivain hardi conclut en faveur de la liberté de la presse. David s'applaudit de ce que son modèle était tenu d'utiliser le temps qu'il lui donnait. « Je fais le buste de Chateaubriand, écrit-il; pendant ce temps, il dicte à son secrétaire. Ainsi, l'intérieur de l'homme m'est dévoilé. Le physique s'éclaire par le moral. Lorsqu'une pièce d'or laisse quelque doute, on la fait résonner : le son qu'elle rend donne sa valeur intime[1]. »

Grand sous tous ses aspects, le buste de Chateaubriand, l'un des plus admirés du statuaire, porte l'indice de la puissance[2]. Toutefois, la *spontanéité* n'est pas écrite sur les traits du publiciste. Si le front haut et vaste annonce la richesse de l'intelligence, il est moins fuyant que celui de Lamartine, et je m'assure que la volonté commande chez l'écrivain. Peut-être sera-t-il poëte à ses heures; mais, l'instant d'après, un rapport sur la politique extérieure ou sur une loi de finances ne coûtera pas à son esprit ordonné. L'œil, fortement enchâssé dans l'orbite, annonce l'homme d'étude; légèrement oblique et bombé, il révèle l'orateur. Un regard vif, mais contenu, s'en échappe. Les lèvres, posées sans passion, se terminent par un pli tombant où se laissent lire une certaine morgue et de la recherche. Les cheveux, arrangés avec art, produisent sur les tempes des effets harmonieux, sciemment

[1] Notes autographes de David appartenant à la famille.

[2] Voir tome II, pl. VI.

rompus; une élégante symétrie subsiste dans l'ensemble. Le nez, sculptural, donne un caractère imposant à la ligne médiane du visage. Une énergie concentrée, la plénitude de l'esprit sont marquées sur la racine vigoureuse et proéminente; les ailes délicates, flexibles, se dilateront au premier mouvement d'orgueil ou de dédain. Le menton, ferme et long, qui, vu de profil, déborde sensiblement sur la lèvre inférieure, n'est pas exempt de bonté, et le physionomiste y retrouve la trace d'un talent positif et délié.

Le buste de Chateaubriand, dont chaque relief exprime une passion, montre avec quelle certitude l'artiste philosophe savait lire au plus profond de l'âme et discerner, dans les linéaments du visage, la parole combattue, multiple, toujours confusément balbutiée, qui jaillit d'un cœur d'homme. Mais si nous interrogeons le statuaire sur l'opinion qu'il garde de son travail, sa noble défiance de soi-même le grandira plus encore à nos yeux que son génie. « Quand j'ai terminé le buste d'un homme célèbre, écrit David, j'éprouve un sentiment inexprimable de lassitude pour ses traits. Cela peut s'expliquer par la raison qu'employant toutes les forces de mon âme à rendre dignement la physionomie de mon modèle, le résultat que j'obtiens est toujours bien au-dessous de ma pensée. Les faiseurs de portraits ont, au contraire, un énorme contentement d'eux-mêmes. C'est qu'ils ne se passionnent pour aucune des têtes qu'ils copient, pour aucune gloire. Ils ressemblent à ces aubergistes qui reconduisent jusqu'à sa voiture le voyageur qui part, et le saluent d'un sourire aimable pendant qu'ils se préoccupent déjà des nouveaux hôtes dont ils espèrent l'arrivée.

« J'ai dîné hier chez Chateaubriand, écrit plus loin le maître; il avait invité un groupe élégant et choisi pour l'inauguration du buste dont je lui ai fait hommage. Pendant toute la soirée, le grand homme a été distrait, mangeant peu, la tête inclinée sur l'épaule gauche, le regard au plafond, l'air contemplatif. De temps à autre, la douce voix de *Béatrix* le rappelait à nous par des riens pleins de tendresse et d'exquise mesure. On eût dit un homme offrant un repas d'adieu. Il ne prenait aucune attention au luxe de sa table, et je le regardais sourire avec complaisance et un peu de mépris aux réflexions de sa voisine de droite, vieille douairière du faubourg Saint-Germain dont j'ai oublié le nom. L..., homme superficiel, prenait sans cesse la parole et ne disait que des choses vagues ou sans portée. Humboldt, observateur toujours fin, ne racontait de ses voyages que les détails amusants. Arago, timide, cherchait à se donner de l'assurance en élevant la voix, mais, tout occupé de ce qu'on allait penser de lui, il s'appliquait, en même temps, à atténuer l'énergie de ses opinions, et, ce travail paralysant sa pensée, il n'atteignait pas à sa vraie hauteur. Ballanche, l'œil constamment fixé sur *Béatrix,* était trop absorbé pour ouvrir la bouche. Moi-même, naturellement timide, j'observais sans rien dire. Tels étaient les convives.

« En sortant de la salle à manger, nous traversâmes une suite de pièces en enfilade avant d'arriver au sanctuaire où est placé le buste, près de la chambre à coucher de Chateaubriand. Le marbre n'a rien qui l'environne; il se détache sur une draperie de velours, et une lampe le met en lumière d'une façon pittoresque. Madame Récamier m'a confié ce qu'avait dit, peu de jours auparavant, mon illustre modèle : « Voilà un buste qui donne bien « l'idée de ma tête; je puis mourir maintenant. » Chateaubriand me serra les mains avec effusion, et il voulut bien m'adresser quelques paroles qui ont eu un grand prix pour moi, venant de lui.

« Il était huit heures, je dus m'en retourner au corps de garde où j'ai passé la nuit en faction, au milieu de gens dont le langage et les façons de vivre contrastaient singulièrement avec les hommes distingués que je venais de quitter. Avant de me rendre chez Chateaubriand, j'avais passé toute la journée au Champ de Mars sous les armes. J'aime ces contrastes, ces changements subits qui me laissent une ample moisson d'observations; mais les sensations

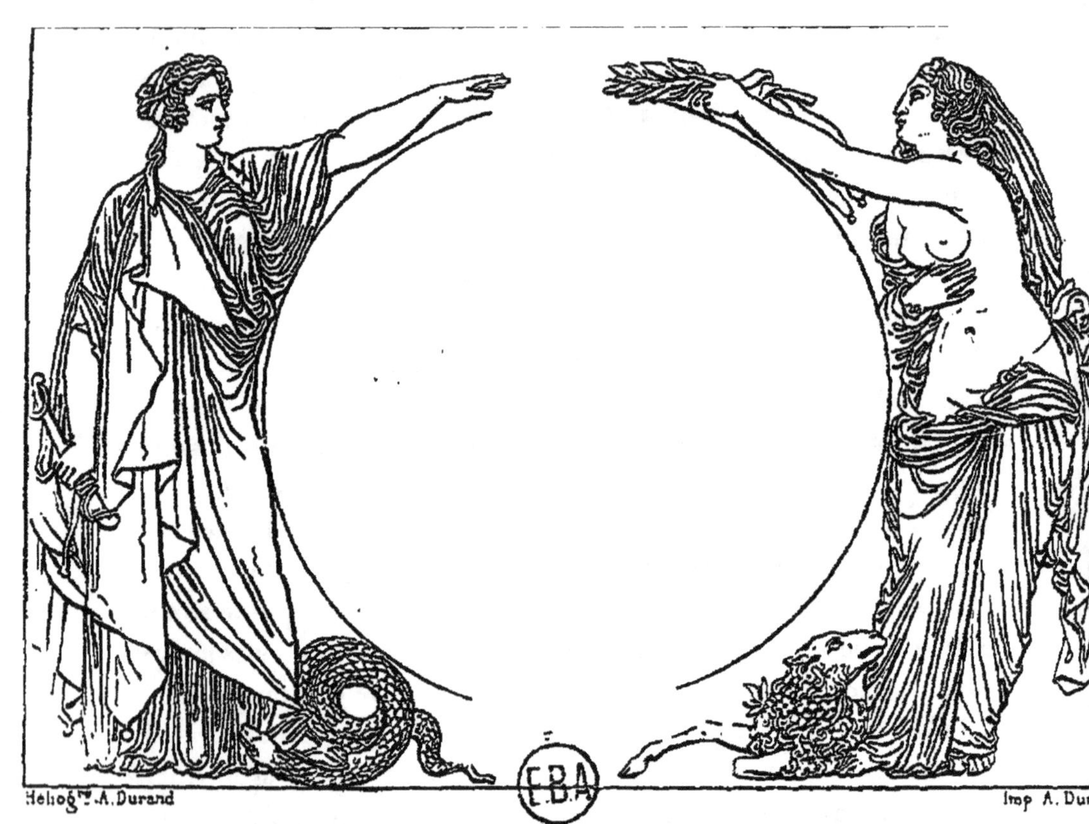

L'INNOCENCE IMPLORANT LA JUSTICE

Œil-de-bœuf de la cour du Louvre — *Pierre*

de la journée d'hier, ma visite chez Chateaubriand, les fatigues de la nuit, m'ont plongé dans un état voisin de l'épuisement[1]. »

« — En route pour Weimar! »

— Qui parle ainsi?

— David.

« — Nous partons après-demain. Es-tu prêt? Tout immortel qu'il est, Gœthe se fait vieux, hâtons-nous! L'occasion est bonne : mon *Corneille* est au point; j'ai deux bustes sur le chantier. J'ai taillé à mes praticiens de la besogne pour trois semaines. J'ai perdu la partie à Venise, la revanche à Londres. A Weimar la partie d'honneur! Il me faut cette tête, ou bien j'y laisserai la mienne[2]. »

Presque déconcerté par tant d'œuvres accumulées pendant une seule vie, nous ne songions plus à Byron franchissant les lagunes; Béranger, Lamartine, Chateaubriand nous avaient consolé de Walter Scott; les poëtes que sculptait David se pressaient assez grands et assez nombreux dans son atelier pour que notre orgueil national se déclarât satisfait. Le maître visait plus haut[3].

Parti le 30 juillet 1829, en compagnie de M. Victor Pavie, alors étudiant, et qui a redit dans sa prose vivante ce voyage ensoleillé du statuaire, David arrivait à Weimar le 18 août. Metz, Mayence, Cologne avaient marqué les étapes des deux pèlerins. On était encore au temps des diligences. David, par l'imprévu de

[1] Notes autographes de David appartenant à la famille.

[2] Victor Pavie, *Gœthe et David, Souvenirs d'un voyage à Weimar.* — Peu avant de prendre cette résolution soudaine, au cours de l'hiver de 1829, David s'était fracturé la main droite en se rendant chez Gérard où l'attendait un jeune homme qu'il avait promis de présenter lui-même à l'artiste. Ce fut le docteur Prosper Ollivier, compatriote de David, qui lui donna ses soins. Le maître était à peine rétabli lorsqu'il partit pour l'Allemagne.

[3] « Vous connaissez mon culte pour les grands hommes, écrit David à Louis Pavie le 27 juillet 1829; il en est un dont je veux étudier et contempler les traits : c'est Gœthe. Dans peu de jours, j'espère être auprès de lui. » — Lettre appartenant à M. Victor Pavie.

ses remarques, le genre et la vivacité de ses impressions en face de l'homme ou de la nature, ajoutait au caractère pittoresque du voyage. Aux approches d'Heidelberg ou de Carlsruhe, la nuit vient pendant que leur voiture est en marche. « Le soleil est couché, écrit David. Les ténèbres descendent, et la lumière remonte lentement et comme à regret vers le ciel. On lui supposerait un faible pour cette pauvre terre des hommes. Une jeune fille est assise, visible encore au fond de cette voiture où tout est disparu successivement autour d'elle. Son visage, épargné par les ombres, nous éclaire; il acquiert peu à peu une mystérieuse transparence et s'élève à une sérénité qu'il n'avait pu atteindre encore. La lumière, vaincue dans sa lutte avec les ténèbres, s'y attache et la baigne de ses derniers reflets; traquée d'un point à l'autre, c'est là qu'elle se replie et se condense; c'est sur ce front si noble et si pur qu'elle veut mourir[1]. » Telles sont les notes que le maître, toujours coloriste, consigne sur ses tablettes.

Gagner Weimar ne présentait rien de difficile, mais comment arriver jusqu'à Gœthe? Ampère et Cousin, pour être agréables à David, s'étaient empressés d'écrire au poëte allemand. Le statuaire était porteur de leurs lettres, mais le souvenir de Londres ne le quittait plus, et, pendant une journée, l'artiste hésita.

Il fallut commencer par quelque chose.

David rencontre un mouleur : il essaye d'en obtenir de l'argile, du plâtre et les ustensiles nécessaires à l'œuvre qu'il médite. Mais, ô fatalité! ni l'artiste ni son compagnon de route ne parviennent à se faire entendre. Survient un passant, M. Coudray[2]. Français lui-même, il a reconnu des Français. En quelques minutes tout s'éclaircit, et le figuriste procurera ce qu'on attend de lui.

M. Coudray ne borne pas là ses bons offices. Il est, à l'en croire, l'ami de « Monsieur de Gœthe »! Sans doute, dit-il à David,

[1] Victor Pavie, *Gœthe et David, Souvenirs d'un voyage à Weimar.*

[2] C'est le même personnage que M. Victor Pavie, dans son ouvrage *Gœthe et David*, appelle *Coubard*, et que M. Délerot, le traducteur des *Conversations de Gœthe*, recueillies par Eckermann, désigne à tort sous le nom de *Coutré*.

la négociation à entamer auprès du poëte ne laisse pas que d'être embarrassante, mais son crédit, sa prudence, son discernement peuvent triompher des susceptibilités ombrageuses du grand homme...

Que faire? Les natures d'élite aiment à marcher droit au but. David ayant reculé devant la crainte d'un échec ne se sent plus sur son terrain. Enhardi peut-être par l'assentiment de son jeune compagnon, il accepte l'offre de M. Coudray. Une seule clause est stipulée : l'artiste veut être instruit, le soir même, de l'accueil que lui réserve « Monsieur de Gœthe ».

A la nuit close, M. Victor Pavie rentrait à l'hôtel. Il trouvait David en proie à une agitation fébrile, marchant à pas pressés dans sa chambre. Nous lui laissons la parole.

« — Bataille perdue, mon cher! s'écria le maître. Nous n'avons qu'à plier bagage. Un quinteux, un fantasque; on ne sait quelle mouche l'a piqué; le voilà dans sa mauvaise lune. Cousin me l'avait dit, et Ampère en sait quelque chose. Aussi à quelles mains nous sommes-nous confiés? C'est ta faute.

« — Comment?

« — Oui, tu t'es lancé là avec ton optimisme de jeune homme, sans me laisser le temps de réfléchir et de me dégager. Ce n'est point en poltron et sous le patronage interlope d'un aventurier, c'est de front et résolûment qu'il nous fallait aborder le personnage. Essayez donc maintenant! Il y a bien une autre porte, mais sous laquelle jamais mon front ne s'inclinera. *Le Duc*, toujours *le Duc!* Merci de ces recommandations, vrais billets au porteur, et dont se targuerait aussi bien Baccio Bandinelli que Michel-Ange. On vaut par ce qu'on est, c'est oui ou non. Tu me connais, à genoux devant le génie, et, devant le pouvoir, imployable. Ah! les poëtes de cour, grands ou petits, partout les mêmes!

« — Est-il si grand qu'on le fait? A-t-il inventé *Faust*, et n'en sommes-nous pas à regretter la naïve et grandiose légende sous le persiflage philosophique dont notre affreux Voltaire peut revendiquer l'inspiration? Son *Werther*, entre nous, relève plus du pistolet que de la plume, et son *Berlichingen* est un œuf couvé et éclos dans le nid d'aigle de Shakespeare.

« L'idole chancelait.

« Mais lui, sourd à ces consolations vulgaires, la tête dans sa main et le coude sur la cheminée, poursuivait :

« — Et tu me crois homme à regagner Paris pour égayer les ateliers de ma mésaventure? Nous ne sommes plus à Londres où l'échec de notre démarche s'abritait sous le caprice et l'impromptu de l'occasion. Battus en règle, au vu et au su de tous! Pars, retourne au pays, tandis que moi, la flèche au flanc, j'irai je ne sais où ensevelir ma défaite, pour revenir je ne sais quand, jamais peut-être!

« — Ah çà! maître, est-ce bien vous que j'entends? Vous achopper à cette pierre et y briser votre ciseau? Les vivants vous repoussent, eh bien! vivent les morts!

« — Bien parlé! Et d'un bond, s'élançant de la chaise où il s'était insensiblement laissé choir : Où est Schiller, que je l'embrasse? Celui-là était peuple, on ne disait pas « monsieur de Schiller »; sa tombe où je frapperai ne me restera point scellée; j'irai l'y prendre, et l'en ramènerai glorieux. Je ne l'ai point vu, qu'importe! Ai-je vu Corneille, ai-je vu Racine? Le buste que je lui destine n'en ressemblera que mieux; sur son front reluira l'éclair de son génie. Je le ferai tel que je le sens, tel que je l'aime et l'admire, non point avec ce nez pincé dont l'a gratifié Dannecker, mais les narines gonflées de patriotisme et de liberté.

« En ce moment, la fenêtre entre-bâillée de la chambre, cédant à la brise du soir, s'ouvrit à deux battants. Le ciel était superbe, la voie lactée s'y déroulait avec un tel éclat qu'on en eût compté les étoiles. David resta quelque temps silencieux, ébloui; puis, avec cette soudaineté d'impression qui renouvelait incessamment autour de lui le domaine des sentiments et des idées :

« — Quelle œuvre, et quel chef-d'œuvre! Sommes-nous pauvres auprès de cela! Tous vos génies en un, écrivains, artistes, poëtes, atteindraient-ils jamais à ce poëme incomparable dont les taches sont des splendeurs? Dieu sait pourtant vos prétentions insatiables; on vous écorche en vous louant... Et légers! Retiens bien ceci (et ses pressentiments à cet égard n'étaient rien moins qu'une chimère), c'est que tel d'entre eux qui a reçu de moi, pour gage de mon admiration, un buste en marbre, en aura, quelque jour, littéralement perdu le souvenir. — Non, il n'y a rien de noble et de grand dans l'humanité que ce qui souffre. J'ai toujours dans la tête, ou plutôt dans le cœur, cette protestation de la conscience humaine contre la plus exécrable iniquité de nos temps, la traite des nègres. Après dix ans de silence et de souffrance, il faut qu'elle éclate par la voix de l'airain. Tu vois d'ici le groupe, l'esclave garrotté, l'œil au ciel protecteur et vengeur du faible; près de lui, gisante et brisée, sa femme, au sein de laquelle une frêle créature suce du sang au lieu de lait; à leurs pieds, détaché du collier rompu de la négresse, le crucifix, l'Homme-Dieu mort pour ses frères, noirs ou blancs. Oui, le monument sera de bronze; et, quand soufflera le vent, on entendra battre la chaîne, et les anneaux résonneront.

« — De bronze? Dites d'or! Et je lui sautai au cou. Plaignez-vous donc! Mais avant de souscrire à vos résolutions désespérées, pourrais-je savoir enfin les paroles textuelles de ce messager de malheur?

« — Qu'il nous fallait attendre, jusqu'à demain midi, la réponse définitive.

« — N'est-ce que cela? Sursis n'est pas refus[1]. »

En effet, l'honnête messager reparut le jour suivant, à l'heure dite, et informa le maître que Son Excellence, après quelques hésitations, avait cédé devant les lettres d'Ampère et de Cousin. Gœthe attendait David.

La présentation ne fut pas longue. David offrit au poëte les médaillons de Cousin, de Victor Hugo et de Delacroix. Gœthe

[1] Victor PAVIE, *Gœthe et David, Souvenirs d'un voyage à Weimar.*

parut prendre intérêt à l'examen de ces profils, puis « il laissa échapper un petit gloussement qui lui était propre et sur la signification duquel il n'y avait point à se méprendre[1] ». Aussitôt, le poëte engagea le dialogue en questionnant le maître sur les écrivains et les artistes français, et, tout en parlant, Gœthe faisait *les honneurs de sa maison.*

Mais ouvrons les notes de David.

« Il faut gravir trois marches pour atteindre à la porte de la maison de Gœthe qui donne sur la rue. Cette porte franchie, on trouve un escalier à main droite. Sur le premier palier est placé un chien en bronze (chien lévrier); je ne suis jamais monté sans lui avoir passé la main sur le museau. Plus haut, se voient des bustes antiques dans des niches, deux grands dessins d'après le *Thésée* et le beau groupe du fronton du Parthénon.

« Tout à fait au haut de l'escalier est le groupe de *Castor et Pollux*, peint en bronze. On pénètre dans un vaste salon orné de dessins d'après les plus belles pages de Raphaël, notamment les pendentifs de la Farnésine. Près de la fenêtre, sur un piédestal, est le masque de *Jupiter*. Sur ce même piédestal, une statuette en bronze représente Napoléon ayant les bras croisés. Cette figure a pour socle un morceau de rocher apporté de Sainte-Hélène. Toujours sur le même piédestal se trouve une statue dans le goût le plus « rococo »; c'est le système de Gœthe d'avoir des types dans tous les genres. De l'autre côté de la fenêtre, en pendant à *Jupiter*, est une tête de *Minerve*, celle de Velletri. Une grande table sert pour le dîner qui a lieu dans cette salle. Un portrait peint à l'huile représente Herder. Ce portrait est de Bégas, et d'une belle exécution, quoique un peu sec.

« A gauche, en regardant la fenêtre, règne une très-grande salle garnie d'un tapis. Lorsqu'on entre dans cet appartement, on voit à droite une tête colossale de *Junon*, et dans les intervalles des fenêtres sont placées des tables chargées de gravures et de

[1] Victor Pavie, *Gœthe et David, Souvenirs d'un voyage à Weimar.*

médaillons. Au milieu de la salle, un grand meuble contient d'immenses cartons étiquetés, dans lesquels le poëte a réuni des dessins originaux et des gravures d'après les maîtres de toutes les époques, de tous les pays, de tous les styles.

« Sur la paroi de face est suspendue une très-belle copie de la *Noce Aldobrandine*, munie d'un rideau vert dont on la couvre quand il n'y a pas soirée. Au-dessous, un canapé, une table ronde recouverte d'un tapis vert.

« De chaque côté de cette toile sont des cadres renfermant quelques dessins de choix des plus grands maîtres anciens.

« Immédiatement à la suite de cette pièce, il en existe une autre dans laquelle Gœthe a placé les portraits de son père et de sa mère. Des meubles spacieux renferment un immense médaillier riche des plus belles épreuves des temps anciens de l'Italie, de Rome, de la France et de la Grèce[1]. Cette pièce contient encore une très-grande quantité de dessins et beaucoup de cartons que Gœthe visite tous les jours, car bien que sa collection soit immense, il connaît dans le plus grand détail tout ce qu'il possède en œuvres d'art.

« Il existe dans le salon du poëte un masque de *Méduse* dont les yeux sont hagards. La bouche, vue d'un côté, a des lèvres sensuelles; de l'autre, elle souffre. On sait que Méduse fut tuée dans une heure d'amour.

« Gœthe possède un dessin de Jules Romain qui représente *Agrippine noyée par ordre de Néron*. Elle se jette dans le fleuve. Le geste indicateur du pilote est le seul bourreau. Personne ne touche à cette femme. Le visage des hommes qui l'entourent exprime ou l'indifférence ou la pitié. Une seconde barque semble porter Néron. L'artiste a su rendre terrible une pareille scène sans la faire repoussante. En disposant les bourreaux à une certaine

[1] « Gœthe achemina son hôte, écrit M. Pavie, vers un médaillier de la Renaissance où figuraient, en première ligne, des épreuves de Pisanello. » — *Gœthe et David, Souvenirs d'un voyage à Weimar.*

distance d'Agrippine, il a marqué son caractère d'impératrice[1]. »

A peine avaient-ils échangé quelques pensées que déjà Gœthe et David s'étaient compris. La mise sévère du sculpteur, l'aisance de sa tenue, son grand œil bleu, sa parole simple, ses aperçus élevés, une jeunesse d'âme qui lui donnait d'être promptement ému, tout en lui devait plaire à l'auteur de *Faust*. Ce fut Gœthe qui fixa de lui-même le jour et l'heure de la première séance. Le mouleur apporta la terre et l'armature, et le buste fut commencé.

Y avait-il songé? Est-ce le résultat d'une inspiration subite? Nous l'ignorons. Lorsque David fut aux prises avec la glaise, une tête aux proportions gigantesques se dessina sous ses doigts. A ses yeux, une effigie de grandeur naturelle ne pouvait convenir au génie. D'ailleurs, il est juste d'ajouter que le front vaste et proéminent du modèle, sa tête droite, portée sur des épaules robustes, son regard habituellement baissé, faisaient à Gœthe une attitude majestueuse. Une gloire sans éclipse, des années dont le nombre laissait redouter une mort prochaine, les difficultés vaincues pour arriver jusqu'à lui achevaient de placer le poëte dans une perspective idéale. Gœthe apparaissait à David habitant une région supérieure, et l'image qu'il s'apprêtait à modeler, pour être à la hauteur de son héros, devait avoir le caractère d'une apothéose.

Tous deux, ils vécurent ainsi dans le tête-à-tête de séances journalières pendant une semaine. Ce qu'ils dirent? David va nous l'apprendre.

« Gœthe, écrit-il, aime jusqu'à la passion lord Byron. Un jour il est sorti de son calme impassible devant un compatriote du poëte anglais qui s'était permis de blasphémer la mémoire du chantre de *Childe-Harold*.

« Chateaubriand, d'après lui, n'est que le continuateur de Bernardin de Saint-Pierre.

[1] Notes autographes de David appartenant à la famille.

« Gœthe estime beaucoup Guizot. Il m'a dit être heureux de recevoir directement chacun de ses cours dans la semaine qui suit leur lecture, parce qu'ils n'ont pas encore été déflorés par la critique.

« — Je m'applaudis d'avoir écrit mes *Mémoires*, me dit-il un « jour avec une nuance d'ironie, puisqu'ils ont été de quelque « secours à M. Beyle, qui a daigné s'emparer de plusieurs traits « que j'avais racontés et qu'il a reproduits comme s'ils étaient son « œuvre. »

« Napoléon avait reproché à Gœthe d'avoir traduit *Mahomet*, ainsi que plusieurs autres pièces de Voltaire. Le poëte répondit qu'il avait été bien aise de donner aux Allemands quelque idée de la tragédie française au dix-huitième siècle. « — J'espérais de la « sorte, ajouta-t-il, amener mes compatriotes à de certaines choses « que je voulais faire... » En ce moment, sa fille entra dans notre atelier, et je n'ai pu en savoir davantage.

« Quand la conversation tomba sur lady Morgan : « Ah! « l'espion! s'écria Gœthe, le corsaire, le journaliste de salon! »

« Comme nous parlions de la lutte maladroite de Lemercier contre les Romantiques, Gœthe témoigna sa surprise de ce que Lemercier agît ainsi : « Lui qui dans ses premiers ouvrages avait « donné l'impulsion, pourquoi n'a-t-il pas fait un bon travail au « lieu de ce mauvais petit drame, la *Mort d'Abel*, qui vient de « paraître? »

« Gœthe me dit encore à propos des Romantiques : « Ils ne « travaillent pas! Moi, j'ai brûlé bien des essais, et je ne voulais « pas livrer mon *Werther* au public. C'est un de mes amis qui me « dit : « Il faut imprimer cela[1]. »

Aux causeries littéraires succédaient les réflexions sans lien.

« Gœthe estime que le séjour de Paris peut nuire à l'originalité parce qu'on y est influencé par le milieu. C'est une opinion que j'ai depuis bien longtemps.

[1] Notes autographes de David appartenant à la famille.

« Gœthe approuve mon idée qu'il est bien difficile de juger les hommes autrement que sur l'apparence, car ils ont bien soin de se tenir en garde sur leurs penchants intimes.

« — Tous les hommes aiment à entendre prononcer leur nom, lui disais-je un jour, et ce fut un grand moyen de plaire chez l'Empereur que cette faculté qui lui était familière de retenir le nom de chaque personne qu'il avait rencontrée. « — Hum! « répliqua Gœthe, il en faut rabattre; Napoléon avait des « souffleurs chargés de lui nommer à propos ceux qui se « présentaient[1]. »

L'art, on le conçoit, dut être le thème favori de l'entretien de ces deux hommes, mais David n'avait nul besoin de recourir à la plume pour se souvenir des opinions du poëte sur un tel sujet. Sa mémoire devait suffire; aussi les notes du statuaire concernant son art, recueillies pendant son séjour auprès de Gœthe, n'ont-elles pas l'importance que souhaiterait notre curiosité.

« Je dis un jour à Gœthe que l'auteur du *Laocoon* était bien heureux d'avoir fixé sa pensée sur une aussi sublime tragédie. « — Certes, répondit Gœthe, car dans ce groupe la cause et « l'effet sont admirablement indiqués. »

« Gœthe approuvait beaucoup l'idée que j'ai de faire *Prométhée délivré*, le vautour mort à ses pieds, et lui, l'œil au ciel, portant sur ses traits l'expression du mépris, tempérée par une nuance de douleur, dernier vestige de ses souffrances passées.

« Il me parla souvent d'une *Eurydice*. Il estimait qu'un pareil sujet convient particulièrement à la sculpture, parce que, disait-il, la cause et l'effet, ainsi que dans le *Laocoon*, y seraient facilement saisis.

« Gœthe pensait que les *Métamorphoses* d'Ovide furent inspirées à ce poëte par les peintures apportées de Grèce et placées à Rome sous les Portiques.

[1] Notes autographes de David appartenant à la famille.

« — Pourquoi ne faites-vous pas graver vos ouvrages? me dit-il « un jour, l'Europe les connaîtrait. » Je lui répondis que j'avais toujours l'espoir de mieux faire[1]. »

Cette parole, si conforme à la défiance de soi-même qui fut la vertu préférée de l'artiste pendant toute sa vie, est de celles que nous nous plaisons à relever.

Si maintenant nous nous rappelons ce que furent dans des voies différentes Gœthe et David, il nous est permis de penser que leurs entretiens sur l'art n'ont pas été circonscrits dans les quelques réflexions qu'on vient de lire. Gœthe, qui a si heureusement défini le devoir de l'artiste lorsqu'il dit : « L'artiste n'est pas né tout formé, mais seulement avec le germe du talent, et s'il ne se sent disposé à apprendre des grands maîtres ce qui lui manque, il restera en arrière et au-dessous de lui-même » ; Gœthe, qui affirme encore que « non-seulement ce qui est inné en nous, mais ce que nous avons acquis nous appartient et se confond avec notre nature[2] », ne put moins faire que d'exprimer devant David une doctrine qu'il savait pratiquée d'avance par le sculpteur.

Des affinités plus grandes encore existaient entre la méthode de David et la théorie du philosophe sur l'idéalité de l'œuvre plastique. « Celui qui veut faire quelque chose d'idéal, a dit Gœthe, doit avoir amené son développement intérieur à un point tel que, comme les Grecs, il puisse élever la réalité mesquine de la nature à la hauteur de son esprit. Le rôle de l'artiste est de transformer en une réalité sans lacunes ce qui dans la nature, par suite d'une faiblesse intime ou de quelque obstacle extérieur, est resté à l'état d'intention[3]. » David, depuis qu'il modelait le buste du poëte de Weimar, faisait-il autre chose? Ses portraits

[1] Notes autographes de David appartenant à la famille.

[2] *Conversations de Gœthe pendant les dernières années de sa vie*, 1823-1832, recueillies par Eckermann, traduites par Émile Délerot. Paris, Charpentier, 1863, 2 vol. in-12.

[3] *Conversations de Gœthe*, recueillies par Eckermann.

de Lamartine et de Chateaubriand ne sont-ils pas conçus d'après ces principes? Si donc la pensée formulée par Gœthe au cours de ses entretiens avec Eckermann n'eût pas été le fruit de ses propres méditations, David eût pu la lui suggérer.

Tels étaient, d'ailleurs, les points de rencontre nombreux qui prédestinaient Gœthe et David à l'intimité de l'esprit que la théorie discutable du docteur Gall devait les passionner l'un et l'autre à un égal degré. « Le poëte aimait à se rappeler, écrit M. Pavie, que les idées premières d'un système si gros de controverses lui avaient été exposées par le docteur lui-même en séance expresse à l'Université d'Iéna[1]. » C'est à peine si Gœthe, malgré la réserve accoutumée de son langage, laissait transpirer un moindre enthousiasme que n'en professait hautement le sculpteur à l'endroit des vingt-sept facultés localisées par Gall dans le cerveau. Nous trouvons le témoignage des complaisances du poëte au sujet de la doctrine phrénologique dans cette note de David : « Pendant que je modelais son buste, Gœthe avait fait placer à côté de moi, sur une table, le crâne de Raphaël entouré d'une couronne de laurier. Gœthe aime beaucoup les couronnes; il me faisait observer comme le crâne de Raphaël est uni, comme les bosses en sont peu sensibles. Gœthe a fait mouler aussi le crâne de Schiller[2]. »

Quelques traits dispersés à travers les notes du sculpteur nous ont permis de reconstituer une esquisse sans prétention du poëte de Weimar.

« Gœthe aimait à me surprendre aux heures où je l'attendais le moins. Je voyais tout à coup cette figure colossale s'approcher sans le plus léger bruit, car il semble glisser; ses pieds posent à peine sur le sol. Il me disait : « Eh bien, vous travaillez « toujours à votre vieil ami? »

[1] *Gœthe et David, Souvenirs d'un voyage à Weimar.*

[2] Notes autographes de David appartenant à la famille.

« Il ne fait jamais de geste; sa phy ionomie annonce seule avec expression ce qui se passe dans son âme. Sa lèvre inférieure, qui avance légèrement, prend un caractère singulier que vient compléter un certain clignotement des yeux lorsqu'on parle devant lui d'un homme qui s'est trompé en quelque chose. Gœthe paraît avoir le sentiment de sa supériorité. Il a l'air de quelqu'un qui a tout prévu, et, le dirai-je? il semble bien aise de l'échec d'autrui.

« On le dit quinteux et d'un abord difficile. Cela vient, je crois, du peu de discrétion de ses visiteurs. S'il ne se défendait, on abuserait de son temps. Bon nombre de jeunes enthousiastes viennent avec délire se jeter à ses pieds. Ces scènes, qui se sont renouvelées trop souvent, lui font mal.

« Lorsqu'il éprouve une émotion vive, il se retire dans son cabinet ou va voir ses antiques. Cela le rafraîchit, dit-il, et il reparaît le visage calme.

« Je l'ai vu quelquefois sous le coup d'une idée soudaine qui semblait . giter. Il passait plusieurs fois la main sur son front; alors, tous les sourcils disparaissaient.

« Gœthe se tient toujours debout. Je ne l'ai vu s'asseoir qu'une seule fois, parce que la chaleur était accablante. Il m'a semblé ce jour-là bien fatigué[1]. »

David, on se le rappelle, n'avait pas pris garde au costume que portait Walter Scott. L'homme le préoccupait à d'autres titres que tout ce qui relève de l'heure ou du lieu. Mais lorsqu'il s'était longuement pénétré de la physionomie de son modèle, il ne dédaignait pas de s'arrêter aux détails qui en pouvaient compléter le portrait :

« Gœthe est toujours vêtu d'une très-longue redingote brun clair, qu'il boutonne jusqu'au collet, et d'un pantalon de même étoffe. Point de col de chemise; une cravate blanche arrangée sans rosette comme font les Anglais. Il reçoit son monde le soir

[1] Notes autographes de David appartenant à la famille.

dans ce costume. La princesse vient tous les vendredis prendre le chocolat avec lui à midi. Alors, il passe un habit bleu. Je ne l'ai vu dans cet habit, à ses soirées, qu'une seule fois, parce que c'était une soirée extraordinaire.

« Il prend le café à six heures dans son lit. Il déjeune à dix heures avec du pain et du vin. De temps à autre, pendant la journée, il boit dans un petit verre du vin de Madère, et mange quelques bouchées de pain.

« Gœthe travaille dans une pièce si petite que son lit la remplit presque en entier, et, de sa tête, lorsqu'il se tient debout, il semble atteindre au plafond. Il me faisait penser au *Jupiter* de Phidias. Il est très-remarquable que les hommes de génie aiment à travailler dans des appartements retirés et de la plus petite dimension. Ceux qui mettent au jour des ouvrages immortels connaîtraient-ils cette pudeur de la femme qui va devenir mère et qui aime à vivre loin du monde? Est-ce un sentiment jaloux qui leur fait craindre qu'un regard indiscret ne profane leur œuvre nouvelle avant qu'elle soit parée, qu'elle brille de tout l'éclat de sa création? Je crois plutôt que c'est un besoin physiologique qui les dirige dans ce choix. Il importe que l'âme du poëte ne soit pas troublée par les objets extérieurs, qui lui enlèveraient de sa force de concentration.

« Il existe à Weimar une espèce de « Méphistophélès » que l'on rencontre partout. Il sert à toutes les soirées de Gœthe. Lorsque quelqu'un veut m'interroger, je trouve ce garçon planté devant moi pour m'avertir de ce qu'on me demande. Il semble chercher à deviner ma pensée, puis il disparaît, se multipliant d'une manière fantastique[1]. »

David, on le sait, n'eut jamais rien d'exclusif dans son culte pour les grands hommes. Pendant son séjour à Weimar, Gœthe ne devait pas éclipser Schiller.

[1] Notes autographes de David appartenant à la famille.

« Je viens de visiter la petite maison de Schiller. J'ai vu la chambre étroite dans laquelle il a composé ses tragédies[1]. »

Après Schiller, Mięckiewicz. Un soir que David et son jeune compagnon achevaient leur repas « *zum Elephanten* » où ils étaient descendus, M. Pavie raconta devant deux étrangers au type slave qu'il avait suspendu dans sa chambrette d'étudiant le portrait de Mięckiewicz, le poëte populaire de la Pologne.

« — Apparemment, interrompit l'un des auditeurs, le portrait n'est pas ressemblant[2]. » Cette réplique singulière ouvrit les yeux de l'étudiant. Mięckiewicz, en personne, le barde des *Romances et Ballades*, était devant lui !

« — Halte-là ! s'écria David. A nous deux, mon poëte et mon proscrit, je ne vous lâcherai point que je n'aie tiré de vous un portrait, mais qui vous ressemble[3]. »

Et entraînant Mięckiewicz pendant que les témoins de cette

[1] Notes autographes de David appartenant à la famille.

[2] C'était Odyniec, compagnon de Mięckiewicz, qui parlait ainsi. Antoine Odyniec, nous écrit l'un de ses compatriotes, M. F. Trawinski, né en 1804 dans les environs de Wilna, ami intime de Mięckiewicz, est son imitateur en littérature et occupe un rang élevé dans la poésie polonaise. Il a écrit des satires et des drames historiques, dont quelques-uns sont remarquables. Mais il est connu surtout par ses traductions des principaux chefs-d'œuvre des littératures étrangères, notamment de la littérature anglaise. Ses poésies, recueillies sous le titre de *Nouveau Parnasse polonais*, ont paru à Posen. Le poëte, fixé actuellement à Varsovie, vient de publier deux volumes de prose intitulés : *Lettres de voyages*. On y trouve des détails fort curieux et inconnus jusqu'alors sur ses relations avec Adam Mięckiewicz.

[3] Victor Pavie, *Gœthe et David, Souvenirs d'un voyage à Weimar*. — Au moment où David d'Angers s'exprimait de la sorte, « un petit homme entra, écrit Odyniec, et remit un billet à Adam. Adam le lut et rougit, sans doute de plaisir, car le billet était de Gœthe, qui le priait de permettre au peintre, envoyé par lui, de faire son portrait, parce qu'il désirait (ce sont les termes de sa lettre) posséder dans sa galerie un hôte si intéressant. David dit au peintre qu'ils pouvaient travailler tous deux à la fois. Ils placèrent donc Adam sur une chaise, ainsi qu'une jeune fille dont on va boucler les cheveux, et l'un se mit à peindre sa silhouette, l'autre à le modeler. » — *Mélanges posthumes d'Adam Mięckiewicz*, publiés avec introduction, préface et notes par Ladislas Mięckiewicz. Paris, 1873, in-12.

scène s'empressaient de les suivre, il l'emmena dans sa chambre, le fit asseoir à quelques pas de lui, auprès d'une lampe, et pendant qu'il fixait un peu de cire sur une plaque d'ardoise : « Vous nous chanterez, lui dit-il, un de ces chants que redisent les mères et qui font tressaillir au berceau les petits enfants de la Pologne. Je tiendrai l'ébauchoir, et nos jeunes amis la plume [1]. »

Et Miękiewicz improvisa dans la langue du statuaire, pour lui faire honneur, l'hymne guerrier du *Pharis.*

« Il est noir, mon coursier, comme un nuage orageux. Une étoile brille à son front comme l'aurore. Il étale au vent sa crinière d'autruche, et ses pieds blancs jettent des éclairs.

« Vole, vole, mon brave aux pieds blancs ! Forêts, montagnes, place, place !

« En vain un vert palmier m'offre son ombre et ses fruits, je m'arrache à son abri. Le palmier honteux s'enfuit, se cache dans une oasis, et du bruit de ses feuilles semble rire de ma témérité.

« Les rochers, gardiens de la frontière du désert, tournent vers moi un visage sombre et noir, répètent les échos de mon galop, et semblent me menacer ainsi :

« Insensé ! où court-il? Là sa tête ne trouvera plus d'abri « contre les flèches du soleil, ni sous un palmier à la verte « chevelure, ni sous une tente au sein blanc. Là il n'y a qu'une « seule tente, celle des cieux. Seuls, les rochers y couchent; « seules, les étoiles y voyagent. »

« Je cours, je cours, et je tourne les yeux, et je vois les rochers honteux s'enfuir et se cacher les uns derrière les autres... »

A plus d'une reprise, David dut interrompre Miękiewicz. La plume de ses auditeurs était moins rapide que ses strophes enflammées. En retour, l'ébauchoir du maître, tenu par une main fiévreuse, imprimait dans la cire le signe multiple des joies de l'esprit.

[1] Victor PAVIE, *Gœthe et David, Souvenirs d'un voyage à Weimar.*

Le poëte termina :

« Un ouragan, le plus terrible des agitateurs de l'Afrique, se promenait solitaire sur l'océan de sable ; il m'aperçoit de loin, il s'étonne, il s'arrête, et, roulant sur lui-même, il se dit :

« Quel est ce vent de parmi mes jeunes frères qui, avec sa « stature chétive et son vol traînant, ose s'aventurer ainsi jusque « dans mes déserts héréditaires ? »

« Il rugit et marche sur moi comme une pyramide mobile. En reconnaissant que je suis un mortel et que je ne cède pas, furieux, il frappe du pied la terre et bouloverse la moitié de l'Arabie...

« Je saute et je combats, je romps les nœuds gigantesques de ses tourbillons. Je le déchire, je le mords, je broie entre mes dents les morceaux de son corps sablonneux. L'ouragan veut s'échapper de mes bras en forme de colonne ; il ne peut se dégager et se brise en sillons...

« Alors je respirai, je levai les yeux et je fixai avec fierté les étoiles, et toutes les étoiles fixaient sur moi leurs yeux d'or, car elles ne voyaient dans le désert que moi seul. »

Comme l'exilé de Wilna prononçait les dernières paroles du *Pharis*, David achevait son image. Le profil aristocratique, la lèvre inférieure imprégnée de fierté, l'expression douloureuse du regard rendue plus sensible encore par le désordre de la chevelure négligemment ramenée sur le front, chaque trait de cette médaille parle de deuil et de liberté. On devine le proscrit ; le barde populaire apparaît[1].

L'âme humaine, lorsqu'elle vibre, efface les distances. Le sculpteur patriote et l'enfant de la Pologne qui allait écrire le

[1] Nous relevons cette phrase sur Międkiewicz dans les notes de David : « Międkiewicz observe longtemps une chose sans faire entendre la moindre exclamation, soit en bien, soit en mal. Il regarde les hommes avec un calme mélancolique qui est le fond de sa nature. ». — Notes autographes appartenant à la famille.

Livre des Pèlerins se sentirent appelés l'un vers l'autre. Les causeries, les confidences, les motifs d'espoir s'échangèrent dans cette chambre de passage, et quand on se sépara, l'émule de Gœthe et de Byron comptait un ami de plus dans David.

Et à son compagnon de route qui lui demandait l'abandon de la cire du *Miçkiewicz* après moulage :

« — Oui, mon brave, répondait l'artiste, et tous ceux qu'il te sera donné de soustraire aux griffes de mon cuisinier. Il en recouvre avec obstination ses cafetières bouillantes, et cire de pleurer! Le drôle... Il n'y a pas que lui, et je citerais du fait de mes meilleurs amis des béotismes de même force. C'est ainsi qu'en montant à l'appartement de l'un d'eux, je me sens atteint d'un coup violent à la cheville. Au-dessus de ma tête éclate un rire bruyant et aigu. C'étaient, le croirais-tu? mes grands hommes de bronze qui, roulant par les corridors en guise de palets, descendaient l'escalier quatre à quatre à la grande joie des petits enfants. J'ai vu ailleurs une maîtresse de maison, ménagère modèle, râper du sucre avec ces malheureux profils, en choisissant à cet effet les nez les plus crochus[1]. »

Le cuisinier de David se serait-il rendu coupable d'un nouveau méfait? Nous avons cherché dans la riche collection de M. Pavie, et la cire du *Miçkiewicz* ne s'y trouve pas.

Cependant, le buste de Gœthe touche à son terme. Le front haut et soutenu, bien que fuyant à son sommet, s'est empreint sous la main de l'artiste d'un triple caractère de puissance, d'opiniâtreté, d'enthousiasme[2]. Les cheveux abondants, mais courts, hérissent la tête mâle du poëte. La saillie horizontale du sourcil atteste son tempérament vigoureux. L'œil est fin, la bouche ironique et sans trace de bonté. Les joues, qui peuvent être considérées comme le fond de la face humaine, sont ici

[1] Victor PAVIE, *Gœthe et David, Souvenirs d'un voyage à Weimar*.
[2] Voir pl. IX de ce volume.

fortement ondulées. L'aplanissement des muscles, leur relief, sont exprimés avec des nuances infinies et une délicatesse de contours auxquelles les proportions colossales du travail auraient pu porter atteinte. David a gardé présent à son esprit ce précepte de Gœthe : « Si dans un buste de grandes dimensions les sculpteurs croient devoir supprimer les détails, ils ne font plus qu'une grosse tête, effrayante par sa nullité; tandis qu'en rendant toutes les finesses, toutes les nuances de la nature, ils peuvent faire croire que leur modèle a vraiment existé avec des proportions surhumaines[1]. » La tête du poëte n'oscille pas. Elle est droite, avec une légère tendance à incliner en avant. « Lorsque l'âme est habituellement en proie aux grandes pensées philosophiques, écrit David, il semble que la nature ait conscience de la noblesse d'un pareil travail. Alors, les muscles du cou deviennent les auxiliaires du cerveau; la tête penche en avant, de face, et l'on distingue la tension des muscles[2]. » Ainsi en est-il dans le buste de Gœthe. Le cou nerveux et fort donne une juste idée de l'attitude générale du poëte.

Pressons les mois et parlons du marbre.

L'effigie colossale est taillée dans un bloc des Pyrénées dont la teinte sévère convenait mieux qu'un marbre transparent à la représentation de l'auteur de *Faust*. L'expression dominante que laisse lire l'œuvre dernière est un mélange d'orgueil et de dédain. Le génie de Gœthe n'attire pas : il surprend. Mais ce n'est pas tout. Le socle, brusquement terminé par une fracture, complète le symbolisme de l'image. On la supposerait trouvée dans un pli de montagne : elle porte cette double empreinte, si fréquente dans les spectacles de la nature, du chef-d'œuvre et de l'ébauche[3]. Je ne sais quoi de rude et d'achevé la distingue. Il y a sur ce marbre étrange des traces de formation primitive et d'éducation

[1] Voir tome II, *Portraits d'Artistes*, CALLAMARE.

[2] Notes autographes appartenant à la famille.

[3] « C'est le fragment de votre statue », disait un jour l'artiste au poëte. — Lettre de madame David à l'auteur du présent ouvrage.

récente. L'esprit universel du patriarche de Weimar n'était-il pas le produit de la nature autant que de la civilisation? Dieu surtout l'avait doué à l'origine. Supérieur aux hommes de son temps, Gœthe leur a peu demandé. David a voulu peindre la genèse de cet être privilégié, en faisant jaillir son portrait d'un quartier de roche que la main de l'homme semble n'avoir pas façonné. Quel physionomiste eût montré plus de profondeur?

Le buste de Gœthe est d'une exécution franche et légère. Une sorte de frémissement circule à fleur de marbre sur les parties mobiles du visage. On discerne dans le travail le signe partout saisissable d'une émotion joyeuse. L'artiste, en sculptant cette tête, était heureux de l'accomplissement de son rêve, et l'allure du ciseau le trahit. Toutefois il faut s'y attendre : le front démesuré de son modèle attirera sans doute au statuaire bien des critiques. — Que lui importe, s'il a dit vrai?

Revenons à Weimar. Un soir que la séance s'était prolongée, le compagnon du maître l'alla prendre chez Gœthe. David se trouvait seul. « Armé d'une touffe de genièvre imbibée d'eau, il aspergeait le bloc de glaise pour l'entretenir dans sa souplesse et dans sa malléabilité jusqu'au lendemain. De temps à autre, il reculait de quelques pas, comme font les artistes pour déterminer le point de perspective. La solitude, le silence, le prestige des ombres, qui croissaient et montaient avec le déclin du soleil, donnaient à cette opération familière, et presque domestique, l'apparence de je ne sais quel rite mystérieux.

« — Ah! te voilà! Arrive et regarde, et dis-moi si j'ai outré les choses, et si ce front-là n'est pas le sien. Qu'il ne s'ajuste pas à la mesure bourgeoise, d'accord, mais je traduis et n'invente point. Toi qui vivras plus que moi, tu en porteras témoignage. Ils se récrieront de même sur les dimensions générales. Ici encore ai-je menti? Nous parut-il, oui ou non, la première fois que nous le vîmes, dépasser de son torse le niveau de la foule? Je n'ai pas rêvé cela. Souviens-toi de nos impressions pour les redire à ceux qui sentent et qui comprennent[1]. »

Peu de jours après, les amis de Gœthe étaient admis à juger de l'œuvre nouvelle qui allait être comparée avec le buste du poëte par Rauch. L'épreuve ne fut pas douteuse. Tant au point de vue de la ressemblance que de l'idéalité, ce fut le sculpteur français qui l'emporta. Il dut s'en convaincre aux chaleureuses embrassades des témoins. De longtemps il n'oublia l'admiration trop démonstrative à son gré des habitants de Weimar.

Hummel s'était trouvé dans la foule. Il remplissait alors les fonctions de maître de chapelle à la cour du grand-duc. Le statuaire lui fut présenté, et, le lendemain, David et son ami entraient chez le célèbre pianiste. Plus d'un auditeur les avait devancés. « Hummel est de petite taille, nous apprend David; un peu replet. Il a les yeux couverts et très-limpides, l'air vif, enjoué, bienveillant; il porte un front haut où se distinguent la bosse de la musique et celle de la poésie. Le compositeur s'assied au piano, tandis que sa femme, qui est fort belle, a soin de se placer de telle sorte que Hummel la puisse bien voir. Pendant qu'il exécute quelque improvisation soudaine, il lève fréquemment les yeux vers elle, et c'est sa vue qui l'inspire[2]. »

[1] Victor PAVIE, *Gœthe et David, Souvenirs d'un voyage à Weimar*. — Le témoignage d'Odyniec est d'ailleurs absolument conforme sur ce point à celui de David. Dans le récit de la première entrevue de Miękiewicz avec Gœthe, Odyniec s'exprime ainsi : « En cet instant, nous entendîmes des pas résonner, et Adam cita gravement un vers polonais : « On entend s'avancer avec majesté... » A ces mots, la porte s'ouvrit, et Jupiter apparut. Il a en effet quelque chose d'olympien, une haute taille, des formes colossales, une figure grave, imposante, et un front! Son front, précisément, est jupiterréen, sans diadème; il brille de majesté. Ses cheveux n'ont pas trop blanchi, mais sont rares au sommet du front. Ses yeux, couleur de bière, clairs et vifs, se distinguent encore comme par une bordure émaillée qui ceint les prunelles et qu'Adam compare à l'anneau de Saturne. Nous n'avons jusqu'à présent rien vu de pareil chez personne. » — *Mélanges posthumes d'Adam Miękiewicz*, publiés par Ladislas MIĘKIEWICZ.

[2] Notes autographes appartenant à la famille.

On sait quelle fut la supériorité de Hummel dans l'art de soumettre spontanément au rhythme le plus pur des idées suaves ou brillantes. Et dans ce travail délicat, le jeu savant du virtuose n'enlevait à l'idée ni le coloris ni le parfum. Il fut le poëte des sons, comme d'autres savent en être les orateurs.

« — Les empereurs ont des bagues, dit David en s'approchant du musicien, les rois des montres, les princes des tabatières; les artistes n'ont rien de tout cela. Mais ce que j'ai, je vous le donne : une place à votre choix parmi ceux dont le nom vivra et dont j'ai essayé de perpétuer la mémoire. Vous venez à Paris, je vous y attends. *Vergiss mein nicht*[1]. »

Le buste de Gœthe étant tout à fait terminé, M. Coudray et le figuriste que nous connaissons déjà se chargèrent des préparatifs du moulage. Pendant ce temps, David profita d'une matinée de liberté pour accompagner Mickiewicz quittant Weimar. Le poëte et l'artiste devaient se séparer sur le champ de bataille d'Iéna. De mélancoliques réflexions furent longuement échangées entre eux devant ce coin de terre historique où avait été prise la revanche de Rosbach en attendant que de sanglantes représailles vinssent humilier de nouveau les armes françaises. « David, écrit son compagnon de voyage, songeait aux morts sans nom, sans voix qui les proclame, sans mausolée qui les recueille, et peut-être à l'insuffisance d'une seule vie en face de tant de méprises et d'omissions[2]. »

Le poëte du *Pharis* prit congé du maître en acceptant le rendez-vous qui lui était donné. Qu'ils se retrouvent à Paris, et cette fois ce ne sera plus un médaillon, mais un buste que le statuaire voudra dédier au proscrit[3].

Fidèle à sa méthode, David ne revint pas d'Iéna sans avoir noté ses impressions : croquis et pensées s'entremêlent sur son carnet.

[1] Victor Pavie, *Gœthe et David, Souvenirs d'un voyage à Weimar.*

[2] Id., *ibid.*

[3] Voir tome II, *Lettres sur l'art*, XXIV et XXX.

Les proportions colossales du buste de Gœthe étaient de nature à effrayer d'inhabiles praticiens. David, en présidant lui-même au moulage, assura par son active coopération le succès de cette dernière épreuve. L'heure des adieux allait sonner.

« La veille de mon départ, nous apprend l'artiste, Gœthe m'écrivit son nom pour que je pusse le graver sur son médaillon. Je remarquai qu'il posa sa plume auprès de moi comme s'il eût désiré que je l'emportasse en souvenir, mais un sentiment de timidité et l'émotion vive que j'éprouvais en me séparant de cet homme illustre m'empêchèrent de répondre à cette obligeante attention[1]. »

Gœthe voulut avoir le portrait de son statuaire. Un jeune dessinateur vint, au nom du poëte, recueillir le profil du maître. Celui-ci, charmé de la naïveté du dessin, exprimera le désir d'en emporter une copie[2].

« Je viens de voir pour la dernière fois le grand homme, écrit le maître. Après avoir causé longtemps avec lui, il me dit : « Vous « avez laissé des traces profondes de votre séjour ici, tenez-nous « donc au courant de tout ce qui pourra vous intéresser : nous y « prendrons toujours une part bien vive. » Après cela, il me pria de remettre à son adresse en France un paquet renfermant plusieurs médailles d'argent. Je voulus embrasser sa main, mais il m'attira dans ses bras et me dit avec une émotion visible en faisant allusion à son grand âge : « Nous nous reverrons, il faut « que nous nous revoyions. Tenons ferme[3]! »

Le vœu du poëte ne devait pas se réaliser. David reparut dans la demeure de Gœthe, accompagné de sa jeune femme, en 1834, mais il n'y trouva plus que des souvenirs.

Gœthe, en se séparant du statuaire, lui offrit un dessin qu'il avait terminé le matin même[4]. Fier de ce témoignage d'affection,

[1] Notes autographes de David appartenant à la famille.
[2] Victor Pavie, *Gœthe et David, Souvenirs d'un voyage à Weimar*.
[3] Notes autographes de David appartenant à la famille.
[4] C'est une sépia représentant un *Paysage* au centre duquel est l'entrée d'une

mais le cœur serré par la secousse des adieux, David quitta brusquement Weimar. Il chargea son obligeant compatriote, M. Coudray, du soin de lui expédier le plâtre qu'il allait s'empresser de traduire en marbre[1]. Le maître prit la route d'Erfurt, gagna Francfort et rentra par Strasbourg. Son passage dans cette ville ne fut pas si précipité qu'il ne lui permît de lier connaissance avec Kirstein et Ohmacht, deux artistes dont nous aurons l'occasion de parler plus loin. Le voyage de David avait duré dix-huit jours.

Quelques mois après, David offrait gracieusement à Gœthe une caisse de médailles. Le poëte remercia le sculpteur, et, au cours de la lettre qu'il lui adressa, Gœthe se plut à revenir sur les doctrines de Lavater et de Gall dans leurs rapports avec l'art[2].

hutte de bûcheron. Un cours d'eau, quelques arbres, des accidents de terrain, un coin de ciel disputé, répandent sur cette composition vivement touchée un caractère de violence qui n'est pas sans grandeur.

[1] Le buste ne tarda pas à rejoindre son auteur, mais non sans avoir couru de graves dangers. A la frontière française, un douanier, surpris des proportions colossales de l'image, flaira quelque ruse de contrebandier, et pour s'assurer que le plâtre était vide, d'un coup d'épée il le transperça d'outre en outre. — Voir *Revue de Paris*, tome XX, page 150, Jules Janin, *Mon voyage à Brindes*. Le marbre, terminé en 1831, mentionné dans le supplément du livret, ne fit que passer au Salon, l'artiste ayant hâte de l'envoyer à Weimar. Le buste parvint assez tôt chez le poëte pour qu'il eût au moins la joie de posséder son portrait pendant quelques mois.

[2] Voir *Pièces justificatives*, doc. XXII. Lettre de Gœthe à David d'Angers. — Nous lisons dans les *Conversations de Gœthe*, recueillies par Eckermann, les lignes suivantes, relatives à l'envoi de David d'Angers :

« Dimanche, 7 mars 1830.

« A midi chez Gœthe; il était aujourd'hui très-vif et très-bien portant. Nous avions le projet de faire une promenade avant dîner, mais nous nous trouvions si bien tous deux à la maison, que Gœthe fit dételer. Frédéric venait d'ouvrir une grande caisse qui arrivait de Paris. C'était un envoi du sculpteur David (d'Angers) : des portraits en bas-relief, moulés en plâtre, de cinquante-sept personnages célèbres. Frédéric mit ces médaillons dans plusieurs tiroirs, et ce fut pour nous un grand plaisir de contempler tous ces personnages intéressants. Je désirais surtout voir Mérimée; la tête nous parut aussi énergique et aussi

L'envoi qu'il venait de faire à Weimar n'avait rien d'exceptionnel pour David. Il se montrait de jour en jour plus généreux envers les étrangers de distinction. Toutefois, ses médailles lui semblaient, le plus souvent, de trop mince valeur pour donner au dehors une juste opinion de l'art national. C'est alors que le maître multipliait ses bustes, et plus d'un homme célèbre qui était loin d'avoir les mêmes titres que Gœthe à la sympathie du sculpteur reçut de lui des marbres ou des épreuves de choix de ses œuvres les plus récentes. A Dumont de Genève, par exemple, il offrait le buste de Bentham ; de Candolle le remerciait à son tour du buste de Dumont de Genève ; Schelling recevait à Munich un exemplaire du buste de Gœthe ; Bowring à Londres celui de Cuvier. Acosta lui écrit d'Amérique : « Votre caisse de

hardie que son talent, et Gœthe y trouve quelque chose d'humoristique. Dans Victor Hugo, Alfred de Vigny, Émile Deschamps, nous vîmes des physionomies nettes, aisées, sereines. — Mademoiselle Gay, madame Tastu et d'autres jeunes femmes auteurs nous firent également grand plaisir. La tête énergique de Fabvier rappelait les hommes des siècles passés, et nous revîmes à lui plusieurs fois. Nous allions d'un personnage à l'autre, et Gœthe ne put s'empêcher de répéter à plusieurs reprises qu'il devait à David un trésor dont il ne pouvait assez le remercier. Il montrera cette collection aux voyageurs qui passent par Weimar, et se fera renseigner par eux sur les personnes dont il a le portrait et qui lui sont encore inconnues. . . . .

« Parmi les envois de David se trouvait un dessin représentant le chapeau de Napoléon, vu dans diverses positions. « Voilà quelque chose pour mon fils », dit Gœthe, et il lui envoya le dessin. Il ne manqua pas son effet : le jeune Gœthe arriva bientôt, plein de joie, disant que ces chapeaux de son héros étaient le *nec plus ultra* de sa collection ; cinq minutes ne s'étaient pas écoulées que le dessin était encadré, mis sous verre et placé parmi les autres attributs et monuments du héros.

« Dimanche, 14 mars 1830.

« Passé la soirée chez Gœthe ; il m'a montré tous les trésors de la caisse de David, maintenant mis en ordre. Il avait soigneusement rangé sur une table, les uns près des autres, tous les médaillons des jeunes poëtes de la France. Il parla encore du talent extraordinaire de David, aussi grand par ses conceptions que par son exécution. Il m'a montré une quantité d'ouvrages contemporains que, par l'entremise de David, les talents les plus distingués de l'école romantique lui ont envoyés en présent. »

bustes n'est pas encore arrivée, mais je vous remercie beaucoup de cette nouvelle marque d'amitié[1]. »

Cependant, David ne se laisse pas éblouir par la popularité de son nom. Il puise dans les succès persistants de son ciseau une exubérance de vie qui lui permet d'être attentif au mouvement politique. Nous l'avons vu, les sympathies personnelles de l'artiste l'ont rallié dès longtemps à l'opposition libérale. La révolution de 1830 lui paraîtra légitime, et lorsque les citoyens élèveront des barricades au cri de : « Vive la Charte! » le sculpteur patriote ira se ranger auprès d'eux. Après les trois jours de Juillet, le trône submergé, l'insurrection calmée, David rentrait dans son atelier.

Le maître ne songea point que ses hautes relations dans le parti victorieux pouvaient lui valoir quelque faveur. Heureux des libertés conquises par son pays, il ne s'occupa plus que de son art.

Une année après la révolution de Juillet, David épousait à Paris mademoiselle Émilie Maillocheau, petite-fille de La Revellière-Lepeaux[2]. La fiancée du maître était orpheline. Madame Maillocheau avait institué en mourant son jeune frère, M. Ossian La Revellière, tuteur de sa fille. Celui-ci assuma sans hésiter toutes les charges de la tutelle. Il fut cependant secondé dans l'éducation de sa nièce par sa mère, madame veuve La Revellière, alors très-âgée. La vie retirée de ces trois personnes, les goûts simples de David le décidèrent à n'inviter, lors de son mariage, que quelques amis, parmi lesquels le peintre Gérard, qui lui servait de témoin. La cérémonie nuptiale eut lieu à l'église protestante, mademoiselle Maillocheau appartenant à la religion réformée[3].

[1] Bogota, 20 février 1833. — Lettre appartenant à M. Robert David.
[2] 30 juillet 1831.
[3] Voir *Pièces justificatives*, doc. VII.

David allait trouver dans la compagne de sa vie, avec des opinions politiques conformes aux siennes, un esprit distingué, un dévouement de toutes les heures, et, ce qui est plus rare, une déférence absolue pour cette prodigalité que le maître ne dompta jamais. Il avait eu soin de prévenir sa fiancée que, si haut qu'il parvînt, il ne saurait accroître leur fortune. Ce que ses œuvres lui vaudraient, il était résolu d'avance à le répandre en hommages. Madame David sut comprendre d'aussi fières paroles. Elle en mesura la noblesse, et si le cœur du statuaire l'effraya plus d'une fois sur leur avenir, jamais elle ne voulut l'entraver dans ses dons. Que des esprits jaloux, dans le but de diminuer le caractère de l'artiste, aient exagéré publiquement la fortune de mademoiselle Maillocheau, les amis et les compatriotes des deux époux ont fait justice de ces calomnies. La générosité sans bornes de David survit à toutes les attaques. Le plus puissant, le plus fécond, le plus populaire des sculpteurs de ce siècle n'a rien gagné, et sa veuve comme ses enfants n'a reçu de lui qu'un nom[1].

Un nom! mais depuis un demi-siècle tous les hommes de pensée en ont consacré l'éclat. Le buste de Gœthe venant s'ajouter, en 1830, à ceux de Lamartine, de Chateaubriand, de Béranger, de La Fayette, acheva d'affermir la popularité du statuaire. Pendant de longs mois, le salon de Cuvier, celui de madame Récamier, celui de Victor Hugo, retentirent de l'éloge de David. Il était devenu l'hôte recherché de ces foyers d'élite. Son esprit élevé, vif, observateur, faisait de lui un causeur charmant et profond. Les poëtes surtout l'appelaient à eux. Mais lui-même n'avait-il pas reçu le don de poésie?

« J'ai vu ce soir sur la place de la Bourse, écrit-il, une jeune fille jouant de la harpe. Elle était placée juste au milieu du

[1] « Il serait, je crois, assez difficile, écrit M. Étex, de compter les bustes qui ont été payés à Pradier ainsi qu'à David d'Angers ou à tout autre sculpteur statuaire devenu célèbre. » — A. Étex, *J. Pradier, Étude sur sa vie et ses ouvrages.*

monument qui lui servait de fond. La partie supérieure de l'architecture se trouvait dans l'ombre, le bas était faiblement éclairé. Aux pieds de la jeune fille, une douzaine de petites bougies, vues de loin, semblaient autant d'étoiles. Les spectateurs étaient obscurs, opaques, tandis que cette belle créature était toute lumineuse. C'est l'image de la vie, où le commun des êtres reste dans l'ombre. Le génie seul rayonne par sa beauté morale[1].»

La vue d'un enfant lui inspire cette pensée : « S'il n'y avait sur la terre que des hommes faits, le cœur humain s'endurcirait et deviendrait sauvage. L'homme mûr se retrempe dans la société des enfants[2]. »

« Comme la voix des enfants est douce, argentine, sonore, pure! Plus tard, la voix de l'homme devient caverneuse, sépulcrale. Cela sent les planches du cercueil. Les femmes conservent toujours cette voix argentine de l'enfance. Ce privilége est en rapport chez elles avec ce qu'il y a de plus pur. Voyez aussi, quand les femmes ont terni leur âme par la débauche, comme elles perdent cette pureté d'organe[3]! »

Nous pourrions multiplier à l'infini les pages touchantes ou gracieuses qu'il nous a été donné de relever dans les manuscrits du maître. Ses seules visites aux cimetières de Nîmes, de Marseille, d'Angers, de Paris, formeraient un volume non moins vrai de sentiment que les *Nuits* d'Young.

A Victor Hugo, dans une lettre intime, il décrit un coucher de soleil derrière l'arc de l'Étoile; à M. Victor Pavie, les angoisses d'une *Nuit d'atelier*[4]; à Sainte-Beuve, il raconte la mort d'Aloysius Bertrand[5]. Quoi de surprenant que les poëtes

[1] Notes autographes appartenant à la famille.

[2] Notes autographes appartenant à la famille.

[3] Note écrite au crayon sur un croquis de *Médée méditant la mort de ses enfants*, appartenant à M. Robert David.

[4] Voir tome II, *Mélanges. — Une Nuit d'atelier.*

[5] Voir tome II, *Lettres sur l'art, LXXIII.*

n'aient pu se défendre de chanter à leur tour ce barde privilégié chez qui la plume et le ciseau marchaient de pair?

A vous qui soufflez une âme
Sur les flots du bronze en flamme;
Vous, dont la puissante main
N'eut jamais d'étreintes vaines;
Vous, dont le marbre a des veines
Où coule le sang humain.

C'est Alfred de Vigny qui écrit ces vers sur un exemplaire de *Cinq-Mars* dont il fait hommage à David.

Victor Hugo, dans ses *Feuilles d'automne* :

Lorsqu'à tes yeux une pensée
Sous les traits d'un grand homme a lui,
Tu la fais marbre, elle est fixée,
Et les peuples disent : C'est lui!

Plus tard, dans *les Rayons et les Ombres*, Victor Hugo, s'entretenant avec le statuaire, qu'il se plaît à appeler « poëte du marbre », résumera les principes de David sur la moralité de la sculpture. Il faut, lui dira-t-il en parlant de la beauté, il faut qu'elle soit,

Devant le pur regard de l'âme et du ciel bleu,
Nue avec majesté comme Adam devant Dieu!

C'est lui encore qui écrira :

Que sur ton atelier, maître, un rayon demeure!
. . . .
Tu regardes passer, grave, et sans dire un mot,
Dans ton âme tranquille où le jour vient d'en haut,
Tous les nobles aspects de la figure humaine.

Et plus loin :

Michel-Ange avait Rome, et David a Paris[1].

Sainte-Beuve, qui peut-être avait lu dans les mains de M. Victor Pavie *Une Nuit d'atelier*, représente le statuaire seul « au milieu

[1] Victor Hugo, *Poésies*. Paris, Hachette, 1855, 2 vol. in-12.

de ses bustes sans nombre, comme au milieu d'amis ». Quand la lumière qui s'éteint tremble à tous ces fronts blancs,

Tu vois autour de toi tes marbres immobiles
Frémir et s'ébranler,
Ils vivent; un regard sort de chaque paupière;
Comme le commandeur, tous ces hommes de pierre
Te font signe d'aller [1].

Brisant son rhythme, le même poëte décrira, le lendemain, dans des stances dignes de Chénier, la statue de l'*Enfant à la grappe*. Madame Valmore chante la *Jeune Grecque*, et ses plus beaux vers sont un éloge de David. Miękiewicz met la dernière main à sa pièce du *Pharis*, dont il avait improvisé la version française dans l'auberge de Weimar, et il fait hommage au statuaire de cet hymne de liberté [2].

A l'avenir, toute grande œuvre de David aura ses poëtes. Théodore Lebreton, un poëte ouvrier, trouvera des strophes pour *Corneille*; Alphonse Esquiros pour le Fronton; Mercier pour *Gutenberg*; Paul Ferry pour *Dombasle*; Altaroche pour la *Liberté*; Constant Dubos, Jasmin, Boulay-Paty pour *Riquet* [3]; Émile et Antony Deschamps pour le buste d'André Chénier. Et qui oserait se plaindre que ces poëtes ne soient pas également connus, si l'éloquence les a visités? Un témoin de l'abnégation du maître au lit de mort de Bertrand l'a chanté. Magu, le poëte tisserand [4], Poncy, le poëte maçon, et cent autres, l'ont béni de

[1] SAINTE-BEUVE, *Poésies complètes*. Paris, Charpentier, 1850, in-12.

[2] Dans l'édition française des *Œuvres poétiques* d'Adam MIĘKIEWICZ, traduites par Christien OSTROWSKI, figure en tête des *Orientales* la note qui suit : « Le *Pharis*, casside en l'honneur de l'émir Tadj'ul-Feker. — Cette traduction a été faite par M. Miękiewicz, et donnée à M. David, statuaire, en signe d'amitié, le 15 septembre 1829. » — Adam MIĘKIEWICZ, *Œuvres poétiques complètes*, traduit du polonais par Christien OSTROWSKI, cinquième édition. Paris, Didot, 1859, 2 vol. in-12.

[3] M. Constant Dubos eut à surpasser vingt rivaux, la ville de Béziers ayant mis l'*Éloge de David* au concours. — Voir Constant DUBOS, *A P. J. David d'Angers*, Paris, Pagnerre, 1843, in-8°.

[4] « J'ai fait le voyage de Lizy pour me rendre auprès de Magu, le poëte

les avoir faits illustres. MM. Victor Pavie et Adrien Maillard ont redit les vertus intimes de l'ami.

Gœthe, en recevant son buste des mains de celui qu'il nomme « son statuaire », proclame l'intelligence de l'artiste sœur de la sienne[1]. Rauch, Humboldt, Tieck, Miękiewicz, Alberto Nota, Berzélius, Schlegel, Cooper, ladies Morgan, Beecher Stowe et Amélia Opie, Bronstedt, Schelling, Acosta, Bowring, envoient à David le témoignage renouvelé d'une considération européenne. Plus près de lui, Cuvier, Chateaubriand, Lamennais, Biot, Cauchy, Jomard, Brunel, Dupin, Rœderer, Lakanal, Merlin de Thionville et Merlin de Douai, Barère, Desgenettes, Jourdan, La Fayette, Balzac, George Sand, Delphine Gay, Granet, Gigoux, Berton, Spontini, Lamartine, Musset, Deschamps, recherchent

tisserand. Je vais exécuter son médaillon, et je lui en donnerai le moule, afin que, selon son désir, il en tire parti en vendant quelques épreuves. J'ai eu grand plaisir à l'entendre et à le voir dans sa pauvre petite habitation. J'ai dessiné son profil dans une pièce étroite qui contient avec peine deux chaises et la table modeste où il écrit ses vers. J'ai visité aussi la cave du tisserand. Les murs, tout verts d'humidité, criblent de rhumatismes le pauvre poëte, qui est cruellement torturé. Sa conversation brille par le bon sens et des aperçus pleins de finesse d'où l'élévation de la pensée n'est point absente. Magu a la tête forte, toujours inclinée vers la terre; les membres maigres et osseux. « Il garde « toujours la tête baissée comme un gros lourdeau », me disait sa femme. Lorsqu'il écrivit ses premiers vers, il la consultait volontiers. Celle-ci, grande, sèche, énergique, a l'air de le dominer et se plaint beaucoup de n'être plus initiée à ses travaux littéraires. Les vers du poëte de Lizy se ressentent d'une vie obscure dans un milieu qui ne permet pas à l'esprit de respirer librement. Magu, c'est la rose des haies qui manque de cette sève abondante, privilége de la fleur cultivée en pleine terre. » — Notes autographes de David appartenant à la famille.

[1] Voir *Pièces justificatives*, doc. XXIII, deuxième lettre de Gœthe à David d'Angers. — Cette lettre et les pages qu'on vient de lire contredisent quelque peu le récit fantastique de M. Victor Tissot, le spirituel auteur du *Voyage au pays des milliards* : « David d'Angers, écrit M. Tissot, fit, d'après une gravure, un buste colossal de Gœthe, qu'il lui envoya pour sa fête. On dit que le poëte fut longtemps sans se reconnaître; enfin il frappa trois fois du pied en s'écriant : Singulier! singulier! (*Curios! curios!*) » Nos lecteurs savent ce qu'il faut penser de cette version. — Voir Victor Tissot, *Voyage au pays des milliards*, dix-huitième édition. Paris, Dentu, 1875, in-12.

son amitié [1]. Les noms de Phidias et de Buonarroti se retrouvent sans cesse sous leur plume. La presse signale avec éloges chaque ouvrage nouveau du sculpteur. Aux journaux français répondent ceux de Londres et d'Allemagne. Nous atteignons au point culminant d'une grande vie, et comme si l'œuvre sculpté du statuaire n'eût pas suffi à nous révéler l'homme supérieur, une popularité sans exemple entoure le nom de David d'Angers. Le maître jouit dans la lutte de cet instant rapide où tout est rayon. Penseur, il se voit recherché par les princes de la pensée; artiste, il est chef d'école.

[1] J. B. Biot, ayant remercié David de lui avoir offert sa médaille, continue ainsi : « J'ai cru voir que vous accordez cette distinction de votre génie seulement aux personnes que vous êtes disposé à aimer, et cela m'a fait espérer que je pourrais avoir le bonheur d'être de ce nombre. Croyez que si j'obtiens votre amitié, ce ne sera pas sans un penchant bien réciproque à vous aimer aussi, comme je suis accoutumé depuis longtemps à vous estimer et à vous admirer. »

Bory de Saint-Vincent : « Vous pouviez sans peine représenter des hommes plus dignes d'atteindre à la célébrité que je ne le suis, mais pas certainement qui vous aiment davantage. »

En *post-scriptum* sur un autographe de madame Valmore, nous relevons ces lignes : « J'aime M. et madame David pour ma vie entière, à travers le bonheur... que j'espère, à travers les chagrins que j'éprouve. Conservez l'un et l'autre la douce pensée que votre accueil a répandu quelque chose de céleste dans mon sort. » — Rouen, 13 mai 1833.

Barère à Tarbes, Quételet à Bruxelles, Schelling à Munich, etc., s'expriment dans les mêmes termes.

CHAPITRE VII

1831-1838

PATRIE

Voyage de David dans le midi de la France. — Retour à Paris. — Les Romantiques. — Bustes de lady Morgan, de Sieyès, de Billard, du maréchal Lefebvre, de Nodier, du général Condorcet O'Connor, de Cuvier, etc. — Refus du maître de sculpter le buste de Talleyrand. — David aux funérailles du général Lamarque. — Bustes de Paganini et de Boulay de la Meurthe. — Ce que c'est qu'un buste. — Philosophie de l'art. — Médaillons : Alfred de Musset, Auguste Barbier, l'amiral Baudin, Kléber, Levasseur de la Sarthe, Gros, Paul Delaroche, M. et madame Alphonse de Gisors, etc. — La statue de Racine. — David à la Ferté-Milon. — Le style grec. — La statue de Corneille. — David à Rouen. — Le poëte Lebreton. — Les Andelys. — Poussin. — *Annibal enfant*. — Statues de Gouvion Saint-Cyr et de Jefferson. — Départ pour l'Allemagne — David et sa femme à Strasbourg. — Kirstein. — Ohmacht. — Les bords du Rhin. — Le *Fumeur*. — Cologne. — Berlin. — L'atelier de Christian Rauch. — Le sculpteur Frédéric Tieck. — L'architecte Schinkel. — Guillaume de Humboldt. — Meyerbeer. — Spontini. — Dresde. — Le peintre Vogel de Vogelstein. — Le poëte Ludwig Tieck. — Carus. — Le sculpteur Rietschell. — Moritz Retzsch. — Le peintre Gaspard Friedrich. — Weimar. — Le souvenir de Gœthe. — Nuremberg. — Ratisbonne. — Munich. — Stuttgard. — Retour à Paris. — La pensée du lieu natal. — David écrivain d'art. — Le salon de Lebrun : Cousin, Victor Hugo, Mignet, Mérimée, Sainte-Beuve. — Portrait de David d'Angers par lui-même. — Les soirs d'été dans le jardin de la rue d'Assas. — L'*Enfant à la grappe*. — Béranger. — Les sculptures de la porte d'Aix à Marseille. — Le *Départ des Volontaires*. — La mère du tambour d'Arcole. — *Talma*. — *Philopœmen*. — La personnification de la Patrie. — « Aux grands hommes la Patrie reconnaissante. » — Le grenadier de la trente-deuxième. — Fronton du Panthéon.

Le jour même de son mariage, David quittait Paris avec sa jeune femme. Sans attrait pour la vie factice des grands centres, l'artiste ne s'informa point des plages en renom. Vivre loin du bruit, affranchi de l'étiquette, était son rêve. Il se dirigea vers le Midi, laissant à l'inspiration de chaque jour le soin d'achever un itinéraire à peine ébauché. Que lui coûtaient un détour, une halte imprévue? Avait-il d'autre dessein que d'être heureux, de courir à toutes les ruines, à tous les sites? Curieux intrépide, on le voyait gravir les coteaux, arpenter les falaises, interrogeant du regard et de la voix.

Si nous souhaitons d'apprendre quelles furent les impressions du maître au cours de ce voyage intime où nul projet, nulle entreprise apparente ne vint obséder sa pensée, c'est à ses amis de l'Anjou qu'il faut demander cette confidence. « Quelle admirable chose que la ville et les environs de Marseille! écrit-il à Louis Pavie. C'est l'Italie, la Grèce, avec leur ciel de cristal et leurs beaux types, faits pour inspirer le statuaire. Émilie et moi, nous sommes allés hier voir un coucher de soleil auprès de Notre-Dame de la Garde. Cette église est construite sur une hauteur. Voilà un peuple qui s'entend à placer dignement le temple de la Divinité. Ce fut le système des Grecs, des Romains.

« J'ai cueilli sur cette colline, près de l'église, une petite fleur que tu trouveras dans cette lettre. Combien tu serais heureux, cher ami, de voir ce paradis de notre France! Que de poésie! A quoi pensent donc nos peintres? Au lieu d'intriguer à Paris, au lieu de faire des pastiches de Bonington et de l'École anglaise, ils se trouveraient ici en face d'une sublime nature[1]. »

Deux mois de repos, d'oubli, d'affection, permirent à David de se remettre au travail avec un accroissement de forces et d'activité. Mais à peine était-il de retour à Paris, qu'il se voyait en butte aux agressions les plus déloyales. L'école romantique, épuisant le court période de son apogée, laissait entrevoir le désordre qui déjà régnait dans ses rangs. Ceux qui tenaient la plume en son nom avaient pris ce ton décisif et important qui ramène tout à soi. Volontiers, pour garants de leurs propres raisons, on les entendait invoquer leur autorité. Quiconque ne se

[1] 22 août 1831. — Lettre appartenant à M. Victor Pavie. — Notre lecteur a pu remarquer que David tutoie dans cette lettre son ami Louis Pavie, ce qu'il n'avait jamais fait avant son mariage.

pliait pas sans réplique aux thèses invoquées par ces philosophes d'aventure, toujours prompts à dogmatiser, devenait l'objet de toutes les colères. Et pour flageller de plus haut le talent rebelle, la presse tenait alors en réserve une meute d'écrivains à qui la calomnie était une arme.

Étrange destinée des Romantiques, qui, dans les lettres et dans l'art, ont compté du même coup une pléiade d'hommes supérieurs et tous les esprits médiocres de l'époque! Pour peu que l'on étudie la vie d'atelier telle qu'elle s'est pratiquée de 1824 à 1835, on demeure surpris de l'entente avec laquelle les artistes sans valeur se sont jetés dans le Romantisme. Sous le couvert d'un tel mot, il était permis à chacun d'interpréter, comme il l'entendait, les théories en vogue. Ni règles, ni préceptes; aucune formule qui définît le caractère de la jeune école. Aussi les idées les plus contraires, des prétentions exclusives et dénuées de sens, furent-elles acceptées sans contrôle. On comprend ce que durent être les jalousies et les cabales dans un pareil milieu.

David d'Angers ne put échapper aux rancunes de ces ennemis de l'étude et du talent. Doué de génie, ce n'était point dans les ateliers de son temps que le maître eût voulu prendre un mot d'ordre. Ses pensées toujours jeunes, une pente naturelle à l'émotion vraie, la fécondité de son inspiration, l'idée qu'il s'était faite du moral de l'art et de la mission du statuaire, le dispensaient de s'enquérir de l'opinion du moment. Homme d'intérieur, gardien de la dignité de son foyer, David négligea volontairement de présenter sa jeune femme chez ses confrères. De même, une fois marié, il cessa de les appeler chez lui, à l'exception, toutefois, du baron Gérard, de Drolling et de M. Gigoux. La reserve du maître ne lui fut pas pardonnée.

Le monument du général Foy, qui avait fait tant de mécontents, venait d'être placé sur la tombe de l'orateur. La statue de Racine était terminée; on commençait à s'entretenir de celles de Corneille et de Talma; Guizot confiait au statuaire le Fronton du Panthéon. Ce fut une levée de boucliers. Il n'y eut pas de calomnie sur la personne de David, sa vie privée, l'usage qu'il faisait de sa fortune, ses procédés en sculpture, qui ne courût la presse parisienne[1]. Petrus Borel, un poète chevelu, surnommé le *Lycanthrope*, se montra l'un des plus acharnés dans ses attaques. Pendant plusieurs mois, la *Liberté*, *journal des Arts*, organe de l'école romantique, renferma des accusations odieuses à l'adresse de David. Nous nous sommes imposé la tâche pénible de relire ces diatribes pleines de venin, au cours desquelles l'artiste s'entend reprocher jusqu'à son nom. Des plaisanteries équivoques accompagnent ces récriminations haineuses. Et quel est le grief que l'on formule le plus fréquemment contre le statuaire? L'auteur de la statue de Condé est blâmé d'avoir sculpté la *Jeune Grecque* et le *Général Foy*, attendu que les Romantiques n'autorisent ni l'étude de la nature ni le culte de la tradition. A leurs yeux, un sculpteur n'est rien moins que transfuge s'il ose revenir à l'art grec. Delacroix, Géricault ont troublé toutes les têtes, et la foule nombreuse des impuissants, n'admirant chez ces deux novateurs que l'exagération d'un talent sérieux, ne peut admettre le libre retour d'un artiste aux règles du grand art. Le culte d'un seul lui paraît la condamnation de tous. C'est en vain que David a modelé les traits de Géricault et le médaillon de Delacroix, les journaux à gages du parti lui jettent à la face des arguments de cette valeur : « M. David est un ambitieux! Gare aux ambitieux! Il aime Puget, mais il a une faiblesse pour Dupaty, et au total il ne fait que de l'art mulet[2]. »

[1] Au sujet de la fortune du maître, le bruit se répandit dans les ateliers que David avait tapissé de pièces d'or sa salle à manger, et l'on ajoutait que son désir de tenir secret le luxe dont il jouissait l'empêchait d'admettre ses confrères à sa table. Cette fable grossière fut aisément acceptée par tous ceux qui s'étaient plu à exagérer les revenus personnels de mademoiselle Maillocheau, lors de son mariage avec David.

[2] La *Liberté*, novembre 1832. — C'est dans ce style qu'il est ordinairement parlé du maître et de ses œuvres. Le *Général Foy*, drapé à l'antique, est traité d'« abonné de l'école de natation »; David lui-même est qualifié de « petit homme roux et trapu »; on l'appelle aussi le plus souvent « David d'Anjou ».

David essaya de répondre aux attaques de ses adversaires, mais il ne parvint pas à leur imposer silence. De guerre lasse, il laissa dire. Et cependant, si quelqu'un pouvait se réclamer de services rendus à la cause de l'art, c'était David. Ne s'était-il pas révélé novateur dès 1820? Le précurseur de la génération nouvelle, n'était-ce pas l'auteur du *Condé*? N'avait-on pas proclamé l'audace heureuse du jeune maître à l'apparition de cette figure? Il est vrai que, dans la statue de *Condé*, l'audace est tempérée par la mesure. Un élan contenu distingue cette composition vigoureuse. Or Delacroix s'était levé dans sa fougue, et son influence sur la nouvelle école avait dépassé toutes proportions. Auprès de lui, David redevenait un classique.

L'un et l'autre sont des maîtres, mais leur éducation les sépare. L'instinct de l'art a guidé Delacroix pendant toute sa vie, tandis que David, nourri aux grandes œuvres dès sa jeunesse, marche avec certitude et ne cède jamais à l'impulsion de sa pensée sans qu'un choix sévère ait épuré son inspiration. Delacroix procède le plus souvent par jets déréglés. David, si nous l'étudions dans ses écrits, nous apparaît obstinément tourné vers l'art grec. Il s'imprègne par une méditation prolongée de vérités connues depuis vingt siècles, et le marbre qu'il sculpte à cette lumière, toujours vivant et moderne sous certains aspects, sort de ses mains conforme aux lois posées par l'antiquité[1]. C'est le respect de la tradition qui est la sauvegarde du maître en face des écarts du Romantisme. L'axiome ridicule : « le beau, c'est le laid », commença, vers 1830, de faire irruption dans les ateliers[2]. Ami de

[1] M. le vicomte Delaborde a dit avec beaucoup de justesse : « Lors même qu'il n'en reproduit pas les habitudes extérieures et les types, David reste au fond le disciple de l'art grec. » — *Étude sur les beaux-arts en France et en Italie*. Charles SIMART. — Paris, veuve Jules Renouard, 1864, 2 vol. in-8°.

[2] Nous relevons cette note, dans les papiers du maître, sous la date de 1830 : « On rapporte que les Thébains obligeaient leurs artistes, de par une loi, à n'exprimer que le beau sous peine d'amende. — Quel revenu pour notre gouvernement actuel si pareille loi pouvait être en vigueur en France! » — Notes autographes de David appartenant à la famille.

l'auteur de *Cromwell*, David ne cessa pas d'estimer l'homme, mais il repoussa de toutes ses forces le paradoxe de l'écrivain. Le beau plastique ne le cédait, aux yeux du maître, qu'à la beauté morale. Fidèle à ce grand principe, c'est aux sources mêmes de la sculpture qu'il s'efforçait de remonter, quand il exécutait la *Jeune Grecque*, *Foy*, *Racine*, *Talma*. Et cette tentative généreuse, il l'estimait d'autant plus nécessaire qu'il sentait ses contemporains plus épris d'un art diminué. Ces hautes préoccupations qui font honneur à David, son courage à préparer une réaction salutaire en restant inaccessible aux engouements de l'époque, Delacroix, dans sa verve impétueuse, n'en soupçonna ni l'utilité ni le mérite. Cette différence d'attitude, à l'heure de la lutte, explique la faveur du peintre, tandis que le statuaire devait encourir toutes les haines.

Justement effrayé de l'avenir d'une École en proie à d'aussi profondes divisions, l'artiste se réfugia dans le travail. De cette époque datent la plupart des écrits du maître sur le style égyptien, le style grec, le style romain, l'art chrétien. L'histoire de l'art, sa philosophie, lui devenant chaque jour plus familières, David sentait redoubler en lui cette ardeur prodigieuse qui lui fut propre. De 1832 à 1834, des ouvrages presque sans nombre firent répéter son nom dans toute l'Europe.

Lady Morgan, devenue l'hôte du salon de madame Récamier et très-jalouse de se faire admirer de la société française, voulut avoir son buste sculpté par le maître. David le lui offrit. C'est un des rares portraits de femme sortis de sa main. On peut remarquer, en effet, que l'artiste qui se mesura si souvent avec la tête humaine a presque toujours cherché l'âme sur des traits virils. Le même penchant distingue Géricault. Les passions, plus fortement imprimées sur un visage d'homme, permettent à l'artiste de les traduire plus sûrement. De là, les préférences d'un tempérament philosophe pour les têtes d'homme. Mais le front de la femme, pas plus que celui de la jeune fille, ne pouvait avoir de secrets pour David. Le buste de lady Morgan, traité avec une finesse de touche sans reprise, est une page où la satire côtoie l'éloge. L'œil noyé dans l'orbite est d'un poëte : il remet en mémoire les *Chants irlandais;* par contre, la lèvre courte et mordante rappelle l'écrivain satirique de la *Princesse*. La pose générale de la tête portée en avant, le cou nu avec ostentation, trahissent l'assurance et la vanité de la femme de lettres. Ce mélange de qualités naturelles et de recherche, c'est lady Morgan prise sur le vif[1].

Vers le même temps, David offrait à Sieyès son buste en marbre[2]; puis le maître reprenait l'image de La Revellière-Lepeaux, dont le marbre fut offert au Musée d'Angers. Le buste et la médaille de Louis Proust suivirent de près. « Je viens d'expédier au Musée de ma chère patrie, écrit David, le buste de Proust. Deux dessins pris sur nature, du vivant de l'illustre chimiste, sont encadrés : je les offre à ma ville. J'y joins le médaillon de notre compatriote, que je viens d'achever; voilà que j'ai rendu mon hommage à sa grande mémoire[3]. »

David aimait à désigner l'Anjou sous le nom de « patrie ». « Une idée me soutient, dira-t-il dans une lettre à Louis Pavie, c'est qu'il me sera donné de passer les dernières années de ma vie auprès de vous, au sein de notre belle patrie. Cette pensée suffit à me rendre courage. Le soleil est terne à Paris; il n'est pas vivifiant comme celui de l'Anjou[4]. » Un autre jour, se promenant sur les

[1] « Je suis allé au Père-Lachaise en compagnie de lady Morgan, écrit David; elle avait une cour autour d'elle. Elle était sans cesse sur le trépied, faisant des phrases à tout propos, et, je dois le dire, ses jugements ne manquaient pas de justesse. » — Notes autographes de David appartenant à la famille.

[2] Sous la date du 23 décembre 1836, nous trouvons cette note : « Je viens d'assister à l'éloge historique de Sieyès par Mignet. Le lecteur avait à sa droite M. Merlin de Douai et à sa gauche M. de Siméon. Celui-ci avait continuellement sa tête appuyée sur ses deux mains; l'autre souriait quelquefois avec un air d'incrédulité. » — Notes autographes de David appartenant à la famille.

[3] A Louis Pavie, 17 octobre 1831. — Lettre appartenant à M. Victor Pavie.

[4] 15 novembre 1827. — Lettre appartenant à M. Victor Pavie.

bords de la Loire, il jette cette note : « Le ciel est sombre, couvert de nuages qui recèlent la pluie. On aperçoit cependant un petit coin de ce beau ciel bleu de ma patrie, mais il sera bientôt voilé comme le soleil. Ce tableau n'est-il pas l'image de l'incertaine espérance dans l'âme du vieillard[1]? » Le culte du lieu natal et le souvenir de sa mère ne cessèrent jamais de faire battre le cœur de David. Aussi ne soyons pas surpris que l'artiste angevin se montre sans mesure dans ses dons à ses compatriotes. Aucun d'eux, mort après avoir mérité, ne sera oublié par le maître. Tout à l'heure, il élevait un bronze à Louis Proust; voici le marbre de Billard. Son œil largement ouvert, son front haut et droit, ses joues nerveuses, ses lèvres jeunes, indiquent la résolution du médecin, tombé sur le seuil de la vie, à trente-deux ans, en laissant un nom presque célèbre.

David sculpte les bustes du maréchal Lefebvre et de Bellart qui lui sont demandés par la famille de ces personnages. Nodier, son ami, va retrouver dans son buste la sensibilité, l'exaltation, la finesse, dont la trame ténue et déliée constitue sa personnalité curieuse[2]. Après le marbre de Nodier, celui du général Condorcet O'Connor et le portrait de son fils Arthur O'Connor.

Cuvier mourait le 13 mai 1832. Le même jour succombait Casimir Périer, président du conseil. Les funérailles politiques du premier ministre éclipsèrent les obsèques du savant. Paris se trouvait d'ailleurs sous le coup d'une terrible épidémie, le choléra. La grande figure de Cuvier disparut au milieu du trouble général sans qu'on payât à sa mémoire le tribut d'honneurs qu'il

[1] Notes autographes de David appartenant à la famille.

[2] « Je disais hier à Nodier que je crois qu'on rendrait l'homme meilleur si on l'instruisait. — Je le crois aussi, me répondit-il, cependant je viens d'envoyer à la *Revue de Paris* un article où je cherche à démontrer le contraire. J'aime à m'imposer un thème qui me fouette. Pour soutenir un paradoxe, il faut employer de grands moyens, cela stimule. » — Notes autographes de David appartenant à la famille.

méritait. David prit immédiatement son ciseau. En quelques mois, le buste colossal du naturaliste était debout.

Ce tact de l'esprit, qui est la sagacité, jaillit des lèvres de Cuvier. Son regard fixe, sans enthousiasme, semble indiquer la marche régulière de ses pensées. Les joues calmes et légèrement séniles, le nez arqué, le front large, les tempes vigoureuses, donnent à la tête de Cuvier un caractère d'intelligence et de bonté qui appelle la vénération.

David avait fréquemment étudié les traits de son modèle. Nous en trouvons le témoignage dans ces lignes : « Cuvier était bien admirable ce soir, assis, le coude appuyé sur une console, la main perdue dans les cheveux, laissant à découvert son beau front[1]. » Mais le maître ne voulut pas s'en tenir à ses impressions et à ses notes. Il appela dans son atelier, pendant qu'il terminait le marbre, les anciens amis du savant, afin d'avoir leur avis sur la ressemblance de l'image.

Or, un jour, parmi les visiteurs, vint Talleyrand, amené par un membre de l'Institut. Le vieux diplomate observa sous toutes ses faces le travail du statuaire; puis, d'un air satisfait, il lui adressa quelques phrases d'éloge. — « Prince, il vous faudrait un buste semblable, dit le compagnon de Talleyrand. — Qu'en dites-vous? reprit vivement celui-ci en se posant en face de l'artiste. — Je regrette, répliqua David, que mes nombreuses occupations ne me permettent pas de l'entreprendre. » Talleyrand salua et sortit. David tenait en trop haute estime le caractère, pour immortaliser la versatilité politique de Talleyrand.

La plupart des corps savants de l'Europe perdaient en Cuvier un de leurs membres. Son buste ayant été sculpté par David, les Académies étrangères parurent désireuses de le posséder, et l'artiste en exécuta de nombreuses répliques, tant en marbre qu'en bronze, qui toutes furent gracieusement offertes[2].

[1] Notes autographes de David appartenant à la famille.

[2] « Je viens de faire fondre en bronze le buste de Cuvier, écrit David; il part après-demain pour sa destination, *the Royal Academy of London*, à

Le maître achevait à peine l'image du naturaliste lorsque mourut le général Lamarque. On sait quelle émeute terrible éclata au moment où le corps du général, traîné sur un char par la jeunesse des Écoles, atteignit la place de la Bastille. Un tumulte indescriptible fut soudain le signal d'une mêlée confuse entre les troupes et la population soulevée. L'effervescence était à son comble. Des barricades furent dressées à la hâte, des coups de fusil retentirent, le sang coula. En quelques heures, Paris fut en feu. David assistait dans la foule aux funérailles du général. « En quittant le faubourg Saint-Antoine, écrit-il, je longeai une des petites rues qui avoisinent Saint-Merry. Une charge de cavalerie eut lieu. Tout le monde de se sauver afin de se garer des coups de sabre. Je ne bougeai pas. Un dragon leva son sabre sur ma tête, mais le ruban rouge que je portais à la boutonnière frappa son regard, et je fus épargné[1]. Je crois aussi que le calme apparent dont je fis preuve impressionna ce soldat[2]. »

Au buste de Cuvier succéda celui de Paganini, tête sauvage et terrible dont chaque muscle est un indice de force ou d'adresse, mais où l'inspiration lumineuse est remplacée par la volonté. Boulay de la Meurthe, plus que septuagénaire, avait les traits heurtés, les joues amaigries, le sourcil dominant. Qu'est-ce que cela? Le maître ranime l'expression qui va s'éteindre; la laideur s'ennoblit; quelques lignes de beauté percent à travers le modelé. Le statuaire glisse d'une main savante sur les détails trop nombreux, et ainsi l'âge de l'homme politique, le ravage des années, s'impriment avec laconisme sur un front puissant, large, presque sans rides, encore chaud du souffle de la pensée.

C'est avec cette sûreté de touche et cette variété de moyens que David, dans l'exécution de ses bustes, révèle une supériorité

laquelle j'en fais don. » — A Louis Pavie, décembre 1832. — Lettre appartenant à M. Victor Pavie.

[1] Ce fut seulement à dater de l'année suivante que David cessa de porter l'insigne de sa décoration.

[2] Notes autographes de David appartenant à la famille.

réelle. Lorsque nous lui cherchons des émules dans l'interprétation de la tête humaine, il nous faut nommer Caffiéri, Houdon, Foucou, mais notre âge ne lui connaît point de rivaux. La vérité, le naturel ne cessent pas d'être clairement écrits sur ses têtes, et cependant le statuaire a toujours soin de les empreindre d'intelligence et d'idéal. Si de grands artistes, selon le mot pittoresque de M. Charles Blanc, « à force d'aimer la nature, se sont laissé entraîner, enchaîner par elle, et sont demeurés d'illustres esclaves[1] », David n'a point connu ce joug dangereux ; c'est en conquérant qu'il vient à elle, en philosophe qu'il l'analyse, en maître qu'il l'interprète.

Il a formulé lui-même, en plus d'un lieu, l'opinion raisonnée qu'il s'est faite du buste. « C'est, dit-il, une œuvre d'une haute importance. En effet, n'est-ce pas sur le visage que se joue le drame de la vie humaine? La phrénologie est une science indispensable à l'artiste. C'est la phrénologie qui permet de discerner sur le crâne d'un individu les qualités distinctives dont les traits de la face sont la résultante. La face est le miroir des facultés de l'homme. Il est important de rendre saillante la structure monumentale de l'être, afin de faire penser le spectateur en l'impressionnant fortement. Cela fait, le statuaire exprimera les nuances délicates, presque insaisissables, qui sont comme le prisme des passions, et répandent sur une physionomie je ne sais quoi de mystérieux que seules les âmes d'artistes peuvent sentir[2]. » La nécessité, pour le sculpteur, de rendre les finesses de la nature, quelles que soient d'ailleurs les proportions d'une œuvre modelée, est un principe que David a toujours respecté. Il apportait à l'appui de cet axiome les raisons les plus diverses. « Le sublime Homère, dit-il, parle toujours de la taille gigantesque de ses héros, mais il a bien soin, cependant, de ne pas négliger les détails qui leur donnent d'être vivants. De cette façon, il nous fait admirer

[1] *Grammaire des arts du dessin.*
[2] Voir tome II, *Portraits d'Artistes*, ROLAND.

ses personnages comme des hommes d'une nature supérieure, et nous les aimons aussi parce qu'ils tiennent à nous par les liens de la vie réelle[1]. »

Que dire de la ressemblance dans les bustes de David d'Angers? On sait le court dialogue qui s'établit, un jour, entre Louis David et Bonaparte, premier Consul. Celui-ci venait d'exprimer au peintre de *Léonidas* le désir d'avoir son portrait. Louis David avait accepté de le peindre, et il demandait au premier Consul quand il voudrait poser.

« — Poser? dit Bonaparte, à quoi bon? Ce n'est pas l'exactitude des traits qui fait la ressemblance. C'est le caractère de la physionomie, ce qui l'anime, qu'il faut peindre. Alexandre n'a jamais posé devant Apelles. Personne ne s'informe si les portraits des grands hommes sont ressemblants. Il suffit que leur génie y vive.

« — Vous m'apprenez l'art de peindre, répondit David. Je n'avais pas encore envisagé la peinture sous ce rapport. Vous avez raison. Vous ne poserez pas. Je vous peindrai sans cela[2]. »

La prompte détermination de Louis David étonnera plus d'un lecteur : elle ne saurait surprendre un artiste. David d'Angers professa toujours le même dédain pour cette exactitude minutieuse des traits à laquelle l'artiste ne peut atteindre qu'au prix de longues entrevues avec son modèle. Ce que le statuaire estimait le moins, s'il avait à modeler le visage d'un homme disparu, c'était un masque moulé sur nature. Il était si loin de sa pensée de s'attacher à la partie matérielle, que toute effigie où l'âme ne vibrait plus lui devenait intolérable. Ce qu'il fallait à son génie, c'était le libre jeu de cette seconde vue dont il était doué et qui lui permettait, à la lecture d'un poëme ou d'une œuvre philosophique, comme en présence d'un monument, de démêler le caractère intime de son auteur. Cependant David ne négligeait pas de réunir aussi

[1] Voir tome II, *Portraits d'Artistes*, ROLAND.

[2] E. J. DELÉCLUZE, *Louis David, son école et son temps*.

toutes les notes graphiques qui pouvaient l'éclairer. Et c'est ainsi que l'authenticité physique se surajoutait dans ses œuvres à la ressemblance morale qui fut toujours la base de ses figures. On se souvient de ce qu'il disait à Weimar, en parlant de Schiller : « Je ne l'ai point vu, qu'importe? Le buste que je lui destine n'en ressemblera que mieux. » C'est que le maître avait conscience de l'immortalité du marbre. « Le statuaire parle dans l'avenir », disait-il, et, sous l'influence de cette vérité première, ce qui dans une tête est l'accident, il le négligeait. On eût dit qu'il portait dans les plis de sa pensée comme un type initial de l'homme. Et l'empreinte individuelle qu'il infligeait à ce type, lorsqu'il allait sculpter, c'était celle des aptitudes morales et intellectuelles de son personnage. Telle est, du reste, la prédominance de l'âme sur le corps chez un homme supérieur, que si vous avez défini son intelligence et sa volonté, si vous avez su rendre tangibles ses facultés maîtresses, vous avez modelé le visage dans la précision de ses contours. Quoi d'étonnant à cela? L'âme est le grand statuaire; et l'artiste qui l'interroge ressemble au praticien qui va s'instruire près du maître. Lorsqu'un front resplendit, que des lèvres parlent, qu'un œil attire ou commande, c'est l'âme qui a façonné de son doigt puissant ce front, ces lèvres, cet œil. Le sculpteur n'a donc pas de meilleur guide que l'âme d'un grand homme s'il veut interpréter ses traits avec justesse. David se plaisait à des entretiens mystérieux avec l'âme de ses modèles; il descendait au plus profond de l'être intime, et l'assurance de son regard, lorsqu'il revenait des régions inexplorées où siége l'intelligence, laissait deviner quelles notions il en rapportait. C'est à l'aide de ce labeur élevé que David, dans ses bustes, a fait à la ressemblance physique une place suffisante pour que les contemporains de ses modèles se déclarassent satisfaits; mais sa préoccupation constante, son vrai but — et les siècles futurs lui en sauront gré — a été d'assujettir la vérité physique à la manifestation de l'esprit.

Ces bustes, que le maître exécutait avec une application si

grande, ne devaient pas lui faire oublier sa galerie de médaillons. Une vie d'homme — il le sentait — eût été trop courte pour lui permettre de dédier un buste à tous les personnages célèbres de son époque. Au reste, l'artiste philosophe, sévère appréciateur du mérite, ne voulait pas placer sur le même rang, par des portraits d'une importance égale, ceux de ses contemporains que les dons de l'esprit maintenaient à des degrés différents. C'était encore un principe chez David, que les morts seuls ont droit aux statues, et, parmi ceux qui vivent, aux hommes supérieurs, un buste; au simple talent, une médaille. Toutefois, il convient d'ajouter que ces distinctions n'avaient rien d'absolu dans la pensée de David, ses médailles étant, avant tout, l'image populaire du génie.

Musset, presque imberbe, l'auteur applaudi de la *Nuit vénitienne* et de *Rafaël*, l'œil vague, le front rêveur, les lèvres sensuelles, ouvre le long cortége des célébrités qui vinrent poser en ces temps dans l'atelier du maître. Après Musset, Barbier dont le vigoureux profil remet en mémoire les *Iambes*. Arnault, le fabuliste, à l'œil attentif; Casimir Delavigne, ému et chaleureux; Boulay-Paty, qui écoute parler la Muse, forment le groupe des poetes.

Baudin, l'amiral, au regard profond[1]; Miel, un des morts de Juillet, front loyal, furent modelés en même temps que Kléber[2]...

« Un jour, écrit M. Charles Blanc, faisant observer à David

[1] « Quand l'amiral Baudin posait devant moi pour son médaillon, son œil brillait en fixant les illustrations qui peuplent mon atelier. Le feu de l'enthousiasme étincelait sur son visage. Il pensait que lui aussi léguerait le souvenir de ses grandes actions à l'avenir. Je ne pouvais me défendre d'admirer cet homme mutilé par la mitraille et dont la tête respire une si indomptable valeur. Lorsque j'eus terminé mon travail : « C'est bien, me dit-il, vous avez noblement « compris l'Ajax de la mer! » — Notes autographes de David appartenant à la famille. — On sait que le vice-amiral Baudin n'était encore qu'enseigne de vaisseau sur la frégate *la Piémontaise*, lorsque, assistant en 1808 à un combat contre les Anglais dans la mer des Indes, il eut le bras droit emporté par un boulet.

[2] Voir planche XIII de ce volume.

combien le tour imprimé aux cheveux était un puissant moyen de redoubler l'expression, l'artiste, charmé, alla prendre dans ses tiroirs le médaillon de Kléber. « Voyez, me dit-il, sa chevelure « rayonne comme le masque du soleil[1]. »

Beyle, l'ironie satisfaite; Paul Foucher, l'adolescence; Droz, le sage; Carrel, l'homme de combat; Azaïs, la rêverie aimable; Lamennais, le révolté; Pierre Leroux, sec et orgueilleux; Jules Janin, œil limpide; Charles de Lasteyrie, chercheur et enthousiaste; Quinet, affecté dans sa pose; Théodore Pavie, front nuancé d'impatience; Nodier, Charles Comte, mesdames Voïart et Saint-Elme, Pigault-Lebrun, Achille Roche, Barginet, Savary, Bailleul, Duvernoy, William Edwards, Étienne Geoffroy Saint-Hilaire, représentent les littérateurs et les savants.

« J'avais lu les *Mémoires* de Levasseur de la Sarthe, édités par mon ami Achille Roche, — c'est David qui parle, — et lorsqu'en 1831 j'appris que ce digne vieillard vivait encore, j'entrepris de suite le voyage du Mans pour lui porter le tribut de ma respectueuse admiration.

« A mon arrivée, je courus à l'ancien couvent du Sacré-Cœur : c'est là, dans une chambre délabrée, que demeurait Levasseur. Il était malade, assis devant deux tisons à peine enflammés. Sa vieille et vertueuse compagne, républicaine aussi énergique que lui, préparait sa tisane. Une longue redingote de laine grise, un pantalon pareil et des chaussons de lisière, un bonnet de laine à raies tricolores, tricoté par sa femme, tel était son costume. Son mouchoir, étendu sur ses genoux, séchait devant le feu.

« La chambre était de la plus austère simplicité. Quelques paysages peints sur verre par la fille de Levasseur ornaient les murs. Le portrait du conventionnel Carnot était d'un côté de la cheminée; le sien propre, celui qu'on trouve en tête de ses *Mémoires*, servait de pendant. En me montrant un portrait de Kléber, il me dit : « Celui-ci a eu la gloire de mourir sans avoir

[1] *Grammaire des arts du dessin.*

« parjuré son serment à la République. » — Une petite table recouverte d'un mauvais tapis, une autre chargée de livres et de feuilles manuscrites, complétaient l'ameublement. Plusieurs carreaux brisés avaient été remplacés par du papier huilé, et la froide bise d'automne sifflait à travers ce fragile abri[1]. »

C'est dans cette chambre mal close, qui reporte l'esprit à la mansarde de Rouget de Lisle, que David va modeler les traits de Levasseur. Une résolution intrépide, poussée jusqu'à la dureté, est l'expression dominante de sa tête[2].

Vers le même temps, le médaillon de Rœderer, ancien député de Metz, défenseur de Louis XVI après le 10 août, prit place dans la collection du maître : la prudence est écrite sur ses lèvres ; les contours du front disent sa fermeté. Sauquaire-Souligné, Jean Debry, Gabriel Ferry, Choudieu, derniers survivants de la Convention, posent devant David. L'un d'eux procure au statuaire une image authentique de madame Roland, et bientot le profil calme et fin de cette femme politique s'ajoute à tant d'autres. André Étienne, le tambour d'Arcole, émule du jeune Barra, le comte Réal, ancien dantoniste, préfet de police aux Cent-Jours, tête hautaine, furent suivis à quelques semaines de distance du duc Pasquier, de Cormenin, de Bérard, trois hommes de la génération politique de 1830. La logique et le sang-froid de Pasquier, déjà président de la Chambre des pairs, l'activité réfléchie du pamphlétaire, le caractère vif et loyal de Bérard se laissent discerner sur leur image par l'observateur le moins préparé.

Si nous exceptons Bartolini, bien peu d'artistes étrangers ont honoré de leur ciseau les gloires de la France. David a voulu se montrer généreux envers tous les grands hommes de son temps, quelle que fût leur nationalité. C'est à peine s'il nous est possible d'énumérer les médailles qu'il a dispersées aux quatre coins du

[1] Notes autographes de David appartenant à M. Victor Pavie. — Voir aussi l'*Almanach du Peuple* pour 1850. Paris, Michel, in-18.

[2] Voir pl. XIII de ce volume.

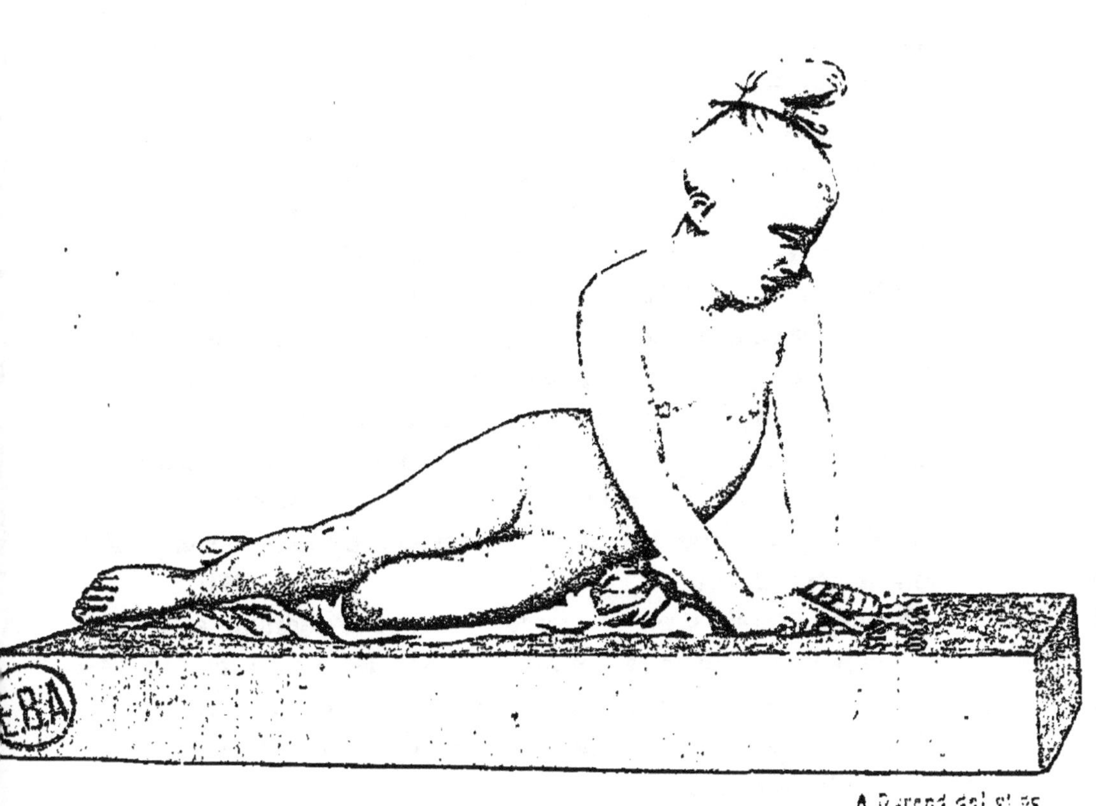

A Durand del et sc

JEUNE GRECQUE AU TOMBEAU DE MARCO BOTZARIS

Marbre

globe pendant les années qui suivirent la révolution de Juillet. Elles portent les traits de de Candolle, le botaniste génevois ; de Valdès, le général espagnol ; de Bronsted, l'antiquaire danois ; des Anglais Sydney Smith, Bowring, Pentland, sir John Ross ; des Allemands Vogel, Stammann, Dannecker, Retzsch, Louis de Klense, Hahnemann, Carus, Humboldt ; des Américains John Washington et Ulric Lévy ; du publiciste belge Louis de Potter et de sa femme.

Nous n'avons rien dit des artistes ; est-ce que David, blessé par les attaques dont il est l'objet dans l'École, voudrait vivre à l'écart de ses confrères ? Il écrit à ses amis de l'Anjou, en décembre 1832 : « Nous n'avons pu assister à la première représentation du *Roi s'amuse*, où notre Hugo a été si cruellement traité par le public ; nous étions, Émilie et moi, à Armentières, dans le département de l'Aisne, où j'allais faire le médaillon du célèbre Dupré, graveur en médailles. Il était bien temps que j'arrivasse, car le pauvre artiste est mourant[1]. » Les peintres Augustin, Paul Delaroche, Gros, Drolling, Léon Cogniet, l'architecte Alphonse de Gisors et sa femme, reçurent leur médaille vers la même époque.

Sans que David y prenne garde, l'homme d'intérieur se révèle à chaque instant dans ses lettres. Sa jeune femme est de tous ses voyages. Veut-il peindre un site ou un monument, la phrase n'est jamais plus alerte, le tableau plus vivant que lorsqu'il peut dire : « Nous étions. »

Au mois de mai 1832, un premier enfant lui était né ; mais au bout de quelques semaines l'enfant mourait. David fut vivement affecté de cette perte, et, à quelques années de là, bien que le berceau vide se fût rempli, le père n'avait pas encore surmonté l'amertume de son deuil. Au moindre choc sa blessure se rouvrait ; le souvenir douloureux de l'enfant disparu lui revenait à l'esprit. « Ce soir, une marchande parlait à un commissionnaire :

[1] Lettre appartenant à M. Victor Pavie.

je n'ai saisi que ces paroles : « Je passe et ne viens pas. » Je suis resté longtemps sous l'impression de cette phrase étrange. Malgré moi, je pensais à mon pauvre petit Paul, qui repose au cimetière du Père-Lachaise. Lui aussi eût pu dire : « Je ne viens pas, je passe[1]. »

Le second fils du statuaire, M. Robert David d'Angers, est né en 1833. Il n'avait pas un an lorsque le maître, qui avait modelé la médaille de sa femme[2], esquissa dans sa grâce naïve le profil de l'enfant. Ces deux têtes portent l'empreinte d'un travail choisi. On sent, à la souplesse des chairs, à l'émotion des contours, que le pouce de l'artiste a longuement caressé l'argile, et au milieu de tant de portraits, ceux-ci se distinguent par des accents pleins de finesse et d'élévation.

Si nous étudions un à un les médaillons de David, ils nous révèlent son culte persistant pour la méthode de Gall. Faut-il s'en plaindre? Non. Le statuaire, épris avant tout de l'expression spiritualiste, n'a cherché dans la structure du masque qu'une note qui vînt confirmer la justesse de son observation. La tête humaine est envisagée par lui sous son double aspect : la mobilité du visage et l'immobile conformation des dessous de chair. Mais ce que les naturalistes nomment la boîte osseuse, David se plaît à la considérer comme l'enveloppe immédiate de la pensée. Il y découvre les linéaments du génie dans ce qu'il a de plus personnel. D'autres, avec ses tendances et son genre d'étude, pourraient devenir réalistes, mais rien n'est plus loin de son esprit que de traduire servilement une tête d'homme. Tout est symbole pour notre artiste. Deux voix, si l'on ose dire, l'une extérieure, l'autre intime, s'échappent de chaque physionomie à son approche; voix distinctes, intelligibles pour lui seul, et qu'il ramène à l'unité de vibration avec une adresse merveilleuse. Que d'autres s'arrêtent à l'en blâmer; pour nous, il ne nous déplaît pas que dans cet

[1] Notes autographes de David appartenant à la famille.

[2] Voir pl. X de ce volume.

accord plastique la dominante attire notre attention sur le développement externe du front ou des tempes, puisque le secret de tels contours doit être lu par le maître dans les facultés de son modèle.

Un détail est encore à relever dans les médaillons de David. La tête n'offre pas au statuaire les mêmes ressources que le corps tout entier. Bien que la tête soit le résumé de l'être humain, l'artiste ne peut appeler à son aide ni le geste ni l'attitude dans la reproduction graphique d'un profil. David supplée à ce défaut par une habile distribution de la lumière à l'aide de l'arrangement des cheveux. Il n'est personne qui n'ait été surpris du goût avec lequel David excellait à disposer une chevelure. Rien de classique, rien de déjà vu ne saurait être signalé dans ses cheveux, d'une ténuité soyeuse. C'est aux cheveux que le maître imprime le mouvement sur ses médailles. Aux cheveux encore il confiera le soin de trahir l'origine ou les habitudes de son modèle. La nationalité de Valdès, la distraction d'Ampère, l'enthousiasme de Ballanche, l'exaltation de Barbier sont clairement écrits dans leur chevelure. S'agit-il de coiffer une tête de femme, David n'a point de rival. Comparez les cheveux de Delphine Gay, ceux de madame Desbordes-Valmore et ceux de madame Voïart, vous serez étonné que l'artiste ait pu faire leur arrangement assez dissemblable pour éveiller en vous des pensées d'un ordre opposé. A l'heureuse fierté de la première, la mélancolie de la seconde sert de contraste, tandis que la muse retirée, mais sans grande passion, de madame Voïart, se laisse deviner à la grâce correcte de sa coiffure.

Ainsi, fidèle à lui-même, le maître consacre la gloire de ses contemporains avec une rapidité qui tient du vertige. Il distribue sans compter ces images, dont le nombre grandit à chaque heure, et qui, rassemblées, forment le plus curieux médaillier qu'on ait composé de nos jours. Chacun des modèles de l'artiste étant pourvu de sa médaille, David faisait don d'une épreuve au Musée d'Angers et conservait lui-même un exemplaire dans son atelier.

Un ami du maître, Victor Hugo, eut le privilége de posséder cette rare collection : David avait tenu à en décorer le cabinet d'étude du poëte d'*Hernani*[1]. Et celui-ci répondait aux offres du statuaire par l'envoi de ses *Feuilles d'automne,* portant à la première page : « Du papier pour du bronze[2]. »

On raconte que Gérard, si justement nommé « le peintre des rois », estimait n'avoir rien produit lorsqu'il n'exécutait que des portraits. C'est l'esprit obsédé par cette pensée qu'on le vit, au Salon de 1810, ajouter aux quatorze portraits qu'il exposait sa composition magistrale, la *Bataille d'Austerlitz*. Gérard sentait le besoin de se ressaisir en retrempant son génie dans une œuvre où il pût déployer toute sa force. David d'Angers n'a pas dû connaître les regrets éprouvés par Gérard. Si nombreux, en effet, si patiemment fouillés que soient les portraits modelés par le sculpteur, ils ne l'ont pas distrait un seul jour des grands ouvrages. Ses médailles et ses bustes, qui formeront peut-être aux yeux de la postérité la meilleure part de son œuvre, celle où la supériorité de son génie apparaîtra plus incontestée, semblent n'avoir été pour David que la distraction d'un jour ou d'une heure. Sans cesse occupé de quelque figure colossale, ou de la décoration d'un monument, le maître a donné l'exemple d'une fécondité hors de proportion.

En 1819, François Grille lui avait fait confier la statue de Racine. Le modèle parut au Salon de 1824. Trois ans plus tard,

[1] C'est le souvenir de tant de largesses que M. Adrien Maillard a consacré dans ses stances à *un Poëte,* lorsque, s'adressant à Victor Hugo, il s'entretient avec lui du Salon de la place Royale :

Tu descendais, le front plein d'éclairs, mais serein,
En ce cabinet riche et sombre,
Où David incruste ses médaillons d'airain
Palpitants de vie et sans nombre.

Paysages et souvenirs, poésies. Paris, J. Claye, 1868, in-12.

[2] Victor Pavie, *Discours prononcé à l'inauguration du buste de David d'Angers.*

le marbre parvenait à la Ferté-Milon, patrie du poëte, mais il ne devait être inauguré qu'en 1833. Comment expliquer tant de lenteurs? François Grille, en faisant la commande de la statue de Racine, dont le marbre fut donné par l'État, n'avait en vue aucune destination pour cet ouvrage. Son travail terminé, le maître en fit remise à l'État, et lorsque, l'année suivante, il eut la curiosité de s'enquérir du sort qui attendait sa statue, il apprit qu'elle venait d'être offerte à la ville natale de Racine. Il s'empressa d'écrire au maire de la Ferté que le marbre dont il avait dû se servir ne résistant pas à notre climat, il serait prudent de préserver l'image du poëte, si on la devait ériger sur une place publique[1]. La municipalité se mit aussitôt en devoir de faire élever un monument entouré de colonnes, afin que la statue, placée au centre, sans cesser d'être visible sous tous ses aspects, se trouvât cependant protégée. Cet édifice, de style grec, ne fut entièrement achevé qu'au bout de six années[2]. David lui-même eut plus d'une fois l'occasion de revoir son travail avant qu'il occupât sa place définitive. Armentières, où le maître s'était rendu pour modeler l'image de Dupré, n'est distant que de quelques lieues de la Ferté-Milon; l'artiste, accompagné de sa femme, se fit conduire, en quittant cet endroit, au berceau du poëte d'*Iphigénie*.

« Je ne sais rien de pittoresque, écrit-il à Louis Pavie, comme cette petite ville, qui est bâtie en amphithéâtre! Et la belle et modeste petite maison de Racine, au pied de laquelle passe une rivière! Tout est calme et grand dans ce pays. L'âme doit s'y replier sur elle-même. La Ferté n'est pas une ville de passage, et sans doute on y voyait encore moins de monde au temps de Racine. Or, les premières impressions de l'enfance se gravent profondément dans l'esprit et pour toute la vie[3].

[1] Voir tome II, *Lettres sur l'art*, XV.

[2] Les administrateurs de la Comédie française souscrivirent pour 1,000 fr. en vue de l'érection de ce monument.

[3] Ailleurs, nous relevons ces lignes : « C'est dans l'église de Saint-Waast que

« Corneille est né dans une ville tumultueuse, commerçante et renfermant dans ses murs une classe ouvrière en lutte avec la vie. Tout cela aura certainement frappé cet homme énergique. Je crois que si l'on pouvait donner une *Vue* du pays où chaque grand homme a pris naissance, on serait souvent moins surpris de la direction de ses idées.

« J'oubliais de te dire que la statue de Racine est toujours dans sa caisse, en attendant que le petit temple qui la doit abriter soit construit. J'avoue que j'ai éprouvé du plaisir à la revoir et que je m'applaudis beaucoup d'avoir délivré mon héros de toute la friperie de l'époque. Déjà, quelques personnes dont j'estime le goût ont approuvé cette idée[1]. »

Racine est représenté debout, drapé à l'antique. Mais David a décrit de sa main cette œuvre longuement travaillée : nous le laissons parler.

« Racine est dans l'attitude d'un homme qui médite profondément. Il pose la main sur son cœur, parce que c'est de ce foyer que sont sorties les pensées qui ont fait de lui le digne interprète de l'amour tragique. J'ai cherché à indiquer sur les traits la mélancolie rêveuse qui particularise les poëtes. Il tient un

fut baptisé Racine. Un fermier habite la maison qu'on a construite sur les ruines de l'église. Elle est entourée de vignes et de fleurs. On y entend le murmure d'une source. L'ancienne architecture du temple demeure très-visible malgré la construction nouvelle. Le calme de la nature et des habitants porte à la réflexion. La maison de Racine est occupée par des gens qui, sur les apparences du moins, mènent une vie paisible. La maison de Corneille, à Rouen, est occupée par un serrurier qui fait grincer le fer d'un bout à l'autre de l'année. » — Plus loin nous recueillons cet aveu : « De toute la pompe déployée à la Ferté-Milon pour l'inauguration du *Racine*, une seule chose m'est demeurée dans le cœur et a bien vite effacé l'impression toute de surface qu'avaient faite sur moi les compliments empesés des autorités, les acclamations auxquelles fut mêlé mon nom devant un grand peuple assemblé : ce sont les paroles d'une pauvre vieille femme qui est venue me complimenter bien simplement sur ma statue. » — Notes autographes de David appartenant à la famille.

[1] 15 décembre 1832. — Lettre appartenant à M. Victor Pavie.

manuscrit dans la main gauche, qu'un léger mouvement rapproche de la droite, comme s'il s'apprêtait à écrire.

« Ceux qui ont étudié la physiologie savent bien que le caractère moral d'un homme se laisse lire depuis les cheveux jusqu'au bout des pieds. Corneille ne dut pas avoir les membres dessinés comme ceux de Racine. Le premier m'apparaît grand et nerveux; Racine, de taille moyenne et souple. Aussi ai-je cherché à indiquer par la douceur des formes le « tendre Racine ».

« J'ai voulu compléter cette peinture du caractère par la souplesse des étoffes. A l'âpre Corneille, j'eusse fait une draperie plus sévère; cependant, ma statue de Racine offre de grands plis sur le côté gauche, et je les crois de nature à rappeler l'austérité de la tragédie.

« Je me suis inspiré pour la chevelure de Racine des masses de cheveux de la Muse tragique. J'ai observé aussi, dans quelques portraits remarquables du temps de Louis XIV, des perruques d'un volume moins grand que celles que l'on représente ordinairement, et lorsque ces perruques avaient été portées pendant toute une journée, elles devaient nécessairement se défriser, et présenter au regard de grandes et belles masses, et non les méthodiques rouleaux arrangés par la main du coiffeur.

« Un cippe est auprès du poëte. Il supporte une lampe antique, indice du travail nocturne et aussi de l'étude des lettres grecques, si familières à Racine. J'ai gravé le titre de ses pièces, dans leur ordre de date, sur le cippe. *Alexandre* et les *Frères ennemis*, ses deux premières productions, sont à demi cachées par une couronne de laurier jetée à ses pieds. J'avais eu la pensée de poser cette couronne sur sa tête, mais j'ai réfléchi que la sensibilité avait été plus grande chez le poëte que la vanité[1]. »

Les sculpteurs devront nous savoir gré d'avoir publié les lignes qui précèdent. En les écrivant, le maître n'a eu d'autre but que celui de consigner pour son propre usage le sens philosophique

[1] Notes autographes de David appartenant à la famille.

du modelé, de la draperie ou des accessoires d'une figure, et sans y prendre garde il nous rend témoins de la genèse de sa statue. La raison de ses choix nous est dévoilée par le maître en des termes d'une élégante simplicité. Toutefois, ce que David oublie de faire, c'est de juger sa statue dans son ensemble. Historien de son œuvre, il ne sait pas en être le critique. Exquise d'atticisme, la figure de Racine exhale moins d'héroïsme que de tendresse. Les formes pleines disent la maturité du génie; les lignes harmonieuses, dont les draperies et le nu respectent l'équilibre sur tous les points, la discrétion du geste, le silence de la pose éveillent une idée de grandeur, de perfection, de politesse. Un descendant de Périclès devant ce marbre nommerait Euripide.

David fut présent à l'inauguration de sa statue. Arrivé quelques jours avant cette solennité, qui eut lieu le 29 septembre 1833, le maître se mit à battre les environs.

« La Ferté-Milon, lisons-nous dans ses notes, est entourée de grandes forêts. L'ombre des bois porte à la méditation. Non loin de la ville sont les vestiges d'un ancien château qui conserve encore un grand caractère. Il est là comme le squelette d'un géant. On dirait de ses portes sans fermetures, des bouches béantes; de ses fenêtres sans croisées, des orbites sans yeux. Lorsqu'on les détruit tout à fait, ces squelettes servent à la construction de monuments nouveaux! Il est vrai que les Égyptiens vendent bien les os de leurs ancêtres pour la fabrication du noir de momie, et procurent ainsi à nos peintres le moyen de transmettre aux générations futures les plus beaux traits de l'histoire ou l'image de la beauté, ce sourire de Dieu sur la terre.

« Pendant que je me promenais sur l'esplanade, le jour de l'inauguration, un barbier sortit d'un cabaret et vint me dire : « — Vous rappelez-vous, monsieur, que je vous ai fait la barbe, « quand vous vîntes ici pour voir votre enfant, car vous êtes « bien le père de Racine? » Voyant que ce brave homme tenait beaucoup à avoir rasé le « père de Racine », je le laissai dire.

C'est alors qu'il osa m'engager à accepter un verre de vin. Sur mon refus : « — Votre « fils », me dit-il, affirme dans une de ses « *Lettres* qu'à une certaine époque de sa vie, s'ennuyant beaucoup, « il passait la plus grande partie de ses journées au cabaret. « — C'est possible, répondis-je, mais moi je ne m'ennuie pas. »

« Tout le monde ici, jusqu'aux enfants, m'appelle le « père « de Racine ».

« Lorsque la statue fut posée sur son piédestal, on l'entoura d'une toile qui ne devait être enlevée qu'au moment de la fête. Séparé du peuple par cette frêle barrière, j'écoutais avidement ses réflexions sur mon œuvre, car on distinguait très-bien la statue à travers son voile. Les hommes ne trouvaient pas que le poëte eût l'air assez dur, assez énergique pour un auteur de tragédies. Les femmes disaient : « Qu'il est beau! » Une jeune fille : « Qu'il a l'air tendre; il a dû bien souffrir, car il pose la « main sur son cœur! » Une autre femme : « Il est habillé comme « un ange! »

« En général, ce peuple naïf ne réclamait pas le costume du temps, qui eût fait de Racine l'homme d'une époque, lorsque son génie l'a fait l'homme de tous les siècles. La draperie convient, ce me semble, à la représentation d'une âme. Jamais un personnage drapé ne fera rire de son costume grotesque. L'imagination ne se figure pas les dieux vêtus d'une autre manière. La statue est une apparition de l'âme. Les hommes simples divinisent celui qui a fait de grandes choses. Il a pour eux les proportions d'un géant. Nous autres hommes de la civilisation moderne, nous participons plus ou moins à ce culte des grandes renommées. Le génie n'est plus pour nous un mystère. Nous le disséquons, nous l'analysons, nous pénétrons dans le sanctuaire, nous assistons, nous contribuons presque à l'enfantement. Les faiblesses, les *misères de l'individu nous sont connues; et comme il est plus* facile de s'y arrêter que de sonder les profondeurs sublimes de l'esprit, nous critiquons parce que cela nous venge un peu, croyons-nous, de la supériorité des hommes privilégiés. Le valet de chambre d'un grand homme a toujours présents à la pensée les soins misérables qu'exige la carcasse humaine[1]. »

C'est ainsi que David, sans proscrire le costume moderne, auquel nous le verrons revenir, appuie de hautes raisons ses préférences pour le nu. Mais ce qu'il poursuit dans l'interprétation du nu, c'est une expression juste, éloquente de l'être moral.

Rendre une idée palpable à l'aide d'une forme, tel est son rêve. De là ces retours volontaires à la tradition, comme aussi ces élans impétueux vers l'esthétique encore controversée de l'art national.

Gustave Planche a blâmé la statue de Racine comme il avait critiqué celle du général Foy, parce que toutes les deux sont drapées à l'antique. Si l'on voulait prendre à la lettre ces jugements exclusifs, l'art statuaire serait à toujours enfermé dans la représentation du costume moderne. A quoi bon restreindre à plaisir le domaine de la sculpture? La vérité morale ne fût-elle pas intéressée à ce que l'artiste eût le libre choix de son style, que la science du modelé plaiderait pour l'indépendance des sculpteurs. Ne sait-on pas que la difficulté de rendre le nu est ce qui retient un trop grand nombre d'artistes dans le dédain de l'art grec? Et les œuvres de ces railleurs impuissants de la tradition ne sont, le plus souvent, que la parodie de l'art national.

« Si j'avais à sculpter Corneille, je le représenterais une main posée sur le front, comme un homme qui cherche ses inspirations dans son cerveau[2]. » C'est David qui formule cette pensée. D'où vient que le poëte de *Cinna,* fièrement posé sur le pont de Rouen, n'a pas l'attitude que le maître avait rêvée? Lui-même va nous l'apprendre. « J'eusse certainement représenté Corneille la main sur le front, écrit-il plus tard, si c'eût été une figure de bas-relief; mais dans une ronde bosse, le visage se fût trouvé sacrifié d'un

[1] Notes autographes de David appartenant à la famille.
[2] Notes autographes de David appartenant à la famille.

certain côté par le geste du bras[1]. » Cette fois, l'idée philosophique a dû plier. Cédant devant une loi supérieure de son art qui veut que la tête humaine soit vue en pleine lumière, de tous les points de station, David abaisse les mains de son héros, qu'il pose debout, prêt à se mettre en marche. Cette vivante allure sied au père de la tragédie française. Racine, son émule, est également debout dans le monument de la Ferté. Houdon, l'auteur célèbre de la statue de Voltaire, le représente assis : Corneille et Racine ont été l'aube de la tragédie du grand siècle; Voltaire en fut le déclin.

Vêtu du costume de son époque, augmenté d'un large manteau dont les plis s'affaissent sur un siége, Corneille, le front plein de pensées, l'œil plein de mots, les lèvres frémissantes, froisse convulsivement un manuscrit entr'ouvert[2]. Sommes-nous en face de l'homme d'humeur indépendante dont le cardinal de Richelieu, ministre et poëte, ne pouvait obtenir un applaudissement? Ces feuilles qu'il tient d'une main nerveuse, est-ce quelque conception littéraire de l'habile politique? Est-ce le drame inachevé de *Polyeucte* ou de *Cinna*? Que nous importe? Est-ce que le mécontentement du poëte, ses aspirations haletantes vers une peinture plus virile des grandes luttes, ne sont pas lisibles dans le geste et la pose aussi bien que dans la vivacité du regard?

Soit. Le front exagéré du *Corneille* relève davantage de la phrénologie que de l'esthétique; le siége posé à la gauche du personnage est un accessoire sans valeur. Nous l'accordons. Mais la fougue hautaine et résolue de Pierre Corneille, cette vigueur, cet accent, cette rage concentrée que le poëte a scandés dans ses aphorismes, qui, mieux que David, les a fait passer dans le bronze? *Corneille* a quelque chose d'irrité dans sa tenue. Il semble qu'il jette au vent qui vient fouetter ses tempes le cri sublime du vieil Horace :

« Faites votre devoir, et laissez faire aux dieux ! »

[1] Notes autographes de David appartenant à la famille.
[2] Voir tome II, pl. VII.

Un critique de l'époque s'avisa de reprocher à *Corneille* d'être « debout, inspiré et revêtu d'un manteau dont l'ample étoffe eût suffi pour habiller toute sa famille pendant trois hivers ». L'écrivain eût souhaité que l'artiste se fût rappelé le mot de La Bruyère sur l'auteur du *Cid* : « Cet homme est simple, timide, d'une ennuyeuse conversation; il prend un mot pour un autre, il ne sait même pas lire son écriture. » Pourquoi Corneille, « ce grand homme de génie si humble, si doux, si bourgeois, si triste, *si mal nourri et si mal vêtu, n'est-il pas représenté comme il sied* à un simple poëte, en habit sans façon et la canne à la main[1] »? Faut-il voir dans cette étrange analyse quelque rancune de critique? Il nous semble plus équitable d'imputer ces remarques, qui attristèrent profondément David, à un oubli des lois de la sculpture. Sans doute, il peut y avoir intérêt pour l'histoire à suivre Corneille chez l'obscur ouvrier qui réparera sa semelle ou son pourpoint, mais le statuaire qui saisit l'homme au point culminant de sa gloire, et le fait revivre dans une apothéose durable comme les siècles, peut-il s'inquiéter de l'accident? Ce ne sont pas les contemporains qui parlent dans la pierre ou le bronze, c'est la postérité, c'est l'avenir. Or, le jugement de l'avenir, en face d'une grande mémoire, n'est pas moins sommaire qu'irrévocable. Que La Bruyère ait rencontré un Corneille maladroit, timide, presque honteux, l'avenir n'a point connu cet homme-là. Le Corneille qui plane au firmament des lettres françaises est un génie plein d'audace, aux mâles vertus, au style ferme et grandiose, et c'est bien celui-là que l'artiste a coulé d'un seul jet. Il l'a fait touché par la douleur, mais plus grand qu'elle. Droit et convaincu, sa rude silhouette va s'élevant toujours sur l'horizon. Il a pour fond des navires longtemps ballottés par l'orage, et les mâts noircis, les câbles bruissants, les voiles déchirées, composent une perspective en harmonie avec le bronze cornélien de David.

[1] Jules JANIN, *Revue de Paris*, août 1840. — Au cours de ce même article, le critique dit encore : « Le statuaire comme le peintre ne doit voir une tête qu'en dehors. » Une semblable théorie ne se discute pas.

Le maître n'avait pas négligé de visiter l'emplacement qu'occuperait sa statue. A plus d'une reprise, Rouen l'avait vu dans ses murs, alors qu'il composait le *Corneille* : « J'aime de passion les vieilles maisons de Rouen, dira-t-il; elles produisent sur moi le même effet que la vue d'un homme qui sait être fidèle à ses vieux amis. Il existe ici une rue Nationale dont les maisons sont construites dans le style moderne. C'est de l'architecture positive, sans le moindre goût. Le titre de rue Nationale conviendrait bien mieux, selon moi, à la vieille rue de la Pie où est né Corneille[1]. »

David, se trouvant à Rouen, est informé qu'un imprimeur sur étoffes, Théodore Lebreton, a reçu le don de poésie. Il le cherche. « Je viens de voir Lebreton, le poëte ouvrier, lisons-nous dans ses notes. Je l'ai trouvé dans la boutique de son frère le cordonnier. Comme j'ai embrassé avec joie cet homme de génie, vêtu du modeste habit de travailleur! Lebreton est pâle, maigre; une teinte rose enveloppe ses pommettes. Un mal secret le ronge. Il m'a pris la main pour me guider à travers les sombres sinuosités d'une ruelle qui conduit à un escalier obscur. Son grenier est petit, mais propre, car cet homme a beaucoup d'ordre. Sa jeune et gracieuse femme paraît le comprendre, ce qui est un grand bonheur, et j'en ai ressenti une vive satisfaction pour lui. Près de sa femme se tenait une petite fille proprement vêtue. J'ai passé plusieurs heures à causer avec le poëte. Il a les sentiments les plus élevés. C'est une âme. Le vieux marché se tient sous sa fenêtre : on y braille comme toujours. Je dis à Lebreton que j'étais certain qu'il n'entendait pas ce bruit lorsqu'il écrivait. Il me confirma dans ma pensée. Le génie plane au-dessus des bruits de la terre. Je me trouvai si ému en sortant de chez Lebreton que je renversai le panier d'une marchande de légumes. N'est-il pas triste de songer que cet homme d'élite est ignoré d'une ville opulente par son commerce, et qu'il est aux prises avec le besoin ! Il serait si

[1] Notes autographes de David appartenant à la famille.

facile de lui venir en aide! Mais Lebreton joint à son talent une grande modestie et un noble orgueil[1]. »

Un jour qu'il regagnait Paris en suivant la Seine, il fit halte aux Andelys, lieu natal de Poussin. « Plus j'observe ce pays, plus je me persuade que les grands génies ont subi l'empreinte des objets qui les ont frappés dès leur première enfance. Ces montagnes crayeuses, arrondies, presque molles, comme si elles avaient passé de longs siècles sous les eaux; ces rochers, dont on dirait des colonnes ayant supporté les temples gigantesques de l'âge primitif, étaient de nature à fortifier un esprit philosophe capable de s'alimenter au spectacle des ruines. Analysez les toiles de Poussin : les lignes en sont graves, simples. Pas de ces pointes aiguës qui sentent l'énergie dans l'audace, la lutte victorieuse. — Ce pays fait songer au lendemain d'un cataclysme. Qu'elle serait majestueuse, l'austère figure de Poussin, ayant cette nature pour piédestal, et élevant jusqu'au ciel sa noble tête où serait gravé le rayonnement de la pensée[2] ! »

Ainsi va la plume du statuaire, non moins prompte que son ébauchoir à saisir les nuances. Qu'il sculpte ou qu'il écrive, à ses yeux, Corneille et Poussin, frères de génie et de nation, ne sont cependant pas de même trempe. Observateur profond et fin, David est vraiment doué de ce tact qui est la fortune de l'artiste. Aussi voyez-le : habile à surprendre ce qui est insaisissable dans la physionomie de son modèle, lorsqu'il a parlé son individualité à l'aide du caractère, des traits de la face, du geste, de l'attitude, des proportions, il convie encore la matière à dire un dernier mot. Au poëte d'*Iphigénie*, la transparence du marbre; le bronze pour Corneille, et s'il avait eu à représenter Poussin, il l'eût taillé dans la pierre.

Dans les rues de Paris, un enfant, par un jour d'averse, croise

[1] Notes autographes de David appartenant à la famille.
[2] Notes autographes de David appartenant à la famille.

le regard avec David. L'enfant — un mendiant, sans doute — a la tête nue. Ses cheveux ruissellent. De longues mèches ont roulé de son front sur ses épaules. Cette jeune tête revêt ainsi un caractère sauvage, plein de décision. Les lèvres saillantes, où perce une pointe de dédain qui pourrait être de la haine, font jaillir dans l'esprit du maître un souvenir de Carthage. Il a devant lui le fils d'Amilcar, qui, dès l'âge de neuf ans, jurait de renverser Rome. *Annibal ecce erit.* David appelle à lui le mendiant, l'emmène, et d'une main vigoureuse qu'il rendra légère aux endroits voulus, il tire de l'argile la tête d'Annibal enfant.

Quel est ce tacticien, pensif, impassible, l'œil fixe, une main sur la carte de Polotsk, l'autre perdue dans son frac? C'est Gouvion[1]. Son marbre apaisé rappelle les combinaisons stratégiques du vainqueur de Wittgenstein, du héros de Gênes et de Barcelone. Le maréchal, en grand costume, portant le sabre d'honneur que lui valut son adresse à Novi, pose avec aisance. Rarement la matière a été plus heureusement assouplie que dans cette figure. Depuis l'éperon jusqu'à l'épaulette, l'artiste n'a pas omis un galon, et sa fidélité à reproduire un costume chargé d'ornements n'a point refroidi son œuvre. L'immobilité de *Gouvion Saint-Cyr* est un repos consenti. Il médite quelque habile manœuvre; mais, qu'il ait arrêté son plan, et le capitaine va diriger l'action. La statue de Gouvion Saint-Cyr est une œuvre de haut style. On cherche vainement quel reproche pourrait être fait au statuaire. Nos artistes, qui, si souvent, ont à interpréter le costume militaire de notre époque, gagneront à s'inspirer devant le marbre puissant et calme que David a dressé sur la tombe du maréchal au Père-Lachaise.

Depuis que le maître s'était lié d'affection avec Mickiewicz, la Pologne lui était devenue deux fois sacrée. Nous avons sous les yeux le dessin d'un monument *à la mémoire d'un guerrier polo-*

[1] Voir tome II, pl. XI.

nais, au bas duquel l'artiste assure « M. Valentin Zwiertowski de son profond dévouement à la noble cause de la Pologne ».

Thomas Jefferson, troisième président des États-Unis, après avoir été secrétaire d'État sous Washington, était mort en 1826. Deux fois élu, il avait de lui-même, à l'expiration de ses pouvoirs, refusé de se laisser élire une troisième fois pour ne pas violer la Constitution. Les Américains se souvinrent du désintéressement de Jefferson, et lorsqu'il mourut, étranger aux affaires depuis quinze années, une souscription nationale fut ouverte pour lui élever un monument. David était prêt. Jefferson était connu dans notre pays par son mot célèbre : « Tout homme a deux patries, la sienne et la France. » Le maître entreprit sa statue, et quelques années après, un bronze colossal franchissait les mers, portant le nom de David dans la première capitale des États-Unis.

Jefferson se tient debout, la tête droite[1]. Son œil pénétrant s'abrite sous des sourcils résolus. La franchise des lèvres atténue l'expression du regard. L'homme d'État porte le costume du dernier siècle, dépourvu d'ornements. Nous ne sommes plus en face du *Gouvion Saint-Cyr*. Ici, l'habit n'est remarquable que par ses plis rares et sévères. On devine chez Jefferson une haute individualité, maîtresse d'elle-même et capable d'imposer à d'autres. Quelque chose de vif et de mûr se dégage de ses traits. La tête est nue. Le front porte les rides précoces de la pensée. L'homme tout entier paraît sans besoins du côté du luxe domestique ou des honneurs. Mais c'est trop peu que les signes distinctifs du visage, d'accord avec le laconisme du vêtement, nous révèlent le penseur dans l'homme d'action; c'est Jefferson qu'il nous faut nommer. Comment le maître s'y prendra-t-il pour que le troisième président diffère du premier? Par quelle marque décisive le bronze de Jefferson se distinguera-t-il des portraits de Washington, de John Adams ou de James

[1] Voir pl. XI de ce volume.

Madison? Tous n'ont-ils pas été administrateurs habiles, profonds diplomates, citoyens intègres?

Jefferson avait un peu plus de vingt-six ans lorsqu'il alla siéger à l'Assemblée de la Virginie. Adversaire passionné de la domination de l'Angleterre, sa parole ardente et convaincue assura bientôt son autorité sur ses collègues. Présent au congrès de Philadelphie, en 1776, ce fut Jefferson qui rédigea la Déclaration de l'indépendance. David ne s'y trompe pas. Un homme, si grand qu'il soit, a rarement dans sa vie l'heureuse fortune d'affranchir un peuple. Le maître représentera Jefferson la plume dans une main, et dans l'autre l'acte d'indépendance ouvert à tous les regards. Le futur président américain semble se mettre en marche comme s'il s'apprêtait à porter à travers le nouveau monde les paroles de liberté A quoi bon d'autres accessoires? La gloire de Jefferson est là, dans ce texte dont chaque syllabe brise un chaînon. David a bien soin de ne rien ajouter qui puisse affaiblir l'éloquence de sa statue, et c'est ainsi que son bronze de Philadelphie offre l'exemple de la simplicité à laquelle doit viser l'artiste, s'il sait définir l'acte essentiel dans lequel se résume une grande vie, comme les rayons de lumière dans un prisme.

A l'heure où son nom retentissait en Amérique et où l'Académie de Saint-Luc l'appelait dans ses rangs, David, accompagné de sa femme, se dirigeait vers l'Allemagne. Heureux de cimenter des relations illustres ébauchées dans son atelier, l'artiste était en même temps désireux de revoir certaines villes qu'il n'avait fait que traverser lors de son voyage à Weimar. Nous savons sa coutume. Le maître aura soin de prendre note des particularités de son voyage. Il signalera sans ordre, au hasard de l'impression, le charme ou la grandeur d'un site, un usage populaire, un mot d'Overbeck ou de Humboldt. Ouvrons son journal et suivons-le.

« Dans le département de la Meurthe, de grandes plaines. Beaucoup de prairies. Des frênes bordent les routes, qui sont très-bien entretenues. Les champs ne sont pas entourés de haies.

Villages propres. Maisons construites en sapin annonçant l'aisance. Toits couverts de tuiles plates. Hautes collines à l'horizon, ce qui donne à l'ensemble un caractère imposant.

« Population religieuse. Les hommes ont la taille élevée. Ils sont travailleurs. On les dit bons soldats. Il semble que les hommes les plus énergiques naissent sur les frontières de la France, afin qu'elle soit mieux protégée contre l'invasion. Les femmes travaillent aux champs comme les hommes. Elles sont belles. Un large chapeau de paille leur sert de coiffure. Les enfants sont nombreux. Peu de pauvres. Les mendiants que l'on rencontre sont des vieillards ou des infirmes. Ils demandent l'aumône en récitant des prières, témoignage de leur foi dans la toute-puissance de la prière sur la générosité du voyageur.

« De Nancy jusqu'à Phalsbourg, l'aspect général de la campagne est onduleux et présente quelques rapports avec les flots de la mer après un orage Hautes collines boisées à l'horizon ; nombreux troupeaux dans les plaines.

« De Phalsbourg à Saverne, route en rampe, qui traverse les bois. Restes de vieux châteaux sur les collines dont la chaîne se poursuit jusqu'au Rhin. Des hauteurs de la route, un immense plateau se déroule sous le regard. Toujours des collines à l'horizon. Au-dessous, les sévères et grandes plaines de la Germanie, d'un vert foncé. Le brouillard voile les détails et ne laisse distinguer que des contours vagues, ce qui donne un aspect mélancolique à la nature. Ici, les maisons sont peintes et les toits de tuile plate plus élevés. Le peuple est moins beau et plus pauvre. Il en est souvent ainsi dans les pays boisés.

« Partout où la forêt laisse de l'espace à la culture, on est émerveillé du travail du laboureur.

« Les collines qui étaient à droite nous ont un peu quittés pour faire place à d'immenses vergers remplis de fruits et à des prairies artificielles. Les femmes portent de petits bonnets d'indienne rouge, bien moins gracieux que le chapeau de paille des Lorraines.

« A mesure qu'on avance vers Strasbourg, la terre est si légère qu'on laboure avec un seul cheval. Pas d'arbres. C'est la grande culture. On fait deux récoltes dans une année. Des noyers, des saules, qui annoncent un terrain humide. Routes bien entretenues. De la côte de Saverne, la plus admirable vue : les riches plaines de l'Alsace se déroulent à vos pieds, et, vers la droite, les montagnes et les forêts des Vosges... »

Le maître fit halte à Strasbourg. « Deux choses m'attiraient dans cette ville, la cathédrale et Kirstein[1]. » David se lia promptement avec le Benvenuto Cellini français, qui était aussi un grand citoyen. C'est à l'amitié de Kirstein que le statuaire dut la connaissance d'Ohmacht.

« Une petite chapelle de la cathédrale de Strasbourg est transformée en atelier. Un sculpteur y habite. On l'appelle Vallastre. C'est un homme de valeur, et dont l'âme est en perpétuel rapport avec les gothiques. Il semble qu'en plaçant ainsi son atelier dans les murs de l'église, on ait voulu sanctifier ses ouvrages[2].

« J'étais avec Kirstein ; nous venions de voir Vallastre : nous nous dirigeâmes vers l'atelier d'Ohmacht. Ce qui me frappa en entrant, ce fut l'ébauche d'une *Sainte Famille* en bas-relief. Ce travail avait un grand caractère de simplicité, comme tout ce que produit l'artiste. Cependant, ce bas-relief est une œuvre de déclin.

« Ohmacht était absent. Devant l'ouvrage, un tabouret chargé d'outils. Au pied du bas-relief, une petite esquisse peu avancée. Ohmacht ne fait jamais un modèle de grande dimension : il travaille au bout de l'outil, comme les anciens maîtres. Dans un coin de l'atelier, des sabots.

« Je priai Kirstein de me conduire vers Ohmacht. Il me fit passer dans une autre pièce, celle où se tient habituellement

[1] Voir tome II, *Portraits d'Artistes*, Kirstein.
[2] Voir tome II, *Portraits d'Artistes*, Vallastre.

l'artiste; mais à peine avions-nous fait quelques pas que Kirstein s'avança pour saluer un petit vieillard qui se dirigeait vers nous : c'était Ohmacht.

« L'entrevue ne dura que quelques instants. Ohmacht parla très-peu. Le lendemain, conduit par Kirstein, je revis le vieil artiste auquel je venais faire mes adieux. La glace était rompue. Ohmacht fut plein de cordialité. Sa physionomie s'était éclairée d'un sourire très-doux.

« Ohmacht possède un cabinet de tableaux de premier ordre. Il m'a fait voir également plusieurs petits ouvrages en albâtre de sa composition, notamment l'*Antinoüs* qui est représenté jusqu'aux hanches. C'est une copie exécutée à Rome. La tête est admirable de douceur, de grâce exquise; il lui manque toutefois la sévère grandeur de l'original. Un portrait d'enfant représente la fille de l'artiste. Je n'ai jamais vu au monde rien d'aussi tendrement naïf. J'ai été heureux d'embrasser Ohmacht. Il voulait descendre son escalier pour me reconduire. Plus bas que lui de deux marches, je m'étais retourné; il tenait une de mes mains dans les siennes et la serrait avec effusion : de l'autre, je l'invitais à ne pas descendre. Kirstein, plus élevé que moi d'un degré, faisait le même geste. En considérant ces deux grands artistes, je n'ai pu m'empêcher de penser que notre groupe eût été intéressant à peindre[1]. »

De Strasbourg, David gagne Carlsruhe, Rastadt et Bruchsal. Il ne cesse pas de noter ses impressions. « Bruchsal est une ville assez grande et propre, mais on y rencontre à chaque pas des grilles de fer : ce sont les prisons! De Rastädt à Bruchsal, des *Christs* sont placés sur la route de distance en distance; le peuple de ces contrées est très-religieux. »

Voici Heidelberg, où l'on arrive par « une route bordée d'arbres tellement serrés que la voiture a marché sous une voûte de fruits depuis Bruchsal ».

[1] Voir tome II, *Portraits d'Artistes*, OHMACHT.

Ladenburg, Manheim. « Pas un pouce de terrain qui soit stérile. C'est la terre promise. Les arbres sont tellement chargés de fruits que l'on est obligé d'employer de longues perches pour soutenir les branches. » Wertheim, Darmstadt, Francfort. « Dans la cathédrale de Francfort, se trouve un tableau d'Albert Dürer. Il représente la *Vierge tenant le corps de son Fils dans ses bras.* C'est à peine si elle le presse, tant sa profonde douleur est en même temps respectueuse ! »

A Mayence, un bateau à vapeur prend les touristes. Les bords du Rhin n'effrayent pas la plume de David[1]. Son récit, où la philosophie de l'art ajoute à la poésie du tableau, renferme plus d'une page vraiment belle. « Quand nous nous embarquâmes, Mayence était enveloppée d'un épais brouillard. Les larges masses d'arbres qui l'entourent paraissaient autant de monuments gigantesques. On eût dit des ruines druidiques. Près de moi, j'entendais un voyageur : « — Voyez, il semble que ce sont « des figures d'hommes. » Ce voyageur n'a pas le sens de l'art. La représentation de l'homme ne produira jamais l'effet d'un monument aux masses imposantes. Le rôle de l'homme est d'être spectateur. Sa structure mesquine empêche qu'on distingue les traits de son visage à la plus légère distance. L'individu n'est que la note, l'abrégé de l'être immortel, et cet abrégé ne peut être monumental, vu comme individu, puisque ses proportions réduites et plus encore sa mobilité contrastent d'une manière si frappante avec les grandes lignes que dessine la nature.

« Mais à mesure que le brouillard s'élevait, les magnifiques fantômes s'évanouirent, et nous vîmes au-dessus de nous ce beau ciel d'un bleu si pur, le ciel de la Germanie.

« On a dit avec raison qu'il y a de la femme dans tout spectacle

[1] On a publié de lui : *Quelques notes écrites sur les bords du Rhin.* — *Bulletin de la Société industrielle d'Angers,* 17e année, 1846. — Nous avons préféré recourir aux carnets de voyage de l'artiste mis à notre disposition par la famille avec tant d'obligeance, plutôt que de rien emprunter au texte imprimé dont plusieurs pages, du reste, rappellent celles qui vont suivre.

qui touche au sublime. Mon regard se porta soudain sur une jeune fille dont les yeux semblaient refléter la limpide profondeur du ciel. J'aime les yeux bleus. Ils sont l'indice d'une âme tendre. Cette belle et jeune créature du Nord se tenait debout, rêveuse, près du gouvernail. Elle semblait être là pour conjurer les orages. Ainsi, les anciens plaçaient au milieu d'eux la statue d'une divinité protectrice. Qui pourrait lire dans le cœur de cette jeune fille y découvrirait sans doute des choses mystérieuses. Peut-être ces longs et brûlants regards, qu'elle tient fixés sur les rives du grand fleuve, ne cherchent-ils que la trace d'un visage aimé, celui d'un jeune homme qui lui apparaît sans tache, parce qu'elle le contemple à travers le prisme de son âme de vierge ! »

Les ruines superbes qui bordent le Rhin, depuis Mayence jusqu'à Bonn, suggèrent à David cette pensée : « Les monuments paraissent toujours plus beaux quand ils ont le ciel pour fond : ses suaves lointains purifient tout. » En face des Ardennes : « Les montagnes sont comme les grands hommes. Il semble qu'il n'y ait rien derrière elles. Elles communiquent directement avec le ciel. » Empruntons encore à l'artiste l'épisode humoristique du *Fumeur*, que l'on dirait échappé au pinceau de Van Ostade. David était descendu à Bonn, où l'attendait Auguste-Guillaume de Schlegel dont il fit le médaillon. Ayant repris sa route vers Cologne, il était monté sur un paquebot hollandais.

« Au nombre des figures bizarres qui se peuvent rencontrer sur un bâtiment, il y en eut une que j'observai longtemps. C'était un gros homme, d'une soixantaine d'années. Il était couvert de nombreux vêtements, comme quelqu'un qui dédaigne de s'embarrasser d'une malle. Un énorme chapeau-casquette semblait rivé sur sa tête. En observant cet homme, je n'eus pas de peine à me convaincre que nous autres fumeurs nous ne connaissons pas la volupté du tabac. Notre homme choisissait lentement un cigare sur lequel il commençait par promener sa large langue pendant quelques instants, afin que les feuilles resserrées et ainsi humectées gardassent leur parfum. Voilà le feu mis. Il fallait voir alors cet heureux marchant à pas sonores sur le pont, et lançant à coups redoublés, vers le ciel, de puissantes bouffées à obscurcir le soleil. Nous assistons à la courte période de la jeunesse du cigare. Une sève impétueuse s'en échappe; aussi, comme le regard du fumeur est énergique et brillant! — Le feu a-t-il fait son œuvre? Le cigare est-il à moitié consumé? La scène change. C'est l'âge mûr. L'enthousiasme a disparu. On pèse ses jouissances. — Mais voilà que le jour penche vers son déclin; le soleil n'a plus d'ardeur; toutefois, il colore admirablement la nature. Alors, les âmes mélancoliques, qu'un lien secret rattache aux choses sublimes, aiment à rêver. Le cigare touche à sa fin. Notre homme ménage avec la plus grande précaution cette cendre précieuse qui est un brevet d'excellence et constitue l'adresse du fumeur. Il la ménage avec ce soin que mettait l'homme prévoyant dont parle Homère dans l'*Odyssée* à conserver du feu dans son foyer pour le lendemain. Notre fumeur s'est assis. Il tient sa tête immobile. Ses yeux sont presque fermés. De rares et légères bouffées révèlent la vie du cigare. En vain le bâtiment marche rapide. Les riches coteaux, les forêts, la douce voix des femmes, le rire des buveurs et le choc des verres où petille le vin du Rhin, tout cela n'existe pas pour notre homme. C'est à peine si le bruit et le mouvement qui l'entourent sont perçus par son esprit comme ces rumeurs éloignées qui nous arrivent tellement confuses que la raison néglige de les analyser. Peut-être notre Hollandais se croit-il transporté dans quelque région lointaine où son cœur a aimé, c'est-à-dire souffert. Peut-être se croit-il auprès de son enfant, « son Robert », souriant à la vie qui s'annonce pour lui sans douleur; peut-être revoit-il à travers la fumée qui l'enivre des amis que l'éloignement ou les années n'ont pu refroidir. »

Ainsi, chez le maître, la pensée de son enfant, le touchant souvenir de ses amis de l'Anjou montent à tout propos du cœur aux lèvres. Le hasard le rend-il témoin d'une scène presque vulgaire, il la raconte avec cette élévation de sentiment, cette poésie de l'âme qui est la meilleure part de son génie, et, après avoir cherché Van Ostade, vous vous trouvez en face de Poussin.

Quelques jours plus tard, il est à Cologne. « Je viens de voir dans la cathédrale un tableau d'Albert Dürer. Il est peint des deux côtés. Sur une face, le *Tombeau du Christ*. Le cercueil est vide. Il s'en échappe une source d'eau vive qui guérit toutes les plaies. Au premier plan, deux hommes qui viennent d'être guéris s'embrassent. D'autres, en grand nombre, qui ont éprouvé le même bienfait, se joignent à eux et s'apprêtent à repandre la sainte parole de Jésus à travers le monde. Sur l'autre face : la *Mort de la Vierge*. De grands vieillards, calmes, ont au milieu d'eux saint Jean, dont les yeux laissent deviner qu'il a beaucoup pleuré. »

Un mois s'est écoulé depuis que le maître a quitté Paris. Nous sommes à Berlin. David se sentait attiré dans cette ville par le sculpteur Rauch, dont la juste renommée avait franchi les frontières allemandes. Christian Rauch, l'auteur du monument de la reine Louise, des statues de Bulow et de Maximilien de Bavière, fut bientôt un ami pour le statuaire de Gouvion Saint-Cyr et de Jefferson. D'ailleurs, quatre semaines d'inaction pesaient à David. Il lui tardait de pétrir la glaise. Se trouvant dans l'atelier de Rauch, il avise un bloc de terre et entreprend le buste de son hôte. Il semble qu'une sorte d'impatience le possédât. L'image colossale de Rauch ne demanda que dix-huit heures[1]. Moulé sous les yeux de David, le buste fut exécuté

[1] Nous relevons cette note sur le carnet de David : « Commencé le buste de Rauch le 2 octobre 1834. Séance de une heure et demie jusqu'à deux heures et demie. — Vendredi, 4 octobre, de midi à une heure, et de quatre heures à cinq heures. — Dimanche, pas de travail. — Lundi, j'ai gardé le lit. — Mardi, séance de onze heures et demie à une heure. — Mercredi, de midi et demi à une heure. — Jeudi, de onze heures et demie à une heure et demie. — Samedi, deux heures dans la matinée. — Lundi, une demi-heure dans la matinée. — Mardi, pas de travail. — Mercredi, de onze heures et demie jusqu'à deux heures. — Jeudi, depuis dix heures jusqu'à une heure, travaillé d'après Rauch;

en marbre l'année suivante et offert au modèle. *Rauch* a le front haut et bien développé, les joues amaigries, les lèvres méditatives, l'œil reposé. Les cheveux, sans ordre, et cependant discrets de mouvement, indiquent la simplicité de l'homme. Ce marbre, à la fois puissant et distingué, fait naître l'idée de la droiture dans l'inspiration. Tel fut Rauch.

Frédéric Tieck, statuaire, professeur à l'Académie des Beaux-Arts de Berlin, tenta de prouver au maître français l'excellence de l'école allemande en exécutant son buste. David subit patiemment de longues séances, au prix de véritables tortures. En homme qui tient aux proportions exactes, Tieck s'armait sans cesse d'un énorme compas qui lui servait à mesurer la tête de son modèle. Tant de précision mathématique devait nuire à la ressemblance morale. Ce fut ce qui arriva. Tieck offrit au statuaire une image sans vie que le maître n'a pas conservée. En retour, les traits de l'artiste prussien étaient suffisamment gravés dans la mémoire de David pour que, sans règle ni compas, il modelât le profil d'ailleurs peu flatté de Frédéric Tieck, qui dut à cette circonstance de posséder son médaillon.

Schinkel, architecte habile, alors directeur des Bâtiments de Prusse, se fit fête de recevoir le sculpteur français. Schinkel est l'architecte du Musée de Berlin ; voici en quels termes David juge cet édifice :

« Lorsqu'on entre à Berlin, il faut traverser de longues rues remplies d'établissements manufacturiers : ce sont les bras. Si l'on pénètre dans l'intérieur de la ville, l'œil est frappé par des palais magnifiques et des voies bien tracées : c'est le cœur. Au premier rang, parmi ces palais, se place le Musée. L'architecture en est admirable. Ce n'est point le Parthénon, mais l'aspect noble

le même jour, travaillé seul pour les cheveux depuis une heure jusqu'à trois heures. — Vendredi, pas de travail. — Samedi, *idem*. — Dimanche, *idem*. — Lundi, *idem*. — Mardi, *idem*, et le buste est terminé. » — Le portrait de Rauch mesure soixante-dix centimètres.

et sévère du monument avertit le visiteur que là sont renfermés les trésors de l'esprit humain. Dans les salles du bas, qu'en ma qualité de sculpteur j'ai d'abord visitées, se trouve un nombre considérable de statues et de bustes antiques d'un grand mérite. A l'extrémité d'une des galeries est placée la statue de Napoléon par Chaudet, que Louis XVIII accorda au roi de Prusse. En face d'elle est une statue de César. Cette disposition fait honneur aux Prussiens : elle est de bon goût. La conquête avait permis à Napoléon de dépouiller de ses trésors le Musée de Berlin : victorieuse, la Prusse a réclamé l'image de son conquérant. »

David visita Potsdam, le Versailles de la Prusse; puis, accompagné de Rauch et de Schinkel, les deux auteurs du monument de la reine Louise, le maître français se rendit à Charlottenbourg. Les éloges si souvent prodigués à Rauch sur les sculptures du tombeau royal ne furent pas désavoués par David.

Le baron Guillaume de Humboldt, homme d'État et philologue, qui, au cours de ses missions diplomatiques en France, avait eu quelques relations avec La Revellière-Lepeaux, grand-père de madame David, invita le maître et sa femme dans sa terre de Tegel. Tegel est une somptueuse résidence assise au bord d'un lac, à quelques lieues de Berlin, et entourée d'une végétation qui contraste avec la plaine mouvante et stérile que traverse la Sprée. « Le parc de Tegel, écrit David, ne le cède pas pour la beauté de ses arbres au parc de Saint-Cloud. L'habitation, d'un goût exquis, arrangée par Schinkel, est remplie de sculptures antiques. J'y ai admiré aussi une charmante figure de *Jeune Fille faisant marcher un papillon dans sa main*; c'est le portrait d'une des filles de M. de Humboldt. Une autre figure, dans le style éginète, de Thorvaldsen, surmonte une colonne : c'est le monument de madame de Humboldt. Sous le péristyle est placé un autel antique, retrouvé dans un couvent, où il servait de puits. Tous ces vestiges de l'art grec donnent à l'habitation un caractère de grandeur difficile à décrire. »

La famille de Humboldt se trouvait réunie autour de son chef. Les filles du vieux diplomate, son gendre le baron de Bulow, ambassadeur à Londres, ses petits-enfants, firent au statuaire le plus gracieux accueil. Mais Guillaume de Humboldt n'avait plus que quelques mois à vivre : la mort l'avait visiblement touché. La vue de ce vieillard attrista David : « Il y avait pour nous, dit-il, un sentiment pénible à presser sa main si voisine du tombeau. »

De retour à Berlin, David exécuta le médaillon de Schinkel, où réside l'expression de la volonté. Brandt, graveur en médailles, ancien pensionnaire de l'Académie de France à Rome[1]; Adalbert de Chamisso, l'auteur original de *Pierre Schlemyl*, « l'homme qui a perdu son ombre »; Wilhelm Haering, plus connu sous le nom de Willibad Alexis, à qui le roman de *Walladmor* avait fait une réputation presque européenne, posèrent devant David. C'est aussi pendant son séjour dans la capitale de la Prusse que le maître rencontra Meyerbeer, l'auteur si populaire de *Robert le Diable*. Un front vaste et lumineux, un regard éclatant, semblent dire quelle transformation vient de s'opérer chez le *maestro*, que l'exemple de Vogler et de Rossini a retardé dans sa marche. La supériorité dans l'audace est résolûment écrite sur les traits de Meyerbeer.

Spontini, plus Français qu'Italien, depuis que la fille de Jean-Baptiste Érard porte son nom, remplissait les fonctions de premier maître de chapelle à la cour de Prusse. David, on se le rappelle, avait modelé son portrait en 1830. L'auteur de la *Vestale* voulut recevoir le statuaire, et dans les notes du maître, après l'éloge réservé de madame Spontini, nous relevons ces lignes : « Le cabinet du compositeur est peuplé de gravures. C'est Frédéric, Charlemagne, Saccini, et un assez grand nombre de *maestri* italiens. J'ai été frappé par deux petits tableaux, très-mal peints,

[1] Comme sujet français par suite des cessions de territoire stipulées à la paix de Lunéville (1801).

mais où la physionomie des personnages est rendue avec un sentiment de naïveté remarquable. Dans l'un, Cimarosa enfant, assis devant un piano, a près de lui sa mère qui lui apprend à jouer à quatre mains; le père les accompagne sur son violon. Dans l'autre, Cimarosa, parvenu à l'âge d'homme, tient seul l'instrument : sa femme le regarde et l'écoute. »

De Berlin, David gagna le royaume de Saxe. « Quand on approche de Dresde, écrit le maître, à une lieue environ, la ville se laisse découvrir au fond d'une vallée. L'Elbe fait deux parts de la cité. Au delà, des montagnes. L'aspect est vraiment admirable. Le coup d'œil doit être magique en été pour que dans cette saison le site reste aussi séduisant. La nature, lorsqu'elle est grandiose, n'a nul besoin d'être parée. Elle plaît par ses lignes. En été, la nature est un peintre : pendant l'hiver, c'est un sculpteur. Privée d'ornements, elle est belle par ses formes. »

A Dresde, David retrouve Vogel de Vogelstein, un peintre d'histoire qu'il avait autrefois rencontré. Vogel accompagne le statuaire au Musée. « Ce matin, Vogel nous a conduits au Cabinet des estampes. Trois cents portraits de personnages illustres d'Europe s'y trouvent rassemblés. La plupart ont été dessinés par Vogel. Cette galerie est un monument curieux. Il y a peu d'années que Vogel a entrepris sa collection, et déjà plusieurs de ses modèles sont morts. Dans le court éclair de cette vie, c'est à peine si l'homme a le temps de léguer son image à ceux qui le suivent. » David et Vogel, tous deux admirateurs des célébrités de leur époque, épris l'un et l'autre de l'art historique, créateurs d'une galerie d'effigies, voulurent échanger leurs portraits. Le sculpteur modela le médaillon du peintre; le peintre choisit une toile..... mais, avant d'assister à l'exécution de son travail, suivons les deux artistes chez Ludwig Tieck.

Tieck, frère du sculpteur dont nous parlons plus haut, était alors le poëte le plus en renom de l'Allemagne. Traducteur de Shakespeare, habile à transporter sur la scène les légendes populaires du moyen âge, Ludwig Tieck ne connaissait pas de rivaux au théâtre. Ses *Poésies lyriques* avaient fait de lui un poëte national. Les *Voyages de Sternbald*, les *Contes lunatiques*, la *Révolte des Cévennes*, le *Sabbat des Sorcières*, œuvres originales et d'un romantisme accentué, plaçaient le littérateur à la tête de la jeune École. Gœthe était mort depuis peu d'années. La royauté littéraire que l'auteur de *Faust* n'avait jamais partagée de son vivant était passée aux mains de Ludwig Tieck, et l'effervescence d'un culte exclusif, qui datait de la veille, ajoutait encore à la réputation du conteur de *Sternbald*. Causeur inépuisable, Ludwig Tieck était aussi un lecteur plein de goût. Ce fut Vogel qui introduisit David chez le poëte.

« La maison de Tieck ouvre sur une grande place. Une marchande de fleurs se tient sous la voûte de l'entrée. J'ai été présenté à une heure, le 24 octobre. Tieck se trouvait dans un grand salon, au milieu d'un groupe de jeunes littérateurs. Il a paru extrêmement embarrassé. Cela ne m'a pas surpris, il en est ainsi de tous les Allemands lorsqu'ils voient les gens pour la première fois. Je suis retourné chez lui le 27. Son embarras ne l'a pas quitté pendant les premiers instants, mais, au bout de quelques minutes, nous avons parlé littérature, et Tieck a pris une attitude plus aisée ; la conversation s'est animée... »

C'est au cours de cette visite que Vogel et David s'ouvrirent à Ludwig Tieck de leur dessein de faire son portrait. Séance tenante, « Vogel, écrit le maître, fit un croquis pour juger de la pose. Il avait eu d'abord l'intention de représenter le poëte en buste, mais je le dissuadai, l'engageant à faire un portrait en pied : c'est plus monumental. » David se proposait d'ailleurs de payer d'exemple. Au survivant de Gœthe, à l'héritier de sa gloire, il destinait un buste colossal. Le 28 octobre, à deux heures, Tieck arrivait à l'atelier de Vogel, et David commençait son buste. Auprès d'eux, Vogel, devant son chevalet, groupait sur la même toile le statuaire et le poëte.

Tieck, exact au rendez-vous du sculpteur, revint les jours

suivants chez Vogel. Le soir, les deux artistes se retrouvaient chez l'auteur de *Sternbald*. « Aujourd'hui, 31 octobre, nous sommes allés chez Tieck entendre la lecture du *Marchand de Venise* de Shakespeare. Tieck sait tellement bien saisir le caractère des personnages, il .. rend avec une si rare perfection, qu'on suit leur jeu, bien qu'il ne rappelle pas leurs noms au cours de sa lecture. Sa figure est belle d'expression; sa voix bien timbrée. Il peut lire quatre heures durant, sans paraître fatigué. Je ne connais qu'Hugo qui possède une poitrine aussi puissante.

« Lorsqu'on entre dans le salon de Tieck, on voit à gauche, sur un piédestal, une statuette de Gœthe par Rauch. A droite, des bibliothèques. Sur l'une d'elles est un buste de Dante. Un peu plus loin, un portrait peint de Tieck. Les traits sont dénués d'animation, ce qui est une faute grave, car, à tout instant, quelle que soit l'expression qu'il veuille rendre, Tieck laisse éclater sur son visage les pensées vives qui l'agitent.

« Dans les intervalles des hautes fenêtres qui prennent jour sur la place, se trouvent deux petites tables sur lesquelles sont posés le buste de Rauch et celui de Frédéric Tieck, le sculpteur. Dans un angle, une pendule gothique, haute de sept pieds au moins. Elle sonne l'heure avec un timbre enroué. On dirait la voix cassée d'une vieille femme. Sur le mur qui fait face aux bibliothèques sont suspendues des lithographies des frères Boisserée[1]. Au milieu, un petit bas-relief en plâtre représentant quatre *Génies* posés sur des fleurons. Les trois premiers figurent la *Poésie*, la *Peinture*, la *Philosophie;* Tieck pense que le quatrième est le *Génie de l'argent,* qui met les autres en action. Ce bas-relief est d'un sculpteur de Cassel, nommé Klein.

« Tout à fait au-dessus, près du plafond, le dessin d'une *Tête*

[1] Melchior Boisserée, antiquaire, entreprit avec son frère Sulpice une collection de tableaux des maîtres allemands qu'il céda au roi de Bavière, en 1827, et que l'on voit aujourd'hui à la Pinacothèque de Munich. Cette cession faite, les frères Boisserée ont exécuté les lithographies des toiles qu'ils avaient réunies; ils en terminaient la publication en 1834.

de Vierge. En face, une *Sainte* tenant une palme. Elle est vue jusqu'à mi-corps. Ce dessin me paraît être d'un maître. Un vaste canapé, une table ronde, des siéges complètent l'ameublement. La porte du salon est séparée de la porte du cabinet de travail de Ludwig Tieck par un poêle monumental, comme on en voit partout en Allemagne. »

David eut bientôt terminé le buste de Tieck. Sa tête, plus enveloppée que celle de Gœthe, n'a pas le caractère olympien qui distingue le poëte de *Faust*. Mais, en retour, l'intelligence, le bonheur de vivre, je ne sais quoi de rayonnant dans le regard et sur le front, donnent au buste de Tieck cette puissance élevée qui permet de nommer un poëte.

Sans retenue dans ses dons lorsqu'il est en face du génie, David avait à peine achevé le buste qu'il modelait une délicate statuette de Ludwig Tieck. Après le poëte, le causeur. *Tieck*, commodément assis dans son fauteuil, la tête portée en avant, disserte avec familiarité sur la poésie. Il s'accompagne de la main droite, dont le geste contenu semble indiquer l'intimité de l'entretien. C'est au retour d'une soirée chez le poëte que David rapporta le sujet de sa figurine. Le même jour, il résumait en ces termes ce qu'il venait d'entendre : « La nouvelle école, en Allemagne, n'est pas à la hauteur de l'ancienne. Ici et là quelques rejetons donnent de sérieuses espérances, mais les grands génies ont disparu. C'est à peine s'il reste une ou deux fortes têtes qui émergent de la foule. Ainsi, dans les forêts, on aperçoit de distance en distance un arbre au tronc magnifique, et sa sévère beauté rend plus sensible la différence entre les rejetons de la veille et les vieux chênes. »

Admis avec sa femme dans la famille du poëte, David s'y était rencontré avec un Français, le comte de Circourt, venu à Dresde pour faire une traduction des œuvres de Ludwig Tieck.

Vogel conduisit le maître chez le médecin du Roi, le docteur Carus. « C'est un grand et bel homme, au regard intelligent, écrit David. Il a publié plusieurs ouvrages, entre autres une *Anatomie comparée* que l'on traduit actuellement. On affirme ici qu'il est le premier à avoir signalé la circulation du sang dans les ailes des mouches. Il dessine avec talent, il sent admirablement la musique et raisonne sur les arts en homme supérieur. Il nous a fait voir des tableaux peints par lui. Le docteur Carus est un grand paysagiste. Son âme déborde de poésie; de toutes ses toiles jaillit une émotion qui va droit à l'âme. » — Un semblable portrait nous laisse assez présager que David ne quittera pas Dresde sans avoir exécuté le buste de Carus.

Le vieux Bœttiger vivait encore. Conseiller de cour et directeur des études de la maison des pages, le savant critique des *Noces aldobrandines*, l'auteur des *Idées sur la mythologie de l'art*, accueillit le maître avec son exquise douceur. David, ému par la cordialité du vieillard pendant leur première entrevue, revenait le lendemain chez l'archéologue : « Je suis allé ce matin à huit heures faire la médaille de Bœttiger. Comme je travaillais, une porte s'entr'ouvrit, et je vis paraître une tête d'ange qui nous regardait. Elle avait cette expression de finesse candide qui n'appartient qu'aux jeunes filles d'Allemagne. Cette apparition muette est restée longtemps ainsi posée. »

Le même jour, David passa la soirée chez madame Lochessi, peintre distingué. « Là, nous avons vu, écrit-il, madame Devrient, actrice d'un grand mérite, femme à passions violentes. Elle a les gestes d'un garçon fantasque et capricieux. Ses mouvements sont brusques et animés : elle pourrait prétendre à la vivacité des Françaises, mais elle n'en possède ni la finesse ni la grâce légère[1]. »

Dresde possédait dans ses murs trois artistes auxquels le maître se fit présenter. C'étaient Rietschell, Moritz Retzsch et Friedrich. Le sculpteur Rietschell, élève de Rauch, travaillait au monument du feu roi Frédéric-Auguste. « La statue principale, écrit David,

[1] Il s'agit ici de Dorothée Bœlher, mariée en 1825 à l'acteur allemand Gustave-Émile Devrient, dont elle égalait le talent. Madame Devrient a divorcé en 1842.

est bien pensée. J'ai vu dans l'atelier deux des grandes figures qui doivent décorer le piédestal. Ce sont la *Justice* et la *Méditation*. La première est convenablement ajustée. Les draperies, très-souples, sont d'un beau caractère. Je n'aime pas autant la seconde. Les plis du costume manquent de style et sont mal rendus. Rietschell dessine avec soin, mais sa sculpture est froide. »

De l'atelier du sculpteur, où il marque son passage avec ce qu'il appelle « sa monnaie », David se rend chez Moritz Retzsch, que ses compositions gravées ont fait l'émule de Flaxmann. « J'ai été saisi, écrit le maître, en voyant cet artiste venir au-devant de nous à notre arrivée avec la vivacité d'un Français. Il m'a fait voir ses admirables compositions, dont le sujet, la gravure et le texte sont de lui. Elles relèvent d'une philosophie souvent très-profonde; la satire la plus déliée s'y fait jour à côté de la grâce et de la simplicité la plus pénétrante. Dans ses figures de femmes et d'enfants, Retzsch approche du Corrége. Il manque à cet artiste le mécanisme de la couleur. Sous l'Empire, les luttes continuelles de la France et de l'Allemagne l'obligèrent à renoncer au voyage d'Italie afin de soutenir ses vieux parents. Retzsch doit tout à lui-même. Il a vécu du produit de ses gravures. Une jeune fille de la campagne qu'il a fait instruire est devenue sa femme : elle comprend son génie. Elle est belle, et ses traits révèlent une âme peu commune.

« Chose bizarre, une tendance du talent de Retzsch serait la sensualité. Dans ses figures de *Méphistophélès*, cet artiste donne admirablement l'idée de l'homme maigri par les passions. En revanche, ses figures de jeunes gens ont une beauté noble; ses jeunes filles, de la candeur; ses enfants, de la grâce. Retzsch, qui est parfois satirique, n'a jamais représenté la femme qu'avec une expression et des sentiments dignes d'elle. On voit à son crayon que ses jours sont partagés par une femme dont l'âme et la vie sont chastes. Tous les types féminins qu'on rencontre dans les ouvrages de Retzsch font pour ainsi dire l'éloge de sa femme. Il est vrai que les êtres qui l'entourent sont bien faits pour suggérer des inspirations de grâce et de naïveté. Cette jeune fille, qui nous apportait le café pendant que j'exécutais la médaille de l'artiste, n'avait-elle pas, gravé sur son front, un caractère d'indéfinissable candeur? Il y a chez les jeunes filles allemandes quelque chose qui commande le respect, l'enthousiasme pour le beau. Jamais une pensée corporelle ne peut naître à la vue de ces anges; elles sont pures comme un sourire d'enfant. »

Terminons ces courses artistiques par une visite chez le peintre Friedrich. « Le signe distinctif du pinceau de Friedrich est une mélancolie sombre mêlée de résignation. » Friedrich avait involontairement causé la mort d'un de ses frères; il ne se consola jamais de cette catastrophe, et jusqu'à son dernier jour ses ouvrages portèrent l'empreinte de sa douleur. « Ce soir, nous sommes allés voir le peintre Friedrich. C'est lui qui nous a ouvert la porte. Il est grand et mince. Ses yeux, recouverts d'épais sourcils, sont profondément enchâssés. Il nous a introduits dans son atelier : une petite table, un poêle, un chevalet inoccupé, et c'est tout. Les murs peints en couleur verdâtre sont entièrement nus; l'œil y cherche vainement une toile ou un dessin.

« Après s'être fait beaucoup prier, Friedrich est allé nous chercher plusieurs de ses ouvrages, entre autres un tableau représentant un *Arbre*. Il est sans feuilles; sur l'une des branches est posée une chouette, et la lumière tremblante de la lune éclaire le fond. Pas de terrain. C'est d'un effet qui porte à la rêverie.

« Nous avons examiné un certain nombre de ses dessins. Jamais de figures. L'intérêt réside dans le choix du site, le jeu de lumière, l'effet. Friedrich est doué d'une touche simple. Il y a dans son crayon quelque chose du laconisme des grands orateurs[1]. »

David avait séjourné près de six semaines à Dresde. Il fallait partir. Le maître prit congé des personnages que nous connaissons, et, la veille de son départ, il s'assit une dernière fois avec sa

[1] David lui acheta deux tableaux, encore en possession de sa famille.

femme à la table de Ludwig Tieck. « Tieck, écrit-il, a été ce soir extrêmement bon et aimable, mais je n'ai pu me défendre d'une grande tristesse : je pensais à mon dernier repas pris chez Gœthe que je n'ai plus revu. »

Le statuaire se dirigea sur Leipzig, mais il n'y resta que quelques jours et prit la route de Weimar.

On imagine aisément quelles furent les émotions de David en approchant de cette ville. Il y était venu jadis l'âme partagée entre l'espérance et la crainte; aujourd'hui, ce n'était plus l'artiste hésitant, c'était l'ami qui allait entrer chez Gœthe. Mais l'homme illustre n'était plus là. De nobles souvenirs veillaient au temple désert de la poésie, mais le poëte, qui si longtemps l'avait rempli de sa gloire, était mort. Une main pieuse, celle de la grande-duchesse de Weimar, avait fait un musée de ce palais préféré des Muses. Quiconque était admis à visiter ses galeries muettes marchait escorté par une mémoire auguste. Rien de banal ou de fortuit ne venait frapper son regard. Cette esquisse, ce marbre antique, cette coupe, ce médaillier, ces livres, cette plume, ce fauteuil, tout parlait de lui à l'imagination du visiteur. Un nom planait dans cette atmosphère où il avait vécu; son image apparaissait à l'œil de l'esprit dans la lumière qu'il avait implorée. Et le témoin de tant de restes intimes croyait saisir comme la respiration d'une ombre invisible, mais présente.

Si le prestige de la demeure de Gœthe est tel pour un indifférent et un étranger, quel ne fut pas le tressaillement pénible qu'éprouva David en reparaissant au foyer du chantre de *Faust!* La belle-fille du poëte, madame Ottilie de Gœthe, était absente pour plusieurs mois; ce fut sa mère qui accueillit les deux voyageurs à leur arrivée à Weimar. « Hier, écrit David, nous avons dîné chez la mère de madame de Gœthe; j'étais précisément placé à l'endroit où se trouvait Gœthe lorsqu'il m'offrit son repas d'adieu. Je ne puis rendre les angoisses que j'ai ressenties, l'amertume des souvenirs qui se sont réveillés en moi. Me mettre à la place du grand homme! Oh! qu'il serait bien plus digne de laisser continuellement cette place vide à sa table! »

David alla revoir le champ de bataille d'Iéna. On se souvient qu'il s'y était rendu en compagnie de Mickiewicz, et que poëte et statuaire, en face de cette plaine fameuse, avaient laissé déborder leurs âmes de patriotes. Lorsque l'artiste foula pour la deuxième fois ce sol imprégné de sang français, la sévère poésie du lieu le captiva, et les lignes qu'il consacre à ce pèlerinage ont la vigueur d'un dessin de maître. « Aujourd'hui, 22 novembre, nous sommes allé voir le champ de bataille d'Iéna. Il pleuvait. Un jour sombre répandait sa teinte mélancolique sur ce site grandiose. Quand on monte sur la colline où Napoléon vint prendre place lorsque les Français eurent culbuté les Prussiens, on découvre la pointe des clochers de la ville, et, à l'horizon, de hautes montagnes. Cette colline est un splendide piédestal pour une bataille. La cime des montagnes se découpe sur un ciel chargé d'orage. Des nuages s'élèvent de leur base, pareils à la fumée d'un combat. On est près d'une croix de granit qui domine seule ce sombre cimetière : emblème bien poétique pour l'âme qui sait le comprendre. Les arbres dépouillés de leurs feuilles présentent leurs branches qui semblent autant de bras décharnés levés vers le ciel, et ils ajoutent encore au grand caractère du champ de bataille. »

La grande-duchesse fit un brillant accueil à l'artiste. En retour, David, pour lui être agréable, modela le médaillon du chancelier de Muller[1]. L'architecte Coudray reçut également sa

[1] Nous avons sous les yeux le texte allemand du « Toast porté à M. David de Paris et à son épouse, par M. de Muller, au banquet qui a eu lieu en leur honneur à la maison de ville de Weimar, le 26 novembre 1834 ». Le chancelier a rappelé de la manière suivante le buste de Gœthe : « Je vous invite à boire à la santé de nos excellents convives de Paris, à celle de ce grand artiste dont la connaissance personnelle aujourd'hui rehausse encore de beaucoup pour nous le prix de ce don précieux dans lequel sa main créatrice a éternisé les traits chéris de notre Gœthe. Lorsqu'il y a six ans il se montra chez nous pour la première fois, qu'est-ce qui l'entraînait alors vers nous, si ce n'était l'amour le

médaille de la main du statuaire[1], puis David quitta Weimar pour Nuremberg.

Il visita rapidement la maison d'Albert Dürer, devenue Musée d'antiquités, son atelier transformé en Galerie d'exposition, l'église Saint-Sebald, l'hôtel de ville. Mais depuis plusieurs jours la santé de madame David s'était sensiblement altérée. Le statuaire se mit en devoir de gagner Munich avec un voiturin. C'était là qu'ils devaient trouver leurs bagages et une lettre de crédit. A peine avaient-ils atteint Ratisbonne que, l'état de madame David s'étant aggravé, le maître confia sa femme aux soins d'un médecin et se rendit précipitamment à Munich, où il esquissa en moins d'une heure la médaille de Louis de Klense. Revenu à Ratisbonne, David fit l'acquisition d'une chaise de poste dans laquelle les deux voyageurs purent rentrer en France. Ils revinrent à petites journées; puis, madame David se trouvant moins souffrante, ils essayèrent d'une halte de vingt-quatre heures à Stuttgard, mais l'entrain des premiers mois avait disparu. Madame David arriva chez elle très-faible, bien qu'à peu près guérie. Le maître, au contraire, chez qui les inquiétudes avaient été exagérées, la fatigue et la surexcitation nerveuse extrêmes, prit froid pendant les derniers jours, et, de retour à Paris, garda le lit plus de six semaines.

David habitait alors rue d'Assas. Il avait fait l'acquisition d'une maison de modeste apparence que Champin a reproduite dans ses *Habitations des personnages célèbres*[2]. Une cour précédait la

plus noble et la vénération la plus profonde pour l'auguste poëte qui, à cette époque-là, brillait encore parmi nous?... »

[1] Nous avons quelques raisons de penser que les médailles de Muller et de Coudray, qui n'existent ni dans la collection de madame David, ni au Musée David, n'ont pas reçu les honneurs du bronze. C'est probablement la cire qui fut offerte aux modèles.

[2] Voir *Habitations des personnages les plus célèbres de France, depuis* 1790 *jusqu'à nos jours*, dessinées d'après nature par Auguste REGNIER et lithographiées par CHAMPIN. Paris, s. d., in-8° oblong, composé de cent vues. La maison de David d'Angers se trouve lithographiée à la planche XXVI. — « T'ai-je dit, écrit David à Louis Pavie, en décembre 1832, que nous avons acheté une

demeure de l'artiste. Trois ateliers se faisant suite ouvraient sur le jardin situé derrière la maison. Le premier était réservé aux praticiens. David modelait dans le second. Le troisième était une sorte de musée où le maître conservait les modèles de ses ouvrages en attendant qu'il les dirigeât vers sa ville natale. A l'extrémité du jardin, plus long que large, deux rangées de tilleuls formaient un pavillon de verdure. Sur le mur latéral faisant face aux ateliers, une vigne grimpante. Sur les plates-bandes, dans les corbeilles aux formes capricieuses, l'artiste avait multiplié les fleurs et les arbustes qui lui rappelaient l'Anjou [1].

Il est, en effet, digne de remarque combien les émotions de toutes sortes ramenaient invariablement la pensée du maître vers ses concitoyens. Au premier jour de convalescence, nous le surprendrons racontant son voyage d'Allemagne à Louis Pavie, et sa lettre se termine par ces mots : « Nous avons fait dans chaque ville de nouveaux amis, que nous quittions avec un cœur bien serré, parce que nous emportions la dure certitude de ne point les revoir. A Berlin comme à Dresde, il y eut des larmes dans les yeux, mais, te le dirai-je?

« Plus je vis d'étrangers, plus j'aimai ma patrie. »

Pourquoi mes pensées sont-elles constamment à Angers [2]?... »

maison rue d'Assas, n° 14? Dans un mois nous y serons. Il y a là trois beaux ateliers : ce sera d'une importance immense pour l'économie de mon temps. » — Lettre appartenant à M. Victor Pavie.

[1] La maison de David d'Angers, dans laquelle il passa les vingt-trois dernières années de sa vie, porta d'abord le numéro 14, puis le numéro 24 de la rue d'Assas. Le percement de la rue de Rennes l'a fait disparaître peu après la mort de l'artiste. Il nous a paru curieux de dresser au cours de notre travail le relevé des habitations successivement occupées par David avant 1833. Voici ce relevé : *Angers* : 1788, rue de l'Hôpital; 1796, rue Saint-Aubin; 1806, rue Boisnet. *Paris :* 1808, passage du Caire; 1809, rue des Noyers; 1810, rue du Battoir; 1811, rue des Cordiers. *Rome :* 1812-1816, la villa Médicis. *Paris :* 1817, rue Neuve-de-Richelieu, n° 1; 1822, place de l'Estrapade, n° 34; 1827, rue de Vaugirard, n° 20; 1832, rue de Seine-Saint-Germain, n° 41; 1833-1856, rue d'Assas.

[2] 30 octobre 1834. — Lettre appartenant à M. Victor Pavie.

A quelque temps de là, le statuaire entrevoit la possibilité d'une échappée vers l'Anjou. « C'est donc nous, écrit-il à son ami, qui irons te voir sous peu de semaines. Nous tâcherons d'arranger toutes choses pour rester deux mois dans notre cher pays. Mais j'entends vivre à la campagne, au milieu des champs, car le séjour des villes est perfide. Il y a trop à lutter dans les villes contre les piqûres d'épingle, qui, tout en n'atteignant que l'épiderme, sont plus irritantes peut-être que les grands chagrins[1]. » Mais à mesure que les forces lui revinrent, David se sentit pressé d'achever plusieurs grands ouvrages, et le voyage d'Anjou fut ajourné.

C'est lorsque la fatigue ou la maladie le retenaient loin de l'atelier que David prenait la plume, car l'activité de son esprit n'avait point de trêve. Et quel que fût l'outil, le maître abordait toujours une pensée. Il n'a rien dit ni rien modelé sans une intention précise, un but élevé.

Le narrateur, l'homme d'observation, le citoyen, l'ami se sont révélés à nous dans les pages qui précèdent : écoutons parler le philosophe et l'écrivain d'art.

« Lorsqu'on veut copier un grand maître, ce ne sont pas ses ébauches que l'on va chercher, mais bien ses plus belles œuvres. Il doit en être ainsi vis-à-vis de la nature. Ses plus parfaits ouvrages, ce sont la beauté, le génie. C'est cela qu'il faut traduire. Les déformations de la nature sont pour ainsi dire ses ébauches. C'est faire insulte à Dieu que de reproduire les erreurs de la création; mais lorsque, dans un sujet digne d'étude, nous rencontrons quelques lacunes, il convient que le voile dont nous les couvrons ne soit pas tellement impénétrable qu'il efface l'individualité du modèle et puisse être une barrière à notre pitié.

« La sculpture, dit-il encore, a une mission divine sur la terre. Il semble qu'elle ait été chargée par le Créateur des mondes

[1] 10 février 1835. — Lettre appartenant à M. Victor Pavie.

de résumer chaque siècle dans ses grands hommes et de maintenir sous ses yeux le type de l'humanité. Nos ouvrages sont une sorte d'épreuve. Dieu juge par eux si le type de l'homme ne s'est pas altéré; c'est pour cette raison que notre art doit s'emparer de l'homme intérieur. » Le rôle de la statuaire a-t-il jamais été défini dans un plus ferme langage? Mais le même artiste qui vient d'envisager si fièrement les obligations du sculpteur se sent tout à coup défaillir. Son âme cède à la tristesse; il a le sentiment de son impuissance. « Quel malheur, dit-il dans son désespoir, que le ciseau soit un instrument si borné pour rendre les impressions! Sort inflexible qui m'a refoulé dans une profession si ingrate! » Le découragement ne l'aura pas dompté pour longtemps; mais, songeant aux jeunes artistes morts dans l'obscurité, David laisse échapper cette parole : « Celui qui n'a pas eu l'occasion de mettre au jour tout ce qu'il portait dans l'âme, n'en a pas moins laissé dans ses œuvres des lambeaux de son existence. Que les succès d'un Byron soient plus appréciés que ceux d'un Gilbert, l'un comme l'autre ont vécu de douleur. L'humble sculpteur dont vous négligez l'ouvrage, qui peut vous dire ce qu'il a souffert en l'exécutant? Telle la petite fleur des champs que l'on cueille dans le sillon brille dans l'église du hameau, devant le dais sacré de la Fête-Dieu, avec autant d'éclat que la fleur plus somptueuse dans ses formes ou dans son parfum, qui orne la demeure des grands[1]. »

Si nous accompagnons David chez Lebrun, directeur de l'Imprimerie royale, sa verve caustique, mais toujours bienveillante, va renaître. Sous chaque ligne, nous trouverons un portrait : c'est le philosophe et le moraliste qui l'auront signé. « Hier, j'ai vu, à la soirée de Lebrun, Hugo, Cousin, Mignet, Mérimée, Sainte-Beuve. Après avoir dîné dans le petit appartement du fond, ils y avaient établi leur causerie, toute d'aplomb et tranchante comme il arrive entre des hommes de grande valeur.

[1] Notes autographes de David appartenant à la famille.

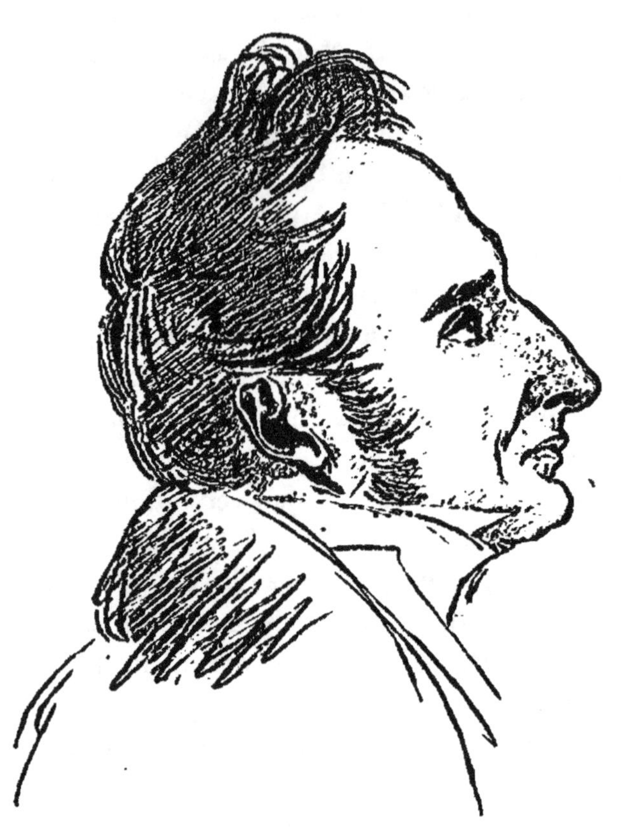

P. J. David d'Angers del — A Durand sculp.

LAMARTINE

dessiné un soir chez Hugo.

(dessin appartenant à M. Henry Jouin)

Imp. A. Durand _ Paris

Cousin était entièrement couché dans son fauteuil : c'est chose permise à un ancien ministre. Sainte-Beuve était également couché, un peu moins, mais beaucoup cependant : il avait l'air d'un homme certain d'être toléré, et il lançait ses petites phrases importantes, autant que cela lui était permis. Hugo, droit sur son siége, comme quelqu'un qui comprend la nécessité d'un air grave pour arriver à la Chambre des pairs, n'usait que de paroles incisives et dominatrices qui décèlent la haute opinion que le poëte a de lui-même. Mignet gardait, comme toujours, la pose sérieuse et réservée de l'homme qui s'est fait une spécialité de l'histoire, mais il a une grâce naturelle qui ne le quitte jamais. Mérimée parle peu. Il joue avec un album, insouciant à tout ce qui se dit, affectant les manières d'un sceptique et d'un homme blasé, mais observant néanmoins les détails avec une extrême finesse. Une certaine timidité, une retenue qui perce toujours à travers l'aplomb que lui fait prendre son excessive confiance dans son mérite, forment le fond de son caractère. Mérimée examinait le médaillon de Lebrun, et l'on pouvait deviner qu'il analysait les lignes froides d'un visage trop régulier pour que la passion poétique eût passé par là [1]. »

La raillerie du maître n'a rien d'amer. S'il doit à sa promptitude d'observation de saisir un travers d'esprit, il l'indique sans fiel et se montre toujours empressé à tempérer la critique par l'éloge. Au reste, ne perdons pas de vue que ces lignes n'étaient pas destinées par l'artiste à la publicité. Ce sont des notes intimes, relevées sur les carnets du statuaire, et lorsqu'il les traçait dans l'expansion d'un sentiment personnel, il n'écrivait que pour lui, certain qu'aucune autre main que la sienne ne viendrait feuilleter ces pages. Nous n'avons pas voulu laisser dans l'ombre les aperçus élevés de David d'Angers sur son art, ses révélations curieuses sur ses contemporains. Le secret dont l'artiste a cru envelopper de tels écrits ajoute à leur autorité. D'ailleurs, dans la probité

[1] Notes autographes de David appartenant à la famille.

sans recherche de ses jugements, l'artiste a tracé de lui-même un portrait d'où la sévérité n'est point exclue. Écoutons-le.

« On voit souvent un petit homme blond, hermétiquement boutonné, passant la main sur toutes les têtes d'enfant, baisant parfois leurs petites joues, douces comme du velours, caressant les animaux, faisant ouvrir la porte d'une maison au chien qu'on a oublié dehors. Un jour, on l'a vu courir pendant plusieurs heures dans les rues de Paris pour aider une enfant de quatre ans, fille de pauvres ouvriers, à retrouver l'école où elle avait *cru* pouvoir se rendre d'elle-même, et il arrivait à son but, guidé par l'instinct de la petite écolière. On l'a vu mettre un tuteur aux arbustes que le vent avait fait fléchir. A l'époque où il modelait l'un des *Trophées* de l'Arc de triomphe de Marseille, une araignée avait tissé sa toile derrière un casque faisant partie du bas-relief, et elle avait coutume de s'approcher de l'artiste, qui chantait en travaillant. Lorsqu'il fallut mouler ce modèle, le statuaire prit des précautions inouïes pour que l'araignée ne fût pas étouffée par le plâtre. Ses efforts étant demeurés infructueux, il en éprouva une véritable peine. Cet homme est brusque, irascible, mais il a un cœur aimant; et cependant on l'a trouvé une nuit baigné dans son sang, au milieu de Paris, victime d'une basse jalousie dont l'art a été le mobile.

« Souvent il se prend à regarder son visage dans une glace. Que de mélancolie, que de traces de lutte! C'est le morceau de lave roulant sur une terre qui va l'éteindre à son contact glacé. Il y a de la tristesse dans la physionomie de l'artiste parce qu'il a beaucoup souffert; il y a aussi sur ses traits un fond d'amertume, conséquence nécessaire de son étude du cœur humain, des bassesses, des folies, de la dureté de l'homme. Tandis que les yeux du statuaire se vissent avec énergie sur le front d'un passant, ses lèvres ne portent que trop souvent l'expression du dédain[1]. »

Ainsi parle de lui David d'Angers. S'il n'a pas oublié d'écrire

[1] Notes autographes de David appartenant à la famille.

qu'il est petit de taille, il ne dit pas que son œil, d'un bleu limpide, modère la sévérité de son visage. Le naturel de ses manières, la rondeur et la simplicité de ses procédés, toujours exempts de pose, méritent d'être rappelés. Quelque chose d'affable et de subtil, la douceur dans la pénétration, s'échappait de toute sa personne. Dans l'attraction de son regard étaient résumées ses facultés intellectuelles et morales. Le cœur faisant équilibre à l'esprit chez le maître, il s'ensuivait, au point de rencontre de ces deux foyers, un mélange heureux de tendresse et de force qui constituait la personnalité de l'artiste.

Il aimait à tenir ouverte la porte de son atelier donnant accès sur le jardin, et pendant qu'il travaillait à ses « grands vieillards », selon l'expression du poëte, sa femme lisait, assise à quelques pas de lui. Quand le soleil commençait à baisser, le maître qui avait passé de longues heures à diriger ses praticiens, à pétrir l'argile, à tailler le marbre, à recevoir d'illustres visiteurs, suspendait sa tâche. Il allait prendre place sous les tilleuls, entre sa femme et son enfant, et là, tout en parlant, il esquissait encore quelque composition nouvelle ou il écrivait...

Le bruit des marteaux a cessé; les ateliers sont déserts; Paris est muet. L'air est tiède. Un calme profond règne sur la nature. Les fleurs penchées attendent que la brise du soir se soit levée. Pendant que David s'entretient avec sa femme de « son Robert », qui déjà compte trois années, l'enfant s'est éloigné à travers les allées silencieuses. Une grappe mûrissante l'a frappé,

Il a couru ! Ses dix doigts
À la fois,
Comme autour d'une corbeille,
Tirent la grappe qui rit
Dans son fruit :
Buvez, buvez, jeune abeille !

C'est Sainte-Beuve qui célèbre sur ce rhythme léger le nouveau marbre du maître. L'*Enfant à la grappe !* telle est l'œuvre gracieuse qui germe aussitôt dans le cerveau de l'artiste pour avoir surpris son fils les bras levés, s'efforçant d'atteindre un raisin.

L'enfant est nu. Debout sur la pointe des pieds, le corps tendu, les lèvres entr'ouvertes pour saisir le fruit qu'il convoite, il a fait plier le cep et va satisfaire sa soif... Eh quoi! David se serait-il écarté de ses traditions spiritualistes? Il n'y a rien du penseur dans ce sujet. Attendez. Le modèle que l'artiste a choisi est son fils; aussi l'accent d'une paternité inquiète sera-t-il gravé sur le marbre : un serpent s'est glissé dans l'herbe jusqu'à l'enfant, et s'apprête à le piquer au talon.

> Pauvre enfant! son pied levé
> L'a sauvé,
> Rien ne l'avertit encore;
> C'est la vie, avec son dard
> Tôt ou tard!
> C'est l'avenir! Qu'il l'ignore [1]!

On dit que Béranger se trouvant un jour dans l'atelier de David, à l'époque où le statuaire terminait le marbre de l'*Enfant à la grappe* : « Oh! la vilaine bête, fit-il en montrant du doigt le reptile prêt à blesser l'enfant. Pourquoi cet animal vient-il troubler la jouissance de ce pauvre petit, si heureux de peu de chose? A votre place, David, je ne voudrais pas lui marchander le bonheur [2]. » Séduit par la bonhomie du chansonnier, l'artiste, sans réfléchir plus longuement, prit un ciseau, et le serpent sauta. Voilà comment le marbre, si achevé qu'il soit, est moins complet que le plâtre original placé au Musée David. Ce coup de ciseau ne fut rien moins qu'une rature sur le plus beau vers du poëme. Le reptile constituait ici le châtiment que mérite toute faute. L'enfant porte en germe l'homme, et l'homme qui cède au penchant sensuel n'est pas libre d'échapper à la peine qui

[1] SAINTE-BEUVE, *Poésies complètes*.

[2] J. SORIN, *Discours prononcé à l'inauguration du buste de David d'Angers*. Angers, Cosnier et Lachèse, 1863, in-8°.

réparera, comme dit Bossuet, l'ordre blessé par l'injustice. David avait voulu que son œuvre, conforme aux lois de l'esthétique, eût en outre une haute portée. L'allégorie se réclamait de la morale la plus élevée. Grecque quant à la forme, elle était moderne par l'idée[1].

Ce regret exprimé, nous n'hésitons pas à signaler la valeur plastique de l'*Enfant à la grappe*. Cet ouvrage, qu'on aime à rapprocher de la *Jeune Grecque*, atteste la science profonde de David. Une fois déjà, le maître a triomphé du péril que présentait au sculpteur la traduction de formes indécises. Or, voilà que l'âme du père s'est émue, et c'est un enfant de trois ans qui l'a fait tressaillir. L'artiste ne transigera pas avec la nature dans l'image qu'il médite. Que la longueur du torse ne soit pas en relation avec celle des membres inférieurs, cette particularité qui distingue l'extrême enfance sera fidèlement rendue par le statuaire. Avons-nous le droit de l'en blâmer? Ceux qui se sont permis de reprendre dans son œuvre ce qu'elle offre précisément de plus hardi et de plus vrai, n'avaient donc pas présentes à la pensée les innombrables statues d'enfants que nous a léguées l'antiquité? Qui ne connaît les *Athlètes enfants*, l'*Enfant et l'Aigle*, au Vatican; l'*Enfant votif* du Musée Pie-Clémentin, et pour ne citer qu'un seul nom chez les modernes, qui n'a vu le chef-d'œuvre de Bissen, l'*Amour aiguisant ses flèches?* Toutes ces figures, à défaut des exemples que la nature place sous nos yeux, justifient les proportions rationnelles de l'*Enfant à la grappe*.

Mais la science n'est qu'un des éléments de l'œuvre d'art. Le maître, que nous avons vu si souvent aux prises avec le costume moderne, ne s'est-il point déshabitué de la forme? A-t-il gardé ce sens délicat, cette finesse de touche indispensables au choix des lignes, à l'expression rhythmée des contours?

[1] La gravure qui a été faite de l'*Enfant à la grappe*, en 1845, est l'exacte reproduction de l'œuvre première et complète.

Dès l'instant où l'artiste a conçu l'idée de l'*Enfant à la grappe*, il l'a vu délivré de tout vêtement. Les lois du nu s'imposent à lui. Le sculpteur de *Condé*, de *Gouvion Saint-Cyr* et de *Corneille*, qui excelle à concentrer l'âme humaine sur le visage de son héros, selon la grande loi de l'art moderne, va répandre sur tout le corps de l'*Enfant* la spontanéité, l'élan, la passion qu'un statuaire moins habile se fût borné à graver dans les traits. Tel est le précepte de Phidias, et David a volontairement adopté le style grec. La tête parle, sans doute, mais les petites mains qui pressent le fruit de leurs doigts avides, les bras repliés qui l'attirent, la poitrine qui s'est gonflée, les jambes tendues, les pieds dont l'extrémité seule porte sur le sol, tout fait effort dans cette figure; et la pensée que l'artiste veut éveiller étant celle d'une inclination vive, d'une soif ardente, d'un appétit qui ne connaît point d'obstacles, l'âme de l'*Enfant* apparaît sur chaque point du marbre. Le maître a indiqué l'intention de sa statue dans les membres aussi bien que sur le torse, et la physionomie de son sujet demeure si vivante, quelque partie de l'œuvre qu'on examine, que si l'*Enfant à la grappe* devait être un jour mutilé, les fragments n'en seraient pas moins lisibles que ceux des métopes du Parthénon.

David est à Marseille. Il vient d'achever les sculptures de la porte d'Aix[1]. L'Arc de triomphe, situé à l'entrée de la ville, sur la route d'Aix, n'est l'œuvre du maître que pour une moitié de ses reliefs[2]. Ramey fils avait été chargé de la façade qui regarde Marseille. Mais si David n'a pas eu la joie de créer une porte triomphale, comme la *porte Pie*, sa décoration de la porte d'Aix

[1] Le jour même où l'Arc fut découvert, le 4 juin 1835, David assistait à la séance de l'Académie royale des sciences, lettres et arts de Marseille, fière de l'admettre parmi ses membres.

[2] On avait d'abord chargé David de toute la décoration du monument; mais avant que le maître eût entrepris ce vaste travail, une moitié en fut attribuée à Ramey fils.

prouva qu'il avait toutes les aptitudes d'un grand artiste en pierre vive.

A droite, au-dessus du piédestal, est un trophée d'*Armes européennes*. Un canon relevé occupe le centre. Des lances et des fusils sans nombre dominent un vaste entassement de cuirasses, de boucliers, de haches, de gantelets, d'épées. Au premier plan, une Victoire demi-nue, les ailes déployées, grave à la baïonnette, sur le canon, le glorieux nom de « Fleurus ». Sa tête est renversée dans un mouvement sobre et plein de goût; sa main nerveuse et fine, posée avec une certaine mollesse sur la pièce d'artillerie, marque l'indécision de la Victoire. C'est que Fleurus ne suffit point à son hommage. De même que cette grande journée n'a pas épuisé l'ardeur de l'armée française, la déesse qui préside aux triomphes, jeune, énergique, l'œil rassuré, une palme dans la main gauche, entrevoit déjà de nouveaux succès.

Dans le même entre-colonnement, à la hauteur de l'imposte, le maréchal de Saxe-Cobourg, la tête nue, remet son épée au vainqueur de Fleurus. Jourdan, par un trait de courtoisie toute française, refuse de désarmer son ennemi. Les deux personnages occupent le milieu du bas-relief. Derrière le général Jourdan, un grenadier et un hussard de la mort assistent, impassibles, à l'entrevue des deux chefs. Du côté gauche, des soldats allemands, dont le type, plus encore que le costume, accuse l'origine.

En pendant au premier trophée : des *Armes orientales*. Les yatagans, les cimeterres, la cotte de mailles ornée du croissant, les casques de lourd métal, les mousquets et les piques sont disposés autour d'un canon dressé comme un cippe formidable parmi ces engins de mort. Une Victoire est au pied. Un nom, « Héliopolis », est incrusté dans l'imposante pyramide; puis le bras de la Victoire est retombé, la baïonnette va glisser de ses doigts. Il semble qu'elle ait terminé sa tâche; une évidente lassitude, une sorte de défiance du lendemain se lit sur ses traits. Serait-ce que les armées républicaines ont parcouru le cycle de leurs succès? La divinité que tout à l'heure nous avons vue surgir du faisceau d'armes recueillies sur le champ de bataille de Fleurus tenait une palme. Celle-ci porte une couronne. Tout, dans la composition de la figure, dans la pose, dans l'expression du regard, suggère une pensée d'achèvement. C'est ainsi que le statuaire précise le caractère et la date d'une bataille en s'éclairant de la philosophie de l'histoire.

Un bas-relief surmonte ce trophée. A gauche, Kléber, qui a culbuté quatre-vingt mille Égyptiens et mameluks à la tête de dix mille Français, reçoit avec une noble fierté la soumission de l'ennemi. David dut se sentir heureux en modelant l'image du capitaine que son père avait suivi à travers la Vendée. Il l'a fait rayonnant et calme, maître par l'attitude, le coup d'œil, l'aisance du geste, la beauté mâle du visage. On dirait que l'artiste s'est souvenu du mot de Bonaparte : « Kléber est grand comme les Pyramides. » A distance du jeune conquérant, trois chefs turcs dans l'humiliation de la défaite se tiennent immobiles. A l'ampleur des draperies, à la gravité de leur profil, on croit voir dans ces vieillards vénérables les derniers descendants des Ptolémée. Au second plan, tenant le milieu de la composition, un grenadier, l'œil couvert d'un bandeau, dépose aux pieds de Kléber les enseignes de l'ennemi. Des Arabes râlants et blessés sont étendus vers la droite. Un soldat français soutient l'un d'eux et le fait boire à sa gourde. L'Orient et l'Occident se confondent sur ce bas-relief, mais l'œil discerne sans peine quelle est la race victorieuse : l'éclat, la noblesse d'âme, le mouvement, la vie sont les attributs de notre armée.

Les tympans renferment deux *Renommées* aux proportions colossales, qui, le torse nu, des palmes et une trompette dans les mains, proclament les hauts faits de nos soldats. L'allure de ces deux femmes est pleine de hardiesse et d'élégance. De l'orteil elles effleurent l'imposte; leur corps flexible suit la courbe de l'archivolte depuis la retombée de l'arc jusqu'à la clef, et leurs ailes puissantes remplissent le tympan.

Debout, au-dessus de l'architrave, adossées aux pilastres

attiques, David a posé les Vertus militaires. C'est d'abord la *Prudence*, qui éprouve le fil de son glaive en l'effleurant de l'index; c'est la *Valeur*, l'épée en terre, une main dans la crinière du lion qu'elle a dompté. Le *Dévouement* est en marche; il porte le bras gauche replié, la main sur le cœur, l'acier menaçant. Il a près de lui l'emblème du sacrifice : un pélican qui, de son bec recourbé, fouille ses propres entrailles. Mais il est des défaites inévitables : la *Résignation* sera la vertu du soldat malheureux. Immobile, l'œil fixe, l'arme brisée, la sombre divinité compte silencieusement les escadrons anéantis, les places démantelées, les provinces perdues...

Après la défaite, la revanche. Pénétrons sous la porte triomphale et contemplons cette voûte. Une scène émue, agitée, grande comme le spectacle d'une nation en armes, se détache de la pierre. C'est l'appel de la Patrie, c'est le *Départ des Volontaires*.

Assise et les bras tendus vers ses enfants, la Patrie occupe la droite du bas-relief. La pose maternelle de la déesse, son geste, l'accent de souveraine prière gravé sur ses traits, expliquent la toute-puissance de son verbe. Des femmes sont accourues les premières : elles apportent leurs diamants, leurs reliques des fiançailles, tandis que, derrière elles, leurs fils saisissent avidement les armes que leur présente la Patrie. La figure de l'Histoire complète ce premier groupe : elle ajoute une page glorieuse à nos annales. Les fusils passent de main en main. Ici, de jeunes hommes lèvent joyeusement leurs sabres; là, un adolescent présente une épée d'honneur arrachée à quelque trophée de famille; un jeune soldat, sac au dos, tend les bras vers la Patrie[1]; un marin aiguise sa lame sur une pierre. Un vieillard amène ses trois fils : l'aîné, déjà rompu aux coutumes du soldat, salue militairement la Patrie; le second se découvre devant elle; mais le plus jeune est presque un enfant, et le père, en se séparant de

[1] C'est M. le comte Ferdinand de Lasteyrie, aujourd'hui membre de l'Institut, qui a posé, à l'âge de vingt ans, pour cette figure.

lui, ne peut vaincre ses larmes, pendant que le jeune troupier, dans un élan de naïveté charmante, tient collées sur ses lèvres les joues ridées du vieillard. Un soldat rentré au pays, marié, père de famille, va reprendre les armes. Il jette un regard résigné vers sa jeune femme, qui porte dans ses bras son nouveau-né. Leur premier enfant, âgé de trois ans à peine, insouciant aux adieux, prêt à se réfugier dans la robe de sa mère, agace un chien perdu dans la foule. Et ce père au cœur vaillant, que l'artiste, par une licence excusable, a décoré d'une croix d'honneur pour mieux rappeler ses services [1], se mêle au groupe des Volontaires qui s'en vont, enseignes déployées, vers les frontières en péril. Dans leurs rangs est un enfant : il porte un tambour; ses petites mains tiennent deux baguettes; son pantalon relevé, son sac et sa gourde indiquent sa résolution. C'est Étienne, le tambour d'Arcole. Une femme l'arrête dans sa marche, et, s'étant baissée jusqu'à lui avec des larmes dans les yeux, la pauvre mère embrasse une dernière fois son fils. Cette rencontre est le plus touchant épisode du bas-relief. Il semble que la pierre se soit assouplie sous le ciseau du maître pendant qu'il évoquait l'image de cette femme du peuple penchée sur son enfant. David s'est souvenu de sa mère. Le doux colloque de deux âmes près de se séparer pour jamais lui rappelle le jour déjà lointain de son départ du lieu natal. Le jeune Volontaire d'Arcole, c'est l'élève de Delusse, le fils du sculpteur sur bois; cette femme, ce n'est pas tant la mère d'André Étienne que celle de Pierre-Jean. C'est elle qui l'a aimé, qui a eu foi dans sa vocation, elle qui l'a soutenu. Aussi, avec quel empressement filial n'a-t-il pas sculpté son profil! D'ailleurs, le dévouement, l'amour, les obscurs sacrifices de sa mère, ont été contemporains de la grande épopée qu'il vient d'écrire [2].

[1] On sait que l'ordre de la Légion d'honneur ne fut institué que le 19 mai 1802.

[2] « Le jour de l'inauguration, quelques femmes disaient, en voyant les armes qui coulent des yeux de la vieille mère du petit tambour : « Les femmes « pleurent; pourquoi donc ce vieillard qui va quitter ses trois fils, ce soldat qui

L'historien de Phidias, décrivant les statues du Parthénon, observe que seules parmi les figures du fronton oriental, celles d'*Isis* et de la *Victoire* paraissent avoir exprimé l'idée de mouvement[1]. Messagères des dieux, elles vont annoncer aux puissances telluriques et aux divinités marines la naissance de Minerve. Placées à la limite de l'Olympe, elles semblent prêtes à s'éloigner de la partie centrale de la composition, vers laquelle devaient converger les groupes dispersés aux extrémités du fronton. C'est ce mouvement en sens contraire dont Phidias n'a fait, pour ainsi parler, que l'épisode de son œuvre, qui constitue la donnée générale du bas-relief de la porte d'Aix. David avait à représenter le tumulte d'un jour d'invasion, la fièvre qui suit une défaite, l'enthousiasme d'un grand peuple dans l'enivrement de la défense. Il a su rendre avec son ciseau cette scène troublée, non confuse, et pendant que la moitié de ses personnages se dirigent vers la mère patrie, ceux qu'elle a bénis, ceux qu'elle vient d'armer, courent joyeux et résolus au-devant de l'étranger. Le sujet n'était guère différent, quant à l'idée, de celui que Rude a sculpté sur l'Arc de l'Étoile; mais sans parler des fautes de goût qui déparent ce groupe remarquable, le bas-relief de la porte d'Aix lui demeure supérieur à tous points de vue. La science de composition, attestée avec tant d'éclat par cette page de granit, place son auteur au premier rang parmi les sculpteurs de ce siècle. Le *Départ des Volontaires* offre l'image de la vie publique dans son expression la plus intense; c'est le forum moderne; c'est la France poussant le cri de guerre. — « Allons, enfants de la Patrie! » — semble murmurer la pierre enthousiaste. Jetés dans le désordre apparent qui est le charme de l'ode, les

« abandonne sa femme et ses petits enfants, ne pleurent-ils pas aussi? » — « Femmes, répondit un matelot qui les avait entendues, les hommes pleurent « en dedans, et cela fait plus de mal. » — A. MAILLARD, *Journal de Maine-et-Loire*, 27 février 1838.

[1] L. DE RONCHAUD, *Phidias, sa vie et ses ouvrages.*

héros de la porte d'Aix ne sont pas moins bruyants qu'une fanfare.

En rentrant à Paris, le maître dut s'occuper sans relâche du Fronton du Panthéon; mais avant que cette œuvre colossale fût terminée, David mettait au jour les figures de Philopœmen et de Talma.

Assis, et dans l'attitude d'une féconde méditation, le torse nu, penché en avant, un coude posé sur le genou, le grand tragédien dirige l'effort de sa pensée vers quelque création nouvelle. On sent un esprit en travail, une âme repliée sur elle-même. Il y a de la synthèse dans ce portrait. Le front développé, l'œil terrible, la bouche énergique, toutes les facultés de l'interprète du génie sont à l'état de repos, dans un juste équilibre. Talma, sculpté par David, ne remplit aucun rôle, mais c'est ainsi qu'il dut les composer tous. Le labeur visible de l'intelligence fait de ce marbre réfléchi la vivante image du tragédien. L'être moral a été pris sur le vif : demandons-nous si l'homme est ressemblant. Étudiez les portraits de l'époque, interrogez les rares survivants d'une génération disparue, c'est bien Talma que David a fait revivre dans l'éclat et la majesté d'une idéale effigie. N'est-ce pas assez des grandes lignes pour vous convaincre? Observez ce geste que Talma n'a pas transporté sur la scène, mais qui lui était familier dans l'intimité. Ce n'est pas l'acteur, c'est l'homme qui relevait ainsi la main à la hauteur de l'épaule, sorte de point de rappel destiné à attirer le regard vers ce cou d'un galbe parfait, d'une blancheur d'albâtre dont Talma se montrait si fier que, fût-il seul, il le portait toujours nu. Avec quelle souplesse le maître n'a-t-il pas traité cette partie de son travail! On dirait un fût de colonne ionique.

Racine est le descendant d'Euripide, et Talma l'avait compris; aussi se montrait-il Athénien par le talent lorsqu'il interprétait Pyrrhus ou Ulysse : David a drapé le tragédien. Mais, d'autre part, Talma est une gloire française; c'est sur notre scène qu'il a renouvelé le drame, et pendant un quart de siècle, rois, princes, philosophes, poëtes, artistes sont venus de tous les points du globe sous l'étroite coupole d'un théâtre pour applaudir à ce traducteur des belles œuvres. David attestera la nationalité du tragédien par le choix de son marbre qu'il emprunte à Saint-Béat. Ainsi le maître se montre observateur d'un double précepte : après avoir généralisé sa figure à l'aide d'une draperie, il la complète par l'accent individuel de la ressemblance et la matière dont il fait usage[1].

« Celui qui s'habitue à suivre n'ira jamais devant. » Ce mot de Michel-Ange peut être rappelé devant la statue de Philopœmen. Le maître avait passé de longs mois dans la patrie de Puget[2]. L'auteur du *Milon*, lui-même descendant de Buonarroti, est, sous certains points de vue, un ancêtre pour David d'Angers. Imprégner le marbre de passion, à l'exemple de Puget et de Michel-Ange, graver d'une main vigoureuse dans le granit l'élan, la puissance, les hautes pensées dans ce qu'elles ont de plus intime avec l'âme moderne, tel est l'effort préféré du statuaire de la porte d'Aix, de *Gouvion Saint-Cyr* et de *Talma*. Mais nous savons aussi quelle force d'attraction l'art grec exerce sur le maître. Le *Général Foy*, l'*Enfant à la grappe*, la *Jeune Grecque*, nous ont instruits de son respect pour la tradition. Qu'un double courant ait emporté le même jour notre artiste, qu'il ait résolu de pétrir un marbre, antique par le sujet, moderne par l'exécution, ce sont là de ces audaces auxquelles ne se laissent aller que les hommes doués de génie. David a connu cette ambition. Il a tenté de concilier deux doctrines, sinon contraires, différentes par leurs tendances et leurs procédés. Il s'est donné la tâche de créer, au sens le plus large du mot.

L'erreur des nombreux critiques qui ont parlé du *Philopœmen*

[1] Voir *Pièces justificatives*, doc. XXXVI.

[2] David a travaillé aux sculptures de la porte d'Aix pendant sept ans (1828-1835).

a été de circonscrire la sphère de leur examen, alors que l'artiste a précisément cherché l'unité dans l'alliance d'éléments opposés. Cette œuvre, pour être convenablement appréciée, défend qu'on l'aborde avec des idées exclusives. Le *Philopœmen* n'est pas une figure iconique : David en a fait un type.

Plutarque rapporte qu'à la bataille de Sellasie, Philopœmen, surnommé le « dernier des Grecs », eut la cuisse traversée d'un javelot et retira de sa blessure l'arme qui s'y était brisée. — Debout et nu, le chef de la cavalerie achéenne tient serrée sous sa main gauche sa cuisse entr'ouverte, pendant que la main droite s'efforce d'arracher le javelot[1]. C'est à la hâte qu'on l'a dépouillé de son armure. Il porte encore son casque, son baudrier, et il serre convulsivement dans sa main le fer dont il va se servir tout à l'heure contre l'ennemi. Sa tête relevée respire la menace. Cet homme n'est point un vaincu; c'est le type du courage militaire, de la vertu patriotique, c'est un héros.

On a fait reproche à David d'avoir représenté son héros dépouillé de son armure. Cependant, si l'on se reporte à l'acte rappelé par l'histoire, le nu est non-seulement vraisemblable, il devient presque nécessaire. Le casque, le baudrier, le fer que Philopœmen, dans son trouble, a saisi de la main gauche, ont-ils également leur raison d'être? — Oui.

Un blâme, en apparence plus fondé, a été formulé au sujet de l'âge que David a prêté à son héros. C'est à la bataille de Sellasie que le maître suppose Philopœmen. Or, le guerrier grec n'avait alors que trente ans. Pourquoi, dans l'œuvre sculptée, nous apparaît-il plus âgé? Le statuaire va nous l'apprendre. « Dans la statue de Philopœmen, écrit-il, j'ai eu bien plutôt l'intention de représenter le « dernier des Grecs » que de rester dans la vérité historique. Aussi ai-je pris mon héros à l'âge mûr. La nature a déposé dans le cœur de l'homme un sentiment universel : plus on avance dans la vie, plus on s'y cramponne. C'est ce que le

[1] Voir tome II, pl. XII.

tragique grec a si bien compris lorsque Alceste dit à son père : « Vous qui n'avez plus que quelques jours à vivre, vous est-il « donc si difficile de vous dévouer pour sauver ceux de votre « fils ? — C'est parce qu'il me reste peu de jours, reprend le père, « que je tiens à ne pas les sacrifier. » La vieillesse est l'âge de l'égoïsme ; en vieillissant mon héros, je l'ai grandi, car il faut un motif bien puissant, une grande vertu pour qu'un homme déjà vieux se dévoue jusqu'à la mort[1]. » L'opinion du statuaire peut paraître spécieuse, cependant elle n'a rien d'illogique. De fait, David n'est point sorti, selon nous, de la licence permise au sculpteur comme au peintre à l'égard des personnages de l'antiquité. Les archéologues pourront contredire à cette pensée, mais il nous semble que l'âge exact de Philopœmen ou d'Otryades importe moins dans une œuvre d'art que l'expression vraie de leur caractère. Si le symbolisme de l'image doit être plus virilement accentué, nous tiendrons pour puérile toute discussion de date. Mais ce n'est pas tout. N'avons-nous pas dit que le maître, en modelant son *Philopœmen*, entendait être créateur? Or, il n'ignorait pas que, quoi qu'il fît, l'anatomie de sa figure établirait une certaine parenté entre son œuvre et le *Milon de Crotone*. Dans cette occurrence, quoi de plus loyal que l'empressement de David à diminuer les points de comparaison entre Puget et lui ? Milon n'a que trente ans ; David augmentera de vingt années l'âge de Philopœmen.

D'ailleurs, pour clore toute critique de détail, hâtons-nous de dire que personne plus que le maître ne s'est montré sévère à l'endroit de sa statue. Alors qu'aucun écrivain ne paraît avoir soupçonné ce que la flexion du corps de gauche à droite a d'exagéré, David s'exprime ainsi : « En accentuant outre mesure le mouvement de ma statue, en la courbant trop sur la droite, j'ai fait une faute, parce que j'ai enlevé de la noblesse aux lignes de la figure observée de ce côté : il faut autant que possible

[1] Notes autographes de David appartenant à la famille.

maintenir le mouvement dans la ligne droite, la lumière est plus abondante, l'aspect plus imposant. Ce sont les principes que les Grecs ont observés. Mais en agissant comme je l'ai fait, j'avais pour but d'opposer, dans un même sujet, l'être moral à la nature physique. Lorsqu'on l'observe du côté gauche, le héros est plein de fierté, sa tête s'est redressée; elle semble dire que le combat va reprendre quand l'obstacle aura disparu. Envisagée du point opposé, l'œuvre change d'aspect. La nature a retrouvé ses droits; l'homme paye son tribut à la souffrance. Toutefois, je crois avoir indiqué que la lutte entre la nature physique et l'être moral sera tout à l'avantage de ce dernier. Les Grecs eussent sans doute sacrifié l'expression de la douleur à la cadence des lignes, parce qu'ils professaient avant tout la religion de la forme[1]. »

La préoccupation philosophique dont le témoignage nous est apporté par l'artiste lui fait honneur. Cependant, en dépit du drame spiritualiste que David a eu l'intention d'écrire avec son ciseau, plus d'un juge a dénoncé le réalisme du *Philopœmen*. D'où vient cela? L'artiste se serait-il écarté de cette précision de langage que nous lui avons connue? La figure du héros de Sellasie serait-elle une œuvre de décadence? Gardons-nous de le croire. Le *Philopœmen* est avant tout une composition savante. Les problèmes, les difficultés qu'un sculpteur peut rencontrer dans son art, se trouvent volontairement accumulés sur ce marbre. Que la science de David se soit alors exercée au prix de l'unité de sa statue, du moins chaque partie de la figure de Philopœmen, prise isolément, mérite-t-elle l'étude et le plus souvent l'éloge? Le maître a voulu allier la distinction des formes avec l'énergie de l'expression, une ardeur juvénile avec des membres privés de jeunesse, un corps qui défaille avec une âme qui réagit. Or, tel de ces principes a été la lumière de Phidias, tel autre l'écueil de Michel-Ange. Et nulle alliance n'est possible entre ces maîtres, la noble simplicité du sculpteur d'Athènes

[1] Notes autographes de David appartenant à la famille.

étant la condamnation de la science trop visible du Florentin. Si, nous plaçant en face du *Philopœmen*, nous analysons les bras dont le galbe est tout ensemble élégant et nerveux, les mains si finement traitées, la jambe gauche tout entière, la cuisse droite dans laquelle a pénétré le javelot, le choix des lignes y rappelle le style grec. En retour, le front plissé par l'excès de la douleur, la poitrine aux plans nombreux, les méplats et les saillies du ventre, le pied droit, se rattachent aux procédés de Michel-Ange et de Puget. Ici, trop de science nuit à la pureté du style, la recherche scrupuleuse du détail à l'harmonie de l'ensemble. L'anatomie est, pour ainsi parler, l'orthographe du sculpteur; il n'y a pas de maître, pas d'artiste, qui soit dispensé de la connaissance des dessous de chair, mais Buonarroti comme Puget ont trop souvent souligné la place de chaque muscle dans le corps humain. Phidias a fait preuve de plus de réserve, et le laconisme de ses marbres lui donne d'atteindre à l'exquise beauté[1]. Mais si David a trop oublié Phidias en modelant le « dernier des Grecs », les proportions si habilement calculées de sa statue autorisent la comparaison qu'on en peut faire avec les ouvrages de Michel-Ange, tandis que la passion violente, mélange de torture et d'enthousiasme, qui distingue le *Philopœmen*, rend cette œuvre supérieure au *Milon de Crotone;* car, au célèbre vaincu de Puget, David d'Angers oppose un indompté de la douleur.

Au lendemain des journées de Juillet, alors qu'il n'était bruit que de réformes et de récompenses nationales, on se souvint du décret du 4 avril 1791 transformant l'église de Sainte-Geneviève

[1] Le peintre Louis David, à la veille d'entreprendre les *Sabines*, ne craignit pas de dire dans son atelier rempli d'élèves : « Peut-être ai-je trop laissé voir dans mon tableau des *Horaces* mes connaissances anatomiques. Dans celui des *Sabines*, je traiterai cette partie de l'art avec plus d'adresse et de goût. Ce tableau sera plus grec. » — E. J. Delécluze, *Louis David, son école et son temps*.

en Panthéon. Ce décret de l'Assemblée constituante avait été rapporté par l'acte impérial du 20 février 1806, d'après lequel la basilique élevée par Louis XV était rendue au culte catholique. Louis-Philippe, sur la proposition de Guizot, ministre de l'Intérieur, décréta, le 26 août 1830, que le Panthéon redevenait le temple national où seraient déposés les restes de ceux qui avaient bien mérité de la patrie. L'inscription : *Aux grands hommes la patrie reconnaissante*, allait être rétablie sur le fronton.

Un premier bas-relief, ouvrage de Guillaume Coustou, avait décoré le fronton de l'église de Sainte-Geneviève. Brisé à la suite du décret de 1791, ce travail avait été remplacé par une page allégorique de Guillaume Moitte représentant la *Patrie couronnant les Vertus civiques et les Vertus guerrières*. L'ouvrage de Moitte, couvert d'une toile en 1806, demeura caché jusqu'au jour où il fut détruit[1]. Une décoration nouvelle, en harmonie avec le culte de sainte Geneviève, allait être achevée, lorsque le décret de Louis-Philippe fit disparaître de l'édifice toute trace de sculpture religieuse. Une composition au caractère national devenait nécessaire. Guizot restait chargé de l'exécution du décret qu'il avait contre-signé. Appelé par lui, Charles Lenormant était directeur des Beaux-Arts auprès du ministère de l'Intérieur. Archéologue et critique distingué, Lenormant avait en haute estime le talent et la personne de David. C'est lui qui fit attribuer au maître la commande du Fronton.

Le peuple suppose la patrie. David nous est apparu épris de cette haute popularité qui est la sauvegarde du génie. Nous avons vu comment le peuple peut seul défendre l'artiste contre l'espace, parce qu'il est le nombre; contre le temps, parce qu'il est la vie; contre l'esprit de discussion, parce qu'il est l'instinct. Mais le peuple est d'autant plus prompt dans sa défense que

[1] 1822.

l'œuvre qu'il doit protéger parle plus éloquemment de la patrie. C'est elle, ce sont ses traditions et ses gloires dont l'image resplendit devant la pensée du peuple. A elle s'adresse son culte. Il l'entoure d'une auréole. Il lui donne son âme. Il la veut aimée. Lorsqu'un homme a nommé Dieu, on l'entend nommer la patrie; car, dans toute langue terrestre, c'est ce mot puissant qui tient la seconde place. Les frontières de la patrie enveloppent des masses d'hommes sans les contraindre. Sur son sol, ces hommes élèvent leurs temples, assoient leurs foyers, tracent l'emplacement du forum. Et ainsi Dieu, la famille, la cité, se rencontrent et se pénètrent sans se confondre sur le même coin de terre qui devient une nation.

L'artiste envieux d'une popularité légitime devra répondre aux grandes aspirations d'un peuple, soit qu'il le surprenne dans ses temples, à ses foyers, sur ses places. David a décoré des temples : le *Calvaire*, *Sainte Cécile* rappellent la Divinité; *Fénelon*, *Bonchamps* parlent d'immortalité sur les marches mêmes du sanctuaire. Il a orné les foyers. Qu'est-ce que ces médailles sans nombre qui passent de main en main, pendant la veillée, sinon l'image familière de l'intelligence, du travail, de la vertu? Il a peuplé nos rues : *Condé*, *Racine*, *Corneille*, *Philopœmen*[1], se sont dressés sous sa main. Il a sculpté la porte triomphale de Marseille, le Panthéon réclame aujourd'hui son ciseau. Remarquons-le, par une fortune providentielle, David a pu établir dans son œuvre patriotique une gradation rationnelle : aux personnages isolés, il a fait succéder cette page d'histoire de la porte d'Aix, le *Départ des Volontaires;* le voilà maintenant qui médite de résumer la patrie sur le vaste Fronton qu'il va modeler.

Tout culte est fait de respect et de dévouement. De ces deux vertus, c'est la seconde qui exige davantage de notre nature égoïste. David, voulant célébrer le culte de la patrie, n'oubliera

[1] On sait que la statue de Philopœmen, aujourd'hui au Louvre, a d'abord été placée dans le jardin des Tuileries.

pas les suprêmes enseignements d'une vie d'abnégation. Les martyrs de la science se lèveront à côté des orateurs et des soldats. Des uns, le statuaire rappellera la mort précoce, des autres, les longs sacrifices, et ce sont eux que la Patrie viendra couronner, distribuant du même coup des palmes à ceux qui ont vécu, des leçons à ceux qui vivent.

Telle est la déduction nécessaire qui s'impose au maître resté fidèle à l'art national. Ayant immortalisé les grands patriotes d'une contrée, tôt ou tard c'est la patrie qui prend une formule dans sa pensée. Il en discerne les contours plastiques. Idéale, mais vivante, la patrie dépouille aux yeux de l'artiste ce qui faisait d'elle une entité. Précise dans son expression, saisissable dans sa forme, elle n'a plus rien d'abstrait. L'intelligence du sculpteur la distingue, pour ainsi dire, sous sa figure iconique, et cette apparition séductrice sollicite sa volonté.

Mais ne faut-il pas craindre que le peuple, qui passe devant le temple d'un air distrait, lève à peine son regard jusqu'aux frontons? Le statuaire doit appeler l'œil de la foule sur ses épopées de granit à l'aide du mouvement. Ses héros seront en marche. La matière profondément fouillée, avec ses hauts reliefs colorés d'ombre, aura des oppositions bruyantes. L'activité de la rue ne sera pas démentie par l'agitation des sculptures. Ce n'est pas assez; ses effigies seront grandioses. Élevées dans les airs, elles auront encore des proportions gigantesques. Par l'attitude, le geste, les draperies, elles apparaîtront monumentales. Stables comme l'édifice, blanches comme le marbre de ses parois, les statues du fronton seront chastes. L'artiste va les concevoir dans une réserve jalouse. Il sait que la pleine lumière doit baigner ces grandes œuvres et que des regards d'enfant viendront s'y poser. Homme d'éducation soucieux de son rôle, le sculpteur sera plein de respect pour la lumière, il n'étonnera point le regard limpide de l'enfant. La pierre va rayonner sous ses doigts d'une austère beauté.

On vient de dédier un temple à la Gloire. Au sommet de

ce temple brille la légende : *Aux grands hommes la patrie reconnaissante*, et c'est le fronton d'un tel monument que David doit sculpter. Il semble donc que jamais plus favorable occasion ne lui fut offerte d'évoquer dans toute sa splendeur l'image de la patrie. Cependant, la critique a vu dans le Fronton une œuvre incomplète et partiale.

Si l'on veut juger sans passion la pensée mère de ce bas-relief, il importe de ne pas oublier quelle fut la pente de l'esprit public en 1830. Les journées de Juillet font écho dans l'histoire de France à l'année 1792. La nation d'alors accepta le rapprochement qui fut fait entre ces deux dates. Les principes proclamés à la fin du dernier siècle étaient remis en honneur. Pour la deuxième fois, la monarchie cédait devant la pression du peuple. La Fayette, l'ancien commandant de la garde nationale, avait dirigé l'émeute; les survivants de la Convention s'entendaient rappeler de l'exil; l'auteur de la *Marseillaise* jouissait des attentions du Roi[1]. Par le décret concernant l'église de Sainte-Geneviève, on n'entendait rien créer. « Vu la loi du 10 avril 1791, étoit-il dit dans cette pièce, le Panthéon sera rendu à sa destination primitive et légale. » On le voit, volontairement ou non, la France de 1830 s'avouait issue de la Révolution. Elle empruntait à cette période fameuse ses hommes et ses décrets. Son horizon ne s'étendait guère au delà de 1789.

C'est dans ces circonstances que David dut composer l'esquisse du Fronton. A toute autre époque, sans l'effervescence politique qui agitait la nation, en inaugurant le temple de la Patrie on eût souhaité qu'il fût assez vaste pour couvrir les cendres de tous nos grands hommes. Les longs siècles que la France a vécu dans la gloire eussent apporté leur tribut d'illustres dépouilles, et David, s'il eût été choisi pour traduire au fronton d'un pareil temple la devise : *Aux grands hommes la patrie reconnaissante*,

[1] Dès le 5 août 1830, Louis-Philippe dota d'une pension de quinze cents francs l'auteur de la *Marseillaise*, « dont le chant, disait-il dans sa lettre à Rouget de Lisle, réveillait en son cœur des souvenirs bien chers ».

David, l'artiste philosophe, eût fait surgir ces demi-dieux de notre histoire : Charlemagne, du Guesclin, Jeanne d'Arc et Condé; Lapeyrouse et Jean Bart; Pierre Puget et Poussin; Descartes et Pascal; les deux chanceliers l'Hôpital et d'Aguesseau; Bossuet et Fénelon; Rameau, Méhul, Molière, Racine, Corneille, et tant d'autres qui, dans les lettres, à la tribune, sur les champs de bataille, ont servi la patrie. Et qu'on ne nous taxe pas de complaisance à l'égard du statuaire. Est-ce que parmi les illustrations de la patrie française que nous venons de rappeler, la plupart n'ont pas reçu l'hommage de son ciseau? *Condé* est à Versailles, *Fénelon* à Cambrai, *Racine* à la Ferté-Milon, *Corneille* à Rouen; *Molière* occupe le premier rang sur la Frise de l'Odéon; *Jean Bart* va prendre place à Dunkerque; *Bossuet* et *Pascal* sont modelés dans l'atelier du sculpteur pour le monument de Gutenberg; *Puget* et *Poussin* ont leur médaille. Ces figures historiques, spontanément évoquées par l'artiste, devront le justifier, ce nous semble, du reproche de partialité. Que David soit incomplet dans sa personnification de la patrie, telle qu'il l'a sculptée sur le Fronton, soit; mais nul ne peut l'accuser de s'être montré partial. Il est incomplet, non par ignorance de l'histoire, comme on l'a dit, mais uniquement parce que le Panthéon n'est pas une œuvre réellement empreinte du caractère d'universalité que semble indiquer son nom. C'est un temple « rétabli » qui recouvre une destination que lui ont donnée des hommes plus soucieux de leurs descendants que de leurs ancêtres, parce qu'ils essayaient de fonder dans la tempête. Il n'appartint pas à David de réformer l'opinion sur ce monument. Son programme était en quelque sorte tracé d'avance par d'autres mains que les siennes. L'édifice qu'il devait orner datait de 1791 dans l'esprit public. Il lui fut demandé d'en respecter la genèse : il accepta.

Au centre du bas-relief, debout, le front couronné d'étoiles, est la figure allégorique de la Patrie[1]. Elle tient ses deux bras

[1] Voir planche XII de ce volume.

étendus, distribuant les couronnes que lui passe la Liberté, assise à sa droite, tandis que l'Histoire, à sa gauche, inscrit les noms des grands hommes qui ont bien mérité de la Patrie.

De proportions colossales, la figure de la Patrie ne paraît pas agrandie, tant la pondération des lignes est habile, le geste naturel. La tête légèrement penchée, elle semble plonger du regard dans l'obscurité de l'avenir. Une joie contenue s'échappe des lèvres fermées de la déesse. Elle a vu des phalanges nombreuses se mettre en marche pour conquérir les palmes nationales; à ce spectacle, son visage s'éclaire, et les purs contours de son front, le galbe des tempes où la jeunesse et la force sont écrites dans une sage mesure, ajoutent à la sérénité de l'expression. Le geste similaire des deux bras n'a pas moins d'ampleur que de tendresse. L'attitude générale de la Patrie trahit une attention maternelle relevée par les plis rares et graves du vêtement.

A sa droite est la Liberté. Puissance belliqueuse, elle est coiffée du bonnet phrygien, et porte une arme suspendue au baudrier. Mais, drapée à l'antique comme une jeune Muse, elle est assise du côté des penseurs, des jurisconsultes, des artistes, des magistrats. Quand le sol est menacé, c'est sur les champs de bataille, parmi les drapeaux, qu'on la rencontre; vienne l'heure du triomphe, que la Patrie se dispose à récompenser ses enfants, la Liberté va chercher sa place parmi les conquérants de l'esprit. Ce sont eux qui l'attirent. Elle sait ce qu'elle leur doit de succès durables; c'est au milieu d'eux et pour eux qu'elle aime à tresser ses couronnes. Ardente et résolue, elle s'est retournée vers la Patrie, et son œil altier n'est pas moins impératif que son geste; c'est aux hommes d'intelligence que doivent être offerts les lauriers qu'elle a préparés : ainsi le veut la Liberté pacifique. L'artiste l'a faite plus jeune que la Patrie. Combien d'années, combien de siècles ne faut-il pas chez les plus grands peuples à l'enfantement douloureux de la liberté? Le modelé des bras, le fin profil du visage, le laisser-aller de la main droite, l'élégance du pied, en partie recouvert par les plis tombants de la tunique, placent la figure de la Liberté au nombre des œuvres les plus achevées que la sculpture moderne ait produites.

L'Histoire, les ailes repliées, la tête laurée, est à la gauche de la Patrie. L'attitude gracieuse et fière qu'elle garde en écrivant le nom des grands hommes, la régularité du profil, donnent à cette figure une beauté grecque. Le cou délicat et ferme, le bras droit aux fines attaches, les doigts longs et fuselés, la souplesse des draperies dont le mouvement suit avec tant de goût des formes jeunes sans maigreur, tout concourt à rendre la figure de l'Histoire non moins digne d'attention que celles de la Patrie et de la Liberté. David s'est inspiré pour la tête de cette Muse du portrait de la jeune patricienne qu'il avait entrevue à Rome, *Cecilia Odes*... Il est aisé, malgré les dimensions colossales des têtes du Fronton, de ressaisir dans celle que nous signalons les lignes de beauté, l'accent individuel qui caractérisent le pur profil de jeune fille rapporté par le maître de la villa Médicis.

Malesherbes, le conseil de Louis XVI, l'homme intègre dont il a été dit que les écrits étaient « des monuments de vertu dans un siècle de corruption [1] », Malesherbes occupe la première place à la suite de la Liberté. Il porte la toge du magistrat. Seul de tous les personnages historiques du Fronton, Malesherbes a la tête couverte. L'artiste eût pu se dispenser de le coiffer du bonnet carré, la robe étant un indice évident des fonctions de l'homme de loi. Le profil vigoureux de Mirabeau, type d'éloquence et de passion, fait équilibre à la tête loyale de Malesherbes. Monge est à la gauche de Mirabeau. Il porte dans le regard une expression de volonté que le maître a gravée sur les lèvres de Fénelon qui le suit.

Fénelon, écrivain du dix-septième siècle, avait-il sa place dans le Fronton, tel que l'opinion de l'époque le comprenait? Nous ne le pensons pas. Mais si le statuaire peut encourir le blâme d'avoir fait un anachronisme en donnant place à Fénelon dans son bas-

[1] La Harpe.

relief, au moins serons-nous en droit d'opposer ce choix volontaire de l'artiste à la critique qui le taxerait de partialité. David était trop philosophe pour ne pas sentir quel rang le clergé de France a tenu dans les lettres de notre pays; c'est, à n'en pas douter, une pensée d'hommage qui l'a conduit à rappeler les traits du poëte de *Télémaque* sur le Fronton. L'unité de sa composition a pu se trouver atteinte par cette licence, mais nous ne saurions blâmer un artiste lorsqu'il donne l'exemple du désintéressement au péril même de son œuvre. Disons toutefois qu'ici la tête de Fénelon n'a pas la même élégance que celle de la statue de Cambrai.

Manuel, que son expulsion de la Chambre a fait populaire, rappelle l'opposition libérale qui a préparé 1830. Carnot, « l'organisateur de la victoire », énergique et réfléchi; Berthollet, le chimiste; Laplace, l'astronome, forment un nouveau groupe. Le peintre Louis David, Cuvier, le naturaliste, et le général La Fayette, tous deux encore vivants, sont debout, tandis que Voltaire et Rousseau, depuis longtemps au Panthéon[1], sont assis et tiennent à la main leurs couronnes. Voltaire, la tête tournée vers le centre du bas-relief, jette un regard incisif sur la scène qui se déroule; Rousseau contemple avec une expression de morne rêverie Bichat étendu à ses pieds. Celui-ci dépose d'une main défaillante, sur l'autel de la Patrie, son savant livre *la Vie et la Mort*. A la suite de Bichat, les élèves des Facultés occupent l'extrémité du Fronton; ceux de l'École polytechnique seront groupés dans l'angle opposé.

Aux hommes de pensée succèdent les hommes d'action; mais de tous les personnages représentés sur la seconde moitié du Fronton, deux seulement peuvent être nommés : le général Bonaparte et le tambour d'Arcole, André Étienne. David a voulu opposer aux illustrations de la science ou des lettres ces héros sans nom, sortis des rangs populaires, et dont la bravoure est

[1] 1791 et 1794.

le patrimoine de l'armée. L'armée! mais n'est-ce pas le peuple, n'est-ce pas la nation? L'artiste a donc personnifié la valeur militaire dans un soldat de chaque arme. Un canonnier, un dragon, un lancier polonais, un hussard, un marin de la garde, un cuirassier et un grenadier de la 32e demi-brigade forment le groupe d'élite, aux personnages innomés, dont le maître saura faire le symbole de l'armée française.

Alors que Beethoven écrivait sa *Symphonie héroïque*, on dit qu'il donna pour titre à cette œuvre « *Bonaparte* ». Mais soudain, le consul étant devenu empereur, Beethoven déchira sa composition, et, substituant une marche funèbre à son hymne de triomphe, il traça ces lignes sur son ouvrage : « *Per festeggiare il sovvenire d'un grand uomo.* » David a partagé l'admiration de Beethoven pour le Premier Consul; il ne s'est pas rallié à l'Empereur. C'est donc le général Bonaparte qu'il a placé dans le Fronton.

Superbe de mouvement, le jeune général s'élance vers la Patrie avec une audace mêlée de grandeur. Il tient le Code dans sa main. Ses formes sveltes, presque grêles, contrastent ainsi que sa taille avec celles des rudes soldats qui l'entourent. Modelé avec largeur, le masque de Bonaparte est resté classique. Personne mieux que David n'a sculpté la tête du hardi capitaine dans des conditions justes de ressemblance et d'idéalité[1]. Le statuaire n'a pas été moins habile dans l'interprétation du costume. La sobriété des détails n'exclut pas ici l'élégance, et, à défaut d'autre indice, la tunique dont l'étoffe plie sans cassure, selon les inflexions du corps, désignerait le général. L'uniforme de ses soldats est d'un drap moins souple et moins riche.

Étienne n'est encore qu'un adolescent, mais nous l'avons vu,

[1] Le principal document dont aurait usé David pour l'exécution de cette figure serait une gravure devenue très-rare, prise sur un dessin de Gros et que l'on considère comme l'image la plus ressemblante qui existe du général Bonaparte. — Voir A. Fabrégat, *Biographie des hommes illustres de Béziers*, David d'Angers, statuaire. Béziers, Millet, 1866, in-8°.

la traduction plastique d'un jeune corps dont les lignes variables dérouteraient un œil moins exercé, n'est pas une difficulté pour David. La *Jeune Grecque* et l'*Enfant à la grappe* ont été ses premiers triomphes dans cette voie : ces deux figures sont nues; le maître accroît le problème en précisant les contours de l'éphèbe sous notre costume militaire. La figure d'André Étienne est comme un rayon lumineux au milieu des mâles profils qui la dominent. Tandis que les fronts ridés respirent une colère sombre, l'enfant a le sourire joyeux, l'œil calme, les lèvres confiantes, et nous ne sommes point surpris que le poëte Mistral l'ait chanté[1].

A l'exception du cuirassier, frappé à mort et renversé, les représentants de la grande armée sont debout, dans des attitudes diverses, mais où la fierté du devoir rempli, un courage impassible, une dignité simple, presque stoïque, sont gravés avec une énergie savante. Nous n'approuvons pas les critiques qui ont fait

[1] M. Frédéric Mistral a publié dans les *Iles d'or* un poëme sur le *Tambour d'Arcole* dont nous ne pouvons moins faire que de rappeler ici les dernières strophes : « Chemin faisant, dans les longues rues à parois hautes, et dans le va-et-vient bruyant de Paris, il était arrivé lentement, l'âme malade, au pied du Panthéon éblouissant. — Par là-haut dans les airs, sainte Marie! dans le fronton géant, tout neuf alors, ressortaient des statues symétriques, et, sur la frise, des lettres d'or portaient : « Aux grands hommes la patrie reconnaissante! » Ce que c'est que le sort! — « Tambour, hausse la tête, lui crie un passant... « Celui qui est là-haut, l'as-tu vu? » Vers le temple qui se dressait magnifique, le vieillard leva son front ébloui. A ce moment, le soleil joyeux secouait sa chevelure d'or sur tout Paris ravi. — Quand le soldat vit avec sa coupole s'élever dans le ciel le Panthéon, et qu'avec son tambour en bandoulière, battant la charge, comme si c'était vrai, il se reconnut, lui, l'enfant d'Arcole, là-haut, tout à côté du grand Napoléon, — ivre de sa folie première, en se voyant si haut en plein relief, sur les ans, sur les nues, sur les orages, dans la gloire, l'azur et le soleil, il sentit en son cœur un doux gonflement, et roide mort tomba sur le carreau. » — Frédéric MISTRAL, *Lis Isclo d'or, recuei de pouesio diverso*, traduction française en regard. Avignon, Roumanille; Paris, A. Lemerre, 1876, in-12. — Dans une étude sur le Fronton, datée du 11 mars 1838, M. Adrien Maillard dit en parlant du portrait d'André Étienne : « L'original était encore, il y a trois mois, tambour dans une légion de la garde nationale de Paris et décoré de Juillet. » — *Journal de Maine-et-Loire.*

reproche à David d'avoir donné place dans le Fronton à des personnages anonymes. Est-ce qu'à toutes les époques l'armée française n'a pas compté par milliers de vaillants soldats dont le nom nous est inconnu? Ce dévouement impersonnel, le courage collectif, n'a-t-il pas droit à l'hommage sur les murs d'un temple national? L'héroïsme tient lieu d'ancêtres : il importe peu, au lendemain d'un fait d'armes, d'une bataille gagnée, que ceux qui l'ont remportée soient de vieille race s'ils sont vainqueurs. Au reste, parmi ces troupiers de toutes armes, le grenadier de la 32e demi-brigade, appuyé sur son fusil au premier plan, n'est pas une figure de convention, c'est un portrait. Cet homme a réellement vécu, et David a écrit son histoire. Il va nous la dire.

« Dans la rue de la Harpe, on voit encore un café qui portait en 1820 le nom de Chavinau. Là se réunissaient les jeunes républicains d'alors. L'entrée du café se trouvait protégée par ce que l'on appelle un tambour. Au comptoir trônait une dame au sourire stéréotypé pour ceux dont la mise laissait deviner un consommateur aisé, aux manières réservées vis-à-vis des clients dans la gêne.

« Un jeune artiste rentré depuis peu de l'Académie de Rome prenait un jour son repas au café Chavinau. Voilà que la porte s'entr'ouvre avec lenteur sous la pression d'une main qui hésite. Elle laisse voir un grand vieillard aux traits amaigris et se soutenant à peine. Il allonge d'un air suppliant sa main décharnée vers le comptoir. — « Fermez la porte, dit une voix sèche, on « ne peut rien vous faire. »

« Le vieillard obéit; mais il laissa lire sur ses traits un accent de douleur si profond, que mon ami n'eut pas la force de terminer son repas. Cette scène n'avait été vue que de lui, car autrement l'aumône républicaine des jeunes habitués ne se fût pas fait attendre.

« Il sortit précipitamment et s'aperçut que le vieillard ne mendiait pas. Il le rejoignit sur la place de la Sorbonne et lui glissa une pièce de cent sous dans la main, le laissant stupéfait par une semblable générosité.

« Mon ami alla se blottir ensuite dans l'angle d'une porte, et il vit son protégé qui prenait la direction du faubourg Saint-Marceau. Il le suivit. Le long de la route, le vieillard fit sa provision de pain chez un boulanger, puis, enfilant une ruelle sombre, il entra dans une maison délabrée.

« Mon ami ne voulut point troubler le pauvre homme, heureux sans doute de satisfaire sa faim, mais le vieillard recevait le lendemain la visite de son protecteur.

« Il n'y avait pas de meuble dans la mansarde. Une pierre servait de siége; un peu de paille tenait lieu de lit. Un sabre était accroché à la muraille. Ce vieillard si misérable était l'un des sublimes « brigands de la Loire ». Soldat de la 32e demi-brigade, dont Napoléon dit un jour, après une victoire : « J'étais tran-« quille, la 32e était là[1] », cet homme avait fait les campagnes de la République. Il se nommait Bertrand. Son père lui avait fait donner sur les fonts baptismaux de son village, voisin de Lyon, le prénom de Pierre, patron de la paroisse; mais ses camarades de l'armée d'Égypte, au soir d'un combat où il avait reçu le baptême de la mitraille, l'avaient surnommé « Trompe-la-Mort ». Le jour de la bataille de Marengo, le Premier Consul lui offrit un sabre d'honneur. Il avait parcouru victorieusement toute l'Europe, jusqu'à l'heure où Waterloo changea les destins de la France. 1815 fit peser la misère sur ce débris de nos armées.

« Pendant une année, mon ami pourvut aux plus pressants besoins du vieux brave. Les maigres secours qu'il lui procurait n'étaient pas en rapport avec ses désirs, mais, sans renommée encore, le jeune artiste était tenu de venir en aide à son vieux père et à deux de ses sœurs.

« Un jour, obligé de s'absenter de Paris pour quelques semaines,

[1] La 32e demi-brigade était entièrement composée de Toulousains; elle prit part aux campagnes d'Égypte et d'Italie.

l'artiste alla prendre congé du vieillard. A son retour, il se rendit aussitôt rue du Mûrier; mais comme il posait le pied sur l'échelle qui conduisait à la chambre du grenadier, son cœur se serra. Des rires d'enfants s'échappaient de la mansarde habituellement silencieuse. Il monta. La famille d'un ouvrier maçon occupait maintenant le réduit. La scène était demeurée la même : il n'y avait de nouveau que les acteurs. Qu'était devenu le vieux Bertrand? — Mort.

« Mon ami questionna les hôtes. On lui dit que le soldat, à bout de forces, s'était couché. Il avait langui pendant quelques jours. De pauvres femmes habitant la maison l'avaient veillé. Celle qui le garda la dernière nuit, ne l'entendant plus respirer, crut qu'il était mort, et d'une main tremblante elle releva le drap sur son visage, mais le moribond murmura : « Ce n'est pas fini. » Quelques heures plus tard, le vieux soldat n'était plus, et son sabre d'honneur disparaissait de la mansarde. — Où est-il?

« Le corbillard du pauvre l'emporta vers la Clinique. C'était ce qu'on a coutume d'appeler un « beau sujet » à l'amphithéâtre de dissection. Si mon ami eût été présent, il eût conduit au cimetière les restes du soldat; il eût fait l'aumône d'un linceul à cet oublié de la patrie. Mais s'il a succombé sans honneurs, ses traits sont aujourd'hui ciselés sur le Fronton du Panthéon. Une main lui a fait sa place parmi les hommes dont la Patrie reconnaissante couronne les services[1]. »

Quelque réserve que garde l'auteur de ce récit, on a reconnu David dans l'ami du vieux grenadier; cet artiste rentré depuis peu d'années de l'Académie de Rome, obligé de soutenir son père et ses deux sœurs, c'est lui. Quant à ceux qui ont besoin d'un nom pour juger de la valeur esthétique d'une figure, ils

[1] Notes autographes de David appartenant à la famille. — Cette notice a paru dans la *Constitution* du 18 avril 1849, et dans le *Démocrate de l'Ouest* du 16 juin de la même année, sous le titre : *Un vieux soldat*. Ces reproductions portent la signature de David d'Angers.

savent aujourd'hui que le grenadier du Fronton s'est appelé Pierre Bertrand [1].

Le programme prescrit au statuaire par l'opinion, mis hors de cause, David n'a-t-il pas satisfait dans le Fronton à la loi du mouvement, au caractère de grandeur et de convenance qui régissent la sculpture monumentale? Les palmes de la Patrie, à quels fronts sont-elles destinées? Est-ce que ce n'est pas le mérite sous toutes ses formes que la nation récompense? Novateur par le style, mais sans réalisme, David est donc resté le penseur, l'homme d'éducation que nous avons applaudi tant de fois dans ces pages [2].

Le Fronton fut la source de contestations prolongées entre le statuaire et le pouvoir. Nous avons dit quelle était la situation des esprits lorsque parut le décret de 1830. L'esquisse du bas-relief présentée à Guizot, ministre de l'Intérieur, fut approuvée sans réserve, et l'artiste s'occupa de la préparation du modèle. Mais les événements se précipitèrent. La Fayette étant passé dans les rangs de l'opposition, le Roi regretta que le général figurât sur le Fronton. La mémoire de Manuel se perdait dans le passé. M. Thiers, alors ministre, appela David; on était en 1834. L'artiste refusa de rien modifier dans l'esquisse officiellement acceptée; M. Thiers n'insista pas, et il contre-signa la commande.

[1] C'est le même grenadier que David avait une première fois représenté sur le bas-relief des Funérailles, dans le monument du général Foy, sous la figure du vieux soldat amputé qui tient la tête du cortége.

[2] Nous n'avons pas à signaler à des lecteurs français l'étude de Gustave Planche sur le Fronton (*Revue des Deux Mondes*, 15 août 1837). Le journal d'Augsbourg (*Allgemeine Zeitung*) publia successivement, les 25 et 26 août 1837, sous le titre de *David der Bildhauer*, un article sur le Fronton du Panthéon et une longue biographie du maître. Ces articles ne sont pas signés. Un autre journal allemand, le *Pionnier*, publiait vers le même temps une notice sur David où le Fronton est l'objet d'un examen sérieux. Ce travail est signé par Théodore Karcher, publiciste français, réfugié à Londres après le coup d'État de 1851, et qui depuis de longues années était un collaborateur assidu du *Spectator* anglais et du *Pionnier* allemand.

David reprit son travail avec ardeur, et au mois de juin 1837 le bas-relief était entièrement terminé. Le statuaire se croyait à l'abri de difficultés nouvelles ; il se trompait.

On sait que dès le 29 juillet 1831, la fête anniversaire des « trois jours » présidée par le Roi lui-même, qui s'était rendu au Panthéon, avait consacré la destination récente de l'église de Sainte-Geneviève. Lorsqu'en 1834, à l'occasion du différend qui s'éleva entre le ministre de l'Intérieur et David, on eut connaissance des changements qui s'étaient opérés dans l'esprit du Roi, l'archevêque de Paris conçut quelque espoir de faire rendre au culte la basilique construite par Soufflot. Des démarches furent faites aux Tuileries par M. de Quélen, et aussitôt l'opinion publique prit parti dans la question. Proudhon devait se charger plus tard de justifier les prétentions du prélat[1] ; mais, à l'époque de ces luttes, l'homme qui eut le plus à souffrir, ce fut David. Le 21 juillet 1837, M. de Montalivet, qui avait repris le portefeuille de l'Intérieur depuis quelques mois, visita les sculptures du Fronton. Le lendemain, le ministre faisait appeler l'artiste. Une longue conversation, relatée par David lui-même, fut échangée. Le statuaire se refusait à rien reprendre dans son travail, et demandait que le Fronton fût découvert pour l'anniversaire des « journées ». Il n'obtint pas gain de cause.

C'est alors que la presse se prononça presque unanimement en faveur de l'artiste. « La gloire, écrivait Gustave Planche, entre comme élément nécessaire dans la récompense de M. David. Impassible et désintéressée, cette assemblée de grands hommes qui reçoit le prix de son dévouement encourage la foule à bien faire, mais ne la pousse pas aux luttes tumultueuses[2]. » Les élèves de l'École polytechnique proposèrent à l'artiste de détruire l'échafaud par le feu et de découvrir ainsi son travail. Leur lettre

[1] P. J. PROUDHON, *Du principe de l'art et de sa destination sociale*. Paris, Garnier, 1865, in-12.

[2] *Le Fronton du Panthéon*. (*Revue des Deux Mondes*, 15 août 1837.)

que nous avons sous les yeux est adressée « au sculpteur David, le citoyen indépendant ». Un membre de la famille de Desgenettes, l'ancien chirurgien de l'armée d'Égypte, faisait part au sculpteur de son dessein d'organiser une inauguration populaire. David ne consentit à aucune manifestation. Remerciant ceux dont il recevait des marques d'estime, il ne cessa de donner l'exemple d'un grand calme et d'une dignité parfaite. Un matin du mois de septembre, deux inspecteurs furent aperçus descendant par l'escalier de la coupole; le lendemain, des ouvriers procédèrent à l'enlèvement de l'échafaud, et, sans même que l'artiste eût été prévenu, le Fronton fut découvert. Le peuple ne se montra pas moins empressé que la critique à admirer les sculptures de David.

Le 24 juin 1848, lors de la reprise du Panthéon sur les insurgés par le général Damesme, la mitraille endommagea gravement le Fronton. David obtint de restaurer son travail.

Un décret présidentiel du 6 décembre 1851 ayant rendu l'église de Sainte-Geneviève à sa destination première, il fut délibéré sur la destruction du Fronton [1]. Mais le courant d'opinion qui s'était formé sous le gouvernement de Juillet autour de cet ouvrage le protégea. La crainte d'un mouvement populaire, et sans doute aussi de justes égards pour le mérite de cette page française, firent repousser tout projet tendant à son enlèvement. N'est-ce pas trop déjà que les sculptures de Moitte et de Coustou aient été détruites, sans que celles de David se sentent encore menacées?

[1] Voir *Pièces justificatives*, doc. XXXVII et XXXVIII.

CHAPITRE VIII

1838-1848

LE MAITRE

Inauguration du Musée David à Angers. — Le maître. — Qu'est-ce qu'un maître? — Sollicitude de David d'Angers pour ses élèves : MM. Daumas, Maindron, Chambard, Perrin, Préault, Petit, Taluet, Ottin. — David au lit de mort de son élève Woltreck et du poète Aloysius Bertrand. — L'esquisse de la statue de Gilbert. — Chateaubriand dans l'atelier de David. — Mort du critique d'art Chaudes-Aigues. — *Sainte Cécile*. — Tombeau de Ludwig Boerne. — Statues de Cuvier à Montbéliard et à Paris. — La *Navigation*, le *Commerce* à la nouvelle Douane de Rouen. — Statue de Riquet. — David à Béziers. — Les sculptures du théâtre. — *Ambroise Paré*. — Le tombeau de Langlois. — Monuments de Bichat à Bourg et à Paris. — Statue de Mgr de Belmas à Cambrai. — Monument du cardinal de Cheverus à Mayenne. — Monument de Gutenberg. — David à Strasbourg. — Le *Jeune Barra*. — Médaillons : Puget, Germain Pilon, Houdon, Lemot ; Nicolas Poussin, Louis David, Prud'hon, Ary Scheffer, Henri Lehmann, Gigoux ; Alavoine, Percier ; Henriquel-Dupont, Calamatta ; Auber, Cherubini ; Boissy d'Anglas, Cassanyes, Carnot, Pastoret, Lavoisier, André Chénier ; La Tour d'Auvergne, Bonaparte, Exelmans, Suchet, Masséna, de Briqueville, mesdames Lætitia, de Lavalette et de Forget ; Manuel, Dupin, Kératry, Thiers ; Jean Reboul, Adam Billaud ; Monteil, Lamennais ; duc de Luynes, Jal, Gustave Planche, Quatremère de Quincy ; Brongniart, Élie de Beaumont ; Leader Temple, Carlo Botta, Koerner, Berzélius, Bolivar, etc. — Bustes : Gérard, Victor Hugo, Mickiewicz, Arago, etc. — David refuse de sculpter les statues de Murat, de la reine Hortense, de l'amiral de Rigny, du duc d'Orléans, de Charette, de Cathelineau, et le buste du général de Fouchères. — Victor Cousin ministre de l'instruction publique. — Le mausolée de l'Empereur aux Invalides. — M. Gigoux. — Cavé. — Les statues persiques du mausolée. — Lettre de David à Visconti. — Relations de David avec ses confrères. — Charlet. — Funérailles de Bosio. — Les sculptures de Jean Goujon dans la cour du Louvre. — Le sculpteur de Barcelone. — MM. Préault, Suc, Elshoëct. — Le monument d'Armand Carrel. — Le buste de Boncenne. — *Jean Bart*. — David et son fils à Dunkerque. — Saint-Omer. — Calais. — Projet du monument d'Eustache de Saint-Pierre. — Monument de Larrey. — Tombeau du général Gobert. — Projet du monument de Leperdit. — Le palais de justice de Poitiers. — Arles. — Nîmes. — David chez Jean Reboul. — Estagel. — Les Arago. — Barèges. — Poésie. — David à son foyer. — Le médaillon de Louis Richard. — Projet d'un *Laocoon*. — Nouvelle tentative d'assassinat sur David. — Accidents de la place Saint-Sulpice et de Montréal. — David et les pauvres. — Le rempailleur de chaises. — L'Anjou. — Monuments de Garnier, d'Ollivier, de l'abbé Mongazon à Angers. — Proposition du maître d'élever sept statues dans sa ville natale. — Offres du statuaire à l'église cathédrale d'Angers. — Décoration proposée pour l'École de médecine. — Le *Christ aux Enfants*.

Comme il s'entretenait un jour avec Louis David, devenu « premier peintre de l'Empereur », Napoléon dit à l'artiste qu'il avait le projet de rassembler au Louvre toutes ses toiles. « Nous avons, disait l'Empereur, une galerie de Rubens, je veux que la France me doive la galerie de David [1]. » Mais on était en 1812; Napoléon se préparait à l'invasion de la Russie, et les malheurs de la France ne devaient pas lui permettre de poursuivre son dessein.

Ce qu'un souverain n'a pu faire pour honorer un maître vivant, une ville de France l'a réalisé. Et c'est à l'élève du peintre de *Léonidas*, à David d'Angers, que devait être décerné l'hommage rêvé par l'Empereur.

Le 17 novembre 1839, Angers inaugurait le Musée David [2]. Nous avons dit avec quelle générosité le statuaire offrait à sa ville natale le modèle de chacun de ses ouvrages. Après avoir été l'ornement des salles de sculpture moderne au Musée d'Angers, les œuvres de David formèrent bientôt une importante collection. Les concitoyens de l'artiste songèrent à s'acquitter envers lui de ce qu'ils appelaient « la dette de la cité [3] ». Une partie notable du

[1] E. J. Delécluze, *Louis David, son école et son temps*.

[2] Disons tout de suite que le titre de Musée David, donné aux riches collections du maître, date de 1841. Nous l'avons trouvé inscrit pour la première fois dans le *Bulletin de la Société industrielle d'Angers*, XIIe année, p. 324. Le *Précurseur de l'Ouest* du 6 avril 1847 renferme une intéressante étude ayant pour titre : « *Musée David.* » Cette locution mérite de prendre place dans la langue usuelle.

[3] Discours prononcé le 8 janvier 1838 par M. Guillory aîné, président de la Société industrielle d'Angers.

logis Barrault fut appropriée pour contenir les richesses d'art du nouveau Musée. Rapprochement curieux, l'hôtel d'Ollivier Barrault, trésorier de Bretagne et maire d'Angers, construit en 1493 « de très-belles et somptueuses matières, et de grand façon et ouvrage[1] », après avoir été le logis d'honneur de la ville pendant près de deux siècles, recevait en l'an VII les collections scientifiques de l'École centrale. Pierre-Jean David, élève de l'École, avait donc appris, tout enfant, les premiers principes du dessin à cette même place où ses travaux devaient témoigner un jour de son génie. Ce détail ajoute à l'intérêt du Musée David; les Angevins ont aussi le droit d'être fiers que le « logis d'honneur » de leurs ancêtres, devenu le Louvre de la cité, n'ait pas déchu de sa vieille gloire.

La fête du 17 novembre 1839 eut le caractère d'une ovation patriotique. Qu'il nous soit permis d'en dire la solennité.

Une première séance a lieu à l'hôtel de ville en présence des hommes les plus éminents de la contrée et d'un immense concours de citoyens. On avait espéré que le maître serait présent, mais David n'a pu se résoudre à être le témoin de son triomphe. « J'apprécie de toutes les forces de mon âme, écrit-il au maire, ce que veulent bien faire pour moi les Angevins; je ne saurais vous exprimer par des paroles tout ce que j'éprouve de reconnaissance, mais il ne me sera pas possible d'assister à cette fête. Je ne saurais surmonter l'excès de mon émotion. Permettez donc que, retiré dans mon atelier, je tâche par de nouveaux travaux de me rendre moins indigne de l'honorable témoignage d'estime de mes chers compatriotes[2]. »

Le maire[3], après avoir donné lecture de cette lettre, retrace à grands traits la vie de l'artiste, s'appliquant surtout à mettre en lumière les libéralités de David à l'endroit de sa ville natale[4].

[1] Voir Célestin Port, *Dictionnaire historique de Maine-et-Loire*.
[2] Voir tome II, *Lettres sur l'art*, *LV*.
[3] M. Farran.
[4] « En parcourant ce Musée qui renferme tant d'illustrations, dit l'orateur,

Le président de la Société de médecine[1] prend la parole : « A bien des titres, dit-il, David est cher à chacun des membres de notre Société... C'est avec bonheur que nous voyons aujourd'hui la cité tout entière venir l'honorer publiquement et lui décerner elle-même la plus belle de ses couronnes. » Mais l'orateur est le mandataire d'un corps savant : il dira de préférence par quelles études scientifiques David s'est préparé à l'exercice de son art[2].

Le maître reçoit réellement l'ovation de toute une contrée. Les descendants de l'ancienne Académie d'Angers veulent concourir à l'éclat de cette fête triomphale. Mais l'éloge de l'artiste n'est-il donc pas épuisé? — Non, le sculpteur historique et l'homme de pensée ont droit à une louange égale. « Attentif à s'identifier scrupuleusement avec les faits, les hommes et les

vous vous associerez à nous par la pensée. Le nom de David sera proféré par vous avec gratitude, avec amour. Heureuse la cité qui vit naître et qui sut encourager David! Heureux l'artiste en qui l'enivrement du succès a toujours laissé place à la reconnaissance! »

[1] Le docteur Bigot.

[2] « Comment le sculpteur pourra-t-il nous émouvoir, exciter en nous l'enthousiasme, s'il n'a longuement médité sur l'assemblage merveilleux de ces parties qui donnent au corps humain sa solidité; s'il n'a considéré attentivement l'homme dans ses différentes attitudes, vu le jeu des muscles qui exécutent les mouvements?... Pénétré de ces vérités, David s'est initié de bonne heure à l'étude de la structure de l'homme... » L'orateur parle ensuite des liens qui ont uni David et Béclard. « L'un et l'autre, dit-il, avaient commencé leurs études à cette École centrale qui a produit dans notre pays tant d'hommes distingués. Béclard fut pour David un guide sûr qui lui dévoila les beautés de l'anatomie. » Mais c'est trop peu pour l'artiste d'avoir pénétré l'homme physique : « Pour exprimer l'effet des passions, pour saisir le sentiment, l'émotion même... il faut connaître profondément le cœur humain; comme David, il faut avoir appris la science des Lavater, des Camper, des Gall, des Spurzheim. » En terminant, le docteur Bigot rappelle les œuvres par lesquelles David a marqué sa gratitude ou son admiration pour le monde savant. « Ici c'est Ambroise Paré, ce grand chirurgien dont la venue seule dans les murs d'une ville assiégée relève le courage des habitants. Là, Bichat, Corvisart, Cuvier, Desgenettes, Duméril, Larrey, Orfila, Percy, et plus loin, nos célèbres compatriotes Béclard, Proust, Chevreul, Cullerier, Billard. »

temps, dit le président de l'Académie, scrutant par la puissance de son observation les vertus, les sentiments, les passions qu'il veut faire revivre, David sait en suivre et en marquer la trace dans chacun des traits qu'il modèle, dans chaque attitude qu'il crée. »

C'est en ces termes que les compatriotes de David ont tenu à mettre en lumière la générosité de l'artiste, ses études patientes, la profondeur et l'actualité de son génie. Tout doit être dit. — Pas encore. — Le président de la Société industrielle[1] vient reconnaître le désintéressement du statuaire, son caractère exempt de préférences[2].

A ces hommages multipliés succède un *Hymne à David*, puis l'assemblée se lève, et, formant cortége sur les pas de la municipalité, elle quitte l'hôtel de ville pour se rendre au Musée David. La garde nationale, musique en tête, escorte la foule enthousiaste.

Sur le seuil du logis Barrault, un ancien élève de Regnault, Mercier, conservateur du Musée, reçoit les autorités municipales. Aussitôt, le Musée David est envahi. Une voix domine le tumulte : c'est un poëte[3] qui récite une Ode en l'honneur du

[1] M. Guillory.

[2] « Toutes les grandes villes de F. ance, Paris, Marseille, Rouen, Strasbourg, Nancy, Béziers, Cambrai, Montbéliar', Laval, et, pour ainsi parler, tous les points du sol, dit M. Guillory, ont vu renaître sous la main de David les illustrations dont ils revendiquent le souvenir. L'art dans sa noble impartialité s'élevait en une sphère si haute que le souffle des passions vulgaires ne pouvait plus atteindre jusqu'à lui ; mais, ajoute l'orateur, de tous ces chefs-d'œuvre si noblement répandus dans les capitales des deux continents, David n'a pas voulu qu'il ne restât pour ses concitoyens que le grand bruit de sa renommée ; la main qui les avait semés les a comme moissonnés ensuite par le monde pour les rassembler sous vos yeux, gerbe éclatante dont chaque épi vous appartient désormais ; et cependant, Messieurs, l'immortel artiste espérait encore se soustraire à votre reconnaissance. A l'en croire, quand il vous comble de si magnifiques présents, quand il se complaît à refléter sur sa ville natale toute la gloire dont rayonne son nom, il ne fait que s'acquitter envers elle ! Noble illusion de ce cœur qui voudrait se dissimuler à lui-même jusqu'à sa munificence ! »

[3] M. Daillière.

maître. L'inauguration se poursuit au milieu des applaudissements. Lorsque le cortége officiel s'est retiré, d'innombrables visiteurs succèdent aux premiers, et, jusqu'au soir, le nom de David est porté par l'acclamation publique.

L'écho d'une pareille fête se prolongea. On recueillit les discours, les strophes chantées, l'ode du poëte, la lettre de David; Mercier dessina les traits du statuaire, et la ville publia dans une sorte de Livre d'or le brillant récit de l'Inauguration. Pendant ce temps, les sociétés savantes de l'Anjou se hâtaient d'écrire la relation de cette journée. — François Grille et M. Maillard, premiers biographes de David, ne laissèrent pas à d'autres le soin de parler de lui. François Grille, devenu, par suite de revirements politiques, bibliothécaire de la ville d'Angers, après avoir rempli les fonctions de directeur des Beaux-Arts, lui qui avait encouragé David à ses débuts, ne put contenir sa joie. « Salut, David, salut, écrivait-il dans sa prose lyrique, ton image a franchi l'espace; elle est apparue devant moi sur le piédestal de la gloire. Souffre, ami, que je te dise la vérité en face. Je te parle comme à un mort, et ce n'est pas moi qui prends l'initiative de ce langage, c'est une entière cité qui m'en donne l'exemple [1]... » La ville d'Angers, en effet, a montré de quel prix étaient à ses yeux les ouvrages de son sculpteur. C'est pourquoi nous avons pensé qu'il était du devoir de l'historien de suspendre son récit en face de cette manifestation à laquelle une place d'honneur était due dans ce livre. L'ovation que l'Athènes de l'Ouest a décernée à l'un de

[1] « Chaque ville, dit encore François Grille, a son monument qu'elle doit à ta main courageuse. — Angers les a tous! — Il a tout le passé, tout le présent... il aura tout l'avenir. — Ce que tu as fait nous révèle ce que tu feras encore. — Poursuis, point de relâche! — C'est le père de ta femme, entends-tu bien? qui a fondé ce Musée; c'est toi qui l'embellis et le ranimes. Si tu es le fils de la cité, cette galerie est ta fille, et, je m'en fie à toi, tu ne la laisseras pas languissante. — Je compte pour elle, David, sur ton riche héritage. » — *Bulletin de la Société industrielle d'Angers*, X[e] année, 1839, p. 364. — Ce n'est pas le père de madame David, mais son grand-père, La Revellière-Lepeaux, qui a, comme nous l'avons dit, créé le Musée d'Angers.

ses fils vivants a été spontanée. Elle a magnifiquement ratifié ce nom de « David » d'Angers que le maître avait fait illustre. Et dans ce tribut unanime offert à un conquérant de l'esprit, alors que de semblables honneurs s'adressent le plus ordinairement aux vainqueurs de l'épée, la ville française n'avait pas été devancée. On sait que ce fut seulement en 1848 que Copenhague inaugura le Musée Thorvaldsen. Les assises du monument scandinave étaient à peine posées que déjà les voûtes du logis Barrault abritaient le Musée David[1].

A quoi songe le sculpteur? Quels projets occupent sa pensée? Un poëte a dit :

L'âme en vivant s'altère;
A force de marcher, l'homme erre, l'esprit doute.

Il semble que la vie, toute gonflée d'espérance au départ, devienne amère à quiconque avance vers son terme. Quelque chose d'inerte, de désenchanté caractérise le déclin de toute existence. C'est la voile affaissée le long du mât. Toutefois, les âmes vraiment fortes échappent à cette défaillance. Chez les hommes dont le génie s'est révélé par l'action, l'intelligence et la volonté marchent sans trêve. L'étoile ne vacille pas pour eux. Ils savent où ils tendent, et on les voit marcher d'un pas ferme vers le but qu'ils se sont choisi.

Ainsi en est-il de David.

Agé de cinquante ans, sa main ne s'est pas encore ralentie; sa pensée est en travail. Lui-même vient de l'écrire : c'est dans son

[1] La construction du Musée Thorvaldsen, écrit M. Eugène Plon, commencée à la fin de l'année 1839 sur les plans de l'architecte Bindesboll, se trouva terminée et couverte à la fin de 1841. — Thorvaldsen étant mort le 20 mars 1844, les restes de l'illustre sculpteur demeurèrent près de quatre ans dans une chapelle de l'église de Notre-Dame, en attendant que les travaux intérieurs du Musée fussent terminés; et ce n'est que le 6 septembre 1848 qu'eut lieu la translation du corps dans le caveau placé au milieu du Musée Thorvaldsen. — Eugène PLON, *Thorvaldsen, sa vie et son œuvre*, passim.

atelier qu'il se réfugie. Ayant produit plus que vingt statuaires, en possession de la gloire, l'artiste se sent toujours responsable de l'affermissement de l'art national. Il songe à accentuer davantage la note dominante de son œuvre. Il veut triompher du temps, il a résolu de se survivre. Mais en dépit de ses efforts, malgré la supériorité de ses conceptions, sa science, l'éclat de sa renommée, le statuaire n'ignore pas que les hommes de pensée sont rares et que la voie difficile qu'il a suivie sera bientôt déserte, si des disciples formés par lui ne marchent fidèlement sur ses traces. Nous sommes loin déjà de l'époque où David inaugurait son enseignement spiritualiste à l'École des beaux-arts. Depuis lors, il n'a cessé dans ses leçons quotidiennes aux élèves de son atelier de se révéler un maître.

Qu'est-ce qu'un maître, au sens rigoureux de cette expression ? Un dépositaire de l'autorité, un dispensateur de la lumière.

Le maître commande. En effet, l'homme est un être enseigné. Nous appartenons à une école. Nous relevons d'un autre. Nous subissons l'ascendant d'un esprit supérieur, d'une pensée plus vaste que la nôtre, d'un caractère qui s'impose à nous. Ceux mêmes qui se condamnent à l'isolement et se disent las d'obéir cèdent encore à des préjugés, à des leçons mutilées, et ils demeurent dans la dépendance d'autrui. L'un des signes du génie est de savoir accepter le frein de l'obéissance. Il se soumet longuement et sans peine à la formation du maître. Quelque chose l'avertit que le maître est le véritable initiateur de la virilité de l'esprit. Et lorsque le génie a ainsi vécu de travail et de renoncement, il se dégage peu à peu, éprouve sa force, rayonne, puis conquiert dans le succès le droit de commander à son tour sans usurpation. Alors il se montre parfois impatient de répandre la lumière qu'il a reçue, et dont le foyer s'est élargi sous son action personnelle. Plus l'homme s'est mûri dans l'obéissance, plus aussi sa force d'expansion devient impérieuse, et plus il est apte à être un dépositaire de l'autorité.

Si nous nous reportons aux années d'étude de David, l'élève de

Delusse, de Roland, de Louis David, ne nous est-il pas apparu plein de respect et de docilité devant les enseignements de ses maîtres? Et plus tard, acclamé déjà par l'opinion, presque célèbre, l'auteur de *Condé*, de *Bonchamps*, de *Fénelon*, s'est-il affranchi dans ses lettres ou dans sa conduite des devoirs du disciple? Quelle n'a pas été sa sollicitude envers le vieux Delusse! Ne l'avons-nous pas vu s'agenouiller sur la tombe de Louis David, dont il essaya de rapporter les cendres dans sa patrie? Si la déférence et la vénération doivent être familières à celui qui exerce le commandement, Pierre-Jean David ayant su garder la notion de ces rares vertus est digne de parler en maître.

Dépositaire de l'autorité, le maître est un dispensateur de la lumière. Novateur, David est resté fidèle à la tradition. La *Jeune Grecque*, l'*Enfant à la grappe*, le *Jeune Barra*, dont nous parlerons plus loin, sont des œuvres signées du même nom, sculptées par le même ciseau que *Gouvion Saint-Cyr* et *Corneille*. L'artiste n'a rien répudié du passé. S'il a tenté de reculer les frontières de son art, il s'est retrempé maintes fois aux grandes sources de l'antiquité. Il a pesé avec un sentiment très-juste le style grec et le style moderne. Il est allé de l'un à l'autre dans la liberté de son esprit; il a été sincère, désintéressé; l'amour de l'art l'a guidé. Que faut-il de plus à un maître pour qu'il puisse transmettre à d'autres la pleine doctrine, pour que son enseignement soit lumineux?

Homme du commandement et de la lumière, le maître a besoin d'être obéi. Or, les qualités initiales de quiconque veut être obéi sont la dignité, le dévouement, la patience.

David a professé le respect de soi-même et de son art. Interrogez sa vie, scrutez son œuvre, et dites si le caractère n'en est pas intact.

Son dévouement nous est attesté par ses élèves, par ses lettres les plus intimes, par des témoignages nombreux dont l'autorité ne fait pas doute.

Pendant trente années, l'École des Beaux-Arts l'a entendu

s'efforçant de fonder le culte du beau dans l'âme de ses disciples. Ainsi le chef d'école s'est-il révélé dans la patience d'un enseignement élevé[1].

Qu'un pareil maître se soit assuré l'estime de plusieurs générations, et que d'autre part des ressentiments profonds l'aient suivi dans la tombe, cela devait être. On ne se donne pas comme David s'est donné sans exciter l'enthousiasme, mais il entre dans la destinée de tout homme supérieur d'être en butte aux attaques de ses contemporains. Ce n'est pas impunément que Pierre-Jean David a ouvert des horizons nouveaux, il en est plus d'un parmi ceux qui profitent de sa découverte qui lui marchandent l'honneur d'avoir agrandi la sphère de la sculpture historique. Comme jadis Christophe Colomb sur son navire, le maître s'est senti parfois enveloppé dans les liens d'une critique intéressée. Mais les retours de l'opinion sont fréquents : la mémoire de David ne tardera pas à l'éprouver. Et parmi les vertus cachées de l'artiste, il n'en est pas qui sera plus vivement appréciée que sa sollicitude prévoyante à l'endroit de ses élèves. Nous en dirons quelques exemples; les artistes que nous allons nommer nous pardonneront si les paroles du maître laissent voir en quelle haute estime il tenait leur personne et leur talent.

A M. Daumas, qui l'avait consulté sur la pose d'une figure,

[1] Le jour des funérailles de David, M. Vinit, secrétaire de l'École des Beaux-Arts, rendait au professeur cet hommage public : « Par son zèle, par son assiduité, par la rectitude de son jugement, par la direction élevée qu'il sut donner à son enseignement, M. David prouva dès 1826 qu'il était digne, quoique jeune encore, de siéger à côté des hommes d'élite qui dirigeaient alors l'enseignement des Beaux-Arts, et dont quelques-uns, par un privilége de l'âge, avaient encouragé et couronné ses travaux d'élève. Pendant près de trente ans d'exercice, son dévouement n'a pas faibli; c'était l'homme du devoir, et, jusqu'à la fin, nous l'avons vu suivre avec bienveillance, avec intérêt, les études d'une jeunesse laborieuse à laquelle il avait voué son affection et ses soins... » — *Funérailles de M. David d'Angers.* — Voir, tome II, une lettre du 29 mai 1846 à M. Ferdinand de Lasteyrie. — *Lettres sur l'art, CIV.*

il explique avec les plus minutieux détails les lois de l'attitude, l'effet que peut produire une juste opposition de lumière et d'ombre. Sa lettre est moins l'œuvre d'un maître que d'un ami [1].

Dès 1828, David, se souvenant de l'intervention de Ménageot et de Pajou en sa faveur auprès de la municipalité d'Angers quand il était élève de Roland, essayait à son tour de faire nommer M. Maindron pensionnaire de la ville. « Vous ne pouvez douter, lui répondait le maire d'Angers, M. de Villemorge, du grand poids que doit avoir à mes yeux une recommandation aussi pressante que celle que vous m'adressez en faveur de M. Maindron, votre élève, dont vous faites si bien valoir les talents et l'estimable caractère [2]. » Refusé par le conseil municipal, parce que son protégé est né en dehors du chef-lieu, David porte sa requête devant le conseil général et obtient gain de cause [3]. L'attachement du maître ne s'endort pas à la suite de cette première victoire, et lorsque les années, plus promptes que le succès, auront déçu l'espérance de M. Maindron au sujet du prix de Rome, David s'entretiendra de lui dans l'intimité. « Voici que la route des concours est fermée à notre Maindron, écrira-t-il à Louis Pavie. Il a trente ans. Son espoir est désormais dans les expositions du Salon, mais je serais heureux de le voir entreprendre un voyage d'Italie. Si la ville pouvait lui en procurer le moyen, il exécuterait un ouvrage à Rome; cet ouvrage figurerait au Salon dans deux ans, et son auteur ne manquerait pas d'être remarqué par le gouvernement : il aurait droit aux travaux. Ce jeune homme est vraiment digne à tous les points de vue de la bienveillante protection de la ville d'Angers : il a des dispositions remarquables et un courage qui mérite les plus grands éloges. Fais-moi le plaisir

[1] Voir tome II, *Lettres sur l'art*, XC.

[2] Lettre du 28 août 1828. — Archives municipales d'Angers.

[3] Par sa lettre du 15 novembre 1828, M. de Villemorge informait David que « sur la proposition de son président, M. de la Bourdonnaye, le conseil avait accordé une pension de cinq cents francs à son protégé ».

de voir M. le maire. Dis-lui qu'en accordant son appui à cet intéressant artiste, il fera un acte de grande justice[1]. »

M. Maindron a-t-il eu connaissance de cette lettre? Il nous est permis d'en douter. Encore que tout homme relève seulement de sa conscience dans ses jugements sur autrui, les bienfaits acceptés impliquent la déférence et le respect.

Un des élèves de David, dont le nom ne nous est pas connu, se trouva compromis dans le mouvement populaire qui détermina la construction des forts détachés autour de Paris. Le maître se dépensa en démarches de toutes sortes pour le faire acquitter[2].

Le duc de Choiseul, président du conseil général des Vosges, l'informait, le 3 novembre 1838, que, d'après son témoignage et ses vives recommandations, M. Jean Perrin, son élève, allait recevoir une pension du département.

Le désintéressement, chez le maître, égale sa délicatesse. Lons-le-Saulnier allait élever une statue à Rouget de Lisle. Par ses relations anciennes avec le poëte, David se trouvait désigné pour l'exécution de ce travail. Un de ses élèves, M. Chambard, alors pensionnaire de l'Académie de France, apprend cette nouvelle. Aussitôt il se réclame auprès de David de sa jeunesse et de son lieu natal qui l'a fait le compatriote de Rouget de Lisle[3]. C'en fut assez pour que notre artiste s'empressât de reporter sur M. Chambard l'honneur dont il allait être l'objet[4].

La ville de Chartres met au concours la statue de Marceau, le général républicain. David songe à se proposer pour l'exécution de ce monument, mais M. Préault vient lui demander son appui[5].

[1] A Louis Pavie. 4 juin 1831. — Lettre appartenant à M. Victor Pavie.

[2] Voir tome II, *Lettres sur l'art, LXXVI.*

[3] Lettre du 18 juillet 1834.

[4] Le monument n'a pas été exécuté. M. Chambard a exposé l'esquisse d'une statue de Rouget de Lisle au Salon de 1849.

[5] Sur ces entrefaites, M. Isambert, député d'Eure-et-Loir, avait insisté vivement auprès de David pour qu'il se chargeât de ce travail. — Notes autographes de David appartenant à la famille.

Le maître n'hésite pas. « M. Préault, écrit-il au président de la Commission, auquel son génie, enfin apprécié, doit assurer une place si distinguée parmi les statuaires dont s'honore la France, est digne sous tous les rapports de la confiance que voudra lui accorder la Commission en le chargeant de l'exécution de ce monument national[1]. » Ces lignes de David font adjuger la statue à son ancien élève. L'œuvre terminée, la Commission charge David de se rendre chez M. Préault et de se prononcer sur son travail. « L'aspect de la statue de Marceau, écrit aussitôt David, m'a vivement frappé par son caractère monumental, l'énergie bien sentie de la pose, ses heureux aspects de quelque point qu'on l'observe, et l'on retrouve dans cet ouvrage l'exécution brûlante et si passionnée qui caractérise les œuvres du jeune maître[2]. »

Élogieux jusqu'à l'hyperbole à l'endroit de M. Préault, David n'a certes pas mérité que son élève écrivît plus tard en parlant de lui : « Qui n'a pas le sentiment de se donner à tous sans indemnité doit rester coi chez soi ou à l'Académie[3]. » Le mot n'est pas généreux, et il n'est pas juste. Les lignes qui précèdent aussi bien que celles qui vont suivre, la vie tout entière de David, nous le montrent au contraire avide de « se donner à tous sans indemnité », puisque telle est l'expression dont s'est servi publiquement M. Préault.

Un autre jour, le maître écrit au ministre en faveur de M. Petit[4]; à la ville d'Angers en recommandant M. Taluet[5].

Ouvrons ses notes : « J'ai dit à l'un de mes élèves admis en loge pour le prix de Rome, et qui doit représenter la *Mort de*

[1] Voir tome II, *Lettres sur l'art, CVII*. — Il pouvait y avoir quelque mérite de la part de David à se désister dans la circonstance, car, — c'est un témoin qui l'affirme, — dès 1820 le maître avait coutume de dire : « J'ai fait *Bonchamps*, je ferai *Marceau*. » — Voir Victor PAVIE, *Gœthe et David*.

[2] Voir tome II, *Lettres sur l'art, CXXIII*.

[3] Voir Théophile SILVESTRE, *les Artistes français*, études d'après nature. Bruxelles, 1861, in-12.

[4] Voir tome II, *Lettres sur l'art, CXXXVI*.

[5] Voir tome II, *Lettres sur l'art, XCIV*.

Socrate [1], que la façon de traiter son œuvre doit être en harmonie avec la pensée, s'il prétend donner la physionomie morale du sujet. Pas de draperies trop fouillées; une teinte uniforme dans le travail, jointe à l'immobilité douloureuse des figures, répandra sur cette scène un voile de mélancolie. Un travail trop brillant ferait naître une idée de gaieté [2]. »

Ce ne sont pas seulement ses élèves qui lui sont chers; il compatit aux souffrances de quiconque débute dans les arts. « Le lundi soir, si vous vous trouvez dans le voisinage de l'École, vous voyez les jeunes statuaires marcher haletants sous le poids d'un fond chargé de glaise qui va leur servir à exécuter une figure d'après le modèle vivant. Ces enfants du peuple descendent de leurs mansardes mal abritées; le plus souvent ils se nourrissent à peine, et cependant ces enfants sont joyeux. L'avenir leur apparaît à travers un nuage d'or. L'argile prend sous leurs doigts fiévreux l'animation de la vie, et pourtant ils ne comprennent pas encore le poëme qui pose devant eux. Ils ressemblent à l'écolier qui forme les lettres dont il usera plus tard pour lier des idées... — Pauvres statuaires, hommes de dur labeur, ouvriers sublimes que n'apprécie pas la foule, mais que l'avenir attend! Vos œuvres perpétueront pour les âges les plus reculés l'image des grands hommes [3]. »

Un *Christ* suspendu à la fenêtre d'une mansarde, rue de Seine, n° 4, l'a frappé. David se souvient que Puget avait sculpté sur sa porte, — le mot est de lui, — « l'image du divin Pauvre ». La main qui a placé cette enseigne du malheur doit être une main d'artiste. Il s'en assure lui-même; ses pressentiments étaient justes. C'est un peintre qui habite le réduit où le maître vient de pénétrer, et David se fait le protecteur de ce malheureux [4].

[1] M. Auguste Ottin, prix de Rome en 1836.
[2] Notes autographes de David appartenant à la famille.
[3] Notes autographes de David appartenant à la famille.
[4] Voir tome II, *Mélanges*. — *Le Christ de la rue de Seine*.

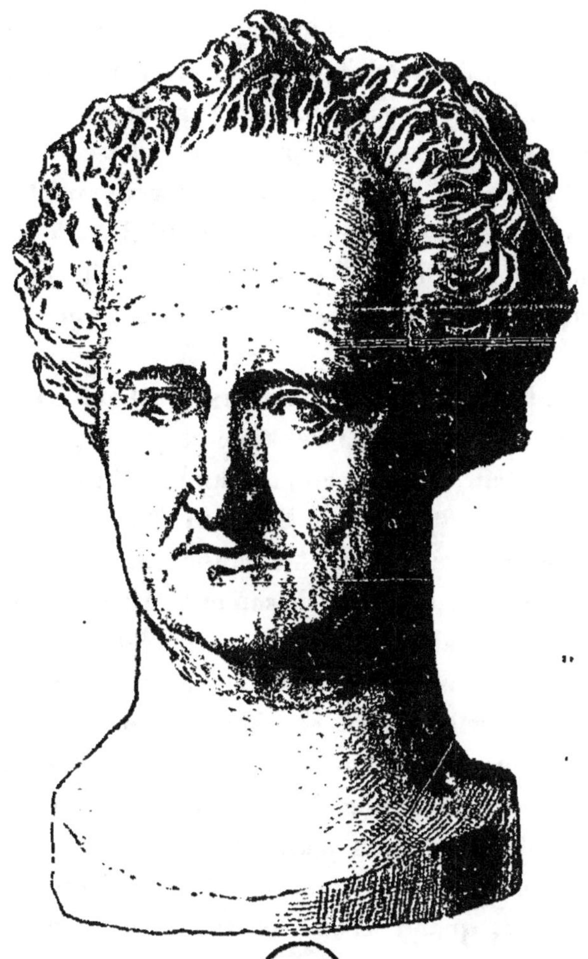

Th Berenger del. — E.B.A — A Durand sculp

GOETHE

Weimar — *Marbre*

Imp A Durand - Paris

Un de ses élèves meurt à la peine. David lui rend les derniers honneurs. « Je reviens de l'enterrement de Frédéric Woltreck. Pauvre jeune homme! Depuis longtemps, il éprouvait des douleurs dans le cerveau. Le voilà mort d'une fièvre cérébrale. Le jour où la mort l'a surpris, il modelait un buste de femme représentant la *Douleur*. Cette tête n'est pas achevée. Il avait fait préparer une couronne de cyprès : elle s'est fanée, puis desséchée avant sa mort. Souvent il fixait son regard sur ce dépérissement successif. Il y a quelque chose de profondément triste dans le sort de ce pauvre enfant, mort au milieu de ses esquisses, loin de sa patrie, loin des siens, sans autres secours que ceux que nous lui donnions[1]. »

Mais n'est-ce pas le lieu de raconter les touchantes relations de David avec Louis Bertrand? Encore que ce jeune homme ait été poëte et non sculpteur, David a eu pour lui la sollicitude paternelle d'un maître. Né en 1807, Louis Bertrand devait mourir sur un lit d'hôpital à trente-quatre ans. « Ma liaison intime avec Bertrand, écrit David à Sainte-Beuve, date de son entrée à l'hôpital Necker. Là, pendant près de six semaines, j'ai recueilli dans mon cœur sa fiévreuse conversation. » On admire l'empressement du statuaire à s'approcher du malheur. La souffrance humiliée appelle son intimité. Quels ménagements l'artiste n'aura-t-il pas pour l'infortuné dont il console l'heure suprême! Il recueille fidèlement ses derniers désirs; accepte de retirer des mains de Renduel, — dût-il le racheter, — le manuscrit du *Gaspard de la Nuit,* l'unique ouvrage du mourant. Puis, quand Louis Bertrand, les yeux voilés par la mort, dit au maître : « Parlez-moi, car je ne vous vois plus », David prend un crayon et trace avec amour l'image du jeune poëte. Le lendemain, David revient à l'hôpital : — « Inutile d'aller plus loin, monsieur, lui dit le portier, le numéro 6 vient de mourir. » Mais tout n'était pas fini pour l'artiste. Il se rendit auprès du cadavre, contempla le jeune mort, et fit de son visage

[1] Notes autographes de David appartenant à la famille.

décoloré un nouveau portrait. Une sœur de l'hôpital avait passé au cou du mourant une médaille de cuivre. David la détache avec respect pour l'offrir à la mère de Bertrand. « Je coupai de ses beaux cheveux noirs, écrit-il, je lui fis ensuite couvrir la tête d'un de mes bonnets, et je fis ensevelir le corps dans un drap. J'éprouvai un sentiment de douce mélancolie quand je le vis si bien enveloppé dans ce linge blanc, et portant par hasard mon chiffre sur cette poitrine où avait battu un si noble cœur. J'étais soulagé en pensant que la rude serpillière du numéro 6 n'imprimerait pas sa trame sur sa chair[1]. »

David suivit seul le convoi du poete. Lorsqu'il rentra, M. Victor Pavie l'attendait. Continuateur des traditions paternelles, M. Pavie dirigeait une imprimerie à Angers. Les deux amis résolurent d'unir leurs efforts autour d'une chère mémoire. David avait promis de racheter le *Gaspard de la Nuit* que Renduel n'avait pas publié. M. Victor Pavie s'en fit l'éditeur, et Sainte-Beuve raconta dans sa prose élégante et déliée la vie traversée de Louis Bertrand[2].

[1] Voir tome II, *Lettres sur l'art, LXXIII*. — A la date du 16 mars 1841, Villemain, ministre de l'Instruction publique, avait disposé, sur la recommandation de David, d'un secours de trois cents francs en faveur de Louis Bertrand.

[2] « Les morts vont vite, écrit David en 1846; je viens de visiter la tombe de Louis Bertrand au cimetière Montparnasse. Son nom est presque effacé sur la croix de bois noir : il faut l'œil d'un ami pour le reconnaître. L'unique couronne qui la décore a été apportée par moi dernièrement. Bertrand a pourtant une mère qui paraissait inconsolable, une sœur richement mariée, un frère : tous ces gens-là ont oublié le pauvre poëte. »

La même année, le maître écrit à propos de Jacques Chaudes-Aigues, un jeune critique d'art, mort à trente-deux ans : « Il y a deux jours, un jeune homme se présenta chez moi; on lui dit que j'étais sorti : c'était à la tombée du jour, et je me préparais à partir. — « Vous direz que c'était Chaudes-Aigues « qui voulait lui parler, dit-il; je reviendrai un de ces jours. » Il avait la voix couverte et un ton singulier. J'apprends aujourd'hui sa mort par les journaux. C'était un jeune littérateur plein d'avenir. Qui sait si, averti de la mort par un mystérieux instinct, il ne venait pas me demander son portrait? Je ne le connaissais que de nom, mais cette mort m'a vivement frappé. » — Notes autographes de David appartenant à la famille.

Quelque temps après, David modelait silencieusement l'esquisse d'une statue de Gilbert. Chateaubriand vint le voir sur ces entrefaites. L'artiste lui montra son esquisse : — « On représente « toujours les poëtes couronnés, lui dit-il, on fait leur apothéose ; « je voudrais les montrer aux prises avec le malheur. Je me « propose de représenter Gilbert couché sur la table de dissection, « tenant à la main le manuscrit où sont tracés ses *Adieux* si « touchants. La boîte aux scalpels, placée près de lui, indiquera « l'usage qu'on va faire du cadavre. Le visage de Gilbert sera « noble et empreint de beauté, car je veux écarter avec soin « toute pensée réaliste et laisser à l'âme du spectateur la liberté « de composer son poëme. En exécutant ce travail, je veux rester « sur le seuil du drame. » — Pendant que je parlais, poursuit David, le grand homme avait le coude appuyé sur la cheminée ; il tenait son mouchoir sur ses yeux pour cacher ses larmes. « — Oui, me dit-il, modelez ce martyr du génie, et faites-le « bien beau, ce jeune infortuné : on s'y attachera davantage ! » Mes paroles avaient mis en vibration la corde du malheur dans cette âme de poëte. Ses encouragements m'assurent du succès de mon œuvre[1]. »

Et maintenant, est-ce que David n'a pas noblement conquis l'auréole des maîtres? Le maître, avons-nous dit, est un dispensateur de la lumière. Chez David, la justesse du langage se concilie avec l'élévation de la pensée toutes les fois qu'il traite de son art. Le vrai dans sa splendeur jaillit de son enseignement. Si la grandeur d'âme, le dévouement confèrent l'autorité, quel maître s'est montré plus intègre que David? Où chercher le don de soi dans une expansion plus forte que chez l'homme qui nous est apparu au lit de mort de Woltreck et de Louis Bertrand, après nous avoir conduits chez Rouget de Lisle et le grenadier de la 32e?

[1] Notes autographes de David appartenant à la famille. — Ce projet n'a pas reçu d'autre exécution que l'esquisse.

Le statuaire ne cesse pas de produire. Pendant que nous nous attardons à relever les vertus de l'artiste, David, avec une fécondité surprenante, sculpte sur la pierre les pensées graves ou touchantes qui se reflètent dans sa vie.

Vasari, racontant l'histoire de Michel-Ange, rapporte qu'en l'année 1504 la place de Saint-Pierre se trouva encombrée par les blocs de marbre que le futur auteur du *Moïse* ébauchait à Carrare[1]. Ce ne sont pas des ébauches, mais des œuvres achevées qui sortent de l'atelier de David, et le maître va peupler de ses marbres, non pas le forum d'une capitale, mais trente villes.

On n'a pas oublié cette jeune patricienne dont l'image devait être pour David une source d'inspirations. Une fois déjà, l'artiste avait rappelé ses traits lorsqu'il avait dû modeler *Sainte Cécile*. Soit qu'il eût le pressentiment que cette œuvre serait détruite, soit plutôt que le lieu natal fût à ses yeux comme une sorte d'Acropole où ses ouvrages préférés devaient prendre place, il avait à peine terminé sa statue pour Saint-Roch qu'il s'occupait de la reproduire pour Angers. Mais, à la différence de Canova, David n'a jamais fait une répétition littérale d'aucune de ses statues. S'il avait à reprendre une figure précédemment traitée, il l'étudiait de nouveau, persuadé qu'un sujet est inépuisable pour l'esprit qui s'applique à l'approfondir.

De la douce vision de Rome, David retiendra l'expression du regard; une enfant jouant aux osselets sur le seuil de l'auberge où le maître est descendu à Weimar, lui fournira l'arrangement de la chevelure; quelques jours après, une mendiante portant sa harpe lui révélera la pose de sa statue.

Telle est *Sainte Cécile*, debout, le visage encadré de longues nattes, l'œil pensif, la tête inclinée dans un mouvement de candeur exquise[2]. La jeune vierge tient ses doigts enlacés autour d'une croix suspendue à son cou. Une harpe muette repose sur

[1] Voir G. Vasari, *Vita di Michelagnolo Buonarroti.*

[2] Voir tome II, pl. IX.

son bras gauche. La robe et le manteau de la martyre couvrent ses pieds de leurs plis apaisés. Quelque chose d'austère et de tendre, une naïve grandeur s'échappe de ce marbre que rien n'agite. *Sainte Cécile* parle d'innocence, de sacrifice, d'idéal, d'extase. Le silence qui l'enveloppe ajoute encore au recueillement du sanctuaire. Mais David n'a pas formé sa statue des seuls éléments que le hasard lui a procurés. Il s'est pénétré du sens de l'art chrétien. « Les saints modernes, dira-t-il, sont maniérés. Ils expriment par leur pose le sentiment moral d'une époque sans conviction. Dans les siècles de ferveur, les artistes donnaient aux saints un caractère grave, reposé, convaincu. Ne savaient-ils pas que Dieu lit dans le cœur de l'homme, et que celui-ci n'a nul besoin de grandes protestations pour donner à Dieu sa mesure? Le calme rend très-bien la béatitude dont jouissent après leur mort les apôtres de la foi. Il n'y a pas jusqu'au travail des draperies, si l'artiste comprend le moral de son art, qui n'exige une grande concision, afin que la lumière soit large et donne à la statue l'aspect de l'apothéose, tempérée par cette douce austérité qui sied si bien aux hommes de conviction chrétienne[1]. » La statue de sainte Cécile, offerte par David à la ville d'Angers, est placée dans l'église cathédrale[2].

Ludwig Boerne, l'émule de Jean-Paul, l'un des chefs de l'école libérale allemande, mourait à Paris, exilé, le 12 février 1837; David va décorer sa tombe. Une pierre de granit, en forme de pyramide, reçoit dans un enfoncement pratiqué vers son sommet le buste en bronze du publiciste. Ses traits respirent la tristesse et l'espérance. A la base du tombeau, dans un bas-relief également en bronze, sont trois figures allégoriques : *la France et l'Allemagne unies par la Liberté*... Paix à ceux qui dorment ignorants de nos duels meurtriers !

Le tombeau de Ludwig Boerne est d'une simplicité sévère.

[1] Notes autographes de David appartenant à la famille.

[2] Voir tome II, *Lettres sur l'art*, *XXXIV*.

Tout y est symbole. « Je ne veux pas de verdure auprès du monument, écrivait David; la nature n'a pas de fleurs pour le proscrit; la terre d'exil est un grand désert où ne pousse jamais la végétation de la patrie[1]. »

Montbéliard et Paris se disputaient la gloire de Cuvier. Deux statues sont aussitôt modelées par David en l'honneur du célèbre naturaliste. A Montbéliard, il le représente tenant une plume et des notes : c'est le géologue, ce n'est pas encore le savant. Revêtu du costume universitaire, tout autre est Cuvier, le professeur du Muséum, que David a sculpté pour le Jardin des plantes de Paris. C'est l'homme dans sa maturité. L'ampleur et la vérité du geste, le mouvement de la tête, la tranquillité du regard fixé sur l'auditoire, donnent à cette figure magistrale le sceau du génie. Le doigt de *Cuvier*, posé sur le globe, indique la nature de son enseignement. La franchise et la conviction sont inscrites sur ses lèvres.

Sous le ciseau de David, l'allégorie se renouvelle. Le maître est appelé à sculpter le *Commerce* et la *Navigation* sur la Douane de Rouen. Figures de haut relief, ces divinités se réclament à la fois de l'histoire et de la fable, mais c'est à la clarté de l'idée que l'artiste les a modelées. Essayons de les décrire.

Les bras et la poitrine découverts, comme il convient à une puissance marine, la *Navigation* est en marche. Une main sur le gouvernail, de l'autre elle écarte les voiles jetés sur le monde. Telle est son œuvre; et la pose et le regard disent les joies élevées

[1] « J'ai proposé, écrit encore David, à la commission du monument de Ludwig Boerne d'adopter un tombeau de marbre noir, élevé sur des degrés de granit. A la tête, une pierre verticale dans laquelle sera sculpté le portrait de Boerne; au-dessous, une inscription. Sur le tombeau, une couronne de chêne, la plume de l'écrivain, des chaînes brisées, image de la liberté que l'on ne conquiert qu'après la mort. Tous ces objets en bronze. Les chaînes pourront encore rappeler la lutte de cet homme de cœur pour obtenir la liberté de ses compatriotes : il est dans les conditions de l'allégorie de permettre à l'imagination d'appliquer plusieurs idées. » — Notes autographes de David appartenant à la famille. — On voit, par la description donnée plus haut, que ce projet a été modifié.

qu'elle puise dans sa conquête. Son front, couronné d'étoiles, rappelle quels furent les guides des premiers marins. Une boussole est à ses pieds. Mais ces rares accessoires, concession dernière faite à l'allégorie, disparaissent devant l'aspect saisissant de la déesse, ses formes jeunes et puissantes, le galbe nerveux du bras, la beauté mâle des traits. La vie de cette femme est dans l'action. Ceux dont elle a gravé le nom sur son gouvernail s'appellent Christophe Colomb, Gama, Lapeyrouse, Franklin, Jean Bart et de Blosserville, ce jeune explorateur, né à Rouen en 1802, et perdu dans les glaces du Groënland en 1833.

Le *Commerce* a dans une main le caducée; dans l'autre, les balances, emblème de justice. Debout, il tient ses bras largement ouverts, entourant dans une seule étreinte l'*Asie*, coiffée du turban, qui lui présente ses tissus et ses parfums, l'*Afrique*, apportant ses branches de caféier, l'*Amérique*, ses fourrures, l'*Europe*, ses livres. Seules, l'*Asie* et l'*Europe* sont vêtues; les deux autres figures, images de peuples incomplétement civilisés, sont nues. Entre toutes, l'*Europe* se distingue par l'élan de la pose et l'intelligence du visage. Le *Commerce*, le front penché vers ces tributaires de sa force, les couvre de son regard : on dirait un dieu protecteur. C'est qu'en effet la vie des nations empressées à lui rendre hommage est entre ses mains. La pensée se joue sur son front; ses lèvres indiquent la droiture; son œil, la sécurité.

Ainsi le statuaire, sans rompre l'harmonie générale du monument élevé par M. Isabelle, sans détruire l'eurythmie de sa décoration, met en parallèle un groupe et une figure isolée. Maître de la cadence des lignes, il sort victorieux du problème qu'il s'est volontairement posé. Puis, par ressouvenir de la sculpture chryséléphantine, pour la première fois David ose marier le bronze à la pierre dans la couronne d'olivier dont il ceint le front du *Commerce*, comme il avait entouré le front de la *Navigation* d'un diadème de métal[1].

[1] Voir *Du nouvel hôtel des Douanes*. Rouen, D. Brière, 1838, in-18.

Béziers se proposait d'élever la statue de Pierre-Paul Riquet[1]. Une souscription avait été ouverte par la Société archéologique[2], et son président, M. Azaïs, avait fait appel à David. Il semble que le désintéressement de Riquet, qui paya de ses deniers dix-sept millions pour doter la France du canal des deux mers, faisait un devoir au statuaire d'immortaliser ce grand patriote. David applaudit au projet, et, selon ses principes, il entreprit de lutter de noblesse d'âme avec son modèle. « Vous avez bien raison, écrivit-il aussitôt à M. Azaïs, président de la Société archéologique de Béziers, de penser que mon patriotisme et mon amour des arts me feraient mettre de côté toute idée d'intérêt pécuniaire[3]. » C'est le 22 avril 1836 que l'artiste s'exprimait ainsi. Le 20 septembre suivant, l'esquisse de la statue était arrêtée, et Arago, se rendant à Béziers pour la pose de la première pierre du monument[4], informait M. Azaïs du mérite de l'œuvre plastique que la ville posséderait bientôt[5]. En effet, deux ans après, le 21 octobre 1838,

[1] C'est le 15 mars 1835, après lecture devant la Société archéologique de Béziers d'un Mémoire de M. Domairon sur l'époque précise où le canal du Languedoc fut livré à la navigation et sur les fêtes qui signalèrent le premier passage de la barque royale à Béziers, qu'une commission fut nommée pour aviser aux moyens d'élever une statue à Pierre-Paul Riquet.

[2] 14 avril 1835.

[3] Voir tome II, *Lettres sur l'art*, XXXII.

[4] Nous lisons dans le compte rendu de cette cérémonie : « Le 19 septembre 1836, sont arrivés à Béziers M. le duc de Caraman, pair de France, ancien ambassadeur de France à Vienne; M. le comte de Villeneuve d'Hauterive; M. le comte de Pins de Voisins; M. Domezon, tous les quatre membres de la famille de Pierre-Paul Riquet. » — *Monument de Pierre-Paul Riquet, pose de la première pierre.* Béziers, veuve Bory, 1836, in-8°.

[5] M. Azaïs écrivait, le 23 septembre, à David d'Angers : « M. Arago, de l'Institut, qui m'a fait l'honneur de me voir à son passage à Béziers, m'a dit, et je n'en ai pas été étonné, qu'il avait trouvé votre esquisse admirable. M. de Caraman nous a expliqué votre conception dans l'ensemble et dans les détails, et nous avons vivement partagé l'admiration dont il est pénétré lui-même. Nous avons l'imagination vive, nous Méridionaux; et nous avons vu d'ici le ravissement qui se peint sur la physionomie de Pierre-Paul Riquet au moment où il découvre le point de la division des eaux. C'est à peu près Archimède sortant du bain sans s'apercevoir qu'il est nu et s'écriant à tue-tête : *Je l'ai*

l'image rayonnante de Riquet était saluée par une foule enthousiaste accourue de tous les points du Midi.

L'auteur du canal des deux mers est représenté sur le rocher de Naurouse, au moment où, rêvant de joindre l'Océan à la Méditerranée, une source, dont les eaux se divisent et coulent en sens opposés, a frappé ses yeux. Aussitôt, son esprit s'éclaire. Le problème du nivellement est résolu. Avec quel mélange d'inquiétude et de bonheur, avec quelle expression de recherche studieuse et de joie satisfaite la tête de Riquet a été modelée par l'artiste! *Riquet* fixe à ses pieds la source jaillissante d'où lui est venue l'inspiration. Le mouvement du corps porté en arrière, le bras replié sur la poitrine marquent la surprise. Le manteau de l'inventeur s'est dérangé : la draperie souple et légère va toucher le sol; la longue chevelure de Riquet tombe en mèches inégales sur ses épaules et trahit l'arrêt subit du chercheur. La main droite tient un crayon. Si la tranquillité du regard et des lèvres rassure le spectateur, le front chargé de pensées permet de pressentir le travail et les contradictions qui useront l'inventeur avant même que son œuvre utile et grandiose soit achevée[1]. Le costume du dix-septième siècle, largement rendu, est de grand style; et c'est bien une figure de l'ancienne France que le maître a posée sur le piédestal de Béziers dans l'image de Pierre-Paul Riquet, seigneur de Bonrepos.

M. Azaïs invita David à se rendre à Béziers pour l'inauguration de sa statue. Les compatriotes de Riquet souhaitaient de posséder

trouvé! je l'ai trouvé! Votre idée est sublime. » Au cours de la même lettre, M. Azaïs décrit avec soin l'emplacement que doit occuper la statue, et demande à l'artiste « de déterminer la hauteur, les autres dimensions et la forme du piédestal » que la ville se propose d'élever incessamment. David est formellement invité à en fournir le dessin. Nous nous permettons de remarquer combien l'exemple de la Société archéologique de Béziers, confiant au statuaire le plan du piédestal de son œuvre, est rarement suivi.

[1] On sait que les travaux furent entrepris en 1666; que Riquet en dirigea lui-même l'exécution et mourut le 1er octobre 1680, plus de six mois avant l'inauguration du canal, qui n'eut lieu que le 21 mai 1681.

le statuaire dans leurs murs. L'artiste se laissa vaincre, mais en informant son hôte de son acceptation : « Je voyage toujours, lui écrivit-il, comme les anciens patriarches. Je pense que la vie étant si courte, il nous faut passer le plus de temps possible avec les objets de nos chères affections[1]. » David arriva donc avec les siens pour la date convenue. Jamais fête ne fut plus brillante. La diversité des costumes, les danses, les chants en patois et en français, d'antiques et gracieux usages rappelés avec pompe au cours des cérémonies populaires qui remplirent cette journée, firent une douce impression sur David[2]. Partout où l'on signala sa présence, il fut acclamé[3]. « Quel contraste, disait-il, quel aspect différent de celui des fêtes de la capitale! Là, tout se passe froidement et participe du caractère officiel; ici, le peuple est *acteur et apporte sa spontanéité, son entrain.* Sa joie se

[1] Lettre du 14 août 1838.

[2] Une gravure d'Adam, due à la munificence du prince de Chimay, représente un épisode de cette fête, l'instant où tombe le voile qui recouvrait la statue autour de laquelle s'exécutent les danses des *Treilles* et de la *Colonne*.

[3] Citons, entre vingt autres compositions de circonstance récitées le jour de l'inauguration, le « compliment de la *Treilleuse* à David d'Angers » :

Fille de Béziers, la *Treilleuse*,
Comme l'hirondelle au printemps,
Paraît quand sa patrie heureuse
Se livre à ses plus doux élans.
Pouvait-elle, de sa retraite,
Ne point sortir en ce grand jour
Où tout un peuple, avec amour,
De Riquet célèbre la fête!

Vous, dont le ciseau créateur
Rend son image à notre ivresse,
Comme un hommage de tendresse
Recevez cette simple fleur
Prise au cerceau de la *Treilleuse*,
Qui, comme l'oiseau du printemps,
Paraît quand sa patrie heureuse
Se livre à ses plus doux élans.

communique aux spectateurs, et tout concourt à former un ravissant ensemble[1]. »

Un banquet réunit à l'hôtel de ville les notabilités de la province, et David fut proclamé d'une voix unanime « citoyen de Béziers ». Non contents de ce chaleureux hommage rendu à l'artiste qui avait doté leur ville d'un chef-d'œuvre, les Biterrois mirent au concours « l'Éloge de David ». Ce fut l'ode remarquable de M. Constant Dubos qui obtint le prix[2].

Mais, nous l'avons vu, le maître ne sait pas vivre en reste de générosité. Il apprend que quelques citoyens souhaitent d'avoir une salle de spectacle. Il décidera l'architecte de la Douane de Rouen, M. Isabelle, à construire cet édifice; lui-même sera fier de l'orner, et, sans attendre davantage, il compose la décoration du plafond. Quatre groupes allégoriques, habilement dessinés, partagent la coupole. Ils représentent la *Peinture*, la *Musique*, la *Danse* et la *Poésie*.

Sur la façade du monument, David sculpte en haut relief quatre scènes tirées d'Aristophane, de Molière, de Sophocle et de Corneille.

Strepsiade, mécontent que son fils Philippide, nourri des leçons de Socrate, ne soit qu'un sophiste, court, armé de torches et suivi de Pasias, à la maison du philosophe dont il a juré la mort. C'est la dernière scène des *Nuées*. Socrate repousse l'incendiaire, tandis que son disciple Chéréphon accourt au bruit.

Elmire est en butte aux sollicitations de Tartufe. L'honnête femme a fait placer Orgon sous sa table. A l'heure où la voix de

[1] A. Fabrégat, *Biographie des hommes illustres de Béziers*, David d'Angers.

[2] *A P. J. David d'Angers*. In-8°. — Plusieurs années après, le poëte Jasmin, de passage à Béziers, fut frappé du grand caractère de la statue de Riquet, et il improvisa les stances devenues populaires dans la contrée :

Beziès, ma Muso te saludo,
Glôrio, glôrio à toun fils !... etc.

Voir A. Fabrégat, *Biographie des hommes illustres de Béziers*, David d'Angers.

Tartufe devient plus pressante, Elmire découvre son mari qui, les poings fermés, lève un œil sévère sur l'imposteur.

C'est le vieil OEdipe, appuyé sur l'épaule d'Antigone et s'éloignant de Thèbes, pendant que Créon lui enlève sa seconde fille Ismène; mais le chœur survient, il intercède pour l'infortune et reproche à Créon sa dureté.

Ce sont les adieux de Chimène et du Cid. Chimène, accompagnée de sa suivante, se retire. Par le désordre de sa parure, elle laisse voir combien son esprit est troublé. Le Cid a tourné contre lui-même la pointe d'une épée.

Ces sculptures se distinguent par la justesse et l'énergie des pensées, non moins que par le mérite de l'exécution. Alors même que David emprunte son sujet aux poëtes comiques, il a soin de choisir une scène dont l'action soit en harmonie avec la sévérité de l'art plastique. Tels sont l'épisode des *Nuées*, la scène de *Tartufe*. Les deux tableaux tirés du théâtre antique ont été rendus par l'artiste avec une sobriété de détails qui n'est pas exempte d'archaïsme. Par contre, les hauts reliefs inspirés de Corneille et de Molière, finement traités, semblent indiquer l'exquise perfection à laquelle se sont élevés les maîtres de la scène française. C'est donc l'idée nationale qui domine dans cette décoration : les têtes de *Molière* et de *Corneille*, auxquelles répondent celles d'*Aristophane* et de *Sophocle* sculptées par l'artiste dans des proportions colossales, accompagnent les hauts reliefs dont nous venons de parler[1].

Mais depuis trop longtemps le sculpteur n'avait pas eu occasion de modeler une scène antique. Heureux de se retrouver dans l'intimité d'Aristophane et de Sophocle, David s'est souvenu de Phidias. De récentes découvertes viennent d'être faites sur la polychromie du Parthénon : le maître pose ses figures sur une

[1] Sous les profils d'Elmire et de Chimène, on a voulu retrouver l'image idéalisée de mademoiselle Mars et de Rachel. — Voir *Journal de Béziers* du 17 juin 1847, Inauguration des bas-reliefs du théâtre de Béziers. — Voir aussi *Lettres sur l'art*, CV.

muraille teintée. Si des essais de ce genre peuvent être osés dans notre pays, David d'Angers a eu raison d'en faire l'application sous le ciel du Languedoc. Les sculptures du théâtre de Béziers se détachent vigoureusement, et sans violence, sur un fond bleu [1].

La statue d'Ambroise Paré succède à celle de Riquet. Homme de rude labeur, le « Père de la chirurgie française », vêtu avec simplicité du costume de son époque, suspend sa marche et cède à la réflexion. Un doigt sur les lèvres, le front penché, le regard incertain, révèlent, dans le bronze érigé sur la place publique de Laval, l'effort persévérant de la pensée. La probité de l'homme est écrite sur son visage. Le front découvert, le naturel de la pose, font songer à la devise modeste que l'artiste a soin de graver sur le socle : « Je le pansay, Dieu le guarit. »

David terminait le monument de Langlois, l'archéologue, en même temps que la statue de Paré. « Je viens d'assister, écrit-il, à l'inauguration du tombeau d'Hyacinthe Langlois. Le cimetière de Rouen est admirablement situé sur une montagne qui domine toute la ville. Elle apparaît comme au fond d'un cratère. Le ciel était sombre. Il tombait une pluie fine. M. Deville a prononcé l'éloge de Langlois devant son tombeau : son discours a produit un grand effet. Un rocher druidique surmonte la tombe de l'artiste, pierre uniforme dans laquelle est incrusté son profil de bronze et une inscription de même matière. Sur un cube de granit, le cercueil en marbre noir. Une palette, des outils de graveur et des plumes ont été placés sur le cercueil. Ce monument est de ma composition [2]. »

Bichat, déjà sculpté sur le Fronton, devait recevoir de la main du maître des hommages successifs. A Bourg, ville natale de Bichat, David résume dans un groupe la pensée mère des *Recherches sur la vie et la mort*. — *Bichat*, assis, ayant à sa

[1] « Dans le Parthénon, écrit M. de Ronchaud, les triglyphes étaient peints en bleu, les reliefs des métopes et les figures en ronde bosse des frontons se détachaient sur un fond rouge. » — *Phidias, sa vie et ses œuvres*.

[2] Notes autographes de David appartenant à la famille.

gauche un enfant demi-nu, interroge d'un doigt savant le cours de la vie dans ce jeune corps. Le grain de la peau semble frissonner sous la main du médecin. Roulé dans sa toile, un cadavre est jeté derrière lui. A ses pieds, des instruments de dissection [1]. Nous devons signaler dans la statue de Bichat un effacement outré de l'épaule, mais en revanche le front intelligent, l'œil attentif, le pli de la bouche qui caractérise l'observateur, indiquent la puissance de l'homme dont Corvisart a pu dire : « Nul, en si peu de temps, n'a fait autant de choses et aussi bien [2]. »

Lorsque les jours sombres qui approchent pour David seront venus ; au lendemain de l'exil, au milieu des deuils et des déceptions, l'anatomiste français occupera de nouveau la pensée du maître. L'École de médecine de Paris lui demandera une nouvelle image de Bichat, et l'artiste, après la figure du Fronton, après le groupe, après la médaille populaire, essayera de rappeler les traits du savant dans une œuvre dont l'inauguration n'aura lieu qu'en 1857 [3].

[1] Voir la *Mouche littéraire de Saône-et-Loire et de l'Ain* du 29 août 1843, Inauguration du monument de Bichat. — Voir aussi *Discours prononcé à l'inauguration de la statue de Bichat, le 24 août* 1843, par M. le baron Hippolyte Larrey. Paris, Bourgogne et Martinet, in-8°. — « Il faut connaître, a très-bien dit M. Ferdinand de Lasteyrie dans le *Siècle* du 13 mai 1857, la manière dont David remplissait un programme. La ville de Bourg lui demande une figure : il en fait trois. Bichat seul eût été un froid personnage sans individualité ; à ses pieds il jette un cadavre voilé et représente Bichat la main placée sur le cœur d'un jeune adolescent, étudiant ainsi les mystères de la vie comme il vient d'approfondir ceux de la mort. »

[2] Nous transcrivons cette note de David : « Le monument de Bichat est placé sur une promenade qui était autrefois un bastion de la ville et qui forme un hémicycle au milieu de plusieurs rangées d'arbres. Ce lieu où régnait la mort est donc à jamais consacré à l'un de ces hommes dont l'existence entière s'est usée au service de la vie. Il est cinq heures du matin ; le soleil commence à poindre. Il éclaire en plein la tête de Bichat et le profil de mon cher Robert. » — Ce dernier mot semble indiquer que le fils du statuaire n'est pas étranger à la figure d'enfant qui complète le groupe.

[3] « En saluant cette résurrection de Bichat au milieu du temple de la médecine, dira le baron Larrey en la fête d'inauguration, le 16 juillet 1857,

L'évêque de Cambrai, M. de Belmas, celui-là même qui avait honoré l'artiste des marques de sa bienveillance, lors de la pose du monument de Fénelon, mourait en 1841. Une souscription fut ouverte dans son diocèse, afin d'élever sa statue[1]. Peu après, David dotait la cathédrale de Cambrai d'une œuvre nouvelle : M. de Belmas, assis, une main levée pour bénir, revivait dans un marbre sculpté.

La petite ville de Mayenne est en fête. Le cardinal de Cheverus, mort archevêque de Bordeaux, reçoit de ses compatriotes le plus haut témoignage d'estime que puisse décerner une cité. Un monument imposant, trésor inestimable pour les siens, se dresse sur l'une des places de la ville. — Quel en est le statuaire? David.

Vêtu de la pourpre et dans l'attitude calme et douce qu'inspire l'esprit de charité, Cheverus a posé le doigt sur cette parole du Sauveur : « Laissez venir à moi les petits enfants! » Un geste d'appel complète l'expression du visage. Et afin de faire plus lisibles la mansuétude et l'abnégation du pontife, le maître, historien fidèle, retrace la vie de son héros dans une suite de bas-reliefs. C'est Cheverus expatrié par la Révolution et devenu évêque de Boston, qui panse les ulcères d'un vieux nègre; plus loin l'évêque, chargé de bois, franchit le seuil de la cabane d'un matelot dont la femme est mourante : ému de tant de sollicitude, l'homme fond en larmes en baisant la main du prélat. Ici, l'évêque de Boston porte des consolations aux sauvages; là, le représentant de Jésus-Christ donne sa bénédiction pendant une tempête. Et, ainsi debout sur le piédestal autour duquel circulent ces pages de

ne nous séparons pas sans saluer aussi la mémoire de David dans son œuvre dernière, à peine achevée. Honneur à l'artiste national qui, dans les élans généreux de son admiration pour les hommes illustres de la France, n'a jamais oublié nos grands maîtres. Salut, Pierre David! Salut, Xavier Bichat! » — *Inauguration de la statue de Bichat, le 16 juillet* 1857. Paris, imprimerie Félix Malteste, in-8°.

[1] Voir la *Gazette de Cambrai* du 18 juillet 1844, Projet du monument de Mgr Belmas.

bronze, la figure de Cheverus est comme enveloppée d'une atmosphère de vertu[1].

Mais l'œuvre capitale de David, pendant la période qui nous occupe, ce fut le monument de Gutenberg. Le quatrième centenaire de la découverte de l'imprimerie était proche. Mayence s'était préparée, dès 1832, à célébrer dignement cette grande date. Elle avait chargé Thorvaldsen d'élever la statue de Jean Gensfleisch de Gutenberg de Sorgeloch, né dans ses murs avec l'aube du quinzième siècle. Le sculpteur danois s'était empressé de modeler à Rome l'esquisse d'une statue et de deux bas-reliefs que Bissen, son élève, exécuta sous ses yeux[2]. Par une coïncidence singulière, Crozatier fut choisi pour couler en bronze l'œuvre de Thorvaldsen, et ce fut David que la Commission du monument chargea de surveiller la fonte. « Par qui cette mission pourrait-elle être plus dignement remplie que par vous? lui écrit pompeusement le comité mayençais; il n'y a qu'un David qui soit compétent pour apprécier le mérite d'un ouvrage conçu par Thorvaldsen et exécuté par Crozatier. Au surplus, notre Commission est jalouse d'ajouter

[1] Voir l'*Écho de la Mayenne, journal de Laval,* Inauguration de la statue de Mgr de Cheverus, compte rendu, discours, etc.

[2] « Le monument de Gutenberg, écrit M. Eugène Plon, avait été demandé à Thorvaldsen par la ville de Mayence, en 1832, et la statue fut exécutée d'après ses dessins et ses maquettes, par son élève, M. Bissen. Cette figure montre l'inventeur de l'imprimerie dans le costume des vieux maîtres allemands du moyen âge, tenant dans la main droite les lettres mobiles, et portant au bras gauche la Bible latine, le premier livre multiplié par la typographie. L'un des bas-reliefs représente l'*Invention de la presse*, l'autre l'*Invention des lettres mobiles*. Dans le premier, *Gutenberg* examine l'impression d'une feuille qui sort de la presse nouvelle, sur laquelle travaille un imprimeur; dans le second, *Gutenberg* est assis devant une casse, et montre les types à son collaborateur Faust; celui-ci s'appuie sur une des planches gravées dont on faisait usage avant l'invention des types mobiles. Le monument fut inauguré à Mayence le 14 août 1837. » — Eugène PLON, *Thorvaldsen, sa vie et son œuvre.*

à la renommée de son monument l'éclat de votre approbation[1]. » Dans une deuxième lettre on remercie David « de la manière délicate et généreuse avec laquelle il a bien voulu se prêter à porter un jugement péremptoire sur l'exécution de la statue », et l'autorité municipale fait inviter le maître, qu'elle salue « premier statuaire de France », à assister aux fêtes de l'inauguration[2].

Pendant ce temps, la ville de Strasbourg se préoccupait d'élever, elle aussi, la statue de l'inventeur; non que plusieurs villes se disputent l'honneur de l'avoir vu naître, mais si Gutenberg reçut le jour à Mayence, c'est à Strasbourg, dans une cellule du cloître d'Arbogaste, que le jeune patricien dota le monde de son importante découverte. David se trouvait naturellement désigné aux suffrages de la cité française pour dresser l'image de Gutenberg. Sculpteur de l'idée, à lui entre tous il appartenait de modeler la figure du propagateur de la parole écrite. A l'heure où les Mayençais l'appelaient au delà du Rhin devant le monument de Thorvaldsen, l'artiste achevait son œuvre. Il refusa Mayence, mais il se rendit à Strasbourg.

Qui n'a présente à l'esprit l'histoire de Gutenberg que les luttes de la noblesse, de la bourgeoisie et du peuple de Mayence avaient proscrit à deux reprises avant qu'il eût compté ses vingt ans? Qui donc ne l'a pas suivi par la pensée en Italie, en Suisse, en Hollande, foulant d'un pied résolu le sol de l'exil? Une idée fixe le guidait : répandre, en propageant la Bible, la semence divine dans les âmes. Gutenberg n'était pas un tribun, mais un apôtre. Un jour que le gentilhomme allemand s'était arrêté dans la cathédrale de Haarlem, il lia connaissance avec Laurent Koster, un sacristain. Koster avait grossièrement gravé sur une planche quelques phrases d'une grammaire latine. Cette ébauche fut une révélation pour Gutenberg. Il remonta précipitamment à Strasbourg, et alla s'enfermer dans les ruines du couvent de

[1] 26 mars 1837. — Lettre appartenant à l'auteur du présent ouvrage.
[2] 3 juillet 1837. — Lettre appartenant à l'auteur du présent ouvrage.

Saint-Arbogaste dont il fit son laboratoire. Quand cet homme légendaire rouvrira la porte de sa cellule, le front sillonné par les veilles, ainsi que le montre David, les tempes ravagées, les joues amaigries, la barbe longue et inculte, les caractères mobiles et la presse seront inventés, et Gutenberg tiendra dans ses mains usées, mais immortelles, la première feuille de la Genèse.

Imitateur du Dieu qui créa les mondes, Gutenberg évoque la lumière, et de la parole multipliée va jaillir toute clarté. Que la découverte du noble proscrit puisse être une arme perfide lorsque l'esprit du mal s'en empare, qu'elle soit en aide au mensonge, à l'erreur, à la corruption, combien d'âmes, en retour, qui se sentent fortifiées par les rayons lumineux que projettent au loin la vertu, le génie, l'héroïsme, depuis que Gutenberg a fait sans limites le champ de leur activité! Le mal peut contrefaire le bien; mais donner des ailes à la vérité, n'est-ce pas accroître la lumière? David, homme d'inspiration, ne pouvait comprendre autrement le rôle de l'imprimerie. Sa statue de Gutenberg en est la preuve. L'image du célèbre inventeur tient de l'apothéose. C'est plus une apparition qu'un portrait. Il semble que le travailleur mystérieux du cloître d'Arbogaste ait été le confident des esprits. Le statuaire est allé surprendre ce promoteur de l'idée dans une région merveilleuse, au point extrême de notre monde réel. C'est qu'en effet ce manouvrier de l'intelligence est réellement le premier homme d'une société nouvelle. Aussi le maître a-t-il jugé convenable que, malgré la fidélité du costume, le pourpoint, la cape, la toque, les longs escarpins, *Gutenberg* pût imposer à l'esprit comme une vision que la perspective des âges vient grandir. Vieux avant l'heure, l'inventeur porte sur ses traits la marque du pénible enfantement de son génie; l'expression de souffrance écrite sur les plis de la face ajoute à la majesté de l'image. Les formes sveltes, la taille élevée, la finesse des attaches, l'élégance des doigts, rappellent la naissance aristocratique de Gutenberg. Il n'y a pas jusqu'à cette parole si simple, gravée par l'artiste sur l'épreuve fraîchement tirée : « *Et la lumière fut!* » qui ne mette au bronze un dernier sceau. David a eu cette rare fortune, privilége des penseurs, de s'approprier un mot dont le sens philosophique résumât et l'acte exprimé par l'œuvre sculptée, puisque la Bible devait être le premier livre imprimé, et la haute portée d'une découverte qui assure le rayonnement de la pensée[1].

Quatre bas-reliefs, renfermant plus de cent cinquante figures historiques, servent de complément à la statue de Gutenberg. Une presse occupe le centre de chaque bas-relief, et l'artiste, en groupant les poëtes, les philosophes, les hommes d'État, les orateurs des quatre parties du monde, s'est montré moins préoccupé de varier la composition de ses tableaux que d'atteindre à la vérité des profils.

Anquetil-Duperron, le traducteur des livres sacrés des Parsis, William Jones, le révélateur des lois de Manou, debout sur le premier plan du bas-relief de l'Asie, échangent avec les brahmanes les livres de l'Occident contre les manuscrits de l'Orient. Mahmoud II, qui a substitué le fez au turban, s'inspire, à la lecture d'une feuille politique, de la marche des institutions européennes. Un prince du Céleste Empire presse sur sa poitrine les livres de Confucius. Derrière lui, des Perses, des Turcs et des Indiens emportent quelque ouvrage sorti de la presse. A l'autre extrémité du bas-relief, un orientaliste français, M. Théodore Pavie, apprend à lire à un groupe d'enfants : une mère est attentive à ses leçons.

William Wilberforce, appuyé sur la presse, reçoit dans ses bras un jeune nègre dont il a brisé les chaînes. Nous sommes en

[1] Notre intention n'est pas d'établir un parallèle entre l'œuvre conçue par Thorvaldsen et celle de David d'Angers, mais nous trouvons dans une lettre du docteur Hippolyte Royer-Collard les lignes suivantes, qu'il nous paraît intéressant de reproduire : « Votre belle statue a attiré à Strasbourg bien des visiteurs étrangers, à l'issue de la saison des eaux. Un Mayençais a défini en ces termes le caractère du monument : « Notre *Gutenberg* attend l'inspiration, « le vôtre l'a trouvée. » — 5 novembre 1840, Strasbourg. — Lettre appartenant à la famille du statuaire.

Afrique. Des Européens instruisent des enfants noirs. Condorcet, Grégoire, Thomas Clarkson[1] délivrent des esclaves. Affranchis, les nègres demandent des livres. Leurs femmes lèvent les bras au ciel dans un élan de gratitude et d'enthousiasme.

Pendant que Franklin, entouré de tous les signataires de la déclaration d'Indépendance, leur présente le texte imprimé de cet acte mémorable, Washington serre la main de La Fayette, et celui-ci tient sur son cœur l'épée que lui offrirent les États-Unis. Plus loin, Bolivar, le libérateur de l'Amérique du Sud, relève un sauvage et lui indique sa place dans l'assemblée des John Adams, des Lewis et des Jefferson. Trente personnages, tous ayant un nom dans les annales politiques du nouveau monde, ont été reproduits par David dans le bas-relief de l'Amérique.

Nous sommes en Europe. Chez nous, les arts, non moins que les sciences, sont redevables de leur diffusion à la découverte de Gutenberg. L'ébauchoir du statuaire va lutter d'adresse afin de renfermer dans le même cadre Raphaël, Albert Dürer et Poussin; Fermat, Descartes, Galilée, Luther, Érasme, Spinosa, Voltaire et Rousseau. Les représentants du grand siècle se nommeront Bossuet, Corneille, Racine et Molière. A l'Espagne, David empruntera Cervantes et Calderon; Camoëns au Portugal; le Tasse à l'Italie; à l'Angleterre, Shakespeare et Milton; à l'Allemagne, Klopstock, Mozart, Gœthe et Schiller[2].

Compris avec cette ampleur de vues, le monument de Gutenberg

[1] François Isambert, le défenseur infatigable des hommes de couleur sous la Restauration et le gouvernement de Juillet, écrit à David : « Ayant lu dans le récit des fêtes célébrées à Strasbourg pour l'inauguration du *Gutenberg*, que le nom et l'image du vénérable patriarche Thomas Clarkson avaient trouvé place dans le monument, j'en ai écrit à cet homme antique par sa vertu, honoré dans les deux mondes autant que Wilberforce, et aux côtés duquel j'ai siégé dans le grand meeting tenu à Londres le 25 juin 1840 sous la présidence du duc de Sussex. Clarkson a été très-sensible à la nouvelle que lui portait ma lettre... » — 10 novembre 1840. — Lettre appartenant à la famille du statuaire.

[2] Voir *Pièces justificatives*, doc. XXXV.

est en quelque sorte un Panthéon de la pensée. Lorsqu'on a parcouru tous ces groupes, abordé à tous ces rivages transformés depuis quatre siècles sous l'action de la parole devenue livre, l'esprit demeure ébloui, atterré devant la puissance magique qu'une main d'homme a léguée au monde. On se sent plein de respect pour le nom de cet inventeur qui s'est vengé de l'exil par la gloire. Sans doute, une critique sévère peut relever quelques négligences dans les bas-reliefs sous le rapport de l'harmonie linéaire; elle a le droit de regretter que parmi les têtes historiques, toutes modelées avec art, plus d'une soit exagérée dans ses proportions; mais, sans lacunes dans son œuvre principale, David a su rendre vénérable l'image de Gutenberg, et il laisse le spectateur aux prises avec le génie de son héros, si justement défini par Gelthus : « l'homme qui a le mieux mérité de toute nation et de toute langue[1]. »

Essayerons-nous de raconter les fêtes du quatrième centenaire dont l'ouvrage de David devait être l'attrait principal? Dirons-nous cette ville française, parée de drapeaux et de fleurs, ouvrant le 24 juin 1840, par le chant du *Te Deum*, l'inauguration de son monument? Strasbourg, ce jour-là, reçut dans ses murs des députations de Stockholm, de Madrid, de Dresde, de Worms, de Fribourg et du Brésil. Toute la France lettrée s'était donné rendez-vous au berceau de l'imprimerie. Devant la statue recouverte de draperies rouges et blanches se dressait une tribune. Plus loin, une presse de bronze et d'or. Et pendant que le peuple, aux voix confuses, montait comme une houle humaine, calmes et laborieux, des ouvriers vêtus de blanc s'occupaient de fondre des caractères, de mettre en casse, de composer. Leur travail, corrigé en épreuves, mis en pages, tiré en double édition, française et allemande, passait aussitôt

[1] « *De omni natione et lingua optime merito* », était-il dit dans l'épitaphe de Gutenberg, rédigée par Adam Gelthus, et que l'on voyait encore au commencement du seizième siècle sur la tombe de l'inventeur dans l'église des Récollets à Mayence.

de main en main. Ce que ces hommes composaient ainsi, une ville entière allait le chanter :

Presse, moteur du monde, ô levier d'Archimède !
Toi qu'en nos murs conçut Gutenberg exilé,
Fille du vieux Strasbourg, puissance à qui tout cède,
Salut ! salut au jour de ton saint jubilé !
A toi l'hommage ardent de cette immense foule...
A toi des nations l'avenir et les vœux !
A toi l'airain vivant surgi du noble moule
Où David sait pétrir les héros et les dieux !

Le vice-président du comité, M. Liechtenberger, prit la parole : « Honneur à David d'Angers, s'écria-t-il, au statuaire illustre, au citoyen généreux, à l'artiste aux pensées larges, au cœur patriote ! » Et les voiles qui cachaient la statue étant tombés, le canon, les cloches, les applaudissements de cent mille hommes s'unirent dans une acclamation formidable.

« Lorsque la cantate fut terminée, dit un témoin, pendant le retour du cortége, la ville chantait encore, et, dans sa reconnaissance, elle cherchait, elle nous demandait David, que personne n'avait vu à l'inauguration de son œuvre. Timide comme un enfant, le grand artiste s'était caché ; tant de gloire lui faisait peur. C'était déjà trop pour lui d'une sérénade qu'on lui avait donnée la veille, et tandis qu'on l'appelait partout, il était à pleurer d'émotion et de bonheur, tout fier, nous disait-il ensuite, d'avoir mis son talent au service d'une population semblable[1]. »

Le deuxième jour, un brillant cortége industriel se mit en marche à travers les rues de la cité : le Char des Imprimeurs se fit remarquer par sa richesse. Le soir, au banquet, l'artiste reçut l'hommage d'une assistance d'élite. « Depuis que le voile est tombé de la statue de David, dit le maire en portant un toast à

[1] Auguste Luchet, *Récit de l'inauguration de la statue de Gutenberg et des fêtes données par la ville de Strasbourg les 24, 25 et 26 juin 1840*. Paris, Pagnerre, 1840, in-18.

Gutenberg, la parole a pâli devant la sublime éloquence du monument dont Strasbourg est fière. » Déjà, le même magistrat avait dit : « A une autre époque, le représentant de notre cité, alors encore souveraine, eût offert à M. David d'Angers ce que Strasbourg avait de plus précieux à donner, son droit de cité. Aujourd'hui que nous sommes et sur le Rhin et sur la Loire, les enfants d'une commune patrie, la simple expression des sentiments que nous lui portons n'en sera pas moins appréciée. »

M. Cottard, recteur de l'Académie et président de la commission du monument, s'exprima ainsi : « A l'heureux émule de Thorvaldsen ; au grand artiste qui, s'appropriant tour à tour la pensée de Corneille, l'âme de Racine, la vivacité d'action de Condé, le génie investigateur de Riquet et de Cuvier, résume aujourd'hui toutes ces inspirations dans un nouveau chef-d'œuvre pour consacrer encore une de nos gloires, pour associer Strasbourg à l'immortalité de Gutenberg ! Admiration et reconnaissance à David d'Angers ! »

Le troisième jour, au théâtre de la ville, le nom glorieux de GUTENBERG, formé avec des armes, rayonnait au centre d'un immense trophée. Vis-à-vis, des fleurs d'immortelles dessinaient le nom de DAVID dans une couronne de laurier.

Le programme des fêtes était rempli, mais la jeunesse alsacienne voulut offrir au statuaire un banquet d'adieu. Un seul toast « à David d'Angers » fut porté par le président de la réunion. Le maître y répondit. Mais sa délicatesse accoutumée ne lui permettait pas d'accepter pour lui tant de démonstrations chaleureuses, sans que les artistes de la contrée eussent leur part dans ces applaudissements d'un peuple : « Permettez, Messieurs, dit le sculpteur, permettez que je vous propose de porter un toast à l'auteur de la statue de Kléber[1], au statuaire auquel est due celle de l'architecte de la cathédrale, enfin à tous les artistes dont la ville de Strasbourg

[1] La statue de Kléber, ouvrage de M. Grass, décore la place d'armes. Elle avait été inaugurée huit jours avant le monument de Gutenberg.

s'honore[1]. » L'assemblée tout entière se leva pour obéir à l'invitation de David, et le nom vénérable d'Ohmacht ayant été salué, Grass, Guérin, Kirstein furent acclamés à leur tour.

Le lendemain, David regagnait Paris, heureux d'avoir dressé sur le sol français l'image de Gutenberg.

« Le 17 mai 1842, écrit l'artiste, Adolphe Blanqui, de l'Institut, vint m'apporter la coupe ciselée par Kirstein, don de la ville de Strasbourg au statuaire de Gutenberg. Je fis appeler mes enfants qui jouaient dans le jardin, afin qu'ils fussent les témoins d'un hommage si précieux pour leur père[2]. »

En rentrant dans son atelier, David apporta les dernières retouches à l'une de ses œuvres de choix, la statue de Barra. Émule de Viala, Joseph Barra, volontaire à treize ans, était, on se le rappelle, tombé sous les baïonnettes vendéennes[3]. La Convention avait aussitôt résolu que les honneurs du Panthéon seraient décernés au jeune patriote et que la gravure commémorative de sa mort héroïque prendrait place dans toutes les salles d'école[4]. C'est à ce propos que le peintre Louis David représenta, dans une composition restée à l'état d'ébauche, Barra nu et couché pressant sur son cœur la cocarde tricolore. Il appartenait à David d'Angers de reprendre la pensée du peintre et de la fixer dans le marbre. Il se donna cette tâche de lui-même, par amour de l'art, n'ayant pas besoin, comme tant d'autres, que sa main fût stimulée par une commande, pour

[1] Auguste Luchet, *Récit de l'inauguration de la statue de Gutenberg.* — Nous donnons place dans les œuvres écrites de David à son toast à la Ville de Strasbourg. Nous en avons relevé le texte dans les notes autographes du maître. Quelques expressions diffèrent de celles que M. Luchet met sur les lèvres de l'artiste, mais la pensée reste la même. — Voir tome II, *Mélanges.* — *Toast à la Ville de Strasbourg.*

[2] Notes autographes de David appartenant à la famille.

[3] 17 frimaire an II.

[4] Séance du 8 nivôse. — La fête devait être célébrée le 10 thermidor. La catastrophe du 9 y mit obstacle.

produire une œuvre nouvelle. Quel que fût le nombre des ouvrages que sa haute renommée lui imposât, David savait se reprendre à son heure, prêt à écouter l'inspiration. Épris de l'art historique, le statuaire de *Condé*, de *Gouvion Saint-Cyr*, de *Philopœmen*, avait considéré comme un devoir de faire revivre les figures plus humbles, mais non moins grandes peut-être, du Tambour d'Arcole et du Grenadier. Barra devait avoir son tour.

Le voilà, sans vêtements, jeté sur le sol. Le bras gauche rampe le long du corps; les doigts tiennent une baguette. La tempe est fendue; la chevelure en désordre, divisée par masses, court sur le front. Le bras droit s'est replié; la main, posée sur le cœur, presse l'emblème républicain. Toute cette partie du travail est vigoureuse et flexible; un dernier frémissement agite le marbre; la vie demeure encore saisissable dans les traits douloureux de la face, dans les veines du cou, dans la poitrine à demi gonflée par la respiration qui s'éteint. Mais la hanche est saillante, le flanc fortement creusé; les jambes, presque roidies, portent la trace de la tension des muscles; une forme altérée témoigne du passage de la mort; l'orteil, déjà froid, s'est crispé. La science de composition révélée par la statue de Barra est remarquable. Le maître a voulu surprendre son modèle à cet instant fugitif où la vie se retire vaincue devant la mort.

> Purpureus veluti cum flos succisus aratro
> Languescit moriens,

avait dit Virgile en parlant de ces jeunes hommes que le vent de la mort incline comme s'il redoutait de les briser; et l'artiste a su rendre cette grâce languissante que garde l'adolescence dans le trépas. Il a dit avec le ciseau la lutte de deux forces inégales qui se combattent dans un corps d'enfant. La mort victorieuse va triompher; elle remonte; la vie s'est réfugiée près du cœur, sur les lèvres, dans le regard empreint de patriotisme et de poésie : l'intrépidité de Barra ne pouvait attendre un hommage plus touchant.

Si nous voulions jeter un coup d'œil d'ensemble sur toutes les œuvres modelées pendant cette époque de pleine maturité pour l'artiste, nous aurions à relever trois cents médailles et cinquante bustes sortis de ses mains de 1835 à 1846. Combien de maîtres dont le génie n'aura pas été plus fertile dans l'espace de toute une vie! Mais David est l'homme d'une idée. C'est à la sculpture historique, c'est à l'art national qu'il est redevable de son nom. Jouir en repos d'une célébrité chèrement conquise lui semble égoïste; il préfère accroître sans cesse le nombre de ses chères effigies, dût la critique user plus longtemps de rigueur à son endroit. Son espoir est de faire plus praticable un sentier où les sculpteurs de son temps ne l'ont pas suivi. Voilà pourquoi l'appel de l'inspiration le domine. Plus mystérieuse que toutes les voix du dehors, cette voix secrète fait jaillir des doigts du maître autant d'œuvres que Dieu lui accorde de jours. Il met à profit l'histoire de son pays, ses voyages, ses relations, une rencontre fortuite, afin de laisser au complet son assemblée de grands hommes. Quelques vides qu'il soit aisé de signaler dans cette légion glorieuse, nul ne voudrait contester que David n'a pas donné la mesure d'une activité surhumaine en sculptant plus d'un millier de têtes historiques.

Aux statuaires, la première place. Puget, le précurseur de David; Roland, son maître, ouvrent la marche. Viennent après eux : Germain Pilon, Callamare, Cartellier, Bosio, Dupaty, Julien, Espercieux, Moitte, Houdon, Lemot, Chaudet.

Voici les peintres : Nicolas Poussin les précède[1]; Louis David, Guérin, Prud'hon, Charlet, Louis Boulanger, Isabey le miniaturiste, le peintre de batailles Horace Vernet, Ary Scheffer, MM. Henri Lehmann et Gigoux, — tous trois ayant fixé l'image du maître sur leurs toiles, — forment un groupe lumineux où les têtes sont imprégnées d'idéal. Plus favorisé que ses pairs, Gérard est en possession de son buste[2]. Alavoine et Percier chez

[1] Voir tome I, pl. X.

[2] « Aujourd'hui 8 décembre 1836, je commence le buste de Gérard presque

les architectes; Henriquel-Dupont et Calamatta chez les graveurs; Auber, Cherubini, Berton, Meyerbeer, et l'orphéoniste Wilhem, chez les compositeurs, ferment ce cortége pacifique d'esprits ingénieux et féconds.

Du monde de la politique, David évoque les personnalités intéressantes ou terribles. Que le maître, en reproduisant l'image des hommes de sa génération connus par leurs opinions libérales, ait suivi sa pente naturelle, nous n'hésitons pas à le penser; mais il nous semble équitable d'imputer au hasard d'une rencontre, à la découverte de documents nouveaux, au désir de tout dire, la présence de certaines figures dans sa collection de médailles[1]. Et à côté de quelques têtes sans renom que l'on aperçoit çà et là, combien d'hommes dont la célébrité fait un devoir au moraliste, au philosophe, à l'historien, de connaître les traits! A ce point de vue, David a rassemblé sur l'époque révolutionnaire, l'Empire, la Restauration, les plus curieux éléments que les écrivains de l'avenir puissent consulter. Car, alors même que l'artiste cédait à quelque préférence dans la poursuite d'un modèle, il se montrait impartial dans l'exacte représentation de son visage.

A l'époque révolutionnaire, il emprunte Boissy d'Anglas, Saint-Just, Gohier, Cassanyes[2], Garat, Bouchotte, Carnot,

aveugle, abandonné comme le sont tous ceux qui, à la fin d'une carrière glorieuse, ne pouvant plus être utiles aux hommes, leur deviennent à charge. Si je réussis à faire ce buste d'une manière satisfaisante, j'offrirai le marbre à Gérard. Ce souvenir lui prouvera que tous les hommes ne sont pas injustes. » — Notes autographes appartenant à la famille. — Le marbre, achevé trop tard pour être offert à l'artiste, fut offert par David à l'Institut. — Voir tome II, *Lettres sur l'art*, XXXVII.

[1] Un ami du maître, M. Ferdinand de Lasteyrie, a exprimé la même pensée: « Dans son immense collection, David a admis peut-être quelques individualités peu dignes, à notre avis, des honneurs de l'apothéose; mais Dieu sait quel beau choix on peut y faire. » — Le *Siècle*, 13 mai 1857.

[2] David se trouvant un jour à Estagel chez madame Arago, M. Étienne Arago dit au statuaire qu'aux environs de Perpignan vivait un ancien conventionnel nommé Cassanyes. Envoyé en 1792 à l'armée des Pyrénées-Orientales comme représentant, il avait été le héros de la bataille de Peyrestortes, premier triomphe des Français sur les frontières du Midi. Quelques jours après, David,

Barère[1], Parent Réal, les deux Robespierre, Couthon, Le Bas et Lepelletier de Saint-Fargeau. Des savants du même temps, il a modelé Lakanal, Condorcet, Guyton de Morveau; parmi les proscrits de la Terreur : le marquis de Pastoret et le comte Siméon; parmi les victimes : Lavoisier et André Chénier[2].

accompagné de M. Arago, se rendait à Canet où demeurait le vieillard. « Le grand artiste, écrit le témoin de cette scène, un album sur les genoux, prit place sur une chaise de paille devant le fauteuil où se tenait Cassanyes. » Selon sa coutume, David ne cessait d'interroger son modèle. Voici l'un des traits caractéristiques qu'il rapporta de son entretien. Au plus fort de la bataille de Peyrestortes, le général d'Aoust ordonne à sa poignée d'hommes de se jeter par terre pour éviter une décharge des Espagnols; Cassanyes était auprès du général. « Moi, dit-il à David, je n'étais pas militaire, je restai debout, ne voulant pas humilier les couleurs de la République que je représentais. » — Notes autographes de David appartenant à la famille.

[1] « On m'a conduit hier chez Barère. J'ai vu ce grand homme après avoir traversé plusieurs pièces presque sans meubles. C'est un dénûment complet. Autour de lui, quelques livrés à terre. Il est au lit, malade; mais on voit dans ses gestes, dans l'expression du regard, l'homme puissant et résolu. De pareils hommes nous voient bien petits, et ils ont raison. Je l'ai trouvé imposant, bien qu'il n'eût sur la tête qu'un bonnet de coton tout percé, et sur les épaules qu'un maigre tricot. Il a beaucoup parlé sur la politique, avec la sagacité de l'homme public qui a sondé cette science. » — Notes autographes de David appartenant à la famille. — A dater du jour où il connut Barère, l'artiste ne cessa de s'intéresser à lui. C'est à M. Carnot et à David que Barère confia la publication de ses *Mémoires;* c'est à David qu'il s'adressa maintes fois pour placer plusieurs objets d'art qui lui restaient et dont sa position génée l'obligeait à se défaire. La mission n'était pas toujours facile à remplir, mais David avait un moyen bien simple de s'en tirer : une fois, il mit en loterie un portrait peint de Barère, plaça vingt billets, sur trois cents, à cinq francs, garda les autres pour lui et ne gagna pas le tableau, qui échut à un étudiant. Chargé de la vente de deux pastels de Boze, représentant Barère et un autre conventionnel, il les acquit tous deux sans prévenir Barère, ni dans cette occasion ni dans l'autre, de la façon dont ses commissions étaient exécutées, afin de ne pas blesser sa délicatesse.

[2] David ne se borna pas à modeler la médaille d'André Chénier : il sculpta son buste. Nous relevons cette note sur le poëte de la *Jeune Captive.* « André Chénier était royaliste passionné. Il conspirait en compagnie de Siméon, de Royer-Collard, de Quatremère de Quincy, de Pastoret et de tant d'autres. Lorsqu'il eut été arrêté, son frère parvint à cacher l'acte d'accusation sous des liasses qui devaient retarder l'interrogatoire du prévenu et permettre qu'on l'oubliât. Ce fut le père d'André Chénier qui, par ses obsessions, amena

Au Consulat, il demande l'austère figure de La Tour d'Auvergne, le premier grenadier de France, et celle de Bonaparte. Parmi les personnages de l'Empire, il fixe les traits des maréchaux Soult, Victor, Exelmans, Grouchy, Suchet, Masséna, Gouvion Saint-Cyr et Lefebvre. Les généraux Hulin et Travot, le chirurgien en chef de la Grande Armée, baron Larrey, l'amiral Roussin, le colonel de Briqueville[1], l'un des héros de la bataille de Ligny, Petit, que les adieux de Fontainebleau ont rendu célèbre; Gourgaud, Montholon, Bertrand, de Las Cases[2], les compagnons d'exil de l'empereur; madame Lætitia[3], sa mère,

la fin tragique de son fils. Barère me disait sur son lit de mort : « Nous « voulions sauver le poëte, mais le père venait chaque jour, tantôt avec des « paroles de colère sur les lèvres, tantôt en suppliant, réclamer qu'on jugeât « son fils ! Il usait de la presse et des réunions publiques pour attaquer sans « cesse un gouvernement qui ne voulait pas juger son fils ! La cause fut instruite, « et la culpabilité incontestable d'André Chénier obligea ses juges à le condam- « ner. » — Notes autographes de David appartenant à la famille.

[1] Le colonel de Briqueville reçut l'hommage d'un monument qui décore l'une des places de Cherbourg. Nous extrayons du procès-verbal de la séance du conseil municipal de cette ville, en date du vendredi 28 mars 1845 : « M. le secrétaire de la commission du monument de Briqueville nous a remis les plans que lui a adressés M. David d'Angers, qui sera chargé de l'exécution. Ce monument consiste en une colonne de granit de quatre mètres de hauteur, surmontée d'un buste en bronze de proportions colossales. Sur la face principale du fût de la colonne, seraient gravés les noms du colonel et des batailles auxquelles il a assisté; sur le côté gauche, la tribune surmontée d'une couronne civique; sur le côté droit, une épée enlacée d'une couronne de chêne et de laurier. On se propose de placer autour quatre bornes. L'emplacement adopté est la place des Sarrazins. » — Voir *Journal de Cherbourg* des 30 mars et 6 avril 1845. — Voir aussi tome II, *Lettres sur l'art*, *XCI* et *XCIII*.

[2] « Je viens de voir Las Cases. Il m'a paru au premier abord petit et sans caractère; mais nous nous sommes mis à parler des arts, de Gall, de Lavater; alors sa physionomie est devenue sérieuse, et j'ai retrouvé l'auteur enthousiaste du *Mémorial de Sainte-Hélène*. » — Notes autographes de David appartenant à la famille.

[3] Son médaillon est l'un des plus remarquables de la collection. Cependant, le maître ne paraissait pas satisfait de son travail, et, à plus d'une reprise, c'est M. le baron Larrey qui nous l'affirme, David exprima l'intention de modeler à nouveau le portrait de madame Mère.

la comtesse de Lavalette, née Beauharnais[1], et la baronne de Forget sont modelés par lui.

L'opposition royaliste doit à David le buste du général d'Andigné; l'opposition libérale, les médailles de Manuel[2], de Dupont de l'Eure, de Dupin, de Kératry, de Thiers et de Barbès.

Aux poëtes la plus large part. Victor Hugo reçoit l'hommage de deux bustes : l'un a le front lauré[3]. David sculpte ensuite

[1] « Je vais aller ce matin terminer le médaillon de madame de Lavalette, pour lequel j'ai déjà fait plusieurs essais à son insu. La persistance que j'apporte à recueillir les traits de quiconque a quelque valeur (vertu, génie, savoir) doit faire comprendre aux esprits impartiaux que j'obéis à un sentiment de vénération exempt de toute pensée de lucre, puisque je donne mes modèles au fondeur et que je lui paye l'exemplaire que j'offre à la personne représentée de même que les deux épreuves destinées, l'une au Musée d'Angers, l'autre à ma collection. Je ne recherche pas les personnages haut placés. Que pourrait faire pour moi la pauvre folle que je vais voir ce matin?... Mais je satisfais au besoin de mon cœur en élevant, suivant mes moyens, un monument à tout ce qui peut faire honneur à l'humanité. » — Notes autographes de David appartenant à la famille. — M. le baron Larrey nous raconte qu'il était l'introducteur de David auprès de madame de Lavalette. Les visites étaient fort courtes, et pendant que M. Larrey faisait les frais de l'entretien, David, sans baisser le regard, dessinait de son mieux, les mains dans son chapeau. On conçoit qu'il dut s'y reprendre à plusieurs fois avant d'obtenir un profil ressemblant de cette pauvre femme devenue folle pendant le procès politique de son mari dont elle sauva la vie. Nous avons vu entre les mains de M. Larrey les intéressants croquis du maître d'après lesquels il exécuta le médaillon.

[2] David offre la médaille de Manuel à Béranger et à La Fayette. Celui-ci lui répond : « Toujours de nouveaux bienfaits et de nouveaux témoignages d'une affection qui m'est bien précieuse. Cette ressemblance de mon vieux ami est admirable comme tout ce qui vient de vous. Mille tendres remercîments et amitiés. La Fayette. »

[3] « Je possède dans mon atelier un squelette que m'a donné le baron Dominique Larrey. C'est celui d'un soldat de l'armée d'Égypte. Ce squelette a vu défiler devant lui la série des modèles illustres dont j'ai essayé de reproduire les traits et d'ennoblir la mémoire. Hugo, posant pour son buste, me promit d'écrire quelques vers sur ce témoin muet qui eut aussi ses jours de gloire. Le poëte trouvera sans doute une belle page à ajouter à tant d'autres. Je venais de terminer son buste couronné de laurier, et Hugo regardait mon travail : « Ce sont vos œuvres, lui dis-je, qui m'ont inspiré cet hommage; mon amitié « n'y est pour rien. Je vous eusse offert cette couronne, alors même que je ne

Barthélemy, Lemercier, Lebrun, Constant Dubos; mesdames Tastu, Waldor, Rose Rovel; Lebreton, le poëte-imprimeur sur étoffes, Jean Reboul, le poëte-boulanger, Adam Billaud, le poëte-menuisier.

Marie-Joseph Chénier, taxé si souvent de coupable indifférence envers son frère, attendait qu'une main pieuse vengeât sa mémoire : un marbre d'allure grandiose va quitter l'atelier du maître pour le Théâtre-Français. Peu auparavant, David a modelé les traits d'André Chénier; vers le même temps, l'image du Père Vanière, poëte latin du dix-septième siècle, né près de Béziers, prit place dans la ville de Riquet.

Jal, Gustave Planche, Thoret, Théophile Gautier, représentent la critique; Michelet, Pouqueville, Jean-Jacques Ampère, Louis Blanc et Monteil [1], l'histoire ; Destutt de Tracy, Reynaud, Lamennais, la philosophie de l'époque; Armand Marrast, la presse; Scribe et madame Pasta, le théâtre; Nodier, Balzac et Paul de Kock, le roman; madame Récamier, les salons.

Les géologues et les naturalistes modelés par lui s'appellent Brongniart, Élie de Beaumont, Blainville, Dutrochet, Bory de

« vous aurais pas connu. » — Notes autographes de David appartenant à la famille. — C'est après avoir lu le *Rhin* que David conçut la pensée de couronner le buste de Victor Hugo. — Voir tome II, *Lettres sur l'art, LXXXII.*

[1] « Peu avant la visite que je fis à Magu, j'avais été dessiner le profil d'Alexis Monteil, le philosophe pratique. Si j'ai trouvé Magu dans une cave, j'ai vu Monteil dans un grenier démantelé, les fenêtres privées de leurs carreaux, les murs crevassés, masqués çà et là par des livres. Dans une pièce étroite et basse, un lit, une paillasse, une couverture; point de draps. L'hiver même, Monteil travaille sans feu. Tel est le palais de l'historien du peuple, et il devait en être ainsi : le peuple lit peu, et les riches n'achètent guère que les livres qui parlent d'eux. C'était un dimanche; il faisait beau. La foule se hâtait de sortir de Paris. Monteil, qui habitait Passy, voulut me reconduire jusqu'à la barrière. J'avais pris son bras, et tout le monde regardait avec dédain le vieillard déguenillé dont les faibles ressources sont dévorées par l'achat des ouvrages indispensables à ses travaux. Ils ne prenaient pas garde, ces oisifs, à un homme de si humble apparence, dont le nom vivra cependant respecté de l'avenir, tandis que l'éclat vulgaire de leurs personnalités inutiles va s'éteindre avec eux. » — Notes autographes de David appartenant à la famille.

Saint-Vincent, de Jussieu[1], Isidore et Étienne Geoffroy Saint-Hilaire, Lacépède, Bosc, Turpin. Les mathématiciens qui lui doivent leur médaille s'appellent Monge, Lacroix, Cauchy, Poinsot, Lagrange et Laplace; les astronomes : Lechevallier, Biot et François Arago. Un buste, l'un des plus puissants que le ciseau du maître ait sculptés[2], et la médaille de sa mère témoignent à Arago de l'affection que lui garde David[3]. Ici, les chimistes : Berthollet, Pelouze, Gay-Lussac et M. Dumas. Là, les médecins : Lordat, Civiale, Pariset, Magendie, Portal, Orfila. Plus loin, les orientalistes et les antiquaires : de Sacy, Boissonnade, Burnouf, de Luynes, Visconti, Quatremère et Raoul Rochette.

Mickiewicz, devenu l'ami du maître depuis leur rencontre à Weimar, reçoit son buste[4]. Les images de Niemcewicz, Czarto-

[1] Les traits de de Jussieu (Antoine-Laurent) ne furent pas seulement modelés par David dans un médaillon, le maître fut appelé à sculpter le buste du naturaliste. Nous trouvons au sujet de ce buste la lettre suivante. Elle porte la signature de F. Arago. « Voici, mon cher ami, une conversation assez comique. M. Mercier : Le ministre de l'Intérieur m'a chargé d'exécuter le buste de M. votre père. « Soyez assez bon » pour me prêter votre secours. — M. A. de Jussieu fils : Je désirerais bien que M. David fût chargé de reproduire les traits de mon père. « Soyez assez bon » pour faire parvenir ce vœu à M. le ministre de l'Intérieur. — La première décision ministérielle nous fut signifiée lundi dernier. Je pris sur moi de ne pas la communiquer à l'Académie, et j'allai au ministère. Après un long débat, M. de Gasparin me promit *à très-peu près* que le buste auquel l'Académie attache tant de prix serait exécuté rue d'Assas, n° 9. A l'hôtel de ville, ce vendredi. »

[2] Voir tome II, pl. VIII.

[3] « *Comment pourrais-je vous remercier assez vivement de votre double envoi?* lui écrit M. Étienne Arago. Ma bonne mère que je ne pouvais voir que de loin à loin, chaque année, durant tout au plus quelques journées, je vais contempler ses traits tous les matins et tous les soirs; et cela grâce à vous; grâce à vous je reporterai à cette bonne et vénérable figure tout ce qui m'arrivera d'heureux, et si, par continuation d'habitude prise, les ennuis ne me font pas défaut, j'aurai, à mon chevet, une douce image consolatrice... Je vous remercie. »

[4] Nous trouvons ce billet de David d'Angers dans la correspondance de Mickiewicz. Le laconisme de l'invitation dit assez quel était le degré de l'intimité qui régnait entre le statuaire et le poëte : « MM. Carus, Berzélius, Humboldt viennent dîner demain à la maison. Nous espérons que

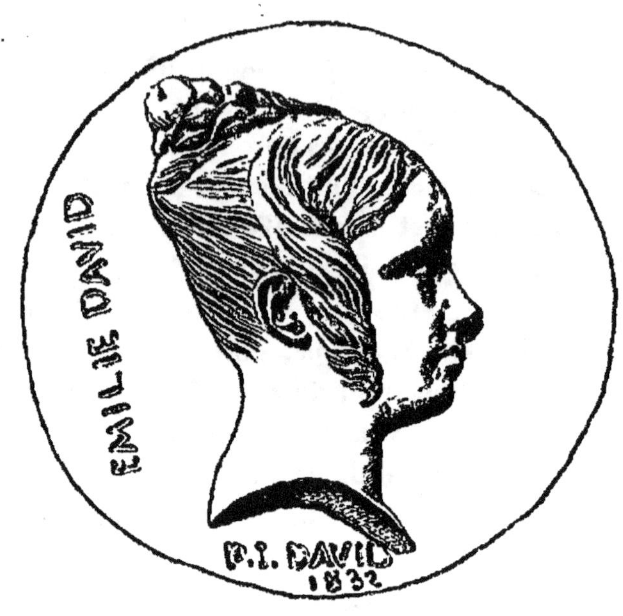

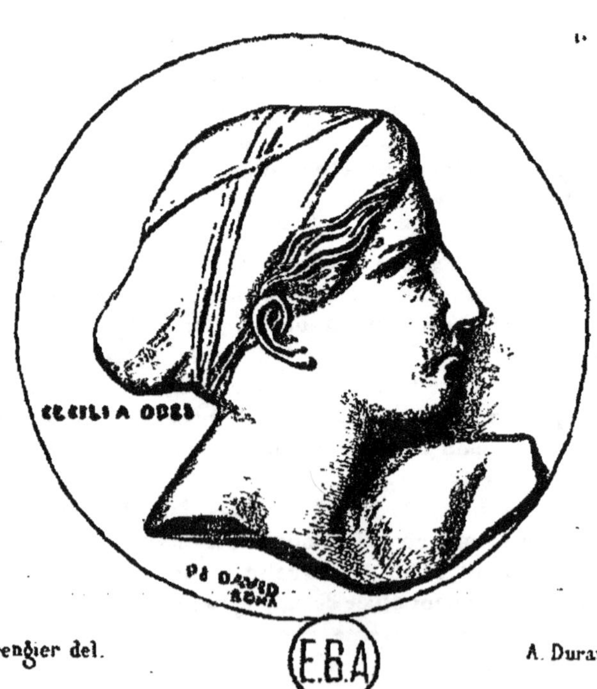

Th. Berengier del. E.B.A A. Durand sculp.

MADAME DAVID D'ANGERS — CECILIA ODES.

riski, Lelewell, nobles fils d'une nation en deuil, attestent la fidélité de l'artiste à l'infortune. L'Angleterre retrouverait dans la collection du maître : Byron, Canning, John Wilks, Pitt Rivers, Leader Temple, mesdames Somerville[1] l'astronome et Amélia Opie la quakeresse dont la plume a célébré la gloire de David dans la patrie de Chantrey[2]. L'Écosse nommerait James Watt; la Belgique, Quételet; l'Italie, Carlo Botta l'historien, Alberto Nota le poëte, Pepe le général; la Suède, Berzélius; l'Allemagne, Carle Ritter, Lindenau, Schiller, Baudissin, Liebig, Schlegel, Werner, Hahnemann, Spurzheim, Humboldt et le poëte Koerner; l'Amérique du Sud, Bolivar; l'Amérique du Nord, mistress Beecher Stowe; la république d'Haïti, Boyer.

Et les races se distinguent à l'accent imprimé sur la glaise, l'âge du modèle à une touche légère ou nerveuse, la carnation du visage au jeu de la lumière; les aptitudes, le talent, le caractère, à des nuances dans la pose, le regard, le mouvement des lèvres, les saillies du front, la masse des cheveux, toutes choses saisissables pour l'œil, mais difficiles à décrire dans la langue parlée, et que le génie distribue, accroît, modifie au gré d'une inspiration toujours heureuse.

vous voudrez bien être des nôtres. Paris, 1835. » — *Correspondencja Adama Mickiewicza*. Paryz, Ksiegarnia Luxemburgska, 1872, 2 vol. in-12.

[1] Nous trouvons ces lignes de madame Mary Somerville dans les *Réminiscences personnelles d'une Savante* : « M. Arago me communiqua le désir qu'éprouvait le sculpteur David de faire mon médaillon. Il vint donc, et passa une heure avec moi. Sa conversation intelligente et son enthousiasme pour l'art me charmèrent. Nous prîmes jour, et il m'étonna par le rapide tracé de mon profil sur l'ardoise avec la cire rouge. Il me fit cadeau d'un médaillon en bronze très-bien encadré, et de deux moules en plâtre pour mes filles. » — *Revue britannique*, décembre 1875.

[2] Madame Opie vint à plusieurs reprises à Paris et alla voir le statuaire. Celui-ci l'accompagna un jour au Père-Lachaise : on n'a pas oublié qu'un semblable pèlerinage avait été accompli par le maître en compagnie de lady Morgan : « Aujourd'hui, je viens du Père-Lachaise, où je me suis rendu avec madame Opie. Seul avec elle, j'ai pu jouir de sa conversation, de son esprit observateur, mêlé de tendresse et d'énergie. Nous avons visité presque tous les monuments du cimetière : cette journée a été l'une des plus intéressantes de ma vie. » — Notes autographes de David appartenant à la famille.

Si le maître s'est montré généreux envers les hommes éminents de l'étranger, il eut tout le mérite de ses dons. L'ordre du Sauveur de Grèce [1] et la croix du Mérite civil de Saxe [2] sont les seules faveurs dont les gouvernements l'aient honoré.

Il serait téméraire de penser que l'empressement de David à recueillir les traits des hommes remarquables de son époque a jamais porté atteinte à la liberté de ses choix. L'artiste, au contraire, a toujours fait preuve de la plus grande indépendance. Ni l'éclat d'une renommée, ni la fortune, ni le rang n'ont suffi à le séduire. Talleyrand, on l'a vu, ne put obtenir que David modelât son buste. Un écrivain dont nous allons taire le nom, très-connu dans le monde des lettres par ses publications de documents diplomatiques, vint demander à David de faire sa statue. « Il voulait, écrit l'artiste, être représenté à l'antique, tenant dans sa main une figure de l'*Histoire*. « Mon nom, « ajoutait-il, est désormais assez répandu pour que l'avenir ne « trouve pas déplacé que je sois représenté de la sorte. » Je le remerciai de la confiance qu'il voulait bien me témoigner, mais j'opposai mes nombreuses occupations, qui ne me permettraient pas d'entreprendre ce travail avant de longues années. — « Cela « m'est égal, j'attendrai, me répondit-il, je veux cet ouvrage de « votre main. » Si cet homme m'avait mieux connu, il aurait senti le refus sous une parole évasive. La statuaire m'inspire une vénération trop grande pour que j'ose la prodiguer jamais dans des manifestations qui n'appartiennent qu'au vrai génie [3]. »

David avait compris dans sa collection de médailles celle de Caroline Murat, troisième sœur du premier Consul, ainsi que le portrait historique du baron de Meneval, secrétaire de Napoléon.

[1] 21 mai 1836.

[2] Cette décoration lui fut envoyée le 22 mars 1844. L'ordre du Mérite civil de Saxe, institué par Frédéric-Auguste Ier, date du 7 juin 1815 et ne doit pas être confondu avec l'ordre du Mérite de Prusse.

[3] Notes autographes de David appartenant à la famille. — 20 mai 1842.

Ce fut le baron de Meneval qui servit d'intermédiaire entre Caroline et David lorsque la veuve du roi de Naples eut la pensée de faire exécuter la statue de Murat. « Je ne puis vaincre mes scrupules à l'égard du monument du roi Murat, écrit l'artiste; il m'est impossible d'oublier que cet homme a tourné ses armes contre sa patrie. Rien au monde ne peut excuser une semblable action à mes yeux. » Si David avait pris parti pour Murat pendant son séjour en Italie, « ce n'était pas pour lui-même, écrit-il encore, mais pour la liberté, car Murat venait de s'engager à émanciper l'Italie »; mais, le cas échéant, il n'en eût pas moins refusé alors de se charger de sa statue [1].

Vers le même temps, l'artiste n'accepta pas d'exécuter le monument de la reine Hortense. Quelques amis ayant fait auprès de lui de pressantes démarches pour qu'il revînt de sa résolution, David avait hésité. Ainsi qu'il le dit lui-même à la baronne de Salvage, « la vie honorable et si malheureuse de la reine de Hollande pouvait impressionner un artiste [2] », mais la tentative de Strasbourg, qui arriva sur ces entrefaites, mit un terme aux perplexités du sculpteur, et la statue de la reine Hortense est demeurée à l'état d'esquisse. David n'avait pas encore fait connaître sa décision à la baronne de Salvage, lorsque le prince Louis l'informa que l'ancien roi de Hollande souhaitait de voir confier à Bartolini la statue de la Reine. Le maître ne dissimula pas son contentement à l'annonce de cette nouvelle.

Lorsqu'on s'est pénétré de l'histoire du gouvernement de Juillet, on ne tarde pas à constater l'existence de deux forces progressant en sens inverse. Le pouvoir et l'opposition se font équilibre. De Casimir Périer à Guizot, la gradation que suit le cabinet dans sa politique de résistance est visible. Des funérailles du général Lamarque à la fameuse campagne des « banquets », la marche des idées de réforme n'est pas moins évidente. Un groupe

[1] Voir tome II, *Lettres sur l'art*, XLVII.
[2] Voir tome II, *Lettres sur l'art*, XLVIII.

dont l'activité semble se régler sur les mesures du parti ministériel qu'il prend à tâche de combattre, ne cesse pas de faire échec au pouvoir. Dans ce groupe étaient passés, dès le début du règne, La Fayette, Laffitte et Dupont de l'Eure. L'opposition, placée sous le patronage de tels hommes dont l'influence avait assuré le succès de la révolution de 1830, ne pouvait moins faire que d'acquérir une importance considérable. Les débats parlementaires passionnaient l'opinion. Parmi les écrivains et les artistes, ceux mêmes qui vécurent à l'écart de la politique militante prirent parti. La nation se trouva bientôt divisée en deux camps, et, de part et d'autre, on paraissait disposé à ne rien concéder. David appartint à l'opposition.

Vatout, directeur des bâtiments civils, avait insisté auprès du statuaire pour qu'il exécutât le buste du Roi. David s'y refusa [1]. En 1835, l'amiral de Rigny étant mort ambassadeur à Naples, son frère eut la pensée de lui élever un monument. David, informé de ce projet, ne voulut pas accepter de sculpter les traits de l'amiral. Peu après la mort du duc d'Orléans, quelques amis du statuaire lui ayant écrit de Saint-Omer pour qu'il consentît à doter leur ville de la statue du malheureux prince, il exprimait le regret « de ne pouvoir élever une statue à un jeune homme qui n'avait point encore mérité un si grand honneur [2] ».

L'histoire a gardé le nom de la célèbre baronne de Feuchères, admise dans l'intimité du duc de Bourbon, prince de Condé, dont la mort tragique devait être le point de départ de plus d'un procès scandaleux. Acquittée par la justice, mais non par l'opinion, madame de Feuchères mourait en 1841, et le général, son mari, s'empressait de renoncer à sa succession au profit des hospices de Paris [3] et de divers établissements charitables de Nîmes. Cette dernière ville pria David de l'aider à reconnaître le désintéres-

[1] Notes autographes de David appartenant à la famille. — 1832.
[2] Voir tome II, *Lettres sur l'art*, *LXXVIII*.
[3] *Moniteur* du 29 juillet 1841.

sement du général en sculptant son buste. « J'ai répondu, nous apprend l'artiste, que mes nombreuses occupations m'empêchaient d'accepter cette offre. Quoique M. de Feuchères ait fait un acte qui l'honore en refusant la succession de sa femme, celle-ci a laissé de si tristes souvenirs que je ne me suis pas senti la force de joindre mon nom au sien sur l'un de mes ouvrages[1]. » Quelques années auparavant, le sculpteur n'avait pas voulu se charger des statues de Charette et de Cathelineau[2].

Cousin, lors de son passage aux affaires[3], avait voulu offrir à David la croix d'officier, mais le statuaire s'y était opposé. Invité aux réceptions du ministre, son collègue à l'Institut et son ami personnel, il le remerciait affectueusement sans accepter[4]. Cependant M. Jean Gigoux, le peintre bien connu, étroitement lié avec David, essaya de reprendre à l'insu du maître les pourparlers relatifs à sa promotion dans la Légion d'honneur. Il se rendit près de Cavé, directeur des Beaux-Arts, et obtint que l'auteur de *Condé* pourrait choisir sa part de travail dans la décoration du tombeau de Napoléon. La croix d'officier serait le prix de son acceptation.

Les cendres de l'Empereur à peine rapportées de l'exil, on s'était hâté de mettre au concours le plan d'un mausolée. Le projet de Visconti avait été adopté; or, cet architecte et David se connaissaient de longue date. Ensemble, ils avaient élevé les

[1] Le 26 novembre 1842, le maire de Nîmes écrivait à David : « Le conseil municipal de Nîmes a décidé de placer dans la salle de ses séances le buste en marbre du général de Feuchères, comme témoignage de reconnaissance pour les nombreux bienfaits dont le général a doté les établissements de bienfaisance de la ville de Nîmes. Le conseil municipal m'a laissé le soin d'exécuter sa délibération. Après en avoir conféré avec M. le général de Feuchères, j'ai pensé devoir, Monsieur, vous offrir l'exécution de son buste. Le rang que vous occupez parmi les statuaires français, et votre dévouement aux choses d'intérêt public, ne m'ont laissé sur ce premier point aucune hésitation..... » C'est sur la minute de cette lettre que David a résumé sa réponse.

[2] Notes autographes de David appartenant à la famille.

[3] 1er mars 1840.

[4] Voir tome II, *Lettres sur l'art*, LXIII et LXIV.

tombeaux de Gouvion Saint-Cyr et de Suchet. M. Gigoux se sentait donc plein d'espoir sur l'heureuse issue de ses démarches. Il alla trouver David, l'informa du bon vouloir de l'Administration des Beaux-Arts, lui fit envisager l'importance du monument auquel il le pressait de collaborer, l'éclat qui en rejaillirait sur son nom, l'influence durable sur notre École d'une œuvre magistrale créée par lui, placée dans un temple où les générations de l'avenir seront attirées par la gloire du grand capitaine. David parut vivement touché de la sollicitude de son ami. Silencieux, plein d'attention pendant que le peintre lui exposait son désir, le sculpteur se sentait partagé entre la crainte d'attrister le négociateur volontaire de ses intérêts et l'appréhension fondée d'avoir à endurer de nouveau les ennuis de toute nature que lui avait suscités le Fronton. Puis, se souvenant qu'il s'agissait d'honorer la mémoire de l'Empereur, alors qu'il n'avait accordé l'hommage de son ciseau qu'au général Bonaparte, il n'accepta pas.

Pendant que M. Gigoux donnait au sculpteur la marque d'un attachement aussi sensé, Visconti répandait le bruit que David allait concourir au monument des Invalides; mais celui-ci s'empressait d'écrire à l'architecte en des termes qui laissent voir sa surprise en même temps que sa ferme résolution de ne rien devoir au gouvernement [1].

Que conclure des lignes qui précèdent, si ce n'est que l'indépendance du caractère chez l'artiste ne fut pas moindre que son désintéressement? Une accusation singulière a été maintes fois

[1] Voir tome II, *Lettres sur l'art, LXXXIX.* — Nous trouvons cette note dans les papiers du maître, sous la date du 22 juin 1847 : « Un ami de Cavé est venu me dire que si je voulais exécuter les douze Renommées qui doivent décorer le monument de Napoléon, cela dépendait de moi. J'ai refusé pour deux raisons : lorsqu'on n'approuve pas un gouvernement, on ne doit point accepter ses faveurs; ensuite, c'eût été enlever un travail à un artiste (Pradier) qui ne se doute pas qu'avec le plus grand talent on ne peut produire un bon ouvrage si l'on en confie l'exécution à des praticiens d'après de petites esquisses à peine faites. Et cependant c'eût été un beau travail que ces douze Victoires! Mais était-ce agir loyalement de la part de l'administration que de chercher à éliminer un artiste en en appelant un autre? »

formulée contre David. On a dit que dans sa soif de produire, il avait prodigué son génie, souvent sans regarder à l'homme qu'il se proposait d'illustrer. Cela n'est pas. L'artiste a pu se tromper sur la valeur morale de plus d'un de ses modèles; mais lorsqu'il s'est placé en face d'une figure historique, il a toujours eu souci de l'enseignement que pourrait porter son œuvre. Cette préoccupation, encore qu'elle ne sauve pas absolument de l'erreur, est à l'éloge du statuaire. On l'a vu tout à l'heure presque hautain vis-à-vis de personnages influents : il y a loin de cette attitude à l'empressement aveugle qu'on lui prête. D'autre part, en considérant la défaveur qui, dans notre monde moderne, s'attache à la sculpture, c'est avec regret que nous constatons des dissidences prolongées entre un statuaire éminent et le pouvoir. Le sculpteur ne peut rien attendre du public : son sort est aux mains de l'État. Ce ne peut donc être sans préjudice pour l'éclat de sa renommée que des questions de personnes ou d'opinions rompent un accord nécessaire entre le gouvernement et lui. A la distance d'un demi-siècle, on le comprendra sans peine, nous ne trouvons pas utile de rechercher les causes d'une situation malheureuse dont notre École a plus souffert que David lui-même. La marche des événements, les sympathies du statuaire pour les chefs de l'opposition, le souvenir des débats soulevés par le Fronton dont l'esquisse avait cependant reçu l'approbation de deux ministres, tout cela dut contribuer pour une part égale à l'éloignement réciproque que nous regrettons. Dérision de la gloire! notre siècle aura vu le descendant de Michel-Ange et de Puget, plus grand qu'eux par le culte constant de l'idée, la fécondité du ciseau, et cet homme, que l'Institut a possédé pendant trente années, est moins populaire à Paris qu'à Marseille, à Béziers, à Rouen, à Strasbourg. Aucun ouvrage de lui n'a pris place dans les Musées de l'État, à l'exception pourtant du *Philopœmen*, entré fortuitement au Louvre [1]. Si réel que soit le mérite de ce

[1] « Nos Musées nationaux seuls attendent encore quelque œuvre de David »,

chef d'école, il reste de beaucoup éclipsé par des hommes d'un talent inférieur, quant au nombre et à l'importance des travaux exécutés dans les monuments nationaux. Pour juger l'OEuvre de David, il faut, ou visiter son Musée, ou entreprendre de chercher sa trace à travers la France.

Au point où nous sommes parvenu dans notre récit, après avoir étudié le maître dans ses rapports avec ses élèves, il ne saurait être indifférent pour nous de le suivre auprès de ses confrères. Une pensée de justice nous conseille cette étude. L'envie qui s'attache à toute grande mémoire pour l'obscurcir n'a pas craint de montrer David dédaigneux du talent d'autrui, sans entrailles pour ceux que leur mérite n'avait pas soustraits au malheur, âpre au gain, plus âpre à la gloire, et arrachant aux municipalités provinciales toute commande qu'il souhaitait d'obtenir, fût-elle déjà distribuée.

Il ne nous sera pas malaisé d'établir la fausseté de semblables accusations. « Bien des années avant 1830, écrit-il, j'étais intimement lié avec Charlet; nous avions beaucoup de goûts communs et la même opinion politique. La révolution de Juillet nous a séparés : je suis demeuré dans mes principes, il a modifié les siens. Je souffrais d'une rupture qui me privait de voir cet homme de génie. Au mois d'octobre 1843, j'appris que la phthisie menaçait sérieusement sa vie. J'allai m'inscrire chez son concierge, et peu de jours après nous nous sommes revus, à la grande joie de ce pauvre ami. La mort seule rompra désormais notre liaison. Le spectacle de cette haute intelligence en proie à un mal affreux, sans qu'il y ait espoir de guérison, est navrant. Cette belle organisation, cette constitution robuste n'offrent plus qu'un effrayant squelette recouvert d'une peau jaunie. Quand je lui raconte quelque chose qui l'égaye, son rire est horrible. On

écrivait il y a vingt ans M. Ferdinand de Lasteyrie. Cette parole est encore vraie aujourd'hui. — *Siècle* du 13 mai 1857.

croit entendre le hoquet d'un homme au cercueil. Une voix caverneuse s'échappe de ses lèvres convulsives avec une sorte de grincement. Il porte tous les signes de l'extrême vieillesse. Sa vue rappelle les vieux grognards de ses belles lithographies. Il a le rictus de l'homme qui a beaucoup vu et beaucoup souffert : ce n'est pas là l'épanouissement stupide de l'homme nul dont l'expression appelle la moquerie. Pauvre Charlet! Toutes sortes de réflexions naissent en moi quand je suis auprès de lui. N'y a-t-il pas quelque chose de fatal dans cette réaction des œuvres d'un artiste sur lui-même, de telle sorte qu'on voit se refléter dans ses traits les stigmates dont il avait marqué ses productions? L'enfance en cheveux blancs est aussi triste que les fleurs étiolées qui croissent au bord d'un cratère. L'âme, en abandonnant un pauvre corps avant sa décomposition complète, se joue bien cruellement de lui. Elle semble attester que sans sa présence il n'est qu'une vile et ridicule matière. Ce pauvre Charlet! Il a fait mettre à tous ses habits et jusqu'à sa robe de chambre sa rosette de la Légion d'honneur [1]. »

David écrit le 2 août 1845 : « Je viens d'assister à l'enterrement de Bosio, comme doyen de la section de sculpture depuis que ce statuaire est mort. Je tenais un des cordons du drap. En passant devant notre École des Beaux-Arts pour nous rendre à l'église de Saint-Germain des Prés, je remarquai que le buste colossal de Poussin avait l'aspect d'un homme qui relève la tête et dédaigne ce qui se passe à ses pieds. Au contraire, le buste de Puget, qui lui fait pendant, semblait attendri. On eût dit que Puget regrettait de voir disparaître une individualité en rapport avec la sienne. Si Anacréon se fût trouvé sur notre passage, il eût eu la même expression, car Bosio a été « l'Anacréon de la sculpture ». Pendant la messe, le soleil traversa des nuages chargés de pluie et illumina subitement l'église : je restai frappé de cette grande quantité de cierges allumés qui n'éclairaient plus rien. N'est-ce pas l'image

[1] Notes autographes de David appartenant à la famille.

des faibles essais de l'homme que nous regardons cependant comme des chefs-d'œuvre [1]? »

Nous avons sous les yeux de nombreuses lettres signées Eugène Delacroix, Granet, Camille Roqueplan, Carrier, Auguste Hesse, Simart, Brion, Desbœufs, Duret, dans lesquelles David est remercié d'un service opportun, d'un appui donné dans des circonstances délicates.

Suivons-le dans la cour du Louvre.

« Hier, dit-il, j'étais occupé à contempler les bas-reliefs de Jean Goujon. Je songeais à l'isolement dans lequel se trouvent relégués les ouvrages des grands artistes. Combien de générations qui passent à travers le Louvre sans même jeter un regard sur ces créations du génie! Cependant, Goujon, le divin artiste, a dû connaître l'enivrement de la gloire lorsque, sentant son âme embrasée par l'inspiration, ses œuvres lui apparaissaient victorieuses du temps. Ses peines domestiques devaient s'évanouir devant cette haute perspective du rayonnement lointain. Échappant à notre froide atmosphère sur l'aile de l'imagination, la pensée de l'artiste se portait vers l'avenir. Le positif de la vie n'avait point de prise sur le sculpteur. Et voilà que l'avenir n'a point souci du vieux maître et de ses grandes œuvres. L'être idéal et charmant qui est l'inspirateur de l'artiste passe en ce lieu sans arrêter son regard sur ce marbre où vibre le meilleur d'une âme. C'était pourtant l'ambition du statuaire que la beauté, la jeunesse, applaudiraient à sa puissance. C'était là son rêve. Vaine chimère! Que font à la jeune fille ces images de pierre? Le regard enflammé du jeune homme est un aimant pour son regard. La vie appelle la vie!... Je me sentais triste sous le poids de ces réflexions lorsque j'entendis une voix claire et légèrement ironique : — « Vous « regardez ce pauvre Jean Goujon? » Je reconnus un ancien élève de David. — « Oui, répliquai-je gravement, je regarde, et

[1] Notes autographes de David appartenant à la famille.

« je songe au triste sort qui attend les plus grands artistes [1]. »

Quelques mois après, David est en Espagne : « En suivant une rue étroite à Barcelone, je vis dans sa boutique un vieux sculpteur, assis devant son établi sur lequel était un *Christ* ébauché. Les lunettes de l'artiste étaient déposées auprès de son œuvre. Cet homme paraissait courbé sous la douleur. Son corps usé pliait. Sans doute, évoquant le souvenir d'une existence écoulée, il assistait à l'évanouissement de ses rêves. Pauvre artiste! Il pensait aux forces qui l'abandonnaient. Il aurait voulu terminer ce *Christ* dont le produit l'eût aidé à secourir sa vieille femme que l'on apercevait couchée dans l'angle le plus obscur de l'atelier. Peut-être songeait-il aussi avec inquiétude aux démarches tentées par sa fille pour obtenir quelque argent; car son œil terne s'arrêtait parfois sur un rouet, indice de l'occupation journalière de la jeune fille. Je restai cloué à cette porte du malheur. Ce pénible spectacle me rappelait toute la vie de luttes de mon père. J'eusse voulu offrir quelques secours à cette pauvre famille, mais il y avait tant de dignité sur le visage du vieil artiste que j'eus peur de l'humilier. Depuis, j'ai constamment regretté de n'avoir pas cédé à ma première inspiration [2]. »

A quoi bon poursuivre ces citations? La droiture de David, sa noblesse d'âme, ne sont-elles pas inscrites dans ces lignes? L'amertume, le dédain, les pensées mesquines qu'on lui suppose, il ne les connut point. C'est lui qui, redoutant la partialité de juges intéressés, osera dire, alors qu'il a sa place dans le jury du Salon : « Je ne reconnais à aucun jury composé d'artistes le droit d'admettre ou de refuser les ouvrages de leurs confrères [3]. »

Édouard Moll, architecte, revient d'Italie : David le recommande à ses amis de l'Anjou [4]. La ville de Nantes s'adresse à lui pour élever le monument de La Tour d'Auvergne : il se désiste

[1] Notes autographes de David appartenant à la famille.

[2] Notes autographes de David appartenant à la famille.

[3] Voir tome II, *Lettres sur l'art*, LXVII.

[4] Voir tome II, *Lettres sur l'art*, XIX.

en faveur du sculpteur Suc [1]. On lui propose d'être le statuaire de *Cambronne* : il indique de Bay. On lui confie l'image de Travot : il la fait offrir à M. Maindron [2].

Nous l'avons vu abandonner à M. Chambard la statue de Rouget de Lisle, lorsque cet artiste était encore son élève. Sortis de son atelier, ceux qu'il a formés n'ont pas de meilleur soutien que lui pendant les années difficiles des débuts. « Le jour des funérailles de Carrel, écrit David, un certain nombre de ses amis me choisirent pour lui élever un monument. Déjà quelques mesures avaient été prises dans ce but. Trois mois après, M. Decamps, chargé des questions d'art au *National*, vint me prévenir qu'il avait proposé à ma place M. Préault. Il avait allégué, me dit-il, auprès de ses collaborateurs, que le monument de Carrel ne pouvait m'être confié parce que je suis membre de l'Institut. « Le *National*, ajoutait-il, fait tous les jours la guerre « à l'Académie, et ce serait de notre part une grave imprudence « de reconnaître du talent à quelqu'un de ses membres ! » Je répondis que je prenais note de cette décision et que j'allais écrire

[1] « La Commission nantaise du monument de La Tour d'Auvergne s'était adressée à moi, mais j'appris que le statuaire Suc, de Nantes, était désireux d'obtenir ce travail. Je me désistai en sa faveur. J'écrivis aux membres de la Commission pour les remercier de la confiance dont ils voulaient bien m'honorer, mais j'ajoutai qu'il m'était impossible d'exécuter la statue de La Tour d'Auvergne; je leur recommandai chaleureusement Suc, et je fis les éloges les plus vifs de son talent (que cependant je ne crois pas à la hauteur de la tâche qu'il ambitionnait). Il ne fut pas, malgré cela, chargé du monument. Ce fut Marochetti qui l'obtint, par la protection de M. Thiers. » — Notes autographes de David appartenant à la famille.

[2] « Lorsqu'on eut songé à élever la statue du général Travot, mon cousin Victor La Revellière et les autres députés de Maine-et-Loire et de la Vendée vinrent me proposer de faire ce monument, ajoutant qu'on leur avait parlé de M. Maindron, mais qu'ils hésitaient à lui confier un travail de cette importance. Je les rassurai, les priant d'avoir confiance en M. Maindron, affirmant qu'il ferait une œuvre remarquable et que leur choix pouvait décider de l'avenir de cet artiste. Voyant ma résolution très-ferme de ne pas accepter pour moi ce monument, ils se rendirent auprès de M. Maindron..... » — Notes autographes de David appartenant à la famille.

en conséquence à mon ami M. Thomas, le directeur du journal [1]. »

David écrivit en effet, et se proposant, en ce qui le concernait, d'offrir à la ville de Rouen le buste de Carrel, aux amis du publiciste sa statuette, il recommandait M. Préault dans les termes les plus nets et les plus chaleureux, afin qu'il fût permis à ce jeune artiste « de fixer l'attention publique en attachant son nom à celui d'un homme aussi justement célèbre que Carrel [2] ». Quelque formel que fût son désistement, David dut céder devant des instances renouvelées, et la statue qui domine la tombe du journaliste est son ouvrage.

Vêtu du costume moderne, debout, dans une attitude remplie d'assurance, Carrel est représenté défendant le *National* devant la Chambre des pairs. Sur le socle, l'artiste a gravé l'apostrophe fameuse de l'orateur rappelant, non sans audace, le procès politique du maréchal Ney [3].

Boncenne, le doyen de l'École de droit de Poitiers, étant mort, ses élèves conçurent le projet de demander son buste à David. Une commission fut instituée à cet effet, et son président écrivit au statuaire [4]. Le maître allait informer l'École de droit de son acceptation, lorsqu'un élève de Bosio, Karl Elshoëct, vint lui dire qu'il était chargé par un étudiant de Poitiers de sculpter l'image de Boncenne. Aussitôt, David s'empressa d'informer la commission qu'il ne pouvait accéder à son désir, M. Elshoëct étant très-capable

[1] Notes autographes de David appartenant à la famille.

[2] Voir tome II, *Lettres sur l'art*, XXXV.

[3] On a maintes fois critiqué la statue de Carrel au point de vue du costume. On trouvera dans les notes de David sur l'esthétique une ingénieuse théorie relative à la gradation qui doit être observée dans la sculpture historique. « Pour certains hommes, écrit le maître, la statue ne doit être que le portrait en pied. » Carrel, journaliste, mort à trente-six ans, est de ceux-là. Toute pensée d'apothéose, indiquée par le choix d'une draperie, eût été déplacée dans le monument de cet écrivain. Si sympathique que dût être pour David la personne du publiciste, le maître n'a pas fait plier devant sa mémoire les lois supérieures de son art.

[4] 10 mars 1840.

d'exécuter le travail que l'on avait eu l'intention de lui confier à lui-même. Mais la commission ne l'entendait pas ainsi. C'est David qu'elle avait désigné, et son président dut s'expliquer avec le statuaire en des termes qui ne lui laissèrent aucun doute [1].

En face des déclarations les plus précises, David ne put maintenir son refus; mais en se rendant, comme à regret, aux vœux de la commission, « Je n'en reste pas moins, écrivait-il, sous cette impression pénible que je suis en concurrence avec un artiste qui semble vivement souhaiter de faire ce travail, et qui, comme je vous l'ai dit, est un homme de mérite [2] ».

Le même sculpteur, Karl Elshoëct, se retrouve en face de David à propos du monument de Jean Bart. Cette fois encore le désintéressement du maître se manifeste dans une correspondance devenue publique et que nous résumerons en quelques lignes.

Invité, au mois d'août 1842, par une commission que présidait le maire de Dunkerque, à se charger de la statue de Jean Bart, le maître répondit qu'il acceptait cet honneur avec d'autant plus de joie que Jean Bart est une gloire française. « Les étrangers, ajoutait-il, qui viendront chez nous en amis salueront son image avec respect; les ennemis de la France se souviendront du courage de l'intrépide marin [3]. » La ville ayant informé l'artiste

[1] « Je dois vous dire, Monsieur, lisons-nous dans la lettre du président à David d'Angers, que le jeune homme qui s'est mis en rapport avec M. Elshoëct a pris un titre qui ne lui appartenait pas s'il s'est donné pour membre de la commission nommée par l'École. J'ai eu l'honneur de présider toutes les assemblées des étudiants; je suis rapporteur de la Commission; son vœu unanime vous a désigné; j'ai été seul chargé de vous écrire, et tout autre que moi est sans autorité comme sans mission. L'ouverture isolée d'un homme sans caractère officiel ne peut influer sur une délibération prise et arrêtée par les mandataires de l'École. M. Elshoëct doit être et sera informé de tout. Ce malentendu ne peut avoir rien de blessant pour lui; nous savons rendre hommage à son mérite. » — 25 mars 1840. — Lettre appartenant à la famille du statuaire.

[2] Voir tome II, *Lettres sur l'art*, *LXII*.

[3] 24 août 1842.

de la modicité de ses ressources, David assurait le maire de Dunkerque qu'il était « heureux de concourir à la souscription par l'offre gratuite de son travail [1] ». Les remercîments les plus chaleureux lui furent adressés. L'artiste, ayant terminé quelques travaux urgents qui le retinrent pendant plusieurs mois, allait entreprendre de modeler l'image de Jean Bart lorsqu'il reçut une lettre du sculpteur Elshoëct. Sa lecture provoqua de la part de David un désistement aussi prompt que généreux. « Quand je reçus la mission d'exécuter la statue de Jean Bart, écrivit-il au maire, j'ignorais que M. Elshoëct se fût déjà proposé [2]. » Et à M. Benjamin Morel, secrétaire de la commission, David écrivait dans le même sens [3]. — « Jamais, répondait le maire, la mission d'exécuter la statue de Jean Bart n'a été destinée ni proposée à M. Karl Elshoëct [4]. » A cette lettre en était jointe une seconde de M. Benjamin Morel, signée par tous les membres de la commission. David recevait également une copie de la réponse faite à son concurrent, dont l'esquisse avait été refusée. « Jamais, était-il dit à cet artiste, il n'est entré dans la pensée de la commission de vous confier la statue de Jean Bart ; aucun de ses actes n'a dû vous le faire croire ni même pressentir [5]. »

Elshoëct ne perdit pas encore tout espoir. David reçut de sa part une lettre suppliante, et, pour la deuxième fois, le sculpteur de *Gutenberg* refusa de modeler *Jean Bart* [6]. Peu après, Elshoëct fit le voyage de Dunkerque, mais sans résultat favorable. De son

[1] 26 août 1842.

[2] Voir tome II, *Lettres sur l'art*, *LXXIX*.

[3] Voir tome II, *Lettres sur l'art*, *LXXX*.

[4] « Je m'explique, sans le blâmer, ajoutait le maire, le désir de M. Elshoëct d'être chargé de la statue, mais rien de notre part ne l'a autorisé à en concevoir l'espérance. C'est à vous, Monsieur, que ce mandat a été uniquement et spontanément offert. Mais, pour ne vous laisser aucun refuge, et rassurer complétement votre délicatesse, je vous dirai qu'il est plus que douteux que votre refus valût à M. Elshoëct le mandat qu'il convoite. — 23 décembre 1842. »

[5] 21 décembre 1842.

[6] Voir tome II, *Lettres sur l'art*, *LXXXI*.

côté, M. Benjamin Morel vint trouver David à Paris afin de lui rendre sa parole.

L'œuvre du maître est connue. L'image de Jean Bart est demeurée populaire. « J'ai voulu, écrira David, indiquer que Jean Bart arrive à l'abordage et appelle ses soldats par un geste qui peut être vu de tout son monde[1]. » Ces simples mots nous dispensent de décrire l'ouvrage. La résolution de la pose, l'allure intrépide ont l'éloquence d'un cri de victoire. La figure de Jean Bart tient tout ensemble de l'œuvre plastique et de la parole, tant il y a d'enthousiasme et de soudaineté dans la statue du brûleur de flottes. C'est bien ainsi qu'on se représente le chef d'escadre, mais il semble que l'attitude, le regard, l'élan du hardi marin, saisissables pour l'œil de la pensée, devaient défier le ciseau. La matière ne fait-elle pas obstacle au mouvement? David a su triompher de la matière. Image coulée d'un seul jet, le *Jean Bart*, après quelque trente ans, paraît encore du bronze en fusion sous lequel on sent palpiter l'héroïsme. Vienne la critique signaler la dépression des hanches ou le volume exagéré de la tête, ces taches légères disparaissent devant l'action brillante, la résolution, le commandement, qui résument si bien dans cette œuvre la valeur guerrière du marin devenu l'épée de son pays. Le caractère moral du sujet est gravé avec énergie sur le monument de Dunkerque : à cet accent, nous reconnaissons une fois de plus l'artiste penseur. D'autre part, le sculpteur se révèle à nous dans le choix du bronze pour cette figure agitée dont le geste eût effrayé le regard si David l'eût cherchée dans la pierre.

Esprit infatigable, le maître s'occupait encore de ce travail lorsqu'il eut la pensée d'ajouter au symbolisme de l'image par le caractère du piédestal. « Je regrette, écrit-il, de ne pas avoir pris l'initiative du piédestal de *Jean Bart*. J'aurais placé quatre

[1] Lettre à M. Benjamin Morel, en date du mois d'août 1843, époque à laquelle David envoya aux Dunkerquois l'esquisse de sa statue. — Voir Raymond DE BERTRAND, *Monographie de la rue David d'Angers à Dunkerque*. Dunkerque, Benjamin Kien, 1859, in-8°.

obusiers à sa base. La plinthe de la statue eût porté sur un mât coupé, entouré de cordages et de fortes ancres. Aux angles, quatre étendards, des canons relevés, quelques accessoires maritimes, eussent aidé à retrouver une forme carrée. — L'idée! l'idée! voilà l'important. Certes, la forme est utile comme complément, mais elle n'est que l'alphabet[1]. » — Paroles pleines de sens qui résument toute la vie du maître, son œuvre aussi bien que sa doctrine. Quoi qu'on puisse penser de cette base décorative improvisée au courant de la plume pour le monument de Jean Bart, il n'est pas douteux qu'une œuvre sculptée gagnerait le plus souvent à ce que son piédestal cessât d'être tracé par une main d'architecte et appartînt de droit au statuaire[2].

David n'assista pas à l'inauguration du *Jean Bart*, qui eut lieu le 7 septembre 1845; mais, s'étant rendu quinze jours après à Dunkerque, il y fut l'objet de l'ovation la plus enthousiaste. Déjà un armateur de la ville avait décoré l'un de ses bâtiments du nom du statuaire, et c'est au bruit des acclamations que le *David d'Angers* était sorti de la rade[3]. Le souvenir encore présent de ces honneurs pacifiques, le mérite de l'œuvre si gracieusement offerte par le maître, l'intention visible chez les habitants de Dunkerque de faire oublier à l'artiste les compétitions fâcheuses qui avaient entravé pendant de longs mois l'exécution du *Jean Bart*[4], tous ces motifs dictèrent à la population la conduite qu'elle devait tenir vis-à-vis du sculpteur.

[1] Notes autographes de David appartenant à la famille.

[2] C'est Hippolyte Le Bas qui exécuta le dessin du piédestal du *Jean Bart*. A l'exemple de David, il offrit gratuitement son travail à la ville de Dunkerque.

[3] Voir sur le monument ou son inauguration le *National* du 28 août 1845, la *Dunkerquoise* des 12 août, 2 et 9 septembre; le *Commerce de Dunkerque* du 11 septembre, le *Journal de Calais*, même date; l'*Observateur des arrondissements d'Avesnes, de Cambrai et de Valenciennes* du 21 septembre, et le *Journal de Dunkerque* du 26 septembre, article intitulé : *La statue de Jean Bart et la reine d'Angleterre*.

[4] Karl Elshoëct avait su apprécier l'attitude désintéressée de David dans l'affaire de Dunkerque. Le 16 août 1845, il adressait à l'artiste les lignes suivantes : « Permettez-moi, Monsieur, de venir vous témoigner toute mon

Le maire l'accueillit à son arrivée en lui souhaitant la bienvenue [1]. Le jour suivant, la ville était pavoisée. A midi, les autorités, les pilotes, les marins, les pêcheuses « portant la hotte sur le dos, le filet sur l'épaule et le panier au bras [2] », se groupaient autour du *Jean Bart*. M. Benjamin Morel, sans rien dire au maître du spectacle qui l'attendait, l'amena devant le monument. A peine eut-il paru que les cris, mille fois répétés, « Vive David d'Angers! » le saluèrent. Une cantate, accompagnée de fanfares, fut exécutée; puis, les corporations réunies s'organisèrent en cortége, et ce fut un défilé triomphal devant la statue. Un lieutenant de port offrit à David le titre de « citoyen de Dunkerque »; le lendemain, le maire, à l'issue d'un banquet,

admiration pour votre statue de Jean Bart, notre célèbre compatriote. C'est une œuvre digne en tous points de votre talent et du grand marin qu'elle représente. L'*Apollon* est un chef-d'œuvre : un peu plus ou un peu moins, c'était mal. On pourrait dire la même chose de votre *Jean Bart*; aussi l'on admire. Je suis, etc. C. Elshoect, de Dunkerque. » — David répondit à ce billet par une lettre qu'on trouvera plus loin. — Voir tome II, *Lettres sur l'art, XCVII.* — Ces détails et ceux que nous avons donnés plus haut furent mal connus du public; aussi, le 22 janvier 1856, c'est-à-dire quinze jours après la mort de David, la *Gazette de France* accepta-t-elle un article signé « Thénot », dans lequel les faits relatifs au *Jean Bart* se trouvaient complétement dénaturés. M. Benjamin Morel se chargea de rétablir la vérité par une lettre en date du 24 janvier, portant la signature de tous les membres encore vivants de la Commission du monument. Cette lettre fut accueillie avec empressement par la *Gazette de France* et publiée dans le numéro du 6 février 1856. On en trouvera le texte aux *Pièces justificatives*, doc. XXXIII.

[1] Voici en quels termes s'exprima le maire, M. Mollet : « Je suis heureux de vous exprimer de vive voix la gratitude de la ville de Dunkerque pour le chef-d'œuvre qui décore sa place publique, et son admiration pour le talent désintéressé qui le lui a valu. Vous nous avez rendu Jean Bart, et vous nous l'avez rendu avec tout son courage, avec tout son génie. Gloire au véritable artiste qui voit et réalise si bien par le sentiment et la pensée, qui sait rendre son nom inséparable du nom du grand homme qu'il reproduit. Gloire à David d'Angers! » — Raymond de Bertrand, *Monographie de la rue David d'Angers à Dunkerque.*

[2] *Commerce de Dunkerque* du 27 septembre 1845. — Nous lisons dans le même numéro : « Hier au soir, M. David s'est rendu à l'église de Saint-Éloi, où reposent les cendres de Jean Bart et de ses descendants. »

renouvelait cette offre à l'artiste. Et celui-ci, pénétré de gratitude, acceptait en termes émus ce droit de cité que Béziers lui avait également conféré, comme si la France eût cédé au besoin d'acclamer d'une frontière à l'autre son sculpteur national. Puis, avant de quitter la salle du banquet, se rappelant que plus d'une fois, pendant les rapides journées qui venaient de s'écouler, les compatriotes de Jean Bart avaient prononcé le nom de madame David, le maître proposa de porter un toast « aux dames de Dunkerque ».

Le troisième jour, accompagné de son jeune fils, le statuaire visitait le minck où toutes les marchandes l'attendaient. Or, pendant qu'elles lui offraient des fleurs en le saluant du titre de « Père de Jean Bart », ses yeux s'étant portés sur la madone placée à l'extrémité du minck, l'une des femmes s'approcha : « C'est là, lui dit-elle, l'image de la protectrice des marins. » David se découvrit aussitôt et resta silencieux[1].

Quelques heures plus tard, l'artiste quittait Dunkerque avec son fils et se dirigeait vers Saint-Omer[2].

Trois ans après, Dunkerque dépossédait de son nom la rue de Chartres et l'appelait « rue David d'Angers[3] ».

L'artiste, attendu à Calais, se proposait de ne s'arrêter que quelques heures à Saint-Omer, mais les amis qu'il comptait dans cette ville obtinrent qu'il leur accorderait une journée. Instruits de la présence du maître dans leurs murs, les gardes nationaux se réunirent à la hâte et vinrent, musique en tête, saluer le sculpteur patriote. Au discours chaleureux qui lui fut adressé par le capitaine Pierret, David répondit avec émotion :

« Comment l'enfant du peuple, le simple artiste, trouverait-il des paroles pour vous remercier dignement? Son cœur est trop

[1] M. Juvénal Caillicz, armateur, fit accepter à M. Robert David, en souvenir de cette journée, le modèle réduit d'un Navire, finement exécuté par son frère, ancien capitaine de corsaire à Dunkerque.

[2] La *Dunkerquoise* du 27 septembre 1845, M. David d'Angers à Dunkerque.

[3] Arrêté du 3 mars 1848.

vivement impressionné. Il reçoit en ce moment la plus douce des récompenses, et il en conservera l'éternel souvenir : merci, oh! mes amis! merci! vous qui avez fait connaître à vos concitoyens mon âme et ma vie, merci! Cette journée est bien belle et m'encourage : oui, je veux travailler sans cesse à retracer les faits héroïques de ce grand peuple dont j'ai été un des enfants les plus pauvres. »

Le commandant Bachelet, qui se tenait à la droite de David, lui dit aussitôt : « Vous êtes ému, David, de voir ainsi honorer par le peuple l'artiste enfant du peuple; ne vous en étonnez pas. Le peuple salue non-seulement le grand sculpteur, mais encore le patriote sincère dont la vie est sans tache et l'âme sans bassesse. »

A l'issue du repas, pendant lequel David donna l'essor aux élans de son grand cœur, les amis de l'artiste le conduisirent à la voiture publique en lui faisant promettre de séjourner plus longtemps quand il reviendrait dans leur région pour « vérifier » la pose de la statue d'Eustache de Saint-Pierre. « Quelques personnes, lisons-nous dans un journal du temps, lui ayant reproché de ne pas s'être trouvé à Dunkerque avec Arago, ce qui aurait fourni aux populations de ces contrées l'occasion de saluer à la fois le génie et la science, — « Je ne devais pas y être, « répondit David, car il fallait laisser à Jean Bart tous les « honneurs de la journée, et la moindre parcelle d'attention « que votre bonté m'eût accordée eût été un vol fait à ce marin « célèbre[1]. »

En quittant Saint-Omer, David prit la route de Calais. Avant son départ de Dunkerque, des Calaisiens étaient venus le presser de se rendre dans leur ville, au sujet du monument d'Eustache de Saint-Pierre que depuis longtemps le maître avait

[1] L'*Éclaireur, journal politique de Saint-Omer*, du 3 octobre 1845. — Voir aussi le *Mémorial artésien de Saint-Omer*, du 1er octobre 1845, Réception de David à Dunkerque et à Saint-Omer.

l'intention de modeler[1]. « Je savais bien que je serais faible en « présence de vos sollicitations, répondit l'artiste, car je sentais « que mon cœur me portait vivement à Calais. Mais, je vous en « prie, recevez-moi incognito, entre nous, comme l'un de vos « collègues ; les réceptions comme celles que m'ont faites les braves « populations de Strasbourg et de Dunkerque tuent par les « émotions qu'elles donnent[2]. »

Le dimanche 28 septembre, à dix heures du soir, David arrivait à Calais. Le lendemain, dès la première heure, il était mis en rapport avec les membres de la Commission du monument; et, après avoir vu à l'hôtel de ville la copie du tableau des *Bourgeois de Calais* d'Ary Scheffer et le buste d'Eustache par Cortot, il se rendait sur la place d'armes, et expliquait en quelques mots comment il entendait que la statue du glorieux bourgeois calaisien fût posée :

« — Cette statue doit occuper le milieu de la place, le dos tourné à l'est, le côté droit à la rue du Havre et la face à l'ouest, du côté de Sangatte, où se trouvait le camp d'Édouard; c'est de ce côté que la statue doit se diriger, parce que c'est là que s'est accompli l'acte de dévouement. C'est de ce côté aussi que se fait le mouvement de la population de la ville au port, et du port à la ville; et enfin, de votre hôtel de ville, on pourra voir la figure d'Eustache de Saint-Pierre. Et, si votre cité était de nouveau assiégée, je me figure vos magistrats municipaux parlant

[1] Voir tome II, *Lettres sur l'art*, *XCII*, *CX*, *CXVI* et *CXX*.

[2] Raymond DE BERTRAND, *Monographie de la rue David d'Angers à Dunkerque*. — Voir aussi *Industriel calaisien* du 20 janvier 1856. — « A la suite de cette entrevue, ajoute le *Journal de Calais* du 2 octobre, le délégué de la Commission calaisienne se croyait obligé, avant son départ, d'écrire à David d'Angers pour le rassurer : « Maintenant que je vous ai vu, que je vous ai entendu, que « je vous connais, Monsieur, je vous le promets, mes collègues et moi, nous « tâcherons de modérer l'élan de notre reconnaissance, de celle de nos conci- « toyens. Vous serez reçu sans bruit, simplement, comme votre modestie « d'artiste de génie le demande, mais de tout cœur, comme les obligés reçoivent « leur bienfaiteur. »

à la population du haut du balcon, et l'électrisant en lui montrant la statue et le sublime enseignement qu'elle rappellera. »

Sur le port, il s'arrêtait un instant devant la colonne commémorative du débarquement de Louis XVIII, et il s'étonnait en ces termes de ne pas y voir une inscription :

« Ce sont des traces historiques qu'il faut se garder d'effacer, « parce qu'elles donnent de l'intérêt et de l'importance à une « ville. »

Pendant le déjeuner, que la société lui offrait à l'hôtel Dessin, un membre lui ayant demandé s'il ne renoncerait pas à revêtir Eustache du costume de la défaite :

« — Je m'en garderai bien, répondait-il ; il faut que la masse « reconnaisse de suite ma statue, dise sans hésitation en la voyant : « C'est lui, c'est Eustache ! » Je conserverai donc la chemise « traditionnelle, cette glorieuse tunique du martyr. Mais soyez « tranquilles, mon *Eustache* ne ressemblera pas à un vaincu, et « le Régulus calaisien aura cette triomphante auréole du citoyen « qui va mourir pour sauver sa patrie. Du reste, avec les deux « ou trois pieds carrés donnés seulement au statuaire, c'est le « seul moyen de représenter d'une manière bien précise, bien « déterminée, le drame calaisien que je dois personnifier dans la « seule figure d'Eustache de Saint-Pierre. Des bas-reliefs diront « ensuite ce drame tout entier, et Jean de Vienne ne sera pas « oublié : le courage militaire aura donc aussi sa place. »

Au moment du départ, David d'Angers laissait aux habitants de Calais ces paroles d'adieu :

« Ma visite d'aujourd'hui ne compte pas, Messieurs ; ma visite « sérieuse sera celle où je laisserai à votre ville ma carte de bronze « de statuaire, la statue d'Eustache. Mais pressez-vous ! je ne « voudrais pas mourir sans avoir payé ma dette au plus noble, au « plus sublime dévouement qui illustre notre histoire nationale. « Dans deux ans, inaugurez votre statue, et comptez sur vos « concitoyens, renommés par la chaleur et la générosité de leur

« cœur, comme vous pouvez compter sur moi pour la réalisation « de votre patriotique entreprise[1]. »

Lorsqu'il fut rentré à Paris[2], le maître, épris de toute grande cause, modela au profit de la Pologne la médaille vengeresse des *Massacres de Gallicie*, l'image de Kosciusko, le pâle et doux profil de la Liberté[3]. A l'Italie, il dédia les traits d'Attilius et d'Émilius Bandiera; à la France, ceux du maréchal Ney, de Labédoyère, des Jumeaux de la Réole, et des quatre Sergents de la Rochelle[4]. Puis ce même artiste, chez lequel une critique intéressée s'est plu trop souvent à chercher l'homme de parti, sculptait, pour sa collection de médailles, l'impératrice Joséphine et le prince Eugène de Beauharnais, tandis qu'il dressait l'image colossale du général Gobert et celle de Larrey.

Du portrait vivant et vénérable de Larrey, on ne peut qu'admirer l'expression. Les lèvres franches, empreintes de bonté, le regard droit, suffisent à justifier la belle parole de Napoléon sur son chirurgien : « Larrey est l'homme le plus vertueux que j'aie connu. » David n'a point oublié de rappeler un pareil titre; Larrey presse sur son cœur le testament de Sainte-Hélène qui l'a fait illustre et que son grand caractère ne devait pas démentir. Drapé dans son manteau avec l'élégance et l'ampleur que David sait imprimer au costume moderne, le

[1] Voir sur le projet du monument d'Eustache de Saint-Pierre et la réception de David à Calais le *Journal de Calais* des 26 février, 26 mars et 2 octobre 1845; l'*Industriel calaisien* des 9 décembre 1848 et 17 novembre 1850; le *Mémorial artésien de Saint-Omer* du 4 octobre 1845.

[2] David, en quittant Calais, s'était rendu au Havre où l'appelait la Commission des monuments de Casimir Delavigne et de Bernardin de Saint-Pierre. Pareil voyage avait été effectué par le maître quelques mois auparavant, ainsi que l'atteste cette note : « 23 avril 1845. Je vais au Havre porter mes esquisses de Bernardin de Saint-Pierre et de Casimir Delavigne, afin de les soumettre à la Commission des deux monuments. » — Notes autographes de David appartenant à la famille.

[3] Voir tome II, planche X.

[4] Voir tome II, *Lettres sur l'art, CXI.*

médecin militaire, tout entier à l'exercice de son art, tend une main savamment modelée vers ses instruments de chirurgie qu'il va saisir. Le front est baigné d'idéal. Mais qu'il nous soit permis de regretter que le respect de la vérité historique ait obligé le maître à traduire avec trop d'exactitude les proportions ramassées de son modèle. Un si grand nombre de nos contemporains avaient connu le personnage qu'il allait modeler, que nous comprenons sans peine les scrupules du statuaire, mais l'image de Larrey manque de sveltesse : la critique voudrait le torse plus long[1].

Quatre bas-reliefs décorent le piédestal. Les batailles d'*Austerlitz*, des *Pyramides*, le passage de la *Bérésina*, la victoire de *Somo-Sierra*, sont reproduits dans ces pages de métal avec une audace qui fait songer au pinceau. Emporté par son sujet, plein de l'héroïsme de Larrey qu'il voulait montrer pansant les blessés, insouciant du choc des bataillons, sous le feu des balles, prodiguant ses soins aux deux camps, David ne s'est plus souvenu du jugement que lui-même avait formulé contre la sculpture pittoresque. Est-il nécessaire de le rappeler? la teinte monochrome du bronze interdit au statuaire de multiplier les plans d'un bas-relief. L'exemple sans cesse invoqué de Ghiberti, le sculpteur des portes du Baptistère, ne saurait excuser la hardiesse de quiconque voudra suivre ses traces sans parvenir à l'imiter dans le soin des détails. Ce n'est pas tant à l'aide de la pensée qu'avec l'ébauchoir le plus fin, le plus délié, le plus patient, qu'on peut atteindre au style du Florentin. Il n'est pas inutile d'ailleurs de rappeler que les portes du Baptistère ont exigé de la part de Ghiberti quarante années de travail. Or, David, avec son entrain d'artiste, a modelé ses batailles dans ce sentiment énergique qui ne lui permet pas de sacrifier l'ensemble aux détails, et, dès le troisième plan, l'œil a peine à se reconnaître parmi ces figures ébauchées. Mais il ne nous coûte pas de relever le mérite de la

[1] Un accident survenu pendant la fonte obligea l'artiste à réduire les proportions de l'œuvre définitive.

composition dans les bas-reliefs du monument de Larrey. Ils avaient leur place aux pieds de l'homme illustre que David a fait revivre, et la gloire personnelle du chirurgien s'accroît ainsi de l'éclat des grandes journées dont il sut atténuer les pertes[1].

Frappé à mort, et tombant de son cheval qui se cabre devant un guérilla que masquait un pli de terrain, tel est Gobert. Le jeune général, vêtu du costume de son grade, laisse pencher sa tête, et d'une main qui défaille serre encore la poignée d'un sabre brisé : groupe imposant et hardi que l'artiste a taillé dans une roche de Saint-Béat.

C'est au fils du général, Napoléon Gobert, mort à vingt-six ans pour s'être imprudemment baigné dans le Nil, que revient l'initiative de ce monument. Tout le monde a lu le testament de ce jeune homme, fondateur des « prix Gobert » entre les mains de l'Institut : « J'aurais voulu, écrit-il, rendre ma vie utile à mon pays. J'ai fait des projets, et le courage ne m'aurait

[1] Voir *Gazette des Hôpitaux* du 6 janvier 1846, la statue de Larrey dans l'atelier de David d'Angers; nos des 10 et 17 août 1850, Inauguration de la statue de Larrey; le *Daguerréotype théâtral* du 24 juillet 1850, la *Presse* du 10 août 1850, le *Précurseur de l'Ouest* des 26 et 28 août 1850, Inauguration de la statue de Larrey. — *Compte rendu des travaux de la Commission de souscription pour le monument de Larrey.* Paris, Baillière, 1850, in-8°. — J. Sabbatier, *Quelques mots sur la statue de Larrey.* Riom, Leboyer, 1850, in-12. — Dans le bas-relief d'*Austerlitz*, par une licence qui était en même temps une marque d'attention délicate, l'artiste a figuré sous les traits de l'aide-chirurgien le fils du modèle, baron Larrey, membre de l'Académie de médecine, depuis chirurgien en chef pendant la campagne d'Italie (1859). C'est lui qui adressait à David cette lettre touchante le 18 décembre 1845 : « Mon ami, je voudrais vous écrire selon mon cœur ce que je n'ai bien su vous dire, en voyant renaître par la toute-puissance de votre talent la grande figure de mon père. Mais ce sentiment-là, je ne saurais l'exprimer par des mots; il est si lié à ma tendresse et à mon respect pour lui, à mon amitié et à mon admiration pour vous, qu'il m'impose le silence des joies ineffables de l'âme. Merci, mon généreux et illustre ami, David, merci; l'avenir peut-être me permettra mieux que le présent de vous vouer aussi un culte de reconnaissance et de vénération filiales. H. Larrey. » — Bien que le monument fût achevé en 1846, l'inauguration, par des circonstances étrangères à la volonté de l'artiste, s'en trouva retardée jusqu'en 1850. — Voir *Pièces justificatives*, doc. XXXIV.

pas manqué; mais la santé n'allume pas le flambeau de mon intelligence, et toutes mes facultés, grandes peut-être, languissent éteintes. L'étude est une lutte qui m'épuise et où je succombe. Que ma mort, du moins, soit profitable à ma patrie, et puissé-je faire avec mes biens ce que je n'ai pu faire avec mon esprit. »

Soucieux du renom paternel, non moins que des intérêts de la science, le jeune Gobert affectait deux cent mille francs au groupe équestre et à trois bas-reliefs dont il précisait le sujet, en désignant David d'Angers pour l'exécution de ce travail[1].

A son tour, l'artiste voulut honorer la piété filiale du jeune voyageur en ajoutant au tombeau de son père un quatrième bas-relief dans lequel Napoléon Gobert est représenté mourant en Égypte, et chargeant de ses dernières volontés son ami M. de

[1] Voici l'extrait du testament de Napoléon Gobert relatif au monument de son père : « Dans un vieux secrétaire d'acajou à baguettes de cuivre, on trouvera un cœur de plomb qui renferme le cœur de mon père. Je veux qu'il soit élevé au cimetière du Père-Lachaise un monument où ce cœur sera déposé. Je consacre à la construction du monument une somme de deux cent mille francs (200,000 francs), et désire que M. David, auteur de la statue du général Foy, en soit chargé; le monument sera surmonté de la statue équestre de mon père, représenté au moment où il fut blessé. La face antérieure du monument portera cette inscription : « Jamais, ô mon père, les ennemis n'ont touché de « ton sabre que la pointe, et dans une défaite tu es mort. » — La face latérale, à droite, portera un bas-relief et ces mots qui en expriment le sujet : « Au « combat de Vicoigne, le général en chef Dampierre, expirant, chargea le « général Gobert de recueillir les débris de son armée, et lui fit don de son « sabre de bataille. — J'espère, dit celui-ci, que je l'honorerai encore. » — La face latérale, à gauche, portera un bas-relief et ces mots qui en expriment le sujet : « On conseillait au général Gobert, gouverneur de Bologne, de disperser « avec la mitraille les habitants insurgés; mais il sortit de son palais, et, allant « à eux, il réussit par ses paroles à les faire rentrer dans l'ordre. » — La face postérieure portera un bas-relief et ces mots qui en expriment le sujet : « A la « Martinique, pendant un combat contre les noirs, le général Gobert, apprenant « qu'ils avaient enfermé leurs prisonniers dans une maison minée, y courut « et tua le gardien qui approchait déjà une mèche enflammée. » — Le portrait de mon père sera remis au sculpteur, et je prie mes légataires de lui donner tous les renseignements qu'ils pourront fournir. Si quelque partie de ces dispositions ne peut être exécutée, que le reste du moins le soit, à moins que je ne l'aie fait de mon vivant. »

Guernissac. Puis, malgré cet accroissement volontaire de sa tâche, estimant que cent mille francs devraient suffire à le rétribuer, David laisse à l'Institut la moitié de son legs. En même temps, il s'adresse aux carrières des Pyrénées, afin de favoriser par son exemple l'adoption des marbres français[1].

Le bas-relief où est retracée la mort du général Dampierre, tué le 8 mai 1793, dans le bois de Vicoigne, près de Valenciennes, est une page militaire d'un style élevé. Gobert, alors âgé de vingt-trois ans, presse dans ses bras le sabre de son chef; mais, à travers l'expression d'angoisse écrite sur son visage, l'homme du commandement se devine au regard et à la pose du personnage.

Plus grec que le précédent par une heureuse opposition du nu et du costume moderne, le bas-relief dans lequel Gobert est représenté délivrant à Saint-Domingue des Français tenus prisonniers dans une maison minée, se distingue par la vivacité du mouvement et le caractère des profils. L'accent de haine sauvage qui s'échappe des groupes modelés par le maître avertit qu'il ne s'agit plus ici d'une bataille, mais d'une émeute.

Tout autre est le général apaisant une sédition par sa seule présence à Bologne. Impassible et dominateur, il obtient que les insurgés baissent leurs armes. Ce bas-relief est à notre sens le plus remarquable du monument.

Ce n'est pas que le tableau reposé de la mort de Napoléon

[1] Voir la *Presse* du 12 juin 1847, Tombeau du général Gobert, par M. Jules Sandeau; le *National* du 16 août 1847, le Monument du général Gobert. — Les cent mille francs réservés par David furent loin de couvrir les dépenses du sculpteur. David étant entré en affaires avec une compagnie encore au début de son existence, la faillite de cette société l'obligea à payer deux fois l'énorme bloc de marbre exigé par la statue équestre. Le transport, laissé à sa charge, tant par suite de la première faillite que par la mauvaise foi des entrepreneurs, fut très-onéreux. David crut devoir intenter aux directeurs des carrières un procès qu'il gagna, mais dont il paya les frais, faute de fonds chez ses adversaires. La rémunération de son praticien fut presque doublée par la nécessité où il se vit de l'envoyer avec de nombreux ouvriers dégrossir le bloc à Saint-Béat, avant qu'il fût dirigé sur Paris. Bref, le maître ne retira de toute cette affaire que l'honneur d'avoir exécuté un beau travail.

Gobert, qui complète le tombeau, ne soit imprégné de poésie. Les branches d'un palmier protégent le front du mourant; l'âpre silhouette des Pyramides se détache sur le fond; au premier plan, une figure allégorique de la Jeunesse s'est affaissée, tandis que le compagnon de Gobert reçoit ses adieux et part pour la France.

David travaillait encore au monument de Gobert lorsqu'il accepta d'exécuter la statue de Leperdit, que la ville de Rennes se proposait d'élever[1]. Le préfet de la Vienne lui ayant demandé de concourir à la décoration du Palais de justice de Poitiers, l'artiste offrait de représenter *Mathieu Molé résistant aux factieux, le président La Vacquerie refusant à Louis XI l'enregistrement d'édits onéreux pour le peuple*, et *Anglas d'Alleray, lieutenant civil au Châtelet, faisant élargir un malheureux*[2].

A Blois, où l'amène un jour Arago, il se promet d'ériger la statue de Papin[3]. Deux ans plus tard, il s'entretient avec les Marseillais

[1] « Né pauvre, lisons-nous dans un rapport présenté au Conseil municipal de Rennes, le 14 mars 1839, Leperdit, après avoir rempli avec honneur la première magistrature d'une grande ville, rentra, pauvre encore, dans la condition modeste où il était né... Voici un simple tailleur placé par le suffrage de ses concitoyens à la tête de la cité, qui, loin de faire de ses fonctions le piédestal de sa fortune, se glorifie au contraire de sa condition native, prêt à y rentrer de nouveau quand ses services auront cessé d'être indispensables. » C'est en 1793 que Leperdit a rempli la charge municipale. — Archives municipales de la ville de Rennes. — Cette statue n'a pas été exécutée par David.

[2] Voir tome II, *Lettres sur l'art, LXVIII*.

[3] Nous lisons dans le *Courrier de Loir-et-Cher* du 5 octobre 1843 : « M. Arago et M. David d'Angers sont arrivés hier à Blois. Le monument à élever à Papin est le but principal de ce voyage. M. David d'Angers a offert, avec un désintéressement dont il a déjà donné tant de preuves, le concours gratuit de son admirable talent. La statue de Papin, comme celles de Gutenberg et de Corneille, comme le Fronton du Panthéon, sera son œuvre. » Le numéro du 8 octobre contient ces lignes : « M. David d'Angers a été saisi au premier aspect de toutes les ressources qu'offrait à l'art un emplacement comme celui du centre du pont. Là, disait-il, ma statue a de tous les points pour fond et pour encadrement l'azur du ciel. Les bateaux s'inclinent et saluent l'inventeur de la vapeur; soit que l'on voyage sur le fleuve, soit que l'on parcoure ses rivages, Denis Papin fixe de loin tous les regards. » A la fin du banquet offert à MM. Arago et David d'Angers, le statuaire s'est levé : « Mon toast à la ville de Blois, a-t-il dit, sera

de la statue de Puget[1]. Il semble que l'activité de l'artiste n'ait fait qu'augmenter avec les années. Toute grande figure qui se réclame de lui le trouve prêt, si l'image plastique qu'on lui demande doit honorer son pays ; mais, nous croyons l'avoir démontré, l'intérêt de ses confrères pèse aux yeux du maître d'un poids décisif sur ses travaux. Rival de son maître Louis David, par cette bienveillance qui ne l'a jamais quitté, le sculpteur a laissé le souvenir d'une loyauté dont les siens ont le droit d'être fiers.

Après avoir étudié David dans ses relations avec les artistes, qu'on nous permette de jeter un dernier coup d'œil sur l'homme intime. Pierre-Jean David est de ceux dont on ne craint pas de scruter la vie. Une haute renommée ennoblie par la pureté des mœurs et l'intégrité du caractère est bien faite pour captiver le regard. A Béziers, à Strasbourg, à Dunkerque, David nous est apparu entouré des siens. N'est-ce pas lui qui écrivait naguère à M. Azaïs : « Je voyage toujours comme les anciens patriarches. » Ses nombreuses excursions dans le midi de la France, dont le soleil vivifiant lui rappelait l'Italie, eurent lieu en compagnie de sa femme et de ses jeunes enfants. Il séjournait avec bonheur à Arles, à Nîmes, où il connut Jean Reboul[2]; à Estagel, lieu natal

ma statue de Papin. » — Ce projet, entravé par des compétitions nombreuses et des difficultés de toutes sortes, n'a pas été réalisé par David. « En quittant Blois, ajoute le *Courrier de Loir-et-Cher*, MM. Arago et David d'Angers sont allés visiter Chambord. Ils ont vivement déploré l'état de dégradation de ce beau monument. »

[1] Voir tome II, *Lettres sur l'art, CXXXI*. — Voir aussi *Lou Bouil-Abaïsso de* 1845, n° du 8 mars 1846, la Statue de Puget ; A David d'Angers, poëme en langue provençale, par Jh. Désanat.

[2] « A Nîmes, je suis allé voir Reboul, le poëte. Pour monter à la chambre où il reçoit ses visiteurs, il faut traverser la boutique où l'on vend le pain, ainsi que la boulangerie, à travers une double haie de sacs de farine. J'ai dessiné son profil qui va me permettre de modeler son médaillon que je veux lui offrir. Nous avons passé quelques heures dans une sorte d'ivresse poétique. Sa conversation est substantielle, animée, comme celle des Méridionaux, mais une saine raison gouverne ses idées. Nous avons visité la terrasse qu'il a fait élever

des Arago. Des douleurs rhumatismales, fâcheux apanage des statuaires, le rappelèrent à Baréges pendant près de dix saisons. Les mois de repos qu'il s'accordait ainsi dans les Pyrénées, il les employait à parcourir les gorges des montagnes, gravissant toutes les cimes, s'enivrant d'extase, de lumière, de poésie, devant l'œuvre du grand artiste. Écoutons-le, les pages qui vont suivre nous permettront d'apprécier l'écrivain chez David.

« En sortant de Baréges pour gagner le pic du Midi, l'homme demeure saisi par l'aspect sévère de la nature. L'austérité de ses lignes en cet endroit eût inspiré Poussin. Il semble qu'on ait sous les yeux les vieux ossements du globe, empreints d'un caractère formidable. Le soleil en éclaire une partie, tandis que l'autre moitié, plongée dans l'ombre, revêt une teinte de mélancolie et donne l'idée d'une sublime vieillesse. Plus loin, un lac morne. Aucun souffle ne vient rider sa surface. J'avance toujours, et toujours je vois à ma gauche cette eau sinistre, semblable au remords qui accompagne l'homme en tout lieu.

« Au pic du Midi, un océan de nuages s'étend à vos pieds, voile immense, sous lequel l'humanité disparaît avec son cortége de misères. On se sent plus près du ciel; l'âme éprouve ce calme qui est le prélude de l'éternité. Fortune, gloire, amour, tout semble néant. On oublie jusqu'aux choses dont on a souffert! On voudrait, s'élevant sur les ailes de l'immortalité, planer dans ces régions sereines, loin de notre monde si petit, et que les passions humaines amoindrissent encore.

« J'aperçois au bas de la montagne nos chevaux réduits à la grosseur d'oiseaux. Je vais les rejoindre tout à l'heure et rentrer dans la sphère des douleurs terrestres. Je me rapetisserai, pendant qu'ici je crois avoir des proportions colossales. Les Perses, en dressant leurs autels sur les sommets, avaient bien compris

sur sa maison. C'est là qu'il travaille pendant la journée, à l'air vif, protégé contre le soleil par un frêle réduit d'où la vue est splendide. » — Notes autographes de David appartenant à la famille.

l'éloquence des grands sites. Et pourtant, l'autel sur lequel j'écris ces lignes s'écroulera dans la plaine, car chaque jour des fragments se détachent de la montagne : la nature, comme les peuples, comme l'homme, est soumise à une loi de destruction.

« Nous descendons. Le brouillard, toujours plus intense, permet à peine de distinguer les personnes qui composent notre caravane : nous ressemblons à des ombres en marche vers l'enfer. Les chevaux trébuchent sur la crête des précipices. La beauté, la jeunesse, le talent, sont également obscurs sous cette brume. Parfois, cependant, j'aperçois une jeune fille au pied rapide, à la taille élancée, au teint mat, qui nous précède : on dirait l'Espérance frayant la route à l'humanité.

« Quelqu'un me dit : Il serait beau de faire une statue équestre sur cette montagne. — L'art est trop infime, ai-je répondu, devant les œuvres de cette étonnante nature. L'image d'un être supérieur que l'œil ne pourrait discerner à cette altitude serait un jeu d'enfant. Cela rappellerait les ballons qui vont se perdre dans les nuages avec des inscriptions que personne ne peut lire. Hélas! l'homme, fût-il doué de génie, est bien l'hôte de la terre[1] ! »

Quelques jours après, c'est dans la direction de Saint-Béat que nous surprenons David. « Je quitte mon crayon, dira-t-il; me voilà en face des Pyrénées, près de Saint-Béat. Adieu, art des hommes, triste ou risible imitation des sublimes aspects de la nature. L'air des montagnes dilate ma poitrine; il semble que ma tête, délivrée du cercle de plomb dont l'enserrent les villes, va toucher l'infini. Chaque tableau de la création est une page de son livre. S'il nous était permis de lire tous les poëmes semés par Dieu dans l'espace, notre frêle cerveau n'y pourrait tenir. Les montagnes sont les échelons qui nous rapprochent du ciel, objet des constantes méditations de l'homme, récompense promise par toutes les religions. C'est à cause de cela, sans doute, que les montagnes nous émeuvent si profondément[2]. »

[1] Notes autographes de David appartenant à la famille.
[2] Notes autographes de David appartenant à la famille.

Près de regagner Baréges, il entre dans un cimetière de village : « A Gèdre, chaque tombe est recouverte d'une simple dalle posée à plat : cela produit l'effet des ratures que présente le manuscrit de l'écrivain quand le poëme est terminé[1]. »

« Si le spectacle des montagnes oppresse, dit-il encore, la vue des précipices paralyse. Ce matin, je suis sorti de Baréges monté sur un cheval ombrageux, — moi qui ne suis pas cavalier, — dont la tête était décorée de ces iris qui croissent à profusion près de la cascade de Cérisey, sur la route du lac de Gaube. J'avais peine à retenir un sourire mélancolique en me rappelant que les anciens couronnaient de fleurs les victimes vouées au sacrifice : je me suis demandé si j'allais mourir.

« Au Pont-d'Espagne, la cascade se précipite d'une hauteur prodigieuse. Je me suis penché sur le gouffre, et au fond de l'abîme j'ai vu un petit arbre dont les branches dépouillées pliaient sous les vagues bouillonnantes du gave. Comment cet arbuste a-t-il pu trouver assez de terre pour prendre racine? Il lui faut lutter incessamment contre l'ennemi terrible qui le menace. Ses rameaux, privés de verdure, ont quelque chose de suppliant. Ce roseau m'a rappelé l'homme, toujours aux prises avec le malheur, qui, plus fort que lui, tôt ou tard emporte ses dernières dépouilles[2]. »

Est-ce que ces lignes ne sont pas d'un penseur? Le véritable artiste n'est jamais un témoin vulgaire. Son esprit, sans cesse en éveil, analyse, scrute, interprète ce que découvre son œil. Il ne voit pas sans être ému ; l'idée a chez lui la subtilité du regard. Une pierre qui tombe, l'eau dormante d'un lac, un nuage, une fleur, un roseau, ont un sens et une langue pour l'artiste. Pénétration d'une âme en colloque avec la nature, voix toujours vibrante au fond du cœur, n'êtes-vous pas le signe du génie?

En 1842, David, accompagné de sa femme et de son fils, visita

[1] Notes autographes de David appartenant à la famille.

[2] Notes autographes de David appartenant à la famille.

le nord de l'Espagne. Ce pays l'impressionna vivement, mais la récente proscription de Marie-Christine, les complots militaires de Concha et de Diégo-Léon, une régence mal affermie, laissaient l'Espagne en proie à la guerre civile. Les chemins interceptés ne permirent pas au statuaire de dépasser les bornes de la Catalogne.

Le maître parcourut encore une grande partie de la France, aimant à revoir l'Anjou, la Vendée, la Bretagne, et cela sans jamais se séparer des siens, car « lorsqu'il était seul, c'est lui qui l'a dit, il ne savait pas jouir de la nature ». Il conçut aussi le projet de se rendre en Grèce [1], mais l'heure n'était pas venue pour lui de saluer la patrie de Phidias. Il eût porté sur les ruines d'Athènes un visage heureux, Dieu lui réservait de jeter l'ancre au pied de l'Acropole, poussé par le vent de l'exil.

De retour dans sa maison de la rue d'Assas, où nous avons introduit notre lecteur, David aimait à se recueillir à son foyer. La sollicitude du père et de l'époux nous est attestée par les médaillons nombreux de sa femme et de ses deux enfants, Robert et Hélène David [2]. Si Michel-Ange a fait illustre son vieux serviteur Urbin en racontant sa mort à Vasari [3], David a modelé le profil de l'humble servante qui entourait de ses soins son fils et sa fille [4]. On sait le trait de Flaxman faisant asseoir à sa droite en une circonstance solennelle John Burge, son polisseur de marbre. Avec plus de simplicité, David a sculpté l'image du fondeur de sa collection de médailles, Louis Richard.

[1] « Quand nous vîmes le statuaire David, il y a peu de jours, il se disposait à quitter momentanément la France et à s'embarquer pour la Grèce. » — A. Maillard, *Notice sur quelques œuvres récentes de M. David d'Angers*, datée du 20 octobre 1841. *Bulletin de la Société industrielle d'Angers*, XIIe année.

[2] Il esquissa les *Quatre Ages de l'enfance*, composition naïve destinée dans la pensée du maître à décorer le gobelet de son fils. Modelés en cire par David, ces petits bas-reliefs ont été ciselés plus tard par Froment-Meurice.

[3] Voir Bottari, *Recueil de lettres sur la peinture, la sculpture et l'architecture, écrites par les plus grands maîtres.*

[4] Thérèse Olivier. C'est elle également que l'artiste a représentée au premier plan, tenant un enfant sur son bras, dans le bas-relief de la porte d'Aix, le *Départ des Volontaires.*

« Si la vie ne m'échappe bientôt, écrit un jour le statuaire, je veux faire un groupe de *Laocoon*. Les enfants seront morts, étouffés par le serpent. Le père, n'ayant plus de motifs de lutte, regardera dans son abattement douloureux le corps de ses fils, sans s'inquiéter du reptile qui va le dévorer. Tous ceux qui chérissent leurs enfants comprendront ma pensée [1]. » C'est ainsi que rien chez David, pas même la vie d'intimité, ne pouvait exclure le travail. « Il maudissait les courtes journées, a dit un témoin; et quand venait la belle saison, il ne perdait pas une heure [2]. »

Un tragique incident, dont il est aisé de saisir le lien avec la tentative de meurtre que nous avons racontée, faillit de nouveau mettre en péril la vie du maître. Un soir d'hiver, David rentrait chez lui. Il pouvait être minuit. Il y avait bal costumé au théâtre de l'Odéon. « Arrivé devant ce monument, j'ai vu, nous apprend l'artiste, une préface animée de ce qui se passait dans la salle. Je me suis arrêté quelques instants, retenu par les réflexions que me suggérait ce délire d'un peuple qui croit s'amuser parce qu'il est en proie au paroxysme de la fièvre. Tandis que j'examinais les groupes qui se croisaient en tous sens, j'étais observé moi-même par un grand jeune homme couvert d'un manteau, la face dénaturée par un faux nez et de longues moustaches. Il se retrouvait partout sur mes pas : je le remarquai. C'est alors qu'il disparut; mais quand je me dirigeai vers ma maison, je le revis debout au milieu de la chaussée de la rue de Vaugirard, à l'entrée de la rue d'Assas. Il fit un mouvement brusque comme s'il eût eu l'intention de venir sur moi. Je saisis mon pistolet et l'armai.

[1] Notes autographes de David appartenant à la famille.

[2] Gustave PLANCHE, *David d'Angers. Revue des Deux Mondes*, 1er mars 1856. — « Le ciel se colore d'une lumière rougeâtre vers l'orient, écrit David à son atelier. J'entends la vigilante Thérèse qui fait lever Robert et Hélène, non sans peine et sans réprimandes. Elle leur promet de ces riens qui calment l'enfance. » — Notes autographes de David appartenant à la famille.

Des chanteurs revenant de la barrière se firent entendre : mon individu parut hésiter. Je marchai rapidement, mais j'aperçus bientôt son ombre qui me devançait; je le sentis qui allongeait le pas; il allait me rejoindre quand je frappai à ma porte qui s'ouvrit tout de suite. Elle était à peine refermée que nous entendîmes un coup violent. Mon concierge demanda qui était là, sans ouvrir. On ne répondit rien. Les aboiements prolongés du chien de garde nous firent supposer que l'individu ne s'était pas éloigné, espérant peut-être que je reparaîtrais [1]. »

Quelques semaines plus tard, David et son jeune fils échappaient, dans Paris, à un accident de voiture [2]. Le maître fut

[1] Notes autographes de David appartenant à la famille. — Une autre note du maître complète le récit de cet incident. « En examinant la porte, le lendemain, on la trouva trouée d'un coup de poignard si violemment asséné que l'arme avait traversé l'épaisseur du bois. Lorsqu'en 1828 je fus laissé pour mort, rue Childebert, l'ouvrier typographe qui essaya de me relever déclara avoir vu un grand jeune homme, bien mis, qui s'enfuyait. Tout me porte à croire que c'est le même homme qui n'a cessé de me poursuivre de lettres anonymes. Il était devenu fou, lorsque la Commission du monument de Foy m'avait, à l'unanimité, chargé d'un travail que je n'avais pas demandé. Il n'y a pas longtemps qu'on m'a confié la statue du chirurgien Larrey; peut-être le même artiste espérait-il l'obtenir. Hier, il allait sans doute passer la nuit au bal; ma rencontre lui aura suggéré l'idée d'assouvir sa vengeance. Tout me donne lieu de penser également que c'est le même être qui, lorsque nos sculptures de l'arc du Carrousel furent déposées dans une salle du Louvre, tenta de défigurer avec un ciseau toutes les têtes de mon bas-relief *le Retour du duc d'Angoulême après la guerre d'Espagne*, tandis que ceux de mes confrères furent respectés. Cependant, ils représentaient comme le mien les membres de la famille royale de la branche aînée. » — Notes autographes de David appartenant à la famille.

[2] « Aujourd'hui, 8 mars, anniversaire de ma naissance, je revenais, avec mon Robert, de faire une promenade. Il était huit heures du soir. Arrivés sur la place Saint-Sulpice, nous descendions de l'omnibus, lorsque nous fûmes renversés par un cabriolet que nous n'avions pas entendu au milieu des voitures qui se croisaient, pendant que l'eau tombait à torrents. Mon premier mouvement fut de repousser de toutes mes forces mon enfant et de me rouler ensuite pour que le cabriolet ne me passât pas sur le corps. J'eus l'instinct que mon pied allait être écrasé : je le retirai par un mouvement machinal, prompt comme l'éclair, mais la roue passa sur le bout de ma botte. A peine fûmes-nous relevés que Robert me serra dans ses bras, sans dire mot; éloquence qui m'a touché,

moins heureux le 9 septembre 1847 aux environs de Carcassonne. « Au relais de Trouille, écrit-il, j'ai eu la faiblesse de laisser attacher à ma voiture un cheval réformé, presque aveugle, ombrageux, rétif, et qui n'avait jamais été attelé. De plus, notre conducteur, un tout jeune homme, n'était pas postillon. A plusieurs reprises, son inexpérience nous avait exposés à être précipités dans de profonds ravins, lorsqu'à la descente de Montréal, l'accident redouté eut lieu. L'enfant ne put retenir ses chevaux. Je l'entendis crier, mais nous étions sur le bord de l'abîme, et, l'instant d'après, la voiture et les chevaux roulaient dans un champ de luzerne à plus de trente pieds au-dessous de la route. Je me suis dit : « Nous sommes perdus ! » j'ai fait mon dernier adieu à la vie, puis ma tête s'est égarée. Ma femme, mon Robert et moi nous avions été bouleversés les uns sur les autres; la voiture était brisée en mille pièces. C'est la voix de mon Robert appelant sa mère qui m'a ranimé. Cette voix si bonne et si chère m'a fait du bien. Mon fils n'était donc pas mort !

« Plusieurs hommes qui travaillaient près de là sont venus nous tirer de nos décombres : nous avions des plaies, mais rien de fracturé. Il y a vraiment quelque chose de miraculeux dans ces protections renouvelées qui m'épargnent la mort. J'ai vu avec satisfaction que Robert avait conservé un sang-froid étonnant dans un âge si tendre, et le bonheur de retrouver Émilie et mon fils sauvés contribua puissamment à calmer mon agitation.

« Pendant que Robert et moi étanchions le sang de nos

au point que tout entier à l'effroi que je ressentais en pensant que la jeune existence de mon enfant avait failli être brisée, je marchai assez longtemps sans m'apercevoir que je n'avais pas de chapeau. Ce fut Robert qui le remarqua. Nous retournâmes sur nos pas. Mon chapeau se trouvait encore à la place où nous étions tombés. — C'est quelque chose d'inouï que la rapidité avec laquelle se succèdent les idées dans les grandes crises qui touchent à notre conservation. Les pensées sont alors comparables à l'électricité. — Dans l'espace d'un mois environ, j'aurai été à deux reprises bien proche de la mort : un assassinat évité et un broiement de voiture auquel je viens d'échapper miraculeusement. » — Notes autographes de David appartenant à la famille.

blessures, nous remarquions parmi les nombreux spectateurs de notre accident plusieurs personnes qui riaient en regardant notre chaise de poste. Le peuple est ainsi fait : il se venge par l'ironie des malheurs qui atteignent les gens qu'il croit riches. C'est là un des côtés misérables de la nature humaine. Cependant, pour être juste, je dois dire que sur le nombre, tous n'ont pas fait preuve de la même dureté : quelques-uns de ces paysans se sont empressés de nous porter secours [1]. »

En tombant, David s'était blessé à la tête. La cicatrice qu'il portait depuis 1827 s'était rouverte. Il ressentit pendant plusieurs jours de cuisantes douleurs, puis la souffrance disparut. Toutefois, ce point vulnérable étant devenu plus tard le siége d'une affection persistante, des hommes d'expérience ont voulu voir une relation entre la maladie dernière de l'artiste et l'accident de Montréal.

Il manquerait encore quelque chose au portrait de David si après avoir esquissé le maître, l'artiste, le père de famille, nous ne disions un mot de l'homme de bien. Mais il semble qu'ayant retracé le dévouement du sculpteur à l'endroit de ses élèves, sa délicatesse envers ses confrères, sa vie privée, il nous soit difficile de rien ajouter. L'homme de bien ne nous est-il pas apparu dans cette vie de travail et d'abnégation que nous venons de parcourir? — Il nous faut le peindre par un dernier trait : David a connu

[1] Voir notes autographes de David appartenant à la famille. — Voir aussi *Journal de Béziers* du 17 septembre 1847, Accident de M. David d'Angers près de Montréal. — Lorsque, le lendemain de son arrivée à Carcassonne, la famille du statuaire put se reconnaître au milieu des débris apportés pêle-mêle, elle acquit la conviction que pas un des menus objets épars dans la voiture n'avait disparu. Il n'avait été rien distrait d'un sac d'argent placé dans une des poches pour payer la poste. Pour reconnaître la probité de la population de Montréal, David voulait partager entre les pauvres de cette commune et ceux de Carcassonne l'indemnité de mille francs à laquelle fut condamné envers lui le maître de poste de Trouille, mais la révolution de Février servit à ce dernier de prétexte pour ne pas payer, et la donation projetée ne put avoir lieu.

la charité. — C'est après l'avoir étudié jour par jour que nous nous sommes convaincu de l'ascendant exercé sur lui par le pauvre. Il eut cette notion toute chrétienne de la prééminence des humbles en ce monde. Sans que la jeunesse ou le talent fissent une auréole au malheur, il se sentait prêt à compatir à la douleur d'autrui. Le dernier des pauvres, le plus obscur, a partagé son pain; disons plus, David s'est montré assidu à le secourir. Ceux qui l'ont vu monter jusqu'à leur mansarde sont nombreux, mais les largesses qu'il a ainsi répandues dans le secret, l'artiste ne les a consignées nulle part. C'est à peine si le spectacle d'une misère profonde a pu lui arracher çà et là quelques lignes; il estimait que l'or de l'aumône devait remplacer le crayon dans sa main dès qu'il se trouvait en face d'un malheureux. Et nous eussions ignoré ce noble penchant du maître sans le témoignage des siens, celui de ses compatriotes et de ses amis. Empruntons-lui deux anecdotes d'une simplicité touchante :

« Un soir, à une heure avancée, passant dans le voisinage des Tuileries, je vis remuer quelque chose près d'une borne. Je crus reconnaître une forme humaine enveloppée de haillons. Un cri plaintif se fit entendre, puis je distinguai deux yeux ternes et les joues hâves d'une très-jeune enfant. Je fouillai dans ma poche, j'en tirai une poignée d'argent que je déposai dans une petite main glacée. L'enfant se leva rapidement et se mit à marcher aussi vite que le froid qui avait engourdi ses membres le lui permettait. Je la suivis. Elle entra chez un boulanger de la rue Saint-Jacques, puis bientôt après elle franchit la porte d'une maison de sinistre aspect qui n'avait pas de concierge. Je grimpai jusqu'au haut de la rampe, sous les toits. Là, je prêtai l'oreille, et, à travers la porte, j'entendis la petite fille raconter sa bonne fortune. Je m'aperçus bien vite qu'une nombreuse famille mangeait avec avidité le pain de la charité. Je jugeai au langage et à l'accent des voix que les sentiments de ces malheureux étaient au-dessus de leur situation. Je revins le lendemain leur apporter des secours. Ce qui frappa mes regards quand je pénétrai dans le réduit de cette pauvre famille, ce fut un peu de paille sur laquelle un certain nombre d'enfants se tenaient groupés. Une seconde pièce servait de chambre à coucher. Là se trouvaient une table boiteuse, quelques tabourets éclopпés, un châle usé qui masquait l'unique fenêtre, et, sur un lit de sangle, une pauvre vieille femme malade. Le long de la muraille était suspendu un *Christ* en ivoire, sur fond de velours, entouré d'un cadre gothique[1]. »

Le court récit qui va suivre porte la date de 1846. « En face du palais de la Chambre des pairs, je viens de voir un homme presque mourant, porté sur un brancard par une femme décharnée, vêtue de quelques guenilles, et un pauvre petit garçon à peine âgé de dix ans. Bien qu'amaigri par la maladie, l'homme était encore un fardeau trop lourd pour ces deux êtres exténués de fatigue et de besoin. Je les suivais depuis quelque temps, quand je les vis obligés de faire une halte sur le trottoir. Je m'approchai d'eux. Le malade était le mari de cette femme, et le petit garçon leur fils. Ils demeuraient rue Neuve des Poirées, n° 2, près de la Sorbonne. Cet enfant et cette femme portaient leur malade à l'hôpital Necker. Une voix intérieure me poussait à les aider; j'aurais dû porter ce fardeau pour les soulager, mais une maudite concession au rang que j'occupe m'a retenu. Je rougis pour moi et pour la société d'un sentiment aussi misérable. Toutefois, je ne veux pas abandonner cette famille malheureuse, et si le pauvre rempailleur de chaises peut recouvrer la santé, il aura du moins la consolation d'apprendre que les siens ont reçu le pain de chaque jour[2]. »

[1] Notes autographes de David appartenant à la famille.

[2] Quelques pages plus loin nous relevons ces lignes : « Passant un soir devant Saint-Germain l'Auxerrois, j'aperçus à la lumière tremblante d'un réverbère une femme et un petit enfant collés l'un contre l'autre. Une espèce de couverture passait sur la tête de la femme et lui couvrait le corps; l'enfant s'abritait aussi tant bien que mal sous les haillons maternels. Un son plaintif me fit approcher, et je m'assurai que ces pauvres êtres n'étaient pas un groupe, mais le malheur

Mais ses travaux, ses projets sans nombre, son foyer, les pauvres, n'ont pu éclipser un seul jour dans l'âme du maître l'image du lieu natal. Les liens invisibles qui l'attachaient dès l'enfance au sol nourricier de l'Anjou n'ont fait que se fortifier. La tombe de sa mère, le toit de sa naissance, l'atelier paternel, l'école, toutes ces choses le rappellent invinciblement vers sa province dont il se plaît à dire « ma patrie ». Que ne revient-il plus souvent dans cette contrée? Pourquoi de si rares séjours dans la ville dont il porte le nom? C'est que sa propre gloire lui pèse. Il se trouble de l'éclat de son génie. Ses compatriotes, en ouvrant le Musée David, n'ont pas songé que l'artiste serait effrayé de l'hommage. Il ne parvient pas à vaincre une gêne *inconsciente*, et l'éloignement lui est moins dur que les honneurs. On dit que passant un soir près d'Angers, il s'aventura jusqu'aux portes de la ville, puis, ayant enveloppé sous son regard la silhouette confuse des monuments, il reprit sa route [1].

Si l'Anjou ne le possède plus, ses œuvres s'y multiplient sans interruption. Le Musée David reçoit le modèle de tous ses ouvrages; puis il envoie les bronzes de proportions colossales du docteur Garnier, « le médecin des pauvres », et de Prosper Ollivier [2]; le portrait de l'abbé Horeau [3], le monument de l'abbé

sculpté en chair... » — Notes autographes du maître appartenant à la famille. — Notre lecteur retrouvera dans les œuvres écrites de David des traces fréquentes de sa tendance à se rapprocher du pauvre, à l'étudier avec compassion, à alléger sa misère. M. le baron Larrey nous a raconté qu'il rentrait un soir du théâtre en compagnie de David, lorsque celui-ci, apercevant une lumière à la lucarne d'un grenier, lui fit remarquer cette chose si naturelle : — « Je ne puis voir cette clarté sans éprouver un serrement de cœur, lui dit l'artiste; la veillée du pauvre n'a que des larmes, et, derrière cette vitre éclairée, une famille malheureuse est sans doute aux prises avec la maladie ou la mort. »

[1] Voir Victor Pavie, *Discours prononcé à l'inauguration du buste de David d'Angers.*

[2] Voir *Journal de Maine-et-Loire* du 17 novembre 1846, Envoi des bustes en bronze du docteur Garnier et du docteur Ollivier. — Voir tome II, *Lettres sur l'art, XCV, XCVI, CII, CIII, CVI, CVIII* et *CIX*.

[3] Principal du collège de Château-Gontier pendant près de cinquante ans. « Les traits de M. Horeau, a écrit M. Ch. Descars en 1847, ont été heureusement

Mongazon, formé d'un grand bas-relief et du buste en marbre de ce prêtre éminent [1]. Il se dispose à offrir à la cathédrale d'Angers deux statues, le Christ et la Vierge [2]. Leysener, un statuaire allemand, était mort à Angers au dernier siècle : David envoie son

conservés par M. David, qui a montré, en s'en chargeant, un désintéressement digne de son génie. Une souscription que j'avais ouverte n'a payé que très-incomplétement cet ouvrage. » — *Notice sur M. Horeau,* Archives du collége de Château-Gontier.

[1] C'est sur la demande de l'évêque d'Angers, qui était venu trouver l'artiste à Paris, que David se chargea gratuitement du monument de l'abbé Mongazon. Nous ne pouvons mieux faire, pour en donner une juste idée, que de transcrire la lettre que le successeur de M. Mongazon à la tête du collége qu'il avait fondé, écrivit à David, à la réception de son travail :

« Le buste est ressemblant autant qu'il était possible de l'espérer ; surtout il est plein de vie, et l'on y trouve un mélange ravissant de dignité et de douceur.

« Le bas-relief est une scène délicieuse, on ne peut plus riche et animée : pas une de ces trente-sept têtes, si habilement groupées, qui ne contribue à compléter l'ensemble et à l'embellir ; pas une attitude qui ne soit naturelle, gracieuse et pleine de vérité ; pas une physionomie qui ne soit remarquablement expressive.

« Ce qui me frappe surtout, c'est l'étonnante souplesse avec laquelle votre ciseau a nuancé l'expression du même sentiment, suivant les positions diverses de vos personnages : la joie se montre suave, mais très-calme, sur l'auguste front du prêtre qui couronne ses chers enfants ; elle est rayonnante, elle petille dans les traits des jeunes lauréats ; elle est expansive et tendre dans un vieillard qui se penche pour embrasser son petit-fils, tandis qu'elle est grave et réfléchie, quoique triomphante, dans l'heureux père qui présente cet enfant aux caresses de son aïeul ; enfin, celle de la mère paraît surabondante et impatiente de s'épancher, elle provoque de douces larmes ; mais une modestie bienséante la comprime, et ici, Monsieur, vous avez vaincu Virgile sans penser à lui peut-être. Cette admirable figure de mère l'emporte sur les vers admirables qu'une circonstance analogue inspira au génie du poëte :

Latonæ tacitum pertentant gaudia pectus.

« Laissez-moi vous dire le plaisir que j'éprouve à étudier les détails de votre bas-relief et, entre autres, dans le groupe partiel dont je viens de parler, la main droite du père appliquée sur le côté droit de l'enfant. Comme la pose en est naturelle et moelleuse ! Comme cette main se détache du vêtement ! Comme elle est finie et parfaite sous le rapport anatomique !...

« *Signé :* H. Bernier.

« Angers, 11 septembre 1843. »

— Archives du petit séminaire Mongazon.

[2] Voir *Journal de Maine-et-Loire* du 23 novembre 1846, une Proposition de David d'Angers. — Voir aussi *Pièces justificatives,* doc. XXVI.

profil à ceux qui gardent sa tombe. Il s'apprête à sculpter l'image du chroniqueur angevin Bourdigné [1]. M. Victor Pavie voit mourir l'un de ses enfants : le maître recouvre sa frêle dépouille de l'image aérienne d'un *Ange,* les ailes déployées, tout heureux d'emporter une âme [2]. Il sculpte les traits de M. Adrien Maillard, son compatriote et son ami, et s'empresse d'illustrer les œuvres de Joachim du Bellay, en faisant revivre le vieux poëte angevin sous son crayon. Il écrit au maire et propose de dresser six statues des hommes célèbres de l'Anjou, en face de l'hôtel de ville. Il est prêt à modeler *Beaurepaire,* le commandant du 1er bataillon de Maine-et-Loire et le défenseur de Verdun [3]. Un autre soldat, Angevin d'origine, est mort. Il s'appelait Delaage Saint-Cyr. David recueille ses traits dans un médaillon. Il exprime au président de la Société industrielle d'Angers son regret de ne pouvoir trouver le portrait de l'agronome de Turbilly, car, « bien certainement, dit-il, son image prendrait place dans cette galerie de médailles qui aura, je l'espère, quelque intérêt pour l'avenir [4] ».

A l'École de médecine d'Angers, il fait hommage des bustes de Béclard, de Proust, d'Ambroise Paré, et se dispose à décorer l'amphithéâtre de trois bas-reliefs où il va sculpter *Érasistrate découvrant la passion d'Antiochus pour Stratonice, Desgenettes s'inoculant le virus pestilentiel à Jaffa,* le *Dévouement des médecins et des Sœurs de charité pendant le typhus de* 1814 à

[1] Voir Victor PAVIE, *Discours prononcé à l'inauguration du buste de David d'Angers.*

[2] « Le dessin que j'ai envoyé à Victor Pavie représente un berceau vide, des jouets et un ange qui emporte au ciel le petit Joseph. C'est une feuille de papier avec des signes. Quelle dure réalité que la mort! La mort des êtres qui nous sont chers laisse en nous un souvenir qui se sculpte dans notre cœur, qui d'esquisse devient colosse et finit par peser de tout son poids sur notre vie et l'écrase impitoyablement. » — *Notes autographes de David appartenant à la famille.*

[3] Voir *Pièces justificatives,* doc. XXV, et tome II, *Lettres sur l'art, XXXIII.*

[4] *Bulletin de la Société industrielle d'Angers,* XXIe année, 1850.

Angers [1]. Au maire de Beaufort il promet de sculpter gratuitement la statue colossale de Jeanne de Laval [2].

« Je veux exécuter prochainement, écrit-il encore, un groupe que je destine à la cathédrale d'Angers : je représenterai le *Christ entouré de tout jeunes enfants*. Les plus âgés, placés devant lui, tendront leurs petits bras vers le Sauveur. D'autres se cacheront dans son manteau. De chaque côté, je veux sculpter un nègre et un sauvage : ces deux petites créatures traîneront sur leurs genoux; toutes deux auront le regard fixé sur le front du grand législateur. Il sera visible qu'elles ne connaissent pas encore sa doctrine. Ces enfants aux pieds du Christ résumeront bien l'humanité [3]. » Et à l'heure où de si vastes pensées l'occupaient, le maître allait doter sa ville de la statue de René d'Anjou et des douze figures qui lui font cortége.

[1] Voir tome II, *Lettres sur l'art*, *LI* et *LIV*.
[2] Voir tome II, *Lettres sur l'art*, *LXV*.
[3] Notes autographes de David appartenant à la famille.

CHAPITRE IX

1848-1856

VIE PUBLIQUE

Opinion de David sur le devoir civique. — Le 24 février 1848. — Lamartine fait offrir au maître le titre de maire d'un arrondissement de Paris et la direction des Musées nationaux. — David refuse la direction des Musées, parce que cette charge est rétribuée, et consent à remplir les fonctions de maire. — David à la mairie du XIe arrondissement. — Le séminaire de Saint-Sulpice, les couvents et les églises protégés par David. — Les élections d'avril. — Le maître est élu représentant de Maine-et-Loire à la Constituante. — La politique et les artistes. — Les heures de crise. — Défendre est plus urgent qu'instruire. — Attitude de David à la Constituante. — Ses votes dans les questions politiques. — Motions de David en faveur du tombeau de Napoléon, de l'Académie de France à Rome, de l'École des Beaux-Arts, du monument de Mgr Affre, de la Chapelle expiatoire et de l'arc de l'Étoile. — Propositions du représentant en faveur des artistes. — Projets de décoration pour le Panthéon et les Champs-Élysées. — David abandonne son traitement de représentant aux œuvres de bienfaisance. — David d'Angers et David le peintre dans leur vie publique ; aucune comparaison n'est possible entre les deux hommes. — Générosité du maire en faveur des ouvriers. — Les journées de Juin. — Tentative de meurtre sur David. — Impopularité des membres du Gouvernement provisoire. — David donne sa démission de maire. — Il n'est pas élu à l'Assemblée législative. — Retour à l'atelier. — Le monument de Drouot. — La statue de Matthieu de Dombasle. — *Bernardin de Saint-Pierre* et *Casimir Delavigne*. — Le monument de Gerbert. — Décembre 1851. — Arrestation de David. — Intervention du baron Larrey. — Sentence d'exil. — Bruxelles. — La plage d'Ostende. — David et sa fille partent pour la Grèce. — Athènes. — Le ciel de l'Attique. — Le Pnyx. — L'Acropole. — Les Grecs modernes. — Les élèves de l'École d'Athènes. — MM. Charles Garnier, Edmond About, Alfred de Curzon, Beulé, etc. — Le buste de Canaris. — Mort de Pradier. — Un article de M. About sur David d'Angers. — Céphisia. — Le Pentélique. — Lettres de David à son fils. — Marathon. — Les ruines de Thèbes. — David à Missolonghi. — Les mutilations de la *Jeune Grecque*. — Le maître quitte la Grèce. — Venise. — Milan. — Manzoni. — Le sculpteur Vela. — Gênes. — Nice. — Madame David. — Jean Reynaud. — Le maître reçoit un passe-port pour la France. — Le pont du Var. — Paris. — La statue de Bichat. — David à Barèges. — Les Pyrénées. — Voyage en Espagne. — Pampelune. — Saragosse. — Tortosa. — La tombe de madame Cabrera. — Barcelone. — Retour à Paris. — Mort de François Arago et de Lamennais. — Le médaillon de Manin. — Dessins pour le groupe de l'Abolition de l'esclavage. — Symptômes de maladie. — La statue de David Purry. — Le monument de René d'Anjou. — David dans sa ville natale. — Voyage à Saint-Florent. — Visite au Musée David. — Projets. — Premières atteintes de paralysie. — Le maître rentre en hâte à Paris. — L'esquisse de la statue d'Arago. — Derniers jours de David. — Sa mort. — Ses funérailles.

Nous avons suivi pas à pas notre modèle jusqu'au seuil de sa vie publique. Nous sommes en 1848. Quelque dessein que nous ayons de ne faire aucune place à la politique dans ce livre, notre devoir est de mentionner, si brièvement que ce soit, le passage de David d'Angers à l'Assemblée nationale. De même nous avons intérêt à connaître l'attitude du sculpteur, subitement investi de la charge municipale après les journées de Février.

O pétrisseur de bronze, ô mouleur de pensées,
Considère combien les hommes sont petits,
Et maintiens-toi superbe au-dessus des partis!

Victor Hugo, qui tenait ce langage à l'artiste, ajoutait :

Refuse aux cours ton art, donne au peuple tes veilles,
C'est bien, ô mon sculpteur, mais loin de tes oreilles
Chasse ceux qui s'en vont flattant les carrefours...
Leur mission est basse, et la tienne est auguste.

Ne croirait-on pas saisir dans ces vers un écho de la fière parole de Virgile :

Illum non populi fasces, non purpura regum
Flexit[1].

Formules dérisoires! L'heure approchait où le poëte des *Feuilles d'automne*, cédant aux appels d'une ambition sans règle, allait se transformer en tribun.

David ne s'était pas interdit de prendre part aux affaires de son pays. Sans illusion sur son propre tempérament, nous le voyons écrire : « La majorité des artistes estiment que l'art doit absorber

[1] *Bucoliques*, livre II, 495.

toutes leurs énergies; moi qui reconnais à l'art une mission civilisatrice, je pense, au contraire, qu'avant d'être artiste, on doit être citoyen [1]. » A deux reprises, sur les instances de ses amis, le 21 juin 1834 et le 5 novembre 1837, David s'était présenté sans succès devant les électeurs de Maine-et-Loire. L'année suivante il briguait l'honneur de représenter le collége de Savenay, mais n'obtenait pas encore le mandat législatif. Il lui sembla que le 24 février 1848 avait amené toutes choses, en ce qui le concernait, à leur point de maturité.

Toutefois, l'avénement au pouvoir des hommes de l'opposition, parmi lesquels il comptait de nombreux amis, le trouva plein de réserve. Ce n'est pas à l'hôtel de ville, comme tant d'autres qui obsédaient de leurs instances les membres du Gouvernement provisoire, que David eut connaissance du poste qu'on avait le projet de lui confier; c'est chez lui, pendant la nuit du 26 février, que les fonctions de maire lui furent offertes. Nous le laissons parler.

« Vers trois heures du matin, pendant la nuit où fut proclamée la République à l'hôtel de ville, des gardes nationaux du onzième arrondissement vinrent m'apporter ma nomination de maire. Je ne voulus pas l'accepter, non que la pensée d'un danger quelconque m'arrêtât; — ma conduite en 1830 fait foi de mon courage, — mais mon inexpérience des affaires administratives me faisait craindre de ne pas remplir dignement mes fonctions. J'informai tout de suite le Gouvernement de mon refus. Il y avait à peine une heure que ma lettre était entre les mains de Lamartine et de ses collègues, lorsque des citoyens revinrent de nouveau faire appel à mon patriotisme. Au même instant, j'appris que j'étais nommé directeur des Musées. Cette fois, aucune hésitation n'était possible. La place de directeur étant rétribuée, je ne l'acceptai pas. La charge municipale est gratuite; de plus, dans les circonstances que traversait le pays, il pouvait y avoir quelque

[1] Notes autographes de David appartenant à la famille.

péril à occuper ce poste; je déclarai donc aux citoyens qui m'entouraient que j'étais prêt à les suivre.

« Ils me conduisirent, à travers les barricades encore teintes de sang et jonchées de cadavres, jusqu'à l'hôtel de ville. Là, je trouvai les membres du Gouvernement provisoire. Lamartine m'offrit une écharpe. C'est la seule dépense que j'aie occasionnée à la République, car mon traitement de représentant est toujours allé aux bureaux de bienfaisance.

« Fidèle aux principes républicains, je ne changeai aucun des anciens employés de la mairie, et c'est avec un profond regret que je suis forcé de reconnaître que ce sentiment généreux devait profiter à des personnes qui n'étaient pas capables de l'apprécier.

« J'ai passé les cinq premières nuits debout, à la mairie, au milieu du peuple en armes. Je puis dire que j'ai certainement empêché de grands malheurs. J'étais d'ailleurs dans une situation politique excellente : le peuple me connaissait pour un républicain dévoué depuis de longues années; la bourgeoisie, pour un homme conciliant, autant que les lois de la justice ne seraient pas violées. On m'apportait à chaque instant les nouvelles les plus lugubres. On ne voyait que des hommes exaspérés. Je me suis opposé à ce qu'on battît le rappel, qui effraye la population. Ceux qui n'ont pas vu le peuple de près ne peuvent se faire une idée du bon sens des masses : on eût épargné bien du sang si le peuple avait été mieux connu de ceux qui devaient le conduire. Il m'a suffi bien souvent de ceindre mon écharpe et de dire quelques mots pour calmer des têtes exaltées. Aux gardes nationaux trop zélés je refusais des cartouches : « Les meilleures cartouches, leur « disais-je, ce sont des paroles conciliantes [1]. »

[1] Notes autographes de David appartenant à la famille. — Heureux du bien qu'il accomplit en ces tristes jours, il écrit encore : « Comme citoyen, je n'ai jamais ressenti plus de bonheur dans ma vie politique qu'en recevant les marques unanimes de confiance que m'accordaient les gens de toutes les opinions, satisfaits de me voir à la mairie où j'étais un lien entre la bourgeoisie et le peuple dont je suis connu. »

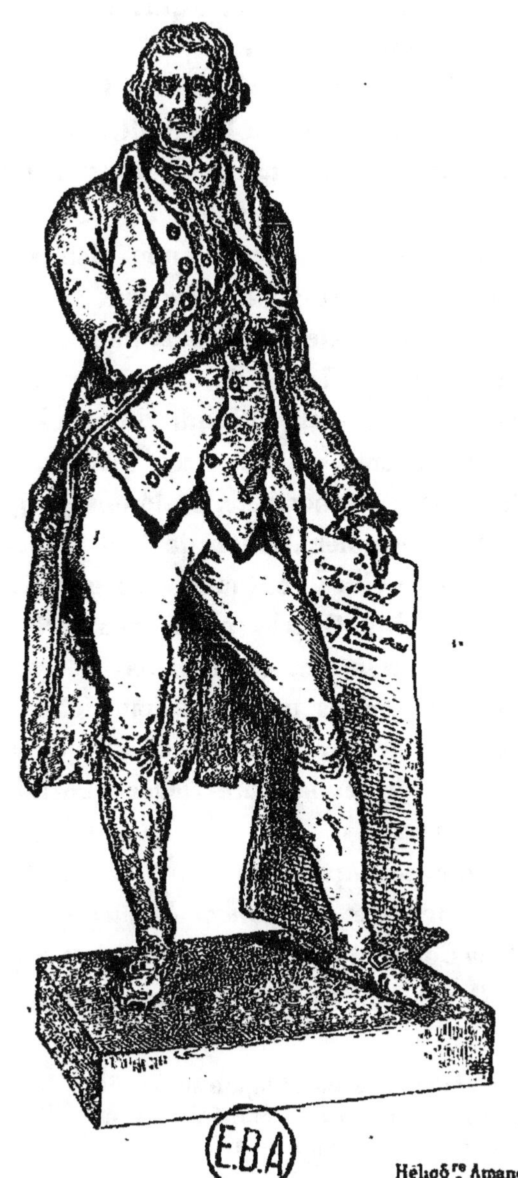

Leroux sculp. Héliog.[re] Amand-Durand

T. JEFFERSON

Philadelphie — *Bronze.*

Imp A. Durand _ Paris.

L'un des premiers actes du maire fut de préserver le séminaire de Saint-Sulpice, situé sur son arrondissement. Lui-même en a laissé le témoignage. « J'ai protégé, lisons-nous dans ses notes, les couvents et les églises contre quelques fous sinistres, nés pour l'épouvante de leurs frères. »

Aux élections du 23 avril, David fut porté candidat par les départements de la Seine, de l'Hérault et de Maine-et-Loire [1]. Ce fut sa ville natale qui lui décerna le mandat de représentant [2].

Avant de passer outre, nous nous demanderons s'il peut être profitable à un artiste de descendre dans la vie publique. Nous ne le croyons pas. L'artiste vit d'étude, de recueillement. Homme de pensée, la langue qu'il parle va droit à la pensée. Dans les sphères sereines de l'idée, c'est lui qui donne l'impulsion, lui qui provoque l'héroïsme. Sa toile, son marbre, feront planer sur les foules de hauts enseignements, des leçons énergiques ou touchantes capables de déterminer l'action de tout un peuple. N'avons-nous pas dit dans ce livre l'enthousiasme que fit éclater le *Marcus Sextus* de Guérin? Guérin n'était pas sorti de son atelier; mais attentif à la marche des événements, il avait su condenser le sentiment public dans une page émue et vivante. Des ovations telles qu'aucun peintre moderne n'en reçut jamais attestèrent la puissance de l'art et la place élevée que lui garde encore une société bouleversée.

La carrière politique du peintre Louis David lui fut néfaste. L'auteur de *Brutus* et du *Serment du Jeu de paume,* s'il se fût tenu à l'écart de la Convention, n'en eût pas moins acquis son titre de chef d'école. Il est vrai qu'aucun écrivain consciencieux ne voudra

[1] A Paris, le nom de David figura sur les listes du Comité central, du club de la Garde nationale et du Comité du XIe arrondissement. — Voir pour la candidature de David dans l'Hérault, la *Démocratie,* journal de Béziers, du 2 avril 1848.

[2] La liste du département de Maine-et-Loire contenait 13 candidats. David fut élu le huitième par 72,597 voix.

mettre en parallèle Louis David conventionnel et David d'Angers membre de la Constituante en 1848. Nous dirons plus loin quelle différence d'attitude, dans les questions d'art, par exemple, a marqué le passage de ces deux hommes aux assemblées politiques de leur pays. Autant le peintre, nous voudrions le taire, a fait preuve d'étroitesse et de partialité, autant le statuaire s'est montré digne et vigilant.

Cependant, nous ne pouvons moins faire que de regretter ces courtes années de luttes qui devaient user les forces du sculpteur, étouffer en lui l'enthousiasme sous les déceptions, et se terminer par l'exil. Nous nous sentons affligé, non pour lui, mais pour l'École, que David ait dû abréger ses jours en combattant dans la mêlée intense d'une révolution, parce que l'art a perdu au partage de sa vie. Mais le devoir civique n'a-t-il pas ses exigences? David d'Angers a-t-il été vraiment libre d'assister inactif à la révolution de 1848? Ses relations dans le monde politique d'alors, ses aspirations connues, ses ouvrages, sa vie tout entière ne lui marquaient-ils pas sa place parmi les personnages militants de cette époque? De sa part, s'abstenir, n'était-ce pas désapprouver? Et lorsque Lamartine, orateur, poëte et homme d'État, tenait l'émeute en échec avec cette énergie qui sut triompher du drapeau rouge, pouvait-on se prétendre patriote et lui marchander son concours? Il est des heures de crise où le salut de la patrie domine tout sentiment.

Défendre est plus urgent qu'instruire.

Novateur de génie, David avait employé ses jours à la poursuite du vrai. Étudiez son œuvre, vous y trouverez la trace d'un patient amour de la vérité. Égal adversaire du réalisme, qui est en deçà de la nature, et de l'art abstrait, qui est au delà du vrai, David s'est élevé maintes fois par la franchise de son culte pour la vérité jusqu'à la splendeur et au rayonnement que nous appelons le beau. Mais, si variées que soient les facultés de notre esprit, l'âme humaine ne cesse pas d'être une. En possession du beau, puisant aux eaux vives du vrai, l'artiste devait aimer le bien. De là ce double foyer auquel il est demeuré fidèle : la famille et la patrie. Après avoir glorifié la patrie par la représentation de ses grands hommes, il a pris les armes pour la défendre au moment de l'épreuve. Il est entré dans les conseils où se préparait la revanche du droit sur l'émeute. Homme puissant par le cœur, son patriotisme a grandi devant la soudaineté du péril. Généreux sans restriction dans l'accomplissement du devoir de chaque jour, plus la crise nationale lui apparut solennelle, plus il sentit le besoin d'un dévouement absolu. La souffrance, qui est aussi un élément de la grandeur humaine, dut apporter à David la certitude d'avoir préféré l'intérêt public au sien propre. Dieu l'ayant fait vivre dans ces temps troublés « où, selon le mot de d'Aguesseau, le zèle gratuit d'un bon citoyen doit aller jusqu'à négliger pour son pays le soin de sa réputation », David a pratiqué ce zèle gratuit du bon citoyen. Que d'autres le lui reprochent. A nos yeux, l'artiste ne peut être fait responsable des événements qui ont réclamé de lui un pareil tribut.

Aussi bien, ceux qui le blâment semblent ne pas se douter que David a marqué ses quelques mois de vie publique par des actes qui lui font honneur. L'attaque devient difficile si l'on consulte les votes du représentant ou ses propositions relatives aux intérêts des artistes. La droiture et le désintéressement du magistrat municipal sont également au-dessus de toute critique. Si l'énumération qui va suivre n'est pas exempte de longueur, nous considérons comme un devoir de n'en rien distraire. C'est à l'historien d'en appeler des jugements précipités.

Lorsque l'Assemblée nationale entreprit de rédiger une Constitution, David appuya de son suffrage le droit de tout citoyen à être protégé « dans sa personne, sa famille, sa religion, sa propriété, son travail [1] ».

Il demanda que les lois d'organisation départementale et communale, celles relatives à l'enseignement, à la presse, à la

[1] Séance du 14 septembre 1848.

force publique fussent comprises au nombre des lois organiques, afin qu'un statut inattaquable et souverain protégeât ces bases nécessaires de toute grande société contre la mobilité des partis [1].

Il déclara incompatible la qualité de représentant et celle de fonctionnaire salarié ou de fournisseur du Gouvernement [2].

Favorable à l'augmentation de crédit demandée au profit du clergé paroissial [3], il refusait d'inscrire au budget les dépenses de la garde républicaine [4] et votait la suppression de toute indemnité au commandant des gardes nationales de la Seine [5].

Il réclama la liquidation des ateliers nationaux [6].

En écartant de l'urne électorale les individus déclarés en état de faillite [7], il rejetait l'article additionnel tendant à établir que « le droit à l'élection est pour tout Français un droit préexistant, souverain, imprescriptible, qu'il n'appartient à aucune Assemblée de suspendre, d'altérer ou d'amoindrir [8] ».

Lors de la discussion de la loi sur la presse, David ne montra pas moins de fermeté par son rejet de l'amendement Charamaule tendant à ce que les écrits politiques fussent mis « à l'abri de toute mesure préventive [9] ». De même, il repoussait la proposition Dupont de Bussac, demandant « que chaque citoyen, sans recourir à l'autorisation municipale, eût le droit de vendre des journaux et d'apposer des affiches [10] ».

Sur les questions politiques, David d'Angers a donc fait preuve d'opinions justes. Dans ses projets relatifs aux artistes, au maintien de nos Écoles nationales, à la décoration des édifices ou

[1] Séance du 9 décembre 1848.
[2] Séances des 4 octobre 1848 et 15 mars 1849.
[3] Séance du 3 janvier 1849.
[4] Séance du 2 avril 1849.
[5] Séance du 3 avril 1849.
[6] Séance du 10 février 1849.
[7] Séance du 16 février 1849.
[8] Séance du 15 septembre 1848.
[9] Séance du 18 septembre 1848.
[10] Séance du 15 mars 1849.

des places publiques, le maître a donné la mesure d'une initiative éclairée.

Appelé par le Gouvernement provisoire dans la Commission chargée de surveiller l'achèvement du tombeau de Napoléon aux Invalides [1], David obtenait qu'une impulsion nouvelle fût donnée à la reprise de ce vaste travail.

A la même date, il prenait en main la cause de l'Académie de France à Rome et celle de l'École des Beaux-Arts [2].

L'Assemblée nationale le conviait à juger le concours de la figure sculptée de la République [3], et à statuer sur la répartition du crédit ouvert pour encouragement aux beaux-arts [4].

Après avoir voté l'érection de la statue de Mgr Affre, archevêque de Paris, David formulait le vœu que le piédestal fût orné de bas-reliefs « appelés à compléter le sentiment moral du monument [5] ».

[1] *Moniteur* du 17 mars 1848.

[2] *Moniteur* du 30 mars 1848. — Une Commission avait été instituée par le ministre de l'Intérieur dans le but d'examiner les réformes qu'il pouvait être utile d'apporter à l'organisation des Écoles d'art. Halévy, parlant de l'attitude de David à la Constituante, s'exprime ainsi : « Il aimait sincèrement, avec une entière conviction, l'Académie, l'École de Rome, l'École des Beaux-Arts, parce qu'il aimait l'enseignement, conforme à son génie et à ses idées, que les jeunes artistes viennent y puiser. Il eut le courage de défendre ces institutions qu'il regardait comme un triple palladium des bonnes études. » — *Notice sur la vie et les ouvrages de M. Pierre-Jean David d'Angers.*

[3] Séance du 7 juin 1848.

[4] Séances des 12 et 14 septembre 1848.

[5] Séance du 17 juillet 1848. — Trois jours auparavant, David avait failli être victime d'un accident dans la salle de l'Assemblée : « Le 14 juillet 1848, écrit-il, je regagnai ma place après la séance de l'Assemblée constituante pour signer une note que je me proposais de remettre au ministre de l'Intérieur, en faveur des artistes. J'écrivais, lorsqu'un des grands drapeaux qui forment les trophées décoratifs de la salle tomba perpendiculairement à ma place, me frôlant la tête et brisant la tablette sur laquelle je m'appuyais. Il ne s'en est fallu que de quelques pouces que le bout en fer de la hampe ne s'enfonçât dans mon crâne. C'eût été une mort singulière : le vieux républicain tué à son poste par le drapeau pour lequel il a combattu toute sa vie. Est-ce un présage de ce qui m'attend ? » — Notes autographes de David appartenant à la famille.

Quelques jours plus tard, il s'opposait à la démolition de la Chapelle expiatoire [1].

Le 22 juillet 1848, l'Assemblée reçut une pétition du sculpteur Joseph Brun, relative à l'arc de l'Étoile. Ce statuaire demandait qu'on fît disparaître de la façade en vue de Neuilly les deux groupes *la Résistance* et *la Paix*. David d'Angers, rapporteur, fit promptement justice des motifs politiques allégués par le pétitionnaire. Contraste curieux, l'Arc de triomphe, menacé dans son intégrité par l'étrange motion d'un statuaire qui avait coopéré à sa décoration, eut pour défenseur le seul homme d'élite tenu à l'écart de cet édifice par le gouvernement de Juillet [2].

Au cours de la même séance, David plaidait la cause des artistes que l'absence de commandes importantes plongeait dans la gêne.

Le 27 juillet, il adressait au ministre, M. Senard, un éloquent exposé des travaux d'art à entreprendre au Panthéon et dans les Champs-Élysées. Les peintres, les graveurs en taille-douce, les éditeurs de publications sur l'art, étaient de la part du maître l'objet d'une égale sollicitude [3]. Et afin de décider le ministre de

[1] Séance du 22 juillet 1848.

[2] On a peine à croire jusqu'à quel degré d'emportement peut conduire la passion politique. Brun motiva son projet de mutilation de l'arc de l'Étoile en appréciant comme suit les deux hauts-reliefs de M. Étex. « L'un représente la défaite et la mort de nos frères à la voix des tyrans ; l'autre, cette paix honteuse négociée par Guizot. » — Tout le monde sait que la *Résistance* a pour objet de personnifier 1814, et la *Paix*, 1815. — Voici en quels termes conclut David au sujet de la pétition dont il avait été nommé rapporteur : « Ces sculptures, bien que rappelant une époque désastreuse, n'en sont pas moins l'écriture de faits accomplis : votre Commission pense qu'il faut les respecter. »

[3] Nous avons sous les yeux une lettre du graveur F. Forster, membre de l'Institut, commençant ainsi : « Mon cher collègue, dans une récente réunion générale des artistes graveurs, on a exprimé en nobles termes la gratitude de ses membres pour ce que vous avez fait dans l'intérêt des arts et des artistes... » Paris, 9 août 1848. — A la même époque, le président et les sociétaires du Comité central des artistes priaient David d'accepter le titre de président honoraire.

l'Intérieur à réaliser ce qu'il souhaite, David aplanit les difficultés financières que peut rencontrer son projet. Une Exposition permanente, pendant six mois au moins, lui paraît une mesure opportune en face de la misère croissante des artistes, et ce qu'il propose de faire à Paris, il exprime le vœu que la province en recueille aussi le bienfait [1].

Au mois de décembre suivant, David revenait sur la question des commandes en proposant d'élever une colonne nationale à Montmartre.

Or, pendant qu'il prenait une part active aux travaux de l'Assemblée [2], présent à toutes les séances, dirigeant avec Bixio, à la veille des élections de septembre, le *Comité central démocratique* dans un esprit de conciliation dont les réunions électorales fournissent peu d'exemples [3], le représentant de Maine-et-Loire versait chaque mois son traitement de député dans la caisse du bureau de bienfaisance d'Angers ou chez quelque dame patronesse d'une œuvre de charité [4].

Un journal de l'Anjou s'était excusé de ne pas appuyer la candidature de David. « Nous craignons, écrivait le rédacteur de cette feuille, que l'imagination rêveuse de notre grand statuaire ne se laisse aller aux distractions et aux complaisances du grand peintre, son maître en plastique, et peut-être en politique. » La suite des événements prouva que rien n'était moins fondé qu'une

[1] Voir tome II, *Mélanges. — De la Situation des artistes et des moyens de leur venir en aide.*

[2] David a fait partie de toutes les commissions auxquelles a été confiée l'étude des questions relatives aux beaux-arts ou à l'administration municipale. Il a fréquemment rempli l'office de rapporteur, et c'est avec un soin minutieux qu'il s'acquittait de cette tâche. Dans sa séance du 1er septembre 1848, l'Assemblée ayant procédé à l'organisation des bureaux, David a été élu président du premier bureau.

[3] Victor Pierre, *Histoire de la République de 1848*. Paris, E. Plon et Cie, 1873-1878, 2 vol. in-8°, tome I, p. 473.

[4] Voir tome I, pl. XIV. Lettre *fac-simile*. — Louis Tavernier, *le Musée d'Angers*. Angers, Cosnier et Lachèse, 1855, in-8°, p. 45. — *Moniteur universel*, 8 septembre 1848. — *Précurseur de l'Ouest*, 26 décembre 1848.

pareille crainte. Louis David, membre de la Convention, avait renversé l'Académie afin d'usurper la dictature des arts [1] : David d'Angers refuse le titre de directeur des Musées. On sait que ce fut Louis David qui provoqua la destruction du buste de Louis XIV, placé dans les appartements de l'Académie de France à Rome [2]; l'assassinat de Basseville, notre ambassadeur, la dispersion violente des pensionnaires de l'Académie, suivirent de près l'exécution de cette mesure [3]. David d'Angers protége cette même Académie, la Chapelle expiatoire et l'arc de l'Étoile. Si le peintre Louis David a donné des preuves de bienveillance à l'endroit de quelques jeunes gens qu'il envoya en Italie et en Flandre pour s'y perfectionner dans leur art, David d'Angers se montra préoccupé du sort de tous les artistes sans exception. Autant le premier semble avoir recherché le bruit et l'ostentation dans les fêtes nationales dont il était l'organisateur [4], autant le second, sans mettre en oubli son devoir d'artiste, s'est renfermé dans l'exercice consciencieux de ses fonctions de maire et de représentant. Il n'y a pas jusqu'au langage des deux hommes qui ne diffère à ce point qu'aucune ressemblance ne subsiste entre eux. Encore que ni le conventionnel ni le constituant n'aient remporté des succès de tribune, tandis que le peintre n'a que des phrases emphatiques et déclamatoires, David d'Angers s'exprime avec calme, en termes pleins de convenance, et, sauf quelques interruptions trop vives pendant les derniers jours de sa vie publique, nous pouvons dire qu'il *ne fit entendre à l'Assemblée* que des paroles de justice et de modération.

La place de David d'Angers à l'extrémité supérieure de la deuxième travée de gauche n'enleva rien au représentant de son entière indépendance [5]. Toujours maître de son vote, tantôt il

[1] E. J. Delécluze, *Louis David, son école et son temps*.
[2] Séance du 26 novembre 1792.
[3] 13 janvier 1793.
[4] Voir E. J. Delécluze, *Louis David, son école et son temps*.
[5] Il avait pour voisin de gauche Auguste Guinard, alors chef d'état-major

venait en aide aux membres de la gauche, tantôt il les désavouait. Soucieux de faire estimer par le pays le gouvernement de son choix, ce sont les principes de conservation et de vraie liberté qu'il a tenté de faire triompher. Depuis trente ans, des écrivains intéressés ou distraits enveloppent sans raison dans un même jugement, au point de vue politique, David le peintre et David le statuaire. Un semblable rapprochement n'a rien de sensé ni d'équitable. Si ces deux hommes avaient pu vivre dans la même Assemblée, ils n'eussent certainement pas siégé sur le même banc [1].

Tel David d'Angers s'est montré comme député, tel nous le retrouverons à la mairie de son arrondissement. Il serait trop long d'énumérer les services qu'il essaya de rendre aux artistes, aux ouvriers, aux indigents [2]. Les premiers mois de son administration furent pénibles. Les ateliers nationaux, en leurrant la classe des travailleurs, laissaient les magistrats chargés de la paix publique aux prises avec des difficultés toujours croissantes. Des milliers d'hommes sans salaire assiégeaient les mairies. Il fallait pourvoir aux besoins de ces foules affamées. Le Trésor se trouvant épuisé, les caisses municipales étaient sans ressources. Combien de fois David, en présence de demandes d'argent que le maire était incapable de solder, envoya-t-il les créanciers de la Ville à sa demeure où sa femme avait ordre de payer! Les bons de ce genre, signés par l'artiste à la mairie, où il se tenait souvent en

de la garde nationale de Paris. A sa droite se trouvait le couloir séparant la première et la deuxième travée.

[1] Victor Hugo devait contribuer pour sa part à prolonger la méprise dont nous parlons, lorsque, dans son tableau bien connu de la tribune française, se prenant à énumérer les orateurs les plus célèbres, il réunit dans la même phrase « les deux David, le peintre en 1793, le sculpteur en 1848 ».

[2] Nous avons sous les yeux des liasses de lettres adressées au « citoyen maire » par ses confrères d'atelier, demandant, les uns une commande, d'autres un emploi rétribué dans l'administration, celui-ci la suppression d'un impôt, celui-là l'exonération du service en faveur de son fils, etc., etc.

permanence, furent nombreux. Et à une époque où la rareté des capitaux se faisait sentir dans toute la France, et surtout à Paris, David, tout occupé du bien général, risqua maintes fois de jeter les siens dans l'embarras.

On sait ce que furent les journées de Juin. Du 24 au 28, pendant le temps que dura cette insurrection formidable, David exposa courageusement sa vie, essayant de vaincre les insurgés par la parole. Il se portait sur tous les points, dans l'espoir de prévenir les conflits, s'approchant des barricades en parlementaire du bon sens et de la concorde. Vains efforts! L'émeute ne fut domptée que par le feu[1].

[1] « Lors des journées de juin, écrit David, parcourant avec quatre de mes collègues les rues de Paris, nous avons été témoins du combat de l'île Louviers. Après avoir empêché de fusiller des insurgés faits prisonniers, nous nous trouvâmes en face d'une pauvre femme dont les poches étaient pleines de cartouches. On allait la passer par les armes. Je m'adressai à un garde mobile que je reconnus pour l'avoir vu assister à la mairie du XIe arrondissement à la nomination de ses chefs. Je le suppliai de songer à sa mère, et je sauvai de ses mains cette vieille femme. Nous parcourûmes les rues avoisinantes encombrées de cadavres que l'on entassait comme des pierres devant un édifice en construction. Je suivis un jeune ouvrier qui cherchait son frère. Il l'aperçut dans une mare de sang où se trouvaient accumulés plusieurs cadavres; le visage de l'un d'eux restait visible : c'était son frère. Pendant que je l'aidais à dégager le cadavre, l'ouvrier disait : « Le malheureux! je me suis jeté à ses « genoux pour l'empêcher de descendre dans la rue!... » Quand on est dans le feu du combat, la mort ne fait naître aucune sensation. C'est d'un pas indifférent qu'on enjambe les cadavres, fussent-ils en monceaux. » — Notes autographes de David appartenant à la famille. — Dans une lettre adressée à David par un nommé Méa, demeurant rue Saint-Victor, n° 44, nous relevons ces lignes : « Vous souvenez-vous, monsieur David, que le 25 juin, lorsque vous parcouriez le XIIe arrondissement, en compagnie de plusieurs de vos collègues, essayant de semer sur votre passage des paroles de paix et de conciliation, aux approches de l'Entrepôt des vins, les mobiles qui marchaient avec vous furent assaillis par les cris : « A bas la mobile! » Aussitôt, par mesure de prudence, vous avez congédié votre escorte. Quelques citoyens se sont alors approchés de vous, et vous avez parcouru avec eux, sans armes, la rue Saint-Victor, la place du Panthéon, la rue Saint-Jacques. Auprès du lycée Corneille, un de vos collègues manquait. C'est moi qui, à votre prière, fus à sa recherche, et je pus le ramener à vos côtés... » — Lettre appartenant à la famille. — David se trouva de nouveau séparé de ses collègues aux environs de la place Maubert. Demeuré seul avec

Le fleuve qui se déborde ne rentre pas dans ses digues sans frémissements. Lorsqu'on devient maître d'un mouvement populaire, une sorte de murmure prolongé marque l'expiration de la révolte. Il y a les retardataires de la défaite qui restent sur la défensive. A ceux-là, point de merci. C'est par eux que la bataille pourrait reprendre. Aussi, quand la guerre des rues est terminée, l'armée du droit se disperse à la poursuite de ces ennemis cachés. Il semble que la répression n'égalera jamais le crime. Personne n'est pleinement en sûreté. Mais quelle sagesse, quelle discrétion ne sont pas nécessaires dans l'accomplissement d'un aussi triste devoir! Que de méprises à redouter, que d'erreurs probables! C'est alors que les hommes de justice élèvent la voix et conseillent la prudence. Ils éclairent les cours martiales, déposent devant les tribunaux, arrachent à la fusillade ou à l'exil un père de famille, une mère, un enfant, enveloppés dans le funeste réseau de la guerre civile.

David s'appliqua, pendant les jours qui suivirent l'insurrection, à sauver ceux qu'il savait être innocents; et l'autorité dont il était revêtu assura plus d'une fois l'heureux succès de ses efforts.

Cependant, il lui parut que l'attitude de ses administrés n'avait pas au lendemain de la crise ce caractère de parfaite confiance que la peur avait encore accentué pendant les journées de Juin. Un soir, comme il rentrait en compagnie d'un employé de la mairie, un coup de feu fut tiré sur lui d'une fenêtre[1]. Vainement une descente eut lieu sur-le-champ dans le but de découvrir l'assassin; les recherches de la justice demeurèrent sans résultat.

Cet acte sauvage, pas plus que l'esprit d'hostilité qu'il

un jeune étudiant qui s'était joint spontanément à lui, l'artiste échoua dans sa mission pacifique, et, devant l'hostilité des insurgés, il n'eut que le temps de se réfugier à la Pitié, où le recueillit son ami le docteur Serres; alors qu'on délibérait si l'on ne s'emparerait pas de sa personne à titre d'otage.

[1] Le coup, tiré à balle, ne l'atteignit pas. Cet incident eut lieu quelques jours après le 28 juin. Le meurtrier s'était posté dans la maison qui forme l'angle des rues de Madame et Honoré-Chevalier.

rencontrait ailleurs, ne parvinrent à décourager David. Dévoué à l'intérêt public, il ne se départit jamais de cette fermeté conciliante dont ses contemporains n'ont pas perdu le souvenir après trente années. Mais le projet de Constitution venait d'être déposé. L'Assemblée se préparait à la discussion des articles. David estima qu'il se devait sans réserve à la tâche délicate que les représentants du peuple allaient entreprendre. D'ailleurs, en moins de quelques semaines, la France avait vu se succéder par trois fois les dépositaires du pouvoir. C'était le Gouvernement provisoire qui avait investi le statuaire de la charge municipale, et, depuis la démission de Lamartine au 24 juin, un grand nombre de magistrats nommés par lui avaient résigné leurs fonctions[1]. Vers le milieu du mois d'août, David informa le préfet de la Seine, M. Trouvé-Chauvel, qu'il se retirait de l'administration. Sa démission fut acceptée le 21 août[2].

Comme maire du XIe arrondissement, David d'Angers n'a cessé de donner l'exemple du courage, de la justice et du dévouement.

[1] Dès le 11 mai 1848, David avait porté à la tribune une proposition qui lui fait honneur, mais dont l'insuccès fut la marque de l'impopularité du Gouvernement provisoire. Nous citons textuellement le *Moniteur* du 12 : « David d'Angers. — Je demande la permission de proposer à l'Assemblée un acte de haute justice. Le Gouvernement provisoire, chargé de la conduite des affaires, le 24 février, par le peuple victorieux, a sauvé la patrie d'une anarchie épouvantable. Les membres de ce Gouvernement provisoire méritent la reconnaissance de la France et l'admiration du monde. Un jour, la France reconnaissante acquittera noblement sa dette, mais je demande qu'aujourd'hui, vous, représentants du peuple, vous leur votiez une médaille individuelle (*Bruits confus*), sur laquelle sera gravée l'image de la République que les membres du Gouvernement provisoire ont eu l'énergie de proclamer à la face du monde entier. — La proposition, n'étant pas appuyée, n'est pas mise aux voix. »

[2] « Je regrette bien vivement, lui écrivit le préfet de la Seine, que les nombreux travaux d'intérêt public auxquels vous participez ne vous permettent pas de continuer à l'administration municipale le précieux concours que vous lui avez prêté si généreusement, et je vous prie de recevoir ici avec nos regrets l'expression de la reconnaissance de l'Administration pour les services que vous avez rendus à la ville de Paris depuis le 24 février. »

Téméraire, au péril de sa vie, lorsqu'il espérait maîtriser l'émeute, il a été prodigue de sa fortune jusqu'à l'imprudence[1].

A l'expiration des pouvoirs de l'Assemblée constituante, David refusa toute candidature à Paris[2]. Inscrit sur les listes électorales du département de Maine-et-Loire, il échoua aux élections du 13 mai 1849[3]. Cet échec lui fut pénible, mais l'artiste rentra dans son atelier et se remit au travail avec la même ardeur qu'autrefois[4]. Sa vie publique avait duré quinze mois et deux jours.

La première œuvre qui l'occupa fut le monument de Drouot pour Nancy. L'ancien aide de camp de Napoléon, le compagnon

[1] Parmi les faits qui se rattachent à l'administration de David, il convient de signaler la démolition de la prison politique du Luxembourg. Plusieurs journaux ayant insinué que l'ordre de démolition avait dû émaner de Barbès, détenu pendant quelque temps dans cette prison par le gouvernement de Juillet, David démentit à plusieurs reprises cette assertion. Nous trouvons dans une lettre adressée par lui à la *République* du 20 mai 1851 les lignes suivantes : « C'est sur mon ordre que M. de Gisors a fait démolir, quelques jours après Février, la prison politique du Luxembourg. Croyant les bâtiments de ce genre désormais inutiles, j'avais obtenu cette permission du Gouvernement provisoire dès mon installation à la mairie du XIe arrondissement. »

[2] Pendant les derniers mois de sa vie politique, David se renferma dans l'accomplissement de ses devoirs de représentant. Une commission de permanence des beaux-arts, près le ministre de l'Intérieur, fut instituée par le général Cavaignac le 2 novembre 1848, mais David ne fut pas appelé à siéger parmi ses membres.

[3] Dans une lettre écrite peu après les élections, David s'exprime ainsi : « J'avais refusé à Paris de me laisser porter sur les listes des candidats, car la confiance des Angevins devait être pour moi la plus belle récompense de mes constants efforts pour rendre mon nom digne d'eux... » — *Démocrate de l'Ouest* du 14 juin 1849.

[4] C'est sans arrière-pensée que David dit un adieu définitif à la vie publique après son échec du 13 mai. Nous en avons la preuve dans la lettre qu'il écrivit le 25 juin 1849, à l'occasion des élections partielles du 8 juillet, où il était question de poser de nouveau sa candidature en Anjou. Il recommanda, dans cette lettre, au choix de ses amis politiques, le docteur Lefrançois, et il ajoutait qu'il serait personnellement heureux de le voir élu à l'Assemblée législative. — *Démocrate de l'Ouest* du 28 juin 1849.

de l'île d'Elbe, celui que l'Empereur appelait le « sage de l'armée », est représenté debout dans son costume militaire, les deux mains posées sur la garde de son sabre. Une pièce d'artillerie est à sa gauche. L'expression du visage respire le calme; la pose des bras, l'attitude générale de la figure portent l'empreinte de la résolution tempérée par la prudence. Le soldat que le Père Lacordaire a fait revivre avec tant d'éloquence apparaît plein de majesté sous le bronze de David.

Le modèle de sa statue terminé, le maître esquissa rapidement les trois bas-reliefs qui devaient décorer le piédestal. « *Drouot enfant porté en triomphe par ses camarades* », une « *Bataille en Bavière* », et « *le général Drouot, aveugle, remettant aux Sœurs de charité des secours pour les indigents* », résument avec justesse, au point de vue de l'idée, les succès précoces de l'adolescent qui étudiait les livres de César à la flamme du four paternel, le courage militaire de l'officier d'artillerie, la vieillesse charitable du héros. Mais l'exécution plastique de ces bas-reliefs, ajournée, contre le gré de l'artiste, jusqu'en 1854, traduit d'une manière imparfaite le triple sentiment de jeunesse, d'audace, de bonté si heureusement écrit sur la glaise de l'esquisse[1].

[1] Nous trouvons dans les papiers du maître, sous la date du 12 avril 1847, les lignes suivantes, relatives au monument de Drouot : « Vers la tombée du jour, sortant de chez moi, je vis deux jeunes gens qui causaient ensemble, en face de ma porte. L'un d'eux, M. X..., est venu avec empressement me donner la main; puis, tout à coup, il m'a accablé d'injures sous le prétexte que j'avais résolu de lui enlever la statue du général Drouot. J'eus beau l'assurer que je n'avais pas entendu parler de ce travail, il me suivit jusqu'au carrefour de la Croix-Rouge en m'insultant de la manière la plus basse. Il alla jusqu'à me dire qu'il était décidé à me faire un mauvais parti. J'étais anéanti devant une pareille violence, n'ayant réellement rien fait qui dût m'attirer ces insultes. Me voilà donc avec un ennemi de plus parmi les sculpteurs! X... a d'ailleurs les sentiments les moins nobles. Je me souviens que Le Goupil m'a raconté avoir travaillé avec X... et son père au même monument. Ces deux hommes avaient conçu quelque jalousie de la bienveillance que témoignait au brave Le Goupil le maître des travaux. Tous deux auraient souhaité d'accaparer l'ouvrage [illegible] l'avait favorisé l'architecte. Un jour, un ouvrier peintre, qui prenait son repas près d'une salle où se trouvaient X... père et

David exécuta ensuite la statue de l'agronome Matthieu de Dombasle, également destinée à la ville de Nancy. L'homme de bien qui a consacré sa vie à l'amélioration de la culture en France, l'inventeur d'une charrue, l'auteur des *Annales agricoles de Roville*, a la pose d'un observateur prêt à consigner avec la plume les résultats de son étude[1].

L'artiste n'avait rien perdu de cette générosité sans mesure, dont nous avons relevé des preuves si fréquentes. Les monuments de Drouot et de Dombasle furent offerts, sauf les dépenses de matière et de main-d'œuvre, à la ville de Nancy[2]. Peu d'années

fils, entendit le premier expliquer comment il fallait disposer les planches de l'échafaud pour que Le Goupil se tuât en tombant sur le sol. L'ouvrier s'empressa de prévenir celui-ci, lui offrant de dénoncer le fait à la justice. Trop timide pour entreprendre des poursuites, Le Goupil se contenta de visiter les planches de l'échafaudage, de vérifier le défaut de solidité de l'appareil, et de se tenir sur ses gardes. Voilà que X... va peser maintenant sur ma vie de tout le poids de ses rancunes. Je ne puis faire un seul pas dans ma carrière d'artiste sans susciter des jalousies indomptables, et cependant mon existence toute loyale est là pour prouver que c'est à tort qu'on me poursuit. » — Notes autographes de David appartenant à la famille.

[1] Nous avons entendu blâmer le caractère peu sculptural du vêtement de Dombasle. Sans vouloir ranger cette figure parmi les meilleurs ouvrages de David, nous donnerons place à une anecdote racontée par l'artiste, d'où il résulte qu'il n'a pas été pleinement libre d'interpréter à son gré le costume de son modèle, en lui donnant une forme moins étroite et moins allongée. « Je suis depuis plusieurs jours à Nancy, écrit David, afin de m'entendre avec la Commission du monument de Dombasle et de choisir l'emplacement que doit occuper la statue. Le soir de mon arrivée, le Conseil municipal et la Commission sont venus me voir à mon hôtel. Parmi les membres de la députation se trouvait le gendre de Dombasle. Depuis la première heure de mon séjour dans cette ville, il ne cesse de porter les habits de son beau-père, ayant été chargé de poser pour la redingote que préférait l'agronome. » — Notes autographes de David appartenant à la famille. — Voir sur la statue de Dombasle et son inauguration : le *Travailleur de Nancy* du 10 septembre 1850; l'*Impartial de la Meurthe et des Vosges*, même date; *Journal de la Meurthe et des Vosges* des 10 et 14 septembre 1850; le *Patriote de la Meurthe* du 14 septembre 1850.

[2] Le trait suivant est raconté dans l'*Espérance, courrier de Nancy*, du 7 juillet 1846 : « On sait que M. David d'Angers a bien voulu se charger du monument de M. Matthieu de Dombasle. Par suite, le célèbre sculpteur est

auparavant, David avait consenti à exécuter la statue de Bernardin de Saint-Pierre pour la ville du Havre, sous la clause qu'il érigerait en pendant à l'auteur de *Paul et Virginie* le poëte des *Messéniennes*.

Casimir Delavigne est assis; la tête est rejetée en arrière, l'œil brille, les lèvres sont prêtes à chanter. Une main sur le cœur, tandis que l'autre froisse les plis d'un drapeau dont la hampe, surmontée de l'aigle impériale, est brisée, le poëte cède à l'inspiration qui le domine. Il semble que du bronze enthousiaste va s'échapper ce cri d'une âme française parlant de la patrie en deuil :

J'ai des chants pour toutes ses gloires,
Des larmes pour tous ses malheurs.

Très-différent est le bronze attendri de Bernardin de Saint-Pierre. La tête inclinée, le visage éclairé d'un sourire mélancolique, le poëte est représenté composant son églogue sublime, tandis que Paul et Virginie sommeillent sous la même feuille de bananier. Le groupe des deux enfants pourrait à lui seul assurer la réputation du monument. L'âme apparaît en relief sur ces jeunes corps de cinq ans dont la pose, faite d'abandon, trahit l'innocence. Si la composition générale manque d'une certaine légèreté, en revanche, les lignes apaisées, l'émotion contenue, la pureté, la grâce qui caractérisent cette œuvre modelée, ne sont-ce pas là les traits distinctifs du talent de l'écrivain? La statue de

venu ces jours derniers à Nancy, pour voir l'emplacement destiné à la statue et communiquer ensuite à la Commission l'idée qu'il veut réaliser. Pendant son séjour parmi nous, on raconte de cet artiste distingué un trait qu'on ne lira pas sans intérêt : M. David a à son service une paysanne du hameau de Ville en Vermois, près Saint-Nicolas du Port, et dont la mère, âgée et infirme, ne vit qu'à l'aide des secours que lui adresse sa fille de temps en temps. Arrivé à Nancy, vendredi dans l'après-midi, la première pensée de l'artiste a été pour la pauvre villageoise, car, avant même de voir les autorités et la Commission, il s'est rendu au hameau précité, afin de voir la digne femme, et pour n'apporter aucun retard dans la remise des secours que lui envoie sa fille. »

Bernardin de Saint-Pierre fait naître l'idée d'un esprit fécond, ingénieux, tendre, et des deux images dressées au Havre, si la première a l'éclat de l'ode, la seconde a la simplicité touchante d'une élégie. On voudra lire ce que raconte le maître sur la visite de Casimir Delavigne à son atelier pendant qu'il modelait la statue de Bernardin de Saint-Pierre[1].

David errait en proscrit lorsque eut lieu l'inauguration de ces monuments, le 9 août 1852. Alfred de Musset, remplaçant de Salvandy, porta la parole au nom de l'Académie française[2]. Mais, dans les discours prononcés, il ne fut pas fait la moindre allusion aux libéralités de l'artiste[3]. Un pareil silence affecta péniblement David. En rentrant dans son atelier, au mois de mars 1853, il fit briser sous ses yeux le seul modèle qui existât du groupe de *Paul et Virginie*[4].

Quinze ans plus tard, Le Goupil, le praticien du maître, léguait quatre mille francs à la ville d'Angers, pour qu'un moulage de

[1] Voir tome II, *Lettres sur l'art, CXVII.* — « Casimir Delavigne, lisons-nous dans les notes du maître, est venu me rendre visite dans mon atelier. Peu de jours après, il était mort, et sa veuve venait voir l'esquisse de la statue que je destine au poëte. »

[2] La députation de l'Institut était composée d'Alfred de Musset, Michel Chevalier et Ancelot. M. Michel Chevalier parla au nom de l'Académie des sciences morales et politiques, à laquelle avait appartenu Bernardin de Saint-Pierre. Un dithyrambe fut récité par Ancelot.

[3] La même réserve fut observée dans le récit détaillé de l'inauguration. Une seule fois le nom de David se trouva prononcé pendant cette fête. C'est M. Hébert, bâtonnier de l'ordre des avocats, qui, spontanément et à l'improviste, porta ce toast à la fin du banquet : « A l'éminent et généreux artiste dont les magnifiques statues que le Havre inaugure aujourd'hui redisent si éloquemment le nom. — A David d'Angers absent! — Puisse-t-il bientôt revoir sa patrie! » — Aucune notification des fêtes n'était parvenue chez David, et le rédacteur du *Journal du Havre* ne pouvait s'empêcher d'écrire : « On a dû constater avec une surprise pénible que madame David, femme de l'illustre statuaire, n'avait pas été invitée à une fête dont son mari faisait les frais pour une si large et si noble part. » — *Journal du Havre* du 10 août 1852. — Voir aussi *Revue du Havre* du 7 octobre 1843.

[4] C'est M. Robert David qui dut détruire ce travail sur l'ordre de son père.

la statue de Bernardin de Saint-Pierre, ainsi que du groupe qui la complète, prit place au Musée David[1].

L'artiste avait-il le vague pressentiment de l'avenir? Nous le voyons apporter une activité fiévreuse à modeler ses grands hommes, mais il ne les conçoit plus que coulés dans le bronze. Le marbre réclamerait un labeur prolongé que le statuaire n'ose plus entreprendre.

La ville d'Aurillac avait projeté d'élever un monument à Gerbert, l'humble pâtre devenu pape sous le nom de Sylvestre II. Homme de génie, supérieur aux esprits de son siècle, Gerbert, astronome et inventeur, avait vécu dans l'intimité des rois avant de porter la tiare. Sylvestre II est en outre le premier pape français. Cette grande figure était faite pour tenter David.

Vêtu du costume pontifical, dont l'ampleur est tempérée par un mouvement plein de goût, Gerbert a la pose de l'homme qui enseigne. Le visage rayonnant porte dans ses plis l'éclat vigoureux de la pensée. Sans effort, sans contraction, la tête de Sylvestre II vit et respire avec puissance. La mobilité des narines, l'énergie et la noblesse du regard laissent pressentir une parole éloquente. La franchise du geste ajoute à l'autorité du discours. Le corps se meut librement et semble prêt à s'approcher de l'auditoire que l'orateur veut convaincre.

Trois bas-reliefs décorent le monument de Gerbert.

Dans le premier, David a représenté le pâtre d'Auvergne au

[1] Ce legs honore le vieux praticien qui, pendant près de trente années, avait secondé le statuaire dans ses travaux. Après avoir été redevable à David d'Angers de l'aisance modeste dans laquelle il mourait, âgé de plus de quatre-vingts ans, Le Goupil a voulu rapprocher son nom de celui de son ancien maître en disposant d'une somme, dont le chiffre ne laisse pas que d'être considérable, afin que le Musée David s'enrichît de plusieurs ouvrages du statuaire. Les monuments de Bernardin de Saint-Pierre, de Suchet et du comte de Bourcke ont été moulés avec le produit du legs de Le Goupil. M. Robert David d'Angers, heureux de marquer à son tour sa gratitude envers le praticien de son père, a modelé le portrait de Le Goupil en 1875, et en a fait don, l'année suivante, à la ville d'Angers. Il figure au Musée David.

milieu de son troupeau, l'œil au ciel, observant les astres pendant une nuit d'été. Des moines du couvent de Saint-Géraud surprennent l'enfant dans cette occupation. Le groupe des moines est composé avec une simplicité grave : le personnage qui occupe l'angle du bas-relief n'est pas moins remarquable par le caractère ascétique de la tête que par le naturel et l'harmonie de la pose.

Instruit au monastère de Saint-Géraud, Gerbert est allé compléter ses études chez les Arabes d'Espagne, et le voilà, de retour en France, honoré déjà du *pallium*, qui explique devant les rois et les savants le mécanisme d'un orgue de sa façon mû par la vapeur. Tous les personnages de ce deuxième bas-relief, à l'exception de l'Empereur d'Allemagne, Othon Ier, sont debout. Ils se montrent attentifs à la parole de Gerbert; Othon II appuie sa main avec familiarité sur l'épaule de l'Empereur; Hugues Capet, son fils Robert, et le fondateur de l'école des chimistes arabes, le Persan Geber, dans son grand costume doublé d'hermine, sont là environnés de saint Fulbert, évêque de Chartres, et d'Adalbéron, évêque de Laon, tous deux élèves de Gerbert, d'Aimoin, l'historien de Saint-Abbon, du chroniqueur Flodoard, et d'une assemblée de princes, de prélats, de moines aux types variés. Les regards de tous disent l'étonnement. L'inventeur s'est approché de son appareil, puis, soudain, tout occupé d'un nouveau problème qui vient de traverser son esprit, l'inventeur a cessé de parler. Les mains pendantes, le visage réfléchi, Gerbert ne se doute plus qu'une auguste réunion l'attend. La science s'impose, il est tourmenté par l'inconnu, il écoute, il cherche, pendant que son royal élève, qui sera un jour Robert le Pieux, surpris du silence de son maître, le fixe avec une moue enfantine d'une grâce exquise et s'apprête à l'arracher à ses réflexions.

Gerbert est à Rome. Il a pris le nom de Sylvestre II. Son peuple le porte en triomphe à la basilique de Saint-Jean de Latran. Il serait difficile de décrire la foule qui enveloppe le cortége. Ici, des religieux prosternés; là, des Romains largement drapés, des femmes, des enfants, des seigneurs et des gens du peuple, des gardes, et enfin le pontife usé par l'âge, mais encore reconnaissable malgré les proportions réduites de la figure. Nous l'avons dit, c'est sur le vif que l'artiste allait étudier les foules; aussi, lorsqu'il fait mouvoir des masses d'hommes, si l'agitation des personnages défie l'analyse, elle satisfait le regard par l'imprévu et la vérité des détails.

Relèverons-nous, pour ne rien omettre, l'anachronisme de la tiare que David, dans la statue de Gerbert et dans le bas-relief de l'*Exaltation*, a ornée de la triple couronne, alors qu'au dixième siècle elle se composait d'un seul diadème? Mais s'il eût été strictement exact sous le rapport de l'érudition, combien qui, par ignorance de la vérité archéologique, auraient taxé le sculpteur d'une prétention ridicule? Que l'adjonction d'une deuxième couronne sur la mitre primitive date du onzième siècle, et que la troisième couronne ne remonte qu'à Clément V, au quatorzième siècle, ces questions peuvent exercer l'esprit de l'antiquaire et de l'historien, mais ne doivent point distraire un artiste. David a eu raison de donner à la coiffure de Sylvestre II la forme définitive sous laquelle est restée populaire, depuis cinq cents ans, la tiare pontificale.

De même, nous ne saurions reprocher au statuaire d'avoir introduit Geber dans l'assemblée des personnages illustres dont il a rempli son deuxième bas-relief. Il est à peu près certain cependant que Geber vécut à la fin du neuvième siècle, tandis que Gerbert, né en 930, ne brilla que pendant la seconde moitié du dixième. Mais nous considérons comme un droit pour l'artiste de presser les temps. D'ailleurs, si le pâtre d'Aurillac, devenu l'élève des Arabes d'Espagne, n'a pu connaître Geber, une sorte de filiation intellectuelle ne rapproche-t-elle pas le moine français du père des chimistes arabes? Gerbert avait pu lire l'ouvrage de ce maître de l'Orient, *Summa perfectionis*; et le jour où le précurseur de la science moderne étonne l'Occident par ses découvertes, il ne nous déplaît pas de retrouver le vieux Geber attentif aux expériences d'un des disciples de son génie.

L'inauguration du monument d'Aurillac eut lieu le 16 octobre 1851. Dressée sur la place Monthyon, à l'extrémité de la promenade du Gravier, ayant pour fond les montagnes, l'image de bronze de Sylvestre II fut saluée par les acclamations d'une foule considérable, lorsque les évêques de Saint-Flour, de Limoges et de Tulle, ayant autour d'eux plus de trois cents prêtres, procédèrent à la bénédiction de la statue. M. de Parieu, représentant du peuple, prit la parole, et, avant de clore son discours, il exprima le regret que l'artiste ne fût pas témoin de cette brillante cérémonie. Au banquet, le nom de David fut couvert d'applaudissements, et la presse locale sut rendre hommage au désintéressement du statuaire qui avait, selon sa coutume, offert le modèle de la statue et des bas-reliefs pour sa part dans la souscription[1].

Moins de deux mois après l'inauguration du *Gerbert*, le 9 décembre 1851, David d'Angers se voyait arrêter chez lui à trois heures du matin. Un mandat d'amener avait été décerné contre l'ancien représentant de Maine-et-Loire. Ce fut un commissaire de police, escorté de trois agents, qui fut chargé de son arrestation. Une semaine s'était écoulée depuis la date du coup d'État, et bien que la plupart des anciens collègues et des amis politiques de David eussent été l'objet de poursuites, le statuaire commençait à espérer qu'il échapperait à la proscription. N'était-il pas rentré dans la vie privée depuis le 28 mai 1849, date de la dissolution de l'Assemblée constituante? La visite nocturne qui vint interrompre son sommeil avertit David de son erreur.

Il fut conduit au Dépôt de la préfecture de police, où, après de

[1] Voir Henri Durif, *Statue de Gerbert*, notes explicatives. Aurillac, Picut, 1851, in-8°. — P. Picut, *Inauguration de la statue de Gerbert*. Aurillac, Picut, 1851, in-12. — *Revue du Cantal* du 22 octobre 1851. — *L'Écho du Cantal* des 30 novembre 1844, 8 novembre 1845, 4 janvier 1851 et 25 octobre 1851. — *Le Moniteur catholique* du 3 avril 1850.

longues recherches, sa femme le découvrit vers le soir et eut avec lui une courte entrevue. Le maître dut rester trois jours et trois nuits dans une salle où se trouvaient environ deux cents prisonniers. « L'air comprimé et vicié, lisons-nous sur son carnet à la date du 12, m'oppresse horriblement. La nuit se passe avec des palpitations continues. Je ne trouve à ma situation pénible qu'un bien léger adoucissement, c'est une faible clarté qui vient de la cour où stationnent des soldats avinés qui font retentir la crosse de leurs fusils sur le pavé. Ils rient et ils jouent en attendant les voitures cellulaires où doivent prendre place des prisonniers que nous entendons piétiner au-dessus de nos têtes.

« Où vont-ils?

« Le jour, je m'approche le plus près possible des barreaux, mais ils sont disposés de telle sorte qu'on ne peut voir ce qui se passe au dehors. Je n'aperçois que le ciel, et cette vue m'est une consolation.

« Lorsque le geôlier ouvre la porte, mon cœur bat violemment; j'imagine qu'on va me faire descendre pour voir ma femme et mon Robert, puis le chagrin reprend le dessus quand arrive la désillusion. Un tout petit enfant, le fils du geôlier, entre avec son père : c'est un rayon de soleil, c'est le bonheur en personne. Que cet être heureux m'a fait de bien! Il a éclairé le cœur du prisonnier. Non, tous les hommes ne sont pas égoïstes, car je voudrais assumer sur moi les malheurs de mes semblables, afin d'en préserver les autres. Je me suis penché, les larmes aux yeux, vers la tête blonde de l'enfant pour l'embrasser : l'enfant du geôlier s'est retiré de moi. L'enfance n'aime pas le malheur, elle a le pressentiment de l'avenir[1]. »

[1] Notes autographes de David appartenant à la famille. — Le lendemain il écrivait : « Quand je suis dans l'intérieur de la prison, je reconquiers promptement mon caractère d'homme, mais dès qu'on me fait descendre chez le directeur pour voir Émilie et Robert, ainsi que mon brave ami Leclère, je m'attendris jusqu'aux larmes. Je suis honteux de tant d'émotion. Je conçois qu'un homme qui marche à la mort cherche à éviter en ce moment suprême

Nous n'avons pas à formuler ici un jugement sur le coup d'État. Notre devoir est de nous renfermer dans le récit des événements qui ont rempli l'existence de David d'Angers. Toutefois, quelques contemporains du maître ayant cru voir dans son arrestation une réponse à son refus d'exécuter la statue de la reine Hortense, nous rappellerons que David, se trouvant à Londres, en 1816, sans ressources, presque sans pain, s'était refusé à élever le monument commémoratif de Waterloo. Rentré en France, on l'avait vu sculpter le général Foy, Gobert, Larrey, Drouot et Bonaparte lui-même sur le Fronton du Panthéon. En n'acceptant pas les statues de la reine Hortense ou de Murat, le maître avait fait acte d'indépendance, mais non de jalousie mesquine envers l'Empire. Nous ne pouvons admettre que ce soit l'artiste qu'on ait frappé en décembre 1851, car, en vérité, le caractère patriotique de son œuvre devait le protéger. Ses adversaires politiques pouvaient-ils ne pas reconnaître l'influence heureuse de David sur le culte de nos gloires nationales[1] ?

Cependant, la femme du statuaire s'était empressée, dès le premier jour, de poursuivre la mise en liberté de son mari. Ce n'était pas chose aisée d'en appeler au droit et à la justice au milieu du trouble général. Madame David ne sut tout d'abord à quelles influences recourir ni quels personnages elle pourrait intéresser à sa cause. C'est surtout dans les heures de crise

le regard des êtres qui lui sont chers. » — David dut à l'obligeance de M. Ballan, directeur du Dépôt, de ne pas faire partie des escouades de prisonniers que l'on dirigeait plusieurs fois par jour sur les forts. M. Ballan avait fait remarquer au maître un escalier conduisant à ses appartements, et à diverses reprises le statuaire, au lieu de suivre ses compagnons de captivité qui descendaient dans la cour du Dépôt, monta quelques degrés de l'escalier tournant afin de se soustraire aux regards des soldats chargés de surveiller le départ des prisonniers.

[1] « Si David appartient à un parti par ses convictions, a dit un écrivain de l'époque, il appartient à la France par son génie. » — *Profils révolutionnaires par un crayon rouge*, publiés par Victor BOUTON. Paris, 1848-1849, impr. de Beaulé et Maignand, in-8°.

politique que le cercle des relations paraît singulièrement restreint. Soudain, la femme du statuaire eut la pensée d'informer le baron Larrey de l'événement que nous venons de raconter. Le fils de l'illustre chirurgien était lié avec David. On se rappelle le mot quasi prophétique par lequel le baron Larrey terminait une lettre qu'il adressait à l'artiste six ans auparavant. « L'avenir, peut-être, lui disait-il, me permettra mieux que le présent de vous vouer un culte de reconnaissance et de vénération filiales[1]. » Le baron Larrey ne se doutait pas, lorsque son cœur lui dictait cette parole, que le jour était proche où ses traditions de famille et ses préférences personnelles qui l'attachaient à la dynastie des Napoléon le mettraient en mesure de venir au secours de son ami.

Instruit par madame David du séjour de l'artiste au Dépôt dans une salle commune, il courut chez le général Carrelet et obtint, après deux jours de démarches, que le statuaire serait transféré à la Conciergerie. Les instances du même protecteur valurent à David d'être logé chez le directeur de la prison. Le baron Larrey rendit encore à son ami le service immense d'empêcher, sous sa caution personnelle, que le prisonnier ne fût conduit dans un fort.

A quelques jours de là, David fut interrogé. Ses juges lui offrirent la liberté s'il consentait à quitter la France. Le maître accepta de partir pour la Belgique. La sentence qui l'expatriait était exécutoire dans la semaine. Lorsque David rentra chez lui après quatre jours de prison préventive, il paraissait vieilli de dix ans. Mais le tribunal, en lui donnant connaissance du jugement sommaire qui le condamnait, lui avait fait entendre que, la crise apaisée, son dossier serait examiné, et que sans doute il pourrait reprendre possession de son atelier. Confiant dans cette promesse, David, chez qui les déceptions de la politique faisaient revivre la passion de l'art, prit avec moins d'amertume la route de l'exil.

[1] Lettre du 18 décembre 1845. — Voir plus haut, p. 409.

Réfugié à Bruxelles, près de la tombe de son maître, Louis David, vers laquelle il était revenu pendant l'été de 1849[1], entouré de soins touchants dans la famille de l'historien belge, Louis de Potter[2], l'un des membres du Gouvernement provisoire de 1830, David d'Angers se sentait encore sur la frontière de France.

Pendant quelques semaines, l'artiste parut prendre courage. Des visites répétées de sa femme et de ses enfants apportèrent un allégement à sa douleur. Mais à la suite de ces entrevues trop rapides, les adieux brisaient l'âme du père et de l'époux. Une tristesse morne s'emparait de lui, et, dans ses heures d'abattement, oublieux des soins qu'on lui prodiguait : « Je suis à Bruxelles, écrivait-il, comme dans une prison. Lorsqu'une ville est un lieu d'exil, les rues les plus larges se resserrent et vous oppressent, semblables à des murs de cachot. Cette population, qui s'agite autour de moi, me paraît une troupe d'acteurs jouant leurs rôles dans une langue que je ne comprends pas. Je reste spectateur des yeux en face de tableaux vivants dont le sens m'échappe. Où pourrai-je trouver un ami dont l'étreinte vienne me consoler[3]? »

De temps à autre, il s'éloignait de Bruxelles en touriste, prenant note de ses impressions sur les églises gothiques de Louvain, ou le palais de justice de Liége. Il courait à Duffel admirer le *Mariage de la Vierge* d'Albert Durer. Hemling l'attirait à Bruges. Un jour qu'il errait sur la plage d'Ostende, nous le voyons écrire :

[1] David d'Angers, accompagné de sa femme et de ses enfants, avait fait un voyage en Belgique et en Hollande au mois de septembre 1849.

[2] David était intimement lié avec de Potter depuis 1815. Ils s'étaient connus à Rome, le publiciste belge étant attaché à la légation des Pays-Bas dans cette ville pendant que l'artiste était pensionnaire de l'Académie de France.

[3] Notes autographes de David appartenant à la famille. — Ailleurs il écrit : « De ma chambre, j'apercevais depuis quelques jours, sur une fenêtre, une petite fleur blanche qu'une jeune fille arrosait avec soin chaque matin, et l'humble plante avait l'air de s'épanouir comme un enfant choyé par sa mère. Hier, plante et jeune fille ont disparu ; l'hôtel me semble désert, et je retombe dans mon isolement et ma douleur. — Bruxelles, mars 1852. »

« Beaucoup de noms sont gravés, et les uns très-profondément, sur la balustrade de la jetée. Un navire poussé par la tempête a heurté l'estacade, emportant à sa suite les madriers sur lesquels tant d'oisifs avaient incrusté leurs noms, se croyant sûrs peut-être de l'avenir. Ces frêles archives vont faire bouillir la marmite des femmes de pêcheurs. Que la gloire a peu de durée! Elle est plus mouvante que les vagues qui viennent se briser sur la grève. Je lisais hier dans un journal américain la description de l'incendie de la Bibliothèque de Washington : le buste colossal que j'avais offert à l'*Amérique est calciné*[1]. Il y a quelques mois, le *navire* auquel la ville de Dunkerque avait donné mon nom a péri dans un naufrage. On parle de détruire le Fronton du Panthéon, et moi-même je suis exilé. C'est quelque chose de bien périssable qu'un nom! Qu'il soit inscrit sur le marbre ou dans le bronze, il s'efface au frottement des siècles : un seul survit, c'est celui de l'humanité, et encore doit-il disparaître[2]! »

Parfois, le maître se reprenait au travail. C'est de l'exil que sont datées les pages qu'il a consacrées à Espercieux[3]. Mais bientôt il conçut un désir violent de rentrer en France. Toutefois, toujours rebuté à l'ambassade où l'on exigeait de lui qu'il usât du recours en grâce et qu'il prêtât serment, David, incapable d'une pareille concession, prit le parti de voyager[4]. Les portes

[1] Celui de George Washington, premier président des États-Unis.

[2] Notes autographes de David appartenant à la famille.

[3] Voir tome II, *Portraits d'Artistes*, Espercieux.

[4] Peu auparavant, le baron Larrey avait spontanément écrit à l'Empereur pour obtenir la rentrée de David d'Angers sans aucun engagement. L'Empereur avait refusé. David, instruit de la tentative de son ami, lui écrit de Bruxelles, le 17 avril 1852 : « Bon et cher ami, mille remercîments de la démarche que vous avez faite à mon égard et de la manière délicate dont vous avez sauvegardé mon honorabilité politique, je n'attendais pas moins de votre amitié pour moi et de la dignité de votre caractère. Me voilà libre actuellement, ma position est nette, telle qu'elle me convient surtout. Que mes amis demeurent désormais inactifs et, comme moi, attendent l'avenir sans peur et sans reproche. Pour vous, mon ami, croyez bien que votre souvenir vivra toujours dans mon cœur reconnaissant. Mille tendres amitiés. David. » — Lettre appartenant à M. Hippolyte baron Larrey.

de l'Italie étant fermées aux exilés de Décembre, l'artiste, qui maintes fois avait souhaité de voir la Grèce, se mit en devoir de gagner Athènes. Plein d'illusions sur les descendants de Périclès, le maître nourrissait la secrète pensée d'ouvrir une école d'art dans la patrie de Phidias. Il comptait y former des élèves. Quelques jeunes Grecs avaient autrefois suivi son cours. David essayerait de les rejoindre et de les grouper autour de lui. Pressé par les engageantes paroles de Colettis, ministre de Grèce à Paris, ne s'était-il pas vu en 1841 à la veille de partir pour Athènes[1]? Le moment semblait donc venu pour lui de réaliser un projet trop longtemps ajourné.

Mais une grave question allait préoccuper les siens : le maître pouvait-il entreprendre seul un pareil voyage? Le récent décret du 22 janvier, prononçant la confiscation des biens de la famille d'Orléans, n'était pas sans laisser des craintes sérieuses aux exilés politiques. Il fut décidé que madame David resterait en France, afin de sauvegarder, le cas échéant, les intérêts de l'artiste proscrit[2]. D'autre part, le maître craignait d'interrompre les études de son fils en l'appelant à le suivre : ce fut sa toute jeune fille, Hélène David, alors âgée de quinze ans, qu'il choisit pour l'accompagner.

David partit de Bruxelles le 25 avril 1852. « Quel déchirement de cœur j'ai ressenti ce matin en me séparant des miens! Émilie et Robert reprennent la route de Paris : Hélène et moi nous nous dirigeons vers la Grèce. Qui sait si ce n'est pas là que se dénouera le drame de ma vie? Que du moins le ciel protége ma pauvre Hélène[3]! »

Les deux voyageurs se rendirent d'abord à Berlin, chez

[1] Voir plus haut, p. 417.

[2] Pendant plusieurs semaines, le bruit courut que les biens des exilés qui, dans un certain délai, n'auraient pas demandé leur rentrée et prêté serment, seraient saisis. Madame David n'osa pas quitter Paris afin d'être en mesure de plaider, s'il était besoin, en séparation de biens, et de garantir ainsi la fortune de ses enfants.

[3] Notes autographes de David appartenant à la famille.

Alexandre de Humboldt, qui accueillit David comme un vieil ami. L'auteur du *Cosmos* n'encouragea que faiblement les espérances du statuaire, mais il le munit à son départ de nombreuses lettres de recommandation[1]. Le maître traversa toute l'Allemagne et alla s'embarquer à Trieste sur le Lloyd autrichien, qui, après les escales habituelles, débarqua David et sa fille à quelques pas de la capitale de la Grèce[2].

Athènes!... ce dut être un nom magique pour l'oreille du sculpteur que celui de l'antique cité, redit par cent voix lorsque le navire entra dans les eaux du Pirée. David allait fouler cette terre classique des arts, dont la renommée l'appelait depuis sa jeunesse. Il y venait après Chateaubriand et après Byron, deux hommes qu'il avait rencontrés; toutefois, c'était en proscrit qu'il allait monter à l'Acropole. Ni le poëte des *Martyrs*, ni le chantre de *Childe-Harold* n'avaient été poussés sur ces rives par les gouvernements de leurs pays. Ne nous étonnons plus si l'enthousiasme de David est impuissant à lui faire oublier la patrie absente[3]. Une émotion toujours vive, des élans soudains en face des ruines fameuses de la Grèce, attestent la sincérité du voyageur. Mais alors même qu'il suspend sa marche, séduit par la beauté d'un site ou l'austère grandeur de quelque débris, il y a des pleurs dans sa voix et dans son sourire. On a pu dire de Chateaubriand qu'il s'était cru Spartiate sur les ruines de Lacédémone, Athénien

[1] La plupart furent retrouvées intactes dans la malle de David, à son retour, sans qu'il eût songé à en faire usage.

[2] Nous trouvons sur le carnet du maître ces quelques lignes écrites pendant la traversée : « Le capitaine du Lloyd ne permet pas de visiter la petite ville d'Ancône ni celle de Brindes. — Corfou, ville tout à fait grecque, offre au regard une magnifique esplanade couverte de rosiers et de citronniers. — Grecs dormant sur le pont; têtes magnifiques, et, souvent, beaux costumes. »

[3] « Quand mon père, nous écrit madame Gubler, née Hélène David, vit sur un de nos bâtiments de guerre, en station au Pirée, le drapeau tricolore, il fut tellement ému qu'il m'embrassa les larmes aux yeux, au grand étonnement de la foule qui encombrait le bateau et qui ne s'expliquait pas la cause de notre émotion. »

sur les Propylées; David, aux mêmes lieux, reste Français. Une grâce pénétrante s'attache aux réflexions du statuaire pendant son séjour en Grèce. Il ne s'applique pas à condenser dans une phrase dorée les larmes des choses, comme l'auteur de l'*Itinéraire;* il porte au cœur une blessure que lui ont faite les hommes, et de fréquents retours sur son temps, son pays, son art bien-aimé, donnent à ses paroles un caractère grave et triste. On croit voir passer une âme dans les rapides tableaux tracés par l'artiste au cours de ses promenades à travers la ville de Minerve. Cependant, s'il est plus vrai que Chateaubriand, s'il se donne sans restriction dans ses pages intimes, sa tristesse ne dégénère pas en amertume comme celle de Byron. Toujours digne dans l'expression de ses regrets, il ne permet pas au dépit ou à la satire de trouver place sous sa plume; mais à l'exemple des deux maîtres que nous venons de nommer, David éclaire, agrandit, colore et sculpte tout ce qu'il voit. Ce n'est point un archéologue comme Ottfried Müller ou Choiseul, un érudit comme Fauvel ou Marcellus, c'est un artiste de génie qui vient s'asseoir au berceau de Phidias et de Praxitèle.

Curieux et empressé de tout visiter, nous le verrons courir aux monuments après avoir admiré l'ensemble.

« Athènes présente le soir une masse d'ombre où scintillent çà et là quelques lumières plus compactes au pied de la montagne du Parthénon. Elles semblent vouloir atteindre au sommet, dont la noire et fière silhouette tranche sur un ciel de cristal. Ces ruines sont l'abrégé des temps historiques. Là, sommeille tout ce qui fut vénéré par un peuple religieux. Les lampes qui éclairent les descendants indignes d'un tel peuple me font songer aux lucioles que l'on voit briller à la base d'un chêne séculaire dont le front se perd dans les cieux.

« De la terrasse de l'École, on découvre tout le panorama qui s'étend depuis l'Acropole jusqu'au Pirée. Les maisons sont rares ou absentes de ce côté. Pas de verdure. Le soleil darde d'aplomb sur cette terre désolée. Un convoi funèbre sillonne lentement cette mer de feu. C'est ainsi qu'il faut voir Athènes; car, lorsque cette plaine sera couverte d'habitations, toute poésie aura disparu. Un vaisseau radoubé n'a pas le même charme pour l'œil que des débris gisants sur la plage après une tempête : ce ne sont pas les mêmes êtres qui le montent[1]. »

Le ciel transparent de l'Attique le ravit. « Chaque matin, j'assiste au grand réveil de la nature. Les montagnes bleuâtres qui ferment l'horizon se colorent peu à peu d'une teinte rose, puis l'astre parait. La forme et le ton des objets se fixent sous ses rayons. Tout renait. Le plus petit moucheron secoue ses ailes, et moi qui, né d'hier, suis déjà une ruine, je m'assieds sur des ruines. La lumière, c'est la vie. Le flambeau qui luit pour tous fait resplendir les œuvres du génie. Sans cette clarté d'en haut, la nature, les créations de l'homme resteraient plongées dans une sorte de néant. Les anciens peuples n'étaient pas bien loin de la vérité, quand ils adoraient le soleil[2]. »

La première visite de David est pour le Pnyx, où retentirent les patriotiques accents de Démosthènes. « Je suis assis à la tribune aux harangues, dans un angle que devait occuper le scribe qui transcrivait les lois. J'ai devant moi l'hémicycle où siégeait le peuple. Plus bas, est le temple de Thésée, ruines magnifiques où de pauvres familles grecques vont se réfugier chaque nuit[3]. »

De la colline du Pnyx, David redescend sur l'emplacement que les anciens appelaient le *Coelé*, puis, l'ayant traversé, l'artiste monte à la citadelle. « J'éprouve un serrement de cœur des plus pénibles en parcourant l'Acropole. Il me semble que j'assiste à la dernière scène d'une tragédie de Sophocle ou d'Euripide. Ces splendides monuments, meurtris par les siècles, mais plus encore par la main des hommes, me rappellent Thémistocle et Miltiade

[1] Notes autographes de David appartenant à la famille.
[2] Notes autographes de David appartenant à la famille.
[3] Notes autographes de David appartenant à la famille.

mourants. La beauté, comme le génie, n'a rien de sacré pour l'homme. Ses instincts sont si primitifs qu'il a besoin d'une étude patiente pour apprendre le beau : ce sentiment n'est pas inné en lui[1]. »

Le statuaire s'éloigne de la ville; il franchit l'ancienne porte d'Égée, et s'achemine vers l'Ilissus. « Je me suis promené au bord de l'Ilissus, qui n'est plus qu'un mince filet d'eau sur un lit rocailleux. Le temple de Jupiter est non loin de là. On voit encore l'arc d'Adrien, qui y conduisait. Le temple se trouvant à proximité de l'Acropole, les Athéniens viennent prendre des rafraîchissements sous sa colonnade[2]. »

Un autre jour, il se rend auprès des tombeaux d'Harmodius et d'Aristogiton, proches des anciens jardins de l'Académie que traversait le Céphise. « Je viens de voir l'emplacement où fut l'Académie. Ottfried Müller, le philologue, y est enseveli sur un monticule. De son monument, qui est en marbre, les Grecs ont fait un but de tir pour leurs balles. Ils exercent leur adresse à l'aide de ce point de mire d'un nouveau genre. Müller a cependant composé des chefs-d'œuvre sur leur passé; il a fait aimer leur nom, leurs coutumes, leurs temples; mais l'ingratitude a remplacé dans l'esprit de ce peuple déchu la série proscrite de ses dieux et toute vertu de respect. Bas et rampant s'il attend un service, lâche s'il est en face d'un homme de courage, vaniteux et insolent s'il commande, tel est le Grec moderne[3]. »

A l'enthousiasme des premiers jours succède une excessive rigueur. David est revenu révolté de ses excursions aux ruines. Il observe les hommes, et parfois on dirait qu'il prend plaisir à flageller le peuple hellénique. « Quelle dérision! Chaque rue d'Athènes porte le nom d'un grand homme de l'antiquité! Sur des piédestaux, dont les statues ont été détruites ou enlevées,

[1] Notes autographes de David appartenant à la famille.

[2] Notes autographes de David appartenant à la famille.

[3] Notes autographes de David appartenant à la famille.

on voit des Grecs modernes gravement assis, cherchant à se débarrasser de la vermine qui les ronge. On vend de la friture et des haillons sur les autels des dieux. Les noms héroïques de Thémistocle et de Miltiade se lisent sur la devanture d'un parfumeur ou d'un épicier, et, pour couronnement à cet ensemble ironique, le Parthénon en ruine conserve quelques colonnes debout; on dirait les bras d'un squelette implorant le ciel.

« On vient d'élever une église en style byzantin, mais elle se trouve placée dans l'alignement de la rue, comme une maison particulière. Ce n'est pas digne. C'est manquer à tout sentiment religieux que d'assimiler un temple à une boutique[1]. »

Après les heures d'agitation fébrile qui nous rendent témoin des souffrances morales du proscrit, David a ses instants de tranquillité relative. C'est avec une plume apaisée qu'il retrace une scène de mœurs : « Je viens d'assister à une cérémonie touchante, ce sont les funérailles d'un archevêque grec. Il était porté sur un fauteuil, la tête coiffée de sa mitre, sa crosse à la main et vêtu de ce somptueux costume qui rappelle celui des empereurs du Bas-Empire. Les traits de sa face, d'une grande beauté, portaient l'empreinte d'une sérénité sans nuages. Si les yeux n'avaient été fermés, la tête du prélat eût donné l'illusion de la vie. Des fanfares militaires, à la tête du cortége, exécutaient une marche funèbre; puis venaient les gens du Roi, le premier valet de chambre de l'archevêque, des évêques et des prêtres dans leurs riches vêtements, une compagnie de lanciers, le corps, une deuxième compagnie, et enfin la foule aux habits les plus pittoresques. Cette scène, toute nouvelle pour Hélène et pour moi, nous a vivement impressionnés. Arrivé au lieu de la sépulture, le cortége a formé la haie, on a dépouillé le mort de son costume d'apparat, et il n'est plus resté qu'un cadavre, qu'on s'est hâté d'ensevelir à cause de sa putréfaction[2]. »

[1] Notes autographes de David appartenant à la famille.

[2] Notes autographes de David appartenant à la famille. — Un autre jour, c'est un trait de mœurs qui le frappe. « Dans l'antiquité, dit-il, on lavait les

La présence de David à Athènes ne tarda pas à être connue. S'il ne lui avait pas été donné de descendre chez le représentant de la France, comme autrefois Chateaubriand [1]; si même, sur un ordre officieux, il avait dû éviter toutes relations avec le ministre de notre pays, les élèves de l'École d'Athènes et les hommes les plus éminents de la société grecque connurent bientôt le chemin de l'*hôtel d'Orient*, où résidait le statuaire. M. Edmond About, élève de l'École, qui venait d'écrire son Mémoire sur l'*Ile d'Égine* et M. Charles Garnier, le futur architecte de l'Opéra, aujourd'hui membre de l'Institut, se rendirent des premiers auprès de l'artiste exilé. M. Alfred de Curzon, qui revenait d'Italie par la Grèce, se joignit à ses deux camarades, dont il devait faire quelques mois plus tard ses compagnons de voyage en Morée. Beulé, tout occupé de ses recherches sur l'Acropole, attendra que David se nomme à lui, mais il lui rendra dans ses *Fouilles et découvertes* un hommage qu'il est de notre devoir de rappeler.

« Il est un visiteur, dit-il, qui m'a ému à la première vue, avant même que j'eusse appris qu'il était un artiste illustre et un proscrit. Je l'avais remarqué à diverses reprises; mais avec son visage flétri par le chagrin, sa moustache épaisse, son paletot clair et boutonné, il ressemblait à un Polonais. Il s'appuyait sur le bras d'une jeune fille, si pâle elle-même qu'elle aurait eu plutôt besoin d'appui; tous deux gravissaient péniblement le rocher de l'Acropole, s'asseyaient sur les marches du Parthénon, contemplaient tristement la mer et redescendaient, non sans s'être un peu ranimés devant la frise de Phidias. Je songeais involontairement à Œdipe et Antigone, comparaison ridicule que j'attribuais

pieds des voyageurs. C'était le premier acte d'hospitalité. Maintenant encore, dans les familles qui tiennent aux anciennes coutumes, un domestique vient enlever la poussière de vos chaussures. » — Notes autographes de David appartenant à la famille.

[1] « Rien ne sentait le consul chez mon hôte, écrit Chateaubriand, mais tout y annonçait l'artiste et l'antiquaire. Quel plaisir pour moi d'être logé à Athènes dans une chambre pleine des plâtres moulés du Parthénon! » — *Itinéraire*.

à la vue du bourg de Colone, qui se détachait sur un monticule au milieu des bois d'oliviers. Un jour, le voyageur, après avoir interrogé, en me regardant, le gardien de l'Acropole qui l'escortait, m'adressa sur mes fouilles quelques questions auxquelles je répondis avec le désir de le satisfaire. Il me remercia, me tendit la main et me dit qu'il s'appelait David d'Angers...

« Il est revenu plusieurs fois. Il me raconte ses projets ou plutôt ses déceptions. Il fera le buste de Canaris, et, pour la villa de la duchesse de Plaisance, bâtie sur le bord de l'Ilissus, un bas-relief qui sera placé sur la porte d'entrée : *Thémistocle chez Admète*, image de l'hospitalité. Mais les carrières du Pentélique sont mal exploitées, mais l'argile de l'Attique est trop sèche, mais le plâtre d'Athènes ne vaut rien... en un mot, tout trahit l'exilé, tout lui répugne, tout lui manque, il se manque à lui-même parce qu'il a perdu ses attaches et ses ressorts [1]. »

Pittakis, le conservateur des antiquités d'Athènes, les Soutzo, les Caradja, Rangabé l'archéologue, la duchesse de Plaisance [2], témoignèrent à David d'Angers tout l'intérêt que pouvaient inspirer son caractère et ses malheurs. Tant de prévenances n'empêchèrent point l'artiste de supporter avec peine le poids de l'exil. Au bout de quelques semaines de séjour, il avait dû renoncer à tout projet de fondation d'une École d'art. Une seule ressource lui restait pour tenter de vaincre l'ennui : le travail. Heureux de reprendre l'ébauchoir, il entreprit d'exécuter le buste de Constantin Canaris.

[1] *Fouilles et découvertes.* Paris, Didier et Cie, 1873, 2 vol. in-8°. — Les notes qui nous ont été fournies par la famille du statuaire ne sont pas en complet accord avec la version qu'on vient de lire. David et Beulé se seraient rencontrés pour la première fois, non pas sur l'Acropole, mais à la table de Daveluy, directeur de l'École d'Athènes.

[2] La duchesse de Plaisance, femme d'une étrangeté difficile à dépeindre, aigrie par la mort de sa fille, était venue se fixer sur le Pentélique, où elle essayait de se faire construire une résidence qui répondît à ses goûts. David ne la vit que deux fois.

« Lors du soulèvement général de la Grèce et pendant la guerre de l'Indépendance, écrit David, les Grecs avaient éveillé toutes mes sympathies. A plusieurs reprises, je m'étais vu sur le point de faire le voyage afin de modeler les bustes des braves défenseurs de la liberté. Empêché par diverses circonstances de suivre mon désir, je dois à l'exil de pouvoir réaliser aujourd'hui ce projet. C'est un adoucissement à ma douleur, dans Athènes ma sublime prison. Je vais terminer dans quelques jours le buste de Canaris. J'ai fait le médaillon du hardi marin et celui de sa femme. Je savais le toucher profondément par cette attention méritée, car madame Canaris est la digne femme d'un héros [1]. »

Le buste de Canaris est de proportions colossales. Le brûleur de flottes porte la veste grecque, l'écharpe nouée avec négligence autour du cou, le bonnet de pêcheur sur la tête. Au premier aspect, le laisser-aller du portrait trahit le caractère personnel du marin d'Ipsara. Ce n'est pas le soldat discipliné, le chef d'une armée régulière, c'est l'homme de l'intrépidité soudaine qui ne relève guère que de lui-même, l'homme qui, apprenant un jour que trente mille Turcs débarqués à Chio avaient exterminé toute une population [2], charge un navire de matières inflammables, se fait le pilote du brûlot vengeur et va l'attacher lui-même, la nuit, au vaisseau du capitan-pacha qu'environne la flotte ottomane dans la rade de Chio. On sait le reste : le brûlot en flammes, Canaris nage seul, à force de rames, et s'en va vers la haute mer contempler à l'aise l'incendie des vaisseaux turcs [3]. Aventurier de génie, Canaris porte écrite sur ses traits la rudesse de son courage. Le front haut et large, les joues sèches, le regard d'une fixité terrible, les cheveux courts, la moustache épaisse, les

[1] Notes autographes de David appartenant à la famille.

[2] Quarante mille personnes, écrit un historien, furent massacrées sans pitié ou vendues comme esclaves sur les marchés de l'Asie Mineure. — JURIEN DE LA GRAVIÈRE, *la Station du Levant*. Paris, E. Plon et Cie, 1876, 2 vol. in-12.

[3] Nuit du 18 au 19 juin 1822.

rides nerveuses de la face indiquent la puissance de volonté. David, en exécutant le buste du héros grec, a fait parler la glaise avec ce laconisme éloquent dont certains ouvrages, modelés à l'époque la plus glorieuse de sa vie, portent la trace.

Autant le visage du marin s'écarte du type grec, autant les traits de madame Canaris s'en rapprochent. Où chercher quelque chose de plus suave dans sa beauté sérieuse que ce profil nuancé de tendresse et de résolution? Une gaze habilement jetée, d'où s'échappent d'abondantes mèches de cheveux, couvre le front et se perd sur les tempes sans voiler l'oreille. Quelques perles pour parure, un fin sourire, rappellent la femme; l'émotion du regard caractérise l'épouse; la sévérité de l'expression, l'héroïne.

Vers le même temps, David ajouta deux nouvelles médailles à sa riche collection. Voulant rendre hommage à la terre des arts sur laquelle il s'était réfugié, le statuaire personnifia l'*Architecture* sous les traits d'une femme sobrement drapée, à l'attitude immobile. Sa jeune sœur demi-nue, la *Peinture*, s'est approchée d'elle avec une allure caressante, et elle s'apprête à la parer d'un collier, tandis qu'à sa droite, la *Sculpture* lui pose une couronne sur le front.

N'est-ce pas à l'entrée de l'Acropole que les Athéniens avaient placé l'image des *Grâces* sculptées par Socrate? David, qui avait inutilement cherché dans l'Athènes de nos jours quelque fragment du chef-d'œuvre de son aïeul le statuaire philosophe, imagina de représenter à son tour les filles de Jupiter. Toutefois, voulant imprimer à son travail ce cachet individuel qui est le sceau du génie, le maître exécuta les *Trois Grâces* nues et de face, dans la décence d'une puberté naissante. Elles tiennent leurs bras entrelacés, mais, à la différence du groupe retrouvé à Sienne et imité par Canova, les figures ne forment pas le cercle comme si elles se disposaient à la danse. Elles paraissent se consulter du regard avec une naïveté enfantine, et l'inflexion générale de ces trois corps de jeunes filles légèrement tournés de gauche à droite fait naître la pensée que peut-être elles vont s'enfuir et dire adieu pour jamais au sol inhospitalier de la Grèce [1].

Le 5 juin 1852, Pradier mourait subitement à Bougival. Cette nouvelle fut promptement connue à Athènes, mais elle n'impressionna personne plus profondément que David. « Voici, écrit-il aussitôt à son fils, que la main de Pradier est glacée par la mort, et la mienne est enchaînée par le malheur [2]. »

M. Edmond About, dont Beulé disait à cette époque : « Son tempérament le porte vers l'éclat et la bataille [3] », fut frappé de l'exil prolongé de David, et, avec une générosité plus chevaleresque que prudente, il résolut d'appeler l'attention de la France sur l'artiste proscrit. La mort de Pradier parut être l'occasion de l'article qu'il fit insérer dans l'*Illustration* du 27 juillet 1852. « Pradier est mort, écrivait-il, et le jour où la France se voit enlever l'un de ses deux grands sculpteurs, il est assez naturel qu'elle se demande où est l'autre. » Il va de soi que M. About se chargeait d'instruire le public français du sort de David. A la suite d'un rapide résumé de la vie du maître et d'opinions souvent justes sur son œuvre sculpté, l'humoristique écrivain terminait sa lettre par cette anecdote :

« Toute la ville s'occupe de David d'Angers et du buste de Canaris. Je causais l'autre soir avec un Grec de beaucoup d'esprit, c'est ce qui manque le moins à Athènes. Il louait chaudement l'œuvre de David et affectait de s'en réjouir comme d'un succès national. « On ne prétendra plus, disait-il, que nous vivons sur « notre passé et que nous dormons sur les lauriers de nos pères.

[1] Nous trouvons ces lignes dans les papiers du maître, sous la date de juin 1852 : « Je viens de dessiner le profil d'une jeune Athénienne. Quand je suis devant la beauté, le génie, en face de quelque noble défenseur de la liberté, j'éprouve une sorte d'ivresse, ma main tremble, mon cœur bat, et je travaille avec émotion après une si longue carrière et tant d'études. » — Notes autographes de David appartenant à la famille.

[2] Céphisia, 18 juillet 1852.

[3] Beulé, *Fouilles et découvertes*, tome I.

« — Arrêtez, lui répondis-je, David n'est pas encore citoyen « d'Athènes, et je crois qu'il renoncerait plutôt à son nom d'artiste « qu'à son titre de Français. — Bon, bon, vous nous le laisserez; « le mérite est assez commun chez vous, messieurs les Français, « pour que vous ayez le moyen de l'exiler. Si vous n'étiez pas si « riches en hommes de talent, vous n'en distribueriez pas à toute « l'Europe. — Prenez-le moins haut, messieurs les Athéniens; « n'avez-vous pas exilé Phidias, qui n'avait jamais fait de « politique? — Oui; mais le jour où nous avons su qu'il avait « sculpté son *Jupiter* à Olympie, nous nous sommes hâtés de le « rappeler [1]. »

Hélas! on ne rappela point David lorsqu'on apprit à Paris qu'il avait sculpté le buste de Canaris à Athènes, et la noble tentative de M. About faillit le faire renvoyer de l'École. Il ne fallut rien moins que l'intervention puissante de Guigniaut, « le plus zélé protecteur de l'École d'Athènes après M. de Salvandy, qui l'a fondée [2] », pour assoupir l'affaire et empêcher M. About d'être victime de son courage.

David avait trop compté sur le travail : il ne fut pour lui qu'une diversion courte à sa douleur. « Accoudé sur ma fenêtre, écrit-il, les yeux sans cesse tournés vers le ciel, car la terre m'est trop ingrate, je vois les nuages courir vers la France. Ah! que ne

[1] Edmond About, *Illustration* du 27 juillet 1852. — C'est au cours du même article que M. About donne les détails suivants sur l'exécution du buste : « Sans parler d'autres difficultés, mais toutes matérielles, M. David, qui a les plus beaux ateliers de Paris, n'aurait pas su où travailler sans l'obligeance du docteur Reuser, médecin du Roi, et l'un des hommes les plus bienveillants et les plus éclairés qui soient en Grèce. Par une de ces plaisanteries que le sort se permet quelquefois, c'est dans l'hôpital des aveugles que M. David a fait son buste. L'atelier trouvé, il fallait se procurer de la terre, chose moins facile aujourd'hui qu'au siècle de Périclès. La glaise ne valait rien; elle était courte et se crevassait tous les jours, quelque soin qu'on prît de la mouiller. Le modèle achevé, pas de mouleurs : ce sont les élèves de l'École de sculpture qui ont fait le moule; mais le plâtre n'était pas meilleur que la terre; il a fallu travailler sur nouveaux frais. Enfin, le buste est fait, et le marbre viendra bientôt, mais il faudra que M. David se serve lui-même de praticien. »

[2] Beulé, *Fouilles et découvertes*, tome I.

puis-je me fondre avec eux et aller me répandre en larmes sur ce pays objet de tant de regrets ! Mais l'homme attaché au sol par la matière n'a d'autre ressource que la mort pour échapper à la souffrance [1]. »

On sait que les chaleurs d'été sont intolérables en Grèce. Dès les premiers jours de juillet, cédant aux conseils de ses amis et aux sages prescriptions du docteur Reuser, le médecin de la cour, le maître dut s'éloigner d'Athènes. Il alla se fixer au village de Céphisia, près du Pentélique.

Séparé par plusieurs lieues de la capitale, l'artiste se trouva privé de toute société ; aussi le voyons-nous, pendant les quelques semaines qu'il passa dans cette solitude, se replier sur lui-même et associer les siens à sa tristesse dans des lettres de jour en jour plus fréquentes. C'est à son fils qu'il écrit : « Mon cher Robert, ce matin, en accompagnant Hélène qui est allée dessiner d'après nature, j'ai appris que c'était aujourd'hui dimanche, et cela nous a presque étonnés, car nous vivons absolument comme dans une prison, réduits à la vie végétative, ne pouvant sortir que le matin jusqu'à huit heures environ. Dès ce moment, on éprouve une chaleur accablante. Il faut rentrer pour ne plus sortir, car au bout de chaque promenade il y a la fièvre qui vous attend. Le soir, on peut encore faire une courte sortie ; mais comment, dans de telles conditions, visiter le pays et travailler ?… Où trouver jamais une contrée comme la France ? Certes, je ne me fais pas d'illusions sur notre France actuelle ; je gémis profondément de la voir humiliée, mais notre patrie sera toujours la douce France, une nation choisie où l'artiste n'est pas regardé comme une bête curieuse par les orgueilleux et les ignorants. »

Le même jour, il jette un rapide coup d'œil sur sa carrière politique, et il signale avec une grande indépendance de jugement les socialistes comme les pires ennemis de son pays. « On a bien

[1] Notes autographes de David appartenant à la famille.

le droit, dit-il, de conserver son opinion dans son cœur, et il n'est guère possible qu'il en soit autrement lorsqu'on est demeuré fidèle pendant toute une vie aux mêmes principes politiques, mais on ne peut pas toujours combattre la poitrine nue contre des ennemis plastronnés, surtout si l'on est seul ou entouré de gens qui ont compromis une noble cause par leurs idées antisociales. Aussi, vois si Pierre Leroux est inquiété! Les hommes de sa trempe ont trop bien servi nos adversaires. Je les ai toujours jugés comme nos ennemis les plus redoutables; ils ont formulé des idées qui feront bien du mal aux générations à venir. Mes prévisions datent de loin sur cette pernicieuse école, et cependant j'ai été entraîné dans ce torrent... Partout où l'on porte ses pas, chaque fois que l'on jette un regard observateur sur le monde, on reconnaît que l'homme n'est pas mûr pour la liberté. Son orgueil, son égoïsme l'empêcheront longtemps encore d'user de ce divin bienfait. »

Quelques lignes plus loin, David se reprend à parler des Grecs. « Ici, au milieu d'une misère affreuse, on voit le luxe le plus effréné. Le peuple grec voudrait commencer par où les autres finissent; aussi ne se fera-t-il jamais rien de grand chez les Grecs modernes. Ils ont beau se parer, s'affubler des noms de leurs sublimes ancêtres : ce sont des fils dégénérés. Ils me rappellent ces jeunes gens de notre pays dont les aïeux ont conquis glorieusement un titre en faisant quelque action d'éclat, tandis qu'héritiers indignes, ces jeunes hommes traînent dans la boue des orgies leur grand nom. Il existe à Athènes un marchand de fromage et de menue mercerie nommé Platon. Non, ce peuple n'est qu'un cadavre auquel on s'est efforcé de rendre la vie en le galvanisant, mais en vain. D'ailleurs, l'histoire est là pour nous apprendre que jamais un peuple qui a eu ses siècles de gloire ne s'est relevé de sa chute, et toutes les nations antiques ont succombé par le luxe. Ce sont là, mon fils, de dures et tristes vérités que tout le monde sait, mais dont les peuples ne savent pas faire leur profit. Peut-être après tout ne le peuvent-ils pas,

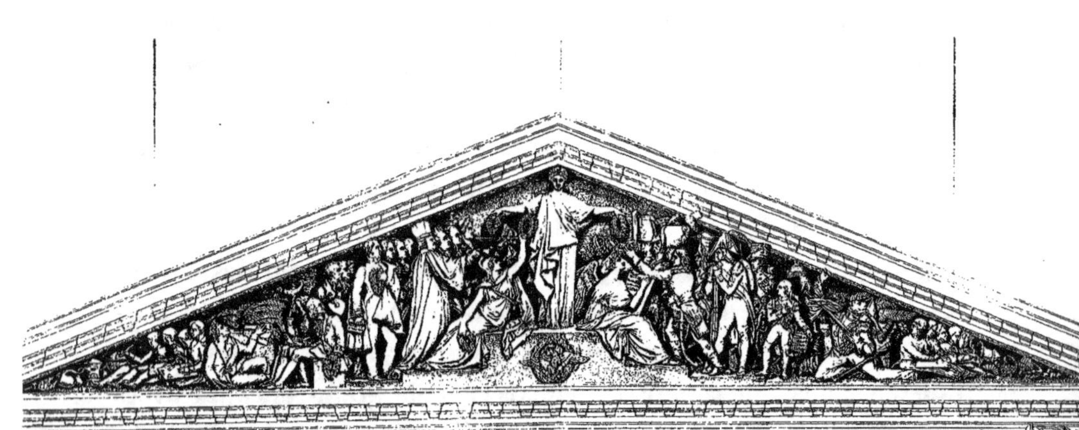

FRONTON DU PANTHEON

Paris

car il y a dans la création un mystère inexplicable qui veut que toute chose ait son commencement, son apogée, sa fin. C'est une grande loi contre laquelle l'homme ne peut rien. »

Mais le père se retrouve sous le philosophe, et David, avant de clore cette lettre où il s'est laissé aller à la joie d'un long et sérieux entretien avec son fils, exprime son ardent désir de s'asseoir à la table de famille, dans cette demeure paisible où l'attend sa femme, où ses enfants sont nés et ont grandi, où ses plus belles œuvres ont vu le jour. « Aussitôt que j'aurai terminé le buste de Canaris, je m'embarquerai « avec plaisir » pour me rendre à Nice. Là, ta mère pourra venir chercher Hélène, et nous songerons enfin à préparer ma rentrée en France! Que diable! je ne suis sur aucune liste de proscription, mon nom n'a été prononcé dans aucun procès, je n'ai jamais fait partie d'aucune société secrète, je ne désire que trouver un port tranquille dans mon atelier, et je suis certain que rien ne m'en fera sortir désormais. Je connais trop les hommes à leur valeur, ils m'ont assez exploité [1]. Qu'au moins les quelques années qui me restent encore à vivre me soient réservées dans le calme; que je m'appartienne et puisse observer à loisir les fourmis qui s'agitent impuissantes dans la spirale des révolutions [2]. »

C'est la même pensée qui l'obsède quatre semaines plus tard lorsqu'il écrit : « Je viens de voir dans un journal français que Thiers, Rémusat, etc., etc., sont autorisés à rentrer. J'ai parcouru également une seconde liste d'exilés auxquels les portes sont rouvertes : mon nom ne s'y trouve pas; mais comme je ne suis porté sur aucun état de proscription, je crois que je puis rentrer. Ta mère me faisait entrevoir cette espérance dans sa dernière lettre, et depuis lors je me sens le cœur plus à l'aise. Si ce ne sont pas les Français qui m'attirent, c'est la terre de la patrie... puis,

[1] Il écrira dans une autre lettre . « Mon père disait avec beaucoup de bon sens : Dans ce monde, il faut être marteau ou enclume. Moi, j'ai toujours été enclume. »

[2] Céphisia, 18 juillet 1852.

je serais au milieu de vous, mes chers amis, vous qui êtes ce que j'ai de plus cher au monde. Pour toi, mon fils, sois bien assuré de toute ma tendresse. Mon affection pour toi durera aussi longtemps que mon cœur battra dans ma poitrine... Adieu, Robert, adieu, cher enfant; travaille avec ardeur, aime bien ta mère, sois docile à ses conseils, prodigue-lui tous tes soins, tout ton attachement. L'avenir t'apprendra, mon fils, que nous n'avons pas d'amie plus tendre, plus désintéressée que notre mère. Une mère, c'est le don le plus précieux du ciel, et je pleure encore parfois quand je songe que j'ai pu causer à la mienne quelque chagrin par mon caractère irritable [1]. »

Telle a été la tendresse d'âme de David jusqu'au déclin de sa vie; tels les préceptes élevés que le père savait inculquer à son fils.

L'artiste eut plus d'une occasion de revenir à Athènes pendant son séjour à Céphisia. A la suite d'un orage accompagné de tremblement de terre, l'une des colonnes du temple de Jupiter avait été renversée. « Elle s'est pour ainsi dire couchée, écrit David, et les tambours qui la formaient se sont disjoints comme les vertèbres d'un corps d'homme [2]. » La Société archéologique avait paru s'émouvoir de l'événement; elle s'était assemblée et avait invité le maître français à assister à sa séance. « On a discuté, nous apprend l'artiste, si l'on demanderait au gouvernement de relever la colonne. J'ai émis l'avis qu'il convenait en effet qu'elle fut replacée debout, mais on a promptement objecté que cette opération serait trop coûteuse. La colonne restera donc couchée sur le sol où pendant tant de siècles s'est projetée son ombre grandiose. On doit l'entourer de planches et mettre un gardien en surveillance jusqu'à ce que planches et gardien disparaissent et qu'un « ami éclairé des arts » construise sa maison avec les fragments du marbre antique [3]. »

[1] Céphisia, 21 août 1852.

[2] Notes autographes de David appartenant à la famille.

[3] Notes autographes de David appartenant à la famille. — Pendant qu'il se trouvait à Athènes, le maître fut invité par le directeur de l'École des

Le roi de Grèce étant rentré de la veille dans sa capitale, on fit quelques instances auprès du maître pour qu'il se laissât présenter à la cour. « Mes rois, dit-il, ce sont les hommes de génie, ceux dont les œuvres sont utiles à l'humanité[1]. » Le soir même, il reprenait la route de Céphisia, mais un curieux spectacle l'attendait aux portes de la ville. « Je viens de voir l'arc de triomphe sous lequel a passé le roi Othon en revenant des eaux. Le monument est surmonté d'une planche découpée sur laquelle est peinte une figure de Minerve tenant dans sa main une lance terminée par un bouquet de buis, ce qui lui donne l'apparence d'un balai. Dans sa main gauche, la déesse tient des fleurs. Voilà donc tout ce que peuvent imaginer les héritiers de Lysippe et d'Apelles, qui parodient jusqu'à la protectrice de l'antique Athènes ! Le roi Othon passant là-dessous, en revenant prosaïquement de se baigner, ajoute à la caricature des temps héroïques où les arcs de triomphe n'étaient dressés que pour les capitaines vainqueurs des armées ennemies[2]. »

Quelque pénibles qu'aient été les dernières impressions de David en rentrant d'Athènes, son voyage l'avait distrait.

Beaux-Arts à juger un concours. « Tous les travaux, écrit-il, sont d'une effrayante nullité. Cela ne m'a pas surpris, lorsque j'ai su que les élèves appartiennent tous aux classes les plus misérables. Les prix sont en argent, et le produit des récompenses accordées sert plus ordinairement à faire vivoter la famille du lauréat qu'à lui venir en aide dans ses études. Et quels professeurs, mon Dieu ! Nullité des nullités. Toutefois, maîtres et élèves sont enchantés les uns des autres, et très-infatués d'eux-mêmes. Ne sont-ils pas les descendants de Phidias et de Praxitèle? Sans doute, mais en même temps ce sont des Grecs modernes, c'est-à-dire des êtres essentiellement vaniteux et nuls. » — Notes autographes de David appartenant à la famille.

[1] Notes autographes de David appartenant à la famille. — Le maître avait visité les jardins du Roi lors de son premier séjour à Athènes : « Dans le parc du roi de Grèce, j'ai découvert un buste d'Aristide. Il avait une joue de moins, mais le reste du travail était bien conservé. La tête du grand citoyen gisait au milieu de décombres de poteries. Ce que c'est que la religion des grands hommes à notre époque ! » — Notes autographes de David appartenant à la famille.

[2] Notes autographes de David appartenant à la famille.

Céphisia se trouvait dans la direction de Marathon. David eut le désir de visiter le champ de bataille immortalisé par Miltiade. « J'ai vu la plaine de Marathon, dira-t-il ; c'est un vaste champ de blé. J'ai gravi le *tumulus* où reposent les guerriers morts pour l'indépendance de leur patrie. Ce *tumulus* est auprès de la mer, et il doit être aperçu de loin par les navigateurs. Il est heureux que ce monument soit en terre ; s'il eût été en marbre, la barbarie ou la cupidité des hommes l'eût détruit depuis longtemps. Les Grecs modernes ont fouillé ce monticule : n'est-ce pas une honte ? Les Grecs anciens avaient poussé le culte des tombeaux jusqu'à un honorable fanatisme. Thésée entraînait une armée à sa suite pour redemander aux Argiens les cadavres des sept chefs tombés devant Thèbes. Il obtenait leurs dépouilles au prix d'un combat et les faisait rendre aux soldats de ces capitaines, afin que leurs corps fussent dignement ensevelis. Les Grecs modernes profanent les tombes de leurs aïeux, celles mêmes des héros qui leur ont conquis une gloire ineffaçable. Les monuments de date plus récente ne sont pas davantage respectés. Partout ici des tombes ouvertes, des ossements dispersés, des poussières au vent. On arrache au sol ce qu'il tenait pieusement caché dans son sein. Je sais que la nature entière est promise à une loi de destruction, mais on a besoin de se rappeler cette loi pour excuser la conduite de pareils hommes [1]. »

Nous venons d'entendre David évoquer le souvenir des sept chefs. De Marathon, l'artiste poursuit sa route jusqu'aux ruines de Thèbes. Il gravit les sentiers abrupts où périt Amphiaraüs, sur le territoire de l'antique Psaphis, aujourd'hui Kalamo. « Après une route des plus pénibles où maintes fois nous avons couru le risque de nous rompre le cou si nos montures avaient eu le pied moins solide, nous sommes parvenus au temple d'Amphiaraüs. Il ne reste plus guère que quelques fragments de marbre taillés sur lesquels se voient des inscriptions aussi nettes que si

[1] Notes autographes de David appartenant à la famille.

elles venaient d'être gravées. Ce temple fait face à un admirable ravin au milieu duquel coule une eau limpide bordée de lauriers-roses en fleur. Ces arbustes sont restés vivaces à travers les siècles, tandis que le temple a disparu. La main des hommes l'avait élevé, ce sont des hommes qui l'ont détruit. Tel est l'ordre des choses. La nature, au contraire, se retrempe dans une jeunesse éternelle.

« L'histoire veut que la terre se soit entr'ouverte sous le char d'Amphiaraüs. A quelques pas de nous, en effet, se voit une crevasse effrayante dans laquelle le héros a bien pu être englouti [1]. »

Revenu à Céphisia, le maître, que l'inaction dévorait, toujours en quête d'impressions nouvelles capables d'alléger son ennui, gravissait les pentes difficiles du Pentélique. Il assista souvent au lever du jour, debout sur les flancs de la montagne. Le soir, lorsque la chaleur avait disparu, David revenait volontiers au même lieu. Il n'atteignit qu'une seule fois jusqu'aux carrières, et s'étant assis sur un bloc de marbre extrait par quelque ouvrier contemporain de Périclès, « Quelle vue magnifique, écrit-il, on a sur le Pentélique! Les montagnes et la mer limitent un horizon plein de majesté. On distingue un point à peine saisissable près de la mer : c'est l'Acropole devenu si petit qu'il semble qu'on le couvrirait du doigt. J'y vois l'image du néant terrestre. Tandis que nous avons à nos pieds des ruines diminuées, au-dessus de nous le ciel se déploie comme une voile indestructible et toujours immense [2]. »

[1] Notes autographes de David appartenant à la famille.

[2] Notes autographes de David appartenant à la famille. — Ailleurs, il écrit : « Je viens de visiter les carrières de marbre du Pentélique, d'où sont sortis tant de merveilleux ouvrages dans lesquels est consacrée l'image des dieux, des héros, des grands hommes. L'immortalité des derniers demeure vénérée, tandis que les dieux n'ont plus qu'un attrait de curiosité. Les grands hommes sont pour ainsi dire palpables pour les sens; les dieux antiques n'ont de réalité que pour les imaginations sujettes à s'abuser. » — Notes autographes de David appartenant à la famille.

Dans les derniers jours de l'automne, M. Léonor Fresnel, frère d'Augustin Fresnel, l'inventeur des phares lenticulaires, de passage à Athènes avec sa femme, alla faire visite à David [1]. Le maître avait autrefois sculpté le buste d'Augustin Fresnel. Une prompte intimité s'établit entre son frère et l'artiste proscrit. Après deux ou trois entrevues, M. Fresnel n'eut pas de peine à faire accepter à David un voyage à Smyrne et à Constantinople. Huit jours furent employés à cette excursion, d'où l'artiste rapporta quelques notes sur l'Hippodrome, l'obélisque d'Égypte, le Champ des Morts.

Les grandes chaleurs étant passées lorsque David revint en Grèce, il essaya de nouveau de se fixer à Athènes; mais sa santé chaque jour plus ébranlée le décidait au bout de quelques semaines à s'éloigner sans retour d'un climat meurtrier pour lui. Redoutant à travers ses espérances qu'il ne lui fût pas permis de revoir son pays avant plusieurs mois, il fit prendre des informations en Italie. Le territoire des États romains et celui des Deux-Siciles restaient interdits aux exilés politiques français. Le maître prit le parti de venir à Nice attendre de meilleurs jours; mais avant de quitter pour jamais le sol de l'Attique, David voulut visiter Missolonghi.

Aussitôt que cette décision de l'artiste fut connue, les Athéniens qui l'approchaient s'efforcèrent de le détourner de son projet. Les Grecs tenaient à honneur que David ne pût constater par ses yeux l'état de mutilation de sa statue placée sur la tombe de Marco Botzaris. Peut-être, s'il se fût agi de tout autre ouvrage que de la *Jeune Grecque*, l'artiste n'eût-il pas témoigné un si vif désir de revoir son travail, mais il avait caressé avec tant d'amour ce marbre de son choix qu'il voulait lui donner un dernier regard avant de mourir. Le lecteur n'a pas oublié les paroles pleines de chaude tendresse que David adressait à cette figure de jeune fille

[1] M. Léonor Fresnel était un des administrateurs des Paquebots du Levant (Messageries françaises).

avant de s'en séparer. On eût dit les adieux d'un père à son enfant. Le maître, dont le cœur débordait parfois de poésie, s'était épris de sa statue. Il lui prêtait la vie. A certaines heures, il semblait croire à l'existence d'une âme dans ce corps de quinze ans. Il n'eût pas fallu lui demander de se rappeler ses grandes œuvres, *Condé*, *Foy*, *Bonchamps*, *Gutenberg*, *Jean Bart*; ces hommes illustres étaient depuis longtemps éclipsés dans son esprit par cette frêle image de l'adolescence dont le marbre français épelait sur la côte ionienne le nom glorieux du moderne Léonidas [1].

Le trajet d'Athènes à Missolonghi étant impraticable par terre, tant à cause des montagnes que des bandes de brigands, David partit d'Athènes le 15 novembre 1852, gagna l'isthme de Corinthe, qu'il dut traverser, puis, ayant pris place sur le Lloyd autrichien qui dessert le golfe de Lépante, il descendit à Patras [2]. De Patras, une barque de pêcheur transporta le maître et sa fille jusqu'à Missolonghi.

Sur le bateau à vapeur, David avait rencontré un Italien naturalisé Grec se rendant comme lui à Missolonghi, où il était appelé à remplir les fonctions de juge. Cet homme avait insisté avec discrétion auprès de l'artiste pour le dissuader de se rendre sur la tombe de Botzaris; mais, ne pouvant parvenir à vaincre la

[1] « Aujourd'hui, écrit Beulé, David m'a abordé avec une sorte de fureur. On lui a dit que le monument qu'il avait exécuté jadis pour le tombeau de Botzaris était mutilé, que les habitants de Missolonghi s'en servaient comme de cible, que la statue de sa *Jeune Grecque* était criblée de grains de plomb. « J'irai à Missolonghi, je m'assurerai par mes propres yeux, et si le fait est « vrai, j'écrirai aux journaux pour dénoncer la Grèce au mépris de l'Europe. » J'essaye en vain de le calmer, mais les Grecs sauront le désarmer : ils sont trop fins pour ne pas racheter leur négligence. Si David va en effet à Missolonghi, les habitants qu'on avertira d'Athènes l'accueilleront avec de telles manifestations d'enthousiasme, qu'il sera forcé de leur pardonner : il raccommodera leur statue, s'en ira enchanté et croira encore leur devoir du retour. » — Beulé, *Fouilles et découvertes*, tome I.

[2] « Nous sommes partis d'Athènes le 15 novembre par une nuit orageuse. Le ciel était en feu, surtout vers quatre heures du matin, et le tonnerre n'a pas cessé de hurler. » — Notes autographes de David appartenant à la famille.

ténacité du sculpteur, il lui avait avoué naïvement qu'il était chargé par de hauts personnages athéniens de la délicate mission dont il s'acquittait.

A peine fut-il descendu chez le docteur Nieder, médecin bavarois auquel il avait été recommandé, David n'eut pas de souci plus immédiat que celui de courir à son œuvre de prédilection.

« Je viens de voir le monument de Marco Botzaris. Il est au pied du bastion où ce grand homme est tombé. Le piédestal est de forme égyptienne et très-élevé. A quelques pas est le *tumulus* où dorment les braves tués à côté de Botzaris. J'ai découvert de très-loin ma *Jeune Grecque*. Il me semblait la voir tressaillir à l'approche de son créateur d'il y a trente ans !

« Les Grecs ont brisé de la main droite le doigt qui épelait, un pied et les deux oreilles. Le corps et le visage ont échappé aux mutilations, mais les traces de contusion, de pierres jetées avec violence sur le marbre sont nombreuses. Des êtres stupides ont été jusqu'à inscrire leurs noms sur le dos de l'enfant. Est-ce ainsi qu'une nation civilisée entend le respect des monuments? Si j'interroge l'histoire des peuples disparus, c'est pour m'instruire sur les causes de leur chute : or, l'ingratitude envers leurs grands hommes a été et demeure la caractéristique des Grecs.

« Voilà donc cette statue composée avec tant d'amour, travaillée avec tant de soins, de fatigues, d'émotions, que j'ai exilée du sol natal en mémoire d'un héros, et dont j'ai confié la garde à un peuple de sauvages! Œuvre chérie, tu te retrouves aujourd'hui vis-à-vis de ton auteur exilé comme toi, et comme toi mutilé par le cœur, errant à la recherche des six pieds de terre qui couvriront sa dépouille et où il goûtera le repos éternel...

« J'ai voulu dessiner le monument de Botzaris et le *tumulus* qui l'avoisine. Assis sur les ruines d'une tombe, je recueillais l'écho lointain d'une musique militaire qui pouvait avoir une intention mélancolique. Mon travail terminé, je me suis mis à errer au milieu des décombres que recouvrent de hautes herbes.

Tout à coup, quelque chose fléchit sous mon pied : c'était une tête de mort que j'avais involontairement écrasée. Je ne puis rendre la sensation que j'éprouve encore; il me semble avoir commis presque un crime, car j'ai toujours eu le respect religieux des morts. Cette tête est peut-être celle de quelque brave tombé pour la liberté.

« Je savais que lord Byron a été enseveli près des fortifications de Missolonghi; mais toutes mes recherches pour découvrir le lieu de sa sépulture ont échoué. J'ai voulu voir la maison où il est mort : on l'a détruite. L'ingrat oubli est inné dans notre nature. Si ceux qui ne sont plus peuvent voir ce qui se passe sur notre terre, le poëte de *Childe-Harold* doit sourire avec amertume, mais ce manque de reconnaissance ne doit pas l'étonner[1]. »

[1] Notes autographes de David appartenant à la famille. — Nous n'avons trouvé aucune trace dans les papiers de David du mot que l'artiste aurait prononcé devant son œuvre : « *Les malheureux! ils en ont fait un antique!* » — Le maître vénérait avec un respect si profond les chefs-d'œuvre de l'antiquité, qu'il nous semble impossible d'admettre l'exactitude d'une exclamation trop souvent rappelée. Cette parole eût pu être dite par un témoin désintéressé; tombant de la bouche de David, elle contredit son caractère. Nous avons donc cherché quelle pouvait être l'origine d'un mot évidemment apocryphe, et dont il n'est que temps de faire pleine justice. Nous désespérions d'atteindre à notre but, lorsqu'une heureuse fortune nous mit entre les mains le *Journal des Débats* du 27 mars 1856, dans lequel Saint-Marc Girardin s'est donné la peine de traduire du *Moniteur grec* un article de M. Terzettis. « Des Palicares, écrit M. Terzettis, d'une bande commandée par un capitaine rival et ennemi de Marco Botzaris, ont tiré sur la statue du tombeau et cassé le nez de la jeune fille... » Plus loin, l'écrivain grec prête ces paroles au maître français : « Quel pays que la Grèce! sol fécond, site délicieux, climat heureux. Le génie du lieu y enfantera toujours de beaux corps et de belles âmes. J'ai déjà déchiffré çà et là des Socrate, des Léonidas, des Aspasie... » Enfin, M. Terzettis, représentant David devant le marbre mutilé de la *Jeune Grecque*, lui fait dire : « *Tel qu'il est, c'est un antique!* » — Il n'est pas exact que la statue du tombeau de Botzaris n'ait reçu que quelques coups de fusil, tirés dans une pensée de vengeance personnelle. Le *Moniteur des arts* du 20 juillet 1866 dit expressément que « le nez, les oreilles, les épingles de la chevelure, les doigts de la main droite et des pieds » de la *Jeune Grecque* ont été brisés. Il est inadmissible, après ce qu'on vient de lire des notes intimes de David, qu'il ait en aucune circonstance témoigné de son admiration pour les Grecs modernes. Pris en

La présence de David à Missolonghi fut aussitôt signalée par le fonctionnaire italien qu'il avait rencontré sur le Lloyd. Instruits du pèlerinage du maître au monument de Botzaris, le maire et le conseil municipal rédigèrent en toute hâte une adresse de félicitations « à l'ami de la nation grecque, au bienfaiteur de Missolonghi, à l'émule de Phidias et de Praxitèle, au célèbre artiste et philhellène David ». Ce document aux formules pompeuses fut présenté solennellement au statuaire chez le docteur Nieder, qui fut prié de le traduire en français. David ne put se méprendre sur le caractère officiel d'une semblable manifestation. Malgré sa bienveillance habituelle, il n'emporta de Missolonghi qu'un sentiment de dégoût. Les Grecs l'avaient frappé au cœur. Dès le troisième jour il retournait à Patras, où la malle anglaise le vint prendre et l'emporta jusqu'à Zante.

Debout à l'arrière du navire, David ne cessait de fixer son regard sur la côte qu'il venait de quitter. « Ce matin, j'ai dit adieu à ma pauvre petite mutilée. Le bâtiment passe devant Céphalonie et Ithaque. J'aperçois à l'horizon le *tumulus*, les remparts de Missolonghi et un petit point blanc : c'est ma *Jeune Grecque*. Mon cœur se brise quand je pense que je la laisse exposée aux injures de l'air, et plus encore aux outrages des barbares qui l'ont déjà détruite en partie. Impressionnable comme je le suis, j'ai toujours prêté une vie aux œuvres d'art. Que de fois, dans un musée, n'ai-je pas eu des éblouissements qui me faisaient croire que les statues allaient descendre de leur piédestal ! Aujourd'hui, je me sépare d'un de mes enfants que je ne reverrai jamais, et je souffre jusqu'au fond de l'âme [1]. »

flagrant délit d'inexactitude sur deux points, M. Terzettis ne nous semble pas davantage digne de foi, lorsqu'il place sur les lèvres du maître une parole orgueilleuse, dans l'intention, d'ailleurs explicable, de couvrir ses compatriotes. Nous ne voulons tenir aucun compte d'un propos que seule, dans la circonstance, l'imagination d'un Grec pouvait inventer.

[1] Notes autographes de David appartenant à la famille. — Voir *Pièces justificatives*, doc. XXXIX.

Le 24 novembre 1852, David s'embarqua sur le Lloyd autrichien, et de Zante fit voile vers Trieste.

Après ce que nous venons de raconter, il nous semble difficile de rien attendre des Grecs modernes au point de vue de l'art. L'indifférence et le vandalisme des Athéniens ou des habitants de Missolonghi à l'endroit du temple de Jupiter, des tombeaux de Müller et de Botzaris, ne nous permettent plus de regretter l'enlèvement des marbres du Parthénon par lord Elgin. Vainement Byron, dans la *Malédiction de Minerve*, et Chateaubriand, dans l'*Itinéraire*, ont-ils énergiquement réprouvé le célèbre Écossais [1]. Si lord Elgin n'eût fait transporter à Londres ces immortels débris, l'Europe ne les aurait pas connus; la chronologie de l'art ne serait pas mieux établie de nos jours qu'au temps de Winckelmann, et les sculptures de Phidias seraient probablement détruites. Eussent-elles survécu à la guerre de l'Indépendance, l'inaction des Grecs affranchis depuis cinquante ans eût été fatale à ces grandes ruines [2].

De Trieste, David se rendit à Venise et arriva malade à Milan. Le changement de climat, le voyage, les déceptions l'avaient épuisé. Une hémorragie nasale le surprit à Milan et donna lieu de

[1] Byron, le demi-compatriote d'Elgin, est d'une sévérité sans réserve pour l'antiquaire. « Oh! que la haine soit le prix de sa rapacité sacrilége, qu'elle empoisonne sa vie et s'acharne encore sur sa cendre! La vengeance le suivra par delà le tombeau. L'avenir le mettra à côté de l'incendiaire d'Éphèse; Érostrate, Elgin, sur ces deux noms réunis pèsera la réprobation des siècles et de l'histoire; une égale malédiction attend ces deux grands forfaits dont le dernier peut-être surpasse l'autre en perversité. Qu'il demeure donc éternellement statue immobile, sur le piédestal du mépris. » — *Œuvres de lord Byron*, traduction de Benjamin Laroche, tome II. Paris, Hachette et Cie, 1859, 4 vol. in-12. — Otfried Müller est à peine moins sévère pour lord Elgin. — *Manuel d'archéologie*, traduction Nicard, tome I. Paris, Roret, 1841, 3 vol. in-18.

[2] M. de Ronchaud défend la même opinion. « Je pense, quant à moi, dit-il, que lord Elgin a sauvé peut-être de la destruction les restes de l'œuvre de Phidias et qu'il les a certainement révélés à l'Europe qui les méconnaissait avant lui. » — *Phidias, sa vie et ses ouvrages*.

craindre pour sa vie. Un médecin appelé en toute hâte s'efforça de lui obtenir une autorisation de séjour, mais la police autrichienne fut inflexible : l'artiste proscrit dut quitter la ville dans les trois jours. C'est à peine s'il eut le loisir de serrer la main de Manzoni [1] et du sculpteur Vela [2].

A Gênes, David sut trouver assez de forces pour se rendre à l'église de l'Assomption devant le *Saint Sébastien* de Puget, qu'il décrit dans ses notes, puis, ayant pris la mer, il abordait à Nice le 17 décembre au matin.

Sa femme, accourue au-devant de lui, eut peine à le reconnaître, tant l'exil l'avait défiguré. La fille de l'artiste, grandie pendant l'absence, revenait, elle aussi, exténuée par le climat de l'Attique. Tous deux laissaient lire sur leur visage ce qu'ils avaient souffert. Cependant, le ciel tempéré de la Savoie, le voisinage de la France, les soins empressés que lui prodiguait sa femme, les attentions délicates de son ami Jean Reynaud, alors fixé à Nice, ne tardèrent pas à rendre à David quelque gaieté. Sa santé s'affermit avec l'espérance de rentrer bientôt dans sa patrie. Il recevait presque chaque jour des lettres de son fils, auquel il répondait avec cette effusion de sentiments qui est le propre des natures viriles. Il entretenait avec la France des relations fréquentes : « Me voici plus près de vous, cher et bien bon ami, écrivait-il au baron Larrey, mais il me faudra rester ici encore quelque temps, car ma santé est trop délabrée pour que j'ose

[1] « Je viens de voir Manzoni, chose assez difficile, car il est timide, sauvage et modeste. J'ai passé une heure avec lui. J'espérais que nous pourrions causer de littérature, mais il a toujours parlé politique. Il s'est longuement étendu sur notre malheureuse France. Il estime que Lamartine a suivi les errements des hommes qui l'ont précédé, en redoutant la formation d'États trop puissants aux portes de notre pays : c'est pour cela, dit-il, que Lamartine n'a pas voulu aider l'Italie à se débarrasser des Allemands. — Les traits du visage de Manzoni ont quelque rapport avec ceux de Chateaubriand. » — Notes autographes de David appartenant à la famille. — Il est fait allusion dans cette note à l'attitude du Gouvernement provisoire en face de l'insurrection milanaise des 18-22 mars 1848.

[2] Voir tome II, *Portraits d'artistes*, Vela.

courir les chances d'un nouveau voyage. Cependant, je ne veux pas attendre l'instant de notre réunion, hélas! trop incertaine, pour vous remercier du plus profond de mon cœur du tendre intérêt que vous avez pris à ma position. Merci mille fois. Ce n'est pas seulement la terre que l'on appelle la Patrie qui me cause par son éloignement une si grande amertume; il est des douleurs morales qui ont sur moi plus d'influence encore. Vous me connaissez assez pour en comprendre toute l'étendue. S'il m'était possible d'oublier certains souvenirs, je supporterais patiemment la vie à l'étranger... Si encore il m'avait été permis d'aller à Rome, j'aurais pu travailler; mais ici, comme en Grèce, c'est impossible. Tous les objets matériels manquent. Je serais en Sibérie que les obstacles ne seraient pas plus grands. Où est mon pauvre atelier de la rue d'Assas et ma statue du général Drouot, dont le modèle était moulé avant mon départ, et qui n'avait plus à recevoir que quelques retouches pour être livré au fondeur? Le retard que je viens d'éprouver me laisse présager une grande perte matérielle; puis en exécutant le monument de Drouot, j'eusse fait une œuvre selon mon goût, parce que mon modèle est un noble caractère. Je porte aussi dans le cœur d'autres œuvres que je voudrais mettre au jour, mais un sauvage destin me refoule dans les plus douloureuses angoisses.

« Si je ne vous connaissais bien, cher ami, je ne voudrais pas vous envoyer cette page mélancolique; mais à qui confierais-je mes ennuis si ce n'est à l'homme le plus sympathique que j'aie rencontré dans ma vie? Adieu, mon bien cher ami; soyez heureux comme vous le méritez; que tous ceux qui vous touchent le soient aussi, et croyez-moi jusqu'à mon dernier soupir tout à vous de cœur. »

Cette lettre porte la date du 13 janvier 1853. Deux mois après, jour pour jour, Béranger faisait parvenir à David, sans l'avoir prévenu de ses démarches, un passe-port qui rouvrait sans conditions les portes de la France au proscrit [1].

[1] « 13 mars 1853. Je quitte Nice. Je viens de recevoir un passe-port.

Lorsqu'il prit congé de la famille Reynaud, le maître paraissait transformé. Sa femme et sa fille étaient tout heureuses d'une aussi complète métamorphose. A Marseille, David d'Angers voulut revoir le *Saint Roch* de Louis David et la *Peste de Milan* de Puget, qui décorent, avec les compositions de Gérard et d'Horace Vernet, la salle d'honneur du Lazaret. Mais à mesure qu'il avançait sur la terre de France, il laissait voir une émotion violente [1]. Lorsqu'il serra son fils dans ses bras au débarcadère à Paris, David était brisé. Les ravages de l'exil, que des soins attentifs avaient effacés, étaient redevenus visibles sur les traits de l'artiste. Une mélancolie profonde le dominait. « La première chose, dit-il, qui frappe mon regard en arrivant à Paris, c'est une vieille femme vendant des lauriers desséchés. N'est-ce pas un symbole? Les lauriers de la France reverdiront-ils jamais [2]? »

Cette tristesse du premier moment disparut avec la joie de se retrouver au milieu des siens. Un mois de repos, les visites de quelques amis, l'atmosphère de son atelier le rendirent à la vie. Il se remit au travail avec ardeur, termina les monuments de Drouot, de David Purry et le modèle du *Bichat* pour l'École de médecine.

Jean Reynaud a écrit à Béranger, et c'est lui qui me l'envoie. » — Notes autographes de David appartenant à la famille.

[1] « Chose incroyable, c'est avec un grand serrement de cœur que j'ai revu la France. J'avais éprouvé la même impression quand j'étais sorti de la Conciergerie. Ceux qui auront traversé les mêmes événements que moi pourront seuls comprendre ces divers mouvements de l'âme. Une ovation m'attendait pourtant à la frontière. L'agent du Gouvernement français au Pont du Var est un homme qu'il a fallu destituer, dit-on, en d'autres temps de sa place de directeur de la prison de ***, afin de satisfaire l'opinion publique. Or, cet homme, entouré de gendarmes et de douaniers, est venu au-devant de moi et m'a dit : « Je suis enchanté, monsieur, de voir l'une de nos plus grandes « illustrations rentrer dans son pays. » Il ajouta beaucoup d'autres phrases du même genre qui stupéfièrent les douaniers, les gendarmes et nous avec eux. » — Notes autographes de David appartenant à la famille.

[2] Notes autographes de David appartenant à la famille.

Les chaleurs étant devenues très-fortes avec les mois d'été, David voulut s'assurer une bonne saison d'hiver en recourant aux eaux de Baréges, dont le fréquent usage lui avait toujours été salutaire. Depuis son retour de Grèce, ses douleurs rhumatismales étaient plus intenses. Il partit donc au commencement d'août et se dirigea vers le Midi en compagnie de sa femme et de ses enfants.

A peine voit-il poindre les cimes des Pyrénées que l'enthousiasme l'emporte. « Lorsqu'on a visité l'Attique, on éprouve un vif bonheur à parcourir la France. Les belles et poétiques montagnes des Pyrénées, cultivées jusqu'à leur sommet, contrastent avec les montagnes molles et arides de la Grèce. Combien sont vivantes les habitations parsemées sur les flancs des montagnes françaises auprès de la misère sordide d'un peuple dégénéré chez qui les paysans n'osent pas même se bâtir un toit! Quelle fécondité de végétation de Pau à Bayonne! Adorable pays de France, il ne te manque que la liberté [1]. »

Une occasion unique s'offrait à l'artiste de revoir le nord de l'Espagne. Un jeune parent de madame David, M. Leferme, ingénieur des ponts et chaussées, avait été chargé de la canalisation de l'Èbre. Il pressa David de venir habiter sa résidence de Tortosa. Le maître céda sans peine aux instances de son jeune ami. Il passa la frontière en touriste, heureux de suivre le caprice du moment, et tenant note de ses impressions. Les églises de Pampelune l'émeuvent; plus tard, il se sent retenu par celles de Saragosse; il dira le caractère de ces monuments, leurs sculptures, les scènes pieuses ou naïves dont les basiliques espagnoles l'ont fait le témoin.

M. Leferme attendait les voyageurs à Fraga. Ils descendirent d'abord la Cenca, puis la Sègre, et entrèrent dans l'Èbre à Mequinenza. Un simple canot les portait sur ce fleuve encore à peine navigable, aux rives déchirées par l'impétuosité du courant, et David ne se lassait pas d'admirer la grande nature qui se

[1] Notes autographes de David appartenant à la famille.

déroulait sous ses yeux. La vague allant se perdre dans des lacs, ou heurtant avec fracas quelque rocher pour disparaître plus loin sous les sables, augmentait le caractère pittoresque de l'excursion. Le maître se plaisait à chercher des points de ressemblance chez les habitants demi-sauvages de cette contrée avec ceux de l'Attique. Il eût voulu pénétrer dans l'intérieur des terres et gagner le sud de l'Espagne; mais le peu de sécurité dont on jouissait à cette époque dans la Péninsule, et aussi l'impatience qu'il éprouvait déjà de reprendre ses travaux, le firent renoncer à ce dessein.

Il séjourna peu de temps à Tortosa, mais, selon sa coutume, il n'oublia pas de visiter la ville en curieux. « J'étais ce matin sur la promenade de Tortosa. J'ai vu deux jeunes garçons portant une croix : j'ai pensé qu'ils se rendaient au cimetière, et je les ai suivis. Sur la porte du cimetière est une inscription latine qui signifie « Chemin de la chair ». Pourquoi n'avoir pas gravé ces mots en espagnol, afin que chacun pût les comprendre? Je n'ai pas vu de monument somptueux : quelques tombes ornées d'une simple croix et au fond une grande construction. Une petite chapelle s'élève au milieu du cimetière. De chaque côté et sur une grande étendue sont rangées des cases en forme de four dans lesquelles on glisse les corps, puis on ferme l'entrée de la case par une plaque de marbre sur laquelle est écrit le nom du défunt sans toutes ces phrases louangeuses si fort en usage dans notre pays.

« J'ai demandé où était la tombe de madame Cabrera, la mère du chef carliste. Un fossoyeur, en frappant du pied sur un petit espace de terre près du mur d'enclos, m'a désigné une tombe où il n'y a ni croix ni inscription d'aucune sorte. J'avais vu peu d'instants auparavant le bastion au bas duquel cette femme, âgée de quarante ans à peine et d'une rare beauté, a été fusillée pour crime de maternité[1]. Voilà donc tout le retentissement d'une

[1] Ramon Cabrera, âgé de vingt-trois ans, rallié à don Carlos contre la reine Isabelle (1833), s'était mis à la tête d'une troupe de guérillas. Il se livrait à la guerre de partisan dans les provinces d'Aragon et d'Andalousie, lorsqu'en

mort héroïque, car madame Cabrera a fait preuve d'un admirable courage. La trace des balles qui firent jaillir sa cervelle sur la pierre est son seul monument [1]. »

Quelle que fût la sollicitude affectueuse de son hôte, David ne put réparer ses forces à Tortosa. Son excursion sur l'Èbre l'avait fatigué. Il alla passer quelques jours à Barcelone et rentra en France [2]. Une douloureuse nouvelle l'y attendait. François Arago venait de mourir. David se sentit cruellement atteint par la mort de cet homme dont il était l'ami.

Quelques mois plus tard, Lamennais succombait. « Le dimanche 26 février 1854, ayant appris que M. de Lamennais était mourant, je me suis présenté chez lui. Je l'ai vu râlant avec peine; cependant, il était facile de s'assurer que son intelligence était encore libre. Un jeune Italien et Henri Martin veillaient à genoux près du lit. Deux autres de ses amis l'entouraient des soins les plus touchants. Sa voix était si affaiblie qu'il leur fallait coller leur oreille sur sa bouche pour saisir ce qu'il disait. Pendant la nuit, il a essayé de faire un changement à son testament, mais sa main ne pouvait plus tracer de mots. Henri Martin a écrit sous sa dictée, et Lamennais a signé d'une main tremblante. Vers le matin, il essaya de parler, mais un des assistants ayant dit : « Nous « ne pouvons comprendre. — Je ne parlerai plus », répliqua Lamennais, et, effectivement, aucune parole n'est sortie de sa

1836 sa mère et ses trois sœurs étant tombées au pouvoir des Christinos, dévouées à la cause d'Isabelle, furent mises à mort sur l'ordre du général Espoz y Mina.

[1] Notes autographes de David appartenant à la famille.

[2] « Aujourd'hui, à Barcelone, écrit-il, j'ai vu un statuaire dans sa boutique. Il terminait une statue en bois. Quatre jeunes garçons, assis près de lui sur des escabelles, modelaient l'un un pied, les autres des figures d'animaux. Les doigts me démangeaient pendant que je regardais le plus jeune : j'aurais voulu donner quelques coups de pouce pour l'aider. Cette manière de travailler de la sorte devant les passants est de la plus haute antiquité. J'ai vu pratiquer la même chose à Naples par un peintre. Les modèles qui passent dans la rue posent naïvement devant l'artiste sans s'en douter. » — Notes autographes de David appartenant à la famille.

bouche jusqu'à sa mort, qui a eu lieu à neuf heures du matin. Pendant la nuit, il avait encore serré la main à ses amis en disant : « Cela fait du bien d'être auprès de ceux qu'on aime aux « derniers instants. »

« On a voulu que j'assistasse à l'opération du moulage. Je ne puis rendre les émotions que j'ai ressenties pendant la durée de ce travail. On a assis le corps. Le jeune Italien a mis la main sur la tête pour la maintenir, pendant que le mouleur passait de l'huile sur le visage. L'Italien parlait des grands hommes de son pays, de Michel-Ange, de Machiavel, etc., et se remuait beaucoup en parlant. Alors, chose effrayante, le cadavre se mouvait de côté et d'autre. La vue de ces yeux fermés, de ce visage terreux, de ces traits dénués de volonté, de ce corps enfin qu'on pouvait comparer à un mât brisé devenu le jouet des vagues, m'affligeait amèrement. On a mis du plâtre sur la face : matière reproduisant la matière. Cette masse blanche maintenant sans traits qui tenait lieu de tête, et le corps vêtu d'une chemise, formaient un étrange contraste. Le masque retiré, la mâchoire s'est affaissée, et la bouche semblait crier [1]. »

De pareilles scènes n'étaient pas faites pour rétablir la santé chancelante de David. Il essaya de reprendre ses travaux avec sa fougue habituelle, mais la main du vieux maître avait perdu cette verdeur qui lui donnait de faire trembler le marbre. Nous touchons manifestement au soir d'une grande vie.

L'artiste acheva pendant l'année 1854 la statue de Bichat. Halévy, dans sa notice sur le statuaire, a écrit : « David s'est quelquefois négligé. » Nul doute que le spirituel écrivain n'ait voulu désigner le *Bichat* en parlant ainsi. Ce n'est point par oubli volontaire des principes que David n'imprimait plus sur la glaise ce caractère puissant, cette science des proportions, ce symbolisme heureux que tant de fois nous avons signalés dans ses œuvres. Un commencement de sénilité se manifestait chez

[1] Notes autographes de David appartenant à la famille.

l'artiste. La volonté, toujours énergique, n'avait plus à son ordre des organes aussi sûrs d'eux-mêmes.

Toutefois, M. Benjamin Fillon ayant demandé à David un frontispice pour son *Histoire des guerres de la Vendée*, l'artiste traça d'un crayon résolu la figure de l'Histoire ayant auprès d'elle la Justice qui l'éclaire. Les chefs vendéens et les généraux républicains Hoche, Kléber, Travot, répartis en deux groupes, entourent les figures principales aux pieds desquelles est une mère avec ses enfants, « image de la sécurité que procure la paix [1] ».

Manin, le libérateur de Venise, qui s'appelait Daniel comme l'agitateur irlandais, proscrit par l'Autriche, vivait à Paris en donnant des leçons d'italien. Un grand deuil avait frappé l'ancien président de la République vénitienne : sa fille était morte, tuée par l'exil. Ary Scheffer, qui était l'ami de Daniel Manin, s'inspirant de son cœur autant que de son génie, avait fait revivre la jeune morte dans une œuvre qui devint le trésor du proscrit. La douleur du père fit tressaillir David. Dominant ses propres souffrances, il alla voir une dernière fois Manin. Ce que dirent ces deux hommes au cours de cette nouvelle entrevue, il nous est aisé de le deviner. David avait traversé Venise en rentrant d'Athènes; il savait quelle est l'amertume de l'exil : c'est de la terre natale qu'il entretint le patriote vénitien. De retour dans son atelier, l'artiste prit un peu de cire qu'il disposa sur une plaque d'ardoise, et quelques jours plus tard il envoyait à Manin son profil calme et fier.

Le médaillon de Daniel Manin est le dernier qui soit sorti des mains du sculpteur. Il avait débuté par celui d'Hérold, un artiste. A trente-huit ans de distance, le maître fermait le cercle d'or de sa collection d'effigies par l'image d'un grand citoyen, comme s'il eût songé à rappeler que pendant toute sa vie deux passions seulement l'avaient ému : l'art et la liberté.

[1] Voir tome II, *Lettres sur l'art*, CXXXV.

Mais comme il approchait de la tombe, son génie s'ouvrait à des clartés qu'il n'avait pas encore aussi pleinement soupçonnées. Au delà de la liberté des peuples, il entrevit l'affranchissement de l'homme. Pendant cette même année 1854, David semble avoir été constamment préoccupé de son groupe *l'Abolition de l'esclavage*. De nombreux croquis laissés par le maître attestent le travail de sa pensée. On se souvient des paroles énergiques que lui arrachait à Weimar cette œuvre préférée, toujours entrevue, et dont la sublime éloquence devait désespérer son ciseau. Il y revint à maintes reprises, et, à mesure qu'il sentait ses forces diminuer, David se reprit avec une fiévreuse persistance à la conception du groupe philosophique et chrétien dont il avait rêvé de faire son premier titre à la gloire. C'est par centaines qu'il faudrait compter les dessins du maître où se trouvent esquissés tel détail de la composition, un personnage isolé, l'inflexion dominante d'une figure, un geste, un jeu de physionomie, la silhouette générale du monument. Ici, c'est un jeune nègre, le genou en terre, qui lève ses bras enchaînés, prenant le ciel à témoin de sa torture. Là, deux esclaves regardent avec stupeur un enfant mort, et les pauvres êtres n'ont pas même la pensée de maudire leur servitude en face de cette frêle dépouille de ce qui fut pour eux l'espérance. Plus loin, c'est un homme robuste qui porte aux pieds et aux mains l'anneau du captif, et que l'esclavage a tué. Et toujours, auprès de l'esclave, le statuaire a placé le crucifix. L'image du Rédempteur est là, dans la poussière, relique déshonorée que le vainqueur d'un jour foule aux pieds. David artiste penseur a compris que l'esclavage était la négation du Calvaire, et qu'un outrage à l'Homme-Dieu a toujours précédé l'injustice qu'on fait subir à l'homme. Ainsi le maître rend un juste hommage aux Anselme, aux Pierre Nolasque, aux Jean de Matha, au Dominicain Las Casas, ces glorieux défenseurs de la liberté de l'esclave au nom du Christ.

Si David avait été l'homme d'un parti, comme on se plaît à le dire, il n'eût pas manqué de rappeler par une date ou quelque emblème que le Gouvernement provisoire de 1848 décréta le premier l'abolition de l'esclavage dans nos colonies. Mais l'artiste était de plus haute taille. Sans prendre garde à ce qui est l'accident, il remonte au principe; ce n'est pas l'instrument qui l'occupe, mais la cause; il scrute le problème à la lumière de l'idée, de la justice, du droit, et lorsqu'il est aux prises avec quelque grande pensée, son œuvre n'a jamais rien d'étroit ni de partial.

Pendant les premiers mois de 1855, David se sentit plus souffrant. Lui, que les siens avaient toujours trouvé plein d'abandon, se renfermait pendant de longues heures, sortait seul, cachait avec soin le mal qui le dévorait. Il ne permettait pas même qu'on l'entretînt de sa santé; toutefois, il se réfugiait encore dans le travail, essayant de vaincre la maladie à force d'énergie morale. Mais aucune œuvre de lui ne parut à l'Exposition universelle, et ses notes datées de cette époque nous le montrent en lutte avec des perplexités qu'il n'aurait pas connues en d'autres temps. « Souvent, écrit-il, l'artiste, à la fin du jour, fixe un regard fiévreux sur son ouvrage et croit y voir rayonner le génie. Puis, tout à coup, un sentiment de mélancolie envahit son âme. Il songe que son talent est enseveli dans la solitude de l'atelier. Une sueur froide coule de ses tempes; il appuie son front sur la plinthe de sa statue, des larmes s'échappent de ses yeux. La nuit ne peut le distraire de sa douleur. Il prend une lumière et va fortuitement jeter un regard sur ses œuvres, dont ses contemporains ne prendront aucun souci, puis il regagne silencieusement sa demeure, où, bien qu'entouré de chaudes affections, il se sent cependant seul au monde avec ses angoisses [1]. » Ces lignes ne sont-elles pas un écho de la grande voix de Michel-Ange lorsqu'il s'écriait : « Je suis vieux, et la mort m'a enlevé les pensées de la jeunesse [2] »?

[1] Notes autographes de David appartenant à la famille.

[2] Bottari, *Recueil de lettres sur la peinture, la sculpture et l'architecture.*

La statue de David Purry se trouvant achevée, le sculpteur en surveilla la fonte, et l'image du patriote suisse fut dirigée sur Neufchâtel, où elle devait être inaugurée le 6 juillet 1855.

David Purry porte le costume de la bourgeoisie au dernier siècle. Il est debout, la plume dans une main; dans l'autre est le testament par lequel il a couronné toute une vie de travail, d'intégrité, de bienfaisance. La tête, d'une ressemblance parfaite, exprime une bonté simple. Une sacoche jetée négligemment sur le socle, au pied d'un meuble de bureau formant appui, est le seul attribut qui rappelle l'homme de finance et le commerçant. C'est bien ainsi que devait être comprise la statue de ce bienfaiteur anonyme de son pays, qui, de Lisbonne, faisait passer à Neufchâtel des sommes considérables sous la seule clause qu'il ne serait pas connu[1].

Quatre bas-reliefs devaient compléter ce monument. David en avait tracé le dessin. La générosité de Purry dans la construction du palais de justice, de l'hôpital, du collége, et dans les travaux de la trouée du Seyon, se trouvait ingénieusement écrite sous la forme d'allégories d'une grande sobriété. Mais l'artiste ne se fit point illusion sur le peu de forces qui lui restaient. La figure de David Purry terminée, le maître n'avait pas même tenté de modeler les bas-reliefs.

Cependant, la ville natale du statuaire avait inauguré, le 2 juin 1853, le monument de René d'Anjou. C'était la deuxième fois que David exécutait la statue du roi René. Le comte de Quatrebarbes avait souhaité de voir un pareil monument élevé non loin du

[1] « Depuis l'année 1778, il verse à pleines mains ses bienfaits sur sa patrie; il semble avoir Neufchâtel sous les yeux et ne s'occuper que de son bonheur. Hôpital, hôtel de ville, établissements d'éducation, promenades, fontaines, chemins publics, il passe tout en revue, et paraît toujours disposé à fournir les sommes les plus considérables à la seule condition qu'on ignore qu'elles viennent de lui. » — *Souvenir du 6 juillet* 1855, *jour de l'inauguration de la statue élevée à David de Purry*. Neufchâtel, H. E. Henriod, 1855, in-8°.

château d'Angers. On sait que le fils d'Yolande est né dans cette forteresse. Dès 1846, David avait modelé l'image du « bon roi », ainsi que les douze figures qui devaient entourer le piédestal. Mais comme il arrive trop souvent, le donateur et l'artiste eurent à subir les lenteurs administratives lorsqu'on dut fixer l'emplacement de la statue. Sept années d'études et de retard aboutirent toutefois à faire ériger le monument sous les murs mêmes du château[1].

Les compatriotes de David n'ignoraient pas que si M. de Quatrebarbes avait le premier conçu la pensée de rendre hommage au roi René dans sa province d'origine, le sculpteur avait obstinément refusé toute espèce d'honoraires après l'achèvement de son travail. M. de Quatrebarbes et David, transportés sur un autre terrain, auraient été sans nul doute des adversaires politiques; mais en face d'une grande mémoire, d'une figure nationale, d'un fils de l'Anjou, leurs mains loyales s'étaient rencontrées. On ne saurait dire auquel des deux Angers doit plus de gratitude pour le don chevaleresque qu'ils lui ont fait. David était rentré de l'exil plusieurs mois avant l'inauguration. De toutes parts on l'avait pressé d'assister à cette fête patriotique, mais l'artiste n'avait pu se décider à y paraître. Son nom, maintes fois répété par des milliers d'hommes accourus à cette solennité, fut spontanément acclamé lorsqu'on découvrit la statue[2].

René d'Anjou, vêtu de son armure recouverte d'une cotte d'armes, est debout. Il tient la main gauche sur la garde de son épée. Sa droite est posée sur le heaume orné d'une couronne que l'artiste a placé près de lui. La tête est nue : des fleurs lui servent

[1] De 1846 à 1853, la statue et les douze figurines furent exposées dans le jardin fruitier de la ville où est situé le lieu de réunion de la Société d'agriculture, sciences et arts d'Angers.

[2] Voir, sur le monument de René d'Anjou et son inauguration, *Journal de Maine-et-Loire* du 9 septembre 1843, première inauguration, à l'hôtel de ville, de la statue du roi René; 12 octobre 1850, la statue du roi René, article par L. Cosnier; 2 juin 1853, pose de la statue. — *Précurseur de l'Ouest* du 2 décembre 1847. — *Union de l'Ouest* du 14 juin 1853.

de diadème. L'expression rêveuse du regard, l'insouciance des lèvres, les joues mobiles et sans barbe, les longs cheveux, pareils à ceux du Sanzio, font de la statue de René l'image d'un roi artiste. Le bronze est tout ensemble imprégné de tendresse et de vertu militaire, mais c'est en vain que le maître a représenté son héros armé de brassards et de gantelets, la poitrine décorée des marques de la puissance; l'œil se reporte involontairement sur les pinceaux de l'artiste et la lyre du poëte. Il semble au premier aspect qu'il y ait équilibre entre l'homme de guerre et le lettré; puis, à mesure que la pensée pénètre plus intimement l'étrange effigie, c'est le miniaturiste du *Livre des tournois*, c'est l'auteur du *Pas d'armes de la Bergière*, qui se dégage de l'œuvre sculptée. Le mouvement général de la figure, nuancé de mollesse et de distinction, remet en mémoire la parole mélancolique de Duhaillan : « Captif au château de Bracon, René, se souvenant de ses peuples, s'en crut du tout oublié, et il se mit à peindre des oblies d'or en la chambre où il tenait prison[1]. »

Relèverons-nous, pour la combattre, l'opinion souvent formulée d'après laquelle la statue de René d'Anjou ne serait pas exacte dans ses proportions? Le développement de la poitrine exigeait, dit-on, que les hanches fussent plus ressenties. Cette critique nous paraît hors de propos. La rigidité de l'armure que l'artiste a supposée sous la cotte d'armes enlève à la saillie des hanches l'accent qu'elle pourrait avoir si le corps n'était enveloppé de fer. Nous ne pouvons nous ranger parmi ceux qui blâment cette figure; il nous semble plus équitable de signaler l'aisance, la sveltesse, la grâce qui distinguent le bronze du roi René.

Les figurines qui ornent le piédestal ne sont pas indignes de la statue. Quinze siècles d'histoire nationale ont été résumés par l'artiste dans les douze personnages qu'il a modelés.

[1] *Le roi René, Œuvres complètes*, avec une biographie et des notices, par M. le comte de QUATREBARBES, et un grand nombre de dessins et ornements, d'après les tableaux et manuscrits originaux, par M. Hawke. Angers, Cosnier et Lachèse, 1845-1846, 4 vol. gr. in-4°, tome I, page LXI.

C'est Dumnacus, le chef des Andes, qui refusa de plier sous le joug de Rome. Héros digne de Tacite, et que César n'a pu vaincre, le voilà, debout, dans son accoutrement sauvage, résolu, tenant d'une main la framée, de l'autre le bouclier triangulaire, tandis qu'il foule aux pieds l'aigle romaine. Ses lèvres que plisse le dédain, son regard plein de mépris, respirent l'indépendance. David a voulu payer au Celte intrépide qui s'illustra sur la terre d'Anjou le juste tribut que lui avait mérité son patriotisme.

Roland, fils de Berthe, sœur de Charlemagne, premier comte d'Anjou, prend place auprès de Dumnacus. Le guerrier légendaire de Roncevaux presse son olifant sur sa poitrine, tandis qu'il s'apprête à jeter aux Sarrasins les tronçons de sa Durandal, brisée à dessein dans la fente d'un rocher. Où finit l'histoire de Roland, où commence l'épopée? Quelles proportions peuvent convenir à ce héros qui n'a rien de l'homme, qu'on entendait sonner du cor à quatre lieues à la ronde, tandis qu'on voyait se rompre les veines de son front? David saura dire ce cachet mystérieux de la vie du paladin en l'enveloppant d'une armure. Impénétrable comme l'Agamemnon de Timanthe, Roland ne permet pas au regard de discerner son visage.

Robert le Fort, comte d'Outre-Maine, le terrible adversaire des Normands, vient d'être surpris à Brissarthe. A peine vêtu de sa cotte de mailles, les épaules découvertes, les cheveux au vent, un pied sur les degrés de l'église, il tient tête à l'ennemi. L'homme de la France féodale avec son audace, sa force musculaire, tempérée par une certaine élégance de traits, revit dans l'image de l'ancêtre de Hugues Capet.

Dumnacus, Roland, Robert le Fort, occupent la face antérieure du piédestal. Du côté du nord se dressent Foulques Néra, le grand architecte de l'Anjou, du Poitou et de la Touraine, qui remet son épée dans le fourreau; Foulques V, comte d'Anjou, gendre de Baudouin II, auquel il succéda sur le trône de Jérusalem : David l'a représenté l'épée nue sur les remparts de la ville sainte, pressant un drapeau qu'il saura transmettre à son fils; Henri II Plantagenet, roi d'Angleterre, visage sombre et morne, comme il convenait au meurtrier de Thomas Becket, au prince humilié par Philippe-Auguste, le fondateur de l'unité française.

Sur la face occidentale sont placés : Philippe-Auguste, dont l'image rappelle la réunion de l'Anjou à la couronne; Charles d'Anjou aux lèvres épaisses, au regard faux et cruel, qui prépara par ses exactions la sanglante journée des Vêpres siciliennes; Louis Ier, duc d'Anjou, roi de Sicile, l'implacable ennemi des Anglais, drapé dans son manteau de plumes aux longues ailes qui lui donne l'aspect d'un oiseau de proie.

Enfin, le côté sud du monument est décoré de trois figures. Isabelle de Lorraine, la première femme de René, les épaules couvertes du manteau royal, a près d'elle Marguerite d'Anjou, la fille du Roi, dont la destinée devait avoir tant de ressemblance avec celle de son père. La chevelure flottante de Marguerite d'Anjou trahit une reine en fuite et qui se sent poursuivie; l'anxiété du visage, la main convulsive qu'elle tient sur l'épaule de son enfant, l'épée qu'elle garde à son fils, dont le front souriant s'incline sur le bras de sa mère, le moindre détail, la nuance la plus légère de ce groupe, emblème d'inquiétude et de sécurité, de noblesse et d'insouciance, contribuent à former une œuvre sans lacunes, où David a écrit les malheurs tragiques de la reine, l'héroïsme de la femme, les tendresses de la mère. Et pour clore cette galerie de princes et de capitaines, voici la poétique figure de Jeanne de Laval, deuxième femme du roi René. Mollement posée dans une attitude rêveuse, la frêle créature a relevé la main sur son épaule, et sa tête délicate semble plier sous le poids de sa couronne. Un regard limpide, un front de vingt ans, un accent de souplesse sur les draperies, enveloppent cette image d'idéal et de douceur.

Nous n'hésitons pas à penser que bien peu de villes de France possèdent un monument comparable à celui de René d'Anjou au point de vue de l'histoire locale. A peine ces treize figures furent-elles inaugurées, que les compatriotes de David apprécièrent tout le mérite du présent qui leur était fait. Aussi les appels de toute sorte se multiplièrent auprès de l'artiste. On avait hâte de le revoir dans sa ville, afin de lui faire oublier les mauvais jours qu'il avait traversés. Il s'y rendit au mois d'août 1855.

Aussitôt qu'il eut posé le pied sur le sol natal, ses amis ne cessèrent pas de l'entourer. Sa bienveillance, l'élévation de ses pensées faisaient le charme des causeries sans fin que tous étaient heureux d'avoir avec lui. Sans doute, çà et là, dans ses discours, le maître laissait échapper un mot attristé, mais devait-on l'attribuer à la maladie? N'était-ce pas plutôt le spectacle de cette terre tant aimée de l'Anjou qui réveillait en lui de doux et pénibles souvenirs? « Depuis hier, je me suis continuellement entretenu avec le souvenir de ma mère... Qu'est devenue ma mère?... Il ne reste plus d'elle qu'une pensée dans mon cœur, et rien ne m'est plus cher que son image. Se souvenir, c'est la vie de l'homme; ce devrait être la vie des nations[1]. »

Il parcourait avec une joie visible les anciens quartiers de la ville noire qui déjà se transformait en cité moderne. Le moindre vestige du passé l'attirait. On l'entendait déplorer la destruction d'une rue ou d'un monument. Il se montra satisfait de l'emplacement de sa statue de René d'Anjou. Visitant la cathédrale, il se rendit auprès du *Calvaire* et de *Sainte Cécile*, deux œuvres signées de son nom, qui décorent cette église. Les soins qu'on apporte à l'entretien du Musée David le touchèrent profondément. Il se promena tout ému dans les galeries, entouré de quelques intimes. Oublieux de sa propre munificence, il ne remarquait que les vides encore existants dans sa merveilleuse collection[2]. « Je vous enverrai, disait-il le buste de mademoiselle

[1] Notes autographes de David appartenant à la famille.

[2] Au cours de cette visite suprême, arrivant en face du buste de Lamennais: « Je n'aime pas à vanter mes œuvres, dit David, mais voilà Lamennais, le brave Lamennais, le plus Lamennais de tous les Lamennais. » — Léonce DE

Mars que vous avez vu dans mon atelier. Je voudrais bien vous envoyer le modèle du *Bonchamps* : il est au Musée de Rouen; j'ai fait le voyage exprès pour le réclamer, mais on l'avait mis à la place d'honneur avec tant d'obligeance que je n'ai pas osé accomplir mon projet. J'ai craint d'affliger les Rouennais. Toutefois, soyez tranquilles, je vous dédommagerai : je commence par donner à Angers le modèle de la *Jeune Grecque au tombeau de Botzaris*, et je rechercherai les médaillons de quelques célébrités contemporaines qui vous manquent. Je ne les ai plus, mais je sais où il y en a des exemplaires uniques. Je les rachèterai plutôt que de vous en savoir dépourvus.

« Quand j'aurai terminé *Bichat* et le monument d'Arago, je ne travaillerai plus que pour l'Anjou. Je ne veux pas me reposer avant d'avoir vu Dumnacus sur la roche de Mûrs, comme pour défier l'ombre des anciens Romains qui dorment au camp de César. Puis, je poserai sur notre vieux pont, en face l'un de l'autre, Robert le Fort, le défenseur de nos aïeux, et Beaurepaire, le chef paternel des volontaires. Si je ne puis les représenter en bronze, je les ferai en pierre, et vous verrez que ces grands hommes n'en auront pas moins une fière attitude.

« Enfin, mon dernier travail, celui de ma dernière heure, sera pour la petite église de Machelle, élevée si rapidement et si pieusement près de la douce retraite de l'excellente demoiselle ***[1]. Pour mon offrande, je lui destine une *Vierge* que j'ai déjà dans ma tête, et qui sera l'enfant chéri de ma vieillesse[2]. »

Et lorsqu'il parlait de la sorte, le statuaire semblait rajeuni. Son regard s'animait. La volonté chez le maître était si puissante, sa passion pour l'art si profonde, qu'il lui suffisait de s'entretenir d'une œuvre sculptée, d'un homme illustre à éterniser dans le

Pesquidoux, *Voyage artistique en France*. Paris, Michel Lévy frères, 1857, in-12.

[1] Mademoiselle Luce Boileau, parente de madame David.

[2] *Journal de Maine-et-Loire* du 9 janvier 1856, article non signé.

marbre, ou d'un sentiment délicat, pour que toute trace d'abattement disparût.

Un jour, David conçut le projet d'aller saluer une dernière fois son *Bonchamps*[1]. Il ne l'avait pas revu depuis 1825. « Je rentre de Saint-Florent, écrit-il le soir même de cette excursion. J'ai revu ma statue de Bonchamps. J'ai senti se réveiller en moi toutes les émotions qui m'avaient agité le 11 juillet 1825, lorsque je voyais sur les gradins du monument de jeunes enfants, et, sur deux rangs dans l'église, leurs vieux grands-pères armés de fusils rouillés.

« J'ai pensé longuement à mon père, l'un des prisonniers sauvés par Bonchamps[2]. »

Quelques jours après, nous le retrouvons à Solesmes. « Les *Saints* de Solesmes, a dit un témoin, lui avaient inspiré tout enfant une curiosité qui ne l'avait point quitté depuis, et qu'il avait voulu satisfaire à l'autre extrémité de sa vie. Nous le suivions dans l'examen de la chapelle. Les compositions célèbres dont l'aile droite est décorée l'occupèrent sans le captiver. Ni la science du modelé, ni le talent d'imitation, ni l'expérience du style, ni aucune de ces qualités éclectiques qui les rattachent à l'École de Bologne, ne valaient à ses yeux les sublimes incorrections des chers maîtres de l'art gothique. Mais devant le groupe sans renom placé au fond de l'aile gauche, et qui a pour sujet la *Mise au tombeau*, il tressaillit. C'est que là, sous une écorce plus rude, ruisselait à pleins bords la séve des traditions chrétiennes. Ce navrant épisode du Calvaire, qui parle à chacun de nous suivant

[1] 14 août 1855.

[2] Notes autographes de David appartenant à la famille. — A la suite de ces réflexions sont tracées les lignes suivantes, les dernières que le maître ait écrites sur son carnet : « Lorsque l'homme, à la fin de sa carrière, est entouré des ruines de sa vie, il aime à se reporter vers son berceau, semblable en cela au vieux marin qui ramène son navire brisé au port du départ. Il éprouve une joie réelle à ressaisir la trace des objets qui l'ont ému pendant ses jeunes années, alors qu'il marchait confiant vers l'avenir plein de promesses et presque toujours si trompeur. »

le degré de la foi ou l'impulsion de la nature, palpitait dans une œuvre où toutes les fibres de la nature étaient mises en vibration par la foi. L'émotion le suffoquait. Il s'arrêta, croisa silencieusement ses bras sur sa poitrine, et penchant la tête avec son attitude des grands et solennels moments : « Quel drame! dit-il, « quelle scène[1]! »

A la suite de ces excursions répétées, David avait voulu se reposer de ses fatigues et de ses joies dans une maison amie, près de Denée[2], lorsqu'une première attaque de paralysie se déclara le 23 septembre 1855. Toutefois, le mal fut promptement conjuré par les soins habiles dont on entoura le statuaire. Huit jours après cet accident, le maître osa tenter le voyage de Paris.

Lorsqu'il revit son atelier, l'artiste, qui sentait ses forces lui échapper, se dirigea vers la maquette de la statue d'Arago, et prenant l'image du savant : — « Tiens, dit-il à son fils qui l'accompagnait, conserve avec soin cette esquisse, c'est mon dernier ouvrage. »

Arago, surpris par la mort en plein labeur, est étendu sur sa tombe. Le torse et les jambes sont enveloppés d'une draperie. La chemise ouverte laisse voir une poitrine robuste. La main droite, hors du linceul, tient une plume. La tête, tournée de gauche à droite, repose légèrement inclinée sur l'épaule. Les yeux sont fermés, mais le front travaille.

David est resté spiritualiste dans l'interprétation de cette figure, comparée à tort, selon nous, à la statue de Godefroy Cavaignac par Rude. Il est vrai, les deux personnages sont étendus sur une dalle, mais là finit toute ressemblance entre l'œuvre de David d'Angers et celle de Rude. Les draperies cassées, que celui-ci a jetées sur le cadavre de l'écrivain, frétillent devant le regard :

[1] Victor Pavie, *Discours prononcé à l'inauguration du buste de David d'Angers.*

[2] Aux Ruaux, propriété de madame Cesbron, cousine de madame David d'Angers. Denée est situé dans le canton de Thouarcé (Maine-et-Loire).

le suaire qui recouvre le corps d'Arago n'offre que des lignes graves, des plans larges d'un style puissant. Rude n'a pas su donner à la statue de Cavaignac une pose qui permît d'en distinguer le visage; de quelque côté qu'on l'observe, l'image trop symétrique dans son attitude ne présente qu'un profil : David a pris soin de disposer la tête d'Arago de telle sorte que l'œil pût embrasser sans fatigue la face énergique et régulière du savant. Dans l'œuvre de Rude, la poitrine forme la saillie principale du monument : dans l'esquisse de David, la tête est la partie dominante. Le sculpteur de Godefroy Cavaignac a rendu la rigidité d'un cadavre : le sculpteur d'Arago n'a pas privé son modèle de la vie de l'intelligence. Une âme bat sous cette argile ébauchée, une pensée voltige sur les lèvres, les tempes ne sont pas glacées, le sommeil de la mort tient captif l'homme illustre dont s'honore la science, mais l'artiste, en sculptant ses traits, a prolongé l'illusion de la vie. Comment l'en blâmer? N'est-ce pas bien comprendre, en effet, le symbolisme d'une grande existence que de montrer le génie victorieux de la mort? Arago, Cuvier, Fresnel, Ampère, mourront-ils jamais au sens absolu du mot? Est-ce que leurs découvertes ne les défendent pas de l'oubli chez nous-mêmes qui ne les avons point connus? Ils sont vraiment des contemporains pour les générations qui les suivent. L'art aurait-il donc de moindres facultés que n'en possède notre propre mémoire? Ne pourrait-il, lorsqu'une figure historique se meut devant l'œil de l'esprit dans son activité, son rayonnement, sa gloire, évoquer sa vivante effigie dans une œuvre peinte ou sculptée? Que si la mort de l'homme illustre doit être rappelée, si son image doit décorer un tombeau, l'artiste représentera son modèle dans l'attitude de la défaite, il l'étendra sur le lit funèbre au lieu de le dresser sur la colonne triomphale, mais il lui aura suffi de modeler des membres inertes, la tête de son héros vivra. La chaleur, la pensée, l'amour trouveront un dernier refuge sous des lèvres que l'on dirait fermées par la méditation, sous des paupières abaissées, mais d'où la flamme du regard va jaillir, sous un front impressionnable et mobile que va mettre tout à l'heure en mouvement le moindre souffle de l'idée.

David, bien que très-affaibli, semblait cependant reprendre un peu de forces, lorsqu'une nouvelle attaque de paralysie se manifesta le 12 octobre et immobilisa ses membres du côté droit. Il est aisé de comprendre quelles durent être les tortures morales du statuaire qui avait conservé toute sa liberté d'esprit. Vivre dans l'inaction; sentir cette main créatrice qui avait façonné tant d'œuvres impérissables, privée de mouvement, quel supplice pour David! Sa femme, ses enfants se tinrent constamment auprès de lui pendant les quelques mois qu'il vécut ainsi dans des alternatives continuelles de calme et de rechutes. M. Gigoux ne le quittait presque plus, s'appliquant à distraire son vieil ami par sa verve inépuisable. Il avait fait transporter chez David ses riches collections d'estampes.

Le maître eut un souvenir plein de sympathie pour Rude, dont on lui apprit la mort vers le commencement de novembre.

Plusieurs de ses amis de l'Anjou firent le voyage de Paris, afin de lui serrer la main. Sa douceur accoutumée envers ceux qui lui étaient chers ne se démentit jamais. Parfois, il lui arrivait de retrouver une parole enjouée, mais le plus souvent ses entretiens étaient empreints d'une tristesse morne. Le 1er janvier 1856, il reçut les vœux de quelques personnes intimes, puis, comme il conversait au coin du feu avec son médecin[1], un épanchement au cerveau l'interrompit tout à coup. Il perdit connaissance, et, le 5 janvier, David d'Angers avait cessé de vivre[2].

Notre grand sculpteur n'a pas permis à l'Église de consoler ses derniers moments ni de bénir sa tombe. Nous le regrettons. La pureté de sa vie, le caractère élevé, souvent chrétien, de son œuvre, les pages spiritualistes tombées de sa plume, ses aspirations

[1] M. Gubler.

[2] Voir *Pièces justificatives*, doc. VIII.

généreuses, sa charité, prédestinaient, ce semble, l'auteur du *Calvaire*, de *Sainte Cécile*, du *Tombeau du comte de Bourcke*, de *Fénelon*, de *Belmas* et de *Gerbert*, à mourir en chrétien.

Il ne l'a pas voulu, et lui seul doit être fait responsable de sa décision.

Mais si étrange que paraisse cette résolution, qui fixe une limite douloureuse aux enseignements de sa vie, pouvons-nous laisser dire que David n'a pas eu le respect de notre foi? Est-il vrai, comme on a voulu le prétendre, que la philosophie du statuaire ait été faite d'athéisme? Il suffit d'ouvrir au hasard les écrits du maître pour se convaincre de la vénération que lui inspirèrent les croyances chrétiennes. N'est-ce pas lui qui a dit son enthousiasme en présence des sculptures du moyen âge « échappées à des ciseaux croyants[1] »? La figure de la Vierge lui rappelle « l'Homme-Dieu, l'âme civilisatrice du genre humain[2] ». De pauvres infirmes se tiennent rangés sous le péristyle de la cathédrale d'Angoulême : « C'est le chapelet de la misère, écrit le maître; donnez à chaque grain vivant une obole, ce sera l'*Ave* le plus agréable à Dieu[3]. » S'il entre dans la cathédrale de Barcelone, nous l'entendrons dire : « On ne peut parler haut dans une église; seuls, les chants ont le droit de retentir sous les voûtes sacrées[4]. » La cathédrale de Bourges l'émeut jusqu'au ravissement : « L'effet moral que ce monument a produit sur moi fut un indicible saisissement, un serrement de cœur, une mélancolie profonde : mes yeux se sont portés instinctivement vers la voûte, comme si j'allais pénétrer dans une région meilleure, faite pour assurer le repos de l'âme[5]. »

Le doute, qui est l'obscurcissement de la foi, comme il peut en

[1] Voir tome II, *Impressions et critiques. — Sur une église romane de Poitiers.*
[2] Voir tome II, *Impressions et critiques. — Église Saint-Sernin de Toulouse.*
[3] Voir tome II, *Impressions et critiques. — Cathédrale d'Angoulême.*
[4] Voir tome II, *Impressions et critiques. — Cathédrale de Barcelone.*
[5] Voir tome II, *Impressions et critiques. — Cathédrale de Bourges.*

être le signe précurseur, avait traversé l'âme de David. « Adieu, disait-il, en quittant la cathédrale de Chartres; adieu, charmantes figures sculptées autour du chœur, qui rappelez la vie si touchante du Christ... j'ose à peine lever les yeux jusqu'à vous, car je suis un homme qui doute[1]. » Ne l'avons-nous pas vu proclamer en face des Pyrénées la poésie des montagnes qui rapprochent du ciel, « cette récompense promise[2] »?

Ailleurs il dira : « Nous autres républicains, nous ne nous battons pas pour tel ou tel maître, mais pour un principe; ce principe, c'est que le sort de l'homme soit amélioré. C'est la religion du Christ que nous voulons mettre en lumière, c'est sa réalisation que nous poursuivons[3]. »

Non, le statuaire dont nous venons de raconter la vie n'a pas été frappé de cette grande cécité morale qui s'appelle l'athéisme; l'âme de David ne s'est pas engourdie dans les froides régions d'une philosophie positiviste. L'ami et le consolateur d'Aloysius Bertrand, le maître qui, pendant un demi-siècle, s'est efforcé de traduire dans le bronze le principe de liberté légué au monde par le Christ en faveur de l'esclave, celui-là eut vraiment le sens spiritualiste et chrétien. Que le doute ait triomphé de sa foi, c'est à son éducation, c'est à son siècle qu'il faut s'en prendre, plus encore peut-être qu'à lui-même.

Les funérailles de David d'Angers eurent lieu le 8 janvier. Une députation de l'Institut, les professeurs de l'École des Beaux-Arts, une foule considérable d'amis, d'artistes, d'écrivains, de savants, les anciens collègues du représentant à l'Assemblée constituante, les élèves du maître s'étaient rendus à la maison mortuaire.

Deux couronnes d'immortelles furent déposées sur le cercueil. Autour du poêle prirent place MM. Ambroise Thomas, Hipp.

[1] Voir tome II, *Impressions et critiques. — Cathédrale de Chartres.*

[2] Voir plus haut, p. 415.

[3] Notes autographes de David appartenant à la famille.

Lemaire, Halévy, Robert-Fleury, de l'Académie des Beaux-Arts; le général Cavaignac, Goudchaux, ancien ministre des Finances; Carnot, ancien ministre de l'Instruction publique; Jean Reynaud, ancien représentant du peuple, et plusieurs élèves de David.

M. Robert David d'Angers conduisait le deuil, assisté de son grand-oncle, M. Ossian La Revellière.

Villemain, secrétaire perpétuel de l'Académie française, Carafa, Reber, Heim, Hippolyte Flandrin, Caristie, Seurre aîné, de Nieuwerkerke, composaient la députation de l'Institut.

On remarqua parmi les assistants qui suivaient à pied et la tête découverte : Béranger, Guinard, Marie, Isidore Geoffroy Saint-Hilaire, Henri Martin, Vaulabelle, le comte Ferdinand de Lasteyrie, Michelet, Chevreul, Manin, Laugier, de l'Académie des sciences, Edmond About, de Gisors, Édouard Charton, Jean Gigoux, Étex, Turpin de Crissé, Menière, Moll, Maindron, Taluet, Appert, Mercier, Lenepveu, Théodore Pavie, Beulé, etc.

De nombreux élèves de l'École de droit et de l'École de médecine accompagnèrent le convoi[1].

[1] David d'Angers, membre de l'Institut, professeur à l'École des Beaux-Arts, ancien représentant, chevalier de la Légion d'honneur, décoré de l'ordre du Sauveur et de l'ordre du Mérite civil de Saxe, ajoutait à ces titres ceux de : Membre libre de l'Institut des Beaux-Arts de Londres, — de la Société philotechnique de Paris, — de la Société ethnologique de Paris;

Membre correspondant de l'Académie de Saint-Luc de Rome, — de l'Institut archéologique de Rome, — de l'Académie de Bruxelles, — de l'Académie de Berlin, — de la Société des arts de Genève, — de la Société des beaux-arts de Gœttingue, — de la Société d'Albert Dürer à Nuremberg, — de la Société *Arti et Amicitiæ* d'Amsterdam, — du Cercle de l'Association littéraire slavo-polonaise de New-York, — de la Société hellénique d'Athènes, — de la Société des beaux-arts de Gand, — de la Société d'agriculture, sciences et arts d'Angers, — de la Société industrielle d'Angers et du département de Maine-et-Loire, — — de la Société des sciences, agriculture et arts de Lille, — de la Société d'émulation de Cambrai, — de la Société archéologique de Béziers, — de l'Académie des sciences, belles-lettres et arts de Marseille, — de la Société phrénologique de Paris;

Membre honoraire de la Société de Dunkerque pour l'encouragement des sciences, arts, etc., — du Comité d'éducation polonaise à Paris;

Coprotecteur de la Société polytechnique polonaise de Paris.

A la porte extérieure du cimetière du Père-Lachaise stationnait un piquet de gardes à cheval. A l'intérieur, plusieurs détachements de gardes à pied et des factionnaires étaient chargés de maintenir la foule. Seuls, les membres de la famille, les collègues de David à l'Institut, en costume officiel, et ses élèves, pénétrèrent jusqu'au lieu de l'inhumation [1].

Avant que les restes mortels du statuaire fussent descendus dans le caveau, Halévy, secrétaire perpétuel de l'Académie des Beaux-Arts, prit la parole au milieu du plus profond silence.

Et après avoir esquissé à grands traits l'existence du maître, l'orateur termina ainsi :

« Sans doute, un monument, élevé par des soins pieux, couvrira la place où nous sommes réunis aujourd'hui. Mais David n'a-t-il pas, dans cet asile de la mort, élevé lui-même à sa mémoire le plus splendide des monuments? Il repose entouré des morts illustres dont il a légué la noble et fière image aux siècles à venir et qui semblent lui faire cortége : Foy, Suchet, Lefebvre, Gouvion Saint-Cyr, Gobert, recevez l'hôte nouveau qui vient dormir près de vous de son dernier sommeil...

« Vous avez été loin de nous, David, et vous n'êtes revenu que pour vous éteindre et mourir lentement près de votre famille, près de vos amis, près de cet atelier tout rempli de votre génie et d'où auraient pu sortir de nouveaux chefs-d'œuvre!... Vos amis, vos confrères, vos anciens condisciples, vous adressent par ma voix un éternel adieu. Adieu, David, adieu [2]! »

[1] Ce vaste déploiement de forces avait pour objet de prévenir et de réprimer au besoin une manifestation que rendait possible l'affluence des étudiants aux funérailles de David. A l'issue de la cérémonie, lorsque Béranger descendait du cimetière au bras de Jean Reynaud, quelques cris de : « Vive Béranger! vive la liberté! » se firent entendre, mais la foule n'en continua pas moins de se retirer avec le plus grand calme.

[2] A la suite d'Halévy, M. Vinit, secrétaire perpétuel de l'École des Beaux-Arts, rendit hommage au professeur que l'École venait de perdre dans la personne de David. M. Étex, n'ayant pu parvenir jusqu'à la tombe, publia dans le *Siècle* du 9 janvier le discours qu'il avait eu l'intention de prononcer.

CHAPITRE X

ENSEIGNEMENTS

L'idée, caractéristique du talent de David d'Angers. — Alliance des franchises modernes et de l'antique dans l'œuvre du maître. — Vertus intellectuelles et vertus morales de l'artiste. — Ce que David a écrit sur l'âme. — Le rôle des passions. — Philosophie de la sculpture. — Méthode du statuaire. — David critique d'art. — Le maître recherche l'amitié des hommes supérieurs de son temps. — Il veut être l'éducateur du peuple par ses ouvrages. — Le groupe de l'*Abolition de l'esclavage*. — Souvenir de Léonard de Vinci. — L'homme intime chez David. — Période de vie publique. — Belle parole du maître sur son œuvre sculpté. — Lemot. — Rude. — Pradier. — Simart. — Duret. — Opinion de Duret sur David d'Angers. — Sans aïeuls, sans descendants. — L'art national et les sculpteurs d'aujourd'hui. — L'École contemporaine de sculpture. — Progrès. — Hommages à la mémoire de David d'Angers. — Sa statue.

Pierre-Jean David était encore un enfant lorsque, mis en présence d'une mauvaise estampe du *Marcus Sextus* de Guérin, il eut *la révélation du « moral de l'art »*. L'expression *n'est pas de nous*, c'est l'artiste qui l'a trouvée. Cette émotion première fut pour David le signe de sa vocation. Une pensée l'avait retenu à cet âge où la beauté des formes, c'est-à-dire ce qui est tangible pour l'œil, ce qui tombe directement sous le sens, a peine le plus souvent à captiver l'esprit. L'enfant qui devait devenir un homme de génie se sentait porté vers l'idée. Laissez grandir l'adolescent, qu'il entre dans l'atelier de Delusse, que ce maître l'envoie vers Louis David et Roland, que son propre travail et sa volonté lui ouvrent les portes de l'Italie, l'homme reviendra formé.

A maintes reprises, dans l'atelier de Canova, chez Thorvaldsen, sous les voûtes du Vatican, au milieu des ruines de la Grande Grèce, partout où il *rencontrera quelques manifestations* de l'art, qu'il s'agisse d'un monument contemporain de Michel-Ange ou de

Phidias, David s'interrogera lui-même. Nature sincère et puissante, il jugera dans sa pleine liberté les styles, les écoles, leur influence. Il se demandera si l'art ne doit pas avoir une mission dans la société moderne, et dès son entrée dans la vie, il aura le pressentiment de la tâche qui lui est réservée. Ses connaissances fécondées par la réflexion se grouperont dans son esprit et viendront constituer sa philosophie de l'art; mais le germe lumineux que la vue du *Marcus Sextus* a semé dans l'intelligence de l'enfant ne cessera de croître et de se développer. La nécessité de l'idée dans l'œuvre d'art est devenue pour le jeune David une sorte de vérité certaine, de principe premier dont il va faire le point d'appui de son œuvre.

La gloire du maître est d'avoir gardé ce principe, d'être demeuré fidèle à une vérité de cet ordre. A cinquante ans, l'artiste laissait tomber cette parole : « En se proposant l'imitation des surfaces, la sculpture ne doit pas s'en tenir à une froide ressemblance : celle-ci fût-elle même bien rendue, le spectateur ne serait point ému. C'est la nature vivante, animée, passionnée, morale surtout qu'il faut exprimer par le marbre ou par le bronze[1]. » Et ce précepte, le statuaire a fait plus que de l'écrire, il l'a justifié cent fois par son ciseau.

La vie entière de David n'a été qu'un élan vers l'idée, et ce fut l'élan d'un artiste.

Il revenait de la villa Médicis à l'heure où la réaction s'accentuait dans l'École contre Louis David et le culte de l'antique. Gros avait ouvert la brèche par où devait passer Géricault. La verve railleuse de Byron disposait les esprits au scepticisme. Toute tradition fut ébranlée. Pour nous circonscrire dans le champ de notre étude, disons seulement que l'antique, qui était en honneur depuis l'importante découverte d'Herculanum et les travaux de

[1] *Almanach populaire de la France*, année 1840. Paris, Degouve-Denuncque, in-18. *Sculpture*, par David d'Angers.

Winckelmann, devint le thème de l'insulte et de la dérision. Louis David, sur la route de l'exil, s'entendait accuser par le groupe des novateurs « de n'avoir peint que des statues antiques coloriées en camaïeux [1] ».

David d'Angers entrait en lice. Il avait alors vingt-huit ans. Profondément épris de son art, il apportait, lui aussi, de vagues projets de réforme. Mais à peine eut-il inscrit son nom sur le socle du *Condé*, aussi prompt à se ressaisir qu'il avait paru empressé à sculpter une figure française dont le style tranchait avec les œuvres classiques, il ne se laissa pas entraîner par les adversaires de la tradition.

La confusion des systèmes qui se faisaient jour dans l'École l'avertissait du péril.

Maître de ses inspirations comme il l'était de son ébauchoir, David éprouva le besoin de se préciser à lui-même dans quelles limites il voulait être un réformateur. L'artiste philosophe se prit à méditer sur la nature des faits et des personnages dont l'ensemble devait constituer une poétique nouvelle où la sculpture moderne viendrait puiser. Et afin de montrer qu'il n'acceptait le mot d'ordre d'aucun parti, à ceux qui le sollicitaient de répudier sans retour les préceptes de l'antiquité David répondit en sculptant le *Général Foy*, *Bonchamps*, *Racine*, et la *Jeune Grecque au tombeau de Botzaris*. L'art de Phidias était vengé.

Le maître s'était pénétré d'un principe fondamental, à savoir que tout homme de pensée doit être de son temps. Né dans un siècle de batailles, de découvertes, d'aspirations libérales, David conçut l'ambition de lutter avec l'histoire, l'éloquence, la poésie, la critique, dans le récit qu'elles faisaient au monde des conquêtes de l'outil, de la plume ou de l'épée. Il enveloppa du regard l'âme moderne avec son cortége de capitaines, d'inventeurs, de philosophes, de poëtes, de savants, de prélats, de chefs

[1] E. J. Delécluze, *Louis David, son école et son temps.*

d'empire, d'hommes de bien, et, retenant de chaque figure le signe caractéristique, il entreprit de sculpter son siècle. Tâche grandiose, œuvre illustre, presque surhumaine, à laquelle le statuaire devait user ses jours, mais où il a fait preuve de génie.

De génie. — Eh quoi! n'est-ce donc rien que de relever un art? L'alternative s'impose : ou un sujet est moderne, ou il est antique. Au moment où parut David, la sculpture française cherchait encore le secret d'émouvoir par la représentation des grandes figures historiques. Quant aux statuaires qui se tenaient enfermés dans les légendes de la théogonie grecque, on leur reprochait, non sans raison, de ne rien concéder aux goûts et aux préoccupations de ce siècle. David n'essaya pas d'éluder le problème. Prenant corps à corps, s'il est permis de le dire, cet art qui était le sien et dont il savait les sublimes ressources, il lui fit produire des chefs-d'œuvre dont l'inspiration toujours vraie, le caractère spiritualiste, la forme mâle et expressive, émeuvent l'esprit. Et le peuple qui s'était déshabitué de la sculpture se prit à applaudir à ses marbres. Le jeune maître fut acclamé sculpteur national. Mais c'était trop peu pour lui d'avoir ouvert le chemin, nous l'y verrons descendre sans regarder aux obstacles, et pendant quarante ans il s'y montrera l'exemple de l'École par la fécondité de son génie autant que par la sincérité de son ciseau. N'avait-il pas pris pour axiome le mot de Michel-Ange : « Celui qui suit les autres n'ira jamais devant[1] »?

Que certains sculpteurs s'abstiennent de le suivre; qu'ils s'appliquent obstinément à l'imitation littérale de l'antique, et devant l'indifférence dont ils sont l'objet l'un d'eux s'écriera : « En France, la sculpture, cet art divin, s'en va... le public ne l'aime pas et la comprend moins encore[2]. » Or, c'est en 1838 que Simart

[1] *Chi va dietro a altri mai non gli passa innanzi.*

[2] G. Eyriès, *Simart, statuaire, membre de l'Institut, étude sur sa vie et son œuvre*. Troyes, Bouquot, 1860, in-8°.

laissait tomber cet aveu mélancolique, alors que David venait de terminer le Fronton et achevait le *Philopœmen*.

Mais les succès de David d'Angers ne nous dispensent pas de rechercher si le maître a possédé les vertus intellectuelles et les vertus morales qui font l'artiste. Essayons de surprendre l'homme dans l'intimité de sa pensée.

« L'âme, écrit-il, est un despote qui tyrannise le corps. Aussitôt qu'elle s'est rendue maîtresse de la matière, elle la soumet, elle creuse les traits de l'être qui est sous sa domination. Le visage revêt l'empreinte d'une austère souffrance. Au contraire, si c'est la matière qui l'emporte, si elle a chassé son ennemie, vous avez sous les yeux l'image fleurie de l'égoïsme ou de la stupide débauche. Dans le premier cas, l'argile humaine est une terre cultivée; dans le second, c'est une terre en friche qui ne produit que des ronces et des plantes malfaisantes[1]. »

Telle est l'opinion de l'artiste sur la prééminence de l'âme; et il aimait à redire cette parole profonde : « Un marbre fait âme est un flambeau[2]. »

Demandons-lui ce qu'il pense des passions.

« Lorsqu'un statuaire a terminé sa glaise, le mouleur s'en empare et détruit bien des délicatesses de modelé. Si l'œuvre doit être exécutée en marbre, survient le praticien qui y imprime ses fautes, et le fondeur les siennes, s'il s'agit d'un bronze. Voilà donc un travail que son auteur n'avait pu affranchir des défauts

[1] Quelques pages plus loin, David revient sur la même pensée, qu'il exprime en d'autres termes. « Il y a deux statuaires dans l'homme; ils entrent en lutte sur le seuil de l'adolescence. L'âme est le premier : si c'est elle qui l'emporte, elle sculpte sur la face humaine une physionomie noble, élevée, enthousiaste pour le beau. L'être charnel est le second : s'il reste vainqueur, il pétrit un masque hideux, des formes corporelles sans élégance; il commande au matérialisme, et c'en est fait de l'homme. » — Notes autographes de David appartenant à la famille.

[2] Voir tome II, *Esthétique et histoire de l'art*, ch. Ier.

inhérents à toute œuvre humaine, et dont la frêle beauté disparaît sous la trace de mains étrangères. N'est-ce pas ainsi que procèdent les passions à l'égard des âmes formées par le Créateur[1] ? »

Si l'intelligence du statuaire est éclairée d'une lumière aussi vive sur les bases de toute philosophie, l'existence de l'âme, le rôle des passions dans la vie de l'homme, que ne pouvons-nous pas espérer de la volonté de David lorsqu'il dirigera ses hautes facultés vers son art?

« On peint tout ce qu'on veut, écrivait Diderot, la sévère, grave et chaste sculpture choisit[2]. » Cette vérité demeura toujours présente à la pensée de David. Lui-même l'a rappelée plus d'une fois en des termes presque identiques avec ceux dont s'était servi le philosophe. Jamais il n'oublia, lorsqu'il voulait définir la « mission du statuaire », de placer au premier rang de ses devoirs celui de « concourir de tous ses efforts à maintenir l'esprit public, à épurer les mœurs, à inspirer l'amour de la vertu[3] ».

« Le marbre par sa blancheur a quelque chose de pur et de céleste, écrivait-il dans une autre de ses pages. La sculpture est une religion : elle doit être grave, chaste. Quand elle se prête à la représentation de scènes familières, il me semble voir danser un prêtre[4]. » Ces principes ont servi de règle au statuaire, et si un critique a pu dire avec vérité en parlant de notre artiste qu'on ferait « presque un peuple avec ses statues[5] », on ne trouvera pas une figure, pas un buste, pas la moindre esquisse dans cet œuvre hors de proportions que le maître n'ait interprété avec ce sentiment de suprême convenance qui est la loi première de la sculpture.

Serrons de plus près le génie de l'artiste et parlons de sa méthode.

[1] Notes autographes de David appartenant à la famille.

[2] DIDEROT, *Œuvres choisies*, précédées de sa vie, par F. GÉNIN. Paris, Firmin Didot frères, 1847, 2 vol. in-12.

[3] Voir tome II, *Portraits d'Artistes*, ROLAND.

[4] Notes autographes de David appartenant à la famille.

[5] Théophile GAUTIER, *Moniteur* du 28 novembre 1859.

Lui-même ne l'a-t-il pas exposée dans une lettre à Roland, lorsqu'il était encore pensionnaire de l'Académie de France? Le lecteur n'a pas oublié ce dilemme sur la nature et l'antique placés par David aux deux pôles de son activité. « Je pense, écrivait-il, que l'étude constante de la nature et de l'antique peut produire un grand effet. Je crois aussi que l'étude mal raisonnée de l'antique peut induire dans un goût roide et froid; mais si l'antique sert à épurer le goût et à nous faire voir les beautés qui existent réellement dans la nature, je crois alors que cette étude sera toujours d'une grande utilité, car certainement la nature est belle [1]. » La méthode de David est contenue tout entière dans ces lignes. On devine que l'homme qui les a tracées à son entrée dans la vie devra être tout ensemble un novateur et un homme de tradition.

Dirons-nous quelle fut la dominante de ses ouvrages? Chaque page de ce livre nous la donne. La caractéristique des œuvres du maître, c'est la vie, une vie spiritualiste, sans convention, participant des idées, des passions et des coutumes de ce siècle. Interrogez les *Victoires* du tombeau de Suchet et des trophées de la porte d'Aix : grecques par le style, elles sont d'hier par l'action. David a élargi le champ de l'allégorie pour les sculpteurs qui le suivront; disons plus, il l'a créé. Nature vibrante, aux impressions soudaines et profondes, il se pénètre des hommes ou des choses qui l'entourent, des événements qu'il traverse. Les agitations de sa vie, ses mécomptes, ses luttes quotidiennes doublent ses forces en multipliant ses pensées. « Tout lui est sculpture », a dit Halévy [2], et le mot est juste; mais le statuaire apporte dans la composition d'un sujet le discernement, le tact, l'expérience du maître. Il met en pratique le sage conseil que formulait Louis David dans son rapport sur les Arts à la Convention : « Il faut que l'artiste ait étudié tous les ressorts du cœur humain; il faut

[1] Voir tome II, *Lettres sur l'art*, VI.

[2] *Notice sur la vie et les ouvrages de M. Pierre-Jean David d'Angers.*

qu'il ait une grande connaissance de la nature; il faut, en un mot, qu'il soit philosophe [1]. » David d'Angers, qu'on pourrait appeler le Poussin de la sculpture, a été cet artiste philosophe chez qui le sens esthétique s'est élevé jusqu'à l'intuition.

L'intuition! Dans cette aptitude se résument les vertus intellectuelles et les vertus morales de l'artiste. Or, David l'a possédée à un degré si éminent, qu'elle lui donna de suppléer pendant les premières années de sa vie aux lacunes d'une éducation trop sommaire. Parvenu à l'âge d'homme, c'est encore cette faculté d'intuition qui lui permettra de préciser avec une rare justesse d'expressions les limites et le caractère des trois arts du dessin, comme s'il les eût pratiqués. On croit lire, en feuilletant les pages de David sur l'architecture, la peinture, l'art plastique, les Mémoires de quelque membre de l'ancienne Académie. Il semble nourri des fortes traditions de l'École française antérieure à 1789, alors qu'un si grand nombre de nos maîtres étaient à la fois architectes, sculpteurs et peintres. Mais si David n'a pas ignoré les principes essentiels qui régissent les arts du dessin, il savait trop bien quelle est l'insuffisance d'une seule vie en face des enseignements qu'un homme sincère doit à son siècle pour ne pas se renfermer dans l'exercice d'un seul art. David d'Angers n'a été que sculpteur; toutefois, il nous est permis de penser que cette ampleur de vues dont il a fait preuve sur des questions dont un artiste ne doit pas se désintéresser, contribua à affermir chez David l'étonnante liberté d'esprit avec laquelle il savait passer d'un style à un autre. N'est-ce pas une chose remarquable, en effet, que le même artiste sculpte *Philopœmen*, l'*Enfant à la grappe*, le *Jeune Barra*, lorsqu'il vient à peine de signer *Jefferson* et *Gutenberg*? La pureté de la ligne le séduit s'il analyse l'art grec; les tressaillements de l'âme, la vivacité de la foi, le captivent chez les gothiques. Et ce don d'être ému en présence du beau, soit qu'il se manifeste dans l'ordre de la nature ou dans l'ordre

[1] E. J. Delécluze, *Louis David, son école et son temps.*

du divin, n'a rien qui rappelle la mobilité d'un caprice. Le maître a quelque penchant à creuser plusieurs sillons parallèles; il ne s'en défend pas, mais c'est à l'inspiration du moment qu'il laisse le soin de pourvoir à cette double tâche : ce qui l'occupe avant tout, le problème qui sollicite son génie, c'est le rajeunissement de la sculpture par l'interprétation de sujets modernes et nationaux [1].

S'il faut en croire Quatremère, les préférences de Michel-Ange pour les personnages de la Bible s'expliqueraient par la longue suite de siècles qui, en séparant Buonarroti de l'antiquité biblique, rendaient moins nombreux « les points de comparaison avec les hommes, les choses et les pratiques modernes [2] ». A ce compte, David d'Angers se serait montré plus hardi que l'auteur du *Moïse*. En empruntant ses sujets à l'histoire de son pays, et presque toujours à celle de son époque, le maître français semblait appeler les points de comparaison. Il n'ignorait pas qu'on le jugerait avec une sévérité d'autant plus partiale que chaque témoin de ses effigies contemporaines pourrait s'ériger en critique. Comment parler savamment du *Jupiter Olympien* ou de la *Minerve* du Parthénon sans être érudit? Un peu de mémoire va suffire aux juges de la statue de Larrey ou du buste de Mickiewicz. Hier encore, Lamartine, Rossini, passaient dans nos rues, et un demi-siècle nous sépare déjà de l'époque où David fixait leur image sur le marbre. Il n'a donc redouté ni le grand jour, ni les confrontations de la vie, moins palpitante tout à l'heure que ses têtes de bronze ou de granit pour lesquelles le temps n'a point de rides.

[1] M. le vicomte Delaborde a résumé en ces termes les hautes facultés du statuaire : « David avait d'un maître la sûreté du coup d'œil, l'aptitude à envisager la forme sous son aspect caractéristique, à discerner dans chaque type l'élément essentiel de beauté ou de force qu'il importe de dégager. » *Études sur les beaux-arts en France et en Italie*, Charles SIMART.

[2] QUATREMÈRE DE QUINCY, *Histoire de la vie et des ouvrages de Michel-Ange Buonarroti.*

Ce n'est pas tout : l'artiste, qui projetait de devenir un réformateur, s'est souvenu de l'exemple que lui avaient laissé les vieux maîtres. Phidias ne fut-il pas l'ami d'Anaxagore, et le statuaire Cliton celui de Socrate? David a imité ces grands sculpteurs; il a recherché l'amitié des poëtes, des orateurs, des savants et des philosophes. C'est pour s'entretenir avec eux de son art préféré qu'il aimait à s'asseoir au foyer de Gœthe, de Victor Hugo, de Nodier, de Cousin, de Chateaubriand. Aussi, comme il revenait enthousiaste de ces disputes élevées où son âme d'artiste s'était mise en contact avec des intelligences d'élite! Comme il se sentait transporté, généreux, le front débordant de pensées, le cœur enivré de patriotisme [1]!

« Lorsque le peuple, écrivait-il, participera davantage aux plaisirs intellectuels, les grands hommes grandiront [2]. » A l'inverse des esprits étroits qui ne peuvent approcher du génie sans une tendance invincible au dénigrement, David, loyal admirateur du génie, parce que lui-même est doué de puissance et d'autorité, s'incline volontiers devant ses contemporains; que dis-je! il les fait immortels par son ciseau. Ce culte du statuaire envers quiconque porte l'auréole repose dans son esprit sur un ensemble de principes qui l'empêchent de jamais perdre de vue la cause de l'art national. C'est à défendre cette cause que le maître veut employer sa vie, et, plongeant son regard dans l'avenir, il prévoit un accroissement de gloire pour ses héros, s'il est donné au peuple d'être un jour plus franchement initié aux joies intellectuelles. « Alors, s'écriait-il, les grands hommes grandiront »; une poétique nouvelle aura comblé le vide qui effraye le sculpteur de ce temps

[1] David avait singulièrement élargi le champ de ses études au contact des hommes de mérite qu'il fréquentait. Nous lisons dans un journal du temps que le 21 avril 1856 s'ouvrit à la salle Sylvestre la vente de la bibliothèque du statuaire, et le même journal signale parmi les ouvrages que possédait David des « publications rares et précieuses sur les beaux-arts, l'archéologie, la céramique, la physique, la numismatique, l'iconographie et le costume ». Voir le *Charivari* du 22 avril 1856.

[2] Notes autographes de David appartenant à la famille.

lorsqu'il veut prendre l'ébauchoir; l'âme moderne et la sculpture s'embrasseront; notre art divin sera sauvé. — Ni les révolutions politiques, ni les rancunes d'atelier, ni les froissements de la vie sous lesquels, roseau pensant, il a dû ployer, n'ont refoulé chez David l'espérance en des temps moins troublés. Une foi profonde dans la popularité de la sculpture, l'amour de son siècle et de son pays survivent à tous les orages qui l'assaillent. La sérénité de son âme n'est point altérée par les bruits du dehors. Lutteur viril, il admire Gœthe sans vouloir lire *Werther;* Chateaubriand, sans rien emprunter à *René;* Byron, sans que *Childe-Harold* ou *Manfred* aient diminué les ressorts de son activité. Les forces vives qui font l'homme de combat sont restées debout chez David. Rien ne peut l'interrompre dans son œuvre. Il se donne sans réserve à l'enseignement du peuple, à cette initiation qui non-seulement doit aider au triomphe du bien, mais encore, — il l'espère, — à la renaissance de son art. Il imprègne ses marbres de beauté morale. Il veut que la glaise se transforme; il la pétrit jusqu'à ce que le contour, le méplat, les saillies, l'ombre, la lumière, fassent jaillir de l'argile une impression souveraine que, sans le secours de l'idée, l'esthétique ne saurait produire.

Plein de déférence pour autrui, David garde le respect de soi-même. Un de ses contemporains, artiste lui-même, a dit en parlant des sculpteurs: « Personne, non, personne ne sait ce qu'ils ont à souffrir, ceux qui ont le courage de s'atteler franchement à leur œuvre[1]. » N'importe. Ennemi des bassesses, le maître ne permet pas qu'on lui applique le mot de Diderot sur Pajou: « *De vane lucrando*[2]. » Ce n'est pas le lucre qui a séduit David. Écoutons-le: « L'argent n'a jamais été un mobile pour moi dans les arts. J'ai toujours éprouvé une répulsion très-marquée pour le payement de mes ouvrages, même dans les temps les plus difficiles

[1] Antoine Étex, *J. Pradier, Étude sur sa vie et ses ouvrages.*
[2] Voir Laurent Pichat, *l'Art et les artistes en France.*

de ma vie. Ce n'est certainement pas le haut prix que j'attachais à mes productions qui me causait cette gêne : tout au contraire, il m'a toujours semblé qu'on m'offrait un prix trop élevé, parce qu'à mes yeux les œuvres de l'intelligence méritent une rémunération autre que celle de l'argent[1]. » Ce ne sont pas des œuvres amoindries, vulgaires et largement rétribuées qui auraient pu le détourner de son culte pour l'art historique, élevé par lui à la majesté de l'art religieux. Il a trouvé plus digne de sa vocation de chercher pendant toute sa vie, sans l'atteindre, l'expression idéale d'une grande pensée.

Lomazzo raconte que Léonard de Vinci, sur le point d'achever la *Cène* du monastère de Sainte-Marie des Grâces, hésita longtemps avant de peindre la figure du Christ. Il l'avait un jour entrevue dans une lumière divine, et quelque peine qu'il prît pour en fixer les contours, son crayon ne parvenait pas à faire Jésus-Christ plus beau que saint Jacques le Majeur. Léonard pleurait son impuissance et faisait partager sa douleur à son ami Bernardo Zenale.

Michel-Ange a éprouvé les mêmes tremblements.

David à son tour s'est troublé, non pas devant l'image du Christ, mais en face du plus grand fait accompli depuis la Rédemption, l'abolition de l'esclavage. Lui, si prompt à jeter un relief sur l'idée, lui qui a plus distribué de monuments à l'Europe que tous les étrangers ensemble n'en ont offert à la France, le

[1] Notes autographes de David appartenant à la famille. — M. Camille Berru, rédacteur de la *Libre Recherche* de Bruxelles, ayant écrit cette phrase dans le numéro de janvier 1857 : « Prodigue de son ciseau jusqu'à la munificence, David d'Angers le statuaire laisse une fortune de plus d'un million », l'erreur cent fois reproduite se retrouve dans maint ouvrage. Elle existe, notamment, dans le *Grand Dictionnaire du XIXe siècle* de Pierre Larousse, fascicule 145, page 164. Cependant, madame David écrivait au rédacteur de la *Libre Recherche*, dès le 15 février 1857, pour l'informer, en s'appuyant de preuves, que sa bonne foi avait été surprise. Aussitôt, M. Berru rectifiait avec un louable empressement son erreur involontaire dans la livraison d'avril de la même année. Il ne serait que juste de laisser pour ce qu'elle vaut une assertion loyalement démentie par son auteur.

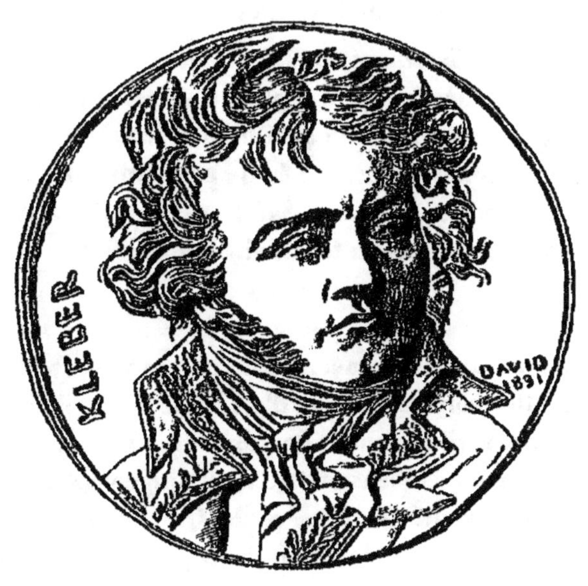

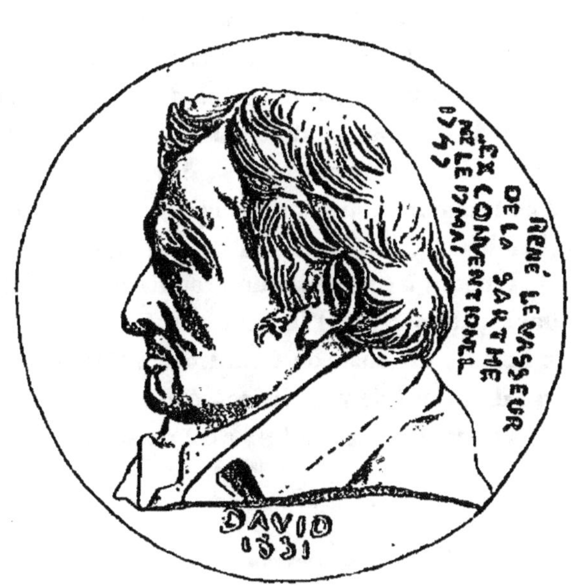

Th Berengier del

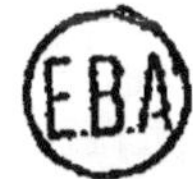

A. Durand sculp

KLEBER — LEVASSEUR DE LA SARTHE

Imp. A. Durand - Paris.

statuaire de la *Jeune Grecque* et de *Washington* a désespéré de se surpasser lui-même dans la représentation d'un esclave. C'est qu'il avait rêvé de résumer le précepte du Christ et le cri de reconnaissance de l'affranchi dans un bronze ému, palpitant, plus éloquent que *Condé, Bonchamps, Fénelon, Sainte Cécile* et *Gerbert*, et la main du sculpteur s'est lassée à tenter ainsi de vaincre le génie par le génie.

L'artiste nous est connu. Essayerons-nous de rappeler brièvement le mérite du maître comme critique d'art? Encore qu'il ait écrit le plus souvent sans arrière-pensée de publicité, il n'est pas indifférent de savoir quel a été le caractère de ses jugements.

« L'art d'écrire, a dit Quatremère de Quincy, appliqué à la critique des écrivains ou de leurs ouvrages, ne sort point de son domaine; mais dans l'évaluation par le discours des arts du dessin, nul rapport positif n'existe entre l'œuvre à juger et la règle de celui qui juge[1]. » Il semble que cette difficulté d'écrire sur l'art n'ait pas été un obstacle pour David. Une parole claire, simple, faisant image, coule de sa plume s'il doit traiter d'une œuvre modelée, d'une toile, d'un monument grec ou gothique. Guidé par son goût, le maître se tient en garde contre l'esprit de parti. « Je tiens que le critique ne doit voir dans l'art que l'art et qu'il ne faut être absolu en aucune chose », disait Jal[2]. David eût volontiers signé cette maxime; aussi, nous le voyons s'arrêter avec une égale attention devant l'Acropole ou l'humble église de quelque village normand. Il décrit à son heure un croquis de Charlet, une toile de Louis David, un portrait d'Ingres, une statue de Foyatier, un bas-relief de Lemot, un buste de Chantrey. Toutefois, c'est à l'art plastique qu'il revient de préférence, à lui qu'il accorde la place la plus importante dans ses Notes; c'est de sculpture qu'il a

[1] Quatremère de Quincy, *Histoire de la vie et des ouvrages de Michel-Ange Buonarroti.*

[2] A. Jal, *Salon de 1833, les Causeries du Louvre.* Paris, Ch. Gosselin, 1833, in-8°.

coutume de s'entretenir avec lui-même, et son style n'a pas moins de relief que sa glaise. Cette tendance de l'artiste à chercher le côté plastique de toutes choses est un trait de plus qui achève la figure de David. On sent qu'il aime la statuaire de toutes ses forces, et que sans peine il la proclamerait le premier des arts. Pourrions-nous le lui reprocher? Ne sont-ce pas de pareils enthousiasmes qui font les maîtres? Et d'ailleurs, ce que David laisse deviner, mais ce qu'il n'a dit nulle part sur la supériorité de son art, Benvenuto Cellini ne l'écrivait-il pas il y a trois siècles? « L'art du sculpteur parmi les arts du dessin est sept fois le plus grand, parce qu'une statue doit avoir sept manières d'être vue, et qu'il convient qu'elles soient toutes d'une égale beauté[1]. » David n'a pas marqué dans ses écrits avec autant de soin que l'a fait Cellini la prééminence de l'art plastique, mais le respect dont il témoigne envers la sculpture permet de lire dans sa pensée. C'est ainsi que sans méthode préconçue, sans plan didactique, à l'aide de réflexions éparses, écrites au hasard du moment, il a pu composer à l'usage des statuaires une sorte de cours d'esthétique. Nous n'avons eu, en effet, qu'à rapprocher les fragments de cette trame tissée fil à fil, pour que le dessin qui la couvre nous apparût correct, harmonieux, sans vides. Il nous a suffi de juxtaposer les pierres dispersées, et la mosaïque dont le maître avait préparé toutes les parties avec la logique d'un philosophe et le goût d'un artiste s'est trouvée reconstruite. Les jeunes esprits gagneront à se pénétrer des sages préceptes de David sur l'art du sculpteur.

Au-dessus de l'artiste, au-dessus du critique, il y a l'homme. Le maître ayant été sincère lorsqu'il tenait l'ébauchoir ou la plume, sa vie privée n'a pas démenti le grand caractère de son œuvre. De même qu'il s'est donné tout entier dans ses marbres si pleins de vie, de même que dans ses écrits il se laisse voir l'âme à nu, il a porté dans ses actes le don de soi jusqu'à l'imprudence. A quelque

[1] Bottari, *Recueil de lettres sur la peinture, la sculpture et l'architecture.*

moment qu'on l'observe, depuis le jour où, sans ressources, il accepte de nourrir ses deux sœurs jusqu'à l'époque où, membre de l'Assemblée constituante, il abandonne son traitement aux œuvres de charité, sa vie n'est que dévouement. Rappelons-nous Rouget de Lisle[1], le grenadier de la trente-deuxième[2], Aloysius Bertrand[3], la famille du rempailleur de chaises[4], les pauvres de la rue Saint-Jacques[5]. Une mendiante endormie sur son fagot de broussailles lui arrache des larmes[6].

L'un des premiers à s'inscrire au Comité central franco-polonais[7], David ne se contente pas de populariser les traits de Miçkiewicz, il écrit d'un doigt plein de souplesse et de distinction le profil transparent de Claudine Potoçka, surnommée l'Ange visible de la

[1] Voir plus haut, p. 169.
[2] Voir plus haut, p. 332.
[3] Voir plus haut, p. 353.
[4] Voir plus haut, p. 423.
[5] Voir plus haut, p. 422.
[6] « A Baréges, dans une de mes promenades sur la montagne, j'ai vu une pauvre femme déguenillée, maigre comme la faim, renversée sous un fagot de broussailles. La fatigue et le besoin l'avaient sans doute assoupie sur cette terre ingrate, qui fournit tout en abondance aux uns et rien aux autres. Près d'elle, un enfant chétif, d'environ deux ans, jouait avec une fleur. Le pauvre petit semblait déjà comprendre que le sommeil était au moins un soulagement pour sa mère. Voilà des monuments que la société plante à chaque pas, sur les routes, dans les villes, au coin des bornes. C'est là sa statuaire. Quel contraste entre ce groupe et la nature exubérante qui l'environne où du rocher aride s'échappent des fleurs odorantes et que le riche proclame les plus belles. La misère passe sans les voir. En regardant cette femme immobile, le visage collé contre la terre, on eût pu croire qu'elle embrassait cette marâtre et la suppliait de lui ouvrir son sein afin que son sommeil devînt éternel. Le petit enfant ne comprenait pas plus sa position que la frêle fleur son jouet. Enivre-toi de ce parfum, cher petit; bientôt la misère, qui gît prosternée sur la terre attachée à son fardeau (car le malheur, même au repos, ne quitte jamais sa lourde charge), te prendra par la main et te conduira à travers le lugubre et difficile chemin de sa vie. » — Notes autographes de David appartenant à la famille.

[7] On sait que ce Comité fut présidé d'abord par le général La Fayette, et ensuite par le comte Charles de Lasteyrie.

Pologne[1]. Il court saisir Lelewell en Belgique, afin de rendre aux patriotes exilés d'une nation en deuil l'image aimée de leurs chefs. « Je reviens de Bruxelles où j'ai vu Lelewell. Il habite dans un petit cabaret portant pour enseigne : *Hôtel de Varsovie*. Sa chambre est la plus élevée de toute la maison. Deux tables jonchées de papiers et de livres, un misérable grabat dans un coin, quelques rayons chargés de bouquins, deux chaises, voilà tout le réduit de ce grand homme, glorieux défenseur de la nationalité polonaise. Depuis un certain nombre d'années, je le suppliais de se laisser dessiner afin qu'il me fût possible de modeler ses traits à distance. Il me refusait toujours. Lorsqu'il m'a vu faire le voyage dans le seul but de lui témoigner mon estime, il a dû se rendre à mon désir, non sans une dernière hésitation. C'est un douloureux spectacle que celui de la vertu aux prises avec le malheur. Cependant, l'imagination s'exalte en présence de cette vigueur d'âme dominant la matière qui gémit, se révolte et sue, pour ainsi dire, la misère par tous les pores. J'ai passé plusieurs heures dans une admiration profonde auprès de Lelewell, cette ruine humaine. Ruine est bien le mot, car le grand homme n'est plus qu'un squelette; mais quelle âme forte! Combien notre art devient respectable et divin quand on l'emploie à immortaliser la vertu[2]! »

Nous l'avons vu empressé autour de la mémoire du maréchal Ney, des quatre sergents de la Rochelle, des jumeaux de la Réole. Il va relancer dans sa cave Magu, le poëte tisserand de Lizy-sur-

[1] Née à Kurnik, près Posen, le 27 août 1802, morte à Genève le 8 juin 1836, à trente-quatre ans, Claudine Potoçka, après la chute de la Pologne, revêtit des habits de deuil, coupa ses cheveux et suspendit à son cou une simple croix de bois noir dans laquelle était un peu de terre de la patrie. Dévouée aux réfugiés polonais, en Allemagne, en France, en Suisse, elle allait s'asseoir au chevet des mourants, portait des secours à ceux qui étaient pauvres, des paroles d'espérance à tous. « Chez Claudine, a dit madame Chodzko, la femme avait disparu; c'était une Olympe, une âme qui planait sur la Pologne. » — *La Pologne historique*, par Léonard CHODZKO. Paris, 1846-1847, gr. in-8° avec planches.

[2] Notes autographes de David appartenant à la famille.

Ourcq, et lorsqu'il a modelé la face inculte de l'artisan : « On ne peut pas dire, écrit-il, que je recherche les heureux du jour. Ce sont, au contraire, les hommes de lutte qui ont toutes mes sympathies. Je les poursuis avec avidité dans leurs greniers, parfois jusque dans leur prison. Ils ont senti la chaude étreinte de mes mains; mon cœur a battu près de leur cœur. De tout temps, une pente invincible m'a incliné vers l'infortune, quel que fût son nom[1]. »

Si l'on avait dit à David, lorsqu'il traçait les lignes qu'on vient de lire, qu'un jour elles seraient connues du public, cette révélation l'eût vivement affligé. En effet, bien peu d'hommes ont porté au milieu d'une vie toute de gloire et de retentissement un plus grand amour de l'obscurité, du silence, de la paix studieuse. On s'est mépris sur le caractère du patriote lorsqu'il désertait son atelier pour prendre les armes en 1830, ou accepter le mandat constituant en 1848. David dans ces deux circonstances n'a point cédé à d'ambitieux projets : c'est sa conviction qui l'a guidé. Depuis quatre-vingts ans, la France ne cesse pas d'osciller entre toutes les formes de gouvernement. Or, le soin des affaires publiques remis d'heure en heure aux mains de la nation, le poids souvent décisif de l'initiative individuelle sur les événements les plus graves, l'action de la presse sur les esprits, tous ces éléments nouveaux au sein desquels s'agite un grand peuple, ne sont-ils pas de nature à séduire des âmes généreuses et à les entraîner vers la lutte, en dehors de toute pensée personnelle? C'est ainsi que nous croyons devoir expliquer la vie politique de David.

S'il eût vécu il y a trois siècles, lorsque François Ier et Henri II défendaient notre indépendance contre l'Espagne ou la maison d'Autriche; si même le statuaire eût existé au temps de Henri IV, sans se désintéresser de la lutte sociale, David se fût renfermé dans l'exercice de son art. Alors, la politique était circonscrite

[1] Notes autographes de David appartenant à la famille.

entre le Roi, les diplomates et l'armée. Ce qui est devenu chez nous une arène ouverte à toutes les activités était alors un champ clos. Il y a trois siècles, notre artiste aurait été le rival de Jean de Douai et de Goujon, sans permettre à Henri de Guise ou au duc d'Alençon de venir l'arracher à son labeur.

Tous ceux qui l'ont pratiqué pendant sa vie ne le jugeront pas autrement. L'énergie de son œuvre, nous dirions volontiers l'éclat de ses marbres, il les devait à son enthousiasme, à son ardent amour de l'étude, à cette volonté toujours vibrante qui faisait trembler la pierre devant lui; mais lorsqu'il revenait s'asseoir à son foyer, à la table d'un ami; lorsqu'il redevenait lui-même sans préoccupations d'aucune sorte, quel homme simple[1]! Il se plaisait aux souvenirs. « Hier, écrit-il en 1836, passant dans la rue des Cordiers, devant la maison que j'habitais lorsque j'obtins le prix de Rome, j'entendis sonner l'heure à la Sorbonne. Ce bruit si connu à mon oreille me reporta vers les années de ma jeunesse. Lorsque sonnait la première heure du jour, elle m'avertissait que ma nuit d'étude était passée. J'allais alors travailler le marbre chez M. Roland, afin de gagner mon repas — composé trop souvent d'un morceau de pain — et de me procurer l'argent nécessaire au payement de mes modèles. Je songe encore aux mortelles journées où, tourmenté par la faim, je manquais littéralement de pain. Mais la vieille horloge me rappelle aussi l'espérance radieuse qui murmurait à mon cœur qu'un jour peut-être je serais récompensé de mes efforts[2]. »

S'il revenait à Angers, la mémoire de sa mère ne le quittait plus. Sans cesse il redisait son nom, aimant à recomposer le poëme de ses premières années, soit qu'il visitât quelque ruine ou qu'il se retrouvât dans les rues étroites de l'ancienne ville que sa mère lui avait appris à connaître. Que si ses voyages en Anjou devenaient

[1] Voir tome II, *Lettres sur l'art*, *LXXII*, à M. le comte Charles de Lasteyrie, qui lui avait demandé de faire une conférence sur l'art.

[2] Notes autographes de David appartenant à la famille.

rares, c'était, nous le savons, la popularité de son nom qui l'empêchait de reparaître parmi ses concitoyens. Le Musée David était fondé. Angers se montrait fier aux yeux de l'Europe des œuvres de son grand sculpteur, mais lui se sentait « effrayé de l'apothéose qu'il subissait de son vivant[1] ». Aussi lui arrivait-il de s'aventurer incognito jusqu'aux portes de sa ville et de reprendre sa route sans rien dire, ennemi trop sincère du faste et des éloges pour révéler sa présence à des hommes qui l'auraient acclamé.

L'exil ne le grandit pas à ses propres yeux. Il courba le front sous l'épreuve, mais il parut ne pas se douter que les larmes sont la sanction de toute grande vie et qu'il entrait dans la gloire par l'adversité, comme il y était entré par le talent. De retour dans son atelier, nous l'entendrons dire : « Je ne tiens à mes ouvrages que parce qu'ils représentent des grands hommes; sans cela je les briserais quand je constate combien je suis resté loin du but auquel je voulais atteindre[2]. » Pouvait-il plus éloquemment traduire la pensée de Léonard de Vinci :

. . . . *Peregi*
Quod potui : veniam da mihi, posteritas[3].

C'est ainsi que parle le génie. Et dans l'expression de ces regrets nous pouvons pressentir ce que les maîtres ont entrevu avec le regard de l'esprit, puisque *Monna Lisa*, la *Jeune Grecque*, ne sont pour Léonard et David que les miettes du festin auquel ils se sentaient conviés.

Nous avons scruté l'artiste, le critique, l'homme. La figure du maître est debout. Le lecteur la peut juger. Toutefois, il convient que nous l'entourions de quelques figures parallèles. La valeur d'un homme se précise par le rapprochement qu'on peut établir

[1] Victor Pavie, *Discours prononcé à l'inauguration du buste de David d'Angers.*

[2] Notes autographes de David appartenant à la famille.

[3] Girolamo d'Adda, *Léonard de Vinci, Gazette des Beaux-Arts*, tome XXV, 146e livraison; 1er août 1868. Paris, gr. in-8°.

entre lui et ses contemporains. L'art de l'écrivain est plus limité dans ses ressources que l'art plastique. Lorsqu'un sculpteur a modelé quelque grande scène, son bas-relief se déroule devant le regard dans la soudaineté d'une apparition sans lacunes. Au contraire, les tableaux se succèdent sous la plume de l'historien. Tout livre est fait de pages. Il en est une que nous devons écrire avant de fermer cette étude. Demandons-nous quelle est la place de David d'Angers dans l'École moderne. A-t-il été supérieur aux hommes de son temps? Évoquons en terminant les morts illustres tant de fois salués en ce siècle, Lemot, Rude, Pradier, Simart, Duret.

De tous les maîtres qui se sont signalés sous l'Empire, Lemot est sans contredit le plus personnel. Plus hardi que Chaudet, Moitte et Roland, le statuaire de *Lycurgue* et de *Brutus*[1] s'est fait remarquer à son époque par l'ampleur du style, la vérité de l'expression. Mais si cet artiste a devancé sa génération lorsqu'il avait à traiter quelque figure isolée, il lui a manqué la science de la composition. Examinons le Fronton de la colonnade du Louvre : Minerve environnée des Muses et de la Victoire consacre le buste de Louis XIV. Quoi de plus pauvre que la pose de la Victoire si incommodément assise au pied du buste royal? Minerve appelle les Muses, et deux seulement des neuf sœurs répondent à l'invitation de la déesse. Quatre autres, dans une attitude distraite, ne prennent pas garde à l'action. Clio grave sur la pierre le nom du Roi qui fit élever la colonnade, tandis que derrière elle deux des Muses la regardent avec indifférence. En retour, la distinction du modelé, la souplesse des draperies rendent presque irréprochable chaque figure du Fronton de Lemot, envisagée séparément. Ce sculpteur interprète l'antique avec goût ; il s'en inspire comme il s'inspirera du style moderne dans ses statues de Henri IV[2] et de

[1] Au palais du Corps législatif.

[2] Sur le terre-plein du pont Neuf, à Paris.

Louis XIV[1]. Mais on ne saurait dire cependant que Lemot, dans ses figures historiques, se soit montré supérieur à David : les statues de Jefferson, de Riquet et de Fénelon peuvent être opposées avec avantage à l'œuvre la plus achevée de Lemot, conçue dans le style moderne. Celui-ci n'aurait pas su composer le groupe du général Gobert, pas plus que la statue de Condé. Dans l'une et l'autre de ces deux œuvres, l'imprévu du mouvement révèle une main rompue aux difficultés de la sculpture. David sait renfermer dans les limites du beau plastique un acte hardi; il ne demande pas à l'idée de plier devant l'esthétique; il admet le geste dans toute son audace, la pose, l'action dans leur intégrité, se réservant, à force de science et d'art, d'assouplir le marbre au point voulu pour ne pas violer les lois de la statuaire dans la représentation de la vie. Tel n'a pas été Lemot. Il fallait à son ébauchoir une attitude apaisée, correcte, légèrement convenue. D'autre part, le Fronton du Panthéon permet de mesurer d'un coup d'œil la distance qui sépare David de son devancier dans l'ordonnance d'un vaste bas-relief. Les personnages de David ne demeurent pas étrangers les uns aux autres. Faisant pénétrer la vie à puissantes effluves dans le granit, le maître anime, passionne du même souffle un peuple de pierre auquel il n'assigne qu'une pensée, qu'un but en orientant toutes les âmes vers ce terme d'une activité grandiose. Imbu des idées classiques qui étaient en honneur à son époque, Lemot n'a pas eu l'entente du bas-relief, il n'a pas eu foi en lui-même pour traiter un groupe : trop de qualités essentielles lui font défaut pour qu'il lui soit attribué dans l'École la place d'un réformateur.

Si Lemot est resté timide, Rude peut être dit téméraire. Deux ouvrages de sérieux mérite permettent de juger ce sculpteur : le groupe du *Départ* sur l'arc de l'Étoile, le *Pécheur napolitain* au Louvre. La force et la grâce, l'énergie de l'homme et le rire de

[1] A Lyon.

l'enfant se trouvent écrits de la même main avec un talent supérieur. La statuaire française a-t-elle rien produit de plus emporté que le trophée du *Départ*? Où chercher plus de fougue, de conviction, d'élan? Comment souhaiter que le ciseau puisse jamais rendre avec plus d'éclat le désordre magnifique d'un enrôlement général au jour du péril? Est-ce que le génie des batailles qui plane au-dessus de ces volontaires n'est pas sublime d'enthousiasme patriotique? Est-ce que des lèvres ouvertes de la Liberté nous n'entendons pas s'échapper le cri de la *Marseillaise*? Il est vrai, le trophée de Rude est une œuvre de grand caractère, mais la vie que le statuaire a su donner à ses figures, le tumulte harmonieux du groupe, l'équilibre des plans, l'unité d'action, peuvent-ils faire oublier ce qu'il y a d'insolite dans le mélange d'armures de toute date, dans le voisinage de soldats demi-vêtus et de guerriers sans vêtements? Rude a-t-il fait preuve de goût lorsqu'il a varié sans gradation le costume de ses volontaires? A quelle arme appartiennent-ils? L'artiste est-il même certain de leur nationalité? Et la déesse qui entraîne cette foule, quels sont ses gestes, quelle est sa pose? Quelle l'expression de son visage? Elle crie! Des lèvres violemment contractées, un bras levé, une main dénuée de style, des jambes écartées sans mesure indiquent sans doute l'intensité de l'action, mais l'art plastique se sent outragé par des mouvements dépourvus de rhythme et de beauté. Rude ne pouvait-il corriger sa glaise? Que l'ébauche de son groupe soit sortie avec cette exubérance de gestes, d'attitudes, nous le comprenons. Telle peut être, en effet, l'idée première du *Départ;* mais il convenait que l'artiste se souvînt des lois qui s'imposent à lui avant de parler sur la pierre avec ce réalisme sauvage la vision de son esprit. Certains personnages du trophée ont les bras ou les jambes à demi engagés dans la muraille : l'artiste ayant fait choix d'un haut-relief pour l'interprétation de son sujet, était tenu de modeler chaque partie de ses figures; plusieurs, à ne considérer que la tête et le torse, peuvent être dites de ronde bosse, et, si l'on observe leurs membres, elles ne relèvent pas même du bas-relief.

David a traité le même sujet que Rude sur l'Arc de triomphe de Marseille, mais il n'entrait pas dans son tempérament de reculer jamais devant l'obstacle. On ne l'a point vu transiger avec le costume moderne : aussi la page qu'il a sculptée est-elle éminemment française. Trente personnages se meuvent sur son bas-relief. Rude n'en compte pas plus de sept sur son trophée, et cependant le bas-relief de David ne le cède pas au trophée de Rude au point de vue de l'unité d'action. Dans l'œuvre de David, un patriotisme généreux fait battre toutes les poitrines. Des vieillards offrent leurs enfants à la Patrie; des épouses, des mères, lui font le sacrifice de leur amour. Une grande nation s'est levée. Le mouvement est partout, l'agitation nulle part. Ces hommes qui demain combattront pour la France, comprennent que leur tâche est grande : ils se possèdent. Quelque chose de sévère et de douloureux plane sur leurs fronts rayonnants. De pareils soldats sont invincibles : nous les retrouverons à Neubourg et à Marengo. Avec quelle majesté la Patrie leur distribue des armes! Quelle mère, quelle reine que cette divinité! Et si c'est un patriote et un Français qui a conçu le plan du bas-relief, c'est une main de statuaire qui l'a modelé. En vain nous voudrions y découvrir quelqu'une de ces fautes que tout à l'heure nous relevions si nombreuses dans l'œuvre de Rude, l'examen du bas-relief de la porte d'Aix nous révèle maint détail poétique, mainte pensée gracieuse imprégnée d'émotion, mais nous ne trouvons rien à reprendre dans cette page de granit. Michelet, parlant de ces mêmes œuvres, pourra dire que « ni Rude, ni David n'a osé être assez grossier, assez peuple pour inaugurer la sculpture des colosses au grand jour[1] ». Notre avis est que David d'Angers a parcouru le champ de la statuaire et en a touché les limites, tandis que Rude les a dépassées.

Le *Pêcheur napolitain*, la bouche grandement ouverte, l'œil, le front, les joues éclairés d'un rire franc, retient, à l'aide d'un

[1] J. MICHELET, *Histoire de France*. Paris, Hachette; puis Chamerot, 1833-1867, 17 vol. in-8°, tome VII.

brin de jonc, une tortue qui fait effort pour s'échapper. Ce marbre est le chef-d'œuvre de Rude. Jamais ciseau plus exercé n'a sculpté l'épiderme d'un corps d'enfant avec des nuances plus variées, des accents plus vrais. Étudiez cet éphèbe du Pausilippe : la transparence de la matière accroît encore l'illusion. Il semble que les muscles soient en jeu sous l'enveloppe de pierre tour à tour déliée sur la face rieuse, ferme sur les membres en mouvement, délicate sur la poitrine, sèche et brillante sur le dos, légèrement ridée sous les malléoles. Il y a dans cette œuvre de choix longuement caressée par l'artiste toute une gamme plastique dont les notes cadencées avec goût témoignent du savoir et de la distinction du sculpteur.

Si Rude a son *Pêcheur*, David a l'*Enfant à la grappe*. Faut-il rappeler la part de mérite qui revient à David dans l'invention de son sujet? On sait quelle fut l'audace heureuse du statuaire résolu à sculpter dans le marbre un corps d'enfant incomplétement formé. Il a fallu dans de telles conditions la sûreté de coup d'œil, le sens élevé qui distinguaient le maître, pour préserver son œuvre de toute dissonance au point de vue du modelé. La chevelure de l'*Enfant*, pour ne relever qu'un détail, n'a-t-elle pas plus de naturel dans sa masse soyeuse et tombante que les cheveux du *Pêcheur napolitain* divisés par mèches symétriques? Mais quels que soient le charme, la grâce, le fini de l'*Enfant à la grappe* sous le rapport de l'exécution, ce qui rend cette œuvre supérieure, selon nous, au *Pêcheur napolitain*, c'est l'idée. Le marbre de Rude intéresse par l'épiderme; une âme est en mouvement dans le marbre de David. La passion, telle que l'enfant l'éprouve, inflige à cet être irresponsable et naïf son premier élan vers le plaisir, et encore que l'artiste ait amoindri le caractère spiritualiste de son œuvre, sur le conseil de Béranger, l'*Enfant à la grappe* ne cesse pas d'être un poëme intime, dont la profondeur étonne et ravit : l'homme se reconnaît dans l'enfant. C'est pourquoi le marbre de ces deux figures étant également achevé, nous préférons l'ouvrage de David à celui de Rude, les qualités d'invention, les éléments de grandeur et d'idéalité qui distinguent le premier n'étant pas visibles sur le second. Un réalisme savant assure au nom de Rude une longue célébrité, mais nous ne pouvons placer au premier rang un homme dont le talent, si incontesté qu'il demeure, est plus robuste qu'élevé, plus fougueux que puissant.

Tenter de peindre Pradier lorsqu'on vient de parler de Rude, c'est passer sans transition d'un pôle à l'autre de la sculpture. Tandis que Rude s'est appliqué à exprimer la force, Pradier rêvait d'amollir le marbre et de l'envelopper de langueur voluptueuse. Sculpteur de génie, si la forme pouvait dispenser de l'idée, Pradier rappelle les Grecs. Il est fils de Scopas. C'est un descendant de cette école athénienne qui prit la place de la grande école de Phidias. Son ciseau manque d'autorité. S'il est incapable de suivre Silanion dans son imitation raffinée de la nature, il n'atteindra pas non plus à la grâce pénétrante de Praxitèle. Toutefois, les types féminins que préférait Praxitèle, et dont Phryné demeure l'expression la plus haute, seront également recherchés par l'artiste français. Pradier est redevable de son nom à ses statues de *Nymphes* et de *Bacchantes*, d'*Odalisques* et de *Chasseresses*, à la *Poésie légère*, à *Vénus*, à *Nyssia*, à *Phryné* elle-même, à *Sapho*. L'habileté de son ciseau, le soin qu'il apportait à bien rendre la nature physique, donnent aux œuvres de ce statuaire un puissant attrait de vérité : tel fut aussi le genre de mérite qui distingua Scopas. Mais l'étude des marbres de Pradier révèle bien vite à quel point ce sculpteur s'est laissé dominer par un matérialisme élégant. Au lieu de poursuivre des sujets capables d'élever l'esprit, de s'attacher au moral de l'art, de modeler, avec cette éloquence dont il avait le secret, des figures viriles aux proportions héroïques, Pradier s'est plu aux formes sensuelles et délicates, aux poses lascives, à l'expression molle, au regard efféminé, sans vigueur, sans noblesse. Si on le juge au point de vue de la pensée, Pradier est un continuateur du dix-huitième siècle : combien de ses figurines que l'on peut confondre avec celles de Clodion !

Il n'en est pas de même de David. L'idée dans ses œuvres prime la forme. S'il s'applique à tirer de son marbre une image d'éphèbe, un corps de femme, il sait les vêtir de beauté chaste, de réserve, de dignité. Et lorsque Pradier multiplie ses statuettes, trop docile au goût abaissé de son époque, David peuple la France de ses colossales effigies, qui toutes parlent d'honneur, de patriotisme, de génie, de liberté.

Qui n'a présente à l'esprit la *Sapho assise* de Pradier? On dirait la statue de la Rêverie. Mais ni le galbe du cou, ni le modelé des bras, ni la finesse des doigts, ni la tranquillité des draperies, ne couvrent l'insignifiance des traits. Pradier, qui voulait écrire dans la pose de son personnage le drame d'un cœur torturé, n'a pas su graver sur la face les derniers frémissements de la passion.

Si nous plaçons en regard de *Sapho* la *Comtesse de Bourcke au tombeau de son mari*, nous constatons un certain rapport dans l'attitude des deux figures. A part le mouvement de la tête, toutes deux ont été composées d'après la même donnée, et autant qu'un bas-relief peut être mis en parallèle avec une ronde bosse, il nous est permis de comparer ces deux œuvres. Mais quelle n'est pas la supériorité du bas-relief sur la ronde bosse! Le portrait de la comtesse de Bourcke n'offre pas moins d'harmonie que celui de Sapho, et combien le sentiment spiritualiste domine la beauté plastique dans ce marbre apaisé, mais vivant! Combien le front transparent, l'œil profond, les lèvres prêtes à se détendre, ajoutent au charme sympathique de cette image attristée de l'épouse! Que de pensées, d'élans dans ce visage au profil lumineux! Certes, l'âme n'est pas muette sous cette frêle enveloppe; elle n'est pas même domptée par la douleur.

Si nombreuses qu'aient été les statuettes de Pradier, qui, selon le mot d'un de ses biographes, « est trop souvent descendu à la fabrication des petites choses pour plaire à la foule[1] », cet artiste n'était pas inhabile à traiter une figure de grandes proportions. Les quatre *Renommées* des tympans de l'arc de l'Étoile en sont

[1] A. Étex, *J. Pradier, Étude sur sa vie et ses ouvrages.*

une preuve. Monumentales, simples, hardies, habilement posées, ces fières divinités sont exécutées dans un style large et puissant. Nous ne nous arrêterons pas à relever l'absence de tout caractère personnel qui dépare le travail des deux figures faisant face à Neuilly : un souvenir évident des sculptures de la Renaissance accuse dans cette partie de la tâche du statuaire une paresse de conception dont Pradier ne s'est pas toujours défendu. De même, la rapidité de son ciseau se laisse lire sur le torse de l'une des deux *Renommées* qui regardent les Tuileries. Mais, dans ces deux figures, Pradier semble avoir pris plaisir à accentuer certains détails que la décence commandait d'atténuer. La draperie n'est plus seulement un accessoire ou une parure dans l'ordonnance de ces reliefs, elle concourt, par une disposition sans goût, dont l'artiste demeure responsable, à dépouiller de toute convenance des personnages dont la mission sévère est sans relations avec une pensée lascive. Le nu serait préférable à des ajustements dont l'intention se devine, et que la grande sculpture répudie[1].

David a sculpté lui aussi des Renommées sur les tympans de la porte d'Aix. Héroïques, comme il sied à des figures décoratives, elles n'ont pas moins de liberté dans l'allure que celles de Pradier. Une grâce pleine de dignité préside à leurs mouvements, tandis que les draperies qui enveloppent les hanches présentent des masses vigoureuses et d'un caractère magistral, dont l'opposition fait valoir le nu de la poitrine et des bras.

Artiste ingénieux, mais sans profondeur, Pradier fut le travailleur de marbre par excellence. Une forme presque toujours exquise naissait de son ciseau. Mais le sculpteur de *Sapho* a négligé

[1] Voir Gustave PLANCHE, *l'Arc de triomphe de l'Étoile*. — *Portraits d'Artistes*, Paris, Michel Lévy frères, 1853, 2 vol. in-12, et *Pradier*, par le même, *Revue des Deux Mondes*, livraison du 15 juillet 1852. Le critique termine en ces termes son étude sur l'auteur de *Sapho* : « Je me contente de résumer mon opinion sur l'ensemble des œuvres de Pradier. Par la pensée, il s'absorbe dans la Grèce, car il n'a rien inventé; par l'exécution, il se rapproche de ses maîtres, et serait admis dans leurs rangs glorieux, s'il n'eût méconnu le caractère dominant de son art : la chasteté. »

d'être un penseur; le sculpteur de l'arc de l'Étoile a méconnu la chasteté que réclame l'art plastique. David a pour lui la pensée dans la conception d'une figure ou d'un monument; dans l'exécution de ses marbres, quelque sujet qu'il aborde, sa main reste chaste. Nous avons entendu reprocher à David d'Angers le mystère dont il s'entourait lorsqu'il allait modeler une esquisse. Tel de ses élèves, aujourd'hui membre de l'Institut, n'a jamais pénétré peut-être dans l'atelier que le maître s'était réservé pour méditer à loisir sur le travail qu'il se proposait d'entreprendre. C'est que David avait résolu de ne laisser que des œuvres vivantes, en union de pensée, de sentiment avec son siècle. Lui-même a comparé ce besoin de solitude pour composer toute grande œuvre à la pudeur des mères qui se recueillent lorsque l'heure est proche où elles vont donner le jour à leur enfant. Ainsi n'a point fait Pradier. « Il ouvrait, a dit un de ses élèves, son atelier à tous les passants, travaillait en ricanant et en parlant au milieu des lazzi et des propos de corps de garde[1]. » De là, sans nul doute, un si grand nombre d'ouvrages sur lesquels Pradier n'a su écrire ni les douleurs, ni les joies cachées d'une âme d'homme. De là, ces figures au modelé plein de morbidesse, mais qui n'ont pas été pétries par une main convaincue, que l'ébauchoir n'a fait qu'effleurer, et qui jamais ne font entendre à l'esprit ces paroles émues et profondes qu'on pourrait définir la confidence du génie. Cet homme qui a voulu vivre au milieu de ses contemporains, transformant sa demeure en forum, ce sculpteur devenu l'hôte de quiconque était riche ou influent, n'a rien produit qui rappelle les tendances de l'âme moderne dans ses aspirations vraies. David, pour s'être isolé lorsqu'il prenait l'outil, pour avoir gardé la notion juste de la mission de l'artiste, est devenu le plus populaire de nos maîtres. Mieux que Pradier, David a voulu être l'homme de son temps; mais tandis que l'un dispersait sa vie, l'autre

[1] A. Etex, *J. Pradier, Étude sur sa vie et ses ouvrages.*

s'écartait du bruit pour créer dans la solitude, et son siècle lui doit des œuvres sublimes.

Il est un nom dont le souvenir s'impose lorsqu'on parle de Pradier : c'est celui de Simart. Élève de l'auteur de *Sapho* et son successeur à l'Institut, Simart doit être compté parmi les grands artistes de ce temps. Toutefois, ceux qui ne connaîtront de lui que son œuvre modelé trouveront peut-être l'éloge excessif. L'œuvre n'est pas tout dans la vie d'un maître. Si ce maître est mort jeune, si des influences étrangères l'ont retardé dans sa marche, l'histoire lui tiendra compte des obstacles qu'il n'a pu vaincre. Beulé, parlant d'Hippolyte Flandrin, n'a-t-il pas dit qu'il s'était « tenu jusqu'à sa dernière heure dans une attitude inclinée devant le maître qui l'avait formé »? A l'exemple de Flandrin, Simart s'est montré plein de déférence vis-à-vis d'Ingres, mais son respect n'est pas pur de toute contrainte. On saisit des traces de violence dans la soumission du statuaire aux ordres du chef d'école. Instruit des lois de la sculpture, s'étant fait une haute opinion de la dignité de l'art plastique, Simart préféra bien vite les conseils d'Ingres aux exemples de Pradier; mais une hésitation native, des doutes toujours en éveil, un secret penchant à la tristesse, quelque chose de tendre et de timide, rendaient Simart incapable de réagir contre les aphorismes du peintre.

Qui n'a lu ces préceptes tant de fois émis par Ingres, auxquels son renom imprimait un si grand caractère d'autorité? Extrême dans ses opinions, on l'entendait dire : « Le doute même est un blâme touchant les merveilles des anciens[1] », ou encore : « Il n'y a point de scrupule à copier les anciens; leurs productions sont un trésor commun où chacun peut prendre ce qui lui plaît[2]. » Vrais dans une certaine mesure, de tels axiomes peuvent induire en erreur. Il convient de dire qu'Ingres les a mis lui-même en pra-

[1] Vicomte Henri DELABORDE, *Ingres, sa vie, ses travaux, sa doctrine*. Paris, H. Plon, 1870, in-8°.

[2] Vicomte Henri DELABORDE, *Ingres, sa vie, ses travaux, sa doctrine*.

tique, mais il a porté dans l'exécution de ses toiles un tempérament qui les fait originales. Une note, un accent inattendu, parfois même familier, rapprochent de nous des personnages héroïques dont les figures se réclament dans leur ensemble de l'art grec. Soit qu'il dût peindre OEdipe ou Stratonice, un muscle du cou chez le jeune Thébain, les draperies cassées de la couche d'Antiochus lui suffisaient pour attester l'individualité de son pinceau. Ingres répandait sur ses toiles l'émotion, la vie, tout en s'inspirant profondément de l'antiquité. Flandrin, élevé à l'école du peintre, garda de ses prescriptions ce qu'elles avaient de juste et de noble, mais son génie personnel n'eut point à souffrir des sujets qu'il voyait traiter ou des sources auxquelles il était sollicité de recourir. Simart devait être moins heureux.

Pendant plus de dix années, toutes les fois que Simart voulut observer la nature, il n'y discerna que des lignes mal éclairées. L'antique, qui doit aider l'artiste à bien voir, avait altéré chez lui le sens de la vision. Soumis aux ordres sévères qu'il avait reçus, on le voyait s'enfermer dans le culte exclusif de l'art grec. C'est avec une obstination visible qu'il écrivait de Rome, dès l'année 1836: « Je suivrai la route, l'unique route qui conduit au vrai talent. Je n'en veux pas dévier d'une seule ligne[1]. » Rentré en France, il ne sut pas se reprendre à la seule méthode qui fait l'artiste, c'est-à-dire à l'étude sérieuse et libre de la nature, l'antique ne devant être qu'un élément de comparaison. Cependant, personne plus que Simart ne fut invité, par le caractère des commandes qui lui furent faites, à communiquer avec l'âme moderne. Mais telle était sa confiance aveugle dans le chef d'école, que le statuaire chargé de décorer le tombeau de Napoléon ne trouva dans la Pacification des troubles civils, la Légion d'honneur, les Travaux publics, le Concordat, le Code, la Cour des comptes, que des motifs allégoriques sans aucune relation visible avec des événe-

[1] G. Eyriès, *Simart, statuaire, membre de l'Institut, Étude sur sa vie et sur son œuvre.*

ments de date récente. Simart a écrit l'histoire de son temps dans la langue de Thucydide. Et, bien qu'il donne la mesure d'une grande habileté, d'une largeur de style remarquable, il est plus archéologue que sculpteur dans ses bas-reliefs des Invalides. On sent un esprit enchaîné. Ingres ne cesse pas de s'imposer à cet homme anxieux, défiant de lui-même; et quand le duc de Luynes voudra lui confier la restitution de la *Minerve*, Simart élèvera d'une main patiente, mais sans audace, l'image d'ivoire et d'or de la vierge de Phidias, en interrogeant tour à tour Pausanias, Pline, Otfried Müller et Quatremère de Quincy. Esclave de la tradition, Simart ne s'aperçoit point que son propre génie se refroidit[1].

Mais il vint un jour où les portes de l'Institut s'ouvrirent devant l'artiste : il avait alors quarante-six ans. Les dispositions innées qu'il portait se réveillèrent. Il eut ses illuminations, ses coups d'aile qu'il réglait à son gré. L'âge d'équilibre avait sonné pour lui. L'idolâtrie du passé ne tiendra plus qu'une place disputée dans son esprit. Le marbre va s'imprégner sous sa main de vérité, de passion, d'éloquence. Les forces si longtemps refoulées dans son âme soulèvent sa poitrine; le doute a disparu, Simart est devenu un maître. « Il se laissait séduire, a dit son historien, par les convictions profondes, les talents émus et poétiques : personne plus que lui n'admirait le chaleureux génie de David d'Angers[2]. » En 1856, quatre années après son entrée

[1] M. le vicomte Delaborde, au cours de son Étude sur Simart, s'exprime ainsi : « Le talent de Simart nous donne-t-il le dernier mot des conditions qui doivent régir la sculpture moderne, la mesure exacte des franchises qui lui sont laissées? » — *Études sur les beaux-arts en France et en Italie.*

[2] G. Eyriès, *Simart, statuaire, membre de l'Institut, Étude sur sa vie et sur son œuvre.* — Nous devons à l'obligeance de la famille de David d'Angers communication de la lettre suivante, adressée par Simart à madame David, le 7 décembre 1852 : « Madame, j'ai entendu dire par quelques-uns de mes confrères de l'Institut que M. David devait se retrouver au milieu de nous dans le courant du mois de janvier. Je viens vous demander, Madame, de vouloir bien me confirmer cette bonne et heureuse nouvelle qui nous rendrait non-seulement l'artiste éminent que nous admirons tous, mais encore le cœur noble et sincère auquel je suis pour ma part bien fortement attaché. Veuillez agréer, etc. Simart. »

à l'Institut, Simart projeta de modeler en bas-relief *Saint Loup, évêque de Troyes, arrêtant Attila aux portes de la ville*; mais, écrivait-il à ses compatriotes, « ce monument sera peu de chose comme dimension, et j'ambitionne d'exécuter une œuvre plus importante. Il faut à la sculpture monumentale de grandes proportions; alors les lignes se développent, et — à part la science, le génie de l'artiste, l'idée qui l'a poussé au style élevé — ces lignes contribuent singulièrement à la grandeur de l'aspect. Je vous demande pardon de la digression à laquelle je me laisse entraîner en songeant au monument qui pourrait être élevé à la mémoire d'Urbain IV... Pourquoi ce projet ne pourrait-il s'effectuer? Le sujet n'en est-il pas grand et beau? Et si une souscription était ouverte, qui donc à Troyes refuserait de contribuer à l'érection d'un monument destiné à rappeler les vertus et l'énergie de cet homme étonnant qui, né dans une échoppe de savetier, mourut la tiare sur la tête[1]? »

Est-ce bien Simart qui parle ainsi? L'auteur classique de *Pallas enseignant à l'homme l'art d'atteler les bœufs à la charrue*, le statuaire de la *Création de Pandore* y songe-t-il? La sculpture historique écrite pour le peuple, l'art national, inséparable de nos usages, de nos mœurs, de notre costume, ont-ils pu détourner Simart de sa contemplation des anciens? Cette lettre que nous venons de rappeler est-elle vraiment son ouvrage? N'est-ce point plutôt David qui l'a signée? Il nous semble que David dut s'exprimer dans les mêmes termes lorsqu'il s'adressait aux compatriotes de Gerbert, le pâtre d'Aurillac. Mais non, ces paroles convaincues, enthousiastes, à l'endroit de la sculpture historique, c'est Simart qui les a dites.

Il n'y a pas deux manières d'embrasser un art dans son ensemble. En se retournant à l'extrémité de son sillon qui traversait, sans le remplir, le champ de l'art plastique, Simart mesura les sillons

[1] G. Eyriès, *Simart, statuaire, membre de l'Institut, Étude sur sa vie et sur son œuvre.*

voisins tracés par ses pairs. Et parce qu'il avait reçu d'en haut la flamme sacrée, parce que l'apogée de sa formation était proche, parce que ses élans sincères vers le grand art avaient été l'œuvre quotidienne de sa vie, son âme s'éprit d'héroïsme, de recueillement, de poésie. Son regard enveloppa du même coup la sculpture historique, l'art religieux et l'allégorie qui complètent le cycle de la statuaire. « Le symbole et l'allégorie, dira-t-il, n'ont point tari chez moi les bonnes sources, celles du sentiment, et j'espère bientôt le prouver par de grandes œuvres. Je veux faire de la sculpture religieuse[1]. » Quelques mois plus tard, à la veille de sa mort, lorsqu'il s'occupait de son groupe *l'Art demandant ses inspirations à la Poésie*, il disait : « Le véritable artiste est un poëte, alors même que ses œuvres ne comporteraient que la poésie de la forme et du style », puis, dépouillant de ses bandelettes, devant un ami, une esquisse de la *Poésie intime*, ce même artiste à qui l'on avait reproché jadis une sorte d'inflexibilité de lignes[2] pouvait dire : « Oui, j'ai voulu donner une forme à la poésie intime, la plus douce, la plus charmante de toutes, celle que tout être intelligent a en soi, et dont l'artiste et le poëte ont tant besoin..... — Vous la trouvez triste? Oubliez-vous qu'elle est la confidente de toutes nos émotions, de toutes nos pensées, et que les plus heureux d'entre les hommes qui vivent par le cœur et par l'esprit ont toujours quelque blessure incurable, une plaie saignante, quoique cachée..... — Si cette Muse était calme, est-ce qu'elle représenterait la poésie intime, c'est-à-dire le poëme écrit chaque jour par nos regrets et nos doutes, par nos impuissances morales et intellectuelles, par nos élans si souvent trompés vers tout ce qui est bien et beau, par nos luttes de chaque heure entre des facultés bornées et des désirs sans fin[3]?... » Ainsi le statuaire

[1] G. Eyriès, *Simart, statuaire, membre de l'Institut, Étude sur sa vie et sur son œuvre.*

[2] Voir F. Halévy, *Derniers Souvenirs et Portraits.* Paris, Michel Lévy frères, 1863, in-12.

[3] G. Eyriès, *Simart, statuaire, membre de l'Institut, Étude sur sa vie et sur son œuvre.*

expliquait le caractère passionné, le sentiment simple et vrai, le naturel, l'abandon, la grâce de sa statue.

En quoi cette façon de sentir la sculpture est-elle si différente des principes de David d'Angers? Le jour où Simart échappe à l'influence de son guide pour se reconquérir dans une étude personnelle, il a de son art cette triple intuition qui a fait la force de David. Comme l'auteur du *Calvaire* et de *Sainte Cécile*, il se sent attiré vers la sculpture religieuse; l'histoire lui apparaît ensuite avec ses grands hommes capables d'entraîner par l'exemple une génération qui s'abuse lorsqu'elle doute de la puissance du bien. Est-ce que David n'a pas été parmi nous le créateur de la sculpture historique? Simart a compris quelle doit être la règle primordiale de l'art en ce siècle : à des hommes de lutte, de recherches, d'ambition, il sied d'offrir des œuvres remuées, où transpire une âme, où la pensée, l'émotion, aient imprimé de viriles empreintes, et dans une heure de génie l'artiste pétrit l'image attristée d'une Muse intime, comme autrefois David avait modelé la *Douleur*. Mais en homme qui a le sentiment de la haute noblesse de la sculpture, Simart se défend du réalisme : il veut qu'un parfum de poésie s'échappe de ses marbres. Ce fut aussi l'effort de David d'Angers, chez qui la précision du langage n'a jamais exclu le charme de l'expression, l'essor ou la grâce contenus de l'idée : on n'a pas oublié le groupe enfantin de Paul et Virginie, pas plus que la nudité sévère de la *Jeune Grecque*, le naïf emportement de l'*Enfant à la grappe*. Les poètes ont seuls le secret de telles alliances.

Chacun sait la mort tragique de Simart. Aussi, le statuaire qui s'est approché davantage de David par son intelligence de la sculpture est-il resté dans ses œuvres connues le représentant d'une école que David d'Angers condamnait. Simart s'est vu frappé de mort lorsqu'il allait fournir une vie nouvelle, lorsque son génie retrempé allait l'emporter vers les hautes régions de la statuaire. Attardé trop longtemps dans les défilés d'une imitation littérale, il allait enfin s'affranchir des liens factices qui l'entravaient; il allait vivre et créer. Il nous plaît de rendre justice à cet artiste, en montrant quelle transformation s'était opérée dans son esprit à l'heure où il est tombé, victime d'un déplorable accident. Les principes acceptés par Simart, quand la pleine lumière exista pour lui, ne sont-ils pas la sanction formelle de la doctrine constamment professée par David? Bien que l'auteur de *Pallas* et de *Minerve* n'ait pu tailler dans le marbre son esquisse de la *Poésie*, l'argile de cette figure inachevée est un hommage inconscient rendu par Simart à David d'Angers.

Après avoir jugé Lemot, Rude, Pradier, Simart, il nous reste à parler de Duret. On connaît le *Vendangeur improvisant sur un sujet comique* et le *Jeune Pêcheur dansant la tarentelle*. Tout a été dit sur la gracilité des formes de ces deux figures, l'expression malicieuse du visage, la franchise du mouvement; mais David a su traiter avec le ciseau ces membres adolescents, cette nature impubère et presque grêle dans un sujet héroïque, le *Jeune Barra*. Sans doute, le mouvement n'existe pas dans la statue du tambour de Palaiseau, mais on peut constater cependant une certaine analogie entre les deux chefs-d'œuvre de Duret et de David au double point de vue du modelé et de l'expression. Quel visage reposé, demi-souriant, que celui de Barra! Certes, ce n'était pas chose aisée que de fondre ensemble le grand style et des formes délicates, à peine accentuées, aux plans étroits et sans vigueur. David a résolu ce problème dans un monument historique. Duret, pour atteindre au même but, a fait choix de deux sujets qui se rapprochent du genre. Lui-même, d'ailleurs, s'en est excusé dans une lettre adressée à Ingres : « Si j'ai quelquefois traité des sujets de second ordre, dit-il, tels qu'un *Danseur*, un *Vendangeur*, c'est qu'avant de m'élever à la haute poésie je devais d'abord étudier la nature[1]. » L'explication de l'artiste nous suffit, et nous ne songeons point à blâmer les gracieuses études de Duret.

[1] Ch. Blanc, *Francisque Duret*, *Gazette des beaux-arts*, tome XX, livraison du 1er janvier 1866.

Ce maître s'est essayé dans la sculpture historique ; le Musée de Versailles a de lui *Molière*, *Philippe de France* et *Dunois*. Le palais Mazarin possède la statue de Chateaubriand ; le Théâtre-Français, celle de Rachel.

Il y a, sans doute, dans chacun de ces ouvrages une parfaite convenance et beaucoup d'étude, mais l'inspiration n'a pas répondu aux efforts de l'artiste dans une mesure qui dût satisfaire la critique. Le *Molière* rappelle involontairement une œuvre antérieure de Duret, *Mercure inventant la lyre* ; le *Chateaubriand* s'écarte sensiblement, quant à la tête, du modèle consacré par David et salué à l'époque de son apparition comme un type de grandeur, de puissance et de mélancolie. Le *Chateaubriand* n'est pas supérieur au *Bernardin de Saint-Pierre; Molière*, *Philippe de France* et *Dunois* ne supporteraient pas le parallèle avec les figures de Racine, de Condé, de Gouvion Saint-Cyr. On sait que la répugnance de Duret à aborder le marbre l'obligeait à s'en tenir à l'habileté de ses praticiens, mais il est certaines parties d'une figure, la tête surtout, qui ne peuvent être achevées que par le maître. C'est lui qui donne la couleur, la vie, avec ces nuances innombrables inhérentes au caractère de chaque personnage. Ces délicatesses de ciseau, ce duvet que la main de l'artiste est seule capable de répandre sur l'épiderme de ses statues, nous ne les trouvons pas dans la figure de Rachel. Placée à quelques pas du *Talma* de David, elle laisse voir combien différait le mode d'exécution chez les deux artistes.

L'allégorie convenait mieux que l'histoire au tempérament de Duret. Les deux *Vieillards* qui gardent l'entrée du tombeau de Napoléon sont une œuvre remarquable. Symboles de la force qui s'impose, ils ont l'aspect invincible, le regard sévère, des formes athlétiques, une allure ample et majestueuse. Un critique a signalé dans la conception de ces statues quelque ressouvenir des pendentifs de la chapelle des Médicis à Florence[1]. Quoi qu'il en soit,

[1] Ch. Blanc, *Francisque Duret*, *Gazette des beaux-arts*, tome XX, livraison du 1er janvier 1866.

l'eurythmie des lignes, le caractère, appartiennent à Duret et lui font honneur. Il a prouvé, en exécutant ces cariatides, qu'il avait le sens de la sculpture monumentale. Il est vrai que ses *Vieillards* placés à la porte de la crypte, dans la chapelle basse, sont vus à la lueur d'un demi-jour qui peut-être leur est favorable.

Le groupe de la fontaine Saint-Michel, également de Duret, présente moins d'ampleur. L'archange foulant aux pieds Satan semble de proportions réduites, bien qu'il soit de dimensions colossales[1]. C'est que la sculpture de Duret, fruit d'une étude prolongée, est plutôt faite pour relever l'architecture intérieure d'un monument que pour dominer au dehors. Il se peut que David n'eût point surpassé Duret s'il avait dû sculpter les statues persiques des Invalides, mais en revanche Duret n'était pas capable de concevoir la décoration de la porte d'Aix.

Que reste-t-il à Duret si les qualités maîtresses du statuaire ne sont pas écrites sur ses figures? Il lui reste d'avoir su modeler une œuvre pleine de charme sans tomber dans la manière : le *Danseur*. L'École lui saura gré des sages préceptes qu'il dispensait à ses élèves, de l'exemple qu'il a toujours donné par son culte pour l'art élevé, par ses études incessantes, par son désir patient de mieux faire. « Ses manuscrits sont tous relatifs à la sculpture », a dit M. Charles Blanc. La mémoire de Duret sera encore honorée parce que cet artiste a été un homme de bien, aidant de ses conseils, de son appui, ceux dont il savait la détresse. Incapable de jalousie, c'est de la plume de Duret qu'est tombé l'éloge le plus explicite et le plus vrai à l'adresse de David.

Halévy avait lu devant l'Institut, le samedi 3 octobre 1857, sa Notice sur David d'Angers. Duret était présent à cette lecture. Bien qu'Halévy se fût efforcé de rendre justice au génie de l'auteur de la *Jeune Grecque* et de *Condé*, Duret ne fut pas pleinement satisfait du jugement porté sur son collègue. Voici la lettre qu'il adressa le lendemain au secrétaire perpétuel de l'Académie :

[1] Ce groupe mesure 5m,50.

« MON CHER CONFRÈRE,

« Tout en applaudissant à l'intéressante Notice de David que vous nous avez lue hier, permettez-moi de vous faire quelques observations que la famille et ceux qui ont admiré les œuvres du grand artiste pourraient peut-être vous adresser un jour.

« Outre la vie et l'expression que David mettait dans tous ses ouvrages, il avait un sentiment philosophique et toujours poétique qu'il a souvent très-bien exprimé dans la composition de ses sculptures. Ainsi, vous avez cité de lui le monument du maréchal Suchet : une *Victoire* grave sur un canon, à la pointe d'une baïonnette, les batailles gagnées par le général... ; mais vous auriez dû faire l'analyse de ses principales œuvres, qui ont obtenu tant de succès par la poésie de la pensée.

« A Rouen, au monument de la Douane, je crois, il a placé deux grandes statues en haut relief : le *Commerce* et la *Navigation*. Voulant caractériser la navigation moderne, il l'a représentée sous les traits d'une femme qui tient d'une main son attribut consacré, un gouvernail, tandis que de l'autre elle soulève le voile qui couvrait une partie du globe, sur laquelle est écrit : *Nouveau monde*. Le *Commerce* est un dieu colossal qui reçoit le tribut des quatre parties du monde figurées en petit.

« La statue de Cuvier le représente introduisant son doigt dans une fissure du globe, comme pour sonder la terre et en expliquer les secrets. *Gutenberg*, *Bichat*, *Casimir Delavigne*, sont aussi poétiquement conçus.

« Au théâtre de l'Odéon, David a sculpté Molière arrachant le masque de la religion qui cachait les traits de Tartuffe. A l'arc de triomphe de Marseille, il a fait encore des statues composées de la manière la plus heureuse. Enfin, ce grand artiste avait un sentiment si poétique, qu'il est le premier des statuaires modernes pour ceux qui mettent la pensée avant l'exécution, quoiqu'il ait exécuté des chefs-d'œuvre quand il était jeune et lorsqu'il travaillait sans l'aide de ses élèves.

« Pardonnez-moi ces observations, mon cher confrère, mais elles viennent d'un ami et d'un admirateur de David, qui recevait ses conseils avec reconnaissance et qui serait heureux qu'une notice biographique le fît connaître sous tous ses aspects et dans toutes ses œuvres. »

Cette lettre, publiée pour la première fois par M. Charles Blanc[1], ne fait pas seulement honneur à la mémoire de Duret, elle est un titre de gloire pour l'École où se forment des amitiés aussi clairvoyantes. Être jugé favorablement par ses émules, quoi de plus rare dans tous les temps, et particulièrement en ce siècle? Le grand effort pour un artiste est de pardonner aux autres leur prospérité : ce devoir de simple justice paraît naturel à Duret. C'est de lui-même, sans y être invité par une autre voix que sa conscience, qu'il proclame son rival heureux, David d'Angers, le plus poétique de nos statuaires, le plus grand sculpteur de notre âge aux yeux de quiconque place l'idée au-dessus de la forme. Qu'avons-nous besoin désormais d'appuyer de tant de preuves notre opinion sur David? Un critique désintéressé, capable, en mesure de bien apprécier, n'a-t-il pas décerné l'éloge suprême à l'artiste dont nous écrivons la vie? Si Duret était encore des nôtres, peut-être eût-il honoré notre Étude de quelque attention, lui qui souhaitait que David « fût connu sous tous ses aspects et dans toutes ses œuvres ». Dès 1829 La Fayette, parlant de David, écrivait : « On voit son âme dans ses ouvrages[2]. » Duret, vingt-huit ans après, a porté sur lui le même jugement[3].

Il semble qu'un maître qui a su concevoir son œuvre a la

[1] Ch. Blanc, *Francisque Duret*, *Gazette des beaux-arts*, tome XX, livraison du 1er janvier 1866.

[2] La Fayette, *Mémoires, correspondance et manuscrits*, tome VI.

[3] Nous comprenons difficilement que M. Préault se soit montré d'un avis absolument contraire lorsqu'il a dit : « M. David avait l'agitation fébrile du pouce : le cœur restait calme. » — *La Renaissance*, cité par Théophile Silvestre dans les *Artistes français*, études d'après nature.

lumière des vrais principes; celui qui a paré ses marbres de jeunesse, de mouvement, de sincérité, de conviction, celui-là mérite entre tous d'être salué du titre de chef d'école. Cependant, si nous regardons autour de nous, parmi les élèves de David d'Angers, aucun n'est son continuateur. D'où vient cette chose étrange? Comment expliquer que l'artiste le plus fécond et le mieux doué ne se soit pas survécu dans un disciple[1]?

Les causes de ce phénomène sont de plus d'un genre; et d'abord, si David d'Angers n'a pas laissé parmi nous de disciple, n'est-ce pas qu'il faille voir en lui un de « ces hommes rares dont parle La Bruyère, qui n'ont ni aïeuls ni descendants, qui composent seuls toute leur race[2] »? Aussi profond que Poussin, passionné comme Puget, plein de respect pour Michel-Ange, d'amour pour Phidias; plus complet et plus grand comme novateur que Louis David, l'homme de la tradition, David d'Angers se réclame à la fois de Poussin, de Puget, de Michel-Ange, de Phidias, de Louis David. Mais s'il emprunte à chacun de ces artistes une idée première ou un accent, il se les assimile en les épurant au creuset de son génie. Alors qu'on s'applique à rattacher telle œuvre de David au style d'un maître disparu, l'œuvre échappe à toute comparaison par ses côtés nouveaux et personnels.

Qui a mieux [illegible]pris que David le rôle de la tête humaine dans la sculpture mo[illegible]ne? Phidias, et à sa suite Michel-Ange, ont laissé parfois des visages frustes à leurs statues : David, jamais. Il faut à ce maître un marbre incessamment fouillé, jusqu'à ce que la matière ne diffère plus d'une chair d'homme que par sa blancheur. Il lui faut des larmes, de la douleur, les tortures de l'âme écrites dans les rides imposantes d'un front de granit; « car,

[1] David s'est lui-même rendu compte de l'espèce d'isolement dans lequel l'a placé la nature de son talent. « Si je veux connaître mes défauts, disait-il, je n'ai qu'à regarder les ouvrages de mes élèves : mes défauts y sont toujours accentués. » — Lettre de madame David à l'auteur du présent ouvrage. — La liste des élèves de David d'Angers figure aux *Pièces justificatives*, doc. XXVIII.

[2] La Bruyère, *Caractères*. Paris, Firmin Didot frères, 1853, in-12.

dans l'art comme dans la vie, — c'est lui qui parle, — la part des douleurs est bien plus large que celle des douces émotions[1] ». Ses têtes toujours achevées, son habileté sans pareille à interpréter le masque humain, sont de nature à distinguer David, et cette haute aptitude nous donne le droit d'écrire qu'il n'a pas d'aïeul.

Mais c'est trop peu pour lui d'exceller dans cette partie de l'art plastique où des praticiens adroits pourraient donner le change sur son talent et prétendre à sa renommée. Le penseur et le poëte dominent tout l'homme chez David. Penseur, il croit; poëte, il aime. Croire et aimer sont ses deux forces. Il croit à son art, à sa patrie, au bien. Or, « l'homme ne vaut que par ce qu'il croit[2] ».

Nous avons surpris David à la poursuite du génie et de la vertu. Les grands hommes qu'il recherchait lui sont apparus souvent enveloppés de vanités, de faiblesses. — N'importe. David aimait ces représentants de son siècle, qui avaient creusé leur sillon dans la science ou les annales du bien.

Descendez sur la place publique, appelez un statuaire, et, traçant une ligne sur le sable, dites-lui : — « Là doit surgir l'image triomphale d'un orateur, d'un homme de bien, d'un artiste, d'un grand capitaine. Ce citoyen que l'Europe vient de perdre, vous l'avez connu; sa gloire est devenue populaire; ses œuvres sont dans toutes les mains; il a enseigné plusieurs générations; je veux que ceux qui viendront contemplent ses traits vénérables. Allez, c'est vous que j'ai choisi pour l'immortaliser par le bronze. »

Le sculpteur s'en reviendra distrait, insouciant, à peine heureux de vos paroles. — « Qu'est-ce que cela, dira-t-il, une figure historique! Mais tous les grands hommes se ressemblent, et la moindre esquisse sera bonne pour orner cette place. »

Peut-être ne sont-ils pas rares parmi nous les statuaires qui pensent de la sorte. La sculpture historique, les sujets nationaux

[1] Voir tome II, *Impressions et critiques. — Sur une église romane de Cahors.*

[2] J. de Maistre.

sont délaissés par les artistes, ou, s'ils les acceptent, on les voit traiter sans amour l'image des hommes illustres qui furent nos guides et qui doivent rester nos modèles. Dirons-nous de tels artistes qu'ils aiment sans restriction? Croient-ils avec plénitude? Ne cherchons plus pourquoi David n'a pas laissé de disciples; il a eu foi dans son art, dans sa patrie; il a cru à la puissance du bien. Or, cette triple flamme est éteinte chez un trop grand nombre d'artistes; ils n'ont pas foi dans un art renouvelé; leur scepticisme les fait douter de la patrie, c'est-à-dire du peuple qui n'a pas changé depuis Périclès, et que le génie aura toujours le don d'émouvoir et de charmer. Un sentiment étroit les pousse à dénigrer jusqu'à la vertu, parce que l'homme qui en a porté le sceau sur son front à l'heure de sa virilité sera mort usé peut-être par la vieillesse. David n'a pas connu ces froides entraves. Une foi sans bornes l'a soutenu; c'est là ce qui l'a fait original, quelquefois inimitable. Réveillez la foi et l'amour dans l'École; appelez sur elle les chaudes effluves de cette force d'en haut, l'enthousiasme, et vous ne pourrez plus appliquer à David d'Angers le mot de La Bruyère: « sans aïeuls, sans descendants. »

Certains esprits vont plus loin : ils ne supposent pas que la défaveur attachée à l'art national puisse être imputée aux artistes de notre temps : c'est le maître lui-même, disent-ils, qui doit être fait responsable de cette situation; il n'a pas initié ses contemporains dans une mesure assez large aux procédés de la sculpture historique. David n'acceptait pas d'auxiliaires; il voulait être seul à décorer un monument, pour peu qu'on l'appelât. Il s'est montré l'adversaire des concours.

Les concours! mais il n'y a que les débutants ou les désespérés de l'art qui s'y rattachent. Est-ce que l'expérience ne les a pas cent fois condamnés? Tel praticien, tel élève se montrera supérieur dans l'exécution d'une esquisse : qu'il soit le lauréat du concours, sa statue sera nulle. Il n'y a pas de concours sans jury. Que des influences contraires divisent les juges, et vous verrez deux artistes, — parfois un plus grand nombre, — chargés du même travail. On morcellera l'édifice, le monument, si modeste qu'il soit. Un pareil système doit être proscrit. Gustave Planche et Vitet en ont démontré l'abus, et la « Lettre à Mérimée », de M. César Daly, n'a pu nous convaincre de l'excellence de cette méthode. C'est aux gouvernements et aux cités à désigner un maître pour sculpter une porte, les frontons d'un temple ou la statue d'un héros. Il ne nous coûte pas d'écrire que David a été l'ennemi des hasards et des morcellements faits pour compromettre l'œuvre d'art et en détruire l'unité. Ne l'avons-nous pas vu réclamer en faveur des statuaires le droit d'élever eux-mêmes les piédestaux de leurs figures ?

On ajoute : David a été l'obstacle évident à la diffusion de l'art historique en se proposant aux préférences des villes et des États. S'il se fût montré moins ardent, vingt statues dispersées par lui sur notre sol porteraient à leur socle une autre signature que la sienne.

Nous avons fait justice de ces plaintes ; nous avons dit la délicatesse des procédés de David quand les intérêts d'un confrère étaient en jeu. D'ailleurs, la soif de produire eût-elle été sans retenue chez l'artiste, nous aurions le droit de le regretter peut-être au nom de sa propre gloire, mais son caractère ne serait pas atteint. Le maître n'a-t-il pas modelé gratuitement ses grandes œuvres ? Sa haute renommée ne lui servit qu'à doubler la valeur de ses dons. Devenu le plus célèbre dans l'École, on l'a vu offrir son ciseau dès qu'un groupe d'hommes avait projeté d'honorer quelque mort illustre, et, le plus souvent, ce fut l'offre du statuaire qui assura le succès de l'entreprise. Vingt statues, dites-vous, devraient être signées d'un autre nom que le sien ; mais ces vingt statues n'existeraient pas si David ne les avait pas sculptées. Ne reprochons pas à l'artiste cette jeunesse de cœur qui ne savait pas attendre, cette activité fiévreuse toujours aimantée vers la beauté morale, cette ardeur, cette fougue de l'homme qui porte au dedans de soi le sentiment généreux d'une tâche immense et de l'insuffisance d'une seule vie. L'ensemble de ces aptitudes constitue le tempérament de David ; c'est là son génie. Or, la logique se refuse à ce que l'homme qui devait répandre parmi nous la notion d'un art historique ait en même temps retardé la diffusion de cet art par l'éclat et la multiplicité de ses œuvres. Ce n'est pas David, « l'homme courageux, fier et doux, lutteur sans repos et vainqueur sans jactance », ainsi que le définit si bien Léon Lagrange[1], ce n'est pas David qui sera fait responsable devant l'avenir de la rareté de ses descendants.

S'il est un songe caressé par les esprits sérieux, c'est assurément l'idée que la sculpture française est aujourd'hui en progrès. Vingt ans se sont écoulés depuis la mort de David. Il disparaissait après Rude et Pradier. Un grand vide se fit dans l'École autour de sa tombe. Il y eut comme une oscillation de la pensée, puis le goût s'imposa, et, pour ne citer qu'un fait, chaque fois que les sculpteurs d'Italie se mesurent avec nous, la supériorité du goût français se révèle aux moins attentifs. Le style s'étant épuré a grandi. De jeunes maîtres se sont levés dans nos rangs; chaque jour ils se nomment; nous les connaissons. Ils ont pour eux la convenance, la distinction, un parfum de jeunesse et d'idéal qui captive. Ils montent. Encore quelques années, et leur nom déjà populaire deviendra respecté.

Nous avons pensé que l'heure était opportune pour remettre en lumière le maître éminent, le novateur, l'homme de bien, David d'Angers. Les vertus qui l'ont fait illustre peuvent assurer la gloire de plusieurs générations. Une veine abondante d'œuvres exquises est au fond des principes qui l'ont guidé. Dieu lui avait donné le génie. David a cultivé cette précieuse semence; il s'est pénétré de la dignité de sa mission, de la sublimité de l'art plastique, de l'enseignement qui doit s'échapper du marbre lorsqu'un ciseau loyal l'a sculpté. Ce que David a déployé de

[1] Léon Lagrange, *Pierre Puget, peintre, sculpteur, architecte, décorateur de vaisseaux.*

à madame Geoffroy St Hilaire

Madame

Permettez moi de vous offrir un mois de mon traitement de representant pour la crèche dont vous êtes présidente. Permettez moi aussi de vous exprimer toute ma reconnaissance pour la noble tâche que vous poursuivez avec tant de zèle en venant ainsi en venant ainsi en aide à de pauvres mères et à de petits êtres si intéressants par leur faiblesse même, vous leur léguez, madame, un titre à vous bénir, puissent-ils plus tard, inspirés par un tel exemple comprendre que notre mission sur la terre doit être toute fraternelle.

veuillez agréer, madame, l'assurance de mon respectueux dévouement

David d'Angers

Paris 3 octobre 1848

Héliog.ie et imp A Durand _ Paris.

forces élevées en faveur des sujets historiques, il aurait pu les dépenser dans la sphère de la sculpture allégorique ou religieuse[1]. S'il n'a pleinement défriché qu'une partie du champ, du moins en a-t-il dit avec sa plume la richesse et les vastes proportions. D'autres viendront après lui, qui, s'inspirant de son exemple, tireront du sein fertile de la statuaire des œuvres de haut style pour la décoration de nos temples ou l'ornement de nos maisons. L'âme moderne qui réclame sa place à tous les soleils animera de ses pulsations leurs images de granit. Mais, quels que soient l'heure ou le lieu, ceux-là seront les vrais disciples de David d'Angers. Soit que leurs œuvres se réclament de l'histoire, de la religion ou de l'allégorie, si les marbres sont vivants, ceux qui les auront créés pourront être dits les descendants du maître qui a ouvert devant eux des voies nouvelles.

Notre livre est terminé. Nous avons été sincère en l'écrivant. Mis en présence d'une puissante individualité, notre lecteur a pu se dire que sans doute le nom de l'artiste novateur était sur toutes les lèvres; sans doute, la gloire la plus éclatante et la plus pure, celle qui est un reflet du caractère, le gardait de l'oubli. On a dû penser, en nous lisant, que cette Étude, pour être le plus récent hommage rendu au statuaire, était aussi le plus modeste; que le double suffrage de l'École et de la patrie brillait de toute sa splendeur sur le front du maître, sans que le temps en eût amoindri l'éclat... Eh bien! non. Trop confiants dans la fécondité de ce siècle, certains de nos contemporains ont tenu rigueur à David sur on ne sait quelles dissidences. On a discuté son génie, et parmi ceux qui s'érigent en juges à son endroit, il en est qui ne connaissent pas la *Jeune Grecque*, *Barra*, les tombeaux de

[1] L'œuvre du maître remet en mémoire, par sa merveilleuse unité, la parole de Cicéron : *Quacumque enim ingredimur, in aliquam historiam vestigium ponimus*, on ne peut y faire un pas sans marcher sur l'histoire. — *De finibus*, lib. V, 2.

Suchet et du comte de Bourcke; d'autres qui le condamnent ne savent pas même que David d'Angers a conquis le titre de maître par cette qualité toute française dont il imprégnait ses ouvrages : l'émotion.

Toutefois, il s'en faut, la mémoire du statuaire n'est pas éteinte; Des esprits reconnaissants veillent sur sa gloire. David d'Angers a conservé de chaudes sympathies dans l'École.

A peine avait-il succombé, que ses élèves suspendaient pieusement sur sa tombe une couronne de bronze[1]. Peu après, ils s'adressaient à l'Empereur pour obtenir que le *Jeune Barra* eût sa place au Louvre[2]. M. Ernest Hébert, directeur de l'Académie de France à Rome, essayait après Ingres, Crignier, Achille Devéria, Vogel, Ary Scheffer, Mercier, MM. Henri Lehmann et Gigoux, de faire revivre par le pinceau la physionomie pénétrante et mélancolique de son maître David d'Angers. Son image est à la place d'honneur à la villa Médicis[3]. M. Marc a lithographié l'œuvre immense du sculpteur avec non moins de persévérance que de talent[4]. M. Robert David a rassemblé les sept cents médailles exécutées par son père, et il en a publié la collection[5].

[1] Voir *Pièces justificatives*, doc. XXIX.

[2] Voir *Pièces justificatives*, doc. XXX.

[3] « Ce portrait, nous écrit M. Jules Lenepveu, directeur de l'Académie de France, exécuté par M. Hébert d'après le dessin d'Ingres, est dans la salle à manger de l'Académie, où se trouvent les portraits des pensionnaires, mais il est un peu plus grand que les autres, et on l'a mis à une place d'honneur. » Lettre du 13 novembre 1875. — Le dessin d'Ingres auquel fait allusion M. Lenepveu est reproduit dans cet ouvrage, tome II, pl. I. — Vers l'époque où il se plaisait à rappeler les traits de Pierre-Jean David dans l'éclat de ses vingt ans, M. Hébert nous rendait David d'Angers à l'autre extrémité de sa vie dans le portrait reproduit en tête de ce volume, et dont l'original, après avoir figuré à l'Exposition universelle de 1867, est devenu la propriété de M. Robert David d'Angers.

[4] Paris, Haro, 1856-1857, in-4°, six livraisons cartonnées.

[5] *Les Médaillons de David d'Angers, réunis et publiés par son fils.* Paris, Ch. Lahure, album photographique précédé d'une notice sur David d'Angers, par M. Edmond About. 1867, in-4°.

Prenant ensuite l'ébauchoir, il s'est inspiré de son cœur pour modeler le vigoureux profil du statuaire[1].

Les concitoyens de l'artiste n'ont pas témoigné moins d'empressement dans leur culte envers lui. Un buste du maître a été demandé par eux à l'habile ciseau de Toussaint, son élève préféré[2]. Pourquoi faut-il que la mort ait surpris l'élève avant qu'il eût achevé l'image qu'il devait sculpter? L'œuvre de Toussaint, terminée par une autre main que la sienne, a pris place au Musée David; mais, disons-le, ce marbre impassible, sans flamme, n'a rien de la nature vivante et passionnée du statuaire. Une fête civique eut lieu à Angers, le 12 mars 1863, pour l'inauguration du buste. A dater de ce jour, une inscription distingua la maison natale de David[3]; une avenue fut projetée en face de son Musée, une rue porta son nom.

A une date plus récente, un concitoyen du maître, devenu ministre des Beaux-Arts, a fait exécuter en pierre fine un buste du statuaire pour la Bibliothèque nationale[4].

Cette part d'honneurs est-elle suffisante? Nous dirons-nous

[1] Le plâtre original de ce médaillon, qui mesure 0m,52 de diamètre, est déposé au Musée David. Il a été reproduit sur lave par les frères Balze dans la décoration de la cour de l'École nationale des Beaux-Arts, à Paris.

[2] Voir *Pièces justificatives*, doc. XXXI.

[3] Il est juste de rappeler que dès le 8 janvier 1838, M. Guillory aîné, président de la Société industrielle d'Angers, avait demandé publiquement que ces modestes honneurs fussent accordés au statuaire. Le 7 février 1856, M. Guillory reprit sa proposition, à laquelle l'administration municipale devait faire droit en 1863. — *L'Éloge de David*, mis au concours sur la proposition de Louis Pavie, fut brillamment rhythmé par M. Adrien Maillard. Le poëme de M. Maillard est intitulé : *l'Atelier de David d'Angers*. Voir *Mémoires de la Société d'agriculture, sciences et arts d'Angers*, année 1856.

[4] Par arrêté du 15 septembre 1874, M. le vicomte de Cumont, ministre de l'Instruction publique, des Cultes et des Beaux-Arts, a confié à M. Adolphe David le buste de David d'Angers à exécuter en pierre fine, grandeur tiers nature, pour le Cabinet des médailles à la Bibliothèque nationale. — Une notable partie des médaillons de David, reproduits en plâtre, existe à la Bibliothèque nationale.

satisfaits en face de ces preuves multipliées de respect ou d'admiration? . . . .

Si ce n'est pas au nom de l'artiste que nous demandons davantage, c'est au nôtre; c'est au nom de l'École qui a soif d'exemples, au nom de la France qui doit être juste. Or, nous souhaitons de voir au Louvre les médaillons de David, au palais Mazarin son buste[1], à Angers sa statue[2].

Pline raconte que le statuaire Lysippe de Sicyone avait coutume de mettre un denier d'or en réserve sur chaque pièce qu'il vendait. Lorsqu'il mourut, ses héritiers ouvrirent son coffre-fort, et la somme d'argent qu'ils découvrirent leur permit d'affirmer que Lysippe n'avait pas produit moins de six cent dix pièces[3].

David d'Angers, dans le cours d'une vie pleine d'agitations, aura montré deux fois la fécondité de Lysippe. Mais ce n'est pas dans son coffre-fort que nous avons cherché la mesure de son génie[4] : c'est dans les trente Musées où il a gracieusement offert ses œuvres par centaines[5]; c'est en Suisse, en Grèce, en Allemagne, aux États-Unis; c'est dans les villes de France où ses marbres nous le montrent le plus grand historien de nos gloires; c'est là que le statuaire national a marqué le nombre de ses fières

[1] Nous avons fait le relevé en 1876 des bustes d'artistes qui existent à l'Institut. Ce sont, pour les peintres, ceux de Granet, Abel de Pujol, Flandrin, Schnetz, Guérin, Delaroche, Carle et Horace Vernet, de Forbin, Gros, Gérard, Girodet, Ingres; pour les sculpteurs, ceux de Roland, Pajou, Cartellier, Lemot, Rauch, Bosio, Ramey père, Dupaty, Cortot, Simart, Pradier, Duret.

[2] Cet ouvrage était entièrement achevé et déjà sous presse quand nous avons appris que sur la proposition de M. Ernest Mourin, maire d'Angers, la ville natale de David venait de mettre au concours l'exécution de sa statue. Voir *Pièces justificatives*, doc. XXXII.

[3] *Histoire naturelle*, liv. XXIV, 17. Paris, Firmin Didot frères, 1855, 2 vol. gr. in-8°.

[4] Voir *Pièces justificatives*, doc. XXVII.

[5] Ce sont les Musées d'Alençon, Angers, Annecy, Aurillac, Bagnères-de-Bigorre, Beaune, Béziers, Blois, Cambrai, Châteauroux, Châtillon-sur-Seine, Clermont-Ferrand, Dijon, Douai, Dunkerque, Marseille, Montbéliard, Nancy, Nantes, Orléans, Rouen, Saint-Omer, Strasbourg, Troyes, Valenciennes, Versailles, etc.

effigies par des actes de patriotique désintéressement. Aussi nous demanderons à ces villes de se souvenir, et, lorsqu'à l'exemple des héritiers de Lysippe, ayant ouvert leurs coffres-forts, elles y auront trouvé le denier d'or que le maître leur a laissé, joyeuses, elles jugeront équitable que le père de tant de colosses revive dans un bronze immortel, et David aura sa statue.

PIÈCES JUSTIFICATIVES

ET ANNEXES

PIÈCES JUSTIFICATIVES

ET ANNEXES

DOCUMENT I

ACTE DE NAISSANCE DE PIERRE-LOUIS DAVID.

L'an du Seigneur mil sept cent cinquante-six, le huitième jour de novembre, est né, et le neuvième jour dudit mois, a été baptisé Pierre-Louis David, fils de Pierre David, jardinier, demeurant en cette paroisse, et d'Angélique Brilliard, son épouse.

Son parrain a été Pierre Dubost, marchand, demeurant en la paroisse de Montlignon, la marreine Marie-Françoise David, épouse de Jean Jorret, jardinier, de la paroisse de Chatou, laquelle a déclaré ne savoir écrire ny signer, de ce interpellée suivant l'ordonnance.

Pierre Dubost, Chatelain, curé.

Pour copie conforme :

Laviron,

curé de Montlignon, et d'Andilly et Margency par intérim.

Margency, le 20 décembre 1876.

DOCUMENT II

ACTE DE NAISSANCE DE MARIE-FRANÇOISE LEMASSON.

Paroisse Saint-Maurille d'Angers.

Le dix-septième jour de mars mil sept cent cinquante-trois, a été baptisée par nous, prêtre vicaire soussigné, Marie-Françoise, née d'hier au soir vers onze heures et demie, fille de Mathurin Lemasson, marchand menuisier, et de Perrine Gendrau, son épouse. Ont été parrain François Gendrau le jeune, marchand meusnier, oncle maternel de l'enfant, demeurant en la paroisse de Saint-Michel du Tertre de cette ville, lequel a déclaré ne sçavoir signer, et marraine Marie Lemasson, *tente* paternelle de l'enfant, demeurant en cette paroisse, laquelle a signé, le père présent et soussigné :

Mathurin Lemasson, Marie Lemasson, et J. B. Arnoul, vicaire de cette paroisse Saint-Maurille.

DOCUMENT III

ACTE DE MARIAGE DE PIERRE-LOUIS DAVID ET DE MARIE-FRANÇOISE LEMASSON.

Du registre des actes de l'état civil de la paroisse de Saint-Maurille, de la ville d'Angers, a été extrait ce qui suit :

Le septième jour de février mil sept cent quatre-vingts, après les publications canoniques faites en cette église et en celle de Saint-Pierre de cette ville, sans opposition venue à notre connaissance, comme il *apert* par le certificat de M. le vicaire de Saint-Pierre, en *datte* du six de ce mois, signé : Petit.

Nous, vicaire soussigné, avons donné la bénédiction nuptiale au sieur Pierre-Louis David, sculpteur, fils mineur de *deffunt* Pierre David et d'Angélique *Billan*, ses père et mère, originaires de la paroisse de Notre-Dame de Margency, diocèse et élection de Paris;

La mère dudit époux, consentante comme il *apert* par l'acte de procuration passé par Me Boucher, notaire *roïal* à *Luserches*, diocèse de Paris; ladite procuration passée au sieur Jacques Gaultier, sculpteur de cette paroisse, présent et soussigné,

D'une part;

Et à demoiselle Marie-Françoise Lemasson, fille du sieur Mathurin Lemasson, maître menuisier, présent et consentant, et de deffunte Perrine *Gendreau*, ses père et mère,

D'autre part.

Ont été présents : du côté de l'épouse, Perrine-Jeanne Lemasson, épouse du sieur Jean Épinard, maître menuisier, sa sœur; Michel Lemasson, son oncle; Antoine Godine, époux de Marie Lemasson, sa cousine germaine, et plusieurs autres parents et amis, qui ont dit connaître les parties et ont signé.

Le registre est signé : David, Marie-Françoise Lemasson, Perrine Lemasson, femme Épinard, Mathurin Lemasson, Jean Épinard, Gaultier, Michel Lemasson, Lemasson (Françoise), Bénard, femme de Michel Lemasson, Anne Masson, femme de Antoine Godine, Louis Lemasson, Aimée Colin, Pinard, Renée Gillard, femme Émon, Gaultier (Aimée-Renée), Garnier (Marie), et F. Follenfant, vicaire.

DOCUMENT IV

ACTE DE NAISSANCE DE PIERRE-JEAN DAVID, dit DAVID D'ANGERS.

Paroisse de Saint-Maurille d'Angers. (Folio 87.)

Le douzième jour de mars mil sept cent quatre-vingt-huit, a été baptisé, le père présent et soussigné, Pierre-Jean, né de ce jour, fils de Pierre-Louis David, maître sculpteur et marchand *faillensier*, et de Marie-Françoise Lemasson, son épouse; a été parrain Jean Épinard, oncle de l'enfant, qui a signé, et marraine Marie-Françoise David, sœur du *bâptisé*, qui a déclaré ne sçavoir signer, tous de cette paroisse.

Signé : DAVID, sculpteur, ÉPINARD, et GUILLON (vicaire).

DOCUMENT V

ACTE DE DÉCÈS DE MARIE-FRANÇOISE LEMASSON, ÉPOUSE DE PIERRE-LOUIS DAVID.

Du registre des actes de l'état civil de la ville d'Angers pour l'année 1809, a été extrait ce qui suit :

L'an mil huit cent neuf, le dix-huitième jour du mois de septembre, à onze heures du matin,

Par-devant nous, maire, officier public de l'état civil de la ville et commune d'Angers, département de Maine-et-Loire,

Sont comparus les sieurs René Rousselin, marchand, âgé de cinquante-quatre ans, demeurant rue de la Loi, et Jean-Jacques-Thérèze Delusse, professeur de dessin, âgé de cinquante et un ans, demeurant en cette ville, rue Courte,

Lesquels nous ont déclaré que Marie-Françoise Lemasson, âgée de cinquante-six ans et demi, née le *cinq mars* mil sept cent cinquante-trois, en cette ville, à la ci-devant paroisse de Saint-Maurille, fille des défunts Mathurin Lemasson, menuisier, et de Perrine Gendrau, épouse du sieur Pierre-Louis David, sculpteur, mariés dite paroisse de Saint-Maurille, en mil sept cent quatre-vingts, le sept février, est décédée le jour d'hier, à quatre heures du matin, en son domicile, cour Saint-Serge, premier arrondissement de cette ville;

Et ont, les comparants, signé avec nous après lecture.

Le registre est signé : DE LUSSE, ROUSSELIN et A. PAPIAU.

DOCUMENT VI

ACTE DE DÉCÈS DE PIERRE-LOUIS DAVID.

Du registre des actes de l'état civil de la ville d'Angers, pour l'année 1821, a été extrait ce qui suit :

L'an mil huit cent vingt et un, le dix-huit janvier, à midi,

Par-devant nous, maire, officier de l'état civil de la ville et commune d'Angers, département de Maine-et-Loire, chevalier de l'ordre royal et militaire de Saint-Louis, ont comparu messieurs Jean-Jacques-Thérèze Delusse, professeur de dessin, âgé de soixante-deux ans, demeurant rue Courte, et Jean-Joseph Puységur, expert en bâtiment, âgé de soixante-sept ans, demeurant place Saint-Maurice; lesquels nous ont déclaré que le sieur Pierre-Louis David, sculpteur, âgé de soixante-quatre ans deux mois, né à Margency, département de la Seine, *le neuf novembre* mil sept cent cinquante-six, fils majeur des *deffunts* le sieur Pierre David et Angélique *Billan*, veuf de Marie-Françoise Lemasson, mariés paroisse Saint-Maurille de cette ville, le sept février mil sept cent quatre-vingts, est décédé en son domicile, rue des Perronnelles, second arrondissement de cette ville, hier soir, à quatre heures, et ont, les comparants, signé avec nous après lecture.

Le registre est signé : PUYSÉGUR, DELUSSE et C. A. PAULMIER, adjoint.

DOCUMENT VII

ACTE DE MARIAGE DE PIERRE-JEAN DAVID ET D'ÉMILIE MAILLOCHEAU.

Préfecture du département de la Seine.

Extrait des registres des actes de mariage du XIe arrondissement de Paris, année 1831.

L'an 1831, le 30e jour du mois de juillet, 9 heures du matin, et devant nous, Antoine-Augustin Renouard, chevalier de la Légion d'honneur, maire du onzième arrondissement de Paris, faisant les fonctions d'officier de l'état civil, ont comparu en l'hôtel de la mairie M. Pierre-Jean David, statuaire, chevalier de la Légion d'honneur, membre de l'Institut, professeur à l'École des Beaux-Arts, demeurant à Paris, rue de Vaugirard, no 20 (XIe arrondissement), né à Angers (Maine-et-Loire) le 12 mars 1788, fils majeur de Pierre-Louis David et de Marie-Françoise Lemasson, son épouse, tous deux décédés audit Angers, la mère le *7 septembre* 1809, le père le 17 janvier 1821; et demoiselle Émilie-Jeanne-Clémentine Maillocheau, propriétaire, demeurant à

Paris, chez son aïeule maternelle, rue de Condé, n° 28 (XI° arrondissement), née à Paris, dans le V° arrondissement, le 12 mars 1812, fille mineure de Joseph-Armand Maillocheau et de Clémentine La Revellière-Lepeaux, son épouse, tous deux décédés à Paris, le père le 29 mars 1821, la mère le 21 mai 1824, petite-fille de madame Jeanne-Marie-Mélanie-Victoire Boyleau, veuve de Louis-Marie La Revellière-Lepeaux, son aïeule maternelle, présente et consentante. Lesquels nous ont requis de procéder à la célébration du mariage projeté entre eux, et dont les publications ont été faites devant la principale porte de notre mairie, les dimanches 17 et 24 juillet courant, à l'heure de midi. Aucune opposition audit mariage ne nous ayant été signifiée, faisant droit à leur réquisition après avoir donné lecture des actes de naissance des futurs époux, des actes de décès et de l'extrait des publications faites à notre mairie, présents et annexés, ainsi que du chapitre six au titre du mariage, et après avoir reçu, aux termes de l'avis du Conseil d'État du 4 thermidor an XIII, des futurs époux, de l'aïeule maternelle de la future épouse, et des quatre témoins soussignés, la déclaration affirmative, sous serment que les autres ascendants, ainsi que les aïeuls paternels et l'aïeul maternel de la future épouse sont bien décédés, mais que faute de connaître l'époque de leurs décès, ils n'en peuvent produire les actes, avons demandé au futur époux et à la future épouse s'ils veulent se prendre pour mari et pour femme. Chacun ayant répondu séparément et affirmativement, déclarons, au nom de la loi, que M. Pierre-Jean David et demoiselle Émilie-Jeanne-Clémentine Maillocheau sont unis par le mariage. De quoi avons donné acte, en présence de MM. François Pascal baron Gérard, officier de la Légion d'honneur, membre de l'Institut, professeur à l'École des Beaux-Arts, âgé de 61 ans, demeurant rue Saint-Germain des Prés; Louis-Joseph-Marie Pavie, imprimeur de la préfecture de Maine-et-Loire, demeurant à Angers, et présentement à Paris, passage du Commerce, âgé de 49 ans; tous deux témoins de l'époux; Antoine Vallée, ancien rédacteur au ministère de la Justice, âgé de 72 ans, demeurant impasse des Feuillantines, 14, et Émile Regnard, avocat à la Cour royale de Paris, y demeurant, 22, rue Cassette, âgé de 37 ans, tous deux amis de l'épouse, lesquels, après qu'il leur en a été donné lecture, l'ont signé avec nous, l'aïeule maternelle de l'épouse et les parties contractantes. Signé au registre : DAVID, E. J. C. MAILLOCHEAU, J. M. M. V. BOYLEAU, F. GÉRARD, PAVIE, Ant. VALLÉE, Émile REGNARD et A. A. RENOUARD.

Pour extrait conforme au registre délivré par nous, maire du XI° arrondissement de Paris. Paris, 20 octobre 1831. Signé : GILLET, adjoint au maire du 1er arrondissement de Paris, par nous, juge, pour l'empêchement de M. le président du tribunal de 1re instance. Paris, 26 octobre 1831. Signé illisiblement.

DOCUMENT VIII

ACTE DE DÉCÈS DE DAVID D'ANGERS.

Préfecture du département de la Seine.

Extrait des minutes des actes de décès reconstitués en vertu de la loi du 12 février 1872, 2e section, 7 mars 1877.

XIe arrondissement de Paris, année 1856.

L'an mil huit cent cinquante-six, le 5 janvier, est décédé à Paris, sur le onzième arrondissement, Pierre-Jean David d'Angers, né à Angers (Maine-et-Loire), le douze mars mil sept cent quatre-vingt-huit, statuaire, membre de l'Institut, demeurant rue d'Assas, n° 24, époux d'Émilie-Jeanne-Clémentine Maillocheau, fils légitime de Pierre-Louis David et de Marie-Françoise Lemasson.

Le membre de la Commission,

Signé : BARROUX.

DOCUMENT IX

COMMISSION DE CONDUCTEUR EN SECOND DANS L'ADMINISTRATION DES CHARROIS, DÉLIVRÉE A PIERRE-LOUIS DAVID.

RÉGIE NATIONALE
DES CHARROIS RÉUNIS
DES ARMÉES.

LIBERTÉ. ÉGALITÉ.
(*Par duplicata*).

COMMISSION
de conducteur en second,
aux appointements de cent cinquante livres par mois.

Nous, régisseurs généraux des charrois réunis des armées de la République française, aux termes des décrets du 23 juillet et 19 août derniers,

Avons nommé et choisi le citoyen Pierre-Louis David, natif de Paris, âgé de trente-trois ans, taille de cinq pieds deux pouces, cheveux et sourcils châtains, front bas, yeux bruns, nez court, bouche moyenne, menton rond, visage plein,

Après avoir justifié de son certificat de civisme, délivré par le conseil général de la commune d'Angers, le 9 aoust 1793 (v. s.),

Pour remplir et exercer les fonctions attachées à la place de conducteur en second, sous les conditions expresses ci-après, sans lesquelles le citoyen David n'aurait pas été admis dans lesdits charrois :

1° De se rendre, sur les premiers ordres qui lui seront donnés, soit dans les armées, soit dans les dépôts des charrois, pour y faire le service attaché à son grade;

2° De suivre ponctuellement les instructions qui lui seront données, tant par l'administration centrale à Paris, que par les Administrateurs, Directeurs et Inspecteurs aux Armées;

3° D'exécuter ponctuellement les ordres qui lui seront donnés par tous les employés supérieurs à son grade, et de veiller généralement à ce qu'il ne se commette aucun abus ni malversation préjudiciables aux intérêts de la République et à ceux de l'administration des charrois;

4° De se conformer exactement aux articles du règlement concernant les charrois des armées, du 6 octobre 1792;

5° De ne jamais s'absenter, sans avoir obtenu préalablement un congé signé de l'Administrateur, Directeur ou Inspecteur général de l'armée dans laquelle il sera employé, lequel emportera de droit suspension d'appointements pendant sa durée;

6° De se regarder comme destitué, du jour où il aura abandonné le service ou se sera absenté sans congé, sans pouvoir prétendre ni appointements, ni dédommagements, pour raison de cette destitution de fait, et cette absence sera suffisamment constatée dès qu'il y aura eu réquisition d'un officier quelconque des charrois, soit auprès d'un Commissaire des guerres, soit auprès d'un Officier municipal du lieu, et que cette réquisition aura été visée par l'un ou l'autre;

7° De se soumettre à toutes suspensions qui pourraient être prononcées par ses supérieurs, et de ne pouvoir, en aucuns cas, réclamer contre la destitution émanée des administrateurs, toutes commissions étant révocables à volonté.

En conséquence de la présente Commission, nous invitons tous les corps administratifs et militaires à prêter assistance, en cas de besoin, audit citoyen , auquel nous avons remis : 1° un extrait du règlement du 6 octobre 1792, l'an premier de la République Française, approuvé par le Ministre de la guerre, le 22 dudit mois; 2° un exemplaire des articles du Code pénal militaire, décrété par la Convention nationale le 12 mai 1793, l'an deuxième de la République Française, applicables aux employés des charrois des Armées, afin qu'il ne puisse, en aucun cas, prétendre ignorer les peines qu'il prononce contre lesdits employés.

A Saumur, ce 10 de pluviôse de l'an 3e de la République française.

L'Inspecteur part.,

Signé : Lupigny.

DOCUMENT X

LE SECRÉTAIRE PERPÉTUEL DE L'ACADÉMIE DES BEAUX-ARTS A PIERRE-JEAN DAVID, LAURÉAT DU DEUXIÈME GRAND PRIX DE ROME.

INSTITUT DE FRANCE

CLASSE DES BEAUX-ARTS.

Paris, le 2 octobre 1810.

Le secrétaire perpétuel de la classe, à Monsieur David, sculpteur.

Je vous invite, Monsieur, au nom de la classe des beaux-arts, à lui faire le plaisir de dîner avec elle samedi prochain 6 octobre, à l'issue de la séance publique dans laquelle vous serez couronné. Vous voudrez bien vous rendre à deux heures et demie à la Bibliothèque de l'Institut, pour vous réunir à la classe des beaux-arts avant la séance.

Je vous prie, Monsieur, d'accepter deux billets dont vous pourrez disposer, la présente vous servant de carte d'entrée personnelle.

J'ai l'honneur de vous saluer,

Joachim LEBRETON.

DOCUMENT XI

NOTIFICATION DU DEUXIÈME GRAND PRIX.

INSTITUT DE FRANCE. — CLASSE DES BEAUX-ARTS.

Paris, le 6 octobre 1810.

Le secrétaire perpétuel de la classe,

Certifie que ce qui suit est extrait du procès-verbal de la séance extraordinaire du samedi 29 septembre 1810 :

SCULPTURE
2e GRAND PRIX.

Conformément au procès-verbal de la séance extraordinaire de la classe des beaux-arts de l'Institut de France, dans laquelle le second grand prix de sculpture a été accordé à M. Pierre-Jean David, natif d'Angers, département de Maine-et-Loire, âgé de vingt et un ans, élève de M. Roland, membre de l'Institut, ce prix lui a été solennellement décerné dans la séance publique de l'Institut, le samedi 6 octobre 1810.

Certifié conforme.

Le secrétaire perpétuel,

Joachim Lebreton.

DOCUMENT XII

NOTIFICATION A PIERRE-JEAN DAVID DE LA PENSION QUI LUI EST ACCORDÉE PAR LA VILLE D'ANGERS.

Paris, le 23 février 1811.

Le baron de l'Empire, maire de la ville d'Angers, à Monsieur David fils, élève de l'École de sculpture et de peinture de Paris.

Monsieur,

La ville d'Angers voit avec le plus vif intérêt les progrès rapides que vous *faites* dans l'art de la sculpture, par les prix que vous avez déjà remportés ici à votre âge; les artistes les plus distingués de cette capitale, professeurs de l'École spéciale des beaux-arts, viennent de me faire part de votre zèle et de votre application constante à l'étude; le rapport qu'ils m'en font est un titre extrêmement flatteur pour vous; ils ne me laissent pas ignorer en même tems le besoin où vous vous trouvez. La ville s'est empressée de venir à votre secours pour vous aider à concourir au prix qui peut vous conduire à Rome. Elle vous a accordé, à titre d'encouragement, une somme de cinq cents francs; j'espère que ses secours ne se borneront pas là, soyez convaincu que j'aurai un très-grand plaisir à vous l'annoncer, comme j'ai celui de croire que vous continuerez par vos *traveaux* assidus à honorer le pays qui vous a vu naître, et que la ville d'Angers n'ait à se réjouir de pouvoir vous compter au nombre de ses enfants qui ont acquis une très-grande célébrité.

Je suis, avec un bien sincère dévouement,

Monsieur,

Votre très-humble serviteur,

de la Besnardière, maire.

DOCUMENT XIII

LE SECRÉTAIRE PERPÉTUEL DE L'ACADÉMIE DES BEAUX-ARTS A PIERRE-JEAN DAVID, LAURÉAT DU PREMIER GRAND PRIX.

INSTITUT DE FRANCE. — CLASSE DES BEAUX-ARTS.

Paris, le 1er octobre 1811.

Le secrétaire perpétuel de la classe, à Monsieur David, sculpteur.

Je vous invite, Monsieur, au nom de la classe des beaux-arts de l'Institut impérial de France, à lui faire le plaisir de dîner avec elle samedi prochain, 5 octobre, à l'issue de la séance publique, dans laquelle vous serez couronné.

Vous voudrez bien vous rendre à deux heures et demie à la Bibliothèque de l'Institut pour vous réunir à la classe des beaux-arts avant la séance. Je vous prie d'accepter deux billets dont vous pourrez disposer, la présente vous servant de carte d'entrée personnelle.

J'ai l'honneur de vous saluer.

Joachim Lebreton.

DOCUMENT XIV

NOTIFICATION DU PREMIER GRAND PRIX.

INSTITUT IMPÉRIAL DE FRANCE. — CLASSE DES BEAUX-ARTS

Paris, le 5 octobre 1811.

Le secrétaire perpétuel de la classe,

Certifie que ce qui suit est extrait du procès-verbal de la séance extraordinaire du samedi 28 septembre 1811 :

SCULPTURE
PREMIER GRAND PRIX.

Conformément au procès-verbal de la séance extraordinaire de la classe des beaux-arts de l'Institut impérial de France, dans laquelle le premier grand prix de sculpture a été accordé à M. Pierre-Jean David, natif d'Angers, département de Maine-et-Loire, âgé de vingt-deux ans, élève de MM. David et Roland, membres de l'Institut, ce prix lui a été solennellement décerné dans la séance publique de l'Institut, le samedi 5 octobre 1811.

Certifié conforme.

Le secrétaire perpétuel,

Joachim Lebreton.

DOCUMENT XV

ARRÊTÉ PRÉFECTORAL MOTIVÉ PAR LE PREMIER ENVOI DE PIERRE-JEAN DAVID AU MUSÉE D'ANGERS.

Vu la lettre de M. le baron de l'Empire, chevalier de la Légion d'honneur, maire de la ville d'Angers, en date du 22 octobre 1811, par laquelle il nous expose que le jeune David de cette ville, élève de l'École de sculpture à Paris, qui a remporté cette année le grand prix de sculpture et qui, l'année dernière, avait remporté le second prix, et, cet hiver, le premier prix de la tête d'expression, offre à la ville d'Angers les ouvrages qui lui ont valu ces trois prix, et cela, comme témoignage de reconnaissance pour les encouragements qu'il a reçus de cette ville, et qu'il lui paraît juste que la commune d'Angers continue à encourager ce jeune artiste, à qui ses facultés et celles de son père ne permettent pas d'en faire un don gratuit, ni même de se procurer les effets d'habillement dont il a besoin pour se rendre à Rome ;

Considérant que le sieur David fils a répondu par d'éclatants succès aux espérances qu'il avait fait concevoir; que, privé de tout, il a lutté avec opiniâtreté contre le besoin, et n'a fait que travailler avec plus d'ardeur; que son père ne saurait lui fournir les secours dont il aurait besoin afin de se mettre en route pour Rome; que c'est à la ville qui l'a vu naître, et à laquelle il a fait hommage de ses premiers succès, qu'il appartient de continuer à lui donner des encouragements et à le mettre en état de profiter des bienfaits du gouvernement; que son départ, qui doit avoir lieu sous deux jours, ne permet pas d'assembler et de consulter le Conseil municipal;

Arrête ce qui suit :

Le receveur de la commune d'Angers est autorisé à faire au sieur David fils, nommé élève du gouvernement à l'École des Beaux-Arts à Rome, l'avance d'une somme de douze cents francs.

Le préfet de Maine-et-Loire,

Baron F. Hély-d'Oissel.

DOCUMENT XVI

SECOURS DE ROUTE ACCORDÉ A PIERRE-JEAN DAVID A SON DÉPART POUR L'ACADÉMIE DE FRANCE.

INSTITUT DE FRANCE. — CLASSE DES BEAUX-ARTS

Paris, le 30 novembre 1811.

A Monsieur David, sculpteur.

Je m'empresse de vous inviter, Monsieur, à vous présenter à la quatrième division du ministère de l'Intérieur, pour y retirer la lettre d'avis sur l'exhibition de laquelle vous recevrez six cents francs au Trésor public pour vous rendre à l'École impériale des beaux-arts, à Rome. Vous voudrez bien aussi vous présenter de suite au secrétariat du même ministère pour y demander le passe-port qui vous est nécessaire.

Recevez, je vous prie, Monsieur, l'assurance de ma considération très-distinguée.

Joachim LEBRETON.

DOCUMENT XVII

ENVOI DE ROME DE PIERRE-JEAN DAVID A SA VILLE NATALE.

Délibération du Conseil municipal d'Angers.

Séance du 11 mars 1816.

Du registre des délibérations du Conseil municipal de la ville d'Angers a été extrait ce qui suit :

Le Conseil municipal de la ville d'Angers étant réuni extraordinairement sous la présidence et convocation de M. de Villemorge, maire, chevalier de l'Ordre royal et militaire de Saint-Louis, en vertu de l'autorisation de M. le baron de Wismes, préfet de Maine-et-Loire, du dix courant, et composé de MM. Guérin, Mame, Lelarge, Berger, Lechat de Tessecourt, Ayrault de la Roche, Ollivier, Delaunay-Maussion, Verdier, Buitret, Pasqueraydaroux, adj., Desmazières, Gaudais, Prevost-Chauvellière;

Monsieur le Maire communique au Conseil l'offre faite par M. David, né à Angers, pensionnaire du Roi à l'École de Rome, d'une tête d'Ulysse en marbre blanc, qu'il a sculptée et dont il fait hommage à la ville.

Le Conseil qui, de tous temps, s'est plu à protéger les efforts de M. David et à applaudir à ses succès, a accepté avec le plus vif intérêt ce témoignage de la reconnaissance de ce jeune artiste qui a toujours donné les plus grandes espérances et dont les succès font honneur à sa ville natale, et a arrêté que les frais de transport de l'ouvrage dont il s'agit seraient acquittés sur les revenus municipaux, et que copie de la présente délibération serait adressée à M. David comme un gage de la reconnaissance de la ville.

Fait et arrêté en Conseil municipal à Angers, le onze mars mil huit cent seize. Le registre est signé des membres du Conseil.

Pour extrait conforme :

DE VILLEMORGE, maire.

DOCUMENT XVIII

LETTRE DU MAIRE D'ANGERS A PIERRE-LOUIS DAVID, EN LUI TRANSMETTANT UN DUPLICATA DE LA DÉLIBÉRATION QUI PRÉCÈDE.

Angers, le 14 mars 1816.

Le Maire de la ville d'Angers, chevalier de l'Ordre royal et militaire de Saint-Louis, à Monsieur David père, sculpteur à Angers.

Monsieur,

J'ai fait part au Conseil municipal de l'offre que vous m'aviez faite au nom de votre fils : le Conseil l'a accueillie avec le plus grand intérêt comme un témoignage de sa reconnaissance pour les secours que la ville s'est toujours plu à lui accorder, et m'a chargé de lui adresser par votre intermédiaire la délibération qu'il a prise à ce sujet, comme un gage de la satisfaction vraiment paternelle qu'il *epprouve* en voyant les nouveaux succès qu'obtient chaque jour celui dont la ville se félicite d'avoir secondé les efforts et encouragé les talents.

Je m'acquitte avec d'autant plus de plaisir de cette commission, qu'elle me fournit l'occasion de payer mon tribut particulier d'éloges à l'un des sujets les plus distingués de la ville, dont Sa Majesté a daigné me confier l'administration.

J'ai l'honneur d'être, avec considération,

Monsieur,

Votre très-humble et obéissant serviteur,

De Villemorge.

DOCUMENT XIX

ÉLECTION DE DAVID D'ANGERS A L'INSTITUT.

INSTITUT DE FRANCE. — ACADÉMIE ROYALE DES BEAUX-ARTS.

Paris, le 5 août 1826.

Le Secrétaire perpétuel de l'Académie.

Monsieur et cher Confrère,

J'ai le plaisir de vous annoncer que l'Académie vient de vous nommer au premier tour de scrutin à la place vacante par la mort de M. Stouf, dans la section de sculpture.

Recevez, je vous prie, mes compliments et l'expression du plaisir que j'éprouve à vous les faire.

QUATREMÈRE DE QUINCY.

DOCUMENT XX

CONFIRMATION DE L'ÉLECTION.

INSTITUT DE FRANCE. — ACADÉMIE ROYALE DES BEAUX-ARTS.

Paris, le 19 août 1826.

Le Secrétaire perpétuel de l'Académie.

MON CHER CONFRÈRE,

Je reçois à l'instant, sept heures du matin, la lettre ministérielle et l'ordonnance du Roi portant confirmation de votre élection. Je me hâte de vous en donner l'avis.

QUATREMÈRE DE QUINCY.

Avant trois heures, s'il vous plaît, dans la Bibliothèque de l'Institut.

DOCUMENT XXI

PLACARD RELATIF A LA TENTATIVE D'ASSASSINAT COMMISE SUR DAVID D'ANGERS.

(Pièce vendue sur la voie publique.)

DÉTAILS EXACTS

D'UN

ASSASSINAT DÉPLORABLE

Qui a été commis à Paris sur la personne de M. David, jeune artiste distingué, membre de l'Institut, et célèbre statuaire, horriblement assassiné par deux individus, à dix heures et demie du soir, au faubourg Saint-Germain, entre la rue Sainte-Marguerite et l'église Saint-Germain des Prés, au moment où il se rendait chez M. Gérard, premier peintre du Roi. — Déclaration importante faite par un ouvrier imprimeur, au commissaire de police du quartier, relative à ce crime affreux.

Un assassinat déplorable a été tenté lundi soir, 7 janvier 1828, vers dix heures et demie, sur la personne de l'un de nos jeunes artistes les plus célèbres.

M. David, statuaire et membre de l'Institut, le même qui a été chargé de reproduire les traits du général *Foi*, et du célèbre tragédien Talma, se rendant au domicile de M. Gérard, premier peintre du Roi, chez lequel il allait passer la soirée, a été assailli par deux hommes, sans qu'on lui laissât le temps de se reconnaître, il a été frappé à la tête d'un violent coup de bâton sous lequel il est tombé avec perte entière de ses esprits. Son manteau lui a été enlevé. Reporté chez lui, sur des indications que sans doute ses papiers ont fournies, il n'a pu de longtemps recouvrer la lucidité de ses idées. Grâce aux soins qu'il a reçus, on espère présentement beaucoup de son état dont l'amélioration, depuis hier, est sensible. Le crime a été commis en face de la porte méridionale de l'église Saint-Germain des Prés, dans le passage qui aboutit à la rue Sainte-Marguerite.

Ce matin, un ouvrier de l'imprimerie de M. Cosson a déclaré chez le commissaire du quartier que, se rendant à son domicile, vers dix heures du soir, et après être arrivé à l'angle où se trouve la fontaine de la rue Childebert, il avait entendu derrière lui un bruit sourd, ressemblant au poids d'un paquet tombant sur le pavé; alors, s'étant retourné, il avait aperçu à l'extrémité de la rue, vers la place, un homme se lever, arracher précipitamment l'enveloppe de ce qu'il croyait être un paquet, le rouler sous son bras, puis se diriger vers l'endroit où il était en observation.

L'ouvrier a ajouté qu'ayant demandé à cet individu ce que c'était, et ayant reçu pour réponse que *ce n'était rien*, il s'était dirigé vers l'endroit où il voyait toujours quelque chose sur le pavé, et avait alors reconnu que c'était un homme baigné dans son sang, et faisant de vains efforts pour se relever; à ses côtés était un long bâton abandonné par l'assassin; il avait aidé le blessé à se relever sur ses genoux, et s'était alors aussitôt éloigné sans lui porter d'autres secours, dans la crainte d'être pris pour l'assassin.

M. David ne se rappelle pas des circonstances de l'événement. — On ne croit pas que ses blessures soient mortelles.

Cinq exemplaires ont été déposés à la Direction.

Imprimerie d'A. Béraud, rue du Foin-Saint-Jacques, n° 9.

DOCUMENT XXII

LETTRE DE GOETHE A DAVID D'ANGERS.

Weimar, 8 mars 1830.

Voulant vous exprimer le plus tôt possible, très-honoré Monsieur, toute ma reconnaissance de l'agréable surprise qui m'a été faite par votre envoi, je ne puis que me servir de ma langue maternelle, incapable que je me sens de m'exprimer dans la vôtre avec la même facilité. Vous trouverez certainement près de vous un ami qui sera le fidèle interprète de mes sentiments. M. Deschamps, à qui je me recommande au préalable, s'en chargera, j'en suis sûr, avec sa bienveillance accoutumée.

Permettez-moi donc de vous dire sans exagération que votre précieux envoi, doublement et triplement agréable, a vraiment fait époque dans le cercle de ma famille et de mes amis. Il nous rappelle, avec votre nouvelle manière d'envisager les choses, le beau temps où nous avions la bonne fortune de vous posséder au milieu de nous.

Si vous avez gardé le souvenir, mon très-honoré, de la joie que vous m'avez fait éprouver en m'apportant trois profils d'hommes illustres, vous comprendrez sans peine quel intérêt la riche collection que vous venez de m'envoyer doit avoir pour moi. Assez partisan des doctrines physiologiques et craniologiques de Lavater et de Gall, j'éprouve le plus vif désir de connaître aussi individuellement et en portrait de telles illustrations, afin d'appliquer à leurs physionomies des mérites que j'apprécie, de suivre l'âme sur le visage, d'assimiler les œuvres aux traits. Et qui est plus à même de satisfaire un pareil désir que le sculpteur qui scrute d'un regard vivant les secrets de la nature et, maître consommé dans sa technique, est capable de traduire sous nos yeux ce qu'il y a de plus intime? C'est sous ce point de vue que nous avons appris à vous connaître, c'est ainsi que vous vous êtes manifesté à nous par cette multitude d'images accumulées en quelques années.

Une chose qui me paraît ici digne de remarque, c'est votre rare talent à saisir l'individualité de chaque figure. Combien le type vrai et simple de madame *Delphine Gay* diffère du portrait de madame *Lescot*, aux ajustements d'un goût si recherché! Croirait-on que ces deux œuvres sont sorties d'une même main? Autant j'en pourrais dire de cet inconcevable mélange de jeunes et de vieux qui composent votre collection.

Ç'a été plus qu'un plaisir de pouvoir repasser toutes ces images de poëtes, d'artistes, d'écrivains, dont les œuvres ont plus ou moins retenti jusqu'à nous, et de compléter leur pensée par l'examen de leur physionomie. Il y aurait beaucoup à dire là-dessus, et j'en dirai quelque jour davantage, lorsque je me serai lié de sympathie avec chaque personnage de cette éminente société.

Maintenant, souffrez que je vous dise encore quel plaisir nous a causé la lettre de M. le comte Reinhart, dans laquelle il nous annonce que le creux du buste exécuté ici avec tant de savoir et d'expression est arrivé là-bas à bon port. Si vous êtes convaincu de l'intérêt immense que nous tous, moi et mes amis, parmi lesquels il faut compter l'habile architecte en chef Coudray, portons à votre travail et combien nous avons su l'apprécier, vous jugerez de l'inquiétude que devait nous causer le retard apporté dans le transport, et avec quelle ardeur nous soupirions après la nouvelle que vient de nous communiquer notre honorable ami. Il exprime aussi en des termes non équivoques son plein contentement d'une œuvre d'autant plus digne du suffrage des connaisseurs et du public, qu'un pareil témoignage nous est la preuve d'une alliance parfaite entre la vérité typique et la ressemblance individuelle dans le travail de l'artiste.

Si je m'interromps ici pour ne pas retarder le départ de ma lettre, je vous prie du moins, mon très-cher, d'offrir mes plus vifs remercîments aux hommes distingués qui m'ont fait l'honneur de m'envoyer leurs ouvrages. Je vous recommande surtout d'assurer M. Deschamps qu'il m'a fait un cadeau bien précieux par sa préface, car je mets à profit ses jugements. Il me confirme par sa modération et la justesse de ses aperçus dans l'opinion sympathique avec laquelle je me plais à envisager la marche et les tendances de votre littérature française, si récemment renouvelée.

J. W. Goethe.

DOCUMENT XXIII

DEUXIÈME LETTRE DE GOETHE A DAVID D'ANGERS.

Weimar, 20 août 1831.

Il y a précisément deux ans que votre visite nous fit éprouver une si grande surprise, disons plus, un certain embarras. La venue d'un artiste éminent d'un pays voisin, dont les travaux avaient paru voués exclusivement à sa patrie, et qui se décidait à consacrer son art à la représentation de simples individus, fut pour nous un événement des plus remarquables.

Mais à peine eûmes-nous le bonheur de faire votre connaissance que nous distinguâmes promptement l'homme dont l'âme est pénétrée de tout ce qui tient à l'humanité et dont l'esprit observateur se porte partout où il aperçoit quelque effort tendant à rapprocher l'homme de l'homme, et à constituer dans une mutuelle estime un lien capable de rétablir une sorte d'équilibre général, qu'il sera toujours difficile d'atteindre ou de conserver, à cause du conflit continuel des intérêts particuliers.

C'est dans les mêmes sentiments que nous avons reçu le buste de marbre que vous avez bien voulu nous offrir. Pénétrés de la plus sincère gratitude, nous le regardons comme une preuve de la bienveillance d'un être dont l'identité intellectuelle établit une parenté immédiate entre nous ; et en y retrouvant en même temps le signe de la disparition de limites nationales trop sévères, nous croyons approcher de la sublime intention du donateur.

Nous laissons à nos amis le soin de vous parler de la joyeuse réception de votre ouvrage et de la fête d'inauguration. Ils attesteront que votre but a été atteint au plus haut degré. Ce travail influera sur la postérité, en perpétuant à jamais votre mémoire ; produit d'un talent sublime, il servira d'exemple aux sculpteurs de l'avenir.

Puissent ces sentiments, tels qu'un Allemand peut les exprimer dans sa langue, vous être fidèlement traduits dans la vôtre.

Pour la vie, votre obligé.

J. de Goethe.

DOCUMENT XXIV

PÉTITION POUR LE RETOUR DES CENDRES DU PEINTRE LOUIS DAVID.

A l'un de nos dîners des élèves de David, je fis la motion qu'une pétition fût rédigée et signée par tous pour être présentée au ministre de l'Intérieur, afin d'obtenir les cendres de notre maître. Ma proposition fut accueillie à l'unanimité; l'on nomma de suite une commission composée d'Ingres, Drolling, Couder, Schnetz et moi; ces messieurs me chargèrent de la rédaction.

Quand la pétition fut prête, je réunis chez moi les élèves; je la lus, elle fut approuvée et signée de suite par les personnes présentes. La voici :

« MONSIEUR LE MINISTRE,

« Les élèves de Louis David viennent vous prier d'accéder à leur vœu le plus « cher et le plus légitime. 1830 rouvrit aux proscrits l'entrée de la patrie; seules « les dépouilles mortelles du célèbre peintre restent encore exilées, et pourtant « depuis cette époque un tombeau les attend sur le sol natal.

« Certes, jamais artiste ne sentit mieux, ne remplit plus dignement sa noble « mission, car il employa toujours son art à montrer à ses compatriotes de « grandes leçons de patriotisme et de moralisation. David est le peintre « national. La France doit être juste et reconnaissante envers lui. Tous « apprendront avec un profond intérêt que l'illustre banni repose enfin dans « la terre de la patrie.

« Les élèves de David, ceux de ses amis initiés à ses pensées les plus intimes, « savent que jusqu'au dernier soupir il espéra que l'arrêt de proscription qui « l'avait frappé se briserait devant la mort. C'était à ses élèves d'accomplir le « désir de leur maître, c'est ce religieux devoir qui leur a inspiré la démarche « qu'ils tentent auprès de vous, Monsieur le Ministre; votre constante sollicitude « pour les gloires nationales leur laisse espérer que vous accueillerez favora- « blement une si juste requête.

« Nous sommes, Monsieur le Ministre, etc.[1]. »

DOCUMENT XXV

PROPOSITION DE DAVID D'ANGERS D'ÉLEVER SEPT STATUES DANS SA VILLE NATALE.

Délibération du Conseil municipal de la ville d'Angers.

Séance du 28 novembre 1836.

M. le maire donne lecture d'une lettre que lui a adressée M. David d'Angers,

[1] Notes autographes de David appartenant à la famille.

statuaire et membre de l'Institut, à Paris, sous la date du 21 novembre courant [1].

Cette lecture est entendue avec un vif intérêt par le Conseil, auquel le désintéressement et les sentiments patriotiques dont M. David fait preuve dans cette circonstance, font éprouver la plus grande satisfaction.

Il s'élève ensuite quelques observations sur la question de savoir si la ville est en mesure de faire face à la dépense matérielle qui serait le résultat de l'adoption des propositions de ce célèbre statuaire.

Le Conseil,

Sur la proposition de l'un de ses membres, avant de statuer définitivement, décide que ladite question sera examinée par une Commission...

Séance du 3 décembre 1838.

Sur le rapport verbal de la Commission chargée de l'examen de la proposition de M. David, relative à l'érection des statues de six des hommes célèbres de l'Anjou sur les piédestaux qui décorent la promenade du Mail, et à celle de la statue de Beaurepaire sur le grand pont.

Le Conseil,

Vu l'exiguïté des ressources de la ville et l'importance des dépenses auxquelles l'administration doit pourvoir pour les grands travaux et acquisitions déjà votés, et dont la majeure partie est en cours d'exécution, ne pouvant, quant à présent, accueillir la proposition entière dont il s'agit,

Décide ce qui suit :

Il sera élevé une statue en bronze représentant le général Beaurepaire, commandant du 1er bataillon des volontaires de Maine-et-Loire en 1791, et chargé alors de la défense de la place de Verdun.

Cette statue est confiée au ciseau de M. David, qui a fait l'offre généreuse de s'en charger gratuitement.

M. le maire voudra bien adresser à M. David les remercîments de la ville pour l'offre qui n'est acceptée qu'en partie, et lui témoigner à ce sujet les plus vifs regrets du Conseil.

Pour extrait conforme au registre.

Le maire d'Angers,

FARRAN.

[1] V. tome II, *Lettres sur l'art*, XXXIII.

DOCUMENT XXVI

PROPOSITION DE DAVID D'ANGERS D'ÉLEVER DEUX STATUES DANS L'ÉGLISE CATHÉDRALE D'ANGERS.

Extrait du registre des délibérations de la fabrique de la cathédrale d'Angers.

Séance du 19 novembre 1846.

Mgr l'évêque annonce au Conseil que le célèbre sculpteur angevin, M. David, a fait renouveler par M. V. Pavie et M. Cosnier l'offre déjà faite lors de l'envoi par ce même artiste de la belle statue de sainte Cécile, et consignée dans une lettre à Mgr Montault, du 18 mai 1838, d'enrichir la cathédrale de deux autres pièces de sa composition et devant avoir pour sujet, l'une Jésus-Christ et l'autre la Sainte Vierge; que M. David, voulant donner gratis son travail, évalue à 15,000 francs l'achat des marbres et le travail des praticiens; et qu'en tenant compte des frais de transport, de pose et d'appropriation, on doit prévoir que la réalisation complète de la pensée de M. David entraînerait une dépense de 18,000 à 20,000 francs. Le prélat ajoute qu'on pourrait, en temps opportun, recourir à une souscription, auquel cas il s'inscrit d'avance pour 1,000 francs, et qu'on peut, en outre, espérer un secours du Conseil municipal pour un objet qui intéresse la ville entière à double titre. Puis il invite la fabrique à faire ses efforts pour prendre dans une affaire si importante une initiative qui puisse, autant qu'il dépend de ses ressources, en assurer le succès.

Le Conseil, appréciant le zèle de M. David pour sa ville natale, son génie comme sculpteur et la beauté de son talent, et plein de reconnaissance pour l'offre généreuse et spontanée de Mgr l'évêque; considérant, d'ailleurs, que les dépenses qu'il projetterait, quoique importantes, peuvent être ajournées sans de graves inconvénients, tandis que l'occasion d'acquérir des chefs-d'œuvre pour l'ornement de la cathédrale peut échapper sans retour d'une année à l'autre, que la fabrique doit faire tout ce qui est en elle pour assurer au moins l'exécution d'un des travaux médités par le grand artiste, sauf à chercher ailleurs pour le reste des ressources qu'elle n'a pas; qu'elle peut, en s'imposant des économies, s'engager pour une somme de 10,000 francs, payables dans trois années, et qu'il y a, en outre, lieu d'espérer qu'elle obtiendra du gouvernement des marbres dont la valeur viendrait en déduction de cette charge,

Arrête : 1° Une somme de 8,000 francs, payable d'ici à trois ans, est mise à la disposition de M. David pour faciliter l'accomplissement de ses offres généreuses; 2° une somme de 2,000 francs sera en outre destinée à faire face aux frais accessoires de pose et d'appropriation.

Le registre est signé : † Guil., évêque d'Angers, H. Bernier, vicaire général; Desnoyers-Joulain, Boguais père, Delaporte, Raveneau, ch. secrétaire.

DOCUMENT XXVII

EXTRAITS DU TESTAMENT DE DAVID D'ANGERS, EN DATE DU 1er FÉVRIER 1851.

Je donne et lègue au Musée de la ville de Saumur (Maine-et-Loire) tous les modèles en plâtre contenus dans mon atelier, et dont le Musée d'Angers aurait déjà une épreuve.

Je lègue à mes enfants le soin de faire pour la ville d'Angers ce qu'ils croiront le plus convenable et le plus conforme à mon attachement pour l'Anjou.

Je désire qu'il ne soit pas fait de vente publique de mes ouvrages, soit sculpture, soit dessins, auxquels je n'aurais pas donné de destination particulière.

DOCUMENT XXVIII

LISTE DES ÉLÈVES DE DAVID D'ANGERS.

NOTA. L'abréviation *arch.* signifie architecte; *p.*, peintre; *sc.*, sculpteur; *gr. en méd.*, graveur en médailles; *dess.*, dessinateur; *lith.*, lithographe.

ACHARD (Jean-Alexis), p.
ALIBURTON (Joseph), sc.
ALLASSEUR (Jean-Jules), sc.
AUVRAY (Louis), sc.
BAUDREAU, sc.
BAYOT, p.
BELUTT, p.
BRA (François-Antoine), sc.
BERNARD (Victor), sc.
BLANC (Armand), sc.
BLARD (Théodore), sc.
BLOT, sc.
BOITEL (Isidore-Romain), sc.
BONIFFAIT, sc.
BOUTEILLIER, sc.
BREYS, sc.
BRIAN (Jean-Louis), prix de Rome (1832), sc.
BRIDOUX (François-Auguste), dess.
BRUN (Henri), sc.
BUHOT (Charles), sc.
CABASSON, p.
CABET (Paul), sc.
CAPELLARO (Charles-Romain), sc.
CAPOIS, sc.
CAPOIS, p.
CARADJEAT, sc.
CARRIER-BELLEUSE (Albert-Ernest), sc.
CATERMOLL, p.
CAUDRON (Jules), p.
CAUDRON (Eugène), sc.
CAVELIER (Pierre-Jules), prix de Rome (1842), membre de l'Institut, sc.
CAZES (Joseph-Auguste), dess.
CHAMBARD (Louis-Léopold), prix de Rome (1837), sc.
CHARLES, dess.
CHENILLION (Jean-Louis), sc.
CLAIR (Pierre), sc.
COINCHON (Théodore), sc.
CORPORANDI (Xavier), sc.
DARTIGUENAVE, gr. en méd.
DAUMAS (Jean-Barthélemy), sc.
DAUMAS (Louis-Joseph), sc.
DEBUT (Didier), sc.

Deligard, sc.
Desbrosses aîné, sc.
Desbrosses jeune, sc.
Eude (Louis-Adolphe), sc.
Fache (René), sc.
Famin (Auguste), sc.
Farochon (Eugène-Jean-Baptiste), gr. en méd., sc.
Fiot (P.), sc.
Flachéron (Jean-François-Frédéric), sc.
Fontenelle, sc.
Fourquet (Napoléon), sc.
Franceschi (Paul), sc.
François (Auguste), sc.
Frédéric, p.
Fungelder, sc.
Geoffroy de Chaume (Alfred-Victor), sc.
Girard (Noël-Jules), sc.
Granneau, sc.
Graillon (Pierre-Adrien), sc.
Grootaers (Guillaume), sc.
Guillemin (Nicolas), sc.
Hassan, gr. en méd., sc.
Hawkins, sc.
Hébert (Antoine-Auguste-Ernest), prix de Rome (1839), membre de l'Institut, p.
Hollain, sc.
Husson (Aristide), prix de Rome (1830), sc.
Jacob (Nicolas-Henri), lith.
Jennings, sc.
Kerckhove (Augustin van den), sc.
Lazerges (Hippolyte-Jean-Raymond), p.
Leballeur de Villiers, sc.
Lebègue (J. C.), sc.
Leclerc (Alexandre-Joseph-Hippolyte), sc.
Legrip (Frédéric), p.
Lejeune, sc.
Lelarge, sc.
Lepreux, sc.
Lemaitre, p.
Leroy, sc.
Lhomme de Mercey (Bernard), sc.
Liotard de Lambesc (Pascal), sc.
Loire (Henri-Léon), p.
Loiseau, p.
Loison (Pierre), sc.
Lorgueilleux, sc.
Mage, sc.
Magnan, p.
Maindron (Hippolyte), sc.
Marc (Eugène), p.
Mélin (Joseph), p.
Merley (Louis), gr. en méd.
Meyer, p.
Mezzara, sc.
Michel-Pascal (François), sc.
Millet (Aimé), sc.
Montagny (Étienne), sc.
Muller, sc.
Nèble, sc.
Oleszcynski (Ladislas), sc.
Ottin (Auguste-Louis-Marie), prix de Rome (1836), sc.
Patry, p.
Pauffart, sc.
Perez, sc.
Perrault (Charles-Antoine), sc.
Perrin (J. B.), sc.
Petit (Jean), sc.
Petit (Savinien), p.
Préault (Auguste), sc.
Ragoneau (Étienne-Germain), sc.
Regnault (Thomas-Casimir), dess.
Rémont, sc.
Reverchon (François), gr. en méd.
Robert (Louis-Valentin-Élias), sc.
Robinet (Pierre), sc.
Rochet (Louis), sc.
Rouargue (Adolphe), p.
Royer (Oscar), sc.
Saget, sc.
Schoenewerk (Alexandre), sc.
Schord, sc.
Sébille jeune, sc.
Simon (Marie), sc.
Smith, p.
Soitoux (Jean-François), sc.
Sollier, sc.
Steinheil (Louis-Charles-Auguste), arch. p.

STRAUB, sc.
SUTAT, p.
TALUET (Ferdinand), sc.
TOUSSAINT (Armand), sc.
TRAGATZI, sc.
TRAGIN (Pierre-Désiré), sc.
TRIMOLET, dess.
TRODOUX (Henry), p.
VALENTIN (Henri-Auguste), dess., gr. en méd.
VENOT, sc.
VILLAIN, p.
WOLTRECK aîné, sc.
WOLTRECK (Frédéric), sc. [1].

DOCUMENT XXIX

HOMMAGE DES ÉLÈVES DE DAVID D'ANGERS A LA MÉMOIRE DE LEUR MAITRE.

HOMMAGE DE GRATITUDE
A RENDRE
A DAVID D'ANGERS
PAR SES ÉLÈVES.

Telle est, cher camarade, la pensée exprimée par tous. En conséquence, il a été décidé qu'une couronne de bronze serait déposée par nous sur la tombe de notre illustre maître.

Vous êtes prié, cher camarade, de donner votre adhésion à cette pensée, et de bien vouloir nous faire remettre votre souscription, qui est fixée à dix francs.

Vos dévoués camarades,

AD. TOUSSAINT, rue Bellefond, n° 38, A PARIS.

SOITOUX, rue de Vaugirard, n° 115, A PARIS.

DOCUMENT XXX

PÉTITION DES ÉLÈVES DE DAVID D'ANGERS A L'EMPEREUR.

A Sa Majesté l'Empereur Napoléon III.

SIRE,

Les élèves de David d'Angers voient avec douleur qu'aucun ouvrage de leur cher et illustre maître ne figure au Musée du Louvre à côté des œuvres de ses émules et contemporains, Roland, Cortot, Pradier, Rude.

[1] Nous devons à l'obligeance de plusieurs élèves de David d'Angers, et spécialement au concours empressé de M. Soitoux, statuaire, d'avoir pu composer la liste qui précède.

Leur plus ardent désir serait de voir combler cette lacune, non moins regrettable pour l'histoire de l'art que pénible pour eux.

David avait conservé dans son atelier une statue en marbre blanc bien digne de prendre place parmi les chefs-d'œuvre de la sculpture française. Elle représente le jeune Barra mourant. Les élèves de David prennent la liberté de désigner cet ouvrage à Votre Majesté, dans l'espoir qu'elle daignera honorer la mémoire d'un grand artiste en ouvrant le Musée du Louvre à l'une des plus belles œuvres qu'il ait signées.

Ils ont l'honneur d'être, avec le plus profond respect,

Sire,

De Votre Majesté,

Les très-humbles et très-obéissants serviteurs,

A. Toussaint.
P. Loison.
Ottin.
Marie Simon.
Cabet.
Soitoux.
Frédéric Legrip.
Chenillion.
A. Blanc.
Husson.
J. Allasseur.
Aimé Millet.
J. Melin.
J. C. Lerègue.
Jules Cavelier.
Fouquet.
Daumas.
Louis Rochet.
Maindron.
Louis Auvray.
Eugène Farochon.
E. Montagny.
Michel-Pascal.
E. Marc.
J. Girard.
J. B. Perrin.
Coinchon.
Élias Robert.
C. Caprllaro.
A. Schoenewerk.
E. Caudron.
P. Fiot.
Lepreux.
Ad. Eude.
Joseph Aliburton.
Fontenelle.
L. Merley.
Daumas jeune.
Ch. Buhot.
Geoffroy de Chaume.

Paris, le 15 décembre 1857.

L'original de cette pièce est déposé aux Archives des Musées nationaux, Palais du Louvre.

DOCUMENT XXXI

LE BUSTE DU MAITRE AU MUSÉE DAVID.

Délibération du Conseil municipal d'Angers.

Du registre des délibérations du Conseil municipal de la ville d'Angers, a été extrait ce qui suit :

L'an mil huit cent cinquante-six, le lundi quatorze janvier, le Conseil municipal, convoqué extraordinairement en vertu d'autorisation de M. le préfet, s'est réuni au lieu ordinaire de ses séances, sous la présidence de M. Ernest Duboys, maire de la ville, officier de la Légion d'honneur, député au Corps législatif.

M. le Maire prend la parole et s'exprime ainsi : Messieurs, aussitôt que nous avons connu la mort si regrettable de notre célèbre compatriote David, notre intention a été de vous réunir et de vous proposer de rendre un hommage solennel à sa mémoire.

Il nous a semblé qu'il était du devoir de l'administration municipale de prendre l'initiative d'une mesure qui témoignât hautement de nos regrets et de notre reconnaissance envers le grand artiste qui a doté sa ville natale de l'inestimable collection de ses œuvres.

Nous avons la conviction d'être l'interprète de l'opinion publique en vous proposant de décider que le buste de David sera élevé aux frais de la ville, dans la galerie du Muséum de sculpture qui porte son nom, et que nous devons à sa constante libéralité.

Le Conseil,

A l'unanimité,

S'associant à la pensée de M. le Maire,

Décide :

Le buste de David, exécuté aux frais de la ville, sera placé dans la galerie du Musée de peinture et de sculpture qui porte son nom.

Le Conseil,

Sur la proposition d'un membre,

Décide, en outre, qu'une inscription sera placée sur la façade de la maison de la rue de l'Hôpital dans laquelle est né David, afin de perpétuer le souvenir du lieu de la naissance du grand statuaire angevin.

M. le Maire est prié de transmettre une copie de la présente délibération à madame David, comme expression des sentiments que la mort de son mari a inspirés au Conseil.

Le registre est signé des membres du Conseil.

Pour expédition conforme :

Le Maire de la ville d'Angers, officier de la Légion d'honneur, député au Corps législatif,

ERNEST DUBOYS.

DOCUMENT XXXII

PROJET D'UNE STATUE A DAVID D'ANGERS.

Délibération du Conseil municipal d'Angers.

Extrait du procès-verbal de la séance du 27 novembre 1876.

M. E. Mourin, maire, *fait au Conseil l'exposé suivant :*

MESSIEURS,

Il y a soixante-cinq ans, un jeune artiste, pensionnaire de la ville d'Angers, obtenait le grand prix de Rome. Après cinq années passées au milieu des chefs-d'œuvre de l'antiquité et de la Renaissance, il revenait dans sa terre natale, le cœur plein des inspirations les plus nobles, et la main merveilleusement habile à les réaliser avec le marbre et le bronze.

En 1820, il entrait dans la gloire en donnant à la France l'admirable statue du grand Condé. Depuis ce moment, pendant trente-six années, il ne cesse, jusqu'à l'heure où la mort fait tomber le ciseau de ses mains, de créer tout un peuple de grands hommes, et de traduire, sous les formes tour à tour les plus exquises et les plus fières, les sentiments les plus hauts et les idées les plus généreuses. Génie austère, il se donna pour programme de faire servir son art « à épurer les mœurs, à inspirer à ses concitoyens l'amour de la vertu, de la patrie et de la liberté ».

Il resta, sans aucune défaillance, fidèle jusqu'au dernier jour à ce grand idéal, et il ne sortit de son atelier que des chefs-d'œuvre dont la vue élève les cœurs et ennoblit la pensée.

Le jour nous semble venu où ce génie créateur doit figurer, à son tour, au milieu de tous ces grands hommes qu'il a dotés de l'immortalité. Il y a vingt ans déjà qu'il dort dans sa tombe. Les passions étrangères à l'art qu'il a traversées pendant sa vie ont fait silence. La postérité calme et équitable a commencé pour le premier statuaire des temps modernes. On n'entend plus autour de cette gloire qu'un concert unanime de louanges, d'admiration et de reconnaissance.

L'artiste illustre entre tous nous appartient : c'est notre David, c'est David d'Angers. Il est nôtre par sa naissance, par les encouragements qu'il a reçus de nous, par les libéralités qui ont fait de notre Musée une galerie unique au monde. C'est donc à nous à prendre l'initiative de l'hommage qui est dû à son génie, à son patriotisme, à ses généreuses inspirations.

Mais David n'est pas seulement l'orgueil de l'Anjou, il est réclamé, comme un des plus grands artistes de notre histoire, par la France entière, qui s'associera, nous n'en doutons pas, avec empressement, aux honneurs rendus à sa mémoire.

L'administration soumet donc, avec confiance, à votre approbation, les résolutions suivantes :

Une statue sera élevée à David d'Angers sur une place de notre ville.

Le monument sera mis au concours.

Les frais seront couverts par une souscription nationale.

Une Commission, présidée par le Maire, sera chargée des détails de l'exécution.

Le Conseil s'associe aux sentiments exprimés dans l'exposé de M. le maire, adopte les conclusions proposées, et prie l'administration d'en hâter la réalisation.

DOCUMENT XXXIII

CARLE ELSHOECT ET LA STATUE DE JEAN BART.

On a vu (page 39 quelles compétitions s'élevèrent autour de la statue de Jean Bart lorsque la ville de Dunkerque eut confié ce travail à David. Des *lettres rendues publiques à l'époque où elles furent écrites* firent la pleine lumière sur la loyauté du maître et sur son désintéressement. (Voir tome II, *Lettres sur l'art*, LXXIX, LXXX, LXXXI.) Mais quelques jours à peine après la mort de David, ainsi que nous l'avons dit, la *Gazette de France* ayant ouvert ses colonnes à un récit fantastique et calomnieux des démêlés qui avaient eu lieu en décembre 1842, M. Benjamin Morel, secrétaire de la Commission du *Jean Bart*, s'émut, ainsi que la veuve du statuaire, de pareilles attaques. Il s'exprimait en ces termes, le 28 janvier 1856, dans une lettre à madame David d'Angers :

« Madame et excellente amie, voici la copie de la lettre que je prie M. Scheyrer, mon excellent ami, 23, rue de l'Échiquier, de remettre lui-même au rédacteur de la *Gazette de France*. Elle me semble devoir répondre à votre attente et à celle de nos amis. Si l'insertion était refusée, je prierais mon ami d'aller trouver le rédacteur du journal *le Siècle*, en motivant sa démarche sur le refus de la *Gazette*. Je suis sans qualité pour exiger l'insertion d'office, vous seule pourriez le faire; *mais j'espère que nous arriverons au* but désiré sans recourir à la voie judiciaire.

Il m'a été impossible de réunir encore toutes les signatures qui doivent être apposées sur ma lettre; elle ne partira peut-être que mardi, et je crois inutile de vous dire que je ferai tout ce qu'il m'est possible de faire pour abréger un retard que je vous prie d'excuser. Tout le monde ici a déploré et ressenti une injure qui tournera à la confusion de son lâche et méchant auteur.

Veuillez, etc.

Signé : Benjamin MOREL.

« *A Monsieur le rédacteur de la* Gazette de France.

« Dunkerque, 21 janvier 1856.

« Monsieur,

« En réponse à un libelle signé *Thénot*, publié dans le feuilleton de votre journal du 22 de ce mois, à l'occasion de la statue de Jean Bart qui orne l'une des plus belles places de Dunkerque, il est du devoir des membres encore vivants de la Commission formée en 1842 pour concourir à l'érection de cette statue, de rendre un solennel hommage à la vérité, en mettant au jour deux lettres qui feront crouler tout l'échafaudage de dénigrement contenu dans l'article de M. Thénot. — La première de ces lettres, écrite en novembre 1842 par M. David d'Angers à M. le maire de Dunkerque[1], constate la renonciation spontanée de l'illustre sculpteur à l'exécution de la statue, à la suite de démarches tentées près de lui par M. Elshoëct. (Voir tome II, *Lettres sur l'art, LXXVIII.*)

« L'autre lettre a été adressée par la Commission du monument, le 21 décembre de la même année, à M. Elshoëct et copie envoyée à M. David d'Angers. En voici les termes : « ... Jamais, Monsieur, il n'est entré dans la pensée de la Commission de vous confier la statue de Jean Bart, et aucun de ses actes n'a dû vous le faire croire ni même pressentir. Or, la faire parler ou agir dans un sens opposé à sa volonté était donc au moins inutile!... Aux yeux de la Commission, la statue de Jean Bart doit sortir d'un ciseau illustre, et bien que plusieurs de vos productions aient mérité les encouragements et les éloges de vos concitoyens, il nous a semblé que vous eussiez dû comprendre qu'un grand maître pouvait seulement être choisi pour illustrer une grande gloire. M. David d'Angers s'est placé à cette hauteur; il daignera, nous l'espérons, revenir sur une détermination prise à votre seule instigation, et en lui adressant copie de cette lettre, nous le prions de nous continuer son savant et bienveillant concours.

« Ont signé : MM. Thévenet, maire de Dunkerque; Benjamin Morel, secrétaire, et tous les membres de la Commission.

« Ce n'est qu'après l'envoi de cette lettre et les plus pressantes sollicitations que le grand artiste a bien voulu consentir à reprendre son œuvre avec le plus noble et le plus complet désintéressement.

« Nous devons ajouter que M. David d'Angers n'est venu qu'une seule fois à Dunkerque, et c'est plus d'un mois après l'inauguration de sa belle statue. La chaleureuse ovation dont il a été l'objet et les manifestations enthousiastes de la population tout entière ont prouvé que la ville de Dunkerque ne sera jamais pour lui ni oublieuse ni ingrate.

[1] Ce n'est pas en novembre, mais le 18 décembre 1842, que fut écrite la première lettre de renonciation dont il est parlé ici.

« Attendant de votre impartialité l'insertion de la présente dans l'un de vos prochains journaux, nous avons l'honneur, etc.

« THEVENET, ancien maire de Dunkerque; Benj. MOREL, président de la Commission du monument, etc. »

Cette lettre, qui portait, outre les signatures de MM. Thévenet et Benjamin Morel, celle des huit membres encore vivants de la Commission, fut insérée avec empressement dans la *Gazette de France*, sous la date du mercredi 6 février 1856.

DOCUMENT XXXIV

CARLE ELSHOECT ET LE MONUMENT DE LARREY.

Le sculpteur Carle Elshoëct, qui avait fait preuve de tant de persistance à l'endroit de la statue de Jean Bart, brigua également l'honneur d'exécuter le monument de Larrey, mais M. Hippolyte baron Larrey, fils du célèbre chirurgien, informa lui-même M. Elshoëct, à la date du 8 janvier 1843, que le choix de la Commission s'était arrêté sur David. « Mon cher Monsieur, écrivait M. H. Larrey, en vous adressant ce que vous désirez pour le buste de mon père, j'aurais voulu répondre aussi à votre projet de monument et vous y encourager, mais je ne le puis, je ne le dois en aucune façon. C'est à David, *l'ami de mon père et le mien*, qu'appartiendra ce *travail*; c'est lui, vous le savez, qui s'était proposé de faire son buste, longtemps avant vous; c'est lui enfin qui a été désigné par les principaux membres de la Commission, aussi bien que par moi et par ma famille. Vous savez mieux que personne, Monsieur Elshoëct, tout ce qu'il y a de digne, de généreux dans le caractère et dans le talent de M. David, et vous méritez trop bien vous-même, par l'un et par l'autre, pour ne pas apprécier un choix que le vœu de mon père rend irrévocable pour nous.

« Agréez, etc., LARREY. »

A un an de date, le 20 janvier 1844, M. H. Larrey désignait en ces termes le statuaire de Gouvion Saint-Cyr et de Gobert au général Petit, président de la Commission : « J'ai l'honneur, mon général, de vous le dire sans feinte de modestie filiale, le monument destiné à la mémoire de mon père ne saurait être confié à un maître plus complètement dévoué à ce travail que ne le serait M. David. Il a déjà fait sa médaille comme il devait faire son buste, et en obtenant de la Commission l'œuvre que par un sentiment de convenance il n'a pu solliciter lui-même, il l'accomplira sûrement de la manière la plus digne, selon les inspirations de son cœur et de son talent, selon les intentions de ma famille et de mes amis, selon mes vœux enfin, et, s'il était aussi convenable de le dire, selon les vœux mêmes de mon père. »

DOCUMENT XXXV

LE BAS-RELIEF : *LES BIENFAITS DE L'IMPRIMERIE EN EUROPE.* — MONUMENT DE GUTENBERG.

On lit dans le *Courrier du Bas-Rhin* du 9 juin 1844 :

« Lorsque, dans le courant de l'année 1843, on découvrit enfin le monument de Gutenberg, dont les bas-reliefs étaient restés jusqu'alors enveloppés de toiles, l'architecte de la ville remarqua que ces bas-reliefs étaient très-défectueux et offraient des traces nombreuses de dégradation qui devaient être attribuées à la manière dont ils avaient été exécutés. En effet, les bas-reliefs avaient été fondus par un nouveau procédé dit galvanoplastique, découvert depuis peu, et dont M. David avait autorisé les fondeurs à faire l'application au monument de Gutenberg. Mais le résultat ne répondit ni aux espérances de M. David, ni à l'attente des fondeurs; la couche de métal qui devait former les reliefs se trouva être trop mince; au moment où l'on enleva les toiles, elle avait déjà été entamée sur divers points par l'action de l'air; plusieurs parties saillantes étaient oxydées, et l'on pouvait prévoir facilement que les bas-reliefs ne résisteraient pas longtemps à cette cause de destruction.

« L'architecte de la ville, après avoir constaté d'une manière officielle cet état de choses, en prévint immédiatement la Commission d'exécution du monument. Celle-ci, quoiqu'elle fût restée étrangère au choix du procédé à employer pour la fonte des bas-reliefs, comme au choix des sujets qu'ils devaient représenter, crut devoir intervenir pour que la ville n'eût pas reçu un monument mutilé d'avance pour ainsi dire. Elle prévint M. David de l'accident qui avait eu lieu. Cet illustre artiste, jaloux de ne pas laisser son œuvre inachevée, ne recula pas devant la fatigue d'un nouveau travail, et il recommença les modèles afin de pouvoir les faire fondre d'après les procédés ordinaires, et en remplacement de ceux qui avaient été exécutés d'après le système galvanoplastique. Après plusieurs mois de travail, ces trois nouveaux bas reliefs ont été achevés; la Commission du monument les a reçus ces jours derniers, et elle les a mis à la disposition de l'autorité municipale pour les faire poser. »

C'est alors que le bas-relief de l'*Europe* donna lieu à des discussions pénibles. L'image de Luther avait effrayé dès le principe certains esprits, bien que l'artiste, dans la circonstance, n'eût envisagé le réformateur que comme un de ceux qui ont usé de la presse avec éclat. Prêt à tout concilier, David proposa de comprendre dans le même bas-relief la figure de Bossuet. La Commission, rassurée, accepta l'esquisse. Mais lorsque, sur l'injonction du statuaire, les bas-reliefs eurent été retirés, afin qu'on en recommençât la fonte, ce nouveau travail, longtemps différé par le fondeur, n'ayant été terminé qu'en 1844, on avait agité de nouveau l'opinion dans un sens défavorable à l'œuvre du statuaire, bien qu'elle eût été modifiée d'accord avec la Commission responsable.

Les bas-reliefs avaient à peine repris leur place qu'une recrudescence d'invectives se manifesta, et le maire de Strasbourg, n'osant découvrir le bas-relief de l'*Europe*, informa David de son embarras. « Votre caractère, s'empressa de répondre l'artiste, m'est un sûr garant de la noble et courageuse résolution que vous aurez prise. J'ai fait don du modèle de la statue de Gutenberg et de ses bas-reliefs à l'Imprimerie Royale de Paris : il n'est venu à l'esprit de personne de voir dans le bas-relief de l'*Europe* une lutte religieuse ; il serait inouï qu'une ville aussi éclairée que Strasbourg donnât au monde un exemple d'aussi absurde intolérance. Cela n'est pas croyable. » — 3 septembre 1842.

Malgré l'énergie du maire, les conseils des gens sensés, les efforts de la Commission, tout échoua ; et M. Silbermann, son président, écrivit à David d'Angers, s'excusant de recourir une fois encore à son obligeance. David répondit : « D'après plusieurs lettres reçues de Strasbourg, je vois bien que malgré l'esprit de conciliation qui avait fait prendre à la Commission le parti de mettre la figure de Bossuet près de celle de Luther, malgré, dis-je, cette mesure de justice, de bonne foi, de tolérance, de graves désordres pourraient se produire si l'on persistait à maintenir l'image de Luther sur le bas-relief ; je ferai disparaître *Luther* et *Bossuet* que je remplacerai par *Érasme* et *Montesquieu* ou deux autres illustrations, au choix de la Commission. Je serai heureux si les habitants de Strasbourg veulent bien voir dans cet acte d'abnégation du statuaire, qui avait cru mieux connaître son époque, un vif désir de prouver sa reconnaissance à leur ville. » — 20 octobre 1842.

Toutes les difficultés se trouvèrent aplanies par cette lettre. Le bas-relief incriminé prit place au Musée de Strasbourg, et de nombreux témoignages d'estime et de sympathie vinrent sinon consoler David, du moins diminuer pour lui l'amertume de ces contrariétés.

DOCUMENT XXXVI

ENLÈVEMENT DE LA STATUE DE TALMA. — RETOUR AU THÉATRE-FRANÇAIS.

La statue de Talma, exécutée en 1837 pour le Théâtre-Français, par souscription nationale, fut pendant de longues années placée sous le péristyle près de celle de Voltaire. Elle disparut vers la fin du règne de Louis-Philippe, ainsi que celle de Lekain qui lui faisait pendant. Diverses causes furent attribuées à ce changement, dont le manque de place suffisante au moment de la sortie du spectacle fut le prétexte. L'auteur s'étant préoccupé de cet enlèvement, il lui fut répondu que son œuvre était momentanément placée dans un magasin du gouvernement. En 1852, pendant que l'artiste exilé attendait en Grèce de meilleurs jours, on transporta la statue de Talma dans le petit jardin réservé des Tuileries, mais privée à la fois de son nom gravé en grosses lettres sur la plinthe, de la signature du statuaire et de la date de l'exécution, ainsi que de l'indication des principaux rôles remplis par Talma, qui ornait le siége sur lequel est assis le célèbre tragédien. Les commentaires du public ne tarissaient pas : c'était Napoléon Ier, c'était Sylla, c'était un empereur romain ; une ou deux voix hasardèrent le nom de Talma, mais ne furent pas écoutées. Cette nouvelle fut transmise à David, qui pensa qu'il n'y avait rien à faire momentanément. Après la mort du statuaire, une réclamation fut adressée au directeur du Théâtre-Français, l'engageant à demander la restitution d'un ouvrage d'art, propriété légitime du théâtre, et à faire rendre au *Talma* et son propre nom et celui de son auteur. Le temps s'écoula sans rien amener. De nouveaux travaux dans le jardin des Tuileries firent enlever plusieurs statues qui furent provisoirement déposées sur la terrasse du bord de l'eau. C'est là qu'en dépit de nombreuses démarches a dû rester la statue de Talma, dont le marbre mou et les draperies fouillées n'avaient pas été destinés au plein air. Enfin, grâce à la puissante intervention de M. Hippolyte baron Larrey, secondé par M. Édouard Thierry, directeur du Théâtre-Français, M. Chabrol, architecte, et M. Régnier, sociétaire, le maréchal Vaillant consentit à ce que le *Talma* reprît sur son piédestal sa place et son nom, et l'œuvre de David est redevenue sienne. Les pourparlers et les démarches avaient duré dix années.

DOCUMENT XXXVII

LETTRE DE CONSTANT DUFEUX, RELATIVE AU FRONTON DU PANTHÉON.

A Madame David d'Angers.

MADAME,

Croyez, je vous prie, que l'estime, l'affection et la reconnaissance que je porte à M. David sont en veille pour que rien de préjudiciable ne soit fait aux œuvres que nous avons de lui au Panthéon. Le modèle du Fronton pour lequel vous vous alarmez était dans une salle qui va être donnée au maître de chapelle pour servir à l'étude du chant religieux. Ce modèle est trop grand, je crois, pour trouver place dans l'atelier de M. David. Je l'ai fait descendre, à grands frais et avec la plus grande précaution, dans l'un des caveaux ; il sera là auprès des modèles de Soufflot, dans un lieu fermé et sûr, à l'abri de toute atteinte; personne n'a songé à le casser, et je n'eusse pas laissé y toucher sans vous en prévenir. J'ai vu, il y a une douzaine d'années, la collection des modèles de David dans le Musée d'Angers ; je me rappelle l'impression qu'elle m'a faite, et je sens qu'il est urgent qu'aucun de ces modèles ne disparaisse.

J'ai eu plusieurs fois l'honneur de me présenter chez vous, Madame, sans avoir pu vous rencontrer ; je voulais vous entretenir, non pas de ce qui a été fait ou arrêté, mais de ce qui a été dit relativement au Fronton. J'ai souvent pensé en écrire à M. David; mais, comme en définitive rien n'a été résolu, je me suis abstenu, pensant seulement vous voir pour vous en parler.

Mon attitude auprès de tous, et particulièrement auprès des personnes dont je dépends, a été d'abord de ne prendre l'initiative d'aucune proposition relativement au Fronton. Quand il a été question, en pourparlers seulement, de le détruire, alors seulement j'ai ouvert la proposition qui a depuis été formulée par un désir de le transporter à Versailles, et de le reconstruire dans une salle de verdure faite exprès, dans les jardins, en choisissant un jour et une hauteur favorables. J'ai encore, par plus de précaution, demandé qu'un élève de David me fût adjoint pour veiller à la démolition, reconstruction et réparations s'il y avait lieu.

Voilà, Madame, tout ce que j'ai à vous dire sur le Fronton et sur le modèle. Si vous avez une place meilleure que celle que j'ai choisie pour conserver cette remarquable étude de Monsieur votre mari, elle est à votre disposition, et je serais heureux de mettre tout mon empressement à satisfaire vos moindres désirs.

Agréez, je vous prie, Madame, l'assurance de mon respectueux dévouement.

Constant Dufeux.

Jeudi soir, 10 décembre 1852.

DOCUMENT XXXVIII

LETTRE DE CONSTANT DUFEUX, RELATIVE AU MODÈLE DU FRONTON DU PANTHÉON.

A Madame David d'Angers.

Madame,

Je me mets tout à votre disposition pour livrer aux personnes que vous m'adresserez le beau modèle du Fronton du Panthéon, exécuté par M. David d'Angers. Je suis heureux de remettre cet ouvrage entre vos mains, Madame, parce que sa conservation sera actuellement assurée, et, le Musée d'Angers le recueillant, il sera le complément essentiel qui manquait au milieu des œuvres déjà réunies de l'illustre statuaire angevin. J'ai souvent, en visitant les salles David, désiré ce qui va s'accomplir; et lors de mon dernier voyage à Angers, il y a environ six semaines, j'ai proposé à M. Dauban de lui remettre ce modèle capital, aussitôt qu'il pourrait le faire retirer du Panthéon, où je le *conservais de mon mieux*, ce qui ne veut pas dire le *mieux possible*, puisque malheureusement je ne pouvais le tenir à l'abri des visiteurs qu'en le renfermant dans un caveau bien sec, mais à peu près privé d'air. C'est donc avec le plus grand plaisir que je verrai cesser cet état de choses, et remettre à la lumière l'œuvre de celui dont j'ai eu l'honneur très-grand d'être le collègue, et l'honneur plus grand encore d'avoir été le candidat pour être nommé à la chaire que j'occupe.

Veuillez, je vous prie, Madame, agréer l'assurance de mon entier et très-respectueux dévouement.

Constant Dufeux.

Mercredi 6 janvier 1858.

Je joins à cette lettre celle que M. Dauban vous a écrite, et que vous avez bien voulu me communiquer.

DOCUMENT XXXIX

RESTAURATION DE LA *JEUNE GRECQUE AU TOMBEAU DE MARCO BOTZARIS*

Les mutilations de la *Jeune Grecque* furent connues en France par quelques phrases de M. About dans la *Grèce contemporaine*, dont la première édition date de 1854. Le livre et l'homme furent sévèrement jugés à Athènes après cette dénonciation. La presse donna quelque retentissement à l'affaire dont le souvenir se trouva de nouveau ravivé à la mort de David. C'est alors que le gouvernement grec conçut la pensée singulière de faire transporter au Musée d'Athènes le marbre mutilé du monument de Botzaris, et voulut obtenir un bronze de la *Jeune Grecque*, soit à l'aide d'une copie, soit d'après le modèle en plâtre déposé au Musée David. Le bronze eût été placé à Missolonghi, et l'on eût gravé sur la plinthe le nom de David d'Angers. Dans ce but, M. Phocion Roques, chargé d'affaires de Grèce à Paris, écrivit à la veuve du statuaire le 3 septembre 1858, demandant spécialement l'autorisation de faire copier en France le modèle de la *Jeune Grecque*. Madame David s'opposa formellement à ce projet, voulant éviter que le nom de son mari figurât sur une œuvre qui ne serait pas sortie de ses mains; mais elle engagea le chargé d'affaires à demander l'envoi en France du marbre original, qu'un élève de David, Armand Toussaint, essayerait de réparer en s'aidant du modèle en plâtre, d'ailleurs trop imparfait pour être fondu. Les pourparlers furent très-longs. Enfin la *Jeune Grecque* arriva subitement à Paris dans une caisse où elle n'était protégée d'aucune façon contre les chocs d'une aussi longue traversée. M. Phocion Roques dut constater lui-même la négligence de ses compatriotes. Toussaint se mit en devoir de réparer du mieux qu'il put le marbre endommagé. A la mort de Toussaint, M. Allasseur acheva le travail, et, quelques années après, la statue restaurée alla prendre place au Musée d'Athènes, laissant découronné le monument de Botzaris à Missolonghi.

Voir dans le *Moniteur des Arts* du 20 juillet 1866 un article sur la *Jeune Grecque* dont la restauration venait d'être achevée par les soins de M. Allasseur.

TABLE DES MATIÈRES

DU TOME PREMIER

CHAPITRE III (1811-1816). — RECUEILLEMENT

CHAPITRE IV (1816-1822). — GÉNIE

CHAPITRE V (1822-1828). — L'ART NATIONAL

CHAPITRE VI (1828-1831). — LE MÉDAILLON

CHAPITRE VII (1831-1838). — PATRIE

CHAPITRE VIII (1838-1848). — LE MAITRE

CHAPITRE IX (1848-1856). — VIE PUBLIQUE

CHAPITRE X. — ENSEIGNEMENTS

PIÈCES JUSTIFICATIVES ET ANNEXES

TABLE DES PLANCHES

DU PREMIER VOLUME

PARIS. — TYPOGRAPHIE DE E. PLON ET Cie, 8, RUE GARANCIÈRE.

www.ingramcontent.com/pod-product-compliance
Lightning Source LLC
LaVergne TN
LVHW010517100826
845148LV00001B/33

* 9 7 8 2 0 1 2 5 3 4 8 4 1 *